本书获财政部项目"国家安全与发展战略中华侨华人的作用研究及资源平台建设"、理论粤军·教育部在粤人文社科重点研究基地建设资助项目"华侨华人与广东文化强省建设研究"（项目编号：2013JYBJD08）、暨南大学"华侨华人研究"优势学科创新平台共同资助

编委会名单

主　　编：刘泽彭

执行主编：曹云华

编　　委：(以姓氏笔画为序)

　　　　　文　峰　邓仕超　任　娜　陈奕平

　　　　　张小欣　曹云华　程晓勇　潮龙起

教育部人文社会科学重点研究基地
Key Research Institute of Humanities and Social Sciences at Universities

暨南大学华侨华人研究院
Academy of Overseas Chinese Studies in Jinan University

海外侨情观察
2013—2014

Overseas Chinese Review 2013—2014

《海外侨情观察》编委会 编

暨南大学出版社
JINAN UNIVERSITY PRESS

中国·广州

图书在版编目（CIP）数据

海外侨情观察. 2013—2014/《海外侨情观察》编委会编. —广州：暨南大学出版社，2014.5
ISBN 978 - 7 - 5668 - 1004 - 5

Ⅰ.①海…　Ⅱ.①海…　Ⅲ.①华侨状况—世界—2013—2014　Ⅳ.①D634.3

中国版本图书馆 CIP 数据核字（2014）第 087638 号

出版发行：暨南大学出版社

地　　址：中国广州暨南大学
电　　话：总编室（8620）85221601
　　　　　营销部（8620）85225284　85228291　85228292（邮购）
传　　真：（8620）85221583（办公室）　　85223774（营销部）
邮　　编：510630
网　　址：http：//www.jnupress.com　http：//press.jnu.edu.cn

排　　版：广州市天河星辰文化发展部照排中心
印　　刷：佛山市浩文彩色印刷有限公司

开　　本：787mm×1092mm　1/16
印　　张：31.25
字　　数：785 千
版　　次：2014 年 5 月第 1 版
印　　次：2014 年 5 月第 1 次
印　　数：1—2000 册

定　　价：78.00 元

《海外侨情观察》作者及其分工

上　编　专　题

下　编　区域与国别侨情

吉尔吉斯斯坦   张小欣

美洲地区

美　国 　　　　　　　　　　　　　　　　　　　　　　　　李爱慧
加拿大 　　　　　　　　　　　　　　　　　　　　　　　　吴金平
墨西哥 　　　　　　　　　　　　　　　　　　　　　　　　余惠芬
阿根廷 　　　　　　　　　　　　　　　　　　　　　　　　高伟浓
委内瑞拉 　　　　　　　　　　　　　　　　　　　　　　　高伟浓
秘　鲁 　　　　　　　　　　　　　　　　　　　　　　　　黄卓才
巴　西 　　　　　　　　　　　　　　　　　　　　　　　　高伟浓
苏里南 　　　　　　　　　　　　　　　　　　　　　　　　袁　艳
巴拿马 　　　　　　　　　　　　　　　　　　　　　　　　文　峰
哥斯达黎加 　　　　　　　　　　　　　　　　　　　　　　陈奕平
牙买加 　　　　　　　　　　　　　　　　　　　　　　　　陈奕平

欧洲地区

东欧地区 　　　　　　　　　　　　　　　　　　　　　　　石沧金
北欧地区 　　　　　　　　　　　　　　　　　　　　　　　吉伟伟
俄罗斯 　　　　　　　　　　　　　　　　　　　　　　　　程晓勇
英　国 　　　　　　　　　　　　　　　　　　　　　　　　庄礼伟
法　国 　　　　　　　　　　　　　　　　　　　　　　　　文　峰
德　国 　　　　　　　　　　　　　　　　　　　　　　　　文　峰
荷　兰 　　　　　　　　　　　　　　　　　　　　　　　　陈奕平
爱尔兰 　　　　　　　　　　　　　　　　　　　　　　　　陈奕平
意大利 　　　　　　　　　　　　　　　潮龙起　〔意〕袁琴
西班牙 　　　　　　　　　　　　　　　　　　　　　　　　潮龙起
希　腊 　　　　　　　　　　　　　　　　　　　　　　　　唐翀

非洲地区

非　洲 　　　　　　　　　　　　　　　　　　　　　　　　周海金
南　非 　　　　　　　　　　　　　　　　　　　　　　　　张振江
毛里求斯 　　　　　　　　　　　　　　　　　　　　　　　石沧金
博茨瓦纳 　　　　　　　　　　　　　　　　　　　　　　　徐　薇

大洋洲地区

澳大利亚 　　　　　　　　　　　　　　　　　　　　　　　郭又新
新西兰 　　　　　　　　　　　　　　　　　　　　　　　　李爱慧
斐　济 　　　　　　　　　　　　　　　　　　　王昱　何睿宏

序

刘泽彭

  暨南大学作为华侨最高学府，自 1906 年在南京创办以来，迄今已逾百年。百年侨校在致力于侨生教育的同时，还一直倡导和大力推动华侨华人问题的深入研究。早在 20 世纪 20 年代，暨南大学就成立了南洋文化教育事业部，并创办专业学术刊物《南洋研究》。此举使暨南大学成为国内最早从事华侨华人研究的学术基地，徐中舒、李长傅、周谷城、谭其骧、陈序经等前辈学者均先后供职于此。新中国成立后，学校又相继成立了东南亚研究所、华侨华人研究所等一系列有关华侨华人研究的机构，一批研究人员在著名学者朱杰勤教授等的带领下，埋头奋进，取得了一大批丰硕成果。2000 年 12 月教育部在暨南大学设立了国家级华侨华人重点研究基地，借此进一步推动华侨华人研究的国际化，并力图促进基地学术影响力在海外不断拓展。2011 年，学校又通过整合国际关系、华侨华人及其他相关领域研究力量，成立国际关系学院/华侨华人研究院，力争打造华侨华人研究创新平台。

  华侨华人是在世界近代化过程中逐渐形成的社会群体。华侨华人在居住国的生存与发展，受居住国政治、经济、社会、文化、族群关系、对外政策等各方面因素的制约与影响。而国外侨务工作又是中国新世纪和平发展战略的重要组成部分。在这个意义上，华侨华人研究具有国际研究、实证研究、战略研究等多重意义。暨南大学华侨华人研究长期以来就以研究世界各国华侨华人见长，出版过许多有关国别华侨史，如印度尼西亚华侨史、澳大利亚华侨史、美国华侨史等方面的著作，这些研究成果从纵向的角度探讨世界各国华侨华人的发展史，为世人了解世界各国华侨华人的发展演变提供了一个视角。但我们也必须承认，随着全球化时代的到来，在中国迅速和平发展和走向国际舞台的伟大时代，世界各国华侨华人群体在数量上不断增加，其生存状况也变得越来越复杂、越来越多元化，华侨华人在居住国的生存与发展也面临越来越复杂多变的外部环境。为了更好并及时地反映这些变化和发展，研究新情况、新问题，我们决定从 2012 年起每年出版一本《世界侨情报告》（因客观需要，从 2014 年起更名为《海外侨情观察》），试图从横向的视角，探讨华侨华人的一些热点问题，跟踪分析世界主要国家和地区华侨华人的发展变化及相关的政治经济形势，为当代华侨华人研究和侨务政策制定提供些许借鉴。

华侨华人研究是一门综合学科和交叉学科，需要相关学科的参与和合作，需要相关学科更多学者的支持与共同努力，政治学、历史学、社会学、新闻与传播学、经济学、管理学等学科的研究方法和研究视角并不是对立的，而是相互补充、相互完善的。暨南大学具有综合性大学学科门类齐全的优势，有了其他相关学科研究人员的参与，我校华侨华人研究一定会更加丰富多彩，一定能够更加凸显自己的特色。

本书共分两部分，包括专题和区域与国别侨情。以一本书的篇幅反映海外华侨华人的概貌，实在不是一件容易的事情，我们尝试着把这件工作做得更好，但不是最好。我们的目标是通过每年编写一本侨情研究报告，培养和锻炼我们的研究团队，增加这方面的积淀，使我们的研究团队成长为中国华侨华人研究的一支劲旅。

经过编撰人员的共同努力，2012 年和 2013 年的《世界侨情报告》得到了国内外学界的肯定。与之相比，即将出版的《海外侨情观察 2013—2014》的容量有了一定的扩展，增加了一些国别。由于编撰人员水平有限，错误和不足在所难免，恳请广大读者批评指正。

2014 年 3 月 28 日

目　录

```
上 编 专 题
```

```
下 编 区域与国别侨情
```

上编

专题

2013 年世界侨情：特点与趋势①

2013 年世界形势与海外侨情总的特点是稳中有变，和平与发展仍然是 2013 年世界政治经济局势的主旋律，世界政治经济多极化的趋势继续彰显，世界经济重心正在加速向亚太地区转移。华侨华人在大多数国家都能安居乐业，生存与发展状况不断改善；随着世界经济形势的好转，华商已经告别严冬，虽然春寒料峭，但春天毕竟已经来临；在一些发展中国家，局势动荡给住在国的华侨华人带来了许多困扰，存在着各种各样的政治经济风险，他们的生存与发展面临挑战。

一、世界政治经济局势变化对海外华侨华人社会的影响

2013 年世界政治经济局势变化对海外华侨华人社会的影响表现在如下五个方面：

（1）世界经济稳步复苏，经济全球化、区域化进一步向纵深发展，这对世界各国华商是极大的利好消息。进入 21 世纪以来，随着经济全球化的不断深入，新一轮国际产业转移浪潮逐步形成，并呈现出一些新的趋势。全球外国直接投资迭创新高，发达国家产业转移的步伐也随着全球外国直接投资规模的扩大而加快。由于知识经济和信息时代的加速到来，发达国家的产业转移模式发生了很大变化，已不再局限在劳动密集型、资本密集型、技术密集型的梯度性转移，而是将产业链的两端即研发、制造、销售、服务等价值链各个增值环节进行转移。服务业的跨国并购和重组增多，成为国际产业转移的新热点。这些都为华商进一步拓展商机提供了新的机遇，也为华商的发展提供了更加广阔的天地。

（2）大国关系趋于稳定，有利于欧美各国华人社会的发展。中国领导人提出构建新型的大国关系，不对抗，不冲突，谋求合作共赢，努力促进与欧美各大国关系的正常、健康发展。世界历史发展进程表明，大国之间不搞对抗，共同促进发展，区域和世界和平就有了基本的保障。一年来，我国与美国、欧盟、俄罗斯的关系日益趋于稳定，合作共赢的愿望进一步增强，这些都为住在国的华侨华人安居乐业提供了保障。总的来看，欧美国家华侨华人的生存与发展状况相对比较稳定，他们融入住在国主流社会的程度也比较高。

（3）东亚地区不稳定的政治局势对住在国华侨华人产生了许多消极影响。多个地区强国并存，不断加剧的领土与海洋争端，难以化解的历史宿怨，加上日本当局的错误政策，以及域外一些大国的纵容，导致东亚地区局势紧张，有些外媒甚至形容当前的东亚犹如百年前的欧洲，爆发冲突的风险陡然增加。这一切都给住在国华侨华人的生存与发展增加了许多不确定性。中菲关系、中日关系存在许多变数，国家间关系恶化，令住在国的华侨华人处于非常尴尬的境地。

---

① 本文是集体创作的成果，参与撰写和收集、整理资料的师生有曹云华、刘华、彭伟步、任娜、王九龙、师会娜、姚骋。

（4）一些发展中国家局势的不稳定给住在国华侨华人带来更多的政治经济风险。在刚刚过去的一年里，不断传来一些发展中国家发生动乱、政变、经济危机、罢工、示威游行等坏消息。在中东地区，"阿拉伯之春"使该地区陷入持续的动荡之中；在非洲，虽然近年来出现持续的经济增长势头，商机无限，吸引了大量的华侨华人，但该地区经济快速增长的背后却危机四伏，大大小小的军阀、伊斯兰极端势力、腐败与软弱的政府等导致该地区频繁发生各种暴力事件；在拉丁美洲，各种群众的运动此起彼伏，街头抗议活动、反政府集会、罢工、游行示威等成为常态。上述各个地区出现的动荡和突发事件一般都不是专门针对华侨华人，但是，一旦出现动乱或暴力冲突，当地的华侨华人难免受到冲击，遭受池鱼之殃。例如，近日，南苏丹首都朱巴郊区及市区、琼格莱州等地爆发武装冲突。南政府已宣布在朱巴、东赤道州和上尼罗河州等地实施宵禁。中国外交部领事司和驻南苏丹使馆提醒中国公民近期暂勿前往南苏丹，非必要留南人员要尽快撤离，留南人员要注意安全、避免外出，遇紧急情况应及时联系中国驻南苏丹使馆。又如，近期阿根廷圣菲省、科尔多瓦省和布宜诺斯艾利斯省等地发生哄抢，超市、酒行、面包店、电器店、普通民宅和车辆等均成为抢劫目标，部分华商在当地开设的超市遭受冲击。中国外交部领事司和驻阿根廷使馆不断敦促阿方切实保障中国公民的安全与权益，同时提醒在阿根廷的中国公民密切关注当地治安形势，增强风险意识，采取必要的防范措施。

（5）经济全球化和中国"走出去"战略促使更多国人走出国门，走向世界。2013 年世界侨情的最大特点，是中国的海外移民继续呈较快增长的态势。根据美国公布的最新统计数据，目前，美国的华人移民人口总数达到 216 万之多，占其 4 000 万移民总数的 5.4%，成为继墨西哥移民之后的第二大移民群体。最近，英国国家统计局也确认，中国公民首次成为英国人数最多的移民群体，2012 年进入英国的中国人有 4 万人，而在 2010 年仅有 2.9 万人。英国《金融时报》一篇报道认为："中国在新移民人数中新占据的首要地位在一定程度上表明了英国政府的成功——这届政府一直在努力加强与中国的联系。"① 据我国相关机构的研究，中国近年来的新移民中，留学移民逐渐成为主力，在 2003 年，我国出国留学人数为 12 万人，2011 年达到 34 万人，2012 年快速增加至 40 万人。据日本方面的统计，在日中国人已经成为日本第一大外国人团体，人口数量达到 68.71 万，其中获得永住资格的有 16.94 万人，占在日华人总数的 24.65%；留学生居第二，约有 13.44 万人，占在日华人总数的 19.56%。在日华人中年轻人占绝对多数，其中 20～29 岁年龄段的有 29.98 万人，占在日华人总数的 43.63%。②

二、华人政治：蔚然成风

（一）特点

1. 海外华人参政方兴未艾，华人政治力量增强

2013 年海外华人参政依旧惊喜不断。5 月 5 日，马来西亚第 13 届大选是本年度海外华人参政最重要的事件，大选结果既在意料之外，又在情理之中。7 月 26 日，旅荷华人召

---

① ［英］海伦·沃勒尔：《中国成英国最大移民来源》，（英国）《金融时报》（中文网络版），2013 年 12 月 2 日。
② 中国新闻网，2013 年 8 月 30 日。

开参政议政工作座谈会，全荷华人社团代表和当地华人代表参加会议，成立荷兰华人党筹备工作委员会，推选胡振款担任召集人，成立华人党以进一步鼓励华人参政议政。9月，澳大利亚举行大选，华裔候选人李逸仙得到了澳大利亚联邦前总理陆克文的支持，但最终没有当选。9月20日，新西兰举行了地方政府选举，华人黑马杨宇明成功当选为哈密尔顿市议会议员，成为该市第一位华人议员。2013年英国举行地方议会选举，无党派华裔候选人成世雄（来自香港）击败独立党候选人获得连任。鉴于2015年黑人和亚裔登记选民人数将激增70%，选举胜负的关键在于争取少数族裔的支持，尽管工党传统上受少数族裔支持，但目前保守党、自由民主党都加强了对包括华人在内的少数族裔的拉拢。11月，美国的纽约市、波士顿市、西雅图市进行换届选举。纽约市长竞选中首次出现了华裔候选人——刘醇逸。他是百年来首次参加纽约市长竞选的亚裔。华人选票受到各位候选人的重视，华人成为候选人竞相争取的一股不可忽视的政治力量。选举结果如人所料，刘没有当选。美国华人学者、长期从事美国少数族裔问题研究的王灵智教授认为，美国种族歧视现象仍然存在，主流的白人族群（盎格鲁—撒克逊人）仍然对亚裔、黑人、拉丁裔存在种族歧视，针对华人的歧视亦存在于政治、经济、社会和文化生活的各个领域，虽然已经有一批华人精英跻身于美国主流社会，但是作为一个族群，华人仍处于边缘地位，尤其是在政治与文化方面。[①]

2. 华人政治意识觉醒，参与型政治文化逐步形成

这是海外华人社会成熟的最重要标志。在当前大多数国家实行代议制政府的情形下，有代表权则有发言权。一个团体必须在政府中拥有代表人，其利益才不会在政府制定政策时被忽视。控制政府是人们实现其目标或价值的惯用方式。[②] 这在马来西亚华人参政中表现得尤为明显。马来西亚华人历来积极参与国家的政治生活，并且有自己的政党代表。2013年大选中，马来西亚华人选民登记率高达90%，而马来族只有75%，印度族只有68%。马来西亚政党制度的一个重要特点就是种族性的政党制度，各个民族组成以本民族为主体的政党，代表马来人利益的最大政党为巫统，代表华人利益的最大政党为马华公会，长期以来，马华公会一直是执政党集团——国民阵线的联盟党之一。

此外，马来西亚选举的一个最大特点就是反对党联盟——人民联盟取得大胜。早在2008年大选中，马来西亚的政治格局就已经发生了变化，巫统没有能力像以往那样完全操控选举，一党独大的局面逐渐瓦解，反对党联盟的力量不断壮大，两大政治阵营的竞争体制成为马来西亚政治生态的基本格局。本届大选只是确认和巩固了这个基本格局，虽然此次选举并没有使得长期执政的国民阵线失去执政权，但是在此次选举中，反对派显示了强大的力量，首次获得了全国过半数的支持，得票率为50.83%（2008年的得票率为46.75%），而执政党集团——国阵的得票率为47.425%（2008年的得票率为50.27%）。但是，国阵凭借单一选举区划分的优势，取得了国会中的简单多数席次。华人反对党——人民行动党赢得了38个国会议席，成为国会中最大的反对党。

---

① 2013年10月19日至11月28日，美国加州大学伯克利分校的王灵智在暨南大学华侨华人研究院做了为期一个月的讲学。王教授在讲学中阐述了这一观点。

② ［美］罗伯特·达尔、布鲁斯·斯泰恩布里克纳著，吴勇译：《现代政治分析》（第六版），北京：中国人民大学出版社2012年版，第43、77页。

3. 华人政治立场鲜明，政治取向超越族群范畴

2013 年马来西亚大选中，国阵的成员党、长期执政的华人政党——马华公会与民政党惨败，马华公会在此次选举中推出了 37 位候选人，但只有 7 人当选，比上一届选举减少了 8 位，仅赢得 3.2% 的选票。民政党只有一位候选人当选。此次选举华人弃选马华公会，而改为支持反对党联盟——民联。华人占马来西亚总人口的 24.6%，选举结果显示，有80% 以上的华人选民将选票投给了反对党人民联盟。国阵领导人纳吉布将此结果形容为"华人政治海啸"[①]。华人在此次选举中提出的口号为"五月五，换政府"。不同阶层的华人选民表示，基本上都支持民联，并对马华公会嗤之以鼻，这意味着华人正谋求政治代言人的转变。

族群政治在今后仍然是支配马来西亚政治的主要因素，在短期内无法改变，马来西亚华人对此应该保持清醒的认识。但是，马来西亚政治的确在发生变化，这个变化来自哪里？来自新生代的年轻人。在 20 世纪 70 年代以后成长起来的新一代年轻人，逐渐成为选民的主体，在下一次大选中，单是华人就有一百万新的选民，求变、求新是新一代选民的共同心理特征，他们将成为改变马来西亚政治格局的主要力量。因此，今后谁能获得年轻人的支持，谁就能够赢得大选。

（二）发展趋势

1. 2014 年迎来参政契机，更多华人将大展宏图

2014 年，法国将举行全国范围的市政府选举。多名学者呼吁，华人需在 12 月 31 日前进行选民登记，并客观理性地投票。华人从政进入主流社会、进入主流媒体获得话语权是最有效的保护自身利益的办法。近期，巴黎市长候选人及巴黎十三区华裔副区长陈文雄特意来到十三区寻求华人支持，陈文雄也将有可能在巴黎市政府任要职。法国华人政治意识正在觉醒和提升，法国政治家们也开始积极寻求华裔选民的支持。法国华人在努力融入法国主流社会的同时，也要求自己的政治和经济利益能够得到更好的保护。

2014 年 11 月美国将举行中期选举，公职包括联邦参众议员、各州议会等高层职位以及多项公投议案。据有关媒体报道，目前加州至少已有 15 位华人行动起来，向联邦国会和加州议会进军，继续谱写美国华裔参政的新篇章。

2. 华人参政阻力不少，要加强团结、凝聚力量

目前，虽然海外华侨华人总数很多，但是政要人数与人口数量之间不成比例，反映了多国华人参政并非尽善尽美的现实。华人在参政过程中面临着来自多方面的阻力，而且整个华人群体参与选举投票的热情并不是很稳定，这使得华人参政仍面临着比较大的劣势。并且，对于从政的华人来说，常常要付出较大的物质代价。

此外，随着海外华人参政积极性日渐提高，参选人数越来越多，不可避免地出现华人竞争同一职位的现象。有专家称，华人候选人之间的竞争极有可能分散票源，使其他族裔候选人"坐收渔翁之利"。2013 年马来西亚大选就是一个典型案例，印度族裔成为最大的受益者。同时，竞选人之间如果使用恶意抹黑等竞争手段更有可能对华人参政造成负面影

---

① 《"华人政治海啸"为何来袭?》，《人民日报》(海外版)，2013 年 5 月 8 日。

响，因此，华人需要团结起来，共同前行，才能使手里的选票成为真正的政坛影响力。①

3. 华人参政长路漫漫，需要克服多重障碍

海外华人只有拥有政治影响力才能切实保障自身的正当利益。在北美国家，人权保障机制比较完善，而且华人经济地位与社会地位并不会对主流社会构成较大的威胁，故在北美华人的基本权益可以得到有效的保护。但是在其他地方，如东南亚、拉丁美洲以及非洲，当地民族的经济实力本身就较为薄弱，华人竞争性超强的经济可能会对当地人的经济地位构成威胁。因此，面对这类政治或政策方面的歧视，华人难以撼动相关法律法规，因为华人在这些地方要么政治影响力不足，要么根本没有政治影响力。在大部分国家，华人参政的机会比较少，华人参政的渠道也不太畅通。海外华人要真正融入和参与住在国的政治生活，仍然有一段漫长的路要走，他们需要克服如下五大障碍：一是人口比例的障碍。华人在住在国政治影响力的一个决定性因素就是人口比例。在马来西亚，华人人口比重占该国的1/4，因此，马来西亚华人可以影响选举结果，甚至可以造成2013年大选的"华人政治海啸"。但在大部分国家和地区，华人的政治影响力或无或非常微小，主导因素为华人在住在国的人口比例。二是种族的障碍。除了新加坡，华人在其他住在国都属于少数民族，针对华人的各种不同程度的歧视一直存在于各个领域，且在政治领域表现得尤其明显，每当一个国家举行大选时，有关华人的议题就会被一些别有用心的政治人物进行炒作，以此煽动选民，为自己捞取政治资本。三是文化的障碍。华人离开祖籍国，在住在国生活与工作、繁衍后代，存在文化适应的问题，在某种情况下，祖籍国与住在国的文化可能会出现碰撞、摩擦，有时甚至会产生冲突。四是心理的障碍。政治现象与人的心理有密切的关系，一个民族的心理特点也会影响到这个民族对政治的看法和对政治生活的参与。海外华人政治心理的最大特点是把政治看作是别人的事情，与己无关，对政治抱着一种冷漠的态度。五是职业的障碍。在大部分国家和地区，目前乃至今后相当长一段时间内，华人仍然只是活跃在经济层面，大多从事各种商业活动，华人在商业活动上的热情会限制他们对政治生活的参与。

总体而言，当前华人参政仍处在一个转型期，此一转型期要完成两件重要的事情，一是华人积极参政的政治文化的培养，二是能够反映华人利益的政治代表的形成，即有一个长期稳定的组织或团体愿意出面维护华人的利益，还有就是华人参政途径的制度化、经常化。文化的培育以及稳定制度的形成需要一定时间的经验之积淀，中国人的文化传统中缺乏参与型的政治文化基因，因此，对于广大海外华人来说，学习民主，实践民主，逐渐培育形成参与型的政治文化，是一个长期的过程，甚至要经历几代人的学习和实践。

---

① 《华人方兴未艾的参政之路》，http：//www.people.com.cn/24hour/n/2013/0911/c25408-22877391.html。

三、华人经济：告别寒冬

（一）特点

1. 华商财富进一步增加，分布格局发生变化

随着世界经济逐渐走出低谷，华人经济实力进一步增强。华商财富一直以来主要集中在东南亚和中国香港、中国台湾地区。近年来，中国大陆富豪和发达国家华人高新技术企业的强势崛起，使华商财富的传统地域分布格局出现了显著的变化。在福布斯 2013 年世界华人富豪排行榜前 240 名中，中国大陆富豪占据 119 个席位，东南亚六国（泰国、马来西亚、新加坡、菲律宾、越南、印度尼西亚）共有 41 位华商入榜。此外，中国香港 38 人，中国台湾 26 人，其余为美国、英国等其他国家华商，①合计总财富达 9 724.6 亿美元。其中，中国大陆富豪合计财富为 2 437.6 亿美元，占上榜富豪总财富的 25.07%，东南亚富豪占 16.15%，中国香港富豪占 47.21%，中国台湾富豪占 7.49%。可见，中国大陆富豪的财富总值已然赶超了东南亚富豪。

表 1　福布斯 2013 年世界华人富豪排行榜

国家或地区	人数	财富值（亿美元）	
		合计	平均
中国大陆	119	2 437.6	20.48
中国香港	38	4 591	120.82
中国台湾	26	728	28
新加坡	9	306	34
马来西亚	8	343	42.875
印度尼西亚	13	347	26.69
泰国	4	292.5	73.125
菲律宾	6	267.5	44.58
越南	1	15	15
东南亚合计	41	1 571	38.32
其他国家	16	397	24.81
合计	240	9 724.6	40.52

资料来源：根据福布斯 2013 年世界华人富豪排行榜统计，http://www.forbeschina.com/list/more/2048。

在华人富豪排行榜前 100 位华商中，2011 年中国大陆华商共 40 位，财富总值为 1 366 亿美元，2012 年共 41 位，财富总值为 1 386 亿美元，2013 年共 43 位，财富总值为

---

① 根据福布斯 2013 年世界华人富豪排行榜统计。

1 603.5亿美元。中国大陆富豪的人数和资产实力的逐年增加，反映了世界华商财富的分布格局发生新变化，财富重心正向中国本土转移。

2. 财富分布行业更加多元，华人高科技企业快速兴起

虽然从华人富豪榜单中来看，美国、日本、欧洲、澳大利亚等国家和地区的华人富豪入选很少，但随着华人高科技企业的兴起，这些华人也开始在当地国家的富豪排行榜中崭露头角。2013年福布斯富豪排行榜中，张大卫（David Teoh）以26亿美元的净资产（第74位，电讯业）、王恒（Roger Wang）以38亿美元的净资产（第46位，主营零售业，近年涉足制药业）荣登美国的富豪榜单。在日华人企业在数量及质量方面都取得了迅猛发展。已有5家华人经营的企业在日本上市，其中有3家涉足IT产业，1家为能源企业，分别是Soft Brain、EPS、SJ Holdings和尚德太阳能电力有限公司。在美国，华人企业遍布各个行业。美国人口普查局网站公布的最新数据显示，在美华人企业数量最多的两类行业为"专业与科技服务"（Professional, Scientific, and Technical Services）和"膳宿与食品服务"（Accommodation and Food Services），分别占华人企业总数的31.6%和12.7%。在加拿大，就从业人员和资本总额而言，中餐馆依然是加拿大华人最主要的经营行业。可见，华人从事的行业仍普遍较为集中。然而，一批具有相当规模的华人高新技术企业正在崛起。2013年度硅谷150强企业排行榜中，共有10家华人企业上榜，影响力正不断增大。在东南亚，IT、电子、环保、生物制药等高科技产业已开始成为东南亚华人富豪的重要财富来源，以这些为核心业务和多元化业务的富豪占东南亚华人富豪总数的10%左右。海外华商企业不断上升的高科技含量，提高了其在当地国家的财富地位和增加了其影响力。

表2　2013年硅谷150强企业中的华人企业（10家）

排名	企业	2012年销售额（百万美元）	市值（百万美元）
8	Synnex	10 285. 65	1 378. 47
18	Yahoo	4 986. 57	25 913. 48
22	Nvidia	4 280. 16	7 896. 87
26	Lam Research	3 168. 55	6 730. 90
43	Atmet	1 432. 11	3 057. 82
46	Cadence Design System	1 326. 42	3 937. 00
50	Net Gear	1 271. 92	1 288. 16
51	Super Microcomputer	1 078. 27	475. 09
138	Pericom	138. 50	159. 99
125	Oplink Communications	178. 21	311. 93
总计	10家	28 146. 36	51 149. 71

资料来源：*San Jose Mercury News* 公布的硅谷500强企业名单。

世界华商的财富分配格局正在发生变化，海外华人高科技企业在当地国家占据了显赫的财富地位，而东南亚华商以其长期积聚的雄厚资本和人脉优势依然坐拥海外华商"主力

军"的头衔。中国贸促会 2013 年 10 月份的报告透露，东盟国家的华侨华人财富规模达到 1 500 亿至 2 000 亿美元，占全球华侨华人经济资源的 70% 以上。①在港、澳、台、新、马、泰、印尼、菲等地，华商亦是当地经济的支柱，在东南亚股票市场上，华人上市公司约占 70%。

（二）发展趋势

1. 由于国内外政治局势变化，部分国家华商生存发展环境受影响

海外华商今日取得的斐然成绩来之不易，却一直饱受争议，在一些国家，当地政府常借政治、法律等名义，以保护本国本民族经济为理由，压制华商发展。在马来西亚和菲律宾两国，人口总量不占优势的华侨华人在当地拥有举足轻重的经济地位。但两国的华商一直深受各种政治因素的牵制，发展并非一帆风顺。在 2013 年马来西亚的大选中，80% 以上的华裔选民投票支持反对党，被指责"有意控制国家经济和政治"，舆论对华商的诋毁对华商未来发展十分不利。但事实是"马来西亚的大型企业基本是政联公司（GLC），华族仅在中小企业中占有过半份额，这不足以让华商掌控马来西亚经济"②。自"香港人质事件"和"黄岩岛事件"以来，中菲关系每况愈下，这让菲律宾华商深感忧虑。占菲律宾总人口 2% 的华商掌握了占相当大比重的经济资源，而 50% 的菲律宾本土民众却生活在贫困线以下。财富分配的悬殊或将加剧种族对立，在菲华商对此纷纷表示担忧。目前，中菲两国在贸易、旅游和投资等领域已受到了两国关系恶化的严重影响。③

2. 内外因素引致移民空间缩小，部分华人经济受挤压

近年来，欧洲华商面临双重打击，一方面欧洲债务危机造成各国经济萧条，严重影响欧洲华商的生存与发展；另一方面，欧洲一些国家的政府对华商严加管制，严厉执法，极大地压缩了欧洲华商的生存空间。2012 年的"帝王事件"对于西班牙华商来说至今仍心有余悸。近年来，针对西班牙华商的各种法律行动一直在持续。当地商会及商户也对华商落井下石，纷纷举报华商的"不法行为"，频繁组织针对华商的抗议游行等，西班牙媒体也趁机煽风点火，制造对华商不利的舆论环境。华人小企业、小老板本就受欧债危机影响而举步维艰，此时又面临当地政府和民众的种种压力，真可谓雪上加霜。

当然，除却外部因素外，华商自身暴露的问题也是阻碍其发展的原因之一。加纳政府近年来多次打击非法采矿活动，有大批的中国非法移民被驱逐出加纳。非洲华人从事矿产开发的不在少数，如今中国和非洲国家的经济合作也稳步增进，加之中国对非洲的援建不断增加，华人理应在非洲有一个安宁的生存环境。此次加纳政府对中国采金者的打击，固然有加纳方面的原因，但更应该从采金者自身寻找问题产生的根源。例如，未取得合法的开采权便开始动工，开采过程中造成严重的环境污染；贿赂当地酋长和警察，影响当地社

---

① 《贸促会报告：华侨华人在东盟国家财富超 1 500 亿美元》，中国新闻网，http：//finance. chinanews. com/cj/2013/10 - 16/5389104. shtml。

② 《马中华总商会会长称，华族没掌控国家经济》，联合早报网，http：//www. zaobao. com/news/sea/story20131111 - 274881。

③ 《华商控制菲律宾 80% 的经济，中菲关系不稳致其出境堪忧》，财经网，http：//economy. caijing. com. cn/2012 - 05 - 11/111844967. html。

会风气等。久而久之，他们的采金行为引起了当地政府和民众的反感，而在遇到困难时，采金者们各自为政、各扫门前雪，更加不利于华人在当地的生存。

最近，加拿大华人协进会（平权会）多伦多分会发起的"华人新移民工作状况和经历"研究报告显示，讲普通话的加拿大华人新移民收入仅为最低工资或低于最低工资标准，且多从事体力劳动，如在工厂、超市和其他零售行业就业。报告还指出，这些华人新移民即使知晓加拿大对劳工有最低工资保障，也不敢向雇主提出薪资要求。针对这一情况，或需要当地华人社团协助语言不通的新移民加强对加拿大政策、法规的了解，早日融入加拿大社会。①

3. 顺应经济发展，改变经营策略，华人经济将迎来新的春天

欧洲华商尽管面临经济危机与政府挤压的双重打击，但仍然表现出顽强的生命力与适应能力。据意大利华商总会副会长戴小璋介绍，全意大利目前约有 4 万家华商，按照每家雇用 3 人计算，便有 12 万人，每个家庭又有 3~4 位成员，那加起来便是 30 万~40 万人了。光是华商开的酒吧就有 3 700 多家，在罗马火车站附近几条街道，到处都是华人，华人把这几条街道临街的铺面都购买下来了。在华商的努力下，罗马已经成为全欧洲的服装批发中心，全欧洲的服装商人都来这里批发衣服，然后销售到欧洲各地。这几年受经济危机的影响，生意不太好做，但是，温州商人经商的风格帮了他们，使他们能够渡过危机。比如说，一般的商家都是稳扎稳打，不过分地扩张规模，这就使他们在危机来临之前能够尽快回收资金，不会出现资金链的断裂。

近年来，欧洲华商也在反思他们在欧洲各国的商业活动与策略，及与当地主体民族的关系，许多有识之士认为，欧洲华商必须转变策略，合法和守法经营才是长久之道。2013 年 8 月下旬，笔者在访问欧洲期间，专门拜会意大利普拉托省中小企业联盟副主席王力平先生②，以下是王先生的一席话："的确，现在这里的华人，绝大部分是温州人控制了这里的纺织业、时装业，应该说这个行业的 90% 由华人控制。温州人以他们的勤奋、低廉的成本、自成一体的商业网络、灵活的经营模式，打败了当地人，成为这个行业的老大。现在，普拉托市周围的几个工业区，基本上都是华人企业，上面有中文字号，每家企业规模不等，一般都是家庭式经营，有 3~5 个工人，老板本人既是老板也是管理人员，有时候还是工人。这里的企业一般都是雇用中国工人担任体力劳动和熟练工人，也会雇用一些本地人担任如设计师、会计等技术工作，意大利人在服装设计方面的确是人才济济。我参加的普拉托省中小企业联盟是一个以当地人为主的行业协会，普拉托省有 7 000 多家会员，华人企业有 100 多家。我是受到当地人的信任，以高票当选的，已经当了两年的副主席，还负责华人小组的事务。我认为，这个工作很重要，尤其是在沟通当地政府、人民与华侨华人企业方面，可以扮演桥梁的作用，当地企业、政府和人民，对华人和企业都缺乏了解，总是把华人看作是一个很奇怪的民族，很封闭，自成一体，完全生活在自己人的小圈

---

① 《加拿大华人新移民工资偏低，逾半从事体力劳动》，中国新闻网，http://www.chinanews.com/hr/2013/06 - 12/4920756.shtml。

② 普拉托省位于意大利中部，据介绍，普拉托省有 18 万人口，关于华人有多少的问题，有几种说法，一种是正规的、有登记的人口约为 1.7 万人，占当地人口的 10%；第二种说法，有 3.5 万人，占当地人口的 20%；还有一种说法是 5 万人。

子里。他们很会聚敛财富，但又很吝惜，不愿意合法经营，总是偷税漏税。我接任副主席已经两年，我的工作目标是：促进华商合法经营，努力融入当地社会，积极参与当地事务。这几年的事实证明，我这个方向是对的，通过努力，普拉托当地政府和人民对华人的认识不断地趋向正面，有了比较多的了解，减少了猜疑，增加了互信。当然，目前的工作还是远远不够的，必须有更多的华人有识之士和华人企业来参与，共同来做这项工作。"①

在世界经济一体化、区域化的发展过程中，世界华商成为经济全球化和区域化的"弄潮儿"，他们既是全球化和区域化的产物，同时又有力地推动了全球化和区域经济一体化的过程。然而，走出国门的华商也受到了各国反全球化和区域化力量的制约，被卷入了全球化、区域化下不同群体的利益冲突之中。与此同时，全球金融危机对华商的严重冲击，暴露了海外华商传统行业和传统经营模式的脆弱性。当前，世界经济正在步入复苏轨道，随着改革开放的进一步深化，中国经济也出现了新的增长势头，世界华商在度过寒冬之后，将会迎来阳光明媚的春天。

四、华人社团：加速转型

（一）特点

近年来，随着海外华人人数的迅猛增加以及社会经济实力的不断增强，华人社团也愈发复杂和多样化，社团在数量、规模和功能等方面均已发生了明显的改变，出现了诸多崭新的时代特点。关于海外华人社团在世界的分布和数量，目前尚无确切的统计数据，据估计，有 2 万~3 万个。据 2013 年的一篇报道，仅在马来西亚一地，就约有 9 000 个华人社团。海外华人社团快速增长的原因，很大程度上在于近年来华人新移民人数的大幅增加。近二十年来，随着中国向外移民数量的大幅增加，移民的地区流向出现了明显的变化。根据"华人人口越多的地方，华人社团数量也越多"这一推理原则，目前海外华人社团分布的大体地理格局是：亚洲尤其是东南亚依然是华人社团最为集中的地区，其次则为美洲、欧洲、大洋洲和非洲等地。

第一，传统华人社团正在转型。从社团人员的构成来看，第一代老移民、接受华文教育的第二代土生华人和出生于中国的新移民构成了当今华人社团的主力军。接受当地教育的第二代和第三代土生华人，由于其本土融合度较高，生活范围已不再局限于华人社会，他们中的大多数人对华人社团失去兴趣，致使当今许多社团在人员上出现萎缩或青黄不接的现象。但近来有资料显示，随着传统华人社团功能的日渐转型，社团参与本土事务的程度日渐提高，以及社团在协助成员建立外部商业社会网络方面的作用不断增强，以华裔青年为主的社团开始显露热情并迸发活力，一些融合当地的华裔与新移民的青年组织也相继成立，并日益走向国际舞台。如由马来西亚八个华人青年团体组成的大马华人青年团表现积极，开始参与朝野政治活动。②

第二，新移民社团更具开放性。同老移民社团相比，新移民来源地的多元性使得新移民社团在人员构成方面出现了明显的开放性特征，其主要表现是社团对于入会资格的要求

---

① 2013 年 8 月 26 日，笔者一行拜会了王力平先生，这是当时谈话记录的一部分。
② 《大马华人青年团调整形象，也积极参与接触朝野政治纲领》，（马来西亚）《星洲日报》，2013 年 1 月 7 日。

更加宽容和灵活。2010年在新加坡注册成立的新加坡天府会目前有2 000位理事和成员，其中四川籍人士只占六成，其余四成则由与四川有工作、学习、旅游等各种"机缘"的非四川籍人士组成。① 无独有偶，加拿大北京协会对于会员的资格要求则是，"生在北京、长在北京、曾工作学习在北京，甚至梦想过北京并愿意与北京人交往的加拿大新老移民"均可加入该会。②

第三，地缘社团表现更强的活力。从社团的建构类型来看，在传统类型的华人团体中，相比于血缘和宗教社团，地缘社团近年来显现了更为强大的活力。从2012年底至2013年，相继成立的地缘社团有美国的"佛州福建同乡会联合会"、"得州安徽同乡会"、"圣地亚哥陕西同乡会"和"东北同乡会"，新西兰的"奥克兰青岛同乡会"，加拿大的"浙江同乡会"，日本的"甘肃同乡会"，以及罗马尼亚的"江苏华侨华人联合会"等，而新成立的血缘社团则寥寥无几。

第四，专业性社团发展迅猛。除传统型社团之外，社团建构类型的另一个特点则是专业性社团呈迅猛之势发展，数量倍增。据估算，目前全球华侨华人专业社团的数量已达到2 553个。

第五，泛华人社团正在崛起。不同于传统型社团和专业社团，以华人性（chinese-ness）或华人文化为纽带成立的团体日渐兴盛，成为近年来华人社团在建构类型上的另一个特点。此类社团以该区域的全体华人为涵盖对象，以热爱中华文化为共有的号召背景。如美国大芝加哥地区华侨华人联合会（CAAGC）明确提出，"凡爱我中华并愿为中国和平统一作贡献的炎黄子孙、华人社团，只要承认本会章程，遵守美国法律……即成为本会会员"③。近几年成立的此类团体还有"加拿大华人联合总会"（2005年）、"阿联酋华侨华人联合会"（2010年）、"西班牙USERA华人联合会"（2011年）、"斯里兰卡华侨华人联合会"（2012年）和"意大利曼托瓦华侨华人总会"（2013年）等等。

第六，社团的功能越来越趋向多元化。从社团的组织架构来看，以往成立的华人社团多以单一性架构为主，即单纯的地缘、血缘或业缘等性质的团体，而目前在海外华人社会，以联合性为组织架构的社团则越来越多，并有不断增加的趋势。联合性社团通常由多个单一结构的组织集合起来，构成了一个规模更大、人数更众的联合团体。该类社团有洲际区域性的，也有一国之内的。前者如"美洲新华侨华人联合总会"，该会于2004年成立，由来自美国、加拿大和南美地区的40个华人新移民团体构成；2001年成立的"全欧华人专业协会联合会"也有来自欧洲不同国家的40个专业性社团成员。

（二）发展趋势

结合上述社团近年来的发展特点，海外华人社团在未来的发展趋势可以归纳为三点：

第一，规模化。它主要表现在两方面，一是社团会员的规模化。随着短期内海外移民人数的有增无减，社团无论在个人会员还是团体会员上，都将随着新移民、新社团的增加而在人数上不断壮大。二是社团活动的规模化。通过整合社团资源、建立合作平台来更好

---

① 任娜：《新加坡天府会会长杜志强访谈录》，（新加坡）《联合早报》，2013年11月18日。

② 《加拿大北京协会》，http：//canadabjxh. blog. sohu. com/82467081. html。

③ 参见大芝加哥地区华侨华人联合会网站，http：//yellowpage. chineseofchicago. com/association – agency/chinese – association/CAAGC/大芝加哥地区华侨华人联合会。

地争取和维护当地华人移民的利益，将是华人社团的共识。2013 年，我们可以看到一些社团的合作已经初显成效。如在新加坡，新加坡宗乡会馆联合总会、新加坡中华总商会、华社自助理事会和通商中国四大社团联合举办了"华社分享交流大会"，提高公众和新移民对华社和华社组织的认识并取得了理想效果；①在西班牙，为了应对当前华商在西班牙所面临的形势和问题，当地各大华人社团召开联合会，共同采取行动，如向媒体投书阐明立场、澄清事实，积极参与当地移民局或慈善机构组织的公益活动等；②在美国的布鲁克林，美国（香港）旅美华人总商会、布鲁克林华人联合总会、纽约海南同乡会、美东台山侨中同学会等多家社团成立了联合组织——布鲁克林亚裔社团联席会，来推动选民登记，支持华裔竞选市长。③

第二，本土化。华人社团的本土化并非新近事物，在华人移民最多的东南亚地区，社团的本土化进程已历经了半个多世纪，社团的社会功能也早已向本土转型。未来这一进程将会继续发展和深化，并不断走向成熟。这一趋势主要体现为海外华人社团将会愈发积极地卷入到住在国本土的政治、社会、文化等事务的方方面面。华人社会已经深刻地意识到，只有立足本土、融入本土，才能更好地表达本族裔的声音和诉求。总之，华人社团本土化的发展趋势将是华人移民在移居国定居生活的必然结果。

第三，跨国化。这一点主要体现在华人社团与祖籍国的跨国联系、跨国网络方面，两者的关系得到前所未有的拓展和延伸。2013 年华人社团的种种表现已有力地证明了这一点。如 2013 年成立的日本甘肃同乡会在成立之初就明确提出，"配合故乡政府提出的经济振兴战略项目的实施，努力发挥桥梁纽带作用，促进加深甘肃与日本的经济贸易、文化旅游"④。同一年成立的加拿大浙江同乡会在宗旨中也明确写道，"建立相互交流的平台，促进同乡与企业之间的交流与合作，帮助在加的浙商投资创业，促进加拿大与浙江的科技文化旅游经贸等方面的交流"⑤。

五、华文教育：把根留住

（一）特点

华文教育作为海外基础最雄厚、范围最广泛、教育最规范的中国语言文化教育体系，对帮助海外华侨华人学习中文，了解中国文化，自觉地做中外文化交流合作的促进者，效果最为显著。在世界经济一体化的大环境下，华文的实用性价值日益凸显，海外华文教育形势越来越好。

1. 全面普及与重点扶持相结合

首先，就全世界华文教育普及的广度而言，有华侨华人的地方，就会有华文教育，各国的华侨华人为了留住中华民族的根、中华传统文化的魂和对祖（籍）国的情，创办了不

---

① 《新加坡四大华社组织联办交流会，合力扩大影响力》，（新加坡）《联合早报》，2013 年 5 月 20 日。
② 《西班牙侨界热议华商生存环境　应谨慎低调加强自律》，http：//www.chinanews.com/hr/2013/05－20/4836139.shtml。
③ 《布鲁克林亚裔社团联席会成立》，《侨务内参》，2013 年 4 月 22 日，第 12 页。
④ 《日本甘肃同乡会东京成立》，《侨务内参》，2013 年 4 月 29 日，第 13 页。
⑤ 《加拿大浙江同乡会成立》，《侨务内参》，2013 年 1 月 21 日，第 19 页。

同形式的华文学校。目前，全世界已有约 2 万所华文学校，数百万名华裔学生在校接受华文教育。华文教材的发行区域覆盖了 50 多个华侨华人居住国。

其次，就推广华文教育的方法而言，相关部门采用抓重点、树榜样、加强扶持的方法，较有代表性的例子就是海外华文教育示范学校的评选活动。该活动由国务院侨办和中国海外交流协会主办，旨在通过示范学校的榜样作用，带动当地其他华校加快发展，促进所在国家和地区的华文教育发展，增进中外文化教育交流。2009 年，首批 58 所海外华文教育示范学校挂牌；2011 年，第二批 46 所学校获得授牌。未来 5 年，国务院侨办将建设 300 所海外华文教育示范学校，并给予重点扶持。

2."输血计划"和"造血计划"并重

1987 年 8 月，国务院侨办从广州华侨补习学校选派了两位教师，赴马达加斯加邹省塔马塔夫华侨学校教授华语，从此开启了国务院侨办长期外派教师的工作。2011 年，侨办派出教师 400 余人，2012 年派出教师 700 余人，2013 年拟派出教师 800 余人。目前，外派教师遍布五大洲的近 300 所华校，主要集中在华侨规模较大的东南亚国家。自 1987 年至今，已累计选派 3 000 多名教师在 26 个国家华校任教。[1] 侨办将根据海外华校的需要，继续扩大外派教师规模，每年从国内选派大批优秀教师赴海外重点华校支教，壮大海外华文教师队伍。

海外华文教育想要长期稳定发展，必须培养本土华文教师，为此，国务院侨办和一些国家启动了"造血计划"。近年来，为方便海外华文教师学习，提高海外华文师资队伍的教学质量，侨办组织国内教育专家和资深老师，奔赴世界多个国家开展华文教育培训活动，或者邀请海外华文教师来华培训。

表3　2013 年主要海外师资培训活动

主办单位	活动名称
国务院侨办	华文教育·教师研习
中国海外交流协会、中国华文教育基金会	海外华文教育名师巡讲团
中国华文教育基金会	华文教师教学技能"金辉"北京培训班
中国华文教育基金会	越南、马来西亚华文教师课堂教学技能广西培训班
国务院侨办、中国海外交流协会	印度尼西亚华文教师普通话培训班
国务院侨办	泰国华文教师普通话正音培训班
中国海外交流协会	缅甸华校校长教师培训班
中国海外交流协会	马来西亚华文独中班主任培训班

① 范超：《国侨办今年外派教师超 800 人》，http://www.chinanews.com/hwjy/2013/05 - 21/4839854.shtml。

（续上表）

主办单位	活动名称
中国华文教育基金会	泰国华文教育本科学历班
中国海外交流协会、云南省海外交流协会	缅甸华文学校教师培训班

3．文化教育内容与形式的创新

习近平总书记说"博大精深的中华文化是海内外中华儿女共同的魂"。由此可见文化在海外华文教育中的重要性。但是，中华文化博大精深，选取哪些内容来教以及通过什么样的方式来教，是我们必须解决的问题。近些年来，政府部门也在不断改进文化教育，举办了一系列与中华文化有关的教育活动，这些活动不论是内容还是形式，都有了一个新的突破。

表4　与中华文化有关的系列教育活动

主办单位	起始时间	活动周期	活动名称	活动宗旨
国务院侨办、国家汉办等机构	1993 年	每年一次	华人少年作文比赛	鼓励世界华人少年学习和继承民族的语言文化，提高使用民族语言文字的能力
国务院侨办、中国海外交流协会	1999 年	不定期	中国寻根之旅	帮助海外华裔青少年了解中国国情和中华文化，促进海内外华裔青少年的交流
国务院侨办、中国海外交流协会	2011 年	每年一次	中华文化大乐园	帮助海外华裔青少年了解和学习中华文化
国务院侨办、北京市人民政府、中华全国青年联合会	2011 年	每年一次	"水立方杯"海外华裔青少年中文歌曲大赛	吸引海外华裔青少年学习中文，弘扬中华文化，培养中华民族情
中国海外交流协会	2012 年	每年一次	海外华裔青少年中华文化大赛	激发海外华裔青少年学习汉语和中华文化的兴趣

4．运用和推广远程教育新技术

从 2006 年开始，中国华文教育基金会陆续在美国、印度尼西亚、文莱、葡萄牙等国家开展远程培训工作，已有 3 000 多名海外华文教师受益。例如，"2012 华文师资远程培训"项目涵盖了幼儿师资远程培训、初级汉字与汉语速成教学培训、中级华文阅读教学培训、高级汉语教学法培训等各个层级的华文教学内容。

（二）发展趋势

1．侨民回乡学习

侨二代、侨三代长期生活在国外，很多人已经不会讲普通话，不认识汉字了。针对这种情况，国内的一些侨乡全力支持发展华侨子女学校，让长期生活在国外、无法开展普通话交流的华侨子女回乡学习。随着祖国经济实力的不断提升，预计会有越来越多的侨二代、侨三代回祖国接受高等教育。

2. 合作办学

海外华文学校应同中国相关学校加强合作。合作办学能使华校共享国内学校的师资和管理资源，快速成长。菲律宾还在探索通过与中国知名大学合作的方式建设华文学校。2009 年，菲律宾华教中心与暨南大学华文学院在密三密斯光华中学进行了合作办学的试点。三年多来，这所华文学校已走出生源短缺、管理混乱的困境，进入良性发展轨道。

3. 海峡两岸加强合作

台湾在海外开展华文教育的历史比较悠久，而且秉承了中国重视海外华文教育的传统，从来没有中断过。两岸华文教育界应加强交流，共同探寻华文教育发展规律；携手合作，共同致力于推动华文教育大发展；凝聚共识，形成推动两岸华文教育合作的强大动力。面对蓬勃发展的世界华文教育，海峡两岸教育合作要想进一步深化，应该建立两岸华文教育的协商机制，协调华文教育方面的工作。[①]

4. 资源整合，协同发展

从侨办系统内着眼，侨办应探求系统内几所院校之间的联动机制，从不同层面发挥每所院校的功能作用，整合资源，形成覆盖所有教育层次的、连贯的华文教育体系，使华文教育成为国民教育中的独特环节和有益补充。从国际上来看，我们要把中国大陆的力量和港澳台的力量有效地整合在一起，把国内的力量和海外的力量、华侨华人的力量以及住在国主流社会的力量协同起来，把华文教学界和华文传媒界的各种力量整合起来，共同推动海外华文教育事业的发展。

六、华文传媒：焕发青春活力

（一）特点

海外华人是一个具有高度文化独特性和自觉性的族群。伴随着国际政治形势的变化，海外华文传媒在立足当地的情况下，密切与中国以及其他国家的华文媒体的互动与合作，从而形成了跨越世界的全球性传播网络，为海外 5 000 多万华人提供了信息获取的快捷渠道。

1. 数量庞大但生存不易

海外华文传媒数量庞大，据不完全统计，目前约有 1 019 家，其中尤以华文报纸的数量最多。无论是数量，还是在华人社会中的号召力方面，华文报纸在海外华文传媒中一直处于垄断地位。就数量在华人社会的影响力来说，亚洲、北美洲和大洋洲位居前列。亚洲，特别是东南亚，华人数量多，华文报纸的数量也多。

---

① 杨伏山：《华侨大学副董事长马儒沛提华文教育"三建议"》，http：//www. chinanews. com/zgqj/2013/08－25/5203153. shtml。

虽然海外华文传媒数量众多，仅华文报刊的数量就高达 400 多家，但我们要看到，华文报纸的整体影响力仍有待提高，经营管理状况也有待改善。就目前华文报纸的社会影响力与经营管理的状况而言，出现两极分化的现象，有些国家的华文报纸在主流社会上拥有很强的舆论影响力和号召力，如马来西亚，华文报纸虽然面向华人，却成为主流媒体，其社会影响力不亚于马来文和英文报纸，日发行量高达 100 万份，经营管理状况也相对理想。加拿大、美国和澳大利亚由于有源源不断的中国人移居，因此华文报纸也发展得比较快，不仅在华人社会当中有较高的关注度，而且在主流社会当中也拥有一定的影响力。一些华文报纸，如马来西亚的《星洲日报》，美国的《世界日报》、《星岛日报》和加拿大的《明报》、《星岛日报》等，均在主流社会当中产生积极影响。然而有些国家的华文报纸不仅在主流社会缺乏影响力，即使在华人社会当中也缺乏关注度。

2. 新媒体异军突起

近年来，华文网络异军突起，发展迅速，对报纸、广播、电视造成强烈冲击。目前，在世界其他国家创办的华文网站不计其数，有影响力的主要有英国的留园网（6Park. com），美国的文学城（Wenxuecity. com）、倍可亲（Backchina. com）、八阕网（popyard. org），加拿大的万维读者网（creaders. net）、博园网（yard. cc）等。从目前的情况来看，由留学生创办的华文网站占据主导地位，虽然不如传统媒体那样权威，但是围绕华人社会，这些网站能够及时传播华人社区新闻，特别是留学生新闻，既帮助留学生融入当地社会，也在国内外建立了一条便捷的沟通渠道。

3. 华文传媒在新移民较多的国家发展比较顺利

无论是人口，还是经济实力，特别是在文化科技界，华人均是美国举足轻重的少数族群。华文传媒在美国几乎遍地开花，其中不乏具有较大影响力的传媒，如《世界日报》挤入美国报纸发行量最高的二十名之列。目前，每日发行且数量较多的三大报纸是《世界日报》、《星岛日报》、《侨报》，有较大影响力的是纽约中文电视台。从数量来看，华文报纸居于首位，大大小小加起来有 100 多家，电视台有 20 多家，广播电视台有 40 多家。此外，还有一些主流报纸如《华尔街日报》也在网上创办了中文版。

华文传媒之所以能在加拿大和美国迅速发展，除了得益于每年大量中国移民在海外定居外，还得益于大量华人经常使用华文媒体。在美国，有 40% 英文流利的或英文不大流利的移民经常或者间或使用华文媒体。

4. 冷热不均，传统优势地区受众萎缩

就目前华文传媒业的经营状况来说，除了新加坡、马来西亚、澳大利亚、加拿大和美国等少数几个国家之外，其他国家的华文报业都面临诸多困难，虽然华文教育迅速发展，但是由于受到读者群人数减少和新媒体的强烈冲击，华文报业均出现销量下滑，甚至关门倒闭的现象。

一些国家因为有中国人移居或经商，华文报业得到了一定程度的发展，如菲律宾和缅甸。菲律宾近几年因为有大量中国新移民定居，华文报业衰落的势头得到了扭转。菲律宾现有《世界日报》、《商报》、《菲华日报》、《联合日报》和《菲律宾华报》五份华文报刊，虽然处境相对艰难，但还是可以维持的。从总体来说，像泰国、菲律宾、缅甸等这些曾经有过辉煌的华文传媒历史的国家，老年读者逐渐流失，年青一代青黄不接，华文报纸消费群体有限，发展空间狭小是不争的事实。

（二）发展趋势

在媒体融合的时代背景中，海外华文传媒形成了网络化、全球化、跨媒体化的新现象，华文传媒的媒体融合、资源融合与共享新现象，不仅为其立足华人社区，构建全球传播网络和信息联盟，充分利用新媒体传播的优势，加强对传媒传播方式和内容的变革与创新，扩大文化传播的影响力，提供了良好的契机，而且增强了文化传承的能力。

传播全球化促进了海外华文媒体从单媒体到多媒体的内涵扩展。一是单种媒体密度的提高，信息传播更加密集，表现为扩版和内容的丰富性。二是过去的单一媒体发展到现在多种媒体共存共荣、互动频道的局面，形成了你中有我，我中有你的新现象，特别是电子媒体和互联网的发展与成熟，使得华文媒体可以突破国界、地域甚至人种等方面的局限，实现跨区域传播。如新加坡《联合早报》的电子版中，摘录了大量来自两岸三地的新闻，而浏览该网站的东南亚读者，有87%来自中国大陆。该报虽然是新加坡政府控股的华文报纸，但是在中国，特别是大陆也拥有强大的社会影响力与号召力。又如马来西亚星洲媒体集团，旗下拥有报纸和网络华语电视，还通过推特和手机短信，向读者定制和传播信息，在涉及华人利益与中国统独等大是大非问题上，发挥华文媒体的社会影响力，通过全球性的网络向世界华人进行传播。

虽然华文传媒面临许多问题，但随着中国的崛起，华语的商业价值也在不断提高。目前，全球正在兴起一股学习华语热潮。在这个热潮中，一部分人学习华语确实是希望了解中华文化，而更多学习华语的人则是希望通过掌握华语寻找到更好的工作。面对中国的崛起，了解中国成为世界各国的一大热点问题，为促进与中国的经贸联系，世界各国政府对待中华文化和华文教育的态度也发生了改变。

华文传媒是华人宝贵而独特的资源，在传播中华文化、开展民间外交、宣传介绍华人社会、支持和解释华人政策和行为、展示和塑造海外华人形象等方面均可以发挥不可替代的作用。我们可以充分利用华文传媒的这一优势，借助这股力量，通过文化传播的软性诉说，达到传播中华文化、塑造华人良好形象的目的。

七、领事保护：海外民生工程[①]

（一）加强和完善领事保护机制

近年来，随着中国同世界联系的加深，越来越多的中国公民走出国门，在海外旅游、经商、学习、务工。据统计，2012年中国大陆居民的出境人次达到8 318万。与此同时，

---

① 本文论及的领事保护，是指广义上的领事保护概念，除了"一国的领事机关或领事官员，根据派遣国的国家利益和对外政策，于国际法许可的限度内，在接受国保护派遣国及其国民的权利和利益的行为"，还包括领馆和领事官员向派遣国国民提供必要的帮助和协助。这种帮助和协助既包括提供信息、翻译、必要的证明文件、法律协助、协助解决经济困难，还包括提供必要的经济资助等。领事保护的主体为中国外交部、中国驻外使领馆及其他政府部门。客体是海外中国公民，既包括出国旅游、探亲、留学、经商的新侨民，常年定居海外，但仍保留中国国籍的华侨，还包括海外中资企业。领事保护以国籍为划分标准，因海外华人不具备中国国籍，故不在本文讨论范围之内。

传统安全与非传统安全因素相互交织，威胁着海外中国公民的人身安全。在这一现实情况下，领事保护，这一肩负着保护海外中国公民安全和利益重要使命的工作，成为中国政府工作的重要议题。十八大以来，中国政府本着"以民为本"的执政理念，将领事保护工作作为"海外民生"重点工程来抓，积极发展同世界其他国家的领事关系，加强领事保护机制的建设，并利用现代科技完成领事保护相关工作。

近年来，在中国政府的高度重视下，在外交部门和驻外使馆的共同努力下，我国的领事保护机制进一步完善和发挥效力，具体表现为如下两个方面：

第一，应急机制的建立与完善。

领事保护应急机制要求在最短的时间内调动尽可能多的资源处理突发的领事事件。经过近年的努力，我国已初步建立了具有中国特色的领事保护应急机制，具体包括三个方面：①海外中国公民和机构安全保护工作的部际联席会议机制；②在部际联席会议机制基础上，逐步形成的中央、地方、驻外使领馆、企业和公民个人"五位一体"的联动机制；③根据实际情况，针对一些特殊事件建立的应急机制，比如针对海外中国人频繁遭到绑架的情况，相关部门建立了绑架案件的处理机制，在遇到海外绑架案件时，相关部门可迅速启动应急处理机制，此外，还建立了针对劳务纠纷、渔业纠纷的工作机制。以上三个方面应急机制的建立，为领事保护工作人员及时妥善地处理领事保护突发事件起到了重要的作用。

第二，预防机制的建立与完善。

领事保护预防机制着眼于在公民和企业走出国门之前，提高其安全防范意识，帮助他们做好出国前的预判和准备工作，降低在海外陷入困境的概率，从而减少领事保护案件的发生。2013年，我国的领事保护预防机制得到了进一步的完善。

1. 开展形式多样的领事保护宣传活动

在国外，驻外使领馆充分发挥主导作用，开展形式多样的领事保护宣传活动。在国内，各地方政府积极配合，在多省市开展"领事保护活动周"宣传活动。

2. 志愿服务融入预防机制——继续完善领事保护联络员

所谓领事保护联络员制度，即由驻在地各侨团选派一名侨胞作为联络员，就本社团内的领保情况与使领馆保持有效沟通，当联络员发现涉及公民保护的个案时，实时向总领馆通报，让有需要的中国公民尽快获得援助。领保联络员机制有助于形成以驻外使领馆为中心，中资机构/企业、留学生、侨界和领保对象密切配合的工作格局。

3. 完善侨民登记制度

侨民登记是领事保护预防机制的重要组成部分，早在2004年，时任外交部领事司司长罗田广就曾提出，为防患于未然，减少领事案件的发生，外交部领事司将进一步完善海外侨民登记制度。近年来，中国驻外使领馆先后在匈牙利、爱沙尼亚、马里等国启动了侨民登记活动。中国驻日本大使馆也于2013年11月8日发布关于开展侨民自愿登记的通知，通知中列出了登录大使馆网站、通过领事馆办证窗口等登记方式，并提供了详细的联系方式。

（二）领事保护的任务更趋复杂化

随着我国公民和企业出国目的的多样化，领事保护涉及的领域也越来越广泛，包括海外定居、留学、经商、旅游、务工、跨国婚姻等诸多方面，这一现实情况加重了我国领事保护工作的难度。面对更加纷繁复杂的国际形势变化，我国未来领事保护工作的任务将更加艰巨和繁重。

当务之急是要加大领事工作的资源投入力度。领事工作人力、物力、财力资源不足，是我国领事保护工作面临的一大难题。据统计，平均每位海外中国领事官员的服务对象是13万～14万中国公民，其工作量是美国领事官员的26倍。造成这一情况的原因有两个：①改革开放后，伴随中国经济的快速发展，大量中国公民和企业走出国门，给领事工作提出了刚性需求，但专业的领事工作人员需要一定的时间才能培训出来，这一时间差，造成了领事工作在人力资源上的不足；②驻外使领馆的场地、设备跟不上领事需求的变化。为了保证海外公民得到更好的领事保护，亟须增加对领事保护领域人力、财力、物力等方面的投入。

综上所述，目前我国的领事保护工作任务艰巨，领事保护机制还有待进一步完善。我们应继续总结领事保护工作中的宝贵经验和教训，借鉴有关国家的成功做法，进一步完善我国的领事保护机制，以更好地保护海外中国公民和法人的合法权益。

八、"走出去"战略：为海外华人社会增添新鲜血液

随着我国"走出去"战略的深入发展，我国海外投资规模不断增大。根据联合国贸发会议最新发布的《2013年世界投资报告》，2012年全球直接投资出现明显下滑，降幅为18%，投资总额为1.35万亿美元，2013年的升幅不大，这也是源于全球微观经济脆弱和经济政策的不稳定性，发达国家的降幅更甚，38个发达国家中22个国家对外直接投资下降，发展中国家的对外投资领先于发达国家，占全球直接投资流量的52%，中国2012年海外直接投资金额为840亿美元，仅次于美国（3 290亿美元）、日本（1 230亿美元），列居第三位。

根据我国商务部2013年统计的数据，2012年我国海外直接投资具有四个明显特点：第一，投资流量逆势上扬，在全球对外直接投资普遍下降18%的背景下，中国对外直接投资同比增长17.6%，达878亿美元（与联合国贸发会议数据稍有出入），成为世界第三大对外投资国；第二，投资存量突破5 000亿美元，达5 319.4亿美元，位居全球第13位；第三，投资范围遍布全球80%以上国家和地区，共有1.6万家境内投资者在海外设立直接投资企业达2.2万家，分布在全球179个国家和地区；第四，投资范围分布广泛，门类齐全，包括金融、采矿、批发、零售、制造、交通运输、邮政、建筑、通信、仓储等各个领域。

劳务输出也是"走出去"战略的一个重要方面，我国对外劳务输出不断发展，规模不断扩大。根据我国商务部提供的最新统计数据，2013年1—10月，我国对外劳务合作共派出各类劳务人员38.8万人，比去年同期增加3.5万人，其中承包工程项目下共派出劳务人员22.3万人，劳务合作项目下共派出16.5万人，到10月底我国在外各类劳务人员人数达90.3万人，较上年同期增加2.3万人。

"走出去"战略与华侨华人的关系表现在如下几个方面：

首先，刚刚走出国门的中国人，也就是我们常常说的新移民，为海外华侨华人社会提

供了新鲜血液和重要补充。"走出去"战略直接导致大量的中国人走出国门，到海外从事投资、管理、经商、留学和务工等活动，这些人和他们的家属在几年或十几年之后，就有可能在海外定居，成为住在国公民或华侨。

其次，新移民必然会与当地的华侨华人社会发生各种各样的联系，这些联系有些是积极的，有些则可能是负面的。新移民在住在国所从事的各种商业活动，往往会对原来一直居住在当地的华侨华人社会造成冲击，不仅影响他们的生意，抢走他们的就业机会，甚至还可能会降低他们原来所享受的各种福利和待遇。2013年春节期间在新加坡发生的抗议政府移民政策的示威活动，其实就是老移民和新移民之间矛盾对立的一种表现。

再次，有利于海外华侨华人社会整体形象的改善与提升。我国自2000年实施"走出去"战略以来，在世界上的经济影响力逐渐增强，其发展模式受到发展中国家的仰慕，这一切都令当地国家的华侨华人受到极大鼓舞。

总之，"走出去"战略将加速我国走向世界和成长为世界大国的步伐，在这个过程中，走出去的中国人越来越多，华侨华人也会越来越多，与此相联系，华人参政、华商、华文教育、华文媒体、华人社团、领事保护等与华侨华人社会密切相关的各个领域都将受到重大而深远的影响，这些影响有些是直接的，有些是间接的，有些是目前的，有些是未来的，对此，我们必须有足够的思想准备，尽快制定相关的政策，以应对这种变化。

论排华的演变与中国海外公民的风险管理

　　大规模排华事件在世界近现代史上曾多次出现并给华侨华人带来了很大的伤害，但当前这类排华事件似乎甚少出现，排华是消失了还是发生演变了？本文认为曾经出现的以族群冲突为特征的排华在当代已经演变成多发的、个体性的和多由非传统威胁所导致的中国海外公民风险。中国海外公民数量的剧增、分布渐广、风险频发和中国"执政为民"的执政理念呼唤更为系统化、机制化和常态化的风险应对措施。本文引入管理学的风险管理理论，清晰界定了中国海外公民风险管理的目标和步骤；提出了建立国别风险数据库、应对风险工具库与风险管理的识别和预警系统并根据风险种类归纳了四大类共十三项应对中国公民海外风险的"工具"。

一、排华与反华出现的条件和原因

　　从排华和反华使用的实际语境来看，排华反华实际上都是针对华侨华人以及华裔的族群间冲突，这种冲突有些表现为暴力的冲突，有些表现为非暴力的敌视；与对华反感不同，排华和反华已经超越了个体间的不和，而上升为一种族群间的矛盾；这种矛盾有些以有形的形式表现出来，如美国、加拿大等国历史上都曾通过排华法案等，有些以无形的方式表现出来，如隔离或拒绝来往等；此外排华反华的对象主要是该国的华人族群（含华侨、华人、华裔）并往往伴随种族主义的元素；在这种族群冲突情况下，族群的概念已经取代国籍的概念成为定位的关键符号，所以纵观历次排华事件，虽然最初针对的对象可能是华侨，但最终受到伤害的还包括华人和华裔。

　　虽然对什么是国家海外利益还存在一些争议，但不管是小国如波兰，还是中等国家如加拿大，或大国如美国都把保护海外公民列入核心的海外利益加以保护。①因此保护中国海外公民包括华侨就应该是中国海外利益保护的第一要务。近现代以来由于各种原因在国外先后出现过多次排华和反华事件。如前文所述，由于排华和反华经常的表现形式是族群间的冲突，或针对华人族群的暴力事件，因此在排华和反华事件中所针对的对象就不仅有中国海外公民和华侨，还有已经成为住在国公民的华人甚至华裔。海外华人本身的特殊性决定了海外华人的问题将更为复杂②，但限于当前主权观是国际关系的基础以及中国一贯以

---

　　①　详细说明请参见汪段泳：《海外利益实现与保护的国家差异——一项文献综述》，《国际观察》2009年第2期，第29~37页。

　　②　参见周策纵为沈已尧所著的《海外排华百年史》所作的序言，他认为海外华人在本质上的处境非常特殊，他们往往是世界人口中一个最大集团的成员，同时又是某个人口集团中的少数者。中国人口占世界人口总数的1/4，无疑是个最大集团；但是海外华人，除新加坡等地以外，却都是少数人口。即使竭力推行节育，即使各国限制移民，将来的长期人口自然流动的结果，华人足迹在地球上还是会分布极广。这也就是说，正是由于华人是世界上的一个多数集团，便有可能在世界各处发展成为少数集团。详细请参见：[美]沈已尧：《海外排华百年史》（增订第二版），北京：中国社会科学出版社1985年版，第2~6页。

来奉行的不干涉他国内政原则，因此本文所讨论的相应的保护措施只针对中国海外公民（含华侨）。

（一）排华反华出现的条件

根据历史上一些国家出现排华反华事件的经验教训，笔者认为，中国海外公民、华侨必须密切关注住在国的政治、经济和社会发展状况。一般而言，在中国海外公民、华侨居住比较密集的国家或地区，如果出现下列情况，就有可能出现反华或排华事件：

（1）移民国家出现的中国海外公民和华侨数量急剧增加，种族主义[①]盛行。

这种情况在 19 世纪末到 20 世纪 40 年代的移民国家，如美国、加拿大、澳大利亚和新西兰四国都曾出现。其外在表现为先在社会上造成一种舆论，再推动其民意代表通过一系列法案，然后由政府有关机构执行。[②]这种做法的理论基础就是种族主义及白人优越主义变体[③]。这四个国家原本都是英国殖民地，后期随着采矿、修路的需要，开始自发或有组织地大量引进华工。后来经济转差，由于华工工资大大低于白人工人工资，被认为是抢了当地白人的饭碗；再加上华工多为青年壮汉，却常年过着"禁欲主义者"一般的生活，被认为是对白人妇女的威胁。19 世纪末是弱肉强食论和白人优越论高唱的年代，华人不是被认为不可同化就是被认为不足同化。[④]在这种种族主义盛行的国家和时代，排华和反华表现为赤裸裸的法律条文。1882 年美国通过了排华法案（*Chinese Exclusion Act of* 1882），规定停止华工入美 10 年；1902 年将该法案再度延长 10 年。两年之后的 1904 年干脆规定排华法案从此无限期延长。[⑤]加拿大先是对华工实行重税，后来也效法美国通过了《中国移民法案》（*Chinese Immigration Act*），规定华人一律禁止入境，除非是中国外交官或其随从、商人、学生等。在澳大利亚独立之前，其个别地方政府就先后出台了一系列法令限制和排除华人。1901 年澳大利亚取得独立后，严厉排除华人，并扩大为排除所有的有色人种，实行"白澳政策"，要使澳大利亚成为纯白人的天下。[⑥]澳大利亚的排华也主要是通过移民限制法案来实行的。新西兰的情况大抵如此。

---

① 种族主义是以人种的生理差异为依据，鼓吹种族压迫和种族歧视的反动理论。其主要观点是：人类各种族在生理上和心理上不同质，这一差异对社会的历史和文化具有决定作用。人类的种族分为"优等民族"和"劣等民族"。优等民族天生高贵，是文明的创造者，是统治劣等民族的民族。劣等民族不能创造文化，也不能享受高等教育，天生应处于被统治地位。总之，种族压迫是由人种的生物学基础决定的，种族歧视天然合理。种族主义作为完整的思想体系，是 19 世纪法国人 J. S. 戈比诺首次提出来的。而后，种族主义又与社会达尔文主义、马尔萨斯主义、优生学交织在一起，形成各种思潮。种族主义者先后鼓吹雅利安主义、条顿主义、盎格鲁—撒克逊主义和日耳曼主义，把各自的民族说成是最高贵的民族，因而有权利侵略其他民族。种族主义在资产阶级殖民扩张的时代，是资产阶级殖民主义者实行侵略扩张、种族歧视和种族压迫的反动理论，第二次世界大战期间，是法西斯主义的官方思想。参见：王伟、戴杨毅、姚新中主编：《中国伦理学百科全书·应用伦理学卷》，长春：吉林人民出版社 1993 年版，第 161 页。

② ［美］沈已尧：《海外排华百年史》（增订第二版），北京：中国社会科学出版社 1985 年版，第 7 页。

③ 白人优越主义是一种种族主义的意识形态，主张白色人种族裔优越于其他族裔。普遍认为，白人优越主义与种族主义，特别是歧视黑人和反犹太主义有关联。白人优越主义往往充满偏见和歧视，被这一思想排斥的人种包括亚洲人、非洲人、阿拉伯人、墨西哥和中南美族裔肤色较深的人、美洲原住民和其他土著居民（Aborigines）。详细解释请参见维基百科，http://zh.wikipedia.org/wiki/%E7%99%BD%E4%BA%BA%E5%84%AA%E8%B6%8A%E4%B8%BB%E7%BE%A9。

④ ［美］沈已尧：《海外排华百年史》（增订第二版），北京：中国社会科学出版社 1985 年版，第 9 页。

⑤ ［美］沈已尧：《海外排华百年史》（增订第二版），北京：中国社会科学出版社 1985 年版，第 25 页。

⑥ ［美］沈已尧：《海外排华百年史》（增订第二版），北京：中国社会科学出版社 1985 年版，第 75～76 页。

种族主义的排华和反华随着"二战"的结束和世界各国对种族主义的清算而基本结束。由种族主义作为理论支撑的以国家法案表现出来的排华和反华也基本上不可能再次出现。但我们必须警惕种族主义的抬头和新种族主义的出现。

（2）中国与中国公民和华侨住在国关系急剧恶化，甚至发生战争。

这种情况在新中国成立初期曾多次出现。1962年中印边界战争前后所出现的印度排华和1979年中国对越南自卫反击战前后出现的越南排华都属于这种情况。

印度华侨群体规模一直不大，根据《印度华侨志》的统计，1959年印度有华侨56 781人①。就民族构成看，藏族和其他少数民族华侨占有很大比例；就地区分布看，汉族华侨高度集中在加尔各答，印度华侨的职业构成以制造业而不是商业为主。②1954—1958年是中印关系的蜜月期，在双边关系方面双方签署了《中国西藏和印度通商和交通协定》；在国际事务上双方共同倡导和平共处五项原则并在日内瓦会议和亚非会议期间有密切的合作。这时的印度华侨问题根本不成问题。在1962年10—11月中印边境自卫反击战前后，印度开始逐步实行排华政策。主要措施之一是修改之前的法律，取消当地华侨的永久居留资格。早在1958年8月，印度政府就以华侨进行"反印活动"和"间谍活动"为由，对华侨进行普遍的甄别和登记，并修改外国人法，剥夺1954年以前旅居印度的华侨无须申请即可在当地永久居留的权利。③此后，印度当局采取了如关闭华文学校和华文媒体、逮捕华侨、没收华侨财产等手段，到1963年2月，印度政府已拘禁华侨2 308人，1963年4—8月，中国共接回受难华侨2 300多人。④20世纪60年代印度的排华运动对当地华侨社会造成了严重冲击；由于排华，大批华侨被迫回国，还有不少人开始向第三国移民，华侨社会逐渐走向衰落，排华成为印度华侨社会的转折点。⑤

尽管学界对"二战"后中越关系逆转的原因仍有各种不同的解释，但越南1975年全国统一之后的排华和反华却是由中越关系恶化引起的。1975年以前的越南华侨问题主要存在于南越政权。越南民主共和国（北越）与中国共产党和中国政府在华侨问题处理上是有共识的。1955年，中国与越南方面就华人在越南的国际问题曾经商讨，双方同意遵守自动选择国籍的原则，⑥绝不歧视保留中国国籍的华侨⑦。越南民主共和国（北越）甚至还与中国政府一道共同反对和谴责南越政权强迫华侨入籍的政策。但1975年越南统一后，越南政府采取了继承吴庭艳政权强化华侨入籍的政策，并开始施行如限制华侨就业、歧视华侨职工、取消华侨学生入学资格等歧视华侨的政策，并打着"社会主义改造"、"净化边境"等旗号对华侨的财产进行充公、强制接管等。此次排华造成的华人难民总数难以估计，仅

① 参见《印度华侨志》，中国侨联资料室藏复印本，第49、50、81页；转引自张秀明：《被边缘化的群体：印度华侨华人社会的变迁》，《华侨华人历史研究》2008年第4期，第8页。

② 张秀明：《被边缘化的群体：印度华侨华人社会的变迁》，《华侨华人历史研究》2008年第4期，第13页。

③ 尚劝余：《尼赫鲁时代中国和印度的关系》（1947—1964），北京：中国社会科学出版社2009年版，第182页。

④ 关于本次排华事件的详细分析可参看尚劝余：《尼赫鲁时代中国和印度的关系》（1947—1964），北京：中国社会科学出版社2009年版，第181~183页；张秀明：《被边缘化的群体：印度华侨华人社会的变迁》，《华侨华人历史研究》2008年第4期，第13页。

⑤ 张秀明：《被边缘化的群体：印度华侨华人社会的变迁》，《华侨华人历史研究》2008年第4期，第13页。

⑥ [美]沈已尧：《海外排华百年史》（增订第二版），北京：中国社会科学出版社1985年版，第117页。

⑦ 陈衍德：《从排斥到接纳：越南华人政策的转变——1975年以后民族关系变动中越南华人的处境》，《世界民族》2008年第6期，第44页。

中、美、加、澳、法接收的越南华侨、华人难民即达 50 万人；此外，还有数十万人在逃难中葬身大海；而越南华人的损失，除不动产之外，至少有 30 亿美元。①

越南刚刚统一，为什么就开始了大规模排华和反华呢？最主要的原因之一是冷战背景下的苏联因素、越共内部变动以及中美关系等因素造成了中越双边关系恶化。越共中央机关报《人民报》总编黄松在 1976 年接受瑞典记者采访时称："在（越）战时，使中国和苏联尽力帮助北越，这对越南来说，是最重要的。现在，越南不再需要执行这一政策了。……无论如何，来自北方的政治和文化压力必须消除，因此，今天同苏联的和睦对越南来说，起了非常重要的作用。苏联强烈地希望削弱中国在世界这个部分的影响，这一点正好同越南的利益相吻合。"②

因双边关系恶化特别是战争而导致本国侨民受到大规模排斥、歧视和不公平待遇在其他族裔中也存在。如"二战"期间在美的日本侨民所遭受的待遇。但由于中国侨民在全球范围内分布的范围广、人数多，所以由这一原因导致的排华也较多，造成的危害也更大。

（3）文官政府失去控制能力，发生军事政变，军人上台执政。

此类情况的典型就是印尼"9·30"事件③后苏哈托军人政权执政期间（1965—1967年）出现的大规模排华。

1965 年"9·30"事件失败之后，从 1965 年 10 月起，印尼的一些军政领导人、重要组织负责人接二连三地散布华侨是"第五纵队"、干涉印尼内政以及支持印共等言论，挑起群众对华侨的不满情绪。各地贴满了歧视、侮辱华侨的口号和标语，排华气氛笼罩全国。④印尼政府公开宣称将不负责华侨的安全。以华侨为主要对象的排华活动迅速发展为对华侨、华人和华人财产的烧杀抢掠。从大城市雅加达、棉兰到偏远地区巴厘岛、龙目岛、亚齐都发生了各种针对华侨华人的暴行。事件直到 1968 年才逐步平息。

此次排华与印尼历次的排华在外在表现上基本相同，但发生的直接原因却是军人政变上台执政。事实上军人政变上台执政经常会导致社会出现一定程度的动乱，如 1999 年太平洋岛国所罗门群岛政变和泰国发生的多次政变。但这些政变后发生的动乱都不是单纯针对中国侨民的。

（4）选举冲突、国内党系派系斗争诱发大规模骚乱。

因选举冲突和国内党系派系斗争而诱发排华事件的典型是 1969 年马来西亚"5·13"

---

①　陈衍德：《从排斥到接纳：越南华人政策的转变——1975 年以后民族关系变动中越南华人的处境》，《世界民族》2008 年第 6 期，第 45 页。

②　新华社新闻稿，1979 年 4 月 2 日；转引自黄国安、杨万秀等：《中越关系史简编》，南宁：广西人民出版社 1986 年版，第 246 页。

③　时任印尼总统苏加洛由于政治立场倾向共产主义阵营。印尼共产党党员、苏加洛总统卫队三营营长翁东中校发动政变，绑架并杀害了六位陆军高级将领。陆军战略后备部队司令苏哈托少将为反抗，组织了反对的军人平息了这次政变，随后在全国策动反共大清洗。事件除了导致大量共产党员被杀以外，还导致大量华人被当作共产党员处决。该事件使大量华人被迫离开印尼，到海外生活。该事件后苏哈托军人集团开始掌权。关于该事件的详细情况请看美国中央情报局编，谢志琼译：《印尼九·三〇事件》，成都：四川人民出版社 1982 年版；以及维基百科，http://zh. wikipedia. org/wiki/% E5% 8D% B0% E5% B0% BC% E4% B9% 9D% C2% B7% E4% B8% 89% E3% 80% 87% E4% BA% 8B% E4% BB% B6 。

④　黄昆章：《印尼华侨华人史》（1950 至 2004 年），广州：广东高等教育出版社 2005 年版，第 147 ~ 148 页。

事件①。1969 年 5 月 13 日在吉隆坡爆发了马来人与非马来人（主要是华人）之间的种族暴力冲突。②事件的基本过程是：1969 年，马来西亚举行第三届大选，反对势力获得50.9% 的得票率，第一次超越联盟党（马华公会席位也由原来的 27 席减少到 13 席）。反对党包括以华裔、印度裔为主的行动党、民政党及进步党，其势力大增。反对党支持者在5 月 11 日进入吉隆坡庆祝胜利并且游行。这时，一些巫统（UMNO）的激进党员被其触怒，举行反示威游行。5 月 13 日，两派人马在街头短兵相接，最终演变成为流血大暴动。随后马来西亚政府宣布戒严并成立国家行动委员会。该事件虽然看起来是马来人与其他族群的冲突，但结果却是华人受损最大。官方公布 196 人死亡（华族 143 人、马来族 24 人、印族 13 人，另外 16 人无法辨认）、受伤人数 439 人（其中 18 人受枪伤），被捕人数共9 143 人（其中华族 5 126 人、马来族 2 077 人、印族 1 874 人），其中 5 561 人被控上法庭，罪名包括携带武器、破坏宵禁等；共 221 辆车及 753 栋房屋被损毁。③这就是因选举和党派斗争而演变成的主要针对华族的暴力事件。

（5）华侨与当地其他族群在收入和经营方式等方面的差异，遭遇经济低迷时，受失业率高涨、市场机会不均等因素的刺激，华侨华人很容易成为被排斥的对象。

改革开放之后，随着中国人大量地通过各种渠道"走出去"并在国外定居、发展，华侨华人依靠自己的努力逐步在很多国家站稳了脚跟并成为当地新贵。但华侨华人企业、中国海外公司等常常对当地的法律和习俗了解不多，把在国内的生产和管理模式照搬到国外进行经营，如大量雇用中国员工、节假日不休息；不知道如何应对工会；形成一个相对封闭的圈子，与外界联系较少。部分华侨和中国海外公民"苦行僧"般的生活方式、炫富以及其他不良嗜好都造成了该族群与该国原族群之间的强烈反差。而且由于华人勤俭并大多从事商业或原来就较为富有，因此华侨华人与当地其他族群的收入水平差距甚大。这种情况如果遇到经济低迷、失业率高涨、市场机会不均或其他类型的突发事件，很容易使当地其他族群将平时对华族的不满以较为极端的形式宣泄出来。

这种类型的排华与之前其他形式的排华略有不同：从范围上来讲，一般是该国的局部地区主要是受华侨和华族经济影响比较大的地区，而不是全国性的事件；从性质上来讲，这种形式的排华更多地表现为族群间自发形成的冲突，一般没有中央政府的操纵而且中央政府也会对该种行为进行打击；从发生频率来讲，该种性质的排华近年来有不断增多的趋势。该种形式的排华发起主体的多元化使应对该类事件的难度加大；该类事件带有民间族群性质，造成的危害一般较小，但对当地华侨与当地人关系的影响却更久远。

管理文化差异下的工会问题成为导火索，导致排华和反华。该类事件的典型发生在1998 年的莱索托首都马塞卢市。④1998 年 2 月 13 日，中资服装厂工厂主因与当地工人劳资

① 关于"5·13"事件影响的详细分析可看廖小健：《马来西亚"513 事件"与"308 政治海啸"的比较——兼论"308 政治海啸"后马来西亚的政治发展》，《东南亚研究》2010 年第 5 期。

② ［英］迈克尔·利佛著，薛学了等译：《当代东南亚政治研究指南》，厦门：厦门大学东南亚研究中心，香港：香港城市大学东南亚研究中心 2003 年版，第 347～348 页。

③ 详细经过请参看维基百科，http://zh.wikipedia.org/wiki/% E4% BA% 94% E4% B8% 80% E8% 89% E4% BA% 8B% E4% BB% B6。

④ 关于该事件的详细情况和处理经过可参看时任中国驻莱索托大使陈来元：《突如其来的危险　在莱索托救护遇袭同胞》，载张兵、梁宝善主编：《紧急护侨——中国外交官领事保护纪实》，北京：新华出版社 2010 年版，第 70～75 页。

纠纷而被当地工人关押，工人要求增加工资，而资方拒绝，工人则将工厂主继续关押。后当地警方出动处理纠纷，警方与当地工人发生冲突，混乱中警方开枪致当地工人 2 人死亡。随后，在该工厂一工会头目的煽动下，当地工人误以为是工厂主指使警方枪杀工人，于是针对中国人的打砸抢烧首先在该区爆发，后蔓延至整个首都。当时中国在莱索托共有大陆侨民和台湾同胞 3 000 多名。事发后，莱索托政府出动警方、军方采取了有效措施，袭击事件当日就得到有效制止。事后统计，遇袭者虽不少，但无一人死亡或失踪，财产损失也不大。①

华企、华工大量涌入被认为损害了当地利益而出现排华和反华事件。这种情况的典型就是蒙古近年来民间越来越严重的反华情绪和不时爆发的暴力事件。1989 年东欧剧变后，中蒙两国关系和两国执政党——中国共产党与蒙古人民革命党相互关系实现正常化，1992 年中蒙边境口岸二连浩特成为中国最早的 13 个沿边开放城市之一。当时大批内地人赴二连浩特从事边贸生意，而此时蒙古人对中国人的印象普遍比较正面，对华非常友好。②随着中蒙关系的发展，随之而来的则是边贸中大量假冒产品销往蒙古，中国劳工大量涌入蒙古，中国国企和民营矿产公司进入蒙古采矿但又不注重保护环境。不少蒙古人认为来蒙的中国务工人员抢了他们的就业机会，中国企业抢占他们资源的同时还污染环境，从而对在蒙中国人印象不佳。近年来蒙古仇华反华事件时有发生，见诸中国媒体报道的就有 2006 年三家中资企业被砸事件、2010 年两名华侨被杀事件、2010 年 9 月蒙古技监局蒙华冲突事件。据报道，蒙古国内竟然出现了主要针对华人的有纳粹主义倾向的右翼组织。③

近年来出现的其他类似的反华和排华事件，如 2004 年西班牙烧鞋事件、2007 年意大利米兰排华事件、2009 年阿尔及利亚排华事件④、2009 年的巴布亚新几内亚排华事件⑤都属于此种类型。

（6）出现严重的经济危机、贫富悬殊问题日益突出、经济濒临崩溃、贪污腐败盛行。

因此种情况而出现排华反华的典型案例是 1998 年印尼的"五月暴乱"。1998 年印尼在亚洲金融危机的冲击下，经济形势日益恶化。根据国际货币基金组织的统计，1998 年印尼经济增长为 -14% ～ -13%、通货膨胀达 80.6%、当年外债总额为 1 350 亿美元，外债总额是当年印尼 GDP 的 1.62 倍，成为负债最多的发展中国家之一，印尼中央政府财政赤字占当年印尼 GDP 的 8.6%；生活在贫困线以下的人口从 1996 年的 2 250 万增加到 8 000 多万，全国 9 000 多万劳动人口中有 1 690 万人失业，占全国劳动人口总数的 1/6 多；印尼盾急剧贬值，汇率从 1997 年 7 月的 1 美元兑换 2 599 卢比上升到 1998 年 1 月的 10 400 卢比；印尼的股市指数在 1997 年 7 月为 718，到了 1998 年 9 月跌到 262。年贷款利率从

---

① 张兵、梁宝善主编：《紧急护侨——中国外交官领事保护纪实》，北京：新华出版社 2010 年版，第 74 页。

② 笔者家乡山西大同位于山西北部，距离二连浩特较近，20 世纪 90 年代初曾有大批人赴二连浩特淘金，笔者的几位亲戚都曾参与其中。据他们返回后反映，蒙古人对华友好，是中国假货的主要销售对象。

③ 关于蒙古技监局蒙华冲突事件和蒙古右翼组织的详细报道请参看周宇：《蒙古国掀起排华暗潮：蒙古技监局工地蒙华冲突始末》，《凤凰周刊》2010 年第 32 期，http：//news. ifeng. com/fhzk/detail_ 2010_ 11/19/3164730_ 0. shtml，2012 年 9 月 10 日。

④ 关于该事件的详细报道请参见陶短房：《阿尔及利亚排华风波始末》，《南风窗》2009 年第 18 期，第 84 ～ 85 页。

⑤ 关于该事件的详细报道请参见：《南方日报》，http：//opinion. nfdaily. cn/content/2009 - 05/19/content_ 5165231. htm，2009 年 5 月 19 日。

1997 年 7 月的 15.45% 上升到 1998 年 8 月的 82%。①经济数据的急剧恶化还伴随着印尼政府的贪腐无能，苏哈托家族几乎把印尼当成自己的家族企业在经营。据英国媒体 BBC 估计，苏哈托在位期间苏哈托家族贪污总额约为 450 亿美元，其三个儿子、三个女儿以及其他亲属几乎在印尼的各种项目中占有 20% 左右的股份。②

为挽救经济危机，印尼向国际货币基金组织申请贷款 400 亿美元，但由于政府不执行 IMF 提出的改革条件，因此贷款一直无法到位。1998 年 5 月，印尼政府决定提高油、电、公共交通的价格，这一措施立刻招致了大规模的抗议；随后学生运动和学生示威迅速演变成了以袭击华人为目标的暴力事件，史称"5 月暴乱"③。虽然对"5 月暴乱"的深层原因仍存在很多疑问，但不论背后的深层原因是什么，金融危机导致的经济崩盘和政府贪腐都是直接的导火索。

（7）出现严重的政治动荡或政治危机，政府失去对局面的控制，包括政府被解散、政府领导人被暗杀、政府内部出现严重的对立等。

中东北非地区是这类"弱国家"的典型。苏丹、索马里、利比亚、也门、黎巴嫩、叙利亚等国家经常处于政局动荡的"弱政府"或接近于无政府状态。在这些地区的中国公民和华侨经常成为被"照顾"的对象。但需要注意的是这些国家发生的犯罪行为一般并不是特定针对中国公民和华侨的，只是由于在这些地区西方国家不愿与之交往或这些地区正在被西方国家制裁，因此西方公民较少，因而针对西方公民的犯罪事件就相对较少。严格意义上讲，这些国家针对中国公民和华侨的犯罪不能称之为"排华或反华"，而只能称之为"弱政府"状态下针对外国公民的犯罪行为。

（二）排华反华成因分类

从上文的分析中可以将出现排华反华的原因分为以下五类：第一，种族主义思想导致排华和反华；第二，因双边关系恶化而导致的排华和反华；第三，因国内政治斗争、党派斗争、政变而发生排华和反华；第四，因国内经济危机、贫富悬殊、贪腐盛行而排华反华；第五，因华族与当地其他族群生活水平、生活方式差距大，被认为抢占当地资源而排华和反华。那出现排华反华问题的深层次原因是什么呢？沈已尧在《海外排华百年史》中认为华人问题的根源或者说出现排华反华现象的根源是文化、种族和思想三大因素；当今世界各地华人的苦恼也紧紧地和这三个因素连接着。④这些因素能够最大限度地解释在西方与中华文化异质的国家所发生的排华和反华事件；但在解释发生在受中华文化圈影响范围内的韩国、越南、缅甸等国的排华和反华时力度就相对较弱。探讨发生排华反华的深层次原因应该是今后研究的一个方向。

---

① 以上数据综合自国际货币基金组织 1997—1998 年度报告，全文请参见 http：//www. imf. org/external/pubs/ft/ar/98/index. htm，2012 年 9 月 10 日。

② 整理自 BBC 中文网，http：//news. bbc. co. uk/chinese/simp/hi/newsid_ 860000/newsid_ 868900/868945. stm。

③ 关于"5 月暴乱"的原因国内外一直存在争论，有人认为是印尼陆军战略后备部队司令苏哈托二女婿策划的，试图制造混乱，让首都秩序失控，进而夺取军政大权。"5 月暴乱"之后印尼哈比政府成立的实情调查委员会也对事情爆发的原因三缄其口。

④ ［美］沈已尧：《海外排华百年史》（增订第二版），北京：中国社会科学出版社 1985 年版，第 160～164 页。

二、排华反华的新发展趋势

随着人类社会的进步，国际法和国际制度的进化与中国国际地位的提升，排华和反华现象出现了三个新的发展趋势。

（一）排华与反华主体的非国家化

冷战结束之后，排华和反华运动的新特点之一是主体的非国家化，也就是说本文所述的第一、第二种类型的排华反华，即国家层面发起的带有种族主义色彩的排华和反华以及因双边关系恶化而导致的排华反华事件在大量减少。这是因为种族主义经过"二战"的清算，并且是不被任何国家接受的；国际移民和全球人口流动已成为事实并在所有国家都存在并加速发生，是不可逆转的，因此由国家和政府层面发起因双边关系恶化即使是发生双边战争的极端情况而加害其他族群是对全人类的反动，也背离了当代人类文明和国际规范。

与此对应的是，近年来针对华侨和华人族群的排华和反华事件仍然时有发生，在本文所述的七种情况中的后五种情况下发生的排华和反华事件近年来似乎有增多的趋势。①这些类型的排华和反华事件的共同特征是发起主体都是非国家行为体。②在由中国前外交官编撰的 20 世纪 90 年代以来的紧急护侨事件中，全书 35 项事件，没有一项发起的主体是该国政府。③中国学者李晓敏在其专著收集整理了 2001 年 9 月至 2010 年以来的近 300 件中国公民海外安全重大事件，其中没有一项安全事件是由该国政府发起的。④

（二）威胁来源的非传统化

威胁来源的非传统化是指对中国华侨和海外公民安全造成威胁的主要来源是非传统安全方面的威胁。其实这点和上述第一点是紧密联系的两个方面。一般认为非传统安全方面的威胁主要有以下几个特点：跨国性、不确定性、突发性、扩散性、互动并生性。⑤就本议题而言，非传统安全威胁相较于传统安全威胁的区别主要有四点：第一，威胁来源于非主权国家；第二，造成威胁的方式是非军事的；第三，威胁的方式是不受任何现存国内外法律制约的；第四，威胁的不确定性和不可预测性剧增。

2012 年 1 月，外交部领事司司长黄屏在接受人民网专访时称："最近这几年非传统安全因素发展得更加迅猛，比如当前经济危机后续影响显现的问题……非传统安全的因素还有海盗、恐怖袭击，且越来越多，这几年处理过不少中国公民在海外被绑架的案件，中国船员被海盗袭击的事件，现在比以前多很多。另外，还有疾病造成的问题，比如说甲流，

① 这个判断主要是基于国内外媒体的报道得出的，并没有数据的支持。
② 此处的非国家行为体指的是非中央政府行为体，基于国家是一个由中央政府所代表的单一行为主体的现实主义国际关系理论假设所得出的结论。
③ 详情请参见张兵、梁宝善主编：《紧急护侨——中国外交官领事保护纪实》，北京：新华出版社 2010 年版。
④ 详情请参见李晓敏：《非传统威胁下中国公民海外安全分析》，北京：人民出版社 2011 年版，第 354～372 页。
⑤ 关于非传统安全的详细论述可看看：陆忠伟：《非传统安全论》，北京：时事出版社 2003 年版；李晓敏：《非传统威胁下中国公民海外安全分析》，北京：人民出版社 2011 年版。

几年前发生的 H1N1 流感，还有很多自然灾害，比如海地、智利的地震，还有海啸，日本的地震引发的海啸再加上核辐射，这些复合型的灾难爆发，都会影响到我们公民海外的生存和发展。……领事司自成立以来每年处理的此类事件都达三万件。"① 由此可见威胁中国海外公民的主要是非传统安全方面的因素。

（三）族群冲突向海外公民风险的转变

本文将排华和反华定义为族群间的冲突，但非传统安全威胁下的中国海外公民安全并不能称之为排华和反华。这是因为：第一，正如上文所述非传统安全问题的成因非常复杂，各国的情况也千差万别，在很多情况下，并不是特定针对华侨华人的，但是，由于华侨华人和中国海外公民遍布世界各地，一旦出现非传统安全威胁，住在国的中国公民一定会受到牵连和影响；第二，中国海外公民面临的威胁更多地表现为个体的、分散的、不成规模和随机性的危害；第三，中国留学、旅游、在外务工、经商、偷渡人数的剧增使原有的华侨华人概念无法包括这一部分群体②。鉴于以上原因，排华和反华这一概念已经无法承载新时期的安全概念。中国政府的保护要完成从族群概念的排华反华向应对中国海外公民风险的概念转换。只有中国海外公民风险这一概念才能完整地包括华侨以及其他各类中国海外公民。因此本文在随后的对策研究中主要采用中国海外公民风险这一概念。

三、风险管理理论及其在中国海外公民风险管理中的应用

（一）风险管理理论

中国海外公民数量的剧增、分布的广泛和所面临非传统安全威胁的不可预测性呼唤更为系统化、制度化、精细化的中国海外公民安全应对机制。本文引入在企业管理中广泛应用的风险管理理论来尝试解答这一问题。

风险管理起源于 20 世纪 50 年代的美国。到 20 世纪 70 年代晚期，风险概念已经从原有的局限于商业管理扩展到了风险分析、文化理论、社会学和政治学领域。③ 风险的基本含义是损失的不确定性，风险管理是应用一般的管理原理去管理一个组织的资源和活动，并以合理的成本尽可能减少意外事故损失和它对组织及其环境的不利影响。④ 风险管理的程序一般分为以下 6 个步骤：制订风险管理计划、识别风险、衡量风险、选择应对风险的方法、观测和执行风险管理的决策、检查和评估。⑤ 风险管理的优点在于其不仅注重事后的补

---

① 详细请参见《外交部领事司司长黄屏谈"中国领事保护工作"》，人民网，http：//fangtan. people. com. cn/GB/147550/16891776. html ，2012 年 9 月 15 日。

② 据统计，2011 年中国公民出境旅游总人次达到 7 025 万，参见 http：//www. china. com. cn/travel/txt/2012 – 01/21/content_ 24461318. htm. 2011 年中国出国留学人数达到 33.97 万，参见王辉耀主编：《中国留学发展报告》（2012），北京：社会科学文献出版社 2012 年版，第 6 ~ 8 页。

③ Piet Strydom. Risk, Environment and Society, Buckingham：Open University Press, 2002, p. 12；转引自杨雪冬等：《风险社会与秩序重建》，北京：社会科学文献出版社 2006 年版，第 32 ~ 33 页。

④ 许谨良编著：《风险管理》（第三版），上海：上海财经大学出版社 2011 年版，第 5 ~ 6 页。

⑤ 参见宋明哲编著：《风险管理》，台北：台湾中华企业管理发展中心 1984 年版，第 22 ~ 25 页；许谨良编著：《风险管理》（第三版），上海：上海财经大学出版社 2011 年版，第 5 ~ 6 页。

救，而且同样关注事前的预防和识别。因此风险管理的目标也分为损失发生前的目标和损失发生后的目标。在风险管理中损失是指非故意的、非计划性的和非预期的经济价值之减少。①损失发生前的目标包括节省经营成本、减少忧虑心理、满足外界的需求、达成社会责任；损失发生后的目标包括可使企业得以继续生存、可使企业得以继续经营、可使企业收入稳定、可使企业经济增长、承担社会责任②。风险在当代社会的表现形式包括经济风险、系统风险、战略风险、国家风险、政治风险、声誉风险、社会风险、传染疾病风险、环境风险等 9 大风险。③

（二）中国海外公民风险管理目标

将风险管理理论运用于中国海外公民这一特定客体并将中国国家单一行为体作为风险管理的主体，即中国政府如何应用风险管理理论来管理中国海外公民所面临的风险就是本部分要回答的核心命题。

由于本文中风险管理的主体和客体都不同于管理学中风险管理理论所涉及的主体和客体，因此风险管理的目标也有相应的"本土化"。应用于本课题的风险和损失不仅局限于可计量的经济方面的危害，而且包括一些不可计量的或较难计量的危害，如生命、声誉、政治前景等。我们做任何有意义的事情，都必然要冒一定的风险；由于几乎所有的政策选择都带有不确定性和冒险性，因此在现实中我们实际考虑的是以什么样的代价，以多大的代价来降低某种特定的风险，或减小该风险可能产生的影响。④因此，本文认为中国政府对中国海外公民风险管理的目标应作如下设定：①损失发生前的目标：节省经济成本（以科学合理的手段和成本来获得中国海外公民安全的最大保障）、减少忧虑心理（通过对风险的认知、衡量和控制降低官方对中国海外公民的忧虑）、满足外界之要求（满足民间和国际社会要求官方减少中国海外公民风险的需求）、承担"政府"责任；②损失发生后的目标：继续生存（中国海外公民遭受损失后能继续生存）、恢复原状（中国海外公民遭受损失后，通过风险管理的诸多手段尚有能力恢复原状并保持原有状态）、持续发展（中国海外公民遭受损失后可继续发展）、社会满意（通过对中国海外公民损失发生后的处理使官方和民间都满意）。

在当代社会的 9 大风险中，从风险造成的结果来分类的话，中国海外公民面临的风险主要是人身风险、财产风险和声誉风险。事实上，这三种风险常常相互伴随发生，如针对中国海外公民的人身伤害经常伴随着财产抢劫等其他形式的风险。近年来中国海外公民经常面临并因此而遭受损失的风险包括四种⑤：第一，政治性政策类风险（前文所述的当前的排华反华事件主要也是该类风险）：战争、战乱和军事政变等，国际恐怖主义活动，政局动荡和社会骚乱，"三股恶势力"，特定商业限制和国有化风险；第二，刑事犯罪类风

---

① 宋明哲编著：《风险管理》，台北：台湾中华企业管理发展中心 1984 年版，第 10 页。

② Robert I. Mehr & Bob A. Hedges, *Risk Management Concepts and Applications*, New York：McGraw – Hill Inc., 1974；转引自宋明哲编著：《风险管理》，台北：台湾中华企业管理发展中心 1984 年版，第 23～24 页。

③ 关于各种风险的详细论述请参见卢林主编：《制度转型及风险管理》，上海：上海人民出版社 2010 年版，第 54～134 页。

④ 卢林主编：《制度转型及风险管理》，上海：上海人民出版社 2010 年版，第 8 页。

⑤ 李晓敏在其著作《非传统威胁下中国公民海外安全分析》指出了中国公民海外安全风险的三种形式，分别是政治性政策类风险、刑事犯罪类风险、灾害和意外伤害类风险。本文的前三类风险主要引用了该专著的分析。

险：绑架、抢劫、偷窃等；第三，灾害和意外伤害类风险：地震、海啸、车祸、空难等；[①]
第四，声誉风险：相比前三者而言是一种无形且更难以消除的风险，一旦损失造成将需要
较长的修复期。

四、中国海外公民风险管理的步骤

风险管理作为一门独立的学科虽然只有 60 多年的历史，却已经成为大型商业公司普
遍的实践并被证明是有效的，特别是在金融业的实践尤为精密有效。张曙光教授曾通过五
个假设论证了国家海外利益风险是可以管理的。[②]在此笔者尝试将风险管理理论应用于中国
政府为主体、以中国海外公民为客体的风险管理中。如前文所述，完整的风险管理包括以
下五个步骤。

（一）以损失后能继续生存为首要目标制订风险管理计划

风险管理计划制订的首要工作就是确定风险管理的目标，结合中国政府和中国海外公
民这一主客体，笔者在前文已经详述中国海外公民风险管理的损失前和损失后的 8 大目
标。但需要注意的是风险管理损失前的目标和损失后的目标之间以及损失前目标和损失后
目标内部是存在矛盾的，如损失前的目标节省经济成本和损失后的目标持续发展（中国海
外公民遭受损失后可继续发展）、社会满意（通过对中国海外公民损失发生后的处理使官
方和民间都满意）之间是存在矛盾的；损失前的目标节省经济成本和减少忧虑心理（通过
对风险的认知、衡量和控制降低官方对中国海外公民的忧虑）之间也是存在矛盾的。因此
在制订风险管理计划时就会面临如何确定风险管理的首要目标这一问题。鉴于当前中国海
外公民保护的意愿和能力以及中国"以人为本"的执政思想，我们认为中国海外公民风险
管理的首要目标是发生风险事故后保证中国海外公民的继续生存。

确定了首要目标之后，中国海外公民风险管理计划还应该包括以下内容：

1. 确定风险管理部门和人员的职责

虽然中国海外公民的风险管理涉及很多部门，但必须明确该事项的主管部门、人员及
其各自的职责。根据现有的中国党政结构，可以将"中央外事工作领导小组"确定为中国
海外公民风险管理的主要部门，领导小组办公室承担日常工作，办公室主任应该成为中国
海外公民的"首席风险执行官（CRO）"。风险管理责任部门的定位应该是能够填补当前
的管理空档，规避因职能交叉而造成的协调成本高、反应速度慢等问题。因此该部门的主
要职责应该是制订风险管理计划、风险评估、充实应对风险的工具库以及对风险的检查和
评估，而具体风险管理的执行则应由原承担各项工作的部门来执行。

2. 风险管理部门内部组织结构及与其他部门的合作

风险管理部门的内部组织架构设立应以精简高效为原则，风险计划制订和测量以及其
他专业性较强的工作应进行"业务外包"，委托相关部门、民间组织或公司来具体执行。

---

① 关于这三类风险的详细分析请参见李晓敏：《非传统威胁下中国公民海外安全分析》，北京：人民出版社 2011
年版，第 68~78 页。

② 参见张曙光：《国家海外利益风险的外交管理》，《世界经济与政治》2009 年第 8 期。

风险管理所涉及的部门间协调则可继续依托当前我国正在实行的"海外中国公民和机构安全保护工作部际联席会议"机制来执行。

3. 风险管理计划的控制

风险管理计划的控制主要包括制定业绩标准和采取纠偏措施。根据当前中国海外公民的现状，制定业绩标准可以从两个维度进行设定：损失发生频率、损失的严重性。损失发生频率可以设定为发生中国海外公民损失的事件数与当年中国海外公民人口总数的比例，比例上升则表明损失频率提高，风险管理业绩下降。假设2006年发生中国海外公民损失事件为10 000件，当年中国海外公民人口总数为4 000万人次，则2006年损失发生频率为0.25‰；2007年损失事件和人口总数分别增长到11 000件和4 800万人次，则2007年损失发生频率为0.23‰。2007年的损失频率0.23‰较2006年的损失频率0.25‰下降8%，表明2007年较2006年风险管理业绩稍有提升。损失严重性可以设定为根据损失造成的人员财产损失赋予不同权重而得出的一个数值。此外，在业绩标准设置时应考虑世界其他国家的情况，特别是发达国家的情况。这样就可以量化地设定和考核中国海外公民风险管理的绩效并根据绩效情况的变化分析其原因而相应地采取纠偏的措施。

（二）识别风险和衡量风险

风险识别和衡量是风险管理的关键环节，也是风险管理理论应用于中国海外公民风险管理的难点，这是因为管理学的风险管理理论适用于企业管理，相对而言情况较为单纯而且可以利用现成的各类数理工具对损失进行衡量。风险管理理论中常见的识别损失风险的方法有五种：标准调查表/问卷调查表、企业的财务报表、其他的企业记录和文件、说明企业经营的流程图、对企业经营场所和经营过程的现场调查。[1]衡量风险则主要应用概率分布的知识。[2]虽然直接将这些方法应用于中国海外公民风险管理有一定的难度并存在适用性问题，但我们还是可以尝试借鉴这种思路来对中国海外公民的风险进行识别和衡量，需要注意的是这些思路的主要设计依据是经验型的，即根据历史预见未来，对新形式的风险的识别有较大难度。

1. 建立国别风险数据库

建立国别风险数据库是进行风险识别的基础，也是选择以何种方式应对风险的基础。可以根据现有的国内外资料对已经发生的针对中国海外公民的损害事件进行梳理并将其细化，也可以对当地中国海外公民通过发放调查问卷的方式获取相关信息。梳理时应包括事件的时间、地点，何种风险，中国公民在该国和当地的人口数量、分布特征、经济特征、政治参与等，住在国和地区当时的经济发展指标与社会发展指标、犯罪率、民族分布等。建立国别数据库并进行详细数据录入就是为了能够通过数据库信息与当前信息进行对比进而识别风险。

2. 根据风险管理的目标和国别情况建立风险计算模型设定风险警戒值

建立国别风险数据库的另一个用途则是便于研究该国出现风险事件的规律从而可以建立风险计算模型。假设通过研究印尼出现的中国海外公民风险事件，我们会发现独裁政

---

① 许谨良编著：《风险管理》（第三版），上海：上海财经大学出版社2011年版，第32页。
② 许谨良编著：《风险管理》（第三版），上海：上海财经大学出版社2011年版，第98页。

府、腐败、失业率、通货膨胀率、外债、换届、媒体负面报道数量等因素是促使中国海外公民发生风险事件的正相关因素，而中印关系友好、中国经济影响力等因素则与中国海外公民发生风险事件呈负相关关系，那么我们就可以尝试建立一个简单的风险计算模型并利用计算机技术将其设计为风险管理信息系统，当我们录入相关信息后，该系统就可以自动算出风险指数。根据历史上的风险事件得出的风险指数可以设定为风险警戒值，当达到或超过该警戒值时则提出风险预警，而风险管理人员则可以根据系统提示作出相应的判断。

3. 依托驻外使领馆实时更新数据

如果能建立风险管理系统和风险计算模型，那么中国海外公民的风险管理将至少可以实现半自动化和系统化管理，有助于实现以较低的成本达到降低官方对中国海外公民的忧虑和满足民间与国际社会要求官方减少中国海外公民风险的需求这两大目标。建立系统和模型后的关键就是根据最新的研究成果对系统进行维护并依托中国驻外使领馆实时更新所在国的信息，这样将可以保证该系统和模型越来越趋于精准化。

（三）建立应对中国海外公民风险工具库，选择应对风险的方法

在企业风险管理中，风险应对的方法一般包括以下四种：风险规避（通过消除项目风险的来源或拒绝接受暴露于风险中的项目来实现）、降低风险（降低风险发生的概率或减少风险的影响）、转移风险（将有风险的业务进行转让或切割或进行保险和"对冲"）、保留风险（因无法识别风险或收益大于风险而保留风险）。① 虽然企业风险管理和中国海外公民风险管理应对思路基本都如上述所论，但具体的"工具"却有很大的区别。

1. 风险规避

风险规避是最彻底的风险管理方法，因为它将损失发生的可能性降低为零。② 应该注意到要完全规避风险是很难的，这是因为一方面由自然灾害疾病等带来的风险作为不可抗力而无法规避，另一方面风险往往伴随着收益，完全规避风险意味着放弃收益。

（1）撤侨。

撤侨是彻底规避风险的手段之一，作为以保护公民生命安全为首要目的的风险管理，撤侨能够最大限度地保护我国公民的生命安全。但撤侨也意味着财产的重大损失，因为在这种情况下只能带走很少财物，大部分中国公民和公司的资产及其未来收益都面临着损失。因此，撤侨的使用应该慎重，一般在出现战争、动乱或大规模排华情况下使用，此外在法律体制相对完善的发达国家一般无须撤侨。

（2）加强对国内利益主体的协调和管理。

近年来出现的针对中国企业和中国公民的风险事件有些是由于国内利益主体的不当行为而引起的，通过对这些国内利益主体的管理也可以消除风险源、规避风险。我国不少企业对并购整合的理解似乎一直停留在买设备、买厂房、买技术的阶段，特别是在当前金融危机背景下，大型国有企业"抄底"心态泛滥，似乎有钱就可以买到一切；当前中国

---

① ［英］托尼·莫纳，费萨尔·F. 阿勒萨尼著，姜英兵译：《公司风险管理：基于组织的视角》，长春：东北财经大学出版社 2011 年版，第 31～33 页。

② 许谨良编著：《风险管理》（第三版），上海：上海财经大学出版社 2011 年版，第 106 页。

"走出去"的企业，其存在的突出问题表现在国际化经营管理能力严重不足。[①]这种心态指导下的海外投资经常造成投资的盲目性并恶化中国公民和公司的海外形象。实际生活中也存在着少数大型垄断企业在海外为扩大其自身私利而损害国家长远利益布局的行为，以及盲目并购造成巨额亏损的行为。[②]如蒙古近几年出现的因中国企业大量涌入该国开发矿产资源并造成环境污染而引起当地居民对中国在蒙公民的极大反感，并出现针对中国公民的犯罪事件。垄断国企也是近年来另一个"麻烦制造者"，中电投、华能、三峡电力、葛洲坝等垄断国企竞相进入缅甸水电市场筑坝建站并互相竞争导致缅甸反坝运动和民间对华怨气加重。

（3）打击偷渡等非法行为。

中国海外公民因偷渡、非法务工、逾期滞留、没有合法身份而在国外受到人身和财产的伤害是近年来的多发事件之一。汪段泳教授通过对 2008—2010 年外交部发布的"出国特别提醒"的量化解读，认为中国海外劳务人员权益受损在经济权益损害事件中占有较大比重，国内外一些不法分子以提供劳务中介服务为名，诱骗我国公民出国打工，由于受骗人员通常都没有取得合法的工作签证，不能进入合法的外国劳工就业领域，只能进行非法务工。[③]在这种情况下，由于在当地属于非法状态，权益一旦受到损害，无论是寻求当地公权机关的帮助还是寻求中国政府的帮助都面临很大的困难。因此，加强对偷渡等非法行为的打击是消除此类风险的根本措施。

2. 降低风险

针对当前中国海外公民风险现状，我们认为降低风险的措施，即降低风险发生的概率或减少风险的影响应成为风险应对措施的主体。

（1）海外公民教育。

安全教育、文明教育和文化适应性教育应该是中国海外公民教育的主要内容，也是可以有效降低针对中国海外公民犯罪风险和声誉风险的手段。据统计发现，2008—2010 年，中国公民自身需承担相当部分责任的边境和入境后风险问题相当突出，"出国特别提醒"中有关法律责任和文化冲突风险的警示多达 131 条，数量在五大类风险中位居第二。[④]根据外交部领事司的统计，在所有的领事保护案件中，约有一半是由于中方人员的不当行为引起的。[⑤]近年来，外交部、商务部、国家旅游总局等部门先后联合编写了《中国公民海外安全常识》、《中国公民出境旅游文明行为指南》、《海外中国公民文明指南》等书刊，对中国海外公民进行安全和文明教育，这是降低风险的工具之一。此外，还就如何在海外融入和适应当地文化进行教育，避免"文化"冲突演变成"实体"冲突。

---

① 汪段泳、苏长和主编：《中国海外利益研究年度报告》（2008—2009），上海：上海人民出版社 2011 年版，第 200 页。

② 苏长和：《论中国海外利益》，《世界经济与政治》2009 年第 8 期，第 18 页。

③ 汪段泳：《中国海外公民安全：基于对外交部"出国特别提醒"（2008—2010）的量化解读》，《外交评论》2011 年第 1 期，第 71~72 页。

④ 汪段泳：《中国海外公民安全：基于对外交部"出国特别提醒"（2008—2010）的量化解读》，《外交评论》2011 年第 1 期，第 72 页。

⑤ 沈国放、魏苇等：《企业和个人海外遇事怎么办》，《世界知识》2008 年第 17 期，第 22 页。

（2）国内经济结构的调整。

当前中国海外公民风险的增加还可以从中国的国内经济结构中得到解释。当前中国的经济结构和在国际分工中呈现"两头"在外的经济结构，资源和市场存在较大的对外依赖性。从解决资源和能源对外依赖的角度出发，中国企业和公民在国外能源和资源产地的出现和聚集实属必然。由于和西方国家关系微妙，中国不愿过度依赖由西方国家所创设和掌控的国际原料市场和能源供应格局，而宁可独辟蹊径。但由于意识形态不同、企业竞争力弱等原因，中国投资方只能选择一些西方国家不愿意去的国家，风险较大。[1]这些国家一旦出现骚乱、内战、政变等情况则会对在当地的中国公民产生很大威胁。"中国制造"的巨大产能和国内市场的相对不充分发育使中国商品只能大量销往国外，对国外相关产业和就业形成较大冲击。这种情况的长期存在，再加上商品进口国的经济不景气、失业率高等原因，很容易使"中国制造"成为当地经济低迷的"替罪羊"，从而给当地中国公民人身和财产安全带来风险。2011年BBC对27个国家近2.8万民众的一项调查显示，整体而言认为中国经济增长是正面因素的比率为50%，但中国主要贸易伙伴国如美国、德国、英国等认为中国经济增长是负面因素的比率却都超过50%，而有35%的人认为中国在执行不公平的贸易政策。[2]西班牙的烧鞋事件、2007年意大利米兰事件等都与此有关。因此国内产业结构的转型和升级、扩大国内消费是降低中国海外公民风险发生概率的措施之一。

（3）文化适应、政治参与和社会融入。

中国海外公民和海外企业必须避免将国内的整套做法照搬到国外的行为。近年来因工会问题引发的海外企业和海外公民风险是这一问题的典型表现；此外，一些人将国内常用的非法手段、贿赂、走上层路线等搬到国外而不了解当地多元社会的现实。中国海外公民，特别是华侨也要改变以前那种"事不关己，高高挂起，多一事不如少一事"的作客心态和不介入公共事务的习惯，积极关心和参与住在国的政治生活，积极融入住在国，与住在国的民众打成一片，把自己的命运与住在国人民的命运紧密联系在一起。只有这样才能逐步消除误解，降低遭遇风险的可能性。

（4）良好形象的塑造。

中国海外公民的良好形象无疑会降低针对该群体的风险事件的概率和危害性。中国海外公民的形象实际上又和抽象的中国（政府）形象紧密相连。尽管近年来中国在对外援助、孔子学院推广和国际形象传播方面做了很多工作，但中国的国家形象面临三重困境，即西方对中国政治和经济发展的偏见、中国传统文化的过度传播以及现代中国形象输出的不足。[3] 除此之外，中国海外公民和中国国家形象的塑造除了政府可以大有作为外，还应该鼓励非官方机构的介入和参与。鉴于中西方文化的差异，非官方组织在西方国家的行为不容易引起他国的反弹而且效果更为持久[4]。

（5）国外法律研究、国内立法和双重国籍问题。

---

[1] 唐昊：《关于中国海外利益保护的战略思考》，《现代国际关系》2011年第6期，第5页。

[2] BBC网站，http://www.bbc.co.uk/pressoffice/pressreleases/stories/2011/03_march/28/china.shtml。

[3] 《海外中国形象面临三重困境》，《国际先驱导报》，2009年2月2日，第2版。

[4] 2012年5月美国国务院发布公告称，目前在该国持有J-1签证的孔子学院中国教师将不得不于6月30日离境。美方称不会为他们续签签证；如果他们愿意，可回到中国再申办适当的交流项目签证；并要求孔子学院进行认证。虽然该事件最后以美国维持原政策不变而告终，但已经反映出了官方出面所可能带来的负面影响。

为减少中国海外公民风险并在发生风险事故时提供法律支持，对国外法律的研究非常有必要，依靠法律将是一种更为制度化和低成本的解决方式。此外，中国国内法同样对可能危及海外利益和境内利益的域外主体和行为进行规范。①这里有两个方面的问题可以研究，一是研究国内法律的域外适用问题，二是出台专门国内法或对现行法律进行修订使其具备这方面的功能。目前我国涉及公民境外权益保护的法律法规部门规范有 10 多项，但层次偏低、内容散落。② 应该把制定《中国公民境外保护法》和《涉外民事关系法律适用法》纳入考虑范围。③

根据美国非政府组织移民研究中心（The Center for Immigration Studies）的统计，截至2010 年，全球共有 93 个国家承认或以某种形式承认双重国籍，其中包括美国、英国和世界第二大人口国家——印度。④目前承认双重国籍的国家数约占世界的 50%。全球化时代的双重国籍问题及其对我国海外公民保护的利弊是可以进一步研究的议题。

（6）有利于中国的国际制度的塑造。

毫无疑问，国际体系仍然是当前中国海外公民保护的主要依托，是保护中国海外公民的制度化和可预测的方法。现今大部分国际制度是由西方国家在过去几百年的外交实践中形成的，这些制度对维持世界秩序有一定的意义，但与世界大部分国家所希望的目标还存在相当大的差距，而且不合理的国际制度会成为中国海外利益维护的结构性障碍。⑤一方面我们要审慎研究和加入各种现存的国际条约和国际组织并倡议修订现存的不合理国际制度；另一方面也要积极参与在新议题方面创建新的国际制度，使我国的利益诉求得到反映。

3．转移风险

转移风险是当前企业风险管理实践中最常见的措施，企业可以通过在资本市场上的风险"对冲"工具和操作，如期货、债务重组等方式来转移风险，也可以通过购买保险来转移风险。国家层面的海外公民的风险转移的途径和手段则相对有限。类似的操作包括：第一，签订双边或多边协议，要求相互保证对方公民在各自主权范围内的合法权益。第二，加入专门的保险和风险共担机制来实现风险转移和损失补偿，如多边投资担保机构（Mul-

---

① 苏长和：《论中国海外利益》，《世界经济与政治》2009 年第 8 期，第 18 页。

② 这些法律包括《国籍法》、《公民出入境管理法》、《外交特权与豁免条例》、《旅行社管理条例》、《对外承包工程管理条例》等，关于该问题的详细论述可以参看孔小霞：《论境外中国公民的保护对策》，《探求》2009 年第 5 期，第 36 页。

③ 关于该问题的详细论述可以参看单海玲：《我国境外公民保护机制的新思维》，《法商研究》2011 年第 5 期，第 71 页。

④ 参见 Stanley A. Renshon, Dual citizenship and american national identity, http://www.google.com.hk/url? q = http://cis.org/articles/2001/paper20/renshondual.pdf&sa = U&ei = 6m16UMiuLvCOiAf － xIAI&ved = 0CBwQFjAA&usg = AFQjCNGqDqRRZCaomgwNiRkLgndfc06RSg.

⑤ 苏长和：《论中国海外利益》，《世界经济与政治》2009 年第 8 期，第 20 页。

tilateral Investment Guarantee Agency，MIGA）[1]。第三，设立专门的基金，实现对中国海外公民损失的补偿。这一方面可以参考英国的做法。在海外人身财产赔偿方面，英国外交部设立了相应的公共机构——赔偿委员会，其主要任务是依据国际法和英国法律评估英国公民在海外遭受的损害程度及确定赔偿数额。[2]该委员会的工作人员大多为兼职的专业人士，运作资金则由议会通过预算进行拨款。第四，海外公民自身购买相关的保险实现个人层面的风险转移。

4. 保留风险情况下的风险应对

由于中国与世界关系的逐步密切，中国海外公民在国外的数量和分布范围将逐步扩大，因此可能有些风险无法识别而无意保留或者考虑到风险收益关系而故意保留，因此保留风险情况下的风险应对措施是当前最常用的风险应对方法之一。

前文提到的降低风险的主要措施实际上是保留风险情况下的预防性措施。当风险情况发生后，常见的处理方式就是领事保护和外交保护。关于领事保护和外交保护的区别和联系在本文第一部分已作论述。此外，学术界关于领事保护和外交保护的研究也已经产生了大量的成果[3]。笔者认为领事保护和外交保护的实践要向两端延伸，即"软的更软、硬的更硬"。领事保护要在"以人为本、执政为民"执政理念的指引下延伸到领事协助和领事服务，即要从针对中国公民侵害发生后的保护延伸到事前的宣传教育、公民出境前的提醒告知、公民在境外时的动态跟踪；外交保护要从公民损害发生并穷尽当地救济手段之后的外交交涉、外交抗议向警务合作、犯罪惩处、跨国执法和军事干预方向延伸。这样才是完整的从弱到强的风险应对措施链。2011 年 "10·5" 湄公河惨案发生后对嫌犯的跨国执法和审判是这方面的有益尝试。

（四）贯彻和执行风险管理的决策

在确定了风险管理工具库中的 4 种方法、13 项工具后，应根据风险和工具匹配的原则建立对应关系，这样贯彻和执行风险管理就具备了基础。贯彻和执行阶段涉及决策主体和执行主体。按照风险管理的原则，"中央外事工作领导小组" 及其办公室作为风险管理责任人是决策主体，负责决定采取何种方式应对风险事件，并根据各部门的职责分工确定执行部门。决定执行部门之后，一般而言，执行部门应该有根据其专业知识和经验作出具体策略和工具的权力，并根据 "自下而上" 的顺序对决策者提出建议。

在确定了风险管理计划，建立了公民海外风险数据库和工具库，并建立了风险评估系统和工具匹配关系之后，为检验可操作性和保证执行的高效，沙盘推演和风险预演等常态

---

① 1985 年世界银行通过了《多边投资担保机构条约》（也称《汉城公约》，简称《公约》）。1987 年 10 月，有关国家召集会议，决定于 1988 年 4 月 30 日前核准《公约》的国家为创始会员。1988 年 6 月 8 日，在华盛顿举行成立大会，多边投资担保机构正式成立。根据《公约》规定，机构法定资本为 10 亿特别提款权，分为 10 万股，每股 1 万特别提款权。截至 1994 年 6 月 6 日，已有 147 个国家签署了加入 "机构" 的《公约》，其中 120 个国家核准了《公约》，这 120 个会员国已认缴股金总额 8.4 亿美元，实缴 1.7 亿美元。我国于 1988 年 4 月 30 日核准了《公约》，成为机构的创始会员国，认购股份达 3.138%，在第二类会员国中居第一位。根据《公约》规定，机构的目标是鼓励在其会员国之间，尤其是向发展中国家会员国融通生产性投资，以补充世界银行、国际金融公司和其他国际开发金融机构的活动。

② 单海玲：《我国境外公民保护机制的新思维》，《法商研究》2011 年第 5 期，第 71 页。

③ 该类研究成果主要有专著 10 余本，博士、硕士学位论文 30 多篇以及各类期刊论文 200 多篇。

化、定期化的练习是必不可少的环节。"中央外事工作领导小组"应根据风险种类、严重程度等制订沙盘推演的年度计划，并负责督导执行。

（五）检查和评估

检查和评估风险管理是风险管理的最后一个环节。一般而言，企业风险管理的检查评估有两个标准：效果标准和作业标准。效果标准以损失的频率和程度是否下降为依据，作业标准注重对风险管理部门工作的质量和数量的考核。[1]中国海外公民的风险管理的检查和评估必须是效果标准和作业标准的结合，即既要考察中国海外公民风险事故是否减少、造成的损失是否增加，也要考察风险管理部门的风险预测、风险识别、风险数据库的更新、风险降低措施等工作是否到位。因为风险事故的发生具有随机性，而且造成风险事故的部分原因是不可抗力，因此单纯地使用效果标准有失公平；如果只采用作业标准则没有将风险管理与风险管理的最终目的联系起来。

除了评估风险管理的有效性，风险检查和评估的更大意义在于通过检查和评估衡量风险管理计划、手段、过程、方法的可行性和效果并根据实际执行情况进行弥补、更新；此外通过检查和评估还可以发现风险管理决策是否得当，进而也有助于风险管理决策者改进决策。

中国海外公民风险正处于多发期，通过风险管理我们希望能够降低风险发生的概率和减少损失，建立一整套更为系统、科学、制度化的风险管理机制。由于风险发生的随机性和风险管理的不完善性，部分中国海外公民还是会遭受损失，但引入了风险管理理论后，他们的损失将被系统分析和评估，通过完善风险管理工具库和决策机制避免同胞再次受难。借鉴和引入其他制度化的方法来应对中国海外公民风险也应该成为学界今后继续探索的一个议题。

---

① 许谨良编著：《风险管理》（第三版），上海：上海财经大学出版社 2011 年版，第 15 页。

美国华人社会中的"同乡会现象"浅析
——以美东地区为例

20 世纪 80 年代以来，由于海外华人社会的变化及移民群体的多元化，作为华人社会支柱之一的华人社团亦出现了新变化。这些年来，传统华人社团在继续积极组织活动的同时，其社团宗旨、组织结构和活动方式与以往相比已有很大程度的不同。随着来自中国大陆和港澳台地区的新移民、来自其他国家的华人再移民以及华裔新生代群体的出现，种类众多的新型社团也在不断涌现，且在当地社会中越来越活跃，影响力也不断增强，成为一股不可忽视的力量。其中最值得关注的是，各地的华人新兴同乡会群体不断涌现。例如，在美东地区（包括大华府地区与纽约地区）[①] 素有传统类型的同乡会组织，20 世纪 80 年代以来到此地的中国新移民人数众多，增长迅速。他们的中国来源地较为广泛，但在居住地的分布区域却较为集中，且其数量在所有华侨华人中占据较大比例。于是，新兴同乡会如雨后春笋般涌现，成为华人群体中最常见的社团组织。它们的组织活动越来越多，越来越活跃，社会影响力与辐射力也越来越强。

美国华侨华人中的地缘性社团组织早已存在，一直发挥着凝聚乡情、守望相助的积极功能。但这一类型华人组织早期也存在着乡帮斗争、分裂割据等弊端。随着海外华人社会的新发展，这一情形发生了显著变化，地缘性社团中的新兴组织逐渐发展壮大，成为一个较有影响力的同乡群体。据美国《世界日报》报道，美国华盛顿移民政策研究所于 2008 年 7 月 15 日发表的研究报告中指出，随着全球移民的增多，数百年来以松散方式为散居异地乡亲提供联谊场所的同乡会越来越重要，常常是最具凝聚力的移民社团。作为常见的地缘性社团组织，同乡会不但没有走向衰亡，反而越来越活跃。

一、近几十年美东地区新兴同乡会的涌现与变化

中国新移民的不断涌入，改变了美东地区过去的传统——以闽粤为主的华人社会形态。这些或来自省市的留学生及专家学者，或来自福建、浙江等地区的非正常劳工，或以家庭团聚投靠亲友为目的的新移民，为了寻找心灵上的慰藉，加强在异国他乡彼此间的联系，纷纷组建同乡会组织。它们有大有小，既有以省为单位的同乡会（如湖南同乡会），也有以地区为单位的同乡会（如东北同乡会），还有以市为单位的同乡会（如苏州同乡会），甚至有以村镇为单位的同乡会（如福建琯头联谊会、长乐潭头联谊会）等。这些同乡会的成立时间不一，形式各异，难以一一尽述，本节挑选若干较有代表性的同乡会作一评析。

---

① 美东地区，主要是指大华府地区与纽约地区。大华府地区是以首府华盛顿特区为中心，辐射到相邻的弗吉尼亚州北部、马里兰州南部的区域；纽约地区是以纽约为中心，延伸到周围的新泽西州、康州以及费城的广大区域。

（一）福建籍的同乡会成立概况

当今，美东地区的中国新移民以来自福建的尤为众多，且大多来自农村，凭着拼搏精神在当地立足与发展。据纽约最大最老的福建人侨团"福建同乡会"主席陈清泉介绍，现在全美国的福建移民有七八十万，在纽约的就有四五十万，比十年前至少翻了一番。以前，纽约的"唐人街"以广东移民为主，而如今福建移民已经超过广东移民，成为纽约最大的华裔移民群体。[①] 这些新移民为了维护同乡权益，加强彼此联系，纷纷组建自身的同乡会组织。以纽约为例，福建籍同乡社团就有不少。如下所列：

（1）福建琯头联谊会：1990 年 6 月成立。

（2）旅美闽南同乡会：1994 年 1 月 30 日成立，首任会长王健民。

（3）美国福建长乐南乡联谊会：1993 年 4 月成立。

（4）美国福建大宏联谊会：1994 年 3 月成立，首任主席陈祥农。

（5）美国福建厚福联谊会：1998 年 3 月 18 日正式成立，在筹建期间有美国各地的 1 000 多厚福乡亲入会。会员多数从事餐馆业和车衣业，首届主席林尔良。

（6）美国福建马尾联谊会：1990 年成立，由任积龙、叶彬清、任礼增等福建马尾籍人士发起创建。

（7）美国福州三山联谊会：1984 年成立，会址设在纽约百老汇。

（8）美国象屿联谊会：1995 年 6 月 26 日在纽约成立。由陈学顺、陈荣华等祖籍福建省象屿村人士发起创建，首届会长陈学顺。[②]

（9）美国长乐潭头联谊会：2002 年 12 月 26 日举行正式成立典礼，主席刘进武。据估计，目前纽约市最少有 700 多户潭头镇人士，已有近 600 人加入该会。据统计，目前潭头乡亲在美国开设 40 多家大小餐馆，10 多家衣厂和洗衣店，也开设了不少装修公司，潭头移民各行各业都有。[③]

（10）美国长乐文溪联谊会：2003 年 3 月 12 日成立，主席刘进凯。[④]

（11）美国福建首占联合总会：2005 年 12 月 27 日成立，首任主席陈建志。[⑤]

（12）美国福州市同乡会：2006 年 8 月成立，会长倪际雄。[⑥]

（13）美国福建塘头联谊会：2007 年 6 月 13 日成立，主席林庆利。[⑦]

近年来，以联谊、互助为宗旨的福建籍社团在美东地区如雨后春笋般涌现，其数量增长和组织细密之程度令人叹为观止，远远超过中国其他地区的地缘社团。以长乐人为例，他们组建了以从原籍地自然村、乡镇到县（市）为纽带的多达 35 个同乡社团。尤其是以自然村为主的社团，多达 22 个。[⑧] 如此众多的同乡社团给当地华人社会带去了活力，彰显

[①] 《福建人在美国站住脚》，《环球时报》，2004 年 11 月 29 日。

[②] 以上同乡会成立均引自谢成佳主编：《华侨华人百科全书·社团政党卷》，北京：中国华侨出版社 1999 年版。

[③] 《美国长乐潭头联谊会纽约成立　会长刘进武》，《华声报》，2002 年 12 月 30 日。

[④] 《美国长乐文溪联谊会成立　会长刘进凯》，《华声报》，2003 年 3 月 18 日。

[⑤] 《美国福建首占联合总会成立　主席陈建志》，《华声报》，2005 年 12 月 28 日。

[⑥] 《谋求回馈家乡　美国福州市同乡会筹备会成立》，中国侨网，2006 年 7 月 26 日。

[⑦] 《美福建塘头联谊会纽约成立　主席林庆利》，中国侨网，2007 年 6 月 15 日。

[⑧] 庄国土：《近 20 年福建长乐人移民美国的动机和条件——以长乐实地调查为主的分析》，《华侨华人历史研究》2006 年第 1 期。

了福建籍社团的力量。

（二）其他省（市）籍同乡会的成立概况

美东地区华人众多，除了闽粤地区的移民外，还有众多来自其他省市地区的侨胞，为了达到同乡之间守望相助、团结联谊之目的，他们不断组建以省市为单位的同乡会组织。这类社团较为广泛，吸收会员较为开放，已经成为日益活跃的华人社团组织。以大华府为例，成立的省市级同乡会为数众多。如下所列：

（1）大华府北京同乡会：1996年3月2日在马里兰州成立。由宋铁航、国仲元等人发起筹建。参加成立大会的北京同乡有500多人。首届会长宋铁航。

（2）大华府地区安徽同乡会：1996年7月27日成立，由郭锡铭、汪静等人筹建，郭锡铭任首任总召集人。

（3）大华府东北同乡会：20世纪70年代成立于华盛顿，1996年有会员100多人，分别来自中国大陆、台湾及其他地区。

（4）大华府广东会馆：1991年5月成立于华盛顿，首任主席骆人骏。

（5）大华府湖南同乡会：1996年5月成立，由尹继颖、潘孝慈等人发起筹建，首届会长尹继颖。

（6）大华府区苏浙沪同乡会：1988年在华盛顿成立，由葛克全创立。1995年有会员100多人。

（7）大华府越棉寮华裔协会：由大华盛顿地区早期印支华裔移民组成。原名北维州华侨联谊会，1981年改名为美京越棉寮华裔联谊会，1987年7月19日，再次易为今名。有会员300多人，大部分是祖籍广东的南越华裔，居住于北维河的阿灵顿区，马里兰州的石城、银泉和华盛顿市区。

（8）华府四川同乡会：1996年9月20日成立，由郝妮等人发起筹建。

（9）华府徐州同乡会：1995年成立，由周续庚等人发起筹建。

（10）华盛顿地区湖北同乡会：1996年6月22日成立，由鲍事国、周子虞、谷世中等人发起筹建。

（11）华盛顿河南同乡会：1988年5月1日在华盛顿成立，会员仅约20户，多为来自台湾的专业科技人士。首届会长卢正阳。

（12）华盛顿山东同乡会：1988年4月24日在华盛顿成立，有70多位会员，多为工程师、医师、公司职员。首任会长阴法莹。

（13）华盛顿苏浙沪同乡会：1981年9月21日成立于华盛顿。人数不多，侧重同乡联谊，每年举办几次餐会。

（14）美国华盛顿广东同乡会：1987年9月成立于华盛顿。①

（15）大华府浙江同乡会：2004年3月在马里兰正式成立，第一届会长赵晓明。②

（16）美国大华府河北同乡会：2004年9月在华盛顿正式成立，首任会长孙殿涛。③

---

① 以上十四个同乡会均引自谢成佳主编：《华侨华人百科全书·社团政党卷》，北京：中国华侨出版社1999年版。

② 《美国大华府浙江同乡会正式成立》，中国侨网，2004年4月9日。

③ 《美国大华府河北同乡会成立 会长孙殿涛》，《华声报》，2004年9月6日。

近年来，这些省市级同乡会的不断出现正是华人移民来源地多元化的诠释，由闽粤地区为主逐渐扩大到全国其他省市地区。从移民特征来看，多是中国大陆及港澳台地区的新移民群体，以第一代移民居多，多注重同乡联谊和加强与祖籍地的联系。从移民规模来看，相对于闽粤地区移民来说，数量与规模都较小，尚未形成较强的凝聚力，这也是以省市为主组建社团的缘由。从其吸纳会员来看，较为开放，凡是有工作生活联系的人员均欢迎加入。因此，这些省市同乡会越来越多地吸收会员，发挥其在当地华人社会中的影响力。

（三）不同社团之间的联合趋势

随着美东地区新兴同乡会的迅速增多，为了增强华人社团力量，增进彼此联系，维护华人集体权益，越来越多社团组成了社团联合会。正如李明欢教授所言："众多的华人社团已经并且继续在实现着从孤立无序向联合有序的转化与发展。"① 这些社团并不是集权制下的社团发展模式，而是一种松散联谊形式的社团联合体，各个社团之间并无领导与被领导的关系，具有很强的民主性和自由性。以下是这方面的几个例子：

1. 纽约华人社团联合总会

1990 年 9 月在纽约成立。成立时由纽约衣联会、福建同乡会、惠州工商会、崇正会、东安公所、海南同乡会、华人进步会、全美华人协会纽约分会、华人联合会、和平统一促进会、柬埔寨华侨相济总会、太陆总商会、华侨总商会、华人体育协会、新侨互助会、华裔妇女会、三新联谊会、移民基金会等 18 个华人社团联合组成。1996 年初入会社团增至 50 多个。

2. 全美山东同乡会联台总会

1993 年 4 月 1 日正式成立。下设齐鲁教育基金会和大华府、费城、大纽约、佐治亚、休斯敦、达拉斯、奥哈马、北加州、南加州、芝加哥、西雅图等 11 个分会。

3. 全美台湾同乡联谊会

1978 年成立。会员不分省籍，凡在台湾出生、居住或在台湾求学、就业、投亲之同胞，均可入会。1993 年，已在纽约、洛杉矶、新泽西、费城、波士顿、华盛顿、密歇根、芝加哥、休斯敦、西雅图、旧金山、圣荷塞等地设有 12 个分会。②

4. 大华府地区同乡会协会

2002 年 5 月底，举行联席会议，宣告成立。北京同乡会龚锦先生为首任秘书长。该协会吸收同乡会性质的组织为团体会员，与各同乡会之间无领导和被领导的关系，只作为一个协调联谊机构。参加并发起组建大华府地区同乡会协会的共有大华府地区 19 个同乡会组织：（以拼音为序）安徽同乡会、北京同乡会、东北同乡会、福建同乡会、广东同乡会、广西同乡会、猴屿同乡会、湖北同乡会、湖南同乡会、南京同乡会、山东同乡会、山西同乡会、上海同乡会、上海同乡联谊会、四川暨重庆同乡会、天津同乡会、五邑同乡会、西

---

① 李明欢：《当代海外华人社团研究》，厦门：厦门大学出版社 1995 年版，第 158 页。
② 上述三个同乡联合会均引自谢成佳主编：《华侨华人百科全书·社团政党卷》，北京：中国华侨出版社 1999 年版。

北同乡会和徐州同乡会。①

5. 华人社团联席会（法拉盛）

2003 年 2 月 1 日，在纽约法拉盛地区宣布成立，会长黄哲操。参加社团的包括亚美文化协会，美东台湾客家联谊会，中美商会，旅美北京联谊会，中美文化基金会，美东安徽文教协会，山西、河南、四川、湖南、美东湖北、全美江西同乡会，美国广西同乡联合总会，纽约中国和平统一促进会，中国旅美作家教授联合会，中华学苑，美国江浙工商总会，温州工商联合总会，上海总商会，上海联谊会，上海科技经济交流协会，美国江苏友好协会和中美华东工商总会等。该社团成员主要以中国新移民社团居多，他强调，该社团是个独立的组织，从未加入任何社团联合会的名下。②

显然，不同社团间的联合有利于各个社团间开展丰富多彩的活动，加强彼此的联系，增强华人群体的力量，促使华人社团的有序稳定发展；更有利于发挥在当地华人社会中的影响力和辐射力，促进与当地社会的融入程度，发展与祖籍国的文化交流。

当然，上述同乡会社团并未完全罗列，因统计资料或材料缺失之缘故，并未完全收罗近几十年来新兴同乡会成立的具体数量，但从上述状况可以看出，福建籍地缘社团不断涌现，尤其是以村、乡镇为单位的组织，数量与规模较为可观；随着中国其他地区移民数量的不断增多，省市级别的同乡会也会越来越多，吸纳更多的同乡加入社团组织，从而更好地发挥乡亲群体力量；不同社团间的联合也会进一步加强，从而更好地发挥其在当地华人社会中的作用。

二、同乡会的组织形态与经济来源

同乡会组织都是具有一定的组建动机，奉行一定的组织宗旨，按照一定的结构管理程序，吸纳一定数量的会员，并根据某一原则而建立的社团。只有分析其组建宗旨，了解其内部结构，挖掘其经济来源状况，才能更加全面地认识这一组织。

（一）内部组织结构

组织宗旨是社团的活动纲领，决定了社团的活动倾向，组织结构则是将组织宗旨付诸实施时社团成员的结合方式。建立起一个正常、合理、有效的组织结构，协调好与其他社团及周围大环境的种种关系，是使社团增强组织凝聚力、提高组织运作效能的一个重要条件。③

同乡会组织机构设置的规律，一般包括三大部分：议事机构，例如理事会、常委会；办事机构，例如书记、财政、外交；监督机构，例如监察委员、监事会、查账等。

海外华人社团的内部运作机制，主要有以下三种：理事会制、委员制、理事会和监事会并列制。④根据所收集的资料分析，各同乡会基本上也是采用这一组织模式。

（1）理事会制：组织只设理事会，理事会的主要负责人为会长、理事长或主席。在理

---

① 《美国大华府地区同乡会协会成立》，中国侨网，2002 年 5 月 29 日。

② 《纽约法拉盛 20 余社团成立 "华人社团联席会" 会长黄哲操》，《华声报》，2003 年 2 月 9 日。

③ 李明欢：《当代海外华人社团研究》，厦门：厦门大学出版社 1995 年版，第 227 页。

④ 方雄普、许振礼编著：《海外侨团寻踪》，北京：中国华侨出版社 1995 年版，第 130～132 页。

事会之下再设各个理事具体办事部门。理事会制并非没有设监督机构，其监督机构仅由查账等代替而已。同乡会组织中，大多采用理事会制。其具体运作模式如下：

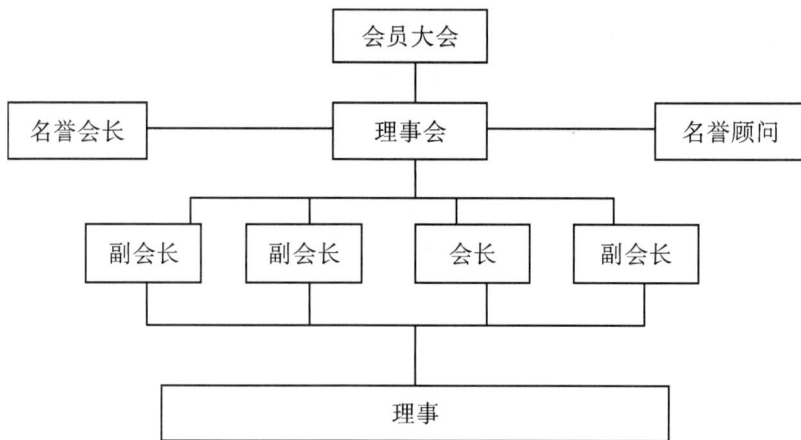

图1　理事会制运作示意图

（2）委员制：组织由会员中直接产生委员，再从常务委员中产生执行委员和监察委员，分别处理会务。常务委员会为议事机构，决定会务发展状况；执行委员会为办事机构，商议执行决议的方式和途径；监委会为监督机构，负责督促、核查、弹劾事宜。委员制的具体运作模式如下：

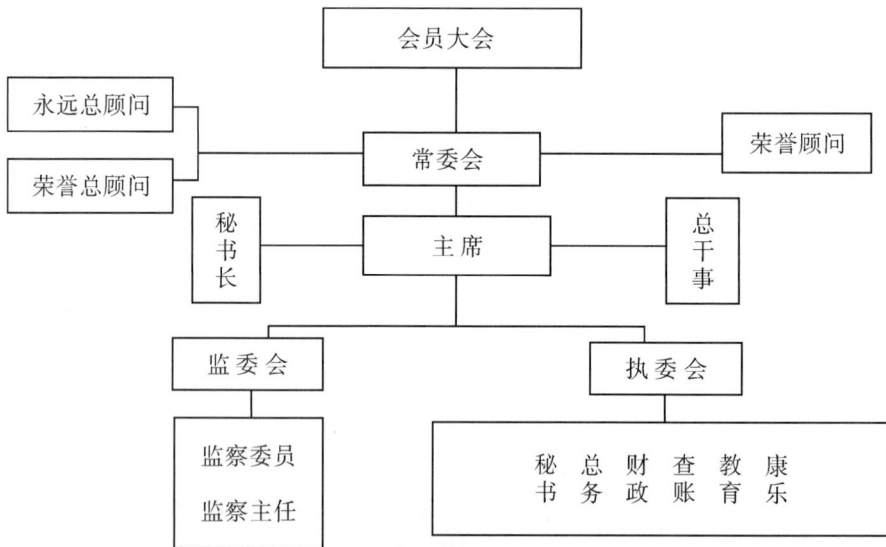

图2　委员制运作示意图

（3）理事会和监事会并列制：这类社团的组织机构分为理事会与监事会两大部分，两大机构分开，可以加强社团的监督功能，更好地起到互相制衡的作用。需要相互协调时，召开理事会、监事会联席会议。如2003年成立的旅美陕西同乡会，就由理事会、监事会、会务委员会构成。① 其运作模式如下：

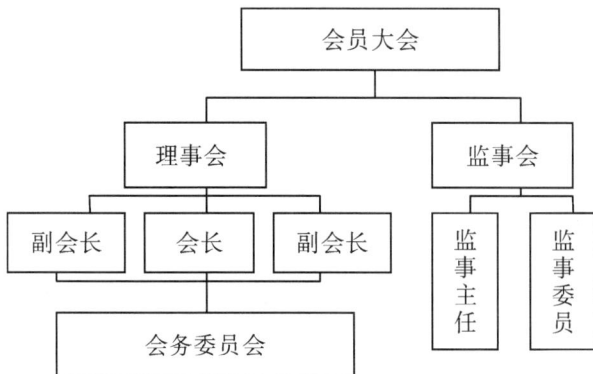

图3　理事会和监事会并列制运作示意图

以上三种类型，均有议事机构、执行机构、监督机构，只是大同小异、强弱不尽相同而已。当然，上述同乡会组织结构只是较为典型的，其具体情况也有较大差别。但通过对其社团组织的梳理，不难发现它们的相同之处。如大多数同乡组织在制定章程时，都注意突出民主性原则；其组织基本上围绕维持自身运转、履行组织宗旨及协调对外关系等方面设置；其组织结构中，荣誉会长、顾问较多，荣誉性、义务性色彩浓厚。

（二）经济来源

经费问题是涉及社团生存与发展的基本问题，能否为本社团建立比较稳定的经济来源，是社团按照一定宗旨、组织结构建立起来之后，能否有效发挥其社会功能的先决条件之一。② 大多数同乡会组织为非营利性的民间团体，为求生存与发展，需要通过多种方式、途径来筹措经费。目前，同乡会采用的最常见且行之有效的方式大致有以下四种：一是会员缴纳的会费及年费；二是社团开展活动时所组织缴纳的经费或会员赞助费用及其他社会名流、友好人士赠予的费用；三是社团在法律允许范围内从事的有限的经营性收入；四是向有关政府部门（包括住在国及祖籍国有关部门）申请的资助。当然，不同地区的同乡会组织，从上述四种途径所获得的经费比例并不相同。

就第一种会员费用而言，大多数同乡会组织章程中提到加入本社团的成员有缴纳会费的义务。会费一般有入会申请时缴纳的会员费，还有每年定期缴纳的年费。这笔费用是社团较为稳定的经费来源，能够确保组织的正常运行。但是，为了吸收更多的同乡会员，这笔费用并不会太高，会费收入在组织经费来源中所占的比例并不大。作为新兴的同乡会组织，会员经济实力往往较弱，尚未能在当地良好发展。为了进一步吸收当地的同乡会员，有些同乡会则并不要求会员缴纳入会费。以2007年7月成立的纽约河北同乡会为例，规

---

① 《旅美陕西同乡会纽约正式成立　会长张大连》，《华声报》，2003年10月12日。
② 庄国土等：《近30年来东亚华人社团的新变化》，厦门：厦门大学出版社2010年版，第255页。

定同乡会会员入会免费，每次举办活动由会员自发缴纳少量经费或者由会员赞助。① 第二种经费来源是组织开展活动最为常见的方式，往往是由会员缴纳少量经费，大部分活动经费由会员内部经济实力雄厚或其他社会名流友好人士赠予。作为新兴的同乡会组织，一般多是会员缴纳会费及年费等活动资金，经济实力较为雄厚的社团侨领出资赞助，其他社会名流友好人士的捐赠赞助。这类经费来源的多寡是制约新兴同乡会活动的重要因素。第三种从事的经营性收入较少，因为这些同乡会多为松散的联谊性质的组织群体，大多并未购置社会公产，从而未得到大规模较为固定的经费充入。而传统同乡会大都拥有房产、楼宇等固定资产，经济实力较为雄厚，资金较为充足。因此，这也是传统同乡会与新兴同乡会的重要区别之一。但是，较为不同的是，这一地区的福建籍同乡会，在创建之时就提出争取早日购买社会公产，多向社团成员以认捐形式购买社团资产的目标。就第四种而言，这种资助活动形式多样，可以是经费，也可以是实物，甚至是返乡接待等。随着新兴同乡会组织的发展，向有关政府部门申请的资助也越来越多，成为组织开展活动的重要经费之一。以广东省东莞市为例，为加强与海外东莞人的联系，团结海外社团乡亲，东莞市决定拨出专款，资助海外东莞籍的同乡会以及扶持旅居美、欧两地乡亲成立东莞同乡会。2006年10月，东莞市政府划拨30万元资助加拿大东莞同乡会，用于该社团的运作。②

总体来看，这些近年成立的社团往往会出现经费不足问题。正所谓"组团容易坚持难"，成为同乡会社团发展面临的一大问题。这在很大程度上制约了同乡会的社会活动能力，削弱了其社会影响力和辐射力。

三、新兴同乡会的主要社会功能

同乡会是海外华人社团较为常见的组织之一，正如其他华人社团一样，具有政治、经济、文化等不同层面的社会功能。

（一）作为加强联系、增进乡情的平台

同乡会是当地华人同乡之间相互交流联谊的重要场所，组建这一类社团的重要目的之一，就是为当地华人谋求心理上的慰藉，解决同乡之间生活、教育及就业等方面的困难，开展休闲娱乐活动，增强同乡情谊。为了促进同乡之间的联系与沟通，满足同乡的心理和生活需求，同乡会纷纷组织开展了许多形式多样、富有意义的活动。

（二）组织传统节日的联欢庆祝活动

中国传统节日是中华传统文化的具体体现，海外同乡会为了加强乡亲情谊，纷纷在重要的中国传统节日来临时组织形式多样的庆祝活动，借此提升同乡会的凝聚力。特别是在中华民族的传统节日春节时，同乡会都会开展丰富多彩的迎春晚会，成为乡亲之间加强联系、互相沟通的重要契机；每逢中秋，远在异乡的华人移民也会在同乡会的组织下开展庆祝活动，慰藉思乡之苦。在这些主要的传统节日中，处处体现了海外华人对中华文化的

---

① 《纽约河北同乡会成立》，（美国）《侨报》，2007 年 7 月 22 日。
② 《广东省东莞市拨出专款 30 万资助加拿大东莞同乡会》，中国侨网，2006 年 10 月 28 日。

坚守。

同乡会社团类似的活动里，在端午、中秋、国庆等节日中也较为常见，是同乡会通过纪念节日习俗，传承中华文化的重要机会。同乡会在传统节日开展的各项活动，对于传承中华文化、加强联系、增进乡情以及促进与当地的文化交流和了解都具有重要意义。一方面，传统节日是中华文化的某种象征，海外华人为了纪念和传承这一文化符号，开展中华传统习俗的联欢活动，有利于增进乡情，加强同乡凝聚力，促进彼此间的交流与联系，也是社团组织开展活动，体现其生命力的重要表现。另一方面，传统节日活动的开展也受到了住在国和祖籍国官方的支持。对当地社会来说，是表现中华文化的重要窗口，便于当地社会了解华人及中华文化，消除不必要的误解，增进中外文化交流。对祖籍国官方来说，是海外华人群体保持中华文化认同的重要体现，有利于加强与祖籍国的联系，提升中华文化软实力。

（三）开展情感联谊与救济困难乡亲的互助活动

海外华人远离故土，以同乡地缘纽带组建的同乡会，通过情感上的联谊和救济困难乡亲的互助活动，成为增进乡情、团结华人群体的重要载体。

有些同乡会组织规模较大，经济实力较强，拥有固定的同乡会所；有些新建同乡会则没有固定会址，而是经常借助酒店、学校等场所举行各类活动。这些活动具有同乡相聚交流信息缓解思乡之情的作用，也有凝聚乡情团结华人力量的作用。更重要的是，它具有精神象征的意义，使平日里四处漂泊的同乡有一个聚会的地方，使远适异域、已从故乡拔"根"而又尚未在他乡扎"根"的同乡在心灵上有所依托和归属。

在同乡会的功能中，除了有情感上联谊以解思乡之苦的一面外，还有物质上相互救助的一面。无论是经常性、长期性的扶危济贫，还是在某些意外灾难时伸出援助之手，同乡会都是必不可少的组织、协调和执行机构。这些互助活动，解决了当地同乡的困难，更是吸引乡亲加入同乡会的原因之一。

（四）举办形式多样的培训讲座活动

同乡会组织举办的丰富多样的培训讲座活动，既开拓了同乡的眼界与知识，又有利于同乡学习职业技能，解决就业求职问题。尤其是刚到美国的新移民，他们不具有适应美国生活和工作技能的优势，正需要同乡会开展类似的培训讲座，使他们尽快适应异域生活。与此同时，同乡会也开展演讲和写作能力的培训，帮助华人融入主流社会。

同乡会通过开展职业培训讲座活动，为华人提供了必要的生活就业知识，在一定程度上解决了同乡寻求职业的问题。同乡会组织的社区骨干培训，提高了华人侨胞的英语演讲与写作等能力，更有利于华人积极融入主流社会。

（五）提供教育奖学金，组织休闲娱乐及体育活动

海外华人大多重视子女教育问题，鼓励其学习中文，传承中华文化，以保持对祖籍国的认同感。因此，多数华人社区举办中文学校或周末培训班，以供其子女学习中文。而同乡会作为华人社团也注意到子女的教育问题，采取颁发教育奖学金或助学金的方式，积极鼓励子女学习。

同乡会为了增进乡情，也会组织开展形式多样的休闲娱乐活动，经常组织同乡在周末开展短期旅游、聚餐、卡拉 OK 及爬山、乒乓球比赛等活动。这类活动既增进了同乡之间的情谊，又丰富了彼此的业余生活，受到了广大同乡的喜欢。

综上所述，新型同乡会使同乡移民"初至，得所安焉；求学，得所教焉；有患难，相救相恤焉；平时，得所晤谈焉，会议焉；其在休闲，得所娱乐焉"①。可见，同乡会在一定程度上为当地减轻了移民带来的压力，帮助移民摆脱孤立无援的困境，改变移民无序的状态，是加强彼此联系、增进乡情的重要平台。

华人远离故土，保持着中华文化传统的传承，是中华文化的自我熏陶和潜移默化在华人身上的印记。而作为生活在异国他乡的社会实体，只有融入住在国的社会生活和文化环境，才能有进一步的发展。因为融入是华人在住在国安身立命、生存发展的重要基础。海外华人必须充分认识融入的重要性，提高融入的自觉性，主动走出唐人街，融入当地社会，营造友好的生存和发展环境。

华人如何融入当地社会？只有依靠群体的力量参与社会活动，更有力地改进华人的整体社会形象。同乡会作为重要的华人社团，主要从组织参与当地文化交流活动以求增进彼此了解，参与社会慈善救济事业推动改善华人形象，鼓励参与当地政治活动等不同层面上，团结华人群体的力量。因此，同乡会这一组织，在帮助华人融入主流社会中具有不可低估的作用。

（六）组织参与当地文化交流活动

华人与当地其他族裔之间的隔阂，在一定程度上与彼此之间的异质文化传统相关。因此，让当地其他族裔了解中华文化，让华人了解当地文化，无疑是消除隔阂的有效途径之一②。而文化交流是平等、双向的过程，既是当地公众了解中华文化、认识华人的过程，也是华人了解当地文化、减少对其他族裔误解的过程。正如德国著名理论家哈贝马斯所指出的："不同的文化类型应当超越各自传统和生活形式的基本价值的局限，作为平等的对话伙伴相互尊重，并在一种和谐友好的气氛中消除误解，摒弃成见，以便共同探讨与人类和世界的未来有关的重大问题，寻求解决问题的途径。这应当作为国际交往的伦理原则得到普遍遵守。"③ 同乡会组织参与当地活动正具有这种文化交流的功能。

同乡会组织同胞参与当地各类文化活动，了解当地的民俗风情，也是其促进彼此文化交流的重要方面。每逢美国独立日（国庆），当地同乡会大多组织升国旗仪式。有些华人家庭会去吃烤鸡肉、热狗和汉堡，有些则到公园享受传统的甜点汤。

在异域文化环境中，同乡会所组织的文化交流活动，一方面传承和弘扬了中华传统文化，另一方面帮助华人了解当地主流社会文化，通过不同文化的平等双向交流，增进了彼此间的了解，推动了华人及时融入当地社会的步伐。

---

① 宋钻友：《民国时期上海同乡组织与移民社会关系初探》，《上海社会科学院学术季刊》1996 年第 3 期。
② 李明欢：《当代海外华人社团研究》，厦门：厦门大学出版社 1995 年版，第 367 页。
③ ［德］尤尔根·哈贝马斯、米夏埃尔·哈勒著，章国锋译：《作为未来的过去：与著名的哲学家哈贝马斯对话》，杭州：浙江人民出版社 2001 年版，第 215 页。

（七） 参与住在国慈善救济事业

同乡会的组建宗旨与功能，是基于组织本身的需要。而其宗旨与功能，也是随着社会的发展而演变，将组织本身的需要与社会的需要真正结合起来，才能获得发展。[①] 随着社会的发展，同乡会组织已不再局限于同乡间的互助互利等自身需要，而是扩而广之，为社会尽力。华人参与当地的慈善救济事业既发扬了乡亲团结互助的精神品质，又增进了与其他族裔的感情，有利于融入主流社会。

此外，有些同乡会还组织乡亲捐款，帮助解决不同族裔间的子女教育问题，促进华人与其他族裔和谐相处。有些同乡会还提供社区服务，积极促进新移民融入主流社会，解决移民的就业生活问题，回馈当地主流社区。这些都是当地华人真诚互助，热爱国家，积极融入的重要表现。

（八） 同乡会鼓励参与当地政治活动

同乡会作为华人社团，对提高华人参政能力，鼓励华人参与当地政治活动，具有不可推卸的责任。参政，实际上有两重含义：一是参与政治活动；一是参加政治机构。[②] 而同乡会的主要功能则是参与政治活动一项，主要体现在积极维护华人自身权益，反对种族歧视与偏见；鼓励华人参与当地选举投票，提高华人参政意识。

综上所述，同乡会参与当地文化交流活动，有利于不同族裔间的相互了解，消除彼此间的误解与偏见；开展住在国的慈善救济事业，有利于获得当地民众的肯定与认可，增进彼此间的感情；鼓励参与当地政治活动，有利于维护自身政治权益，增强华人群体力量。这些正是华人主动参与当地活动，融入主流社会的重要表现。

四、新兴同乡会与祖籍地的互动关系

同乡会是华人以地缘乡情为纽带组建的社团组织，关心祖籍地的发展，加强与祖籍地的交流联系乃是其成立的宗旨之一。美东地区的新兴同乡会多为第一代移民的团体组织，有些移民的亲戚还生活在祖籍地，他们对家乡的情感更为浓厚，时刻关心家乡发展，保持与家乡的密切联系。因此，同乡会为了满足乡亲的需求，加强与祖籍地的联系也是其主要功能之一。

一般而言，同乡会与祖籍地的互动以文化活动的形式，更容易被接受，是彼此联系的重要方式。这主要体现在同乡会组织华裔青少年开展寻根之旅、参加祖籍地与住在国的文化交流活动等方面。

（一） 组织华裔寻根之旅

华人远离故土，却始终保持着与祖籍地的交流与联系。尤其是近几十年来的新移民群体，更为关心祖籍地的变化与发展，对家乡保留着深深的思念之情。而对那些出生、成长

---

① 孔东：《苏浙旅港同乡会之研究》，台北：台湾学生书局1995年版，第61页。
② 李明欢：《当代海外华人社团研究》，厦门：厦门大学出版社1995年版，第376页。

于异域的华裔青少年而言，对祖籍地的印象较为模糊，很少有深刻的认识。为了增进华裔青少年对祖籍地的了解，海外同乡会经常举办华裔寻根之旅活动。

（二）组织参加文化交流活动

同乡会积极参加祖籍地的文化交流活动，促进彼此的联系。一方面，很多省市地区为了吸引海外华人关心家乡发展，经常举办形式各样的文化活动，并邀请海外同乡积极参与。另一方面，每逢重大传统节日，中国政府部门或文化单位都会组织文化艺术慰问团远赴海外进行演出，增进华人与祖籍国的情感交流。这些文化活动受到了同乡会的欢迎与喜爱。

更为显著的是，中国国务院侨办和中国海外交流协会利用春节、中秋等传统重大节日，组派具有民族文化艺术特色的艺术团远赴世界各地慰问演出，受到了当地华人的喜爱。

同乡会不管是组织华裔青少年开展寻根之旅活动，还是组织乡亲返回家乡参加省亲或文化节活动，抑或是组织观看中国官方组织的文化艺术团慰问演出活动，其最终目的都是为了保持与家乡的互动联系，使会员及其后代能逐渐增强对同乡会的归属感，把同乡会当成自己的另一个"家"，而这种对家乡的文化认同感，既是同乡会存在和发展的基础，更是构建海外华人社团与祖籍地互动交流的根本。

（三）组织推介祖籍地发展和进行经贸投资活动

海外华人始终关心中国社会经济的发展，促进中国与世界各国的政治、经贸、科技、文化交流，积极开展各领域的合作，增进世界对中国的了解，为其发展创造良好的国际舆论环境。而同乡会在其中往往起着沟通交流的桥梁作用，为海外华人公司或外商推介祖籍地投资环境，吸引更多外来资金与技术，促进祖籍地的繁荣发展。这一推介活动主要表现在同乡会与祖籍地政府的互访活动和经贸投资上。

1. 组织参与互访活动，积极推介祖籍地发展

美东地区同乡会经常组织会员回国进行参观考察活动，受到祖籍地官方政府的支持与鼓励。同时，各省市政府机构经常远赴美东地区学习先进技术或开展吸引投资活动，也受到了当地同乡会的热情接待。这类互访活动在中国各省市均较为普遍，是一种招商引资的重要手段与交流媒介。

同乡会是以祖籍地地缘为纽带组建的组织，许多同乡会在成立之初就提出以促进乡亲与祖籍地的经济交流与合作为宗旨。因此，一方面，同乡会积极参加返乡的参观考察活动，了解家乡发展状况，推介外商前来家乡投资；另一方面，同乡会经常邀请祖籍地官方代表团远赴住在国学习考察和洽谈投资环境，引见其与外商沟通了解，促进家乡的交流。在这一系列活动中，同乡会为祖籍地和住在国之间的经济合作架起了一座座联系的桥梁。

2. 组织返乡进行经贸投资活动

海外华人社团是华人与中国联系的桥梁与纽带，而作为较为常见的同乡地缘性社团更是与祖籍地保持着千丝万缕的联系，在推动华人及外商前来经贸投资活动中起着牵线搭桥的作用。

改革开放以来，中国政府确立了以经济建设为中心的发展战略，对海外华人回国投资

采取鼓励支持政策，正如1979年邓小平同志所说："我们现在搞建设，门路要多一点，可以利用外国的资金和技术，华侨、华裔也可以回来办厂。"① 随着对外开放程度的不断增大，海外华人返乡投资规模越来越大，而同乡会组织便是这些华人回国投资的有力推动者。当然，海外华人起初回国进行经贸投资活动，是以支持家乡经济建设，造福桑梓为主要目的的，获取高额的经济利润是其次。伴随着家乡投资环境的改善，越来越多海外华人回国投资是为了获取较高经济利益的回报，这是十分正常的。

改革开放30多年来，海外华人始终是中国吸引外资、推动外贸出口、国际经济合作中最积极、最活跃的因素。据统计，目前中国利用外资总额中近60%来自海外华侨华人以及港澳台地区；在外资企业中海外华资企业约占70%。② 经过30多年的努力，中国经济社会各项事业得到了快速发展。

（四）同乡会对祖籍国的捐赠活动

海外华人素有情系桑梓、乐善好施、与人为善的传统美德，其对祖籍地及祖籍国的捐赠，积极推动了中国公益慈善事业的发展。作为与祖籍地联系紧密的海外同乡会组织，多次发动当地同乡参与祖籍地的捐赠活动，表达对祖籍地的关心与热爱之情。这些捐赠活动主要体现在对教育文化、医疗卫生基础设施建设、赈灾救灾等方面。

1. 在教育文化事业方面

教育是立国之本。国家的繁荣富强离不开人才的培养和全民族素质的提高，而培养人才和提高民族素质主要是通过教育来实现的。海外华人尤其关注家乡教育文化事业的发展，其行为可谓无私奉献。

2. 在医疗卫生及基础设施建设方面

海外华人对家乡的捐赠除了投入教育外，对公众医疗卫生条件的改善和基础设施的建设与整治也给予了较多关注。

3. 在赈灾救灾方面

美东地区同乡会不仅是各地同乡会与祖籍地联系的推动者，在涉及祖籍地的公益事业方面更是直接的捐赠者。他们不仅对祖籍地教育文化、医疗卫生、基础设施等方面的事业慷慨解囊，在祖籍地遭遇严重自然灾害时更是立即行动，慷慨捐赠，并带动其他华人共同奉献爱心。

综上所述，美东地区同乡会与祖籍地的密切联系，通过对祖籍地教育文化、医疗卫生、基础设施、赈灾救灾等各项事业的捐赠活动，极大地促进了当地公益慈善事业的发展，也为当地的经济发展作出了重要贡献。

中华民族同宗同源，海外华人始终不忘根在中国。每当中国境内发生重大自然灾害时，海外华人总是发扬"一方有难，八方支援"的优良品德，迅速积极参加各种慈善捐赠活动。在每次慈善活动中，华人社团发挥着组织和领导作用，而同乡会更是有力的支持者和推动者。

---

① 国务院侨务办公室、中共中央文献研究室编：《邓小平论侨务》，北京：中央文献出版社2000年版，第21页。
② 王望波、庄国土编著：《2009年海外华侨华人概述》，北京：世界知识出版社2011年版，第14～15页。

结语：对海外同乡会现象的若干思考

近些年来，随着海外华人社会的发展，华人社团也出现了新情况、新变化。传统侨团不断革新，新型社团不断涌现。研究当代华人社团的变化，对开展侨务工作和统战工作具有重要意义。

同乡会是海外华侨华人社会团体的重要类型之一。这类华人组织早已出现，但在最近二三十年中却异军突起，在众多类型的海外华侨华人社团中独树一帜，在整个华侨华人社会中，在与住在国的民族与政府的关系中，以及在与祖籍国的关系中，都扮演着不可忽视的角色，引起了海外侨胞和国内华侨华人研究者的重视。

现代同乡会与传统同乡会的主要区别在于，传统同乡会的宗亲色彩很浓，"非我族类"多被排除在外，其内部聚合力很强。这种内部聚合力既是针对住在国的其他民族群体，也是针对其他华人团体；而新兴同乡会则是较为松散的组织，其联谊色彩很浓。对会员的吸收更为开放，选举与组织更为民主，形式更为多样。通过上文的论述，至少可以看出以下现象：

从成立规模及数量上看，新兴同乡会既表现为分散性，又表现为聚敛性。以美东福建籍同乡会为例，各个村、镇、市级别的同乡会林林总总，呈现出分散性和多样性的特点；而纽约和大华盛顿地区的众多同乡会，又有逐渐联合、加强协作的聚敛性的趋势。从宗旨、经济来源及内部结构来看，同乡会的宗旨仍以联络乡情为主，经济来源多为会费及捐赠，内部结构较为合理，注重民主与监督。从选举方式、换届就职信息来看，同乡会选举较为民主，会员投票较为理性，换届就职也较为温和，很少出现早期侨团的内斗和分裂倾向。从其与住在国和祖籍国官方的关系来看，同乡会大多积极争取双方的支持和关心，每逢社团重大活动，多会邀请当地政府官员和中国领事馆人员参加。从社会功能来看，同乡会逐渐形成了加强乡亲联系、融入主流社会、密切与祖籍地的文化交流与互动的作用。

同乡会在成长过程中也存在着一定程度的局限性。由于住在国的民众享有结社自由，故华人同乡组建的社团很多，有些地方出现了交叉和重叠的组织，甚至出现过同乡社团"闹名"之争。有些同乡会因选举方式不公开透明的弊端，出现斗争和分裂倾向。有些同乡会的发起人，借同乡会之名拉拢会员，拓展个人生意网络，并不是以加强联系、互帮互助为目的。面对这些状况，我们只能正视之，因为这是同乡会发展过程中的正常现象。

海外华侨华人社会中存在着社团林立、功能重叠等问题。从原则上来说，要从华侨华人社会的整体利益出发，整合侨团的各方力量，使其能够充分地发挥维护华侨华人政治、经济、文化等方面合法权益的作用。但若要从组织上进行整合（例如合并），目前是很难做到的，更是我们难以干预的。一般来说，海外侨团的存在与消长，只能取决于侨团本身的发展能否体现和代表华侨华人的意志，能否为当地侨胞拥护，能否取得足够的财力支持，能否为当地政府和民族接受，以及是否符合住在国的法律规范。所以，这里所说的整合，并非是人为的组织上的整合，而是在现有社团架构下社团内部多种力量有机的、可以产生正能量的组合。面对包括同乡会在内的海外华侨华人社团数量的迅猛增长，没有必要也不可能在数量上进行"减肥"，唯一可行的就是在承认现实的基础上，在保持与各种各样的社团联系的同时，有选择地加强与那些在华侨华人社会中最有积极影响力的社团的联系，对众多的海外同乡会，也应秉持这样的原则。

试论 2013 年大选对马来西亚华社的影响①

在 2013 年马来西亚举行的第 13 届全国大选中，华人选民一边倒地支持在野党，马华公会和民政党等华人执政党因此而全面溃败。大选后两党决定"不入阁"，不再担任内阁职务。大选后组建的马来西亚新内阁，首次没有华人政党代表。这也是自 1959 年以来，马华公会代表首次没有进入内阁，以及民政党自 1974 年加入国阵以来，首次没有代表入阁。"不入阁"削弱了华人政党的执政地位，影响马来西亚华人社会以及马来西亚传统的族群政党执政联盟制度。随着华人政党"不入阁"不执政的种种影响日益显露，华人执政党本身，以及华社各界要求马华民政等华人执政党重新"入阁"的呼声日益高涨。

一、2013 年马来西亚大选概况

2013 年 5 月 5 日，马来西亚举行第 13 届全国大选，这是马来西亚历届大选中竞争最激烈的一届大选。1957 年建国以来的历届大选，以巫统为首的政党联盟（联盟/国阵）都以绝对多数的国会议席连续执政。然而，在 2008 年 3 月 8 日举行的第 12 届全国大选中，国民阵线（简称国阵）不仅失去了数十年以来保持的 2/3 国会议席的强势地位，还失去五个州，由于政治版图出现了前所未有的突变，上届大选被称为"308 政治海啸"。之后，三个主要反对党，民主行动党、人民公正党及伊斯兰党组成反对党联盟——人民联盟（简称民联），与执政的国阵对垒，且越战越勇，大有取而代之问鼎布城的气势。正如马来西亚本地评论所指出的，"2004 年之前或过去 11 届全国大选，你不知道什么时候大选，但你知道结果谁会胜利。但经历上届政治海啸后，马来西亚的政治常态已经被打破。如今，在马来西亚，你不知道什么时候大选，你也不知道谁会胜利"②。因此，第 13 届全国大选竞争非常激烈，国阵志在收复失地，民联誓言扩张版图。大选竞选战况之激烈，政治意识之勃发，选后纠结之持久，大选影响之深远，均前所未有。大选及其影响，在马来西亚华人政治、马来西亚华人社会，乃至马来西亚政治与社会的发展中，占有重要地位。

其中华人"反风"的政治威力，对华人执政党有摧枯拉朽之功效，大选后马华和民政两大华人执政党"不入阁"，令人瞩目。

---

① 本文为 2011 年度教育部人文社会科学重点研究基地重大项目"当代海外华人政治研究"（项目号：11JJD810008）阶段性成果。

② 《政治海啸打破大选常态》，（马来西亚）《南洋商报》，2012 年 1 月 2 日。

二、大选掀起华人"反风"

（一）广大华人背弃马华、民政等执政党

马华公会和民政党两个华人政党，在 2008 年大选的"308 政治海啸"中已遭受重创，到了 2013 年大选，两党更是全面溃败，竞选结果惨不忍睹。

马华竞选 37 国 90 州议席，只赢得 7 国 11 州，比 2008 年的 15 国 31 州议席，少了 8 国 20 州议席。民政党竞选 11 个国会议席及 31 个州议席，只赢得 1 国 3 州，比 2008 年的 2 国 4 州议席少了 1 国 1 州。而华人反对党民主行动党则在竞选 51 席中赢得 38 席，比 2008 年的 28 席整整多了 10 席，[①] 重新登上最大反对党的宝座。据估计，80% 以上的华人选民投票支持民主行动党以及在野的民联，以至于大选后，纳吉布首相暨国阵主席认为出现了"华人政治海啸"。其实，反对国阵的并不仅仅是华人选民，也包括不少马来人选民和印度人选民，但华人支持反对党的比率，估计是最高的。

华人选民背弃马华、民政两党的重要原因，按董总文告所指出的，是因为它们在国阵政治架构内，无法发挥为华裔族群的政经文教等领域争取基本权益的作用，导致人民，特别是华裔公民的强烈不满，最终被选民唾弃。[②]

其实，马华、民政只是一个靶子，华人选民唾弃马华、民政等执政党，实际上反映了他们对国阵政府的强烈不满。

（二）政府争取华人的种种努力

马来人的分裂，华人选民支持反对党，是导致国阵在 2008 年大选遭受重大挫败的重要原因之一。2008 年大选后，马来人分裂的情况没有改变，华人选民依然是决定朝野胜负的关键因素之一。

是届大选前，马来西亚前首相马哈蒂尔曾指出，"华人很可能成为来届大选的造王者"。他认为马来人已被分化成三个政党（巫统、人民公正党及伊斯兰党），马来人是马来西亚的大多数族群，但在政党分化下，却成了少数，使华人很可能成为来届大选的造王者。因此，在巫统、伊斯兰党和公正党当中，任何一党只要得到华人的支持，即可赢得选举。[③] 他的论断可能有点偏激，但华人选民的背向确实不容忽视。

为了争取华人选民的支持，2008 年"308 政治海啸"后，特别是 2009 年 4 月纳吉布出任巫统主席暨马来西亚首相后，国阵政府对华人政策进行了一系列调整：

政治上，纳吉布出任马来西亚第六任首相伊始，提出了"一个马来西亚"（One Malaysia）的治国理念，意指各族平等，"政府的计划及政策为整体社会而制定，捍卫所有人

---

① 《成绩总览》，http：//www65. sinchew. com. my/election2013/result/ = all，2008 年 3 月 10 日。

② 《董总针对第 13 届全国大选结果发表文告》，http：//www. djz. edu. my/resource/index. php? option = com_content&view = article&id =7488&catid =175&Itemid =9，2013 年 5 月 7 日。

③ 《马哈迪指马来人已被分化 华人或是来届大选造王者》，（新加坡）《联合早报》，2012 年 6 月 30 日。

的利益"①。2009 年 4 月 3 日，他在就职演说中强调：政府关注各族人民的权益，没有人应觉得他们会在国家发展洪流中被忽略。② 随后，在政府主导下，马来西亚全国上下到处开展宣传"一个马来西亚"理念的各种活动，2010 年 1 月，政府还推出落实该理念的《政府转型计划路线图》，纳吉布本人也一再承诺政府会公正及平等地对待各族。"一个马来西亚"至今已成为马来西亚最流行的政治名词之一，其倡导的各族平等观念，及其对施政与舆论的正面导向，对促进族群和谐无疑是有利的。

经济上，纳吉布首相在多个场合表示要调整"新经济政策"，即新经济政策不只是用来协助贫苦马来人的，非马来人同样应该得到照顾，要"不分种族地消除贫困"③。政府调整"新经济政策"的具体做法，是逐步取消有限公司保留 30% 土著股权的硬性规定。纳吉布出任首相不久，政府就于 2009 年 4 月 22 日宣布废除部分服务领域企业必须让土著拥有 30% 股权的规定，涉及的领域包括卫生与社会、交通运输、旅游、商业、电脑科技等27 个行业。同年 6 月 30 日，再宣布取消国内外上市公司的 30% 土著股权，已经上市的公司另外发股集资时，也不必因土著股权比例减少而补足。2012 年 11 月再扩大取消 30% 土著股权要求的多个领域。"30% 土著股权"是新经济政策的内核，部分取消 30% 土著股权的要求，应视为是对"新经济政策"的重要调整之一，对华人经济的发展无疑是有利的。

教育上，2009 年 7 月 8 日，政府宣布废除实施 6 年之久的英语教数理政策，恢复在全国小学以母语教数理科目，即国民小学以马来语教数理，华文小学与淡米尔文小学分别以华语和淡米尔语教数理。"教学与行政语文必须是华语华文"④，这是华文小学作为华族母语教育的实质体现和根本原则，2003 年实施的英语教数理政策，被认为会动摇华小母语教育的本质，一直受到华社的质疑与抨击，如今终于被废除，可以说是华社长期抗争的一个胜利。此外，政府还破天荒地批准华社增设一所独立中学——关丹中华独中，核准南方学院、拉曼学院升格为大学学院等。

其他有利于华人社会的措施，还包括不断地拨款给各级华人社团和各级华文学校，支持华社举办的各种华族文化活动，鼓励华人青年竞聘政府公务员等。华人也和其他各族公民一样，收到政府发放的各种"红包"。纳吉布本人还利用各种场合称赞华人所作出的贡献，极力表示对华人的亲善，并设立中文版博客"阿 Jib 哥"，与华人网友交流。

然而，凡此种种，最终在大选中还是没能获得华人选民的支持。原因何在？

三、引发华人"反风"的原因分析

影响华人选民向背的原因很多，如政府始终无法平等对待华人，教育有失公平，华人执政党表现欠佳，民联对华人选民的有效动员，国内社会运动频发等。其中，笔者认为，对华人选民向背产生重大影响的，有远因，也有近因。远因指的是，广大华人选民终于抛

---

① 《肯定各族建国贡献》，（马来西亚）《星洲日报》，2010 年 4 月 1 日。这是纳吉布首相 2010 年 3 月 31 日访问星洲日报社的讲话，"One Malaysia" 刚开始译为"全民马来西亚"，后来逐渐转译为"一个马来西亚"，简称"一个大马"。

② 《纳吉首相首份政策演词重点》，（马来西亚）《星洲日报》，2009 年 4 月 4 日。

③ 《"一个大马"平分资源》，（马来西亚）《星洲日报》，2009 年 10 月 12 日。

④ 郑良树：《马来西亚华文教育发展史》（第四分册），吉隆坡：马来西亚华校教师会总会 2003 年版，第 345 页。

开约束，大胆求变；近因主要是全国反政府情绪高涨，政策效应减弱等。

（一）华人选民敢于求变

长期以来，由于巫统一党独大，连续执政的国阵几乎是随心所欲地实施着各种马来人优先政策，华人一直希望马来西亚能出现两线制，出现政党轮替，以制衡国阵。

但自从1969年爆发"5·13种族暴力冲突"以来，每一届大选，国阵都一再强调"反对党胜利将导致'5·13事件'重演"。这种将反对党胜利与"5·13种族暴力冲突"挂上钩的"安全化"[①]论述严重影响选民，特别是华人选民的选择。为了维护社会稳定，大部分人选择维持现状，"反对党胜利将导致'5·13事件'重演"的说法，因而被认为是无法摆脱的"魔咒"。由于民主行动党长期以来都是最大的反对党（只有1999年和2008年大选例外），马来西亚曾流传"马来人在朝，华人在野"的说法，反对党胜利几乎等同于华人的政治胜利，这种情况，很大程度上也影响了马来人选民的投向，不少马来人遂倾向投票支持执政联盟，以维持"马来人在朝"的局面。国阵得以长期保持国会2/3多数席位，反对党一直无法在政治上有所突破，与此有直接的关系。直到2008年大选前，人们还认为国阵应能取得2/3议席，否则，马来西亚就可能出现另一次政治大动荡，这是经历过1969年"5·13"排华事件血的教训的马来西亚选民最不愿意看到的。[②]

然而2008年大选，马来西亚发生"308政治海啸"后，马来西亚始终保持社会秩序的相对稳定，并没有出现国阵一再强调的"种族暴力冲突"，"5·13事件"以来"反对党胜利就会发生社会动乱"的观念终于被打破。2008年大选后出现的民联与国阵的抗衡，正是华人社会盼望多年的局面。过去，不少华人担心会发生动乱，不太敢支持反对党，两线制始终都是"水中月"。既然"308政治海啸"后，社会秩序始终保持相对稳定，华人选民为什么不通过支持在野联盟，牵制国阵或实现政权轮替，以更好地争取本族的权利呢？

因此，到了2013年大选，不少华人为了支持两线制而选择支持在野联盟。正如选前马来西亚隆雪华堂执行长陈亚才所认为的，"现在的政治趋势是政权轮替、改朝换代，其他都是细节"[③]。2012年马来西亚年度汉字评选，"改"字脱颖而出成为最热门的汉字，这个"改"，可以解读为华人要求政府进行更多的改革，也可以理解是"改朝换代"的"改"。

（二）华人选民反政府的情绪持续高涨

由于"308政治海啸"以来，终于可以抛开各种政治约束，大胆谋求政治变革，马来西亚华人的政治参与热情大大提升。2013年大选前国内风潮迭起的社会运动，以及各种涉及华人社会的课题，将华人选民反政府的情绪不断推高。

大选前马来西亚的政治形势相当动荡，大大小小的集会游行示威、签名抗议运动，连绵不断。其中声势最浩大的是2012年4月28日举行的"4·28黄绿大集会"，该集会由马

① 所谓安全化，按哥本哈根学派教授奥尔·维佛的说法，就是"将安全与某种事物挂上钩"，[澳]克雷格·A. 斯奈德等著，徐纬地等译：《当代安全与战略》，长春：吉林人民出版社2001年版，第113页。
② 《马国大选国阵面对严峻考验》，（新加坡）《联合早报》，2008年2月27日。
③ 吴汉钧：《华教命运牵动华人选票》，http://www.zaobao.com/yx/yx121203_010.shtml，2012年12月3日。

来西亚干净与公平选举联盟和绿色盛会委员会发起，目的是要求政府落实干净选举和终止莱纳斯稀土厂计划。2012 年 4 月 28 日，在马来西亚的吉隆坡、槟城等 11 个城镇，以及全球 30 多个国家数十个地点同步举办"4·28 黄绿大集会"。据报道，全马各地出席集会的有 25 万人，其中吉隆坡出席集会者有 10 多万。各地集会和平进行，在吉隆坡独立广场外围举行的集会，开始也很和平，但在集会宣布解散后，却发生了警民对峙与冲突，警方逮捕数百人。集会后朝野双方纷纷上传公布集会现场的照片录像，互相指责，遂演变为一场引起马来西亚国内外高度关注的政治事件。华文媒体称之为"国内有史以来最为波澜壮阔的'4·28 黄绿大集会'"，台湾中文传媒还认为这是"'茉莉花革命'大马版"。①

在马来西亚抗争运动不断高涨的激励下，华人投入各种抗议活动的积极性也明显提高。例如，华人是"4·28 黄绿大集会"的主要参加者之一。据统计，当天吉隆坡各族参加集会的人数有十多万，华人约占三至四成或约 5 万人，如果加上参加吉隆坡之外其他城镇同步举行的集会的华人，华人参与"4·28 黄绿大集会"的人数将更多。为了表达诉求争取权益，华人参与或主导了多项抗议活动，如 2012 年 2 月的反对设立莱纳斯稀土厂"2·26 绿色盛会大集会"，3 月的"3·25 华小师资严重短缺抗议大会"，4 月的"4·28 黄绿大集会"，5 月的"5·3 黑衣抗议行动（媒体）"、"5·20 争取关丹申办独中和平请愿大集会"，9 月的"9·26 华教救亡与抗议行动"以及 11 月反对教育发展大蓝图的"11·25 和平请愿大会"、"12·31 万车跨年淹莱纳斯"等，华社还发起签名运动，反对拆迁吉隆坡唐人街，反对征用华人义山。

华人反政府的情绪，还因为各种新的不满而不断被推高。例如，在经济方面，虽然近几年马来西亚经济增长超过 5%，但许多华商，特别是中小型企业及微型企业并没有从政府的大型转型计划中受惠，他们饱受海外订单减少、营运成本增加、原料价格上涨，以及政府要求 2013 年落实最低薪金制等问题的困扰。按马来西亚华人总商会的调查，商家这两年是在挣扎求存，七成华商对现状表示不满②。在教育方面，在有关华小师资荒、单元教育，以及增建华文学校等问题还争论不休的情况下，政府于 2012 年 9 月推出的《2013—2025 年教育发展大蓝图初步报告》，继续强调单元教育政策的"最终目标"，再度引起华社对华小变质的担忧。华人对政府的其他不满还包括，不满政府拆迁吉隆坡唐人街、不满政府核准澳大利亚企业在关丹设立莱纳斯稀土厂，以及不满政府在全国推行的交通自动执法系统计划等。

（三）政府调整政策的效应逐渐减弱

在华人选民反政府情绪不断高涨的同时，政府为争取华人选民推出各种政策的效应，却在逐渐减弱。

调整放宽华人政策，历来是政府争取华人选民回归的重要策略之一。纳吉布政府对华人政策的调整相当大刀阔斧，一些重要政策推出时，也确实是好评如潮。然而，大选日期一再推迟，从 2011 年起，朝野政党与民间各界都在猜测大选日期，坊间传言的大选日期，从 2011 年到 2012 年 3 月、6 月、9 月、11 月，以及 2013 年 2 月下旬到 3 月初不等，几乎

① 《428 集会无关"茉莉花革命" 旅台生联署促华视道歉》，（马来西亚）《星洲日报》，2012 年 5 月 3 日。
② 《七成华商不满马国经济现况》，http：//www.zaobao.com/yx/yx120830_001.shtml，2012 年 8 月 30 日。

随时都有可能举行大选，人们精神紧绷，万众期待，结果大选到 2013 年 5 月 5 日才举行。随着时间的推移，纳吉布首相在 2009 年 4 月上台后迅速推出各种政策的效应，已逐渐消失。

另外，从调整顺序来说，"先轻后重"要比"先重后轻"更有效果，而纳吉布政府却恰好是后者。如 2009 年对"30% 土著股权"的调整就非常重要，因为"30% 土著股权"是新经济政策的内核，是马来人拥有经济特权的标志性指标，也是马华两族经济地位不平等的重要表现之一，一直遭到华社的严厉抨击，部分取消"30% 土著股权"的要求，是对新经济政策的一个相当重大的调整，在当时引起很大的轰动。后来的一些调整，如允许华社增设关丹中华独中，核准南方学院、拉曼学院升格为大学学院，提供更多的华教师资，不断发红包等，由于重要性远不如前，成了"小菜一碟"，已很难激起华人更多的肯定。正如马来西亚政评人陈亚才认为，"华教课题的选票价值已经差不多用完了，华社对这种每逢大选才拨款的手法已经麻木了"①。

结果，大选前夕，马来西亚资深时事评论员潘永强已判断："现在不管马华做什么事情，或是作出什么贡献，或争取到什么好的政策，都不会为马华挽回声望和选票。"②

四、华人"反风"对华人执政的影响

（一）华人政党决定"不入阁"

大选前，马华曾召开特别代表大会通过决议，声称如果马华 2013 年大选成绩不如 2008 年，它将全面退出内阁、州与地方政府。这个决定当时被视为"威胁华族选民"的竞选策略，显然没有收到吸引华人选民回归的预期效果。大选后，由于 2013 年大选成绩不如 2008 年，马华决定执行"不入阁"的决定。民政党在大选后数天，即 5 月 11 日召开中委会，也决定不入阁。

回顾历史，作为最大的华人执政党，马华并不是第一次被华社抛弃，1969 年大选，马华就曾因华人选民的背离而遭遇惨败，竞选 33 个国会议席只赢得 13 席。时任总会长的陈修信与数名马华领袖，在 1969 年 5 月 13 日会见首相东姑阿都拉曼，表明马华决定退出政府内阁及各州行政议会的意愿，东姑挽留不果。同一天，马来西亚发生"5·13 种族暴力冲突"。当时华人社会对马华不入阁深感担忧与不安。雪兰莪中华大会堂召集了近百个雪州注册社团举行特别大会，一致通过决议，促请陈修信及马华当选议员从速参加内阁，继续为全国人民服务。其他的华团也纷纷公开类似的恳求。马华旋即答应东姑，重新加入内阁，陈修信出任特别任务部长，1971 年国会恢复，敦拉萨出任第二任首相，陈修信再度受委出任政府新内阁的财政部长。③

但 45 年后的 2013 年，华社对马华"不入阁"的反应则冷淡得多，一些华团领袖甚至认为，内阁中没有华人代表也不足为惧。究其原因，一是马来西亚没有出现族群冲突，不像 1969 年发生了"5·13 种族暴力冲突"，国家陷入极度混乱，华社要走出动乱，寻回安

---

① 吴汉钧：《华教命运牵动华人选票》，http：//www. zaobao. com/yx/yx121203_010. shtml，2012 年 12 月 3 日。
② 吴汉钧：《华教命运牵动华人选票》，http：//www. zaobao. com/yx/yx121203_010. shtml，2012 年 12 月 3 日。
③ 叶敏：《华社冷待马华不入阁》，（马来西亚）《光明日报》，2013 年 5 月 14 日。

定，只有再度依靠马华和联盟政府；二是近年来马来西亚的政治形势已经有了很大的变化，在野政治力量日益增强，华人可以选择在野力量，特别是华人民主行动党来作为自己的代表；三是当前马华的政治影响，特别是马华领导层的影响，无论是个人威望或政治智慧，都远远不如 1969 年的马华。

当然，也有一些华社、巫统，以及马来西亚各界的政要名流发表言论，希望两大华人政党重新考虑不入阁的决定，但当时两党均坚持不改初衷。

（二）大选后组建的马来西亚内阁

2013 年 5 月 15 日出台的马来西亚新内阁，由 30 人分别出任 24 个部门部长职务，教育部和高教部重新合二为一。新内阁是历年来最多新人的一届，在 24 个部门的正副部长中，有 24 人是新面孔，超过总数的 1/3。和历届内阁一样，内阁的巫统部长占了大多数，且都是掌握关键部门，如正副首相、财政部、内政部和国防部等。巫统暨国阵主席纳吉布继续出任首相和财政部长，巫统署理主席慕尤丁继续出任副首相及教育部长，原内政部长希山慕丁调任国防部长，原国防部长阿末查希则调任内政部长。

新内阁对华人政治的影响，主要表现为如下两个特点：

1. 内阁首次没有华人政党代表

大选后组建的马来西亚内阁，最大特点是华人代表最少，且首次没有华人政党代表。上届内阁里，华人政党一共有 6 名部长和 10 名副部长，其中马华有 4 名部长和 7 名副部长，民政党有 1 名部长和 2 名副部长，东马的人联党有 1 名部长和 1 名副部长。由于马华和民政都坚持不入阁，人联党没有华人国会议员，大选后的新内阁，首次没有华人政党代表。这也是自 1959 年以来，马华代表首次没有进入内阁，以及民政党自 1974 年加入国阵以来，首次没有代表入阁。新内阁为马华保留了一个交通部长职位，目前由新任国防部长希山慕丁暂代。

新内阁只有两名华人分别出任部长及副部长，即刘胜权出任首相署部长，叶娟呈出任教育部副部长。

刘胜权现年 66 岁，是纳吉布新内阁中的非政党精英之一。受委部长前，他是国际透明组织马来西亚分会主席，担任马来西亚玻璃（Sheet Glass）有限公司执行董事、双威控股（Sunway Holdings）和马邮政有限公司的独立董事等职务。他曾在大选前以国际透明组织马来西亚分会主席身份，和纳吉布签署"选举廉正宣言"。入阁后，他表示将辞去国际透明组织马来西亚分会主席一职。虽然他是新内阁中唯一的华人部长，但他声称，他在内阁里不是华社的代表，强调他入阁的主要角色是反贪腐及提倡廉正。他认为，他在内阁中可扮演两大角色，一是反腐倡廉，提升肃贪工作和政府的诚信；二是作为政府与人民之间的桥梁，拉近官民沟通与关系。

叶娟呈是年 62 岁，是东马沙巴团结党党员，曾在教育界服务 33 年，并曾担任前教育部长希山慕丁推行模范学校时的顾问。2013 年大选时，她以 5 000 多张多数票，击败人民公正党的江汉明，赢得沙巴斗湖国会议席。叶娟呈不谙华文，但她接受《星洲日报》专访时说："虽然我不谙中文，但我流着华人的血，从小也受华族文化熏陶，因此我了解华族对教育的重视。"她认为华社要求政府根据需求增建华小是合理的，但必须确保这些华小是建在真正有需求的地方，提交足够的数据和资料证明。①

2．职位分配体现了"论功行赏"的原则

过去，大选后国阵组建内阁，大体上按比例给各族群政党分配内阁职位，无论各党的选举成绩如何。但 2013 年大选后，国阵内阁职位的分配，却体现了"论功行赏"的原则，即赢得席位多或该族选票多，则分配的内阁职位就相应增加。

"论功行赏"原则首先体现在对东马政党的职位分配上。大选中，东马沙巴及砂拉越两州，为国阵赢得 47 个国会议席，占国阵总席位 133 个的 35%，为国阵继续执政立下汗马功劳，被称为国阵的定存州。因此，在新内阁中，东马的沙巴及砂拉越两州，分别各获得 6 名部长及 4 名副部长职位。本届内阁，成为东马部长最多的一届。而大选惨败的雪州巫统，则没有代表被委任为部长，身为雪州国阵主席的纳吉布，只委任一名雪州巫统国会议员出任农业及农基工业部副部长。

在"论功行赏"的原则下，印度人也成了赢家。成功为国阵拉回印度族选票的印度国大党，部长职位从上届的一个增加到两个，共获两个部长和两个副部长职位，胜选的四名国大党国会议员全部入阁，曾在 2007 年号召大批印度族上街游行的印度教徒权益委员会（Hindraf，简称印权会）领袖瓦达姆迪，也通过受委为上议员入阁，出任首相署副部长。被视为国阵"蚊子党"的人民进步党，也因印度选民对国阵的支持而受惠，该党槟州主席印裔罗格巴拉莫汉，在大选中连参选机会都没有得到，大选后却受委上议员并官拜直辖区副部长，而过去他所获得的最高官职仅仅是在 2007 年出任市议员而已。按国大党策略局主任威巴里发文告的说法，这证明纳吉布履行了提升印裔族群社会经济地位的承诺。②

以往大选后组建的国阵内阁，马华和民政均可按比例获得相应的部长职位，无论它们的大选表现如何。但实行了"论功行赏"原则，职位分配则要与大选表现挂钩。在这种"论功行赏"的原则下，本届内阁，即使马华民政入阁，估计官职数量也会大大减少。歪打正着，马华民政的"不入阁"，其实解决了纳吉布的一个难题，也多少为马华和民政保留了一点点尊严。

五、华人政党"不入阁"的影响

马华的"不入阁"是指全面退出内阁、州与地方政府，马华坚持执行"不入阁"的决定后，大批马华地方政府官员也随之辞职，大部分空缺由巫统成员填补。不过也有一些例外，如马华全国组织秘书郑修强接受了柔佛州行政议员官职，前任旅游部长的马华副总会长黄燕燕受委为旅游促进局主席，作为马华总会长的蔡细历，也没有辞去槟城港务局主席的职务。按蔡细历的解释，"不入阁"仅限于一般由马华推荐党员出任的官职，包括部长、州行政议员，至于政府机构的官职，则是由首相及部长推荐，因此不包含在"不入阁"范围内。但马华救党委员会 3.0 联合八个区会主席，还是以蔡细历违反不入阁议决，于 2013 年 8 月初正式发动了"倒蔡行动"，要求党纪律委员会对付蔡细历，不过没有成

---

① 《马国华教界对未来审慎务实》，http：//www. zaobao. com/yx/yx130519_002. shtml，2013 年 5 月 19 日。
② 《国大党：兴权会代表获官职证明　首相重视印裔社群发展》，http：//mandarin. bernama. com/v2/update-news. php? id=95776，2013 年 5 月 17 日。

功。"不入阁"的孰是孰非，在马华内部引起了连串的争论，一度成为马华党内的热点话题。

对于大选后华人政党"不入阁"，马来西亚各界反应不一，一些华人商界和文化精英希望马华和民政党重新考虑入阁，以加强华裔在朝的政治代表性。华总会长方天兴认为，国阵华人政党不入阁如同"自废武功"。但也有一些华团领袖认为，内阁没有华人政党代表不要紧，因为任何部长都必须不分种族地为全民服务。

笔者认为，目前马来西亚朝野两大联盟，都是由马来人政党主导的政党联盟，在它们激烈的政治博弈中，均需要争取华人社会的支持，特别是华人在大选中显示出强大的政治力量后，国阵政府无疑要继续秉承推动族群合作、公平照顾各族群利益的治国理念，争取华人选民回流。大选后，一些马来人政要确实纷纷表态，要为全民服务。如首相纳吉布，尽管认定存在"华人政治海啸"，但一再表示："我将当一个全体马来西亚人的首相。"巫统的霹雳州务大臣占比里就任时也说，虽然华裔选票倾向民联，但国阵不会放弃华裔等。不过政府缺乏华人政党的代表，对华人社会的影响，应该还是很大的。

首先是华社少了一个与政府沟通的有效管道。华人政党参与执政，特别是参加内阁，可以为马华两族之间的沟通和磋商提供最大的方便。通过华人官员的信息反馈，政府可以及时了解华人社会的情况与诉求，并在制定政策时考虑有关的情况。如果政府少了华人政党代表，华人要上传华社的信息诉求则不那么容易了。例如华教课题，以往董教总都是和马华的教育副部长联系，现在则要和远在东马斗湖的团结党副教育部长联系了，谈何容易！

其次，华人在政府的资源分配中将更加处于弱势。资源分配历来是以政治权力为基础的，在多元族群的马来西亚政府中，哪个族群的代表多，利益就倾向哪一方，代表少的，争得的利益就少一些，没有代表的，那就没有机会在政府内部争取本族权益，只能等着别人的善意安排，相当被动。即使纳吉布有做全民首相的理想，但在巫统党内和政府内，他也要参考或顾及多数代表的意愿。虽然华人政党还可以通过国阵机制争取华社的权益，但政党渠道和政府渠道毕竟还是有很大的不同。"朝中有人好说话"，政府里没有华人政党代表，华人将无法直接参与政府的大小决策，无法像过去那样在体制内反复讨论磋商，很多国家和地方政策的拟定安排，很可能会在华人不太知情的情况下作出决定。凡此种种，对在体制内提出华人族群的特定诉求，维护和争取华人族群的各种权益，都将是不利的。

再次是降低了华人执政党协调华人与政府矛盾的缓冲作用。过去，大多数华人把马华公会等华人执政党看成是华人族群在政府里的代表，对政府的很多不满遂转化为对马华公会的不满，如关于"新经济政策"、华文教育课题等大大小小的争论，马华公会都会成为众矢之的，政府和马来人反而很多时候避开了与华社的正面交锋与激烈冲突，政府得以根据形势参考制定比较有效的措施，两族间的纷争和矛盾，不少在激化之前就得到缓和。马华的角色有点像华社的"出气筒"和政府的"挡箭牌"。没有了马华等华人执政党作为缓冲，华人与政府、华人与马来人的矛盾与冲突，将是直接而正面的，就像大选后的各种种族课题的争论一样，预警、防范或回旋的余地都大大减少，族群矛盾激化的可能性也会随之增加。

华人执政党拒绝接受内阁的部长职位，对马来西亚政治也会产生很大的影响。马华印三大族群通过族群政党联盟分享政治权力，历来是马来西亚政治制度的传统与特色，马华公会和民政党等华人政党，作为马来西亚执政联盟国民阵线的主要成员，历届大选后都可以得到固定的内阁部长职位，以及副部长和各级政府的相应职位，分别代表着西马三大种族马来人、华人和印度人的利益，即使 1974 年国阵成立，沙巴和砂拉越的一些政党正式纳入执政联盟以后，情况也没有发生太大改变。本届大选后马华民政双双拒绝接受内阁的部长职位，必然导致华人政党执政地位被边缘化与削弱，马华、民政等华人政党维护和争取华社权益的功能随之削弱，两党的政治代表性和重要性都将大大削弱，它们在执政联盟中的地位，以及它们通过执政联盟对公权力的分享，无疑都将受到极大的影响。这一变化，将对马来西亚传统的族群政党执政联盟制度，以及华人的政党政治造成很大的冲击。

随着华人政党"不入阁"不执政的种种影响日益显露，马华本身，以及华社各界要求马华民政等华人执政党重新"入阁"的呼声日益高涨，马华内部的立场也开始逐渐松动。原来马华表示拒绝从中央到地方的所有职位，但在 2013 年 10 月马华召开的"特大"上，与会代表已高票通过提案，重新接受州级及地方政府官职。2013 年 12 月马华公会举行党选后，重新"入阁"已成为新一届领导班子的共识。相信马华将很快召开"特大"，通过重新"入阁"的提案，并接受目前保留给马华的交通部长职位，以及接受政府通过改组等形式，重新分配给马华的其他政府职位。如此一来，华人政党不执政所引致的负面影响，应随之有所减弱。

尽管如此，因华人政党不执政而导致的华人执政地位被削弱，恐怕短时间内是很难恢复的。上届内阁，华人政党一共有 6 名部长和 10 名副部长，由于华人政党拒绝入阁，至今除了保留的 1 个交通部长职位外，其他职位均已分配完毕，要全部拿回来，难度颇大，通过改组政府委任新的职位，估计数量也很有限。另外，以往马华和民政拥有的内阁职位，是有制度保障的，即历届大选后组建的国阵内阁，马华和民政均可按比例获得相应的部长职位，无论它们在大选中的表现如何。但 2013 年大选后国阵开始实施"论功行赏"的分权原则，如果华人执政党在以后的大选中还无法有所表现的话，华人政党的执政地位有可能会继续被削弱。

海外新华侨华人子女文化传承与文化认同①

在全球化浪潮的推动下，不同民族、不同宗教、不同文化背景的人"脱离国家、超越国境"，进行着地域迁移。世界各国社会越来越开放，促进了移民在不同文化之间的互动迅速增加，文化交流更加深化。特别是现代交通工具便捷程度的提高、各种丰富多彩的传媒面世、互联网的发明和应用，使"人、物、信息"得到了迅速的移动和传播，致使各种不同文化相互吸收及包容，并不断地进行着融合与整合，致使各地域的社会、民族、国家所"特有"的文化发生着重大改变。在这一过程中，各国的移民经历着文化的碰撞、调适、认同、融合的各个时期。因此，研究"异文化理解"、"文化传承"、"文化认同"、"多文化共生"具有重大的意义。

目前，随着跨国移民人口的增多，国际婚姻家庭、移民家庭中有关子女教育的问题日益突出。移民子女不断受到来自家庭、住在国社会、学校、媒体等对他们身份认同、民族认同等各种因素相互交织的影响，使移民子女在成长的过程中，经历着文化传承、文化认同和认同变迁的忧虑。如何帮助移民子女冲破"文化、身份认同的困境"，减少其在生活、学习等方面的不适，越来越受到各国政府、教育部门的重视，学术界对此也需进行认真思考和研究。

中国人移居海外历史悠久，尤其是20世纪80年代以来，伴随着改革开放，走出国门的人越来越多，而其中的大多数人滞留未归，他们或者取得了永久居住权，或者加入了住在国国籍，落地生根，组成了具有鲜明特点的新华侨华人族群。据统计，从大陆以及香港、澳门、台湾等地区移居海外的新华侨华人接近1 000万人。② 随着时间的推移，新华侨华人子女成为这个族群的重要组成部分。

新华侨华人（以下简称新华人）是中国改革开放后赴海外的第一代移民，他们的子女，大部分是在海外出生，在住在国接受教育；也有部分子女是在中国出生，因父母移居海外，他们离开原来的生长环境，跟随父母来到住在国进入学校学习，在新的环境中成长。新华人子女是第二代移民，他们生长在与住在国社会具有明显差异的华人家庭，生存在两种或多种文化的夹缝之中，是"文化冲突"的承载者。他们的社会生活和所接受的学校教育，冲击着华人家庭的文化，减弱了传统华人家庭的教育功能，使本民族文化传承与异文化接受之间出现摩擦，使子女对民族身份的自我认同感到困惑和迷茫。本文考察新华人子女在"异文化摩擦"中的成长状况；探讨他们在父辈文化和主流社会文化交叠的境域中，接受语言学习、文化传承的状况；分析新华人家庭教育的代际关系与跨文化碰撞对子女成长的影响；从文化传承与文化认同等层面，阐述新华人子女如何努力接受多种文化，

① 基金项目：教育部人文社科重点基地重大项目"海外华裔新生代文化认同研究"（批准号：12JJD810010）；中华全国归国华侨联合会课题项目"中日关系视域下的华侨华人现状研究"（课题编号：13BZQK214）。
② 李海峰：《海外新华侨华人近千万　超半数居欧美》，中国新闻网，2012年1月11日。

使中华文化与异文化兼容，逐步具备更多元、更开阔的看世界的视角。

一、民族文化传承与认同的忧虑

文化认同包含的内容有语言、生活方式、思维习惯，当然还有宗教信仰和社区生活等方面。教育人类学家在对受教育中的人、群体特征、文化形式和内容以及共同的观念作田野调查时发现，在不同的文化社会中，教育存在着属于他们自身独有的社会化方式。成年人（家长）是孩子社会化的引导者，他们教给孩子们一定的技能本领、行为规范和价值观念，让他们学习一定的文化知识，目的是通过这样的社会化使他们自己的文化能够得到传承。[①] 然而，面对新华人子女，这种文化传承模式受到严重挑战。

新华人是第一代移民，虽然在海外受到不同价值观念、思想意识及不同文化的强烈碰撞，但业已形成的民族文化观念，使他们始终保持着对中国故土的鲜明记忆和眷恋，大多都执着地继承和传播中华语言和文化。而在海外出生、长大的新华人子女，本能地适应、融入住在国的文化之中，对本民族的传统文化淡漠或遗忘，使民族传统教育陷入困境。

（一）语言传承的忧虑

语言是民族最鲜明的属性之一，是一个民族身份和认同的重要标识。德国著名学者赫德尔（Herder）说："人们世世代代的思想、感情、偏见等等都表现在语言里，说同一种语言的人正是通过语言的传承而具备相同的历史传统和心理特征，以共同的语言为基础组成民族是人类最自然、最系统的组合方式，而语言就是各个民族最神圣的属性，也是他们之间最重要的区别性特征。"[②] 继承民族文化，首先要通晓民族语言，新华人子女如果丢失了民族语言，对民族文化必将淡漠，民族属性也会随之模糊。

在海外出生的新华人子女，自幼接受的是住在国的教育，无论是语言、行为、思维方式等都已"西化"，住在国的语言已经成为他们的"母语"。新华人对此往往是欲挽大厦之将倾，以个人、家庭或社区之力实施中文教育，使子女掌握中文，进而传承中华文化，但是收效甚微。在国外出生的新华人子女自不必说，就是随同父母移居的子女，由于受到住在国强势文化的巨大冲击，汉语水平也迅速退化，甚至忘掉。笔者采访了一位日本华侨，他说："女儿三岁时和我一起来日本，孩子日语学得比我快，不久就成了我的小老师。然而，和学日语速度一样的是中文忘得也快，就好像是日语进来了，把中文赶走了似的，到了六岁几乎一句汉语也不会讲了，后来连听都成问题，渐渐地变成了中文小文盲，真急坏了我们做父母的。"新华人面对不会汉语的子女，相互之间需要运用住在国语言进行沟通，让他们既感到万般无奈又心有不甘，一位新华侨的话，道出了这种感受："一家人讲两国话，同族不同语，让我心情复杂，既为子女能说一口流利的外语感到高兴，又为他们不会中文感到不安。"[③]

---

① 钱民辉：《当代欧美教育人类学研究的核心主题与趋势》，《北京大学学报》2005 年第 5 期，第 208 页。

② ［德］赫德尔著，姚小平译：《语言的起源》，北京：商务印书馆 2009 年版，第 12 页。

③ 笔者于 2010 年 10 月至 2011 年 7 月赴日本进行社会调查，在东京、大阪、京都、神户、横滨等地进行走访、问卷、座谈（包括与笔者的朋友，从日本再移民到欧美的同学、同事的座谈、信件交流等）。此引文及以下引文均为调研所得资料。

语言是文化的载体，语言的缺失必然导致文化观念的隔阂乃至冲突、碰撞。一位美国新华人说："和孩子一起看电视，他笑得前仰后合，我却感觉不到任何可笑之处。问他笑什么，他说三言两语说不清楚。我知道这实际上是我们之间的文化差异。"① 以不同的语言为媒介去看待相同的事物，往往会产生不同的感受。因为语言与文化有一种"互塑互动"的作用。② 如果语言不通，很多习惯俗成和价值观念便难以理解，更难以传承。正像德国语言学家洪堡特所说："语言的'迁移'、'变异'，会反映出一种文化及相应思维方式的变迁。个人更多的是通过语言而形成世界观，每一种语言都包含着一种独特的世界观，每种语言都包含着属于某个人类群体的概念和想象方式的完整体系。"③ 新华人子女丧失了民族语言功能，不仅仅是交流的障碍，也势必影响对民族文化的理解和认同。正如陈志明先生指出："能看懂华文以及能直接接触中文传统文学作品的华人将有更多的机会了解中国历史、哲学和文明，也会对中国音乐、戏剧和艺术感兴趣，他们在认同和文化兴趣上与受英文教育的华人形成反差。"④

（二）习俗传承与认同的尴尬

文化认同以民族认同为基础，并在此意识观念的作用下形成一定的身份认同。而不管是民族认同、身份认同还是文化认同，都源于同一族群移民曾经具有的生活成长经历的过程。在海外定居的新华人，因早年的文化积淀与思乡情感，重视延续具有悠久历史的传统习俗，如过春节、中秋节等。但是，子女们对这些传统节日不感兴趣，他们热衷于当地的节日，如圣诞节、感恩节、情人节等。

在饮食习惯上，尽管新华人对住在国的饮食特点、方式持开放接受的态度，但他们无论在海外居住多少年，都依然偏爱中华料理，在家中大多做中国饭菜。可子女们却恰恰相反，一位在日新华人说："孩子在日本住上半年后就喜欢吃寿司、生鱼片、大酱汤等日本饭菜，西餐的热狗、汉堡，比萨饼、意大利面等更是他的最爱，中餐则不太喜欢吃了。"饮食习惯不仅是生活方式的改变，也包含对文化的理解与认同。

大多数新华人家长都希望子女保留民族的情感和精神，记住自己的文化之根。因此，他们煞费苦心，经常带子女参加华人聚集的活动、到中华街购物、到中华料理店吃饭。他们认为，对于在海外出生、长大的子女来说，吃中餐、给他们讲解中国菜，也是在学习中国文化，这会对他们的文化认同产生影响。然而，新华人父母的这些努力，虽然起到了一定的作用，但在强势的异文化冲击下，不得不面对子女敷衍对待的尴尬。

（三）身份认同的迷茫

尽管新华人愿意在海外定居下来，谋求较好的工作机会和学习、研究、生活环境，但是他们不愿意抛弃一些核心价值观念和文化传统。他们即使加入了住在国的国籍，也会在心理上自觉或不自觉地感到自己不是住在国的公民。但他们的子女则明显不同，他们对自

---

① Mrs LA：《华人母子"文化沟"趣闻：同住不同食 同族不同语》，洛杉矶华人咨询网，2007年9月28日。
② ［德］伽达默尔著，夏镇平译：《哲学解释学》，上海：上海译文出版社1994年版，第62页。
③ ［德］洪堡特著，姚小平译：《论人类语言结构的差异及其对人类精神发展的影响》，北京：商务印书馆1999年版，第70页。
④ 陈志明：《华裔族群：语言、国籍与认同》，《广西民族学院学报》1999年第4期。

己是移民的认同没有那么强，他们对外部加给他们的"中国人"、"外国人"、"华侨"、"华人"等称呼不能够很好地理解，体验经历着身份认同的困惑、苦恼。一位德籍华人子女说："德国是我的出生地，德语是我的母语，我从小在德国文化下长大，你非让我说自己是个中国人，我肯定说，关键是我的内心会说——我不是。"[1] 虽然这个孩子依据法律认同他是德国人，他也宣称自己是德国人，但他的话语却反映出内心对个人身份认同的彷徨。因为身份认同并非仅仅是主观的意愿，还有客观评价，即所生活（住在国）的具体环境内，多数人认为你是中国人而不是某国人，那么主观认定并不能起到改变作用。因此，很多新华人子女有时感到自己既是"中国人"，也是"住在国人"；或既不是"中国人"，也不是"住在国人"的"混合"状况；或者是生存在"中国人"、"住在国人"、"华侨"、"华人"的交错之中，体验经历着身份认同、文化认同的迷茫。

二、传承民族文化的努力

文化的特点是，"首先，文化是人创造的、教化人的；其次，文化是代代相承和不断发展的；再次，文化是可以相互学习、彼此交流和共同改变的"[2]。从文化的特点我们可以看出，文化通过交流和传承可以影响与改变不同文化的个人和群体，即通过交流、学习和传承可以形成文化认同。

新华人因自身的经历，大多保留传统的文化和价值观念。他们尽管在学习、工作时，运用住在国语言，举止也入乡随俗，但在家庭生活中，仍尽其所能为子女营造中华传统文化的氛围，如说普通话（或方言），阅读华文报刊，看中文电视频道；过传统节日，食用中餐。他们希望靠家庭的努力，使子女对住在国文化能够采取"有所化而有所不化"、"有所认同也有所不认同"的融入基准。新华人为实现这一愿望，从多方面进行着努力。

（一）强化语言能力

新华人虽然有保存民族传统的愿望，但要让民族意识淡漠、已经"西化"的子女学习中文，是一项艰巨的任务。笔者在调查中，问到孩子要不要学中文时，十个有八个说不要学，因为太难了。家长们也说："孩子对中文有厌学情绪。"

尽管困难重重，很多新华人家长仍然坚定地认为："培养下一代的民族感情，对他们进行华文教育，培育对中华文化的兴趣，是华人父母的责任。"一位新华人家长说："在海外生活和成长，孩子会面临我们不曾经历的困惑。我们能够做的只是帮助孩子培养能力，接纳自己，树立信心，找到适合自己的发展方向。帮助孩子接纳自己并建立信心，需要在生活中一点一滴地积累，其中很重要的一部分就是接纳我们的中华血脉和中国文化。而语言作为文化的载体，是实现这个重任的桥梁。"为此，家长们采取在家辅导、送子女去周末中文学校的方式强化学习。还有很多家长让子女在寒、暑假期间回中国，既能学到中文，又可以体验亲情，学习传统文化。

目前海外新华人子女掌握中文，绝大多数不是通过正规的学校教育，而是非正式的家

---

① 袁静：《海外华人子女在转变：从"香蕉人"到"芒果人"》，《人民日报》（海外版），2007 年 8 月 7 日。
② 潘一禾：《文化与国际关系》，杭州：浙江大学出版社 2005 年版，第 20～21 页。

庭教育传授或在周末中文补习学校的学习。实践证明，只要经过家长的不懈努力，一定会取得成效。一位孩子说："我不喜欢中文，但妈妈说：'你必须学习'，我只好不情愿地进入周末中文学校。经过一段时间的学习，渐渐地感受到了中文的奥妙和趣味。去年，我随妈妈参加了一次'中文发表会'，在台上我用一口流利的中文演讲，博得了听众的阵阵掌声，当时别提我有多得意了。从那以后，我不但喜欢上了中文，还认为应该把中文学得更好。"由此可见，海外新华人子女生活在两种或多种语言、文化的状态之中，他们继承延续中华语言、文化要克服种种不利因素，因地制宜地制定行之有效的方法，其中新华人的家庭教育与父辈的重视尤为关键。一位家长说："我的两个孩子都可以讲汉语，这是我给他们的一把钥匙。有一天，当他们自己有了欲望要进入中国文化的川流谱系时，他们的钥匙可以开启那个世界。"① 双语、多文化的教育，对培养新华人子女成为具有国际竞争力的人才非常重要。一位华侨更富有远见，他说："儿子的日语、英语都很好，可中文较差，所以，我们决定让他回国一年，学好汉语。让孩子在两三种语言之间流利转换，在这一转换的过程中，学到的不只是语言和文化，还有思维能力和适应能力。从小培养他对中国的感情，这种'中国背景'对儿子的成长是很有好处的。"

以上事例证明，只要家长持之以恒地鼓励子女学习中文，以比较科学的方法进行强化训练，子女在异文化的社会中完全可以掌握和运用好中文。

（二）参与民族文化活动

新华人因其受传统文化氛围影响较深，面对异文化的冲击能较为坚持恪守自己的传统价值观，如勤俭节约、和谐友善等。传统文化在日常生活中有多种多样的体现，各种丰富多彩的活动蕴含着传统文化的因子。基于这样的考虑，很多新华人父母坚持让子女参加华侨社会的活动，例如，参与春节集会，在舞龙狮、打腰鼓、扭秧歌等表演中担当角色，使子女在学习到中国传统文化的同时也发挥着传承和传播的作用。

华侨华人在异国也有过春节、中秋节等传统节日的习惯，在每年的传统节日——春节，世界各地的唐人街都会举办各种形式的欢庆仪式，新华人子女都会不同程度地受到民族习俗的影响。因为，以节日形式出现的传统文化相较于其他的方式更易于接受。例如一位新华人在谈到过圣诞节时说："孩子还小，过圣诞节就是图个好玩，这对她融入当地圈子有帮助。但是我们很注意引导她，不要疏离了中国传统节日和习俗，最好能做到两者兼顾。"一位新华人孩子说："我们这一代人长在国外，过圣诞节已成为习惯。不过我们家最重要的节日还是春节，因为奶奶在我家，每年这个时候很多亲戚都会从其他国家赶过来一起过节，非常热闹。"② 这些充满浓郁风情的活动，蕴含着鲜明的传统文化特色，起到了寓教于乐的作用。

在海外，很多新华人家长只要工作、生活、家庭条件允许，就会主动让子女参加由中国侨办等机构主办的各种形式的海外华裔青少年寻根夏令营，说汉语、游故宫、登长城，增强直接感受。一位家长说："我深感儿子与中国文化的疏离，让他参加了世界青少年中国寻根之旅。从首都北京，到古都西安，一路追本溯源。他开始了解到中国的地大物博、

---

① 袁静：《海外华人子女在转变：从"香蕉人"到"芒果人"》，《人民日报》（海外版），2007年8月7日。
② 李秀翠：《海外华人这样过圣诞》，《人民日报》（海外版），2010年12月16日。

历史悠久和灿烂的文化，渐渐地理解了父母对故乡的思念和浓浓的亲情。当看到他的中文已变得流利，与祖国不再生疏，想到不久将成长为兼知两国语言、文化和社会的复合型人才，有比父辈更广阔的发展前景时，我感到很欣慰。"由此可见，新华人让子女参与传统文化活动的良苦用心。

（三）体悟民族精神

新华人家庭营造的文化氛围，会使子女在情感和意识上逐步走近"中国"。家长的信仰、价值观念、行为规范等为子女的成长打下了良好的基础，父辈在异国环境中努力学习、刻苦奋斗的精神，使子女从小受到潜移默化的影响，使在这种特殊环境中长大的孩子思维活跃、善于独立思考。因此，多数新华人子女严格律己、刻苦勤奋，学习非常用功，他们在各种知识竞赛中经常名列前茅，在各级学校中取得优异的成绩，考上名牌大学的比例也较高。例如，一位未经过复读就直接考入东京大学的新华人子女说："由于我的中国语写作基础差，入大学后，我选修了中国语（高级）文课，当我进入教室后发现，在座的11 名学生中有 7 人是和我一样的华人子女时，我感到很震惊。"[1] 在新华人子女中，类似情况屡见不鲜。据美国《侨报》报道，素有"小诺贝尔奖"美称的美国"英特尔科学人才探索奖"，每年华人子女入围的比例都很高，在 2012 年公布的决赛者名单中，全美共有40 人入围，其中华裔学生 15 名，占 37.5%。纽约州共有 10 人进入决赛，其中 3 名华裔，占 30%。还有一些州，华人是唯一进入决赛的学生。[2] 新华人子女"捷报频传，大放异彩"的事实也无数次地证明：在异文化的国度中，新华人家庭注重倡导民族文化精神，对子女的成长大有益处。

三、新华人子女的文化协调与融合

教育人类学者认为，理解文化身份的可能方式至少有两种：一种是本质论的狭隘、闭塞；另一种是历史的包容、开放。前者将文化身份视为已经完成的事实，构选好了的本质；后者将文化身份视为某种正被制造的东西，总是处在形成过程之中，从未完全结束。[3]在社会文化迅速变迁的境遇中，海外新华人子女如何协调"文化适应"与"文化传承"的问题尤显重要。在日益复杂的生存环境中，文化属性都会发生因人而异的变化，他们在精神依归、文化认同、身份认同等方面产生了多样性、多元化，发生了文化跨越的现象。

（一）文化的双重、多重认同

一个人的身份特征主要有两个：一是遗传的种族特征；二是后天所取得的文化特征。外界对一个人身份的判定通常会从他的外表开始，用种族特征代表他的身份，新华人的身份认同因为社会的复杂化而具有了多重维度，他们能够根据不断变化的社会情境以及自身所处的阶层来改变自己对于某一群体的归属感，从而改变认同。一个华侨可能在族群身份

---

① 在日本，经过复读（日语中复读一年的叫"一浪"、复读两年的叫"二浪"，以此类推）考入名牌大学的学生很多，而从高中直接考入大学的叫"现役"，这种"现役"考入东京大学的学生较少，更令人羡慕。

② 林菁：《美国英特尔奖决赛名单公布　15 华裔学生入围》，中国新闻网，2012 年 1 月 27 日。

③ 钱民辉：《当代欧美教育人类学的核心主题与趋势》，《北京大学学报》2005 年第 5 期，第 212 页。

上有华人的认同，而在社区和国家政治身份上认同于住在国。①

在海外生长、受家庭文化熏陶的新华人子女，都经历着"住在国的本土意识"和"中华意识"间的内在纠结、相通、统和的过程，并且会一直伴随着他们的成长。一位日本华侨说："令人汗颜的是，在国际比赛中，儿子永远是帮日本队呐喊，在中日两队比赛中，任我在那里为中国队大叫助威，孩子却沉默着，显示出复杂的心态，我问他：'为什么支持日本队？'他称支持日本队，并不一定是热爱日本比热爱中国更多，他是为自己喜欢的偶像加油。当看到我们之间谈得不太愉快时，他又很懂事地说：'支持哪一个队，或支持哪一国的选手，真的是一个很严重的问题吗？如果这个问题，真的让父母难过的话，我以后支持中国队好了。'接着他又说：'我和同学们友好相处，彼此相互了解地在一起，其实也是在做中日友好的工作呀，同学们通过我了解到中国和中国人，不是吗？'"这位华侨子女的话，反映出他们在异文化国度与周围同学接触的过程中，渐渐地形成了一种自觉的文化交流意识，并不断地努力协调族群关系。

新华人子女对自身的定位受华人家庭、住在国、其他族群的两种或多种文化的影响，具有双重、多重认同，多种文化兼备的特征，即由于受到家庭、血缘、祖辈文化传统的影响，他们在族群身份上有程度不同的华人认同，在语言和生活方式上存在多重认同，在价值和文化取向上同样也是混合的认同状态。正像韩震教授所说："由于家庭原因华人可能对中华文化有亲和力，但他们在多大程度上认同中华文化，则是因地、因时、因人而异的。"② 海外新华人子女的叠合文化认同，双重、多重身份认同的建构与变迁不仅能够解决他们在人生成长过程中的困惑和迷茫，而且对推动人类社会的文化整合与融合、多元文化的和谐共生都具有重要的现实意义。

（二）文化的协调和融合

文化认同的目的是寻求生存方式的连续性，这种寻求的起因之一，源于生存的社会空间的转换。在同一国家、民族的社会中，人们更多的是无意识地接受既有文化，在海外生存的新华人子女，在新环境和不断变化的社会中，又迫使他们思考自己的文化、身份的归宿和价值观的选择。新华人子女在自我形成过程中，在与其他民族、周围人日常交往的相互作用中，随着年龄的增长，会不断地调适自身，在文化传承和文化融入之间找到协调和平衡。例如，一位美国华人子女说："我们住在中国文化的家里，又出入于美国社会；上了美国的高中，周末又上中文学校学习。我们无论到哪里做什么，都需要融合和运用我们所接触的中西文化。"③

由此可看出，新华人子女努力不固执于只接受一种文化，而是包容和接受多种文化，在多元文化中寻找平衡，超越华人家庭父辈文化、住在国文化，使其融合在一种人格之中，学会与其他文化共处、交融，接受双方，融合两种文化、实现共生。

---

① 韩震：《全球化时代的华侨华人文化认同问题研究》，《华侨大学学报》（哲学社会科学版）2007 年第 3 期。
② 韩震：《全球化时代的华侨华人文化认同问题研究》，《华侨大学学报》（哲学社会科学版）2007 年第 3 期。
③ 张红：《从"香蕉人"到"芒果人" 华裔新生代热盼故土寻根》，《人民日报》（海外版），2010 年 3 月 2 日。

（三） 文化、身份认同的不确定性

人生活在社会文化中，人与人之间的交往方式、生活习俗、家庭形式、亲属制度、社会分工、应该遵守的社会规则等，都是以文化的形式存在着，文化对人的影响和塑造远远大于生物遗传因素。[①] 华人子女在成长的过程中，身份认同带有较大的不确定性。例如，一位学习新闻传媒专业的华侨子女说："我在日本电视台驻北京分社实习当记者时心里很矛盾，因为报道中国好的地方时常会被总编删掉，不采用；揭露不好的地方心里又不舒服，有种帮日本人说中国坏话，自己是叛徒的感觉。还有，我很想当记者，可是记者有紧急情况时需要马上出国，奔赴现场，中国国籍去哪里都要签证，可办完签证后新闻就变旧闻了。不变国籍，工作会不方便，但如果归化日本国籍又怕将来后悔，我很纠结。经过反复思考后我决定为了事业改变国籍。但是，我在心里一直鼓励自己要成为'国际公民'，'效忠'全人类的公正、和平，而非哪个国家。"

从以上事例可以看出：民族认同表达了民族成员强烈的归属感，但它并非经久不变的。它在表现出高度稳定性和连续性的同时，也在不断地演变。新华人子女正是对文化、身份的这种思索、碰撞，不确定性，使他们逐渐地懂得了文化身份不是给定的，应该由自己设计，并有选择文化的权利，也正是这种不确定性逐步转化为一种丰富的资源，使他们的文化交流意识逐渐地变为主动和自觉、包容和开放，从而摆脱狭隘，奔向更广阔的舞台。

（四） 重新审视自己的族裔

文化认同，通常指某一特定文化所具有的特征，是"一个个体或族群安身立命的根本，是判断是非善恶的标准，是确定自身身份的尺度。换言之，认同问题解决的是'我是谁？''我从哪里来？''我向哪里去？'的问题。有了这个自我确认的标准，人在与世界相处时就有了确定的方位定向；与此相反，认同危机的表征则是失去了方位定向，不知道自己是谁，从而产生不知所措的感觉"[②]。

尽管新华人子女多数在海外出生长大，深谙住在国的文化、道德规范，能够流利地运用标准的当地语言，甚至已经加入了住在国国籍。然而，"认同与融入"后，在一定程度或一定范围内"有时仍被疏离"，他们时时被住在国人称为"在某某国的中国人"、"华侨"。在学校中，他们有时还会受到排挤，在公共场合和娱乐场所也会偶遇欺辱，尤其是在就职和找工作时偶尔会遇到不公正的待遇。遇到这种情况，他们也会对住在国社会产生失望或埋怨情绪。

新华人子女尽管语言上没有障碍，融入了本土文化之中，并且加入了住在国国籍，但在当地人的心中，"华人"依然是外国人，让住在国人从心理上承认华人是和他们一样的国民非常难。在这种环境中成长的新华人子女，如果感知到因本身的中国背景而不被接受或受到歧视，就会有一个很强的自我意识支持他们抵御歧视，不自卑，更加向上。例如，

---

① 钱民辉：《当代欧美教育人类学的核心主题与趋势》，《北京大学学报》2005 年第 5 期，第 206 页。
② 陶东风：《全球化、后殖民批评与文化认同》，载王宁、萨晓源主编：《全球化与后殖民批评》，北京：中央编译出版社 1988 年版，第 203～204 页。

一位 8 岁时来日本，现正在早稻田大学读书的华侨子女说："刚来日本时，我特别想成为日本人，可周围的小朋友总叫我'中国人'。还有人欺负我，有一次电视报道有中国人犯罪，嫌疑人姓王，同学就说'是不是你爸爸呀'，我感觉受到侮辱。于是我就暗下决心，更加努力，表现出色。周围同学便说'你是中国人那么好，还会说中国话'。大约从高中时开始，在我的意识中逐渐地感到自己是中国人，很有自豪感，现在我很感谢父母没有把我变成日本人。"在美国成长的华人新移民第二代布兰达（Brenda）表示："我现在认识到作为华裔是件多么好的事情，当你还小的时候，你不愿与别人有差别，而是想融入整个圈子里，但现在我长大了，我想与众不同，特殊与差异是件多么有益的事情。"[1]

从以上事例可以看出：在幼儿园或小学期间，新华人子女有一种强烈的求同倾向，不愿意表现出自己和别人不同。然而随着年龄的增长、自我意识的增强，特别是受到歧视的一些体验，会使他们自强、努力，表现更加优秀，从另一方面加强了其对自己身份的认同，更使有些人意识到学习中文的必要，上了大学反倒喜欢学习中国语言和文化，甚至后悔小的时候没学汉语。这一现象还反映出：新华人子女身处文化差异和文化交融的环境，直面各种族群和文化的相互浸染、交叠，经历着自身的流变过程。他们在自我成长的过程中，"中国人"、"住在国人"的区分不是固定的，会随着年龄的增长而不断地发生变化，更会随着自我意识的增强而对族裔文化进行重新审视和确认——"族裔文化的发现"。

这一成长过程，即是在学校或社会感受到疏离、孤独→求同的心理压力→为消除差异努力融入和同化→伴随着广泛地接触其他文化，自我意识的增强，再重新审视自己的族裔根源。

总之，新华人子女生活在两种或多种文化状态之中，他们继承并延续中华传统文化要克服种种不利因素，因地制宜地制定行之有效的方法，其中华人的家庭教育与父辈的重视尤为关键。新华人子女的文化认同状况是动态而又富有生命力的。因为，住在国的文化、族群、性别、宗教以及各自的地方生活经验都给新华人子女的认同带来了不同程度的影响，他们在接受家庭教育、熏陶的同时，汲取着各种文化的营养，并不断地调适自身，使不同文化兼容互补，在异文化、不同族群的互动、融合过程中，使文化传承具有吐故纳新的自我发展能力，使他们具备看世界时更多元、更开阔的视角。正如安东尼·吉登斯所说："东方与西方、传统与现代、反叛与皈依，都成为'香蕉人'精神追求的层面，……但它也有助于建立适应性的反应和新的创新精神。"[2]

---

[1] Nazli Kibria, *Becoming Asian American*: *Second-Generation Chinese and Korean American Identities*, Baltimore：The Johns Hopkins University Press，2002，p. 98.

[2] ［英］安东尼·吉登斯著，赵旭东译：《现代性与自我认同》，北京：生活·读书·新知三联书店 1998 年版，第 14 页。

中东新疆籍华侨华人群体的形成与社会构成

当前，包括少数民族华侨华人研究在内涉及国家关系、地缘战略、地区安全等方面的问题，越来越引起学界的重视。就此意义来看，多角度深入、系统地对侨居海外的中国少数民族社会现状加以认真探讨，无疑是十分必要的。中东，地处欧、亚、非三洲交通枢纽，新疆维吾尔族等少数民族自近代以来屡屡有移居这一地区者，其动机和过程与传统汉族华侨华人有显著差异。这些新疆籍侨民迁入中东各国后，又在社会适应、文化认同等方面显示出区别于汉族侨民的特点。而中东地区重要的战略位置及大量新疆少数民族华侨华人的存在，促使我们深入探讨中东地区华侨华人社会问题，这对我国发展与中东国家的社会交往，维护华侨华人于所在国的权益，引导并加强当地新老侨民的社会互动及早期少数民族华人后裔的中华文化认同，颇具意义。

一、新疆少数民族中东华侨华人群体的形成

中东新疆籍华侨华人的形成经历了一个长期而复杂的过程。新疆地接中亚地区，自古即为中西交往的重要通道，近代以来，又成为国内外各方势力染指和角逐的重要场域。维吾尔族、哈萨克族等少数民族中东侨民的形成，与中亚同源、同类族群的跨境及互动联系紧密，遂因此通过中亚与中东地区有着长期的经济交往。此外，伊斯兰文化特质在新疆穆斯林中具有较强的社会功能，它使得中东新疆籍移民社会的形成颇具特殊性。而综观中东穆斯林移民群体的形成，因素众多，纷繁复杂，其主要表现为"政治出逃"、留学朝觐、买卖行商和避难务工等。

(一)"政治出逃"

新疆地处中国西北边疆，在近代至新中国成立初期受国内外各方势力纷争影响，地方动荡局面频现，世居于此的维吾尔族、哈萨克族等少数民族人口因战争、政治失势及强权裹挟等因素数次流向中东地区。

就维吾尔族来看，自 19 世纪 20 年代以来，随着俄、英及中亚地方势力的介入与挑唆，一些维吾尔族上层与中央及地方政府的矛盾凸显，反抗与叛乱此起彼伏，导致大量维吾尔族人在政治斗争失败后，被迫"出逃"中亚、西亚。道光八年（1828 年），清廷平定张格尔叛乱，在喀什的数万名维吾尔族人为免受牵连，西迁于中亚费尔干纳盆地。道光二十七年（1847 年），新疆又发生"七和卓之乱"，张格尔之侄买买提明和倭里罕和卓因浩罕汗国的支持，再次起事，但叛乱很快被清军镇压，南疆维吾尔族人在和卓胁迫下逃往浩罕境内。同治四年（1865 年），借新疆回民起义之机，浩罕国军官阿古柏率军入侵新疆。光绪四年（1878 年）1 月，清军打败阿古柏，其子伯克胡里遂率残部并裹挟数百名维吾尔族人逃往中亚。以上数次迁往中亚的维吾尔族人中，后来不少又辗转迁入中东地区。

20 世纪初，在苏俄及西方势力影响与鼓动下，泛突厥主义和泛伊斯兰主义萌生并兴起。维吾尔族上层贵族自 1910 年即派遣学生至奥斯曼土耳其帝国留学。之后这些留学生不少成为泛突厥主义者的鼓吹者，如麦斯武德·莎布里等。1932 年，泛突厥主义者萨比提大毛拉和穆罕默德·伊敏于和田成立"伊斯兰王国政府"，萨比提大毛拉自封主席，以穆罕默德·伊敏为"艾米尔一世"。1933 年 11 月 12 日，因受英国驻喀什领事馆指使，萨比提大毛拉于喀什成立"东突厥斯坦伊斯兰共和国"，自任总理，并邀请声望颇高的和加尼亚孜阿吉担任共和国总统，而由穆罕默德·伊敏与其二弟分别控制和田、莎车、英吉沙三地。但很快就因苏联的介入和加尼亚孜阿吉宣布"东突厥斯坦伊斯兰共和国"解体，萨比提大毛拉于莎车被捕，这一共和国仅存两个月就灭亡了。参与此次政治反叛的穆罕默德·伊敏等人则挟持 3 000 余名维吾尔族民众取道英属印度和克什米尔前往沙特阿拉伯、土耳其等地。1936 年，维吾尔族人麻木提在英国的唆使下，欲起兵反叛，后阴谋败露，率亲信 35 人以出猎为名经印度至中东。此外，盛世才统治新疆时期（1937—1942 年），民族压迫严重，南疆维吾尔族人不堪忍受，遂纷纷出逃中东，以避灾祸。维吾尔族军官麻木提举兵反盛失败后也率部辗转到麦加。

新疆解放前夕，穆罕默德·伊敏和艾沙·艾尔普泰金率家属及随行人员出逃，一些哈萨克族和维吾尔族商人、牧主受之蛊惑亦络绎随行，加之 1951 年受尧乐博斯、哈力拜克、哈木扎和达列里汉等人蛊惑而出逃的 5 000～8 000 名哈萨克族牧民，前后流转克什米尔、巴基斯坦、阿富汗、中亚至土耳其。1952 年，数千名维吾尔族人"逃离"到巴基斯坦，由于艾沙的呼吁以及美国和联合国难民事务高级专员公署的施压，其中 1 850 人经陆路抵达土耳其。而自 1953 年至 1960 年，又有近 3 000 名哈萨克族人因国内政局等问题而陆续逃往土耳其。此外，1962 年的"伊塔事件"亦致使部分新疆维吾尔族、哈萨克族人经中亚流向中东。直至 20 世纪 70 年代末，仍有维吾尔族人因政治因素偷渡到南亚、中亚，再辗转前往土耳其的。

（二）留学朝觐

维吾尔族、哈萨克族、柯尔克孜族、塔吉克族、乌孜别克族等新疆世居民族均信仰伊斯兰教，遵守念、礼、斋、课、朝五大功课。其中完成朝觐麦加天方，即五功之一的朝功者，被称为"哈吉"；获此称号者，为穆斯林教众所尊敬。故而朝觐天方、访学于伊斯兰地区学府，乃成为新疆穆斯林重要的社会活动。历史上每年均有新疆穆斯林前往麦加朝觐，有学者以为，新疆穆斯林大批朝觐大约始于 18 世纪，到了 19 世纪末、20 世纪初的时候，据称新疆去麦加的朝觐者"岁不下数万人"。该数虽不免有夸大之嫌，未必准确，但自 19 世纪以来，中国穆斯林朝觐人数较以往呈增长趋势的现象的确存在。据新疆外交公署 1918 年 9 月 30 日文称：每年领照人民全疆不下两三万人，其中贸易朝觐居十分之五六。历年领照出国人民以喀什为最多。又据新疆哈密地区一份不完全的资料显示，该地区从 1900—1949 年间共有 120 名维吾尔族毛拉和穆斯林教民到麦加朝觐。改革开放后，新疆前往麦加的朝觐人数不断增加，1979 年仅有 19 人，至 1993 年达到 6 000 余人，他们中大部分为自费。除官方朝觐名额外，一些人则通过经商、旅游、探亲等渠道，从巴基斯坦、中亚等地前往麦加朝觐。而调查材料表明，新疆阿图新市的阿扎克、松达克两个乡自 1920 年至 20 世纪 80 年代因朝觐而定居国外者有 56 户。他们多为亲属同往，或同乡邻里搭伙结伴前往。

大量新疆穆斯林前往麦加朝觐，不少人随之滞留海外不归，其中原因颇为复杂。首先，朝觐者绝大多数是虔诚教民，生活并不富裕，为了到麦加朝觐，他们倾其所有，由于路途遥远、道路艰险，一些人在抵达麦加朝觐后，往往因无钱返回而滞留该地。其次，伊斯兰教朝觐大典，定于教历每年十二月初九举行，次日即为古尔邦节。而由新疆到麦加，沿途要经过多个国家，既要攀越诸多冰山雪谷，又要渡过许多河流海湾，加之要牵引驮负粮食、衣物、货物①及牲畜给养的马或牦牛翻山越岭，其路程的艰辛，可以想见。如果计划不周或路途出现意外，不能如期到达麦加，即无法参加特定时间内举行的典仪，遂只能等来年。如此一来，一些错过正朝的穆斯林便暂留于麦加及周边地区。日久天长，便定居下来，并结婚成家。再次，一些朝觐者在途中或完成朝觐活动后，因国内时局变化或国际因素影响而定居国外。第一次世界大战期间（1914—1918 年），因受战争影响留居麦加的新疆籍朝觐者就有"百余人"之多；1934—1935 年，喀什、和田等地动乱，在麦加的新疆籍朝觐者为躲避动乱便定居国外；1949 年解放前夕，在麦加朝觐的新疆穆斯林，亦都定居于中东。此外，一些朝觐在路途，或完成朝觐后，因健康原因，无力返回家乡，只好留居当地。直至 20 世纪 80 年代改革开放时期，依然有新疆穆斯林因朝觐出国而定居中东的。

移民中东伊斯兰国家的新疆穆斯林，除朝觐者外，尚有为探求伊斯兰学理留学海外而不归者。清代中期以来，新疆穆斯林远赴伊斯兰世界宗教学府习学经典、教义、哲学者为数不少，他们中一些人亦由于诸多因素而最终留居国外。民国时期，新疆上层和回教团体、学校，向伊斯兰世界诸大学派遣有许多维吾尔等族留学生。1935 年，中国旅埃同乡会为中国驻埃及第一任领事邱祖铭举行欢迎宴会，出席宴会的有 60 多人，其中不少为艾资哈尔大学留学的维吾尔族学生。他们中有些后来定居于埃及。1979 年以来，又有不少新疆穆斯林学生获得赴土耳其、沙特阿拉伯、埃及等国高校学习伊斯兰经典、阿拉伯语、突厥语的机会，土耳其政府和部分侨民社团还对这些新疆留学生给予一定的经济支持。这些留学生中一部分人后来移民当地或迁至其他中东国家，他们中以维吾尔族学生居多。需要指出的是，土耳其大学教学质量高，语言文化等方面与维吾尔族有亲缘关系，其学历又被许多国家所认可，因此不少维吾尔族、哈萨克族学生选择到土耳其留学。在那里他们容易得到奖学金，故寻求各种途径前往土耳其留学的新疆维吾尔等族学生越来越多。此外，自 21 世纪以来，前往欧美及日本等发达国家自费留学的维吾尔族人，毕业后亦选择侨居土耳其。他们学历高，有知识，懂专业，在当地容易找到适宜的工作，故土耳其成为维吾尔族海外留学生重要的居留地。

（三）买卖行商

新疆穆斯林因其文化属性及处于丝路古道的环境影响，均善于经商、乐于经商。维吾尔族、乌孜别克族等均是具有悠久经商传统的民族，并曾经是陆上丝绸之路东西方贸易的重要参与者。维吾尔族商人与中东地区贸易联系紧密，在长期的往来经商过程中，一些商

---

① 按伊斯兰教规定，在朝觐之余，世界各地穆斯林可自由进行贸易活动，故早期朝觐者多备有货物，以待交易之用。

人从行商到坐商，从短期留住到长期定居，最终携家带业移居中东者不少。

移居中东的新疆穆斯林移民中，很多人因参与朝觐之余的贸易活动而留居当地。据新疆外交公署民国七年（1918年）9月3日文称："每年领照人民全疆不下二三万人，其中贸易朝圣居十分之五六。"翌年新疆外交公署又有记载称："自民国八年一月至六月末，经本署陆续发给华侨出国执照一万二十五张，每张收费二元，共收入二万五十元。"前往中东经商者以维吾尔族最多，也有一些回族和哈萨克族。他们往往借助朝觐这一世界穆斯林的聚会活动，或开展国际贸易，或从事摊贩生意。新中国成立后，以经商为名移居中东的新疆少数民族依然存在，只是数量大为减少。改革开放以来，新疆籍新移民涌入中东者增多，他们中多为经商者，经营范围从贸易、摊贩等传统行业发展到开设旅行社、餐馆等服务业领域。

（四）避难务工

避难务工也是新疆穆斯林中东移民形成的重要因素。具体应指受自然灾害影响作物歉收后的务工避险和劳工输出。近代新疆维吾尔族、回族作为劳工移民在中东占有一定比例。清末民初，因交通运输条件较差，新疆各族商人前往中东行商，常需携带雇工及脚夫同行，在几十人的商队中往往大部分为雇工，他们便是早期向外输出的劳动力。自20世纪60年代起，新疆开始有以劳务输出形式到中东务工的事例。大量维吾尔族、哈萨克族等少数民族以劳务人员的身份来到中东地区，他们多与土耳其等国签订劳务输出合同，一些人甚至经土耳其中转到德国、法国、瑞士等欧洲国家做工，他们中有千余人后来成为当地新移民。

改革开放以来，新疆劳务部门为穆斯林组织劳务培训，瞄准中东劳务市场，培养当地适用的劳务队伍，因而促成了新一代新疆穆斯林移民的产生。20世纪90年代初，苏联解体，新疆少数民族几次大规模移居哈萨克斯坦务工，其中许多人以此为"跳板"迁往中东国家。

总之，新疆穆斯林中东移民形成的因素颇多，但总体不外乎以上四类。而根据个人访谈及相关数据分析推断，"政治出逃"约占中东新疆籍华侨华人总数的63%，比例最高；其次为留学朝觐者，约为17%；而避难务工、买卖行商者则分别约占人口的13%和7%。通过对新疆籍中东穆斯林侨民形成因素的梳理分析，我们可理清其形成、发展的轨迹和社会脉络，使其线索清晰明了，从而把握其社会文化特征，由此获取对新疆籍中东穆斯林移民具体、感性的认识。

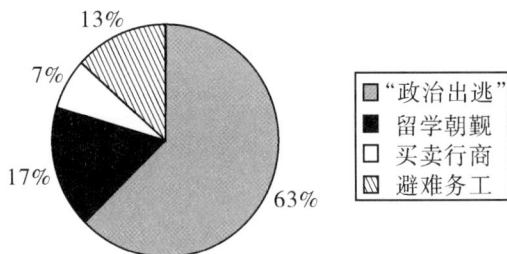

图1　中东新疆籍华侨华人移民类型比例

二、中东新疆籍华侨华人的社会构成

由于诸多因素制约，学术界对于现居中东的新疆籍华侨华人状况缺乏系统认知，中国政府和国内外学者均曾就一些问题进行过笼统的考察，但仍感了解有限。故进一步多渠道搜集相关信息资料，综合中外学者已有研究成果对其加以系统梳理是十分必要的。

（一）民族与人口

以往国内学者对中东各国华侨华人的族别和数目做过一些研究，并且随着时间的推移其数据不断得以更新。向大有曾大略统计了1990年度旅居中东的少数民族华侨华人数目，以为维吾尔族、乌孜别克族、柯尔克孜族、回族等少数民族侨居沙特阿拉伯者约有4万人，而哈萨克族、维吾尔族、柯尔克孜族、回族人侨居土耳其者为1.5万人，此外，维吾尔族、回族等在阿联酋等其他中东国家者约有100人。后张天、戴华年撰文以为，在中东的华侨华人中约有哈萨克族1万人，维吾尔族不少于5.5万人，其他各族侨民总数应在7万~8万人之间。朱慧玲在对沙特阿拉伯和土耳其的新疆籍侨民加以考察后，认为沙特阿拉伯华侨华人总数为17万~20万人，其中维吾尔族占85%以上，回族约有2万人，另有少量汉族、乌孜别克族、柯尔克孜族、哈萨克族等侨民；土耳其华侨华人总数在8万人左右，其中维吾尔族5万人，哈萨克族2.5万人，另有少量乌孜别克族、柯尔克孜族、塔塔尔族和汉族侨民。冀开运的研究数据与朱慧玲基本相同，以为土耳其维吾尔族、哈萨克族、回族等侨民为7.5万~8万，沙特阿拉伯则有维吾尔族、哈萨克族、回族侨民17万~20万人，并指出中东地区维吾尔族侨民总计约20万人，哈萨克族2.5万人，回族2万人。在相关研究基础上，庄国土将近年来留居中东的新移民纳入华侨华人统计数字，以为中东地区华侨华人总数已超过40万，其中伊朗有3 000~4 000人，以色列有10 000~25 000人，埃及有4 000~5 000人，阿联酋有10万~15万人，沙特阿拉伯有15万~18万人，土耳其有6万~8万人。其中维吾尔族移民约20万人，哈萨克族2.5万人，回族2万人，汉族15万人。此外，据笔者调研统计，2006年时阿联酋有华侨华人10余万，至2009年12月底阿联酋华侨华人联合会成立时则已达20万人，其中维吾尔族、回族侨民占其总数的30%以上。又据新疆侨务部门《新疆在海外的华侨华人概况》一文所提供的数据，埃及有2 000多名新疆维吾尔族、回族、汉族等移民。

国外学者对中东新疆少数民族移民人口亦进行过研究，但由于考察时间有别，统计方法、信息来源、概念界定多有差异，所得结论多有不同。以色列中国问题专家Yitzhak Shichor认为约有10万维吾尔族人生活在土耳其，荷兰乌德勒支大学的Michael Reid Caster博士在实地调查并访谈了伊斯坦布尔维吾尔族侨领后将此数字升至30万。而中东各国对其境内居留侨民人口数目一直缺乏官方统计，民间调研数据多有夸大。上述中外学者考察研究数据，虽难免有偏差，但多系通过调研所得，仍可作为中东新疆穆斯林侨民研究的重要参考。

（二）侨居国及聚居区域

中东地区的维吾尔族、哈萨克族、柯尔克孜族、乌孜别克族、回族侨民主要分布于土耳其和沙特阿拉伯两国，此外，埃及、阿联酋、叙利亚、伊朗等国也有不少新疆籍侨民。

表1　中东新疆籍华侨华人分布状况

国家	人数	民族	所在国居住地
沙特阿拉伯	7.3万	维吾尔族占85%以上，另有乌孜别克、柯尔克孜、哈萨克等族	塔伊夫3.5万人，麦地那约千人，吉达3 000人，麦加2 500人，利雅得、延布、达兰等地约1万人
土耳其	8万	维吾尔族4.5万人，哈萨克族2.5万人，尚有乌孜别克族、柯尔克孜族、塔塔尔族等约1万人	开赛利3万人，伊斯坦布尔4.5万人，安卡拉、伊兹密尔、马腊什、科尼亚等地约5 000人
阿联酋	2万	维吾尔族、乌孜别克族	迪拜、阿布扎比等地
埃及	约2 000	维吾尔族	开罗、亚历山大等地
伊朗、叙利亚、约旦等	4 000	维吾尔族、哈萨克族等	大马士革、德黑兰、安曼、科威特城等

据学者调研及中国驻沙特阿拉伯大使馆介绍，侨居沙特阿拉伯的新疆少数民族侨民主要分布在该国西部地区的麦加、麦地那、塔伊夫和吉达。这一分布格局与新疆籍侨民的朝觐和商业活动相关联，麦加是世界穆斯林圣地，麦地那则为至圣穆罕默德墓陵所在地，两地均属朝觐者集聚的城市；塔伊夫为朝觐人员主要的疏散地，吉达则是沙特阿拉伯第一大港口，这些城市自然成为朝觐者及经商者首选的侨居地。档案资料表明，早在20世纪50年代初期，侨居塔伊夫城的维吾尔族人口已达数千人，可见当时该地维吾尔族侨民已形成群体规模。近期资料显示，塔伊夫华人总数为5万~6万人，其中维吾尔族移民3万人左右，回族则近2万人；麦地那有4万华人，其中维吾尔族为6 000~7 000人；在吉达3万华人中，维吾尔族占10%，近3 000人；麦加的2万华人中，维吾尔族亦占有一定比例。此外，在首都利雅得及延布、达兰等地也有维吾尔族、哈萨克族、回族等侨民1万~2万人。

在土耳其的新疆籍侨民，按族群在当地形成不同的聚居区，各民族之间少有往来。哈萨克族侨民是20世纪50年代初因流亡进入土耳其的，起初他们多被安置于土耳其东部的安纳托利亚乡村地区。70年代以来，新一代哈萨克族人陆续迁至伊斯坦布尔、伊兹密尔、安卡拉、萨里、布尔萨、埃斯基谢希尔和开赛利等城市居住，在一些城郊还建有哈萨克族村镇，现伊斯坦布尔的哈萨克族已有2.5万多人。维吾尔族人在土耳其的分布较为广泛，20世纪上半叶因"政治出逃"离开新疆的数批维吾尔族人主要侨居在安纳托利亚中部的开赛利，土耳其政府专门于此为其兴建了新区。1949年后以朝觐、探亲等名义出境来土耳其者，以及因1962年"伊塔事件"辗转进入土耳其者，大部分集中在伊斯坦布尔。今在伊斯坦布尔、安卡拉、伊兹密尔、马腊什、科尼亚、开赛利等城市，以及尼达阿尔泰、阿达纳、沙里里、柯克萨尼亚等乡村地区均有维吾尔族人居住，其中较为集中的开赛利有3

万余人，伊斯坦布尔则有近 2 万人。而在阿玛西亚地区土耳其还专设有维吾尔族县。

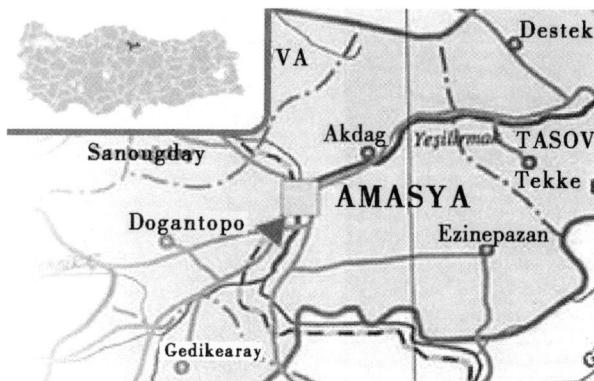

图 2　土耳其阿玛西亚地区维吾尔族县

图 3　土耳其阿玛西亚地区维吾尔族县徽

新疆少数民族侨民在中东其他国家的数量较少，埃及的开罗和亚历山大，叙利亚的大马士革，伊朗的德黑兰，科威特，约旦均散居有维吾尔族、哈萨克族、回族的侨民，但五国总数仅在 6 000 人左右。阿联酋的迪拜、阿布扎比是 21 世纪以来新疆少数民族新移民集中的地方，目前因从商、务工在该国侨居的维吾尔族、乌孜别克族、回族人口高达数万人。

（三）职业类别

中东各国新疆少数民族移民从事职业种类繁多，且职业领域随着受教育程度、社会适应程度和身份地位的逐步提高而不断扩大。在沙特阿拉伯，第一代新疆籍侨民多因"政治出逃"或朝觐不归等因留居当地，他们最初往往以农耕、当雇工（打铁、木工、制鞋等）或做小本生意（卖馕、卖水等）维持生计，后经济获得改善，乃购地置业。至 20 世纪 50年代以后，沙特阿拉伯政府开始大规模开采石油，一部分移民将之前购买的土地卖给国家获得丰厚利益，加之政府实行免征税收的鼓励政策，这些移民遂开展有一定规模的经济活动，如食品加工、商品批发、建筑、房地产及国际贸易等。第二代维吾尔族、哈萨克族移民则多在当地或欧美接受过高等教育，除部分人继承父辈行业外，不少人进入沙特阿拉伯军、政、科、教、文、卫等各部门供职，尚有人从事工程师、飞行员等技术职业。此外，亦有人开设诊所，以行医为业。改革开放后居留沙特阿拉伯的维吾尔族、哈萨克族新移民，则以从商者居多。

初到土耳其的哈萨克族侨民多为牧民，他们在土耳其政府安置下主要从事农业，兼营畜牧业和手工业。20 世纪中期以来，土耳其经济快速发展，大部分哈萨克族移民转入轻工业和商业领域，主要从事制革、皮衣加工和销售，亦经营造纸、塑料、印染、机械制造、医药等工厂和企业，一些人还于欧亚各国从事商品贸易，经济收入可观，生活较为富有。但近年来，受市场冲击，皮革、皮衣销量下滑，经济实力不如从前，生活水平有所下降。而由于受教育水平得到提高，哈萨克族第二代移民中出现了不少科研专家和文化工作者。

土耳其维吾尔族移民则多以经商为主。早期赴土耳其者多经营日用杂货等小商品生意，部分人亦从事农业生产。其后代由于接受了良好的教育，求上进者多，不少人留学欧美高校，回土耳其后成为工程师、记者、医生、学者、教授等高级知识分子，并涌现出一批企业家和从政人员，其中不乏事业成功者，如土耳其伊斯米尔大学教授阿力木、伊斯坦布尔最大的玩具批发商帕尔哈提、土耳其日立公司总裁多利昆，以及一些军队将军等。20世纪末陆续来土耳其的维吾尔族、哈萨克族等侨民，则多从事中土之间服装、丝绸、瓷器和药材贸易，一些人还合伙经营塑料加工、制革等中小型企业，另有不少人开设中医诊所、旅行社、餐馆等第三产业，甚或有供职于跨国公司者。

生活在阿联酋、埃及、科威特、约旦、伊朗等国的维吾尔族、哈萨克族、回族等移民主要从事工商业，其经济状况较好。如在阿联酋、埃及，维吾尔族、回族移民处境良好，亦颇有地位，总体经济水准居于中产阶层。

（四）社团组织

移民群体往往在居住国通过建立社团组织，加强彼此的交流与联系，或维护共同利益。居于中东的新疆少数民族移民亦不例外，他们在居住地建立有各种文化和政治社团，但由于其族群不同及居住国国情有别，所建社团差异较大。阿联酋、埃及、科威特、约旦、伊朗等国的新疆少数民族移民，因多以工商为业，且人口有限，居住分散，故其社团主要是行业类组织，起着资金、商品内部相互调节的作用。

在沙特阿拉伯，因该国政府有禁止民间结社，反对政治活动的法令，移民的政治结社遂受到限制，故新疆少数民族移民在沙特阿拉伯未有任何政治团体、文化报刊和学校教育之创办。移民之间的社会交往主要通过宗教节庆和族类亲友的婚丧嫁娶活动而展开。随着新兴互联网的普及，一些在沙特阿拉伯的新疆少数民族移民尝试通过建立文化网站，以达到互相联络、彼此交流的目的，但此类形式的社交网络多限于宗教文化的探讨范畴。

土耳其政府则相反，赋予公民结社、集会的自由，并对其合法的宗教、文化及政治活动给予保护。在宽松的政治文化环境下，居留土耳其的新疆少数民族移民均各自建有社团。"哈萨克斯坦族突厥基金会"即由在土耳其的哈萨克族人建立，是土耳其目前唯一的哈萨克族移民社团，生活在土耳其的哈萨克族华人几乎均是该社团的成员。该团体的宗旨为传承本族文化，组织进行各种文化与宗教活动，并以此为纽带达到族群内部团结互助之目的。

维吾尔族、哈萨克族等来自新疆的少数民族移民在土耳其法律允许的范围内，以社团的形式进行社会交往、文化教育、政治游说等活动，特别是土耳其的维吾尔族人成立有各类社团组织。"东突厥斯坦基金会"（ETF）是具有代表性的土耳其维吾尔族社团之一，它建于 1976 年的伊斯坦布尔，起初以致力于保存和维护维吾尔族民族文化为宗旨。20 世纪 80 年代以来，许多新疆维吾尔族学生因获得 ETF 的经济支持，得以进入土耳其各高校研习维吾尔族历史、文化和语言等。此外，Suleymaniye 基金会也是土耳其维吾尔族人所建的组织，它倡导海外维吾尔族文化的保护和发扬，并起到重要作用，土耳其约 80% 的伊斯兰文化网站由该组织资助建立，在海外维吾尔族人中取得了巨大影响。

结 语

尽管由于海内外诸多政治、宗教因素的影响，居于中东的新疆少数民族移民社会颇具复杂性，但其多数人具有故土情怀，对维吾尔族文化颇有认同感。故应充分发挥新疆维吾尔族、哈萨克族、乌孜别克族、柯尔克孜族、回族等少数民族人士在侨务中的特殊性和优势作用，鼓励他们加强与中东国家移民的联系，关心新一代移民的教育和成长，调研和分析其生存和发展面临的问题，并制定相关政策和具体措施给予他们回国接受教育、创业及从商等方面的支持，与之拉近距离，使其心向往之。中东维吾尔族、哈萨克族移民社团，政治、文化取向不尽一致，须重视中华认同及政治中立的移民社团的统战联络工作，以调动其在促进中东新疆籍移民正确认识中国国家、疆域概念中的重要作用。此外，针对中东华侨华人的海外宣传工作，应尊重族群起源多元的史实，以强调历史上中华民族的整体性及维吾尔族、哈萨克族等民族对边疆建设、发展和弘扬中华文化的贡献为中心，慎用"同属炎黄子孙"、"龙的传人"等程式化的惯常表述。

下编

区域与国别侨情

亚洲地区

南　亚

南亚地区8国华侨华人总数为18.47万，约占世界华侨华人总数的0.528%；其中印度约有华侨华人10万，巴基斯坦约有华侨华人5万，其他6国的华侨华人数量都不多。南亚地区华侨华人具有以下三个方面的特点：第一，南亚地区华侨华人总量少、占比低；南亚地区华侨华人的数量不仅在全球华侨华人中占比偏低，而且在当地总人口中占比也偏低。第二，藏族和维吾尔族是南亚地区华侨华人的主体；南亚地区的藏族华侨华人有114 812人，占当地华侨华人总量的62.16%；维吾尔族华人有50 000人，占当地华侨华人总量的27.07%；两者合计占当地华侨华人总量的89.23%。第三，南亚地区华侨华人数量增长并不明显。

一、南亚地区基本情况

南亚地区共有8个国家，分别是印度、巴基斯坦、孟加拉国、阿富汗、斯里兰卡、尼泊尔、不丹和马尔代夫。①南亚地区的面积虽然只有513万平方公里，但人口数量却达到16.49亿，占世界总人口的23%，是世界人口最稠密的地区之一。该地区的8个国家中，印度总人口居世界第二，巴基斯坦人口居世界第六，孟加拉国人口居世界第八（见表1）。

表1　2012年南亚地区部分发展指标统计

项目	南亚地区	印度	巴基斯坦	孟加拉国	斯里兰卡	尼泊尔	不丹	马尔代夫	阿富汗
国土面积（万平方公里）	481.62	298	79.6	14.76	6.56	14.08	3.84	0.03	64.75
人口数量（亿人）	16.524 4	12.37	1.79	1.547	0.203	0.275	0.007 4	0.034	0.298
国内生产总值（亿美元）	22 896.62	18 420	2 312	1 156	594.2	194.1	17.8	22.22	180.3

---

①　关于阿富汗是否属于南亚国家有不同看法，我国的一些著作中认为阿富汗属于中亚地区，但目前世界银行等机构将阿富汗归为南亚国家，此外，阿富汗于2005年正式加入南亚区域合作联盟（南盟），成为南盟的第8个成员国，因此本文将阿富汗归为南亚国家。

（续上表）

项目	南亚地区	印度	巴基斯坦	孟加拉国	斯里兰卡	尼泊尔	不丹	马尔代夫	阿富汗
GDP 年增长率	—	3%	4%	6%	6%	5%	9%	3%	7%
人均国民收入（美元）	1 422	1 530	1 260	840	2 920	700	2 420	5 750	570
城市化率	29%	32%	37%	29%	15%	17%	36%	42%	24%
人均寿命（岁）	66	66	66	70	74	68	67	77	60

数据来源：世界银行数据库，http：//data. worldbank. org/。

整体而言，该地区是世界上发展水平较低的一个地区，2012 年该地区的人均国民收入为 1 422 美元，仅为世界平均水平的 1/7，[①] 人均国民收入仅高于撒哈拉以南非洲地区，在世界各地区的人均国民收入中位列倒数第二。南亚地区尽管还较为落后，但近 20 年来发展较快，从 1993—2012 年，南亚地区年均经济增长速度约为 6%。高速的经济增长使该地区贫困人口大量减少。按照世界银行的标准，南亚地区每天人均生活费低于 1. 25 美元的贫困人口在总人口中的比重由 1981 年的 61% 下降到 2008 年的 36%，但目前南亚地区的贫困人口的绝对数量仍然较大，约为 5. 71 亿人。

南亚地区的经济发展潜力巨大，该地区有着世界上最为丰富的人力资源，且中产阶级人数约占世界的 1/4。2011 年南亚地区经济增长率为 7.4%，2012 年降低到 5.4%。根据世界银行的预测，2013—2015 年，南亚地区的经济增长率分别达到 5.7%、6.4% 和 6.7%。[②] 预计南亚地区在未来的全球格局中将扮演更重要的角色。

二、南亚地区侨情总体概况

（一）南亚地区侨情概况

根据各方面的数据统计，目前南亚地区共有华侨华人 184 742 人，占南亚总人口的比例为 0.011%（见表 2）。各国华侨华人的大致情况如下：

目前印度约有老华侨华人 6 000 余人。新华侨华人数量也不多，留学生有 1 000 余名。此外，还有分布在 39 个"西藏村"的约 10 万"流亡"藏人。印度老华侨华人地位较低，新侨数量较少，中国"流亡"藏人身份尴尬、处境艰难。印度华侨华人总人数约为 107 000 人。

巴基斯坦的华侨华人主要由两部分构成，一部分是来自新疆的维吾尔族民众，预计有 5 万多人；另一部分是其他类型的华侨华人，人数约为 3 000 人[③]，他们主要聚居于拉瓦尔品第和吉尔古特，伊斯兰堡、卡拉奇和拉哈尔也有部分人居住。华侨华人约占该国总人口的 0.030%。

---

① 2012 年世界各国人均国民收入为 10 012 美元。

② South Asia Overview, http：//www. worldbank. org/en/region/sar/overview.

③ 根据台湾"侨务委员会"的统计，在巴基斯坦的华侨华人约为 3 700 人。

孟加拉国的华侨华人主要是在孟加拉国投资的华商（含台商），约有 1 000 人，主要分布在孟加拉国的达卡、吉大港等大城市。

目前阿富汗华侨华人数量没有确切的数据，有据可查的是 1994 年国内有学者估计当时阿富汗华侨华人数量为 169 人。2010 年台湾"侨务委员会"发布的报告认为阿富汗华侨华人数量为 110 人。[①]

从斯里兰卡的华侨华人构成来看，老侨所占比例已经很低，人数有 200～400 人，新华侨华人约有 7 844 人；华侨华人约占该国总人口的 0.040%。

尼泊尔的华侨华人主要由两部分构成，第一部分是中国"流亡"藏人，该群体是尼泊尔华侨华人的主体，人数为 13 514 人；第二部分是在尼泊尔经商的华商。

不丹的华侨华人主要以"流亡"藏人为主，目前不丹境内有四个"流亡"藏人居住的"西藏村"，人数为 1 298 人。

表 2　2012 年南亚地区各国华侨华人数量

项目	南亚地区	印度	巴基斯坦	孟加拉国	斯里兰卡	尼泊尔	不丹	阿富汗	马尔代夫
华侨华人数量	184 742	107 000	53 000	1 000	8 144	14 000	1 298	300	—
占当地总人口的比例	0.011%	0.009%	0.030%	0.001%	0.040%	0.051%	0.175%	0.001%	—

注：各国华侨华人的数量是根据多方数据的综合而得，详细说明见下文。

（二）印度侨情概况

1. 印度华侨华人

清朝中后期，一批以广东客家人为主的中国人漂洋过海，来到当年英国殖民时期的印度首都——加尔各答。他们在距离该城市 65 公里的钻石港落脚生根，繁衍生息，使之成为印度第一个华人聚居地点。印度华侨群体规模一直不大，根据《印度华侨志》的统计，1959 年印度有华侨 56 781 人，[②]达到了鼎盛时期。这些人按籍贯可以分为两支，一支是来自广东梅县的客家人，另一支为来自湖北的天门县（现天门市）人。

就民族构成看，藏族和其他少数民族华侨占有很大比例；就地区分布看，汉族华侨高度集中在加尔各答。印度华侨的职业构成以制造业而不是商业为主。[③]在 1962 年 10—11 月中印边境自卫反击战前后，印度开始逐步实行排华政策。主要措施之一是修改之前的法律，取消当地华侨的永久居留资格。早在 1958 年 8 月，印度政府就以华侨进行"反印活动"和"间谍活动"为由，对华侨进行普遍的甄别和登记，并修改外国人法剥夺 1954 年

① 台湾中正大学：《2010 华侨经济年鉴》，台北：台湾"侨务委员会"2011 年版，第 320 页。

② 参见《印度华侨志》，中国侨联资料室藏复印本，第 49、50、81 页；转引自张秀明：《被边缘化的群体：印度华侨华人社会的变迁》，《华侨华人历史研究》2008 年第 4 期。

③ 张秀明：《被边缘化的群体：印度华侨华人社会的变迁》，《华侨华人历史研究》2008 年第 4 期。

以前旅居印度的华侨无须申请即可在当地永久居留的权利。①此后，印度当局采取了如关闭华文学校和华文媒体、逮捕华侨、没收财产等手段，到 1963 年 2 月，印度政府已拘禁华侨 2 308 人，1963 年 4—8 月，中国共接回受难华侨 2 300 多人。②20 世纪 60 年代印度的排华运动对当地华侨社会造成了严重冲击；由于排华，大批华侨被迫回国，还有不少人开始向第三国移民，华侨社会逐渐走向衰落，排华成为印度华侨社会的转折点。③

目前，印度的华侨华人数量没有确切的统计数据，大致人数为 6 000 人，其中 4 000 多人在加尔各答，1 000 多人在孟买，500 多人在首都新德里，剩下的在安得拉邦首府海得拉巴和班加罗尔等地。大部分华侨华人都有亲戚移民澳大利亚、加拿大等地，留在印度当地的很多也有移民的计划。

华侨华人在印度主要从事的是工业，这不同于华侨华人在世界其他地区以从事商业为主的情况。加尔各答地区的华侨华人从事的主要是皮革业。值得注意的是，按传统的印度教思想来看，加尔各答华侨华人所从事的职业没有一种是与高级种姓相关——无论是理发业、餐饮业、制革业，还是客家人的制鞋业、广东人的木工业以及湖北人的牙医都是如此。印度教种姓制度的根本理念是基于洁净与污秽的区别。器官的排泄物是不洁净的，因此，吃饭、性交、排泄、月经等行为也是不洁净的。此外，所有的人、动物和事物，由于进行这些活动或者与处于不洁净状态中的其他人交往接触，都可能暂时处于不洁净状态。④所有的生命与事物都可能被污染，都可以根据它们相对被污染的程度进行等级划分。职业是划分的一个重要依据，因为某些职业会使从事这些职业的人受到更大的污染。例如，处理人类垃圾的人，如清扫工、理发师和洗衣工，与从事其他较小污染职业的人相比，总是处于一种更加不洁的状态。在根据其所从事职业的洁净与否而确定其族群地位的制度里，制革业被看作是最不洁净的行业之一，因为这个行业与死牛相关，也必须处理兽皮，而接触死牛使人的全身成为污秽物，屠宰神圣的牛更增加了这种污染。

较低的社会地位和较少的发展机会使印度华侨华人团体处于萎缩状态，很多人通过再移民而迁往其他英联邦国家。

2. 印度的中国新移民

印度的中国新移民主要是指改革开放之后到印度工作和学习的人，他们中的大部分人并不具有华侨身份。这一群体主要由两部分人构成：在印留学生和中资企业派驻印方的人员。

中国驻印度大使馆教育组反馈，在印留学生的人数并不多，约有 1 000 人，大部分集中在印度南部，在印度首都新德里有 100 多名，其主体是自费留学生，相当一部分是因在国内高考成绩不太理想而在印度读本科。也有相当一部分人把在印度留学作为前往欧美国家留学的跳板。这些留学生毕业后大部分返回国内就业，也有一部分前往欧美国家进修。

2012 年中国在印度直接投资额为 1.5 亿美元，2011 年中国公司在印度完成工程承包

①　尚劝余：《尼赫鲁时代中国和印度的关系》（1947—1964），北京：中国社会科学出版社 2009 年版，第 182 页。

②　关于本次排华事件的详细分析可参看尚劝余：《尼赫鲁时代中国和印度的关系》（1947—1964），北京：中国社会科学出版社 2009 年版，第 181～183 页；张秀明：《被边缘化的群体：印度华侨华人社会的变迁》，《华侨华人历史研究》2008 年第 4 期。

③　张秀明：《被边缘化的群体：印度华侨华人社会的变迁》，《华侨华人历史研究》2008 年第 4 期。

④　Pauline Kolenda, *Castein Contemporary India*, *Prospect Heights*, Illinois：Waveland Press, 1985.

营业额 74.4 亿美元。①中资企业在印度的投资额和工程承包额并不大，因此中资企业派出人员也不多。目前，在印度有投资或设有办事处的中资企业约有 80 家，②主要有华为公司、中兴通讯、上海电气、哈尔滨电气、东方电气、中国电力建设集团、南车集团、比亚迪、美的集团和三一重工等。

中资企业派驻人员由于印度对华的歧视性签证政策，经常面临要不断往返国内重新申请签证的问题，具体的人数也没有确切的统计数据。这一群体流动性较大，经常是派驻期满之后就返回国内。

3. 印度华侨华人中的"流亡"藏人

印度华侨华人还有一个特殊的群体——"流亡"藏人。根据所谓的"西藏流亡"政府的统计，印度约有 10 万"流亡"藏人。这部分群体既不具有印度国籍，印度也不承认其为难民身份，因此他们仍然是中国公民。目前，"流亡"藏人人数最多的是印度南部的拉贾斯坦邦，在北部的达兰萨拉有 7 000 多人。印度全国共有 39 个"西藏村"；其中三个分布在印度首都新德里。由于自然环境、文化和身份困境，大部分在印"流亡"藏人生活艰苦。

（三）巴基斯坦侨情概况

巴基斯坦的华侨华人也主要由两部分构成，一部分是来自新疆的维吾尔族移居巴基斯坦的人；另一部分是其他类型的华侨华人，人数约为 3 000 人。③西北民族大学艾买提根据新疆外办的数据，估计在巴基斯坦的维吾尔族有 5 万多人，他们主要聚居于拉瓦尔品第和吉尔古特，伊斯兰堡、卡拉奇和拉哈尔也有部分人居住。绝大部分人从事商业活动，如经营餐饮、丝绸、服装、家电、建材和国际贸易等。④

2012 年，中巴双边贸易额为 124 亿美元，中国是巴基斯坦第一大贸易伙伴和进口来源地，第四大出口目的地。巴基斯坦是南亚地区第一个承认中国市场经济地位并同中国签署自由贸易协定的国家。目前，巴基斯坦是中国在南亚地区第二大贸易伙伴、最大的投资目的地和海外重要工程承包市场。随着双边经贸关系的密切，在巴基斯坦的中国公民人数增加，据估计这部分群体有 3 000 多人。由于巴基斯坦的安全环境还面临很多问题，因此在巴基斯坦中国公民的安全问题仍无法完全解决。

目前，巴基斯坦主要的华人组织有拉瓦尔品第维吾尔族华侨华人协会和北部地区华侨华人协会。

（四）孟加拉国侨情概况

在孟加拉国的华侨华人约有 1 000 人，主要分布在孟加拉国的达卡、吉大港等大城市。

孟加拉国的主要贸易伙伴是中国、印度和科威特等国。据中国商务部统计，2012 年双边贸易额为 84.51 亿美元，同比增长 2.3%。目前，中孟已达成协议，将向 95% 以上的孟

---

① 《中印双边贸易概况》，http：//www.gpj.mofcom.gov.cn/accessory/201204/1334625868727.pdf。
② 《印度中国企业商会二零一三年全体会员大会成功举办》，http：//ccei.org.in/，2013 年 12 月 1 日。
③ 根据台湾"侨务委员会"的统计，在巴基斯坦的华侨华人约为 3 700 人。
④ 艾买提、冯瑞：《中国新疆维吾尔族群的跨国过程及其分布和动因》，《新疆大学学报》（哲学人文社会科学版）2008 年第 4 期，第 97～102 页。

加拉国输华产品实施免关税待遇。目前孟加拉国工业较为落后，经济发展主要依赖农业和农产品加工业。为提供农产品出口量，孟加拉国每年为农产品出口提供 15% ~ 25% 的补贴，此外还成立了黄麻推广中心和皮革工业促进委员会，进一步提高工业产品附加值。孟加拉国目前已经超越印度，成为仅次于中国的全球第二大针织品出口国，其现有成衣厂4 000 多家。

中孟双边经贸关系的密切、孟加拉国政府的鼓励性政策，以及中国大陆劳动力成本的上升，使部分大陆企业、港商和台商将企业迁往孟加拉国。据台湾当局统计，截至 2011年，已有 33 家台企在当地设厂，当地台商人数约为 130 人。[1]截至 2012 年底，中国大陆对孟加拉国非金融类直接投资存量为 1.21 亿美元，孟加拉国对华实际投资 4 048 万美元。公开资料中并没有公布中国大陆在孟加拉国的投资商人数，但我们可以从孟加拉国中国商会的会员数中大致推测出这一数字。目前孟加拉国中国商会有 84 家会员单位，预计中国大陆在孟加拉国的投资商为 100 家左右。

孟加拉国是中国主要的援助国家之一，迄今为止中国已向孟加拉国政府提供经济援款37.95 亿元人民币。截至 2012 年 12 月底，中国在孟加拉国累计签署承包工程合同额 88.84亿美元，累计完成营业额 87.64 亿美元。[2]大量的工程承包使得中国工程技术人员在孟加拉国数量的增加，但这一群体流动性较大，尚无确切的统计数据。

（五）阿富汗侨情概况

目前阿富汗华侨华人数量没有确切的数据，2010 年台湾"侨务委员会"发布的报告认为阿富汗华侨华人数量为 110 人。[3]

自 2001 年塔利班政权被推翻以来，阿富汗在农业、工业、服务业和基础设施方面都蕴藏着相当大的投资开发潜力，但由于国内局势长期处于动荡之中，人身安全仍是投资者的一大忧虑。此外，阿富汗国内失业率约为 30%，贫困人口众多，约 2/3 的人生活在贫困线以下。

2012 年，中国阿富汗双边贸易额达 5.89 亿美元；截至 2012 年底，中国累计对阿富汗非金融类直接投资 4.94 亿美元，主要涉及矿产、通信、公路建设等领域；中国在阿富汗累计签订工程承包合同额 7.87 亿美元，完成营业额 5.51 亿美元；中国援建了阿富汗的部分水利工程、医院、学校、办公楼等项目，并已向阿富汗提供 2 亿多美元援助。[4]

目前驻阿富汗中资企业有 7 家，包括中石油、中冶、中铁、华为、中兴、新疆北新路桥等企业，中方员工约 300 人。此外，在阿富汗的主要华人社团是 2010 年成立的华商联盟，华商联盟主要由在阿富汗的华人私营企业家组成。

（六）斯里兰卡侨情概况

华侨华人在斯里兰卡的历史较久，早在 17 世纪就有部分华侨华人从印度尼西亚移民

---

① 台湾中正大学：《2010 华侨经济年鉴》，台北：台湾"侨务委员会"2011 年版，第 430 页。
② 《中国同孟加拉国关系》，http：//bd. china - embassy. org/chn/zmgx/gxgk/t1052839. htm，2013 年 9 月 8 日。
③ 台湾中正大学：《2010 华侨经济年鉴》，台北：台湾"侨务委员会"2011 年版，第 320 页。
④ 《驻阿富汗大使邓锡军出席"阿富汗与地区合作"研讨会并讲话》，http：//af. china - embassy. org/chn/sgxw/
t1105340. htm，2013 年 10 月 8 日。

到斯里兰卡。20 世纪初，又有部分来自中国湖北和山东的人移往斯里兰卡。根据台湾"侨务委员会"的统计，1963 年斯里兰卡的华侨数量为 450 人。[①]20 世纪 90 年代之后，陆续有新华侨华人前往斯里兰卡，他们一般经营商店、餐馆等。尽管对华侨华人在斯里兰卡的人数存在一些不同看法，但该国华侨华人的主体是新华侨华人，即 1978 年之后到达该国的华侨华人。根据斯里兰卡出入境管理局的统计，2010 年有 7 844 名中国人持工作签证居住在斯里兰卡。[②]新华侨华人主要分布在首都科伦坡和中国援建或承建的工程项目附近。其主要职业除了经营商店、餐馆外，还有部分人投资从事服装生产，目前主要专注于内衣及运动服的生产。

从斯里兰卡的华侨华人构成来看，老侨所占比例已经很低，人数有 200~400 人，新华侨华人约有 7 844 人。2012 年，斯里兰卡成立了一个新的华侨华人社团，即华侨华人联合会，该联合会主要由当地新华侨华人组成。

（七）尼泊尔侨情概况

目前，在尼泊尔有十个"流亡"藏人居住的"西藏村"。根据西藏"流亡政府"的统计，尼泊尔的"流亡"藏人有 13 514 人。

尼泊尔本身经济发展较为落后，2012 年尼泊尔的基尼系数为 0.47，是南亚各国中最高的，尼泊尔的居民约有 80% 以务农为生，农业成为该国第一大产业，出口也是以农产品为主，主要出口目的国是印度和美国。工业制成品主要依赖进口，主要进口来源地为印度和中国。农业和纺织业、旅游业是尼泊尔的主导产业。

近年来中国赴尼泊尔旅游人数激增，2012 年中国赴尼泊尔游客人数超过 7 万人，同比增长 16%，中国成为继印度之后尼泊尔的第二大游客来源地。[③]中国游客的增加带动了宾馆、餐饮等行业的发展，很多中国商人开始在尼泊尔投资类似产业。根据中国驻尼泊尔大使馆的统计，目前在尼泊尔的中资企业有 51 家。[④]此外，还有中国土木工程总公司、中国水电建设总公司、中国水利电力对外公司、中国成套设备进出口总公司、铁道部第四工程局、葛洲坝集团公司、中兴、华为等 12 家中国公司在尼泊尔开展工程承包和援建工作，这也使得部分中国工程技术人员在尼泊尔居留。

（八）不丹和马尔代夫侨情概况

不丹和马尔代夫本身人口较少，不丹人口只有 74 万，马尔代夫的人口约为 340 万。不丹目前还未与我国建交，不丹的华侨华人主要以"流亡"藏人为主，当前不丹境内有四个"流亡"藏人居住的"西藏村"，人数为 1 298 人。不丹境内的"流亡"藏人最后大多经由不丹迁往印度等其他国家。

马尔代夫是在国内有较高知名度的旅游目的地。2012 年中国赴马尔代夫旅游的人数就

① "Overseas Chinese in Japan, Ceylon, India", China News Analysis (532)，1964 年 9 月 11 日。
② Wijedasa, Namini (2010-10-24)，"Chinese hush-hush: Guess the costs?"，Lakbima News，2011 年 6 月 15 日。
③ 《人数不断增加　中国成为尼泊尔第二大游客来源地》，http://www.chinanews.com/hr/2013/09-09/5262394.shtml。
④ 《在尼运营中国投资企业》，http://np.mofcom.gov.cn/article/zxhz/zzjg/200804/20080405504077.shtml，2013 年 9 月 8 日。

超过了 20 万，①是马尔代夫最大的游客来源国。目前也有国内公司正在与马尔代夫政府商谈开发马尔代夫的部分岛屿事宜，但对马尔代夫的华侨华人数量尚无确切的统计数据。

（九）南亚地区的华文教育和孔子学院

南亚地区传统的华文教育机构目前已经不多，印度加尔各答还有少量的华文教育机构。南亚地区的华文教育机构主要是孔子学院和孔子学堂，目前本地区共有 13 所孔子学院/孔子学堂，其中 8 所孔子学院、5 所孔子学堂。南亚各国中，阿富汗有 1 所孔子学院，巴基斯坦有 2 所孔子学院和 1 所孔子学堂，孟加拉国有 1 所孔子学院和 1 所孔子学堂，斯里兰卡有 1 所孔子学院和 1 所孔子学堂，印度有 2 所孔子学院，尼泊尔有 1 所孔子学院和 2 所孔子学堂（见表3）。目前马尔代夫和不丹还没有孔子学院/孔子学堂。

表3　南亚地区孔子学院/孔子学堂概况

国家	名称	外方承办机构	中方合作机构	启用时间（年）
阿富汗	喀布尔大学孔子学院（中文系）	喀布尔大学	太原理工大学	2008
巴基斯坦	伊斯兰堡孔子学院	伊斯兰堡国立现代语言大学	北京语言大学	2007
	卡拉奇大学孔子学院	卡拉奇大学	四川师范大学	2013
	穆扎法尔格尔短波收听俱乐部广播孔子课堂	穆扎法尔格尔短波收听俱乐部	国际台	2008
孟加拉国	南北大学孔子学院	南北大学	云南大学	2006
	CRI 孟加拉国山度玛丽亚姆机构广播孔子课堂	CRI 孟加拉国山度玛丽亚姆机构	国际台	2008
斯里兰卡	凯拉尼亚大学孔子学院	凯拉尼亚大学	重庆师范大学	2011
	CRI 斯里兰卡兰比尼听众协会广播孔子课堂	CRI 斯里兰卡兰比尼听众协会	国际台	2008
印度	韦洛尔科技大学孔子学院	韦洛尔科技大学	郑州大学	2009
	孟买大学孔子学院	孟买大学	天津理工大学	2012
尼泊尔	加德满都大学孔子学院	加德满都大学	河北经贸大学	2007
	尼泊尔—中国人民友好联络委员会广播孔子课堂	尼泊尔—中国人民友好联络委员会	国际台	2008
	L. R. I 国际学校孔子课堂	L. R. I 国际学校	北京国际汉语学院北京第八十中学	2013

资料来源：整理自孔子学院总部/国家汉办网站，http://www.hanban.edu.cn/confuciousinstitutes/node_10961.htm。

---

① 《中国游客赴马尔代夫旅游的人数最多》，http://www.xjtravel.net/article/article.php?articleid=1039，2013 年 9 月 30 日。

三、南亚地区华侨华人的主要特点

（一）南亚地区华侨华人总量少、占比低

南亚地区华侨华人的数量不仅在全球华侨华人中占比偏低，而且在当地总人口中占比也偏低。南亚地区 8 国华侨华人总数为 18.47 万，约占世界华侨华人总数的 0.528%；而南亚地区人口数量为 16.49 亿，占世界总人口的 23.557%；该地区华侨华人在全球华侨华人的占比大大低于该地区人口在世界总人口的占比。此外，该地区华侨华人占该地总人口的比例为 0.011%，而华侨华人在世界总人口的占比约为 0.500%，约为前者的 50 倍（见表 4）。

表 4　南亚地区的华侨华人与世界其他地区华侨华人比较

项目	人口（亿）	华侨华人（万）	华侨华人占比
南亚地区	16.49	18.47	0.011%
世界	70	3 500	0.500%
南亚地区在世界的占比	23.557%	0.528%	—

注：2011 年 10 月世界总人口达到 70 亿；根据庄国土教授的估计全球约有华侨华人 3 500 万。

（二）藏族和维吾尔族是南亚地区华侨华人的主体

南亚地区的藏族华侨华人有 114 812 人，占当地华侨华人总量的 62.15%；维吾尔族华人有 50 000 人，占当地华侨华人总量的 27.06%；两者合计占当地华侨华人总量的 89.21%。藏族和维吾尔族占南亚地区华侨华人的比例接近 9 成，这是南亚地区华侨华人最显著的特点。

（三）南亚地区华侨华人数量增长并不明显

中国改革开放后，一大批国人移居海外，虽然对改革开放后世界各地的华侨华人的增长没有确切的统计数据，但通过各方面信息我们可以认为发达国家及部分发展中国家的华侨华人数量增长明显。但南亚地区的华侨华人数量并没有明显增长，如果不包括藏族和维吾尔族的华侨华人，南亚地区其他族的华侨华人数量基本保持不变或略有下降。

四、南亚地区的发展动态对当地华侨华人的影响

（一）孟中印缅经济走廊对华侨华人的影响

孟中印缅合作机制最初是由中国和印度智库发起的一个对话平台。1999 年 8 月由云南社科院和云南省经济技术研究中心主办的"中印缅孟地区经济合作与发展会议"在昆明召开，会议发表了《昆明倡议》。随后，该机制基本保持了每年召开一次会议的对话机制。2000 年在德里召开了第二次"中印缅孟地区经济合作与发展会议"。2002 年在达卡召开的第三次会议将会议更名为"孟中印缅地区经济合作论坛"，并发表了《达卡宣言》，呼吁各国政府支持该机制，从而将当前的合作机制从"二轨"提升为"一轨"。但除了印度之

外，该机制实际上在后期已经基本成为"准一轨"合作机制。2013 年 5 月李克强访问印度期间，正式提议建设孟中印缅经济走廊，随后印度总理辛格在访华期间对孟中印缅经济走廊建设表示了肯定的态度。中方还成立了由国家发改委牵头的孟中印缅经济走廊工作组，印方也成立了相应的工作组。孟中印缅经济走廊政府间工作组会议于 2013 年 12 月在昆明召开。可以说，经过了 14 年的努力，2013 年，孟中印缅合作机制实现了由智库间的对话平台升级成为政府间的合作机制，完成了从"二轨"到"一轨"的转变。

孟中印缅经济走廊建设主要对印度和孟加拉国华侨华人有着重要的影响，具体表现在以下几个方面：

1. 华侨华人的投资机会增多

经过 14 年的努力，孟中印缅合作机制由"二轨"上升到"一轨"，得到了中印两国政府的认可，孟中印缅政府间工作组会议即将召开。可以预计，随着中方的推动，特别是拟议中的中印工业园/产业园项目如果能顺利启动，华侨华人、中资企业将会在印度有更多的投资机会。

2. 新华侨华人的签证难题依旧

印度对华的签证政策不仅条件苛刻，而且所需时间较长。赴印从事经济活动的中国公民需要申请商务签证或项目签证，签证为单次出入境，三个月有效。这显然给赴印中国公民带来极大的不便。[①] 2013 年 5 月在李克强总理访印期间，中印双方宣布启动孟中印缅经济走廊建设。印度对华签证正常化原本应是首先需要得以解决的问题，但在 2013 年 10 月印度总理辛格访华前，印度内阁还是将印度对华签证正常化的建议搁置。印度对华的歧视性签证政策仍然没有得到解决。

3. 工程承包有可能进一步增加

互联互通是孟中印缅经济合作的基础，也是中方的主要诉求。中国对实现孟中印缅互联互通持积极态度，基本完成了相关公路和铁路的国内段建设，并出资兴建了部分境外段。印度为其东北部的路网建设也进行了大量的规划和具体建设，但建设进展较慢；此外，印度东北部的整体路网建设是"内向型"的，即目前主要还是致力于实现印度东北部各邦之间和主要城市之间的连通。[②] 孟加拉国和缅甸的基础设施则普遍较为落后，如果孟中印缅经济走廊进展顺利，则该地区互联互通的工程量将非常大，中方在工程建设方面的优势将得到较大的发挥。

（二）中巴经济走廊对华侨华人的影响

2013 年，与孟中印缅经济走廊同期启动的是中巴经济走廊。中巴经济走廊主要对巴基斯坦和阿富汗的华侨华人产生较大的影响。

1. 中巴经济走廊可能会加强巴基斯坦华侨华人与新疆的联系

与孟中印缅经济走廊建设还面临较多不确定性因素不同，中巴经济走廊目前不确定性

---

① 关于印度对华的歧视性签证政策可参见毛四维：《中国与印度的签证故事》，（马来西亚）《联合早报》，2013 年 12 月 11 日。

② 刘鹏：《孟中印缅经济合作机制的模式选择》，《印度洋地区动态》2013 年第 11 期。

因素较少，中巴经济走廊面临的主要问题是技术难题和经济效益问题。根据目前的中巴经济走廊规划，近期中巴经济走廊的两项主要工作是输油管道和中巴铁路建设。中巴经济走廊主要连接中国新疆和巴基斯坦，目前巴基斯坦共有约5万名维吾尔族华侨华人，虽然目前两地可以通过喀喇昆仑公路相连，但运量有限。如果中巴经济走廊能够顺利推进，那么巴基斯坦的华侨华人将与新疆地区建立更为密切的联系。

2. 中巴经济走廊对中巴贸易的促进作用仍较有限

中巴之间目前已经签署了自由贸易协定，双方的贸易潜力已经得到了较大的开发。此外，中巴经济走廊由于要经过自然环境较为恶劣的喀喇昆仑山脉地区，即使铁路和输油管道建成，其运量仍然有限。因此，可以预计中巴经济走廊对双方贸易的促进作用仍较有限。

（三）美国阿富汗撤军对当地华侨华人的影响

根据美国政府的计划，美军于2013年开始逐步撤离阿富汗，2014年4月之后撤离全部美军。美军撤离阿富汗之后的局势对阿富汗邻国都有着很大的影响。如果阿富汗在美军撤离后局势能够不断好转，那么中方在阿富汗的大量投资以及华侨华人在阿富汗的生命财产安全都将有保障；如果阿富汗局势不能持续好转，那么不仅在阿富汗的华侨华人会受到不利影响，中国西部地区的安全也将受其波及。

（四）印度经济增长放缓、卢比贬值对印度华侨华人的影响

在经历了前几年的经济高速增长后，印度经济增长速度在2012年和2013年大幅下降。2010年到2012年印度经济的增长速度分别为11%、6%、3%，根据世界银行的预测，2013年印度的经济增长速度为4.7%。[1]伴随着经济增长速度大幅下降的是印度卢比大幅贬值，仅2013年2月到8月，印度卢比就贬值20%。[2]经济下行、卢比贬值使华侨华人在印度的生活受到了负面的影响。印度华侨华人在印度的经济情况本身就不佳，特别是"流亡"藏人受此影响更大。

五、南亚地区侨情发展趋势

（一）南亚地区华侨华人数量将不会有大的增长

南亚地区的华侨华人以藏族和维吾尔族为主，其他族的华侨华人数量仅为3万左右。当前中国的对外移民主要由三大群体构成，即技术移民、投资移民和劳工移民。技术移民和投资移民的主要目的地是发达国家及部分条件较好的发展中国家；劳工移民的主要目的地是有较多发展机会的非洲和南美洲等地。由于南亚地区与中国在社会发展水平方面相差不大，甚至南亚大部分地区的发展水平低于中国，加上南亚地区与中国在文化、宗教、饮食等方面有着巨大的差异，因此大部分新增的中国海外移民都不会选择南亚作为移民目的地。由此可以预计，除了宗教原因外，中国向南亚地区的移民数量将非常少，该地区的华

① 世界银行数据库，http://databank.worldbank.org/data/views/reports/tableview.aspx。
② 吕鹏飞：《印度卢比贬值折射经济隐忧》，《人民日报》，2013年8月21日。

侨华人数量不会有较大的增长。

（二）以工程技术人员为主的中国海外公民可能有较大的增长

从严格意义上讲，没有取得华侨身份也没有获得他国国籍，但又在国外工作生活的人应该称为中国海外公民。随着中国西向战略和印度洋战略的实施，南亚在中国外交战略中的地位将进一步提升。孟中印缅经济走廊、中巴经济走廊的启动以及中国深度介入印度洋预计将会使中国在南亚地区的对外援助、工程承包出现较大的增长。中国以成套设备和大型工程为主的援助模式以及中国较为先进的工程施工技术将会使中国工程技术人员和劳务工人的数量在南亚地区有较大的增长。

（三）藏族和维吾尔族华侨华人的难题将长期存在

南亚地区华侨华人中 89% 为藏族和维吾尔族华侨华人，总人数约有 16 万人。该地区的藏族和维吾尔族华侨华人问题不仅仅是华侨华人问题，而且关涉"疆独"、"藏独"问题和民族团结问题。藏族和部分维吾尔族华侨华人既不具有印度或巴基斯坦国籍，也不被认可为难民身份，自身又不愿意承认为中国国籍。这部分人的存在既是南亚国家本身的难题，也是中国侨务工作的难题。这些人最终地位的确立以及身份难题的解决都将是一个长期的问题。

六、结论

（一）加强对南亚华侨华人的研究

笔者在撰写本报告的过程中深深地体会到目前国内对南亚华侨华人的研究还不够深入，有很多基本情况需要进一步了解。因此，应加强对南亚华侨华人研究的支持力度，设立专项基金，支持赴南亚各国对华侨华人情况进行实地调查；也可以与当地的研究机构合作开展有关本问题的研究。

（二）对在南亚的新华侨华人、中国海外公民开展文化适应性教育

南亚地区与中国的文化、宗教、饮食、语言、社会发展水平等诸多方面都存在着较大的差异，随着中国西向战略和印度洋战略的实施，预计中国在南亚的新华侨华人将略有增长并逐步成为华侨华人的主体。中国与南亚地区的巨大差异很可能使新华侨华人面临文化适应难题，也可能会因为文化差异导致新华侨华人群体与当地其他族群的文化发生冲突。因此，有必要使新华侨华人在前往南亚国家前对这种文化差异有一定的文化储备，这样才能更好地适应和融入当地社会。

（三）领事保护和外交保护要向两端延伸

当前南亚地区的整体社会治安情况不佳，华侨华人仍然经常会受到人身或财产伤害。侨务工作也应该考虑如何更好地保护华侨华人的合法权益。笔者认为领事保护和外交保护

的实践要向两端延伸,①即"软的更软、硬的更硬"。领事保护要在"以人为本、执政为民"执政理念的指引下从领事保护延伸到领事协助和领事服务,即要从针对中国公民侵害发生后的保护延伸到事前的宣传教育、公民出境前的提醒告知、公民在境外时的动态跟踪;外交保护要从发生公民损害并穷尽当地救济手段之后的外交交涉、外交抗议向警务合作、犯罪惩处、跨国执法和军事干预方向延伸。这样才是完整的、从弱到强的风险应对措施链。2011年"10·5 湄公河惨案"发生后对嫌犯的跨国执法和审判是这方面的有益尝试。

---

① 关于领事保护和外交保护的概念与差别请参看刘鹏、曹云华:《一个涉外风险管理的分析框架——中国海外公民的风险评估》,《太平洋学报》2013年第9期。

中　亚

　　中亚地区一般包括哈萨克斯坦、乌兹别克斯坦、吉尔吉斯斯坦、土库曼斯坦和塔吉克斯坦五国。冷战后中亚五国先后独立，作为中国西北地区的近邻，近年来中亚五国与中国之间在政治、经济、军事、反恐、文化等诸多领域开展了不同层次且富有成果的交往与合作。由于跨界民族和人口流动等因素，散居于中亚地区的华侨华人中以来自中国西北的少数民族侨胞居多，其中新疆籍侨胞约有 60 万，来自陕甘的东干人约有 12 万。中亚地区侨务资源丰富且特点鲜明，是中国海外侨务工作的重要组成部分。

　　中亚在地理范畴上一般是指哈萨克斯坦、乌兹别克斯坦、吉尔吉斯斯坦、土库曼斯坦和塔吉克斯坦五国，总面积 400.7 万平方公里，总人口约 6 800 万。该地区北接俄罗斯，南邻印度、巴基斯坦、阿富汗，西向中东，东连中国新疆，常被誉为欧亚大陆的"心脏地带"，是极为重要的战略位置。同时，中亚地区油气资源储量充足，特别是哈萨克斯坦、土库曼斯坦、乌兹别克斯坦以及里海水域储量极为丰富。据估计，哈萨克斯坦石油储量约为 130 亿吨，天然气储量约 6 万亿立方米；土库曼斯坦石油储量约 63 亿吨，天然气储量 15.5 亿立方米；乌兹别克斯坦石油和天然气储量分别约为 3 亿吨和 2 万亿立方米。该地区已逐渐成为全球能源资源贸易的重要地区。[①]

　　冷战结束以来，中亚地区作为中国西北近邻，双方在贸易往来、跨境人口管理、能源合作、水资源利用、安全合作、交通合作等方面日益形成多方位和多层次交往。据统计，1992 年时中国与中亚五国双边贸易总值仅为 4.6 亿美元，而到 2012 年时已高达 460 亿美元，近 20 年来中国与中亚五国贸易总值增长近 100 倍。[②] 中国与中亚地区国家关系的发展，力争重现历史上丝绸之路所经国家间的紧密合作，既是新时期国际区域一体化发展的重要体现，也是中国睦邻政策的重要体现，同时还是中国西向战略发展的重要组成部分。2013 年 9 月，中国国家主席习近平在吉尔吉斯斯坦首都比什凯克出席上海合作组织成员国元首理事会第十三次会议时提出，上海合作组织成员国要在平等、协商、互谅互让的基础上开展互利合作，使成员国成为和睦相处的好邻居、同舟共济的好朋友、休戚与共的好伙伴。[③] 11 月，《中共中央全面深化改革若干重大问题的决定》中进一步提出，加快沿边开放步伐，允许沿边重点口岸、边境城市、经济合作区在人员往来、加工物流、旅游等方面实行特殊方式和政策。建立开发性金融机构，加快同周边国家和区域基础设施互联互通建设，推进丝绸之路经济带、海上丝绸之路建设，形成全方位开放新格局。[④]

　　与经贸关系和地区合作发展相伴随的是跨国人口流动的增长，特别是中国西北地区向中亚以及西亚、南亚等地人口流动的数量呈现逐年上升的趋势，探亲、访友、贸易、留

① 申险峰：《世界能源战略与能源外交（亚洲卷）》，北京：知识产权出版社 2011 年版，第 189 页。
② 《中国与中亚国家近 20 年贸易总值增长近 100 倍》，中国商务部网站，2013 年 5 月 31 日。
③ 《上海合作组织峰会在比什凯克举行　习近平出席并发表重要讲话》，《人民日报》，2013 年 9 月 14 日。
④ 《中共中央关于全面深化改革若干重大问题的决定》，《人民日报》，2013 年 11 月 16 日。

学、劳务、婚姻、定居等活动日渐频繁。当然这一现象与中亚地区和中国西北地区存在大量的同源跨境民族广泛存在也有着重要关系。这类跨境民族按照地区人数分布多少大致分两类，一类是在中国西北与中亚地区长期生存发展，且在民族国家边界确定后人口大多数主要在中亚地区的民族：哈萨克族、吉尔吉斯族（柯尔克孜族）、塔吉克族、乌兹别克族（乌孜别克族）等；而另一类是在中国西北与中亚地区长期生存发展，且在民族国家边界确定后人口大多数主要在中国西北的民族：维吾尔族、回族（中亚地区称为东干人）等。而哈萨克族、乌兹别克族、吉尔吉斯族、塔吉克族又分别是哈萨克斯坦共和国、乌兹别克斯坦共和国、吉尔吉斯斯坦共和国和塔吉克斯坦共和国的主体民族。同源跨境民族之间不仅在宗教信仰、体形外貌、文化风俗、情感表达和生活方式上相类似，而且关系往来也十分频繁。①

据不完全统计，海外仅新疆籍侨胞就有约 100 万人，归侨侨眷约 50 万人，95% 为少数民族侨胞。② 其中生活在中亚地区的新疆籍侨胞据估计超过 60 万人。其中从新疆地区来的哈萨克族人主要分布于哈萨克斯坦，柯尔克孜族人主要分布于吉尔吉斯斯坦，维吾尔族人主要分布于哈萨克斯坦、吉尔吉斯斯坦、乌兹别克斯坦和土库曼斯坦。在甘肃籍的海外侨胞中，少数民族较多也是其显著特点。据甘肃省外事侨务办公室不完全统计，甘肃省海外华侨华人及港澳同胞亲属 10 余万人，归侨侨眷近 10 万人。而甘肃籍国外回族等少数民族侨胞 1.5 万余人，主要分布在哈萨克斯坦、吉尔吉斯斯坦等 16 个国家和地区。甘肃省内少数民族归侨侨眷有 1.5 万余人，主要分布在临夏回族自治州、甘南藏族自治州和酒泉市阿克塞哈萨克族自治县、肃北蒙古族自治县等地。目前主要生活于哈萨克斯坦、吉尔吉斯斯坦、乌兹别克斯坦的约 12 万东干人在历史上主要来自甘肃以及陕西。③

中亚地区侨胞的生存发展环境较为复杂，除面对融入当地社会难、消除不同民族间的隔阂、促进交流合作等外，还体现在要面对中亚国家发展中遭遇的政治动荡、民族冲突以及毒品走私、恐怖主义活跃等非传统安全问题。诸如，苏联解体后中亚地缘政治格局出现重大转变，长期被压制的民族、宗教情绪得到释放，民族分裂主义、极端宗教势力和暴力恐怖主义等"三股势力"有所抬头。三者还利用多种手段向包括中国在内的周边国家和地区进行传播和渗透，使得中亚地区稳定和发展的局势屡屡受到损害。为此，2001 年正式建立的上海合作组织，就旨在为中国与中亚地区联合开展国际安全防务合作等提供制度平台。而在 2013 年 9 月上海合作组织成员国元首理事会第十三次会议上，与会国家元首再次郑重表达，要共同打击"三股势力"、贩毒、跨国有组织犯罪，应对信息安全威胁；深化经济合作，扩大地区互联互通，推进区域贸易投资便利化；加强人文、科技、旅游、卫生领域合作，巩固睦邻友好合作关系，共同维护地区和世界安全稳定。④

① 丁建伟：《中亚与我国西北边疆地区同源跨国民族问题》，《西北第二民族学院学报》（哲学社会科学版）2004年第 1 期。

② 《第二期新疆华侨华人社团负责人研习班开班》，天山网，2013 年 8 月 15 日。

③ 《甘肃：最贴近中亚的新侨乡》，《人民日报》（海外版），2012 年 10 月 19 日。

④ 《上海合作组织峰会在比什凯克举行　习近平出席并发表重要讲话》，《人民日报》，2013 年 9 月 14 日。

一、中亚五国及当地侨情概况

（一）哈萨克斯坦

哈萨克斯坦共和国面积有 272.49 万平方公里，地理上西濒里海，东南接中国，北邻俄罗斯，南与乌兹别克斯坦、土库曼斯坦和吉尔吉斯斯坦接壤。① 哈萨克斯坦全国人口超过 1 685 万人，主要有哈萨克族、俄罗斯族、乌克兰族、乌兹别克族、日耳曼族和鞑靼族等。50% 以上人口信奉伊斯兰教（逊尼派），此外还有东正教、天主教、佛教等。官方语言为哈萨克语和俄语。哈萨克斯坦为总统制共和国，自独立以来实行渐进式民主政治改革，社会较为稳定。2006 年建立新的政权党——"祖国之光"党，总统纳扎尔巴耶夫亲任该党主席。2010 年 5 月，哈萨克斯坦议会两院全票通过赋予纳扎尔巴耶夫总统"民族领袖"地位的法案。2012 年 9 月，纳扎尔巴耶夫总统任命艾哈迈托夫为总理。②

中哈两国自 1992 年 1 月建交以来，双边关系稳定发展。2012 年，哈中进出口贸易总值达 239.8 亿美元，与 2011 年相比增长 12.5%，占哈萨克斯坦进出口总值的 17.5%，中国成为哈萨克斯坦第一大贸易伙伴国。其中，哈萨克斯坦向中国出口 164.8 亿美元，同比增长 1.2%，占其出口总值的 17.9%，中国是哈萨克斯坦的最大出口国；自中国进口 75 亿美元，同比增长 49.3%，占其进口总值的 16.8%，中国是哈萨克斯坦第二大进口国（位于俄罗斯之后）。③ 2013 年 1—2 月，中哈双边贸易 45.8 亿美元，同比增长 34.5%，其中中国对哈萨克斯坦出口 17.8 亿美元，同比增长 48%，中国自哈萨克斯坦进口 28 亿美元，同比增长 27.1%。④ 2013 年 9 月中国国家主席习近平访问哈萨克斯坦，并在纳扎尔巴耶夫大学发表了题为"弘扬人民友谊共创美好未来"的重要演讲，其中提出："为了使欧亚各国经济联系更加紧密、相互合作更加深入、发展空间更加广阔，我们可以用创新的合作模式，共同建设'丝绸之路经济带'，以点带面，从线到片，逐步形成区域大合作。第一，加强政策沟通。各国就经济发展战略进行交流，协商制定区域合作规划和措施。第二，加强道路联通。打通从太平洋到波罗的海的运输大通道，逐步形成连接东亚、西亚、南亚的交通运输网络。第三，加强贸易畅通。各方应该就推动贸易和投资便利化问题进行探讨并作出适当安排。第四，加强货币流通。推动实现本币兑换和结算，增强抵御金融风险能力，提高本地区经济国际竞争力。第五，加强民心相通。加强人民友好往来，增进相互了解和传统友谊。"⑤ 习主席的提议反映出中国将进一步加强与包括哈萨克斯坦在内的中亚国家合作的具体规划，这对促进中国与哈萨克斯坦未来关系发展将起到重要而积极的指导作用。

---

① 哈萨克斯坦驻中国大使馆：《哈萨克斯坦共和国基本信息》，http：//www.kazembchina.org/create/bike/home.jsp? tablename = itemcontent&iiid =15766906956926270427&tableFlag = itemtable，2011 年 11 月 24 日。

② 《哈萨克斯坦国家概况》，中国外交部网站，2013 年 12 月 7 日。

③ 《2012 年中国是哈萨克斯坦第一大贸易伙伴国》，中国驻哈萨克斯坦大使馆经济商务参赞处网站，2013 年 3 月 27 日。

④ 《2013 年 1—2 月份中国和哈萨克斯坦双边贸易大幅增长》，中国驻哈萨克斯坦大使馆经济商务参赞处网站，2013 年 3 月 28 日。

⑤ 《习近平发表重要演讲 吁共建"丝绸之路经济带"》，中国驻哈萨克斯坦大使馆网站，2013 年 9 月 8 日。

在民族政策方面，哈萨克斯坦自苏联解体后，国内便开始掀起借助民族主义和宗教感召力来推动国家振兴和发展的热潮。[①] 哈萨克斯坦在独立初期就号召世界各地的哈萨克人"回归历史祖国"，并允诺在就业、教育、医疗等方面给予优惠政策，在此政策鼓励下，哈萨克斯坦的哈萨克族人口较苏联时期有较大增长。截至 2012 年 1 月 1 日，哈萨克斯坦的民族构成方面：哈萨克族占 64.6%，俄罗斯族占 22.3%，乌兹别克族占 3%，乌克兰族占 1.9%，维吾尔族占 1.4%，鞑靼族占 1.2%，日耳曼族占 1.1%，其他民族占 4.5%。2011 年有 3.8 万人来哈萨克斯坦定居，其中哈萨克族 2.7 万人，俄罗斯族 4 600 人；有 3.3 万人离开哈萨克斯坦，其中俄罗斯族 2.3 万人，乌克兰族 2 600 人，日耳曼族 1 800 人。[②]

据估算，战后以来，根据哈萨克斯坦民族召回政策从中国迁入哈萨克斯坦的哈萨克族超过 10 万人，而从中国到哈萨克斯坦经商、务工人员的数量则更多。仅据 21 世纪以来相关统计，2003 年 1 月从中国移民至哈萨克斯坦的哈萨克族人数为 4 293 人；2005 年 1 月为 13 190 人；2007 年则增至 38 000 人。[③] 同时，一些来自中国新疆、甘肃的农牧民，因从事农牧业等体力劳动，一度也成为哈萨克斯坦所急需的劳力。据哈萨克斯坦官方统计，2000 年共有 46 000 名中国务工人员抵达哈萨克斯坦，而 2006 年前十个月的数量为 103 700 人，显然入境的中国人数量在 21 世纪的最初 6 年内就增加了 2.3 倍。[④]

尽管哈萨克斯坦对哈萨克族移民的政策较好，但是事实发展却并未尽如人意。一些外来移民由于受教育程度偏低，职业技能较差，社会适应能力不均衡，给哈萨克斯坦政府的安置工作带来一定的困难，同时因再教育的需要增加了政府财政负担。再加上外来移民增多对当地就业市场造成影响，致使哈萨克斯坦部分学者建议政府不要盲目鼓励和扩大境外的哈萨克族移民入境。但一些来自中国的知识移民，多以探亲、留学、定居等身份由新疆抵达哈萨克斯坦，他们大多在中国国内接受过大学教育，个人素质较高，社会活动能力强，注重与哈萨克斯坦官方的交往，备受哈萨克斯坦政府的重视与欢迎。他们多居住在城市，从事技术、研究、管理、经营等工作，不少人已在哈萨克斯坦成立公司、企业、工厂，80% 以上的业务与中国有关。从事贸易者大多是将中国的机械、设备、建材、轻工产品、食品出售到哈萨克斯坦。不少公司、企业已具相当规模，很多人在当地同行中已小有名气。[⑤]

与中哈两国政治关系的热络相比，哈萨克斯坦社会对中国人的融入和文化认同方面还不太理想，哈萨克斯坦不同地区对此的看法也存在差异，对中国文化的了解程度也不高。如俄罗斯科学院的哈萨克斯坦学者叶莲娜·萨多夫斯卡娅于 2007 年在哈萨克斯坦的城市居民中进行了调查，共选取 588 名年龄在 18 岁以上的人并对他们进行访谈，结果显示，在阿拉木图市受访者中表示对待中国公民的态度"好"的有 43%。"很好"的有 4%；哈萨克斯坦中部地区，有 25% 的受访者对华人态度"好"，对华人态度"不好"的占 22%，

① 熊坤新主编：《宗教理论与宗教政策》，北京：中央民族大学出版社 2008 年版，第 385 页。

② 《哈萨克斯坦民族构成》，中国驻哈萨克斯坦大使馆经济商务参赞处网站，2012 年 3 月 22 日。

③ ［哈］塔哈地：《哈萨克斯坦的中国人口流动研究》，华东师范大学未刊硕士学位论文，2010 年，第 24 页。

④ ［哈］塔哈地：《哈萨克斯坦的中国人口流动研究》，华东师范大学未刊硕士学位论文，2010 年，第 24 ~ 25 页。

⑤ 许涛：《哈萨克斯坦民族宗教概况》，《国际资料信息》2002 年第 7 期；周南京主编：《华侨华人百科全书·历史卷》，北京：中国华侨出版社 2002 年版，第 173 页。

"很不好"的占 5%。在哈萨克斯坦西部地区对华人态度"非常好"和"好"的受访者分别为 10% 和 13%，而表示"不好"和"很不好"的分别为 15% 和 14%。在对待中国文化方面，受访者了解中国语言和书法的为 3%，了解中国文学的为 7%，了解中国宗教活动的为 8%，了解中国国画的为 9%，了解中国风俗习惯的为 15%，了解中国历史的为 19%。总之，大概仅有 10.2% 的受访者了解中华民族的文化、历史和风俗习惯。[①]

维吾尔族群主体在中国新疆，但随着移居、经贸、探亲等多种原因而到哈萨克斯坦的维吾尔族人数有所增加，其生存状态较为稳定。目前在哈萨克斯坦境内有 23 万余名维吾尔族人，占哈萨克斯坦居民总数的 1.4%。其中一大部分是 20 世纪 60 年代"伊塔事件"中由新疆抵哈萨克斯坦者及其后代，主体是第二、第三代移民，主要聚集在伊犁到阿拉木图沿线的近 10 个维吾尔族村内。他们多已加入哈萨克斯坦籍，并自认为是维吾尔族哈萨克斯坦人，祖先来自新疆。20 世纪 80 年代后赴哈萨克斯坦的维吾尔族新移民有数万人，多持中国护照，从事中哈边贸。在哈萨克斯坦的阿拉木图市和阿拉木图州，使用维吾尔族语的平面媒体就有 11 家。哈萨克无线电台每天有 15 分钟的维吾尔语广播。另外，哈萨克斯坦科学院东方学研究院设有维吾尔族分院，哈萨克斯坦作家协会也设有维吾尔族作家分会。在阿拉木图的 3 所维吾尔语学校和 3 所混语学校中有学生 2 000 余名。阿拉木图州潘菲洛夫区、维吾尔族区和塔尔加尔区的 11 所维吾尔语学校和 47 所混语学校，使用维吾尔语上课的学生约有 1.2 万名。[②]

为加大对回国的中亚地区侨胞子女教育服务的支持，国务院侨办在新疆师范大学、西北师范大学、陕西师范大学等高校设立华文教育基地，主要为回国的中亚等地少数民族侨胞子女提供华文教育，深受侨胞及其子女欢迎。很多学生通过语言学习，不仅能很快掌握口头交流的基本技能，而且使很多学生逐渐了解、熟悉在华生活，并在未来职业规划方面也主要想从事与中国相关的商贸、旅游、文化、教育等工作，这将为进一步沟通中国与中亚国家关系发展打下坚实基础。哈萨克斯坦国内目前成立有三所孔子学院，哈萨克斯坦阿里—法拉比国立民族大学孔子学院前身为 2002 年 11 月哈萨克斯坦国立民族大学和中国兰州大学合作建立的汉语中心。据统计，该校已为哈萨克斯坦培养各层次汉语人才超过 2 000 人，向国内高校输送留学生 600 多人，并成功举办过两届中亚各高校汉语教师培训活动。[③] 2006 年 12 月西安外国语学院与哈萨克斯坦欧亚大学合办的孔子学院成立，2011 年由新疆财经大学和哈萨克斯坦阿克纠宾国立师范学院合办的孔子学院在哈萨克斯坦西部城市阿克纠宾斯克正式成立。多所孔子学院的建立为加大哈萨克斯坦汉语人才的培养力度起到重要作用。

（二）乌兹别克斯坦

乌兹别克斯坦领土面积为 44.74 万平方公里，属于中亚腹地的"双内陆国"，全部五个邻国均无出海口。该国南靠阿富汗，北部和东北与哈萨克斯坦接壤，东部、东南部分别

① 于晓丽：《哈萨克斯坦人眼中的在哈萨克斯坦华人》，《俄罗斯中亚东欧市场》2010 年第 11 期。

② 哈萨克斯坦驻中国大使馆：《哈萨克斯坦共和国境内维吾尔族居民状况》，http://www.kazembchina.org/create/bike/home.jsp?tablename=itemcontent&iiid=-6703394369686190326&tableFlag=subitemtable，2011 年 11 月 24 日；周南京主编：《华侨华人百科全书·历史卷》，北京：中国华侨出版社 2002 年版，第 173 页。

③ 《哈萨克斯坦国立民族大学孔子学院》，中国汉办网站，2013 年 12 月 8 日。

与吉尔吉斯斯坦和塔吉克斯坦相连，西与土库曼斯坦相邻。截至 2013 年 4 月 1 日，乌兹别克斯坦共有人口 3 007.5 万，约占中亚五国人口总数的一半。乌国共有 130 多个民族，各族人口比例大约是：乌兹别克族占 80%、俄罗斯族占 5.5%、塔吉克族占 4%、哈萨克族占 3%、卡拉卡尔帕克族占 2.5%、鞑靼族占 1.5%、吉尔吉斯族占 1%、朝鲜族占 0.7%。此外，还有土库曼、乌克兰、维吾尔、亚美尼亚、土耳其、白俄罗斯等族。乌兹别克语为官方语言，俄语为通用语。主要宗教为伊斯兰教，属逊尼派，其次为东正教。乌兹别克斯坦自然资源丰富，是世界上重要的棉花、黄金产地之一。国民经济支柱产业主要是黄金、棉花、石油、天然气。其中黄金探明储量 3 350 吨（排名世界第四），石油探明储量为 5.84 亿吨，已探明的凝析油储量为 1.9 亿吨，已探明的天然气储量为 2.055 万亿立方米，煤储量为 18.3 亿吨，铀储量为 18.58 万吨（排名世界第七），铜、钨等矿藏也较为丰富。①

目前乌兹别克斯坦约有华侨华人 4 万～5 万人，主要是新疆籍的维吾尔族人、乌兹别克族人以及部分来自陕甘地区的东干人。他们中 60% 以上集中居住于首都塔什干，其余分散在安集延、费尔干纳等地。乌兹别克斯坦涉外法律规定，外国公民须持有乌兹别克斯坦内务部签发的长期居住卡才能办理长期居留手续。在乌兹别克斯坦长期居住的外国公民如需出境，须向常住地的内务部提交 2 份申请表和护照以办理出境许可。内务部将在 15 日之内（特殊情况 30 日之内）对申请材料进行审查，并在申请人护照上办理 2 年有效出境许可。在有效期内，申请人可在通报内务部后多次出境。在乌兹别克斯坦长期居住的外国公民如想在境外长期居留，需提交经公证的乌兹别克斯坦国籍父母同意书。内务部为其办理的出境许可上不标注有效期。②

乌兹别克斯坦近年来汉语传播获得快速发展。目前乌兹别克斯坦从事汉语教学的专业机构有：塔什干孔子学院、乌兹别克斯坦国立东方学院、乌兹别克斯坦世界经济与外交大学、乌兹别克斯坦世界语言大学、撒马尔罕外语学院等五所高校等，另外还有塔什干第 59 中学也开设了汉语课程。塔什干孔子学院是 2005 年由兰州大学与乌兹别克斯坦国立东方学院合作的中亚首家孔子学院。孔子学院通过乌兹别克斯坦青年电视台、《人民言论报》、《塔什干周报》、《东方真理报》等媒体的宣传报道，在当地汉语教学领域已具有广泛影响，成为塔什干非学历类汉语培训的中心。为促进汉语教学发展，孔子学院还坚持选拔乌兹别克斯坦汉语教师赴中国参加培训，推荐乌兹别克斯坦高校学生到中国大学进修学习。每年开展全乌兹别克斯坦汉语教学研讨会、汉语桥选拔比赛和中国文化讲座等。③ 至 2012 年 10 月，该校已经先后教授学生约 2 100 人，目前学院招收 26 个班级，学生数量达 406 人。另据不完全统计，至 2012 年 10 月，乌兹别克斯坦全国在校汉语学生总数已超 2 000 人。④

（三）吉尔吉斯斯坦

吉尔吉斯斯坦国土面积 19.99 万平方公里，北部和东北部接哈萨克斯坦，南邻塔吉克

① 《乌兹别克斯坦国家概况》，中国外交部网站，2013 年 11 月 10 日。
② 《乌兹别克斯坦涉及外国人的相关法律法规》，人民网，2010 年 12 月 27 日。
③ Khodjaev Bunyon：《乌兹别克斯坦汉语教学现状研究》，新疆大学硕士学位论文，2012 年，第 5～6 页。
④ 《乌兹别克斯坦在校汉语学生逐年增多》，人民网，2012 年 10 月 31 日。

斯坦，西南毗邻乌兹别克斯坦，东南和东面与中国接壤。全国人口约有 566.31 万，多数居民信仰伊斯兰教逊尼派，其次为东正教和天主教。全国划分为 7 州 2 市：楚河州、塔拉斯州、奥什州、贾拉拉巴德州、纳伦州、伊塞克湖州、巴特肯州、首都比什凯克市和南部首都奥什市。① 据中国海关统计，2013 年 1—6 月，中国与吉尔吉斯斯坦贸易总额为 22.27 亿美元，同比增长 3.9%。中国新疆维吾尔自治区与吉尔吉斯斯坦贸易额达 17.66 亿美元，同比增长 5%，占全国对吉尔吉斯斯坦外贸总额的 79.3%。吉尔吉斯斯坦是中国新疆第二大外贸伙伴，仅次于哈萨克斯坦（42.6 亿美元）。②

　　吉尔吉斯斯坦约有华侨华人 15 万，主要集中于比什凯克及奥什等地区。改革开放后，一批新疆籍移民即来此租地耕种以及从事外贸经营。21 世纪初期，除新疆籍维吾尔族移民外，汉族移民也陆续开始增加。相比于俄罗斯或哈萨克斯坦，在吉尔吉斯斯坦的生活成本要低一些。在吉尔吉斯斯坦，中国侨商一般雇用当地东干人为员工，而吉尔吉斯斯坦大学生也比较乐意在中国企业工作，他们可以利用这一机会学习汉语。吉尔吉斯斯坦首都比什凯克市有四个比较大的中国商品市场：中海市场、大唐市场、国英商场和麦迪那商场。其中国英商场主要经营电器、服装、小五金、日用百货、夜总会、宾馆、化妆品等，95%以上的经营者都是中国人。麦迪那商场主要面向吉尔吉斯斯坦的各类服装加工厂经营布料批发、缝纫机服装加工用品等，同时也经营零散的日用品，在该市场经商的主要是中国新疆的维吾尔族人，目前还有两家中国大陆的缝纫机销售店，总共大概有 1 200 家商店在此经营。③ 再有，国内诸如宁夏的清真食品和穆斯林用品企业不仅在比什凯克市积极设立联络处，还开设清真食品、保健品和穆斯林用品展厅，扩大羊肉臊子系列、枸杞系列保健品、回族小帽、回族服饰、毛皮制品等清真食品和穆斯林用品对伊斯兰国家的出口。④ 此外，也有不少中国侨民从事建筑工这一职业。《吉尔吉斯斯坦华侨报》是当地华侨华人唯一的一份中文报纸，报纸由《新疆经济日报》负责印刷，自 2006 年开始发行，每半月发行一次，2009 年时发行量达 3 000 份。⑤ 目前吉尔吉斯斯坦有三所孔子学院，分别是：吉尔吉斯国立民族大学孔子学院、比什凯克人文大学孔子学院，以及 2013 年 6 月新疆师范大学支持筹办的吉尔吉斯斯坦奥什国立大学孔子学院，它们在促进汉语在吉尔吉斯斯坦传播方面起到了积极作用。

　　然而吉尔吉斯斯坦华侨华人的生活并非一帆风顺，诸如中国的商品在经过吉尔吉斯斯坦的海关时，属于"灰色清关"，即给海关一些好处，海关就会放行，并不办理海关手续，商户们因此没有海关税单，这就给当地警察提供了生财之道，他们在检查市场时，以没有税单为由，对商户进行罚款，于是商户必须打点他们以免受处罚。因此，在要求当地华商守法经营的同时，吉尔吉斯斯坦管理者也要提升管理水平，加大执法的公平性和透明性。⑥ 再者，近年来针对华侨华人的抢劫袭击案频频发生，仅 2013 年 9—11 月发生在比什凯克

---

① 《吉尔吉斯斯坦国家概况》，中国外交部网站，2012 年 12 月 20 日；《吉尔吉斯斯坦概况》，中国驻吉尔吉斯斯坦共和国大使馆经济商务参赞处网站，2013 年 2 月 20 日。

② 《2013 年上半年，吉尔吉斯斯坦是中国在独联体第五大贸易伙伴，是我新疆第二大贸易伙伴》，中国驻吉尔吉斯斯坦共和国大使馆经济商务参赞处网站，2013 年 7 月 25 日。

③ 《吉尔吉斯斯坦比什凯克的商贸中心》，http://news.bgo.cn/news/201005/912.html，2010 年 5 月 27 日。

④ 《宁夏"清真"产业：金融"寒流"中突围》，《宁夏日报》，2009 年 2 月 26 日。

⑤ 《吉尔吉斯斯坦的华人》，http://blog.sina.com.cn/s/blog_499cbd9c0100sbvi.html，2011 年 8 月 22 日。

⑥ 《吉尔吉斯斯坦华人们的生存与去留困境》，《南方都市报》，2010 年 6 月 23 日。

中海市场的案件就有 8 起。11 月 25 日，中国驻吉尔吉斯斯坦大使馆政务参赞与比什凯克市内务总局局长图尔干巴耶夫少将就针对中国公民抢劫的案件进行商谈。图尔干巴耶夫少将表示，除中国外还有针对韩国、伊朗等国公民的抢劫案件。犯罪分子主要是无业者、惯犯或犯罪团伙，他们以劫财为目的。比什凯克市内务总局已成立专案组，并根据中国公民提供的线索发出通缉令。同时吉方对中国公民工作、生活较为集中的中海、大唐、国英、麦迪那等市场加强警力，并争取在最短时间内破案，将罪犯绳之以法。① 除犯罪事件外，更为严重地影响当地华侨华人的是近年来吉尔吉斯斯坦内部的民族冲突和政治动荡，2010 年吉尔吉斯斯坦发生政治骚乱迫使中方不得不实施撤侨等紧急措施，此举给中吉经贸关系曾造成严重影响。

（四）土库曼斯坦

土库曼斯坦国土面积 49.12 万平方公里，北部和东北部分别与哈萨克斯坦、乌兹别克斯坦接壤，西濒里海，与阿塞拜疆、俄罗斯相望，南邻伊朗，东南与阿富汗交界。土库曼斯坦全国人口有 700 余万，主要民族有土库曼族（94.7%）、乌兹别克族（2%）、俄罗斯族（1.8%）。此外还有哈萨克、亚美尼亚、鞑靼、阿塞拜疆等 120 多个民族（1.5%）。土库曼斯坦内绝大多数民族信仰伊斯兰教逊尼派，俄罗斯族和亚美尼亚族信仰东正教。土库曼斯坦官方语言为土库曼语，俄语为通用语。除首都阿什哈巴德外，土库曼斯坦全国划分为阿哈尔、巴尔坎、达绍古兹、列巴普和马雷五个州。土库曼斯坦矿产资源丰富，石油和天然气储量分别为 120 亿吨和 24.6 万亿立方米，其中天然气储量在世界排名仅次于俄罗斯。近年来中国与土库曼斯坦关系发展良好。据中方统计，2012 年双边贸易额达 103.7 亿美元，比 2011 年增长了近一倍。目前中国已成为土库曼斯坦第一大贸易伙伴。2013 年 1—6 月，中国与土库曼斯坦贸易额为 51.6 亿美元，增幅 4.9%。中土天然气管道于 2009 年 12 月竣工投产，中国已成为土库曼斯坦最大的天然气出口市场。截至 2013 年 6 月，中国对土库曼斯坦各类投资总额近 33 亿美元，承包工程累计完成营业额 61.3 亿美元。双方在交通、通信、纺织、铁路设备、市政、基础设施建设、金融等领域开展广泛合作。②

土库曼斯坦有华侨华人数千人，特别是随着 20 世纪 90 年代后期中国在土库曼斯坦石油援助开发工作的进展，不少中国人进入土库曼斯坦境内，再加之近两年从事边贸者也不断增多。此外，土库曼斯坦汉语课程设置也得到推动和发展，目前土库曼斯坦已有三所大学开设了汉语课，分别是国立马赫图姆库里大学、阿扎季世界语言学院、土耳其外交部所属的国际关系学院。而土耳其在华留学生人数也不断增长，目前有上千名土库曼斯坦学生在中国学习，其中有政府奖学金名额，还有很多是自费留学生。③ 土耳其的中资机构支持赴华学习的留学生人数也在增多。从 2009 年开始，土库曼斯坦的中国石油阿姆河公司启动了"5100"留学生培养工程，计划在五年之内为该国培养 100 名留学生。首批留学生在

① 《中国驻吉使馆就侦办中国在吉公民遭抢劫案件与比什凯克市内务总局负责人进行工作会商》，中国驻吉尔吉斯斯坦大使馆网站，2013 年 11 月 25 日。

② 《土库曼斯坦国家概况》，中国外交部网站，2012 年 12 月 20 日；《土库曼斯坦成为世界上首个免费提供汽油的国家》，中国石油工程建设公司网站，2008 年 1 月 17 日；《2013 年中国与周边国家的经贸合作情况分析》，http://www.askci.com/news/201308/23/231638592794.shtml，2013 年 8 月 23 日。

③ 《中亚多国兴起"汉语热"　孔子学院"遍地开花"》，中新网，2013 年 9 月 18 日。

通过由中国石油阿姆河公司、土库曼斯坦油气署和土库曼斯坦教育部共同组织的专门考试后，经过面试、体检以及审核，取得了到中国留学的资格。阿姆河公司将承担学生在中国学习期间的有关费用，并设立了优秀学生奖学金。这些学生在完成汉语学习后，将进入石油工程、油气储运、油气和矿产资源的勘探地质、油气田开发、化工工艺、机械设计和自动化或国际经贸等专业学习，学成后将在土库曼斯坦石油领域的企事业单位工作。①

（五）塔吉克斯坦

塔吉克斯坦国土面积 14.31 万平方公里，东与中国接壤，南邻阿富汗，西部和北部与乌兹别克斯坦和吉尔吉斯斯坦相连。全国人口约 803 万，共有 86 个民族。主体民族为塔吉克族占 68.4%、乌兹别克族占 24.8%、俄罗斯族占 3.2%。此外，还有鞑靼、吉尔吉斯、乌克兰、日耳曼、朝鲜、哈萨克、格鲁吉亚、亚美尼亚等其他民族占 3.6%。② 塔吉克斯坦全国分三州一区一直辖市：索格特州、哈特隆州、戈尔诺—巴达赫尚自治州、中央直属区和首都杜尚别市。塔吉克斯坦语为国语，俄语为族际交流语言。居民多信奉伊斯兰教逊尼派，帕米尔一带属什叶派伊斯玛仪支派。塔吉克斯坦水利资源位居世界第八位，人均拥有量居世界第一。1992 年 1 月 4 日塔吉克斯坦与中国建交，两国友好关系稳步发展。据中国海关统计，2013 年 1—10 月中塔双边贸易额为 14.35 亿美元，同比增长 2.91%，其中中国对塔吉克斯坦出口 13.48 亿美元，同比增长 4.83%；中国自塔吉克斯坦进口 7 718 万美元，同比下降 22.16%。中国对塔吉克斯坦主要出口商品有服装、机械设备、钢铁制品、车辆等，中国自塔吉克斯坦进口的主要商品有矿产品、棉花、生皮等。③

塔吉克斯坦华侨华人人数约 2 万人，但以侨商为主，层次较高，较易融入当地主流社会。在社团化建设方面，塔吉克斯坦华侨华人已迈出可喜的一步。2011 年 1 月 20 日塔吉克斯坦中国华侨华人联合会成立。第一届华侨华人联合会根据在塔华人的经营特点，下设钢铁协会、专业协会、市场协会、商务中心、秘书处等部门。④ 在汉语传播方面，由新疆师范大学支持建立的塔吉克斯坦国立民族大学孔子学院在 2013 年 3 月份举行了持续两天的 2013 年赴华留学生奖学金考试，来自 18 所大中学校的 153 名学生参加了这次考试。中国对于塔吉克斯坦学生的吸引力在不断增加。⑤

二、中亚侨众面对的主要问题

自苏联解体以来，中亚独立国家尽管已经获得二十多年的发展，但是面对的国内外环境却日益复杂多变，当地华侨华人在此环境中也深受影响。

---

① 《首批土库曼斯坦留学生启程中国学习之旅》，中国石油新闻中心网，2009 年 12 月 1 日。

② 《塔吉克斯坦的人口及民族构成》，中国驻塔吉克斯坦大使馆经济商务参赞处网站，2013 年 5 月 31 日。

③ 《塔吉克斯坦国家概况》，中国外交部网站，2012 年 12 月 20 日；《中国与塔吉克斯坦 1—10 月双边贸易额为 14.35 亿美元》，环球网，2013 年 12 月 2 日。

④ 《塔吉克斯坦中国华侨华人联合会正式成立》，中新网，2011 年 1 月 24 日。

⑤ 《中亚多国兴起"汉语热" 孔子学院"遍地开花"》，中新网，2013 年 9 月 18 日。

（一）民族认同问题

　　民族认同广泛存在于中国西北与中亚地区的同源跨界民族中，其表现不仅会反映为民族心理认同，如若进一步上升还会表现为政治认同，这将会对广泛分布于中亚地区的哈萨克斯坦族、维吾尔族等少数民族华侨华人群体产生民族离心力和动摇作用，随着中亚地区一些国家民族意识的高涨，还将成为新的民族离心主义发展的现实基础。[①]例如，哈萨克斯坦自独立以来在国内就曾先后掀起"回归历史祖国"运动，鼓励海外哈萨克同胞返回哈萨克斯坦。为此，哈萨克族在居住、医疗、就业、教育等方面均给予回归的哈萨克族以特殊优惠。[②] 根据哈萨克斯坦总统人权委员会 2012 年 6 月发布的《哈萨克斯坦返迁的哈萨克族侨胞、无国籍人和难民的人权状况》报告，自 1991 年起至 2011 年 10 月 1 日，共有超过 86 万名哈萨克斯坦境外的哈萨克族侨胞返迁回哈萨克斯坦。其中，75.67 万人已获得哈萨克斯坦国籍，占返迁总人口的 88%。这 86 万人中 60.5% 来自乌兹别克斯坦，12.4% 来自中国，10.4% 来自蒙古[③]。目前，哈萨克斯坦总人口约 1 685 万。但是这种民族招募政策的负面影响是显而易见的，对境外哈萨克族的吸引及导致的人口迁移不仅产生国籍、国家政治效忠、公民保护等法律问题，同时产生的主体民族膨胀问题所引发的族际矛盾也在上升，还会导致部分哈萨克斯坦人士对境外哈萨克族所在国家政策提出以自身为本位的批评意见，而这些意见与其指向国的国内实际情况很可能并不相符，由此造成国际关系紧张。另外，哈萨克斯坦国内移民群体的适应性及社会经济资源的承受能力，也随着移民人口的增多而呈现出诸多的问题，再有劳动力市场竞争激烈化、族际政策差别性等。例如，随着移民数量的不断增多，哈萨克斯坦政府事实上已拿不出更多的资金来安置新移民，社会上公开失业和隐性失业问题已经很严重，又会产生部分移居到哈萨克斯坦的哈萨克族移民返回原居住地的问题，而这又会造成身份、财产等多方面的法律问题，[④] 对哈萨克斯坦国际关系的交往和社会经济的发展都会产生不利影响。

（二）"三股势力"问题

　　一般将民族分裂势力、极端宗教势力和暴力恐怖势力简称为"三股势力"。苏联解体后，中亚地区各国在以民族主义和宗教主义重建独立国家人民精神信仰的同时，长期被压抑的"三股势力"也充分利用了这一便利条件重获发展。它们煽动宗教狂热和民族情绪，破坏当地社会稳定。因分布于中亚地区的哈萨克、乌兹别克、柯尔克孜、维吾尔等族华侨华人，绝大多数都信仰伊斯兰教，并与中亚各国的主体民族和非主体民族同族同源，有着共同的宗教信仰，以致"三股势力"通过包括以境外少数民族华侨华人为对象的多种渠道和手段向当地及中国西北地区传播极端宗教思想，甚至组织暴力渗透，使中亚及中国等地的宗教形势在相当程度上受到影响，这也使得国外侨务工作面临着复杂的外部环境。诸

---

　　① 丁建伟：《中亚与我国西北边疆地区同源跨国民族问题》，《西北第二民族学院学报》（哲学社会科学版）2004 年第 1 期。

　　② 包胜利：《主体民族主义与"国族创建"之间的悖论——论哈萨克斯坦族际政治的困境》，《民族研究文汇·民族理论篇》，北京：社会科学文献出版社 2009 年版，第 460 页。

　　③ 《哈萨克斯坦 20 年内共接收返迁的哈萨克族侨胞超过 86 万人》，人民网，2012 年 6 月 23 日。

　　④ 《哈萨克斯坦中国新移民的发展概况及趋势》，新疆哲学社会科学网，2013 年 4 月 24 日。

如，中国公安部多次公布的"东突"恐怖分子名单中，多数人都在中亚、南亚等地接受过制造暴力恐怖袭击的训练，并向中国西北境内传播极端宗教思想。在中国新疆，自 2009 年乌鲁木齐市发生"7·5"事件后，近年来新疆境内的暴力恐怖事件不断发生，仅 2012 年新疆发生各类暴力恐怖事件 190 余起，2013 年又发生"4·23"新疆巴楚严重暴力恐怖事件、"6·26"新疆鄯善县暴力恐怖事件等。2013 年发生在北京天安门金水桥的"10·28"暴力恐怖袭击事件，警方在肇事车内发现印有极端宗教内容的旗帜，在嫌疑人暂住地发现"圣战"旗帜、长刀等物品，明显具有内外勾结的特点。中共中央政法委书记孟建柱同志在向上海合作组织地区反恐机构执委会通报时表示："北京发生的这一起暴力恐怖袭击是一次有组织、有预谋的活动。它的幕后指使者就是盘踞在中亚、西亚地区的'东伊运'恐怖组织。"孟建柱同志还表示："恐怖主义是全人类共同的敌人，中国政府将更加坚决地打击暴力恐怖犯罪，并希望上合组织反恐机构进一步加强反恐安全合作，提升上合组织反恐的行动能力，共同应对域内外安全威胁，维护地区和平与稳定。"①

（三）地区政治不稳定问题

苏联解体后，原先被掩盖于冷战冲突之下的非传统安全因素随着全球国际环境变化，而在地区安全形势中的影响力大大提升。中亚国家吉尔吉斯斯坦也承受了这股浪潮的冲击。2010 年 4 月吉尔吉斯斯坦首都比什凯克爆发反政府骚乱，进入 6 月，骚乱在南部地区以另一种形式获得发展。在吉尔吉斯斯坦南部城市奥什，原本由乌兹别克族人和吉尔吉斯族人之间的族际冲突，最后演变成一场大规模的、涉及吉尔吉斯斯坦多个城市的民族武装械斗。吉尔吉斯斯坦华侨华人主要分布在首都比什凯克，南部贾拉拉巴德、奥什等重要的商品集散地，以中小企业、零售批发业为主。骚乱发生后，不仅安全不能保障，原料供给也难以为继，致使当地华商业务无法继续，甚至有部分华人店铺遭受冲击。在此局面下，中国政府采取了紧急撤侨措施，并在中方的强烈要求下，吉尔吉斯斯坦边防军派出一辆装甲车和两辆大型军用运输车将中国侨民护送至奥什机场。中国政府共九次接侨 1 300 余人，保障了海外侨民的生命安全，但是当地华商的经济损失则难以得到补偿，中吉两国的双边贸易也受到严重影响。②吉尔吉斯斯坦事件所折射出的不仅是后冷战时期中亚地区华侨华人所依附的脆弱的政治生态环境，而且还在于当地政治发展的缓慢，为国际势力的角逐提供了进一步发展的空间和可能。为避免该地区陷入不断的骚乱，加快与周边地区的合作和一体化步伐，似乎是未来发展方向之一，而华侨华人得以栖身的外部环境在此背景下才有可能得到进一步保障，并使自身优势得以发挥。

当然，除了上述提及的三个问题之外，中亚地区华侨华人面临的问题还有很多，诸如当地华侨华人社团化组织程度仍十分缺乏，缺乏有广泛影响力的侨领和侨团，当地华文媒体和华文教育的发展尚需时日，华文学校的数量还很匮乏，领事保护的力度也有待加强，使领馆中懂少数民族语言的"侨务领事"岗位也需要有针对性地增加。如何看待和解决此类问题，一方面要有待于投入更多调研力量进行深入细致的田野调查，而另一方面还要在理论层面作深入探索。因为中亚侨情与中国周边战略发展问题联系紧密。中亚战略地位的

---

① 《孟建柱向上合组织通报北京金水桥恐怖袭击事件》，新华网，2013 年 11 月 1 日。
② 《吉尔吉斯中国侨民撤离　华商经贸元气大伤》，中新网，2010 年 6 月 21 日。

重要性引发的大国势力的角逐，俄白哈萨克斯坦关税同盟等贸易壁垒的高筑，"三股势力"和毒品走私的泛滥等，使中国西向政策实际面临种种挑战。而广大中亚华侨华人群体及大量归侨侨眷，正是中国沟通与侨居国关系的渠道和桥梁，那么如何做好这一群体的工作，事关加强新时期中国周边外交政策的方式和方法，维护中国境外自身的合法权益和利益，加强反独促统和打击"三股势力"等的大问题，理应引起高度重视。

西亚北非

　　2013 年，西亚北非地区依然经历着政局的动荡，再加上全球经济的放缓导致了西亚北非地区的经济较 2012 年增速明显放缓，安全形势不容乐观。政局的动荡、经济和安全形势的恶化，加上社会、文化和宗教等因素，使西亚北非地区的华侨华人面临着严峻的社会环境。在海湾等政治经济形势相对稳定的国家，中资机构以及华侨华人的经商、留学和生活并没有受到很大影响，而在叙利亚、埃及等政局动荡国家，华侨华人面临着严峻的挑战，工厂停产、经营惨淡、中资机构和人员开始纷纷撤离。除了土耳其和沙特阿拉伯，其他大部分国家的华侨华人主要以新移民为主，这对中国政府、侨务部门、外交部门和华侨华人社团在应对突发事件、保障华侨华人的合法权益和人身安全，以及管理和规范海外中国人的行为上都提出了新的要求。

　　西亚北非地区是伊斯兰教的发源地，是全球穆斯林的圣地，历史上，不同国家的穆斯林出于朝觐、留学、经商以及政治因素等原因源源不断地移民到该地区，构成了中东地区独特的国际移民景象。但相比于东南亚等周边国家以及欧美等发达国家，西亚北非地区不是中国人移民或迁徙的主要目的地。随着西亚北非国家从石油等能源收益中逐渐发展起来，这一地区也开始成为中国新移民的一个重要去处，越来越多的中国企业去西亚北非寻找商机，越来越多的中国人到那里经商或务工。这些以经商、务工、留学等为主的新移民构成了当前西亚北非华侨华人的主要特征。然而，西亚北非地区特殊的地缘政治也是形成该地区移民国际化的一个重要因素。西亚北非是全球能源中心、全球恐怖主义中心，这里也存在着剧烈的大国权力和利益对抗。复杂的政治、经济和安全局势势必对该地区的华侨华人产生影响。这种影响往往是突发的、不确定的，对当地华侨华人本身与中国的侨务工作都是不小的挑战。

一、西亚北非地区概况

　　西亚北非地区（Middle East and North Africa，MENA）通常意义上包含 20 个中东和马格里布国家：阿尔及利亚、巴林、埃及、伊朗、伊拉克、以色列、约旦、科威特、黎巴嫩、利比亚、摩洛哥、安曼、卡塔尔、毛里塔尼亚、巴勒斯坦、沙特阿拉伯、叙利亚、突尼斯、阿联酋、也门。在一些情况下，埃塞俄比亚和苏丹也被包含其中。占世界总人口的 6%，与欧盟地区的人口数量相当。据预测，2011 年至 2015 年，西亚北非地区的人口增长率为 2%，是世界人口增速第二快地区，仅次于撒哈拉以南非洲。[①]青年人口在地区人口中占很大的比重，"青年潮"是当前该地区人口发展的一个显著特征。西亚北非地区除以色列之外都是伊斯兰国家，是正统意义上的阿拉伯世界。西亚北非是连接欧非和欧亚大陆的

---

　　① UNDP, *Human Development Report* 2011, New York: United Nations Development Program, 2004, p. 165.

中间地带，石油等能源行业发展所带来的巨大需求，使该地区成为外来移民和过渡移民的重要地区。外来人口在西亚北非地区占有很大的比重，以海湾六国为例，外籍人口占总人口的比例达到37%。其中阿联酋的外籍人口占其人口的比重高达83%，迪拜的150万人口中，有80%来自国外，而在私有行业，98%的工人来自其他国家。①

表1　西亚北非概况

人口	3.396 亿	GDP	1.541 万亿美元
平均寿命	71 岁	GNI	3 439 美元
移民占人口比例最高的国家②	卡塔尔（86.5%）、阿联酋（70%）、科威特（68.8%）	经济增长率	2.8%（2013 年）
2013 年恐怖活动集中的国家	伊拉克、阿富汗、巴基斯坦	区域组织	阿拉伯国家联盟、阿拉伯马格里布联盟、阿拉伯石油输出国组织、海湾阿拉伯国家合作委员会

（一）基本情况

政治上，西亚北非国家大体分为阿拉伯国家和犹太国家（以色列）；按政体划分可分为君主制国家（沙特阿拉伯、阿联酋、卡塔尔、巴林等海湾国家）和共和制国家（埃及、利比亚、阿尔及利亚等北非国家）；按教派划分可分为逊尼派（阿联酋、沙特阿拉伯等大部分中东国家）和什叶派伊斯兰国家（伊朗、伊拉克、叙利亚、黎巴嫩）。中东地区政治局势复杂多变，阿以冲突、巴以冲突、伊朗问题、世俗政权与伊斯兰政权的分歧、什叶派与逊尼派的竞争和冲突、恐怖主义活动中心构成了西亚北非地区特殊的政治生态。从2011年初至今，发起于突尼斯和埃及的"阿拉伯世界人民革命"再次将该地区推到了风口浪尖，西亚北非地区开始经历政权的大规模洗牌。这其中，既有政权相对和平的更替，如革命发源地埃及和突尼斯，也有通过暴力和内战形式实现的更迭，如利比亚。大部分国家已经完成了革命的第一阶段，甚至有些国家已经开始经历革命的第二阶段，如埃及穆尔西政权被军方推翻。但也有国家依然处于第一阶段，如叙利亚内战依然胶着。从北非变局两年后突尼斯和埃及的国内政治来看，强人政治的倒台造成了国内的权力真空，长期以来被压制的各种势力纷纷登场，军方与政界、政党与政党之间、政党尤其是伊斯兰教旨主义政党对民众和舆论的利用，使当前的形势扑朔迷离。

经济上，西亚北非国家的经济差别比较明显，根据世界银行的界定，基本可分为资源丰富劳动力缺乏国家（沙特阿拉伯、阿联酋、利比亚、卡塔尔等）；资源缺乏劳动力充沛

---

① 具体数据参见 Onn Winckler, "Labor migration to the GCC States: Patterns, scale, and policies", in the Middle East Institute,? Migration and the Gulf, Washington DC, 2010, pp. 10 - 12.

② 王辉耀、刘国福：《中国国际移民报告2012》，北京：社会科学文献出版社2012年版。

国家（埃及、突尼斯等）；资源丰富劳动力充沛国家（阿尔及利亚、伊朗、叙利亚等）。[①] 总体来看，资源丰富劳动力缺乏的国家，尤其是海湾国家经济形势发展良好，就业、福利等社会成本支出相对易于安排，反过来又促进了国内的稳定（利比亚例外）。资源丰富劳动力充沛国家由于没有将资源出口有效地转化为国内的社会发展和民生改善，而导致经济发展和政治稳定存在着严重的问题。更为严重的是资源缺乏且劳动力充沛国家，既面临着国内严峻的社会压力，同时是政府在提供有效对策上的能力有限，这很容易导致恶性循环的产生。2011 年以来持续的政局动荡给本来就脆弱的经济发展带来了巨大的冲击，全球金融危机的持续蔓延也使西亚北非地区的经济发展和恢复蒙上了阴影。据国际货币基金组织统计，2000 年到 2007 年间，西亚北非地区 GDP 增长基本维持在 5.5%，从 2008 年开始，受金融危机的影响，开始逐年下滑，2010 年曾展现出复苏的迹象，然而，受政局动荡以及国际大环境的影响，经济发展又逐渐放缓。2013 年，大部分国家的经济只是经历了小幅的反弹，其中，石油出口国家（主要是海湾国家）的经济相对更加平稳，但是石油进口国家的经济回升力度则非常微弱，海湾国家 2013 年的 GDP 增长率为 4%，而石油进口国家的 GDP 增长率只有 3%。[②] 然而，西亚北非国家正在经历的温和反弹并不能抵消通货膨胀、民众失业率高、收入差距等问题带来的挑战。这些问题依旧是影响未来西亚北非国家政局稳定的重要因素。

（二）基本侨情

中国与阿拉伯世界的交流最早可追溯到西汉时期，张骞出使西域开启了中国联结阿拉伯世界的丝绸之路，自此中国与阿拉伯世界的贸易和人员来往就没有中断过。新疆维吾尔族移居西亚中亚的时间开始于 8 世纪。[③]元代的旅行家汪大渊曾两次从泉州出发，远航至阿拉伯海、波斯湾、亚丁湾、红海，成为第一个有案可稽的到过摩洛哥和坦桑尼亚的中国人。[④]晚清时期，多种因素相互作用导致新疆各族人民大量向西亚中亚移民，新疆地区各族华侨逐渐形成。19 世纪末 20 世纪初，每年中国到麦加的朝觐者数量达数万人，为了朝觐，他们倾其所有，到麦加后由于所剩无几，不得不在当地自谋生计，留居于此。[⑤] 从近代开始，中国人主要是回族学生留学阿拉伯国家，其中马德新 1841 年赴麦加朝觐，后游学于开罗、亚历山大、耶路撒冷、亚丁等地，据庞士谦《埃及九年》记载，马德新是中国最早在埃及爱资哈尔大学留学的回族学生。[⑥]新中国成立后，在共同反殖反帝反霸的目标下，中国与阿拉伯国家的政治、经济、文化和军事联系开始加强，陆续有中国工程、农业技术人员、医生、商人及其他人员来到西亚北非地区，但数量有限。1956 年，埃及与中国签订了阿拉伯国家第一个文化交流协定，随后中国与科威特、黎巴嫩、沙特阿拉伯、苏丹、突尼

① World Bank，Global Economic Prospects：Maintaining Progress and Turmoil，The World Bank，Washington DC，vol. 3，2011，pp. 101 – 114.

② IMF，"Regional economic outlook update：Middle east and north africa：Defining the road ahead"，http：// www. imf. org/external/pubs/ft/reo/2013/mcd/eng/pdf/mena0513. pdf，December，2013.

③ 王庆丰：《维吾尔族华侨移居西亚地区史探》，《华侨历史》1986 年第 3 期。

④ 转引自曹丽薇：《华侨华人，中华文化走向世界的力量》，《广州社会主义学院学报》2009 年第 1 期，第 48 ~ 49 页。

⑤ 王庆丰：《麦加朝觐与维吾尔族华侨的形成》，《华侨华人历史研究》1990 年第 4 期。

⑥ 陈天社：《阿拉伯国家的中国留学生及其影响》，《世界民族》2008 年第 2 期，第 44 页。

斯、叙利亚、也门等国签订文化教育合作协议。中国与阿拉伯国家开始互派留学生。据阿拉伯联盟驻华代表处提供的信息，2005年时阿拉伯国家的中国留学生有近千人，主要集中于埃及、叙利亚和沙特阿拉伯三国，尤以埃及最多。[①] 20世纪90年代后，随着中国与西亚北非地区关系的密切，尤其是"走出去"战略的提出，中国企业开始较大规模地进入该地区，中国对西亚北非的移民数量开始显著增加。

中东华侨华人包括汉族和少数民族，其中维吾尔族、哈萨克族和回族是中东华侨华人的主要构成部分。按行业来看，主要以商人和劳务工人为主，其中劳务工人占相当大比例。早期的研究中，张天、戴年华认为中东的华侨华人有8万人，其中汉族华人5 000人，哈萨克族华人1万人左右，维吾尔族华人5.5万人。[②] 朱慧玲认为沙特阿拉伯的华人有近20万人，维吾尔族最多，回族次之，还有汉族及其他少数民族。土耳其华侨华人有8万人，维吾尔族5万人，哈萨克族2.5万人，剩下的为汉族和其他少数民族。[③] 根据庄国土等人的研究，2009年，中东华侨华人总数超过40万人。其中伊朗华侨华人为3 000~4 000人，以色列的华侨华人为1万~2.5万人，埃及为4 000~5 000人，阿联酋为10万~15万人，沙特阿拉伯为15万~18万人，土耳其为6万~8万人，中东维吾尔族华侨华人有20万人，哈萨克族华侨华人2.5万人，回族华侨华人2万人，汉族华侨华人15万人。[④] 然而，所在国政府或媒体披露的数字远高于这一统计，如阿联酋华人数量，一种说法是18万，[⑤] 另一种说法是20万，其中商人有5万，大部分是中国劳工。[⑥] 2010年，在埃及的华人数量约6万到10万，受雇于不同行业。[⑦] 而在以色列，据2002年的数据，仅劳工至少有2.5万人，但是只有8 000人在使馆登记注册过，这些劳工主要集中于建筑行业。

表2　主要国家的华侨华人

国家	人数
阿联酋[⑧]	近30万
沙特阿拉伯	20万
土耳其[⑨]	8万
以色列	2.3万
伊朗[⑩]	3 000~4 000

---

① 转引自陈天社：《阿拉伯国家的中国留学生及其影响》，《世界民族》2008年第2期，第45页。

② 张天、戴年华：《中亚西亚华人的历史与现状》，《宁夏大学学报》1994年第3期。

③ 朱慧玲：《新疆籍华侨华人在西亚》，《八桂侨史》1999年第4期。

④ 庄国土：《华侨华人分布状况与发展趋势》，《研究与探讨》2010年第4期。

⑤ Becky Lucas, "Chinese in Dubai", http：//www. timeoutdubai. com/community/features/3683 - chinese - expats - in - dubai, 2013年12月18日。

⑥ Gavin Davids, "Influx of Chinese labour for UAE construction jobs", http：//www. constructionweekonline. com/article - 11514 - influx - of - chinese - labour - for - uae - construction - jobs/, March 22, 2011.

⑦ 这一数字明显夸大。可参见 http：//www. almasryalyoum. com/en/node/120463。

⑧ 《四川省侨联代表团赴阿联酋考察交流》，中国新闻网，http：//www. chinanews. com/zgqj/2013/03 - 11/4633099. shtml, 2013年3月11日。

⑨ 《土耳其华侨华人概述》，http：//news. hexun. com/2011 - 02 - 12/127271211. html。

⑩ 《伊朗华人》，西南大学伊朗研究中心，http：//his. swu. edu. cn/ylyjzx/content. php? article = 94。

（续上表）

国家	人数
叙利亚	100（内战爆发前 5 000）
埃及①	0.8 万
阿尔及利亚②	3.5 万
突尼斯③	370
利比亚④	内战爆发前 35 680

不同国家华侨华人的发展状况是不一样的。可以简单将西亚北非的华侨华人分为传统意义上的华侨华人和新移民两种主要类型，在不同的国家这两者的比重是不一样的。以传统意义上的华侨华人为主的国家有沙特阿拉伯和土耳其，在这两个国家，由于历史等原因，中国人移民到此的历史比较久，例如新疆籍华侨华人在沙特阿拉伯有 70~80 年的历史，已经发展到第四代，第一代中大部分人已经加入沙特阿拉伯国籍，年青一代的绝大多数已进入沙特阿拉伯不同政府部门，开始融入主流社会。而在其他大多数国家，华侨华人则以新移民为主，他们主要是改革开放以后尤其是 90 年代之后到中东和北非经商或工作的中国人。例如阿联酋的华侨华人就以从事传统国际贸易、旅游、机械工程、工程建设为主。其中在阿联酋注册的中资机构人员、华人民营企业家、中阿之间的贸易商人占 60%，主要从事纺织品、生活用品、建材、汽配、餐饮业和旅游业等，他们大都来自浙江、福建、江苏、广东和新疆等地区，来阿联酋打工的占 40%，大都来自江苏、安徽和四川等地，在阿联酋的华侨绝大部分都能够拿到在阿联酋的居留签证，但受阿联酋政策限制没有人加入阿联酋国籍。⑤造成这两种截然不同的移民形态的一个重要原因在于所在国对移民的政策，沙特阿拉伯和土耳其历史上就对包括来自中国的穆斯林持欢迎和鼓励态度，因此，很多移民已经加入所在国的国籍，成为华人。而其他大多数国家执行的是非常严格的移民政策，暂且不说加入所在国国籍问题，即使在对待到该国工作的华侨或其他族群还存在着非常严重的歧视问题。

虽然人数不多且移民的历史不长，但是西亚北非的华人依然非常活跃。其中，阿联酋的华侨华人社团有近 20 个，主要有阿联酋华侨华人联合会、中国商会、温州商会、山东商会、河南同乡会、广东商会等。这些社团主要是以省份为主的地缘性团体，商会居多，成立时间较短。2009 年 12 月 29 日，阿联酋华侨华人联合会成立，成为中东地区第一个正式注册登记的海外侨团。这些华人商会和侨团在加强海外中国人的联系，促进所在国与中国的关系，支持中国国内的经济和社会发展方面发挥着积极的作用。如 2010 年 7 月，广东商会率团前往清远市技术师范学院参加 2010 年毕业生首期出国赴阿联酋迪拜就业仪式；10 月，广东商会与清远市政府正式签署"双百计划"，到 2013 年共三年内资助清远市 100

---

① 《在埃及华人工厂大停工！部分中资机构撤离》，《广州日报》，2013 年 7 月 5 日。

② 《阿尔及利亚出现首个"中国城"》，http：//www. dibai. com/？action – viewnews – itemid – 13115。

③ 《突尼斯代总统就职，社会秩序依旧动荡》，http：//news. qq. com/a/20110117/000063. htm。

④ 《希腊华侨华人助力利比亚撤侨行动侧记》，http：//www. zhongguotongcuhui. org. cn/hwtchzs/201211/t2012110 5_3348072. html。

⑤ 《非洲、中东侨务资源调研报告》，http：//www. zhgpl. com/crn – webapp/cbspub/secDetail. jsp？bookid = 42890&secid =42919，2013 年 12 月 19 日。

名贫困学生，并招聘 100 名清远市技师学院的贫困学生到阿联酋迪拜就业。"双百协议"的成功签订，为校企合作探索了国际化路子，充分利用职业院校为各行业培养人才、实现技能人才输出国外，与广东企业联手开拓海外市场发挥了积极作用，更使清远市技师学院成为阿联酋广东商会人才培养的基地。①

西亚北非的华人也积极创办电台、报纸等媒体形式加强自身的宣传，其中最有代表性的是阿联酋。2008 年 8 月 1 日，迪拜华侨设立并开播中东地区第一家私营电视台，"亚洲商务卫视"是中东地区唯一一家用英语和阿拉伯语传播中国经济、文化的微型电视台。阿联酋华文传媒虽然发展时间短，但在十年时间里不断发展壮大，网络媒体有迪拜华人网、阿联酋中国商会网，报刊有《中东侨报》、《新民商报》、《东方商报》、《华人时报》、《华人之窗》、《绿洲》、《海湾资讯》等，主要是半月刊、旬刊和周刊。

二、2013 年政治经济形势及对华侨华人的影响

除了沙特阿拉伯和土耳其，当前在西亚北非地区的华侨华人主要以经商和工作的新移民为主，这种移民结构决定了在这一地区的华侨华人极易受当地政治和经济形势的影响。这种影响主要表现在两个方面：一是所在国传统的移民政策或对待外来人员的政策，这在很大程度上是由所在国的体制决定的。二是所在国的政治和经济形势变动，这是短期的、突发性的，比较难以预测的，如当前埃及、叙利亚和之前利比亚以及伊朗。因此，可以从这两个方面来理解西亚北非的政治经济形势对华侨华人的影响。

（一）当前政治经济形势

2013 年，西亚北非地区依旧承受着全球金融危机和"阿拉伯之春"后遗症的影响，国际和国内因素的交织持续影响着西亚北非国家的政治和经济发展。政治上，西亚北非国家的政治结构面临着重大改变。地区内的共和制国家，虽然经过了人民革命的洗礼，但由于这些政权早期大多是通过军事政变上台，对内实行独裁统治，执政时间长，政治体制僵化，在改善人民生活水平上缺乏意愿和能力，因此在真正建立起有效和稳定的政局和民主制度上还存在着很大的难度，如埃及的二次革命以及军人的再次干预。相比之下，海湾君主制国家受到的冲击并不大，例如沙特阿拉伯王室在北非国家爆发抗议之后，为了安抚人民，先后拿出 360 亿美元和 670 亿美元用于提高民众福利。从目前来看，海湾国家总体政局平稳，然而，在埃及，政局动荡的影响还在持续发酵，世俗势力与伊斯兰主义之间的对抗愈演愈烈。2013 年 6 月 30 日，在穆尔西执政周年之际，埃及爆发了要求其下台的百万人示威活动，7 月 3 日，军方废黜穆尔西，8 月展开清场行动，10 月 9 日，埃及政府宣布正式解散穆斯林兄弟会。在叙利亚，安理会 2118 号决议要求叙利亚与禁止化武组织和联合国合作，禁止化武组织的进入使处于战乱的叙利亚暂时免于进一步受到外部军事干涉，短期内实现了国家的和平，同时美俄提议召开第二轮叙利亚国际会议，形势似乎朝着政治

---

① 《非洲、中东侨务资源调研报告》，http：//www.zhgpl.com/crn - webapp/cbspub/secDetail.jsp？bookid = 42890&secid = 42919，2013 年 12 月 19 日。其中一些数据借鉴了冀开运教授主持的 2007 年国务院侨办课题"中东华侨华人研究"的相关研究成果。

对话的方向发展，但是巴沙尔政府及叙利亚反对派都对日内瓦会议抱怀疑态度，即使会议能够召开也难以取得实质效果。如果和平会谈迟迟不能举行，叙利亚的局势将会进一步走向失控。[①] 姑且不说动荡中的埃及和叙利亚，即使是在其他相对稳定的国家，由于高失业率、低福利、经济脆弱等一系列因素，政权随时面临着来自国内的挑战和压力，这两者之间已经近于形成一种恶性循环的怪圈。民生得不到改善，很大程度上造成了政权合法性的缺失，而政局的动荡又使国家难以真正步入良性的发展轨道。另外一个重要的政治变化是伊朗新总统上台后所进行的内政外交改革，尤其是在对外政策上，8 月份上台的鲁哈尼总统从表面上看是正在改变内贾德时期与美国的对抗行为，转而抛出不发展核武器并与美国开展对话的"橄榄枝"。但从当前形势来看，伊朗要立刻改变其外交格局还面临着国内与国际的重重压力和阻力。

经济上，政局动荡增强了西亚北非地区的经济风险，贸易、投资和金融行业的发展受到了巨大冲击，2011 年大部分国家经济增长急转直下。国际原油、粮食和商品价值的上涨加剧了国内的通货膨胀，更重要的是，本来西亚北非地区的失业率就一直居高不下，经济形势的恶化使这一问题更加严峻，这反过来又加剧了国内的社会问题。各国出于维稳的需要，持续扩大公共财政支出，增加福利补贴来解决失业问题和国内的需求，又带来了新的赤字问题。这一问题在依赖石油进口的国家中更为严重，这些国家 2011 年财政赤字占GDP 的比例将超过 8%，2012 年将继续攀高，财政的吃紧将给本来就比较弱的私有企业带来致命的打击。[②] 2013 年，西亚北非地区的经济依然面临着很大的不确定性，叙利亚难民涌向黎巴嫩、约旦和伊拉克，给这些国家的公共资源和稳定带来了巨大的压力，埃及政局的动荡导致国内严重的生产停滞、通货膨胀、失业率攀升、市场萧条等问题。根据世界银行的展望，2013 年西亚北非的经济增长将从 2012 年的 5.6% 降低到 2.8%。这一巨幅下降的原因正是由于利比亚、伊朗和叙利亚国内政局的动荡和叙利亚冲突对周边国家的溢出效应以及埃及、突尼斯等石油进口国国家转型期糟糕的经济表现导致的。[③] 西亚北非国家经济结构的一个主要特点是国有经济占绝对比重，私有经济生存空间非常有限。国有经济被少数人控制，成为权力寻租的工具，反而滋生腐败，加剧了国内民众的挫折感和怨恨。另外，虽然私有企业在提供就业岗位、缓解国内就业压力上发挥着重要的作用，但是由于缺乏政策支持，发展非常困难。

安全上，西亚北非政局动荡对国家安全以及地区安全带来深刻的影响。一方面，国内的对抗以及最终的武装冲突造成了政权的真空和无政府状态，在此背景下，国外移民很容易成为被攻击的对象，尤其是那些民众比较反感的国家。利比亚局势恶化初期，曾发生多起袭击和抢劫中国商店及人员的事件。最近，埃及也出现了民众焚烧中国国旗的事件。另一方面，地区国家间的对抗与潜在冲突也将考验外部国家对该地区的政策，这也将直接影响西亚北非国家对中国和中国移民的态度。在阿以关系中，阿拉伯国家的一种外交思维是，希望中国能在阿拉伯世界与以色列之间选择一边。目前更为紧张的是以色列以及西方

---

① 《澳报：和平会议一拖再拖　叙利亚局势或再失控》，中国新闻网，2013 年 11 月 8 日。

② IMF, Middle East and North Africa: Economic Outlook and Key Challenges, Deauville Partnership Ministerial Meeting, September 10, 2011, p. 4.

③ World Bank, "Middle East and North Africa overview", http://www.worldbank.org/en/region/mena/overview, October 1, 2013.

国家与伊朗的关系，由于中国在伊朗有着重大的经济利益，两者之间的冲突甚至战争都将直接危及中国在伊朗的海外利益。另外一个更重要的表现是，西亚北非的动荡使恐怖主义获得了一些新发展，给国际反恐带来了更大的挑战。根据美国 2013 年 5 月发布的 2012 年《各国反恐怖主义形势报告》，2012 年最值得关注的反恐怖主义事态有伊朗对恐怖主义组织的支持明显加剧，利比亚革命后的权力真空以及武器流散问题等给恐怖主义分子提供了新的机会。失去领导层迫使"基地"组织的附属团伙更有可能各自单独行动，恐怖主义的威胁更分散，地理分布更广。①

（二）对华侨华人的影响

总体而言，2013 年西亚北非地区的政治动荡、经济前景不明和安全形势变化给华侨华人带来了新的挑战乃至威胁。①国家的政局变动对华侨华人的工作、生活和安全造成直接的威胁。在这种情况下，华人不得不撤离、躲避或承受巨大的经济损失。之前最有代表性的是中国从利比亚的撤侨，而当前，埃及局势的持续动荡使在当地工作和生活的华人难以继续留在埃及，很多人开始选择或考虑离开，大部分华人工厂和商店被迫关闭或停工，部分中资机构选择撤离。②在叙利亚危机爆发前，在叙的华人大概有 5 000 人，而现在则只剩下 100 人，其中还包括 20 多名使馆工作人员，剩下的在完成所承担的工程或工作后也将撤离。③②经济形势恶化给华人经济带来冲击，与当地的行业竞争和就业竞争可能加剧当地人对华人的仇视。这在北非国家表现得更加明显。华人在该地区的经济活动主要以经商为主，且多为实体店铺，经济形势的恶化一方面影响经营收入，另一方面则有可能成为当地人攻击的对象。因为在很多当地人看来，中国人从中国本土带去的廉价商品对当地经济产生了重大冲击，例如在阿尔及利亚很多人看来，中国商品导致阿尔及利亚纺织和服装行业倒闭，中国商品绝大部分并没有经过阿尔及利亚政府部门的检验，存在着严重的质量问题。另外，当地人，尤其是劳动力充沛的国家，认为中国工人的到来抢了当地人的饭碗。这些问题在政局和经济稳定时期可能不会表现得很明显，但是，一旦这些国家出现动荡，中国商店、企业和人员很有可能成为被攻击的对象。③社会融入是中国移民在该地区面临的重要问题，直接影响着当地人对中国移民的态度。中国企业和移民到当地后，基本上把自己封闭起来，缺乏与当地的沟通融合。当然，宗教、文化和生活方式的差异使当地人很难理解中国人的信仰和生活方式，一些企业也进行了尝试，比如为当地修建清真寺，尽管如此，在当地人看来，与中国人共同生活还是很困难的。这种文化上的不适应性甚至排斥性在特殊时期有可能会演变为具体的行为。④人身安全和合法权益仍是华侨华人面临的首要问题。随着突尼斯、利比亚等国政局的逐渐平稳，以及阿尔及利亚等国对恐怖主义活动打击的初见成效，当地华侨华人的安全状况也逐渐得以改善，但是，人身安全问题依然不容忽视，尤其是埃及穆兄会被解散将很有可能加剧国内伊斯兰极端主义势力的抬头，

① United Sates Department of State，Country Reports on Terrorism 2012，http：//www. state. gov/documents/organization/210204. pdf，May，2013.

② 《在埃及华人工厂大停工！部分中资机构撤离》，《广州日报》，http：//news. xinhuanet. com/world/2013 - 07/05/c_124959921. htm，2013 年 7 月 5 日。

③ 《叙利亚华人由 5 000 减至 100 人多系自发撤离》，《钱江晚报》，http：//mil. news. sina. com. cn/2012 - 07 - 25/1625696615. html，2012 年 7 月 25 日。

从而对国内安全形势形成严峻挑战。另外，由于缺乏法律保障和有效的沟通，在该地区的中国非法移民的权益保障仍然是一个严峻的问题。⑤恐怖主义对华侨华人的攻击和渗透也是一个值得注意的问题。中东聚集了相当数量的中国穆斯林，同时也成为境外"东突"分子的主要据点。从 20 世纪 90 年代开始，西亚北非地区已经发生了多起针对中国公民和机构的恐怖事件，"9·11 事件"后，中国公民和法人企业机构在中东地区遭受恐怖袭击的案例明显增多。例如，"东突"分子对中国驻土耳其使馆和领馆的袭击，在以色列、约旦发生的多起自杀式爆炸事件造成多名中国人死亡和受伤。①

三、结论与趋势

展望未来，西亚北非依旧将是一个稳定与动荡、发展与欠发展、世俗政权与伊斯兰主义、文官政府与军方介入等多种因素并存的地区。从当前的形势来看，西亚北非国家的前景大致可以从两类国家进行理解：一是目前政权相对稳定、经济获得较快发展的国家，主要是海湾等石油国家及以色列。这些国家一方面拥有石油、天然气等能源并能建立起相对成功的能源经济，同时，近年来这些国家也大力发展非能源经济，促进国家经济的多元化发展。这反过来又增强了国家在发展经济、提供社会公共服务、解决民生问题上的能力，从而增强了政权的合法性。二是前景不确定或者政治经济形势相对容易受到影响的国家，如埃及、叙利亚、阿尔及利亚等实行共和制、世俗势力与伊斯兰势力对抗激烈，或民生问题比较严重的国家，其中可能还包括伊朗。在这些国家，政治、经济与社会问题非常尖锐，而且彼此相互影响，很大程度上形成了一种恶性循环。而最终解决这一问题可能依然需要民生与民主的同步发展，当然，这一过程注定会经历曲折和动荡。这也正是西亚北非华人所面临的最直接也是最大的挑战。在西亚北非的华人主要是企业工作人员、私人经营者、海外劳工乃至非法移民，因此，一方面，政局的动荡极易对这些企业和华人群体产生冲击，而另一方面，这些华人主要从事的是临时性的、短期的、灵活性更大的工作，因此相对容易从危机中摆脱出来。但需要这些亲身经历者和中国政府及驻外使领馆提早及时地对所在国的形势有所预判并作出相应安排。

总体上而言，中国从 20 世纪 90 年代开始向西亚北非地区较大规模移民是中国与该地区日益密切的经济政治关系的结果。目前中国移民主要以海外劳工和商人为主，也有少量的国际学生、医生、农业和科学技术人员，其中海外劳工占较大比重。而随着中国与该地区关系的密切，以国有银行、国有企业为主体的"国家队"也开始较大规模地在西亚北非地区开展合作，这在很大程度上提高了中国与西亚北非地区人员交往的层次和深度，也提高了西亚北非华人在中国对外交往中的重要性。这些中国移民在促进双方关系、服务当地经济发展、推动双方相互了解和认识上发挥着重要的作用。然而，受地区现实和国际格局的影响，西亚北非华侨华人的生存和发展也面临着严峻的问题，这些问题是由多方面因素决定的：①政局动荡和经济形势恶化加剧了华人经商的风险以及人身安全状况；②西亚北非国家对华政策以及民众对华认识的变化将直接影响其对华人的态度，这有可能对华人与

---

① 具体情况参见朱威烈：《中东恐怖主义、全球治理与中国的反恐政策》，《阿拉伯世界研究》2011 年第 2 期，第 3~9 页。

当地的融合产生重要影响；③西亚北非国家对海外移民的政策支持和保障措施比较缺乏，海外移民尤其是移民劳工与本国国民的区别待遇比较明显，歧视和排外行为时常发生；④文化、宗教和生活方式等的差异使华侨华人很难融入当地，文化的隔阂和封闭使相互之间缺乏有效的沟通和理解，甚至导致偏见和误解；⑤华侨华人合法权益的保护，以及非法移民的生存问题已经成为中国与相关国家关系发展过程中应该重视的重要问题；⑥恐怖主义组织的袭击和渗透是华侨华人在该地区人身安全面临的重要威胁。

据上，华侨华人的生存和发展问题不仅仅是简单的国际移民问题，事实上，它是涉及政治、外交、经济、文化、宗教、社会，以及两者之间关系的系统问题。华侨华人的研究以及相关政策的制定必须建立在对这一体系充分研究的基础之上，为此，本文尝试提出几点政策建议：

第一，根据新的变化，明确中国在阿拉伯世界的战略，加强对西亚北非地区的国别研究，提高中国外交的预判、快速反应和政策制定水平。西亚北非变局最深刻的影响是阿拉伯世界人民民主意识的觉醒，与之相联系的是，在中国与叙利亚、伊朗等独裁国家的关系问题上，这些国家与中国有着不同的看法，这直接影响到它们对华侨华人的认识和态度。当前必须加强对该地区国家，尤其是热点国家的研究，提早进行策略调整，降低可能的风险对中国利益的影响。

第二，政策制定部门加强与智库和学术机构的联系，定期更新西亚北非形势和风险报告，为企业和公民前往该地区从事经济和其他活动提供有效的参考，降低不良事件发生的概率。同时，建议中国企业，尤其是国有大型企业对西亚北非国家进行投资或合作时，必须进行充分的可行性调研和风险评估。有研究表明，内战导致的利比亚与中国的合同纠纷很大程度上是由于中国银行和相关企业一开始就没有考虑到当地的法律制度，甚至对合同文本本身没有进行充分研究。

第三，充分发挥地方侨务部门的作用，加强与西亚北非国家华侨华人的联络。地方侨务部门在统计地方华侨华人数量、生存和发展状况，以及存在的问题方面具有特殊的优势，因此，应该定期进行这方面的统计工作。关注在西亚北非地区取得成功的华侨华人的同时，更应该关心刚到该地区的新移民，调研和分析这些新移民生存和发展面临的问题，通过出台相关政策和具体措施给予新移民更大的支持。

第四，鼓励中国企业加强与当地的沟通交流，切实承担起社会责任。一方面，在失业率高的国家，鼓励企业更多地雇用当地人，缓解对中国可能造成的负面认识的影响；另一方面，立足当地，通过赞助当地学校、医院、清真寺以及社区服务等形式加强与当地的交流。

第五，加强与西亚北非相关国家在移民管理和保护上的外交和法律合作。随着中国人越来越多地移民到西亚北非地区，非法劳务输出、人口走私活动日益猖獗，这直接给中国的国家形象、所在国的社会治安以及中国人的生存安全构成了威胁。中国政府应重视这一新的问题，认真研讨对策，通过加强与所在国政府的外交和法律合作，严厉打击这一违法行为，尽最大可能向滞留的中国移民提供保护。

第六，重视华侨华人社团、媒体等在促进当地华侨华人正确认识中国发展上的重要作用。中东地区华侨华人面临着"东突"分裂势力甚至恐怖组织的宣传和渗透的威胁，为此，中国国内在加强宣传的同时，还可利用当地的社团和媒体积极向华侨华人传递真实的信息，共同维护国家安全与边疆稳定。

印度尼西亚

2013 年，印尼政局基本稳定，有关选举的话题充斥着印尼政坛，除了 160 多个地方选举外，各政党和潜在候选人都在积极地为 2014 年大选预热。选举带来了激情，也引起一些社会矛盾。中国—印尼关系进一步良好发展，习近平主席圆满访问印尼，并将中国—印尼关系提升到全面战略伙伴关系，这为印尼华人的发展提供了良好的宏观环境。但是 2013 年，印尼经济增速下滑、通货膨胀居高不下、盾币贬值、资本外逃、工人罢工增加、种族主义有抬头倾向，印尼排华风险依然存在，并有上升趋势。

一、印尼基本国情及中国—印尼关系

（一）印尼基本国情

表 1　印度尼西亚概况

国家全名	印度尼西亚共和国（Republic of Indonesia）
地理位置	北纬 6°、南纬 11°；东经 95°～141°。位于亚洲东南部，地处赤道线上，以"千岛之国"闻名于世，由太平洋和印度洋之间 17 508 个大小岛屿组成，其中约 6 000 个有人居住，是世界上岛屿最多，面积最大的群岛之国
领土面积	全国陆地面积 190.4 万平方公里，居世界第九位，相当于中国的 1/5。海洋面积 790 万平方公里（包括专属经济区），海岸线长 54 716 公里，领海宽度 12 海里，专属经济区 200 海里
首都	雅加达（Jakarta）
官方语言	印尼语
主要民族	爪哇族（41.65%）、巽他族（15.41%）、马都拉族（3.37%）、米南加保族（2.72%）等
政体	宪政体制下的总统内阁制
执政党	由民主党领导的执政联盟，包括从业阶层党、福利公正党、国民使命党、团结建设党和民族复兴党
现任总统	苏西洛·班邦·尤多约诺
人口数量	2.38 亿（2010 年印尼人口普查）
华侨华人人口数量	241 万～3 000 万
华侨华人占总人口比例	1.5%～12%

（续上表）

GDP	9 040.3 亿美元（IMF 2013 年 10 月预测数据）
GDP 增长率	5.3%（IMF 2013 年 10 月预测数据）
人均 GDP	3 751 美元（根据 IMF 2013 年 10 月预测数据计算）
CPI	6.8%（估计）
失业率	6.1%（2013 年 12 月 2 日印尼统计局公布）

（二）中国—印尼关系的新发展

中国和印尼是隔海相望的友好邻邦，两国人口共达 16 亿，占世界人口 1/4，两国均为 G20 成员，都是地区和世界上有影响力的发展中大国。2013 年，中国—印尼继续加强战略伙伴关系，双方在政治领域的互信进一步加强，经济领域的合作不断扩大，社会文化领域的往来频繁。2013 年，双边关系的发展大事莫过于习近平主席 10 月份访问印尼，这次访问可以说开辟了两国关系的新篇章。访问期间，习近平主席分别与印尼苏西洛、副总统布迪奥诺、国会议长马尔祖基、人协主席希达多等印尼政要会谈，并在印尼国会发表演讲，出席在雅加达举办的中国—印尼商务午餐会。最后，习近平主席和苏西洛总统共同发表了《中印尼全面战略伙伴关系未来规划》，两国元首宣布将两国原有的战略伙伴关系提升到全面战略伙伴关系的高度，开辟了两国关系的新篇章。在经贸合作方面，两国签署了经贸合作五年发展规划，以及一系列包括扩大旅游合作，加强基础建设在内的"上天入地"、海陆空全方位发展的合作协议，不再局限于商贸领域，为今后双边务实合作指明了方向；在人文交流方面，两国将在未来 3～5 年间，开展青年百人团互访、穆斯林长老团访华，中国将向印尼方提供 1 000 个孔子学院奖学金名额，并在印尼建立中国文化中心，积极推动两国民间深入交流。中国—印尼双边关系的良性互动为印尼华侨华人的生存与发展提供了良好的宏观环境。

二、印尼华侨华人简况

（一）数量与分布

自汉唐时期就开始有中国人漂洋过海到印尼群岛谋生定居。在荷兰殖民统治印尼群岛的三百多年间，先后经历了三次较大规模的华人移民潮。根据荷兰殖民政府 1930 年人口普查数据显示，1930 年印尼华侨华人已达 123 万人，占当地人口的 2.1%。[1]而印尼独立后相当长一段时期没有对华人进行单独的分类统计，直到 2000 年印尼人口普查对华人开始出现单独分类统计。[2]根据印尼 2010 年人口普查网《印尼居民国籍、民族、宗教、日常用语》数据，印尼华人人口数量为 283.25 万人，占印尼总人口的 1.2%。但由于政治、历史、文化融合等原因导致相当一部分华人不敢、不愿承认或不认同自己的华裔身份，因此

① Victor Purcell, *The Chinese in Southeast Asia*, Oxford：Oxford University Press, 1965.
② 印尼 2000 年和 2010 年人口普查民族类别中，华人用"Cina"一词，并标注 Cina 是指拥有印尼国籍的华裔公民。

学术界普遍认为这一数据低估了印尼华人人口数量，而学术界对印尼华人人口数量的估计也不统一，大概在790万～2 000万之间。

印尼华人分布在印尼全国各地，主要分布于爪哇岛、北苏门答腊、廖内群岛和西加里曼丹一带。①印尼华人的祖籍多是福建省，其次为广东省，也有少数来自海南、广西、江苏、浙江、山东、湖北等地，目前90%以上都已入籍印尼。

（二）经济情况

印尼著名学者索菲安·瓦南迪认为，印尼华人中56%为下层平民，20%为专业技术人员，20%为中产阶级，财团老板只占4%。②在后苏哈托时代，随着经济全球化，华人在印尼所经营的行业很广，遍及第一、第二、第三大产业，但主要集中在香烟制造、水泥、纸浆、农产品加工、金融、房地产等行业。③印尼华人领袖汪友山指出，华人经济约占印尼经济的20%～30%，因为世代经营的原因，华人经济在零售、流动体系占有一定的优势。④2013年福布斯富豪排行榜在11月公布印尼十大富豪总资产累计518亿美元，前十名富豪中有8位是华人。其中印尼针记集团创办者黄惠忠和黄惠祥兄弟第五年蝉联印尼首富宝座，总资产为150亿美元。⑤

（三）参政情况

印尼在进入民主改革时期后，实行了多元民族、多元文化的政策，尤其是2006年《新国籍法》的颁布和2008年消除种族和民族歧视法令法规的出台，为华人参政提供了法律基础。

新时期印尼华人参政也出现一些新特点，如从最初的依托接受任命方式参政转向通过基层选举方式参政。如印尼前经济统筹部长郭建议、现旅游和创新经济部长冯惠兰等都是通过接受任命的方式走向政坛的。随着印尼民主制度逐渐走向巩固，选举观念深入社会各阶层，通过参与投票选举参政成为华人参政的一个主要特征。最典型的莫过于2012年华人钟万学通过两轮激烈的竞选后，成功当选印尼首都雅加达副省长，成为当代印尼华人参政的楷模。

钟万学和他的搭档雅加达省长佐科维自2012年上任以来首先倾力于整治首都乱象，他们的一言一行颇受印尼主流媒体关注，两人被称为媒体的宠儿（Media Darling），所到之处都受到当地民众欢迎。施政一年以来，他在印尼政治中心舞台的登台成为印尼华人中优秀的榜样，激励和号召印尼华人尤其是华裔青年为国奉献、为国服务，为华人从政铺展

① Ananta, Aris and Arifin, Evi Nurvidya and Bakhtiar, "Chinese Indonesians in Indonesia and the Province of Riau Archipelago: A Demographic Analysis", in Suryadinata, Leo, *Ethnic Chinese in Contemporary Indonesia*, Singapore: Institute of Southeast Asian Studies, 2008, p.27.

② 《印尼华侨华人概况》，中国侨网，http://www.chinaqw.com/news/2006/0630/68/34591.shtml，2006年6月30日。

③ 台湾中正大学：《2007华侨经济年鉴》，台北：台湾"侨务委员会"2007年版，第77页。

④ 《印尼侨领：华人政坛时代来临 将现"奥巴马"型人物》，中国新闻网，http://www.chinanews.com/hr/hr-yzhrxw/news/2009/06-15/1734054.shtml，2009年6月15日。

⑤ 《2013年印尼富豪榜：黄氏兄弟连续第五年夺冠》，福布斯中文网，http://www.forbeschina.com/review/201311/0029597.shtml，2013年11月21日。

新的道路。

但是作为印尼独立以来第一对原住民—非原住民、伊斯兰教—基督教的首都省长—副省长组合，这两位媒体宠儿尤其是钟万学时常面临来自多方的猛烈攻势和严峻挑战。自2012年省长选举期间，作为来自草根阶层的非伊斯兰少数族裔，钟万学多次受到带有种族歧视的言论攻击。但通过他自身的坚定信念与搭档的共同努力，两人一年来的执政表现受到雅加达民众的肯定（满意度达97.5%），[①]并得到其政党人士的支持和主流媒体的正面报道。可以说，现今的印尼社会仍存在种族歧视，对来自少数族裔和非主流宗教的领导者未能完全接受，华人的地位依旧脆弱。但是，钟万学的当选，除了是印尼华人参政的里程碑，更是让印尼民主社会走向成熟、开放和包容的重要开端。[②]

（四）华社、华媒和华教的发展

据不完全统计，目前的印尼华人社团达700个以上，类型多元，可分为传统宗亲会和同乡会、联谊型学缘社团、宗教型社团、文娱类社团、行业性社团、综合型组织等类型。其中传统宗亲会和同乡会占多数，其次为联谊型学缘社团。印尼华社关注民生、注重和谐，但社团内部冲突和争论时有发生，并且老龄化严重，青年社员力量发挥不大，华人妇女社员不受重视。但随着华人社团而推动的政治活动，将不断改变印尼华人的未来。[③]

世纪交替之际，印尼全国性的华文报刊如雨后春笋般涌现，有《国际日报》、《印尼商报》和《千岛日报》等，地方华文报有《坤甸日报》、《泗水晨报》等，还有双语甚至是三语的报刊，例如《国际传媒日报》和《新声》等。目前，印尼华文报刊将华人文化的倡导以及印尼华人的"再华化"视为主要目标，但由于华文报刊读者正在减少，印尼华文报刊的持续生存面临挑战。[④]一些华文报刊如《国际日报》和《千岛日报》开始开辟印尼语领域，并逐步实现电子化，加强信息阅读的便捷性。

在华文教育方面，印尼进入民主改革后，政府对华人和华文教育采取了开放政策，各种自发的华文补习班如雨后春笋般在各地涌现，一些华文教育工作者和机构积极推动将华文教育纳入印尼国民教育体系中。现今，部分印尼中小学逐步开设中文课（属课外选修课），一些大学开设了中文专业和中文选修课。[⑤]华人还创办了以中、英、印尼语三语教学的三语中小学校约60所，[⑥]以及玛中大学、慈育大学和亚洲国际友好学院等大专学府。此外，印尼的华文教育，得到了印度尼西亚、中国两国政府的大力支持。两国签订中文师资

① Setahun Jokowi - Ahok, Survei: 97, 5 % Publik Puas, http://www. tempo. co/read/news/2013/10/18/231522637/Setahun - Jokowi - Ahok - Survei - 975 - - Publik - Puas, 18 October, 2013.

② 参考：Sedikit Kisah Ahok, Menghadapi Berbagai Tantangan Rasisme, http://sosok. kompasiana. com/2013/10/09/sedikit - kisah - ahok - menghadapi - berbagai - tantangan - rasisme - - 598902. html, 9 October, 2013; Setahun Jokowi - Ahok, Ini Rapor Merah dan Birunya, http://www. tempo. co/read/news/2013/10/18/231522643/Setahun - Jokowi - Ahok - Ini - Rapor - Merah - dan - Birunya, 18 October, 2013.

③ 李卓辉：《结束陈旧的"华人问题"》，《印尼焦点》2013年第38期，第47页。

④ 李卓辉：《结束陈旧的"华人问题"》，《印尼焦点》2013年第38期，第47页。

⑤ 2012年在印尼教育部网站搜索得出印尼大学中已设有中文本科和大专专业的院校约有21所，而设有中文选修课程的院校数目估计更多。

⑥ 由于印尼教育部目前尚没有详细的三语学校统计数据，而且三语学校除了华人华社创办也有其他族裔创办，目前还没有关于华人创立的三语学校的官方统计数据。因此，笔者主要通过印尼《国际日报》和《千岛日报》网站，使用关键词"三语学校"来搜索相关新闻统计得出2012年已建成和在建的华人创办的三语学校达60多所。

培训协议，中国每年派出志愿者和对外汉语教学专家到当地支教、培训，为当地学生提供留华奖学金，2010年还在印尼成立了6所孔子学院。

三、2013—2014年印尼政治经济形势变化对华侨华人的影响

（一）2013年印尼政治局势及2014年大选预测

2013年，印尼政局基本稳定。尽管距离印尼总统大选年还有1年时间，但是2013年有关选举的话题层出不穷，充斥着印尼政坛，各政党和潜在候选人都在积极地为2014年大选预热。为了积极准备2014年大选，一些地方将原本于2014年进行的选举提前到2013年，2013年全年，印尼有160多个地方进行选举。可以说，2013年是印尼的小选举年。

2013年，印尼选举委员会制定新规，满足以下条件的政党才能参加2014年大选：①在所有省份都有分部；②在所有省份的75%的市有分部；③在市里50%的区有分部；④在分会管理层女性至少占30%。经过甄别，普选委员会确定了15个合格的政党角逐2014年印尼国会席位。[1]根据2012年印尼《第8号法》，各政党至少获取全国票数的3.5%，才能进入国会，这比2009年2%的门槛提高了。根据印尼《罗盘报》的民调显示，目前支持度比较高的政党主要是梅加瓦蒂领导的斗争民主党、巴格利领导的从业阶层党、苏西洛领导的民主党和伯拉波沃领导的大印尼运动党等。民主党因贪腐案而名望下降，并引起了民众的厌恶，在2014年的大选中所得票数将会大幅下降。根据印尼《选举法》，2014年4月印尼举行国会选举，5月份各政党推出各自的正副总统候选人，7月5日举行正副总统大选。

表2 印尼《罗盘报》研发部发布的关于参加2014年大选的各政党的支持度

政党	时间				
	1999年	2004年	2009年	2012年12月	2013年6月
斗争民主党	33.74%	18.53%	14.01%	13.30%	23.60%
从业阶层党	22.44%	21.62%	14.45%	15.40%	16.00%
大印尼运动党			4.46%	6.70%	13.60%
民主党		7.45%	20.81%	9.30%	10.10%
民族复兴党	12.61%	10.61%	4.95%	5.90%	5.70%
建设团结党	10.71%	8.61%	4.46%	4.20%	4.80%
民族民主党				3.60%	4.10%
民心党			3.77%	1.70%	2.70%
国民使命党	7.12%	7.8%	6.01%	3.30%	2.50%
福利公正党	1.36%	7.46%	7.88%	3.50%	2.20%

---

① Jonathan Chen and Adhi Priamarizki, Indonesia's Democratic Evolution: Political Engineering Post - Reformasi, *RSIS Commentaries*, No. 162/2013, dated 30 August, 2013.

（续上表）

政党	时间				
	1999 年	2004 年	2009 年	2012 年 12 月	2013 年 6 月
其他政党				1.10%	1.30%
未表态				36.30%	13.40%

资料来源：《罗盘报》研发部：《罗盘报》，2013 年 10 月 25 日。

印尼各界已经对 2014 年参选的潜在候选人进行了大量的推测估计，从《罗盘报》研发部在 2012 年 12 月和 2013 年 6 月进行的两次总统候选人民调来看，很难否定雅加达省长佐科维将在 2014 年大选中成为决定性的人物。佐科维当选为总统的支持率，远比其他人选高，尽管他尚未宣布要当总统候选人。如果从群众基础发展状况（预测候选人力量趋向的重要元素）来看，只有两位人选有较大的机会成为未来总统：佐科维和伯拉波沃。民调指出，这两人的支持率的提升与政党获票率的提升是呈直线形的。而其他人物和政党的支持度是相对停滞不前的。①不过，佐科维能否最终成为竞选人，还取决于他所在的政党斗争民主党和该党党首梅加瓦蒂的决定。

表3　印尼《罗盘报》研发部对候选人支持度的两次民调

	2012 年 12 月	2013 年 6 月
佐科维	17.70%	32.50%
伯拉波沃	13.30%	15.10%
梅加瓦蒂	9.30%	8.00%
尤素夫·卡拉	6.70%	4.50%
巴格利	5.90%	8.80%
其他 15 位候选人	16.20%	18.20%
未表态	30.90%	12.90%

资料来源：《罗盘报》研发部：《佐科维的民调支持率跃升，是我国政治新标志》，《千岛日报》，2013 年 8 月 27 日。

（二）2013 年印尼经济形势

由于金融条件趋紧以及投资减弱，2013 年印尼经济增长放缓。IMF 预测印尼 2013 年经济增长 5.3%，2014 年将会增长 5.5%，而印尼统计局公布的数据是 2013 年前三季度印尼经济增长 5.83%，贡献最大的依然是制造业和农业，分别占 GDP 的 23.11% 和 15.21%。然而，与此同时，印尼的通货膨胀率急剧上升，CPI 指数从 2013 年初的 4.57% 上升到 8 月份的 8.79%，直到 11 月份，仍然在 8% 以上，预计全年 CPI 会是 6.84%。

高企不下的通货膨胀率，加上美国传出推出量化宽松政策的消息，给印尼带来了一系

---

① 《如果佐科维不当总统候选人?》，《千岛日报》，2013 年 8 月 29 日。

列的经济和社会问题，首先表现在印尼盾大幅贬值。2013 年 8 月 30 日，印尼盾与美元的汇率下跌到 1 美元兑换 11 035 盾，跌破了 11 000 盾的心理大关；截至 2013 年 12 月 12 日，印尼盾与美元的汇率已经下跌到 1 美元兑换 11 921 盾，成为自 2008 年以来贬值最大、汇率最恶化的纪录，同时也是 2013 年亚洲货币中表现最差的货币。[①]与此同时，汇率变化引起了资金外逃，导致印尼股票市场表现差，雅加达综合指数（Jakarta Composite Index，JCI）出现大幅下跌，2013 年 8 月 28 日，暴跌至 3 837.74 点，成为年度最低点，[②]摩根士丹利（Morgan Stanley）将印尼股市从"积极"等级下调到"中等"。[③]通货膨胀导致名义工资下降，引发了工人要求增加工资的示威游行，雅加达爆发大规模游行示威，要求雅加达政府将工人的每月最低工资从 220 万盾增加到 370 万盾，涨幅达到 68%。[④]但同时，印尼的生产率并没有太多上升。工资的上涨，虽然增加了工人的福利，但对于生产企业来说，却增加了成本，如果工资上涨速度超过了生产率的增长速度，将不利于经济的长期增长，而且会使失业率增加。因此，国际观察家认为，印尼不再是理想的投资地。

（三）2013 年印尼国内政治经济形势对华侨华人的影响

1. 印尼华人进一步融入当地社会，并积极参与印尼大选预测活动

2013 年春节期间，总统苏西洛出席印尼华人新春联欢和元宵活动，这是苏西洛执政以来连续第 9 年出席华人庆祝春节活动。当时雅加达正遭遇特大洪灾。在春节庆祝活动上，苏西洛总统致辞呼吁印尼华人社会守望相助帮助灾民，在大选前避免不良政治杂音，号召华人社会齐心协力为印尼经济建设努力，为印尼统一和发展事业出力。为响应苏西洛总统的号召，印尼华社庆祝春节的活动开始调整，大多低调进行，敲锣打鼓、街上庆祝游行、舞狮队上街拜年的现象减少，大多自觉节约过节，并在春节期间进行义诊、分发爱心包给穷苦人民，增添欢庆春节的意义，体现了印尼华人与当地原住民同甘共苦的精神，也是印尼华人进一步融入当地社会的写照。

新闻媒体也出现一些华人富豪竞选 2014 年副总统的消息，但分析家指出华商富豪参政更多被看作一个有钱人而不是领导人，更像是一些党派为提高支持率的策略。印尼的一些党派如民族复兴党，印尼的华人社团如印尼华裔总会邀请华人共同探讨 2014 年大选选情，华人积极参与印尼政治。受 2012 年印尼雅加达省长选举影响，该届大选有可能出现多元化组合，年轻参选人也将增加。但同时，印尼选情民调指出，金钱政治和操作选票将是最令人忧虑的违法行为。[⑤]因此，印尼华人除了积极选举出印尼政治领袖外，还应以身作则，如苏西洛所呼吁的——避免不良政治杂音。

2. 印尼经济下滑、罢工增加会引发排华风险

如前文所述，2013 年印尼经济下滑，通货膨胀率高企，失业率增加，引发了国内大量的要求提高工资的游行示威。根据历史上历次排华经验教训，情绪激昂的工人容易受到种

---

① Indonesia's Rupiah Struggles to Rise，http：//australianetwork. com/focus/s3717454. htm, 2013 年 12 月 13 日。

② http：//quotes. wsj. com/index/ID/JAKIDX，2013 年 8 月 29 日。

③ Satria Sambijantoro, Indonesia "most vulnerable" to capital flight, The Jakarta Post, July 5, 2013.

④ Workers warn of nationwide strike, The Jakarta Post, October 22, 2013.

⑤ 《选民教育网大选观察员指出金钱政治和操纵选票危害 2014 年大选》，《千岛日报》，2013 年 11 月 8 日。

族主义者的煽动和挑拨，一旦局面失控，首当其冲的就是手无寸铁的华人，特别是中小企业的经营者和广大中下层华人。因此，印尼华文媒体呼吁印尼华社领袖精英们要居安思危，不仅要自律，起带头作用，也要号召大家一起反对一切歪风邪气；同时，要促进社会和谐，同情广大的穷苦人，团结互助，尽一切力量帮助那些遇到困难的草根群众。只有和他们打成一片，成为他们的朋友，才有可能保持社会安定和民族和睦。①

3. 印尼民族主义上升增加了排华风险

钟万学担任雅加达副省长，是印尼华人的骄傲，同时也引起某些印尼人的不满，尤其是那些种族主义分子。2013 年，钟万学在处理雅加达事务过程中，曾经提到特别分配给雅加达省府高官的车牌号码落入私人手中。2013 年 1 月 9 日，印尼一位律师法尔哈特·阿巴斯在推特网这样评论 "阿学连车牌小事都要唠叨！不管什么车牌，他还是支那"。这种言论，立即引起印尼华人的不满。华人认为，这种言论明显侮辱了雅加达副省长钟万学，不仅抵触了礼貌道德，而且也触犯了反种族歧视法。②因为印尼在 2008 年已制定关于《反对种族和民族歧视》的法令，第四条明确在公共场所对不同种族或民族的人展示憎恨，属于歧视性的行为，违者将被处以最高五年的监禁。在反对声中，法尔哈特·阿巴斯不得不在推特网上向钟万学道歉。但是由于法尔哈特·阿巴斯是律师，具有一定的社会地位，他散布种族主义的公开言论应引起人们的警惕。

四、结论与趋势

目前，从整体大局上看，印尼国内的政治比较稳定，宏观经济保持发展，对华侨华人消除了政策上歧视，中国—印尼关系在战略伙伴框架下出现良性互动发展，这些都为华侨华人在印尼生存发展提供了良好的宏观环境。但是，由于印尼是一个多元民族、多元宗教、多元文化的国家，印尼的民主化进程虽然已经取得很大进步但仍在完善中，种族主义和地方分离主义时有发生，加上苏哈托 32 年的专制统治所遗留的历史问题，因此，在短期内完全消除对华侨华人的歧视是比较困难的，印尼华人融入主流社会还存在一定的障碍。笔者从印尼华人和中方政府两方面作出建议：

（一）居安思危，积极融入主流社会

印尼进入民主改革时期后，华人社会相安无事，华人的社会地位和生存条件有了较大的改善。但由于印尼贫富差距严重，华人奢华、攀比行为越来越引起当地人的不满，并且印尼社会政治、经济存在一定的不稳定因素，华人社团应予以警惕。为此，华人领袖应该起到实质带头作用，摒弃陋习，多参与主流社会活动，多与草根阶层互动，团结互助，改变偏见，促进社会和谐。

（二）注意外交礼节，增进民间交流

（1）在华人问题较为敏感的国家例如印尼，中方人员（尤其是政府官员）应注意外

---

① 《印尼华社又响起警钟!》，《千岛日报》，2013 年 11 月 4 日。
② 《种族主义噪声》，《千岛日报》，2013 年 1 月 30 日。

交礼节。一些华人讲究排场而不考虑是否符合外交程序，常喜欢邀请中方政府官员参加活动。因此，中方人员出席印尼华社活动应该多加注意，否则容易被认为不符合外交关系的相关法规。

（2）2012—2013 年间，中国—印尼两国文化交流活动增加，例如印尼媒体团受邀到中国访问、中国回族大型舞剧在印尼上演，都受到当地社会的好评。因此，增加文化、宗教的民间交流活动，通过邀请印尼媒体访问团、宗教访问团、艺术访问团、青年访问团，让印尼主流社会更加正面、客观地了解中国。

（3）中国教育展、留华奖学金等相关信息应通过使领馆、孔子学院与当地大专院校合作发布，让这些信息不再局限在印尼华社。

2013 年 10 月习近平主席圆满访问印尼，中国—印尼战略伙伴关系得到提升，双方的多元、多方、更加深入的良性互动将为印尼华侨华人的生存与发展提供良好的宏观环境，而印尼华人在印尼与中国之间将会担任两国民间交流的重要桥梁、纽带和协调者。

马来西亚

2013 年，受欧美经济持续低迷和出口贸易下滑的影响，马来西亚经济发展比 2012 年略显逊色，但经济发展的总体形势还是比较稳定的。2013 年 10 月，中国国家主席习近平对马来西亚进行国事访问，成果丰厚，不仅促进了中马关系的发展，对马来西亚华人也是一个极大鼓舞。2013 年 5 月 5 日马来西亚举行了第 13 届全国大选，华人执政党遭受重大挫败，马来西亚种族关系受到一定的影响。

一、马来西亚基本国情

表 1　马来西亚概况

国家全名	马来西亚联邦	地理位置	东南亚	领土面积	330 257 平方公里
首都	吉隆坡	官方语言	马来语	主要民族	马来族、华族、印度族
政体	君主立宪联邦制	执政党/主要反对党	巫统、马华公会/伊斯兰教党、人民公正党、民主行动党	现任国家元首/政府首脑	阿布杜勒·哈利姆/纳吉布
人口数量	2 994 万人（2013 年）	华侨华人人口数量	约 660 万人	华侨华人占总人口比例	约22%
GDP/人均 GDP	2012 年人均 GDP 为 9 974 美元；2013 年第 1~3 季度 GDP 为 1 891 亿美元（7 189.95 亿马元）	CPI	2%	失业率	3.1%

二、马来西亚基本侨情

华人移居马来西亚的历史悠久。16 世纪起，马来亚先后被葡萄牙人、荷兰人、英国人占领，由于殖民者开发马来亚需要大量的劳动力，中国移民便源源不断地移入该国。1941 年日本南侵进入新马后，中国移民基本停止。"二战"后，特别是马来亚独立后，大多数华侨加入当地国籍成为华人。由于马来西亚限制甚至禁止普通中国移民，马来西亚独立后，当地华人人数主要通过自然繁衍增长。

马来西亚是一个以马来族、华族和印度族三大族群为主的多元族群国家。据 2010 年马来西亚人口普查的统计，当年全国人口 2 825 万人，其中拥有马来西亚国籍的为 2 593 万人，占 91.8%。在马来西亚本国人口中，占人口比例最大的是以马来人为主的当地土著族群，占全国人口的 61.9%，约 1 748 万；华族是该国的第二大族群，占全国人口的 22.6%，约 638 万人，第三大族群是印度族，占 6.7%，约 189 万人，其余的是来自欧亚等地的族群。① 2013 年 12 月，马来西亚总人口增加到 2 994 万人，②根据全国人口总数及相关比例，估算华人约有 660 万，占人口比重的 22% 左右。在马来西亚的外国侨民中，中国移民估计有十多万，其中不少是新移民，包括通过婚姻关系入境定居的中国籍配偶、中国留学生、中国劳工以及旅游滞留者等。

马来西亚华人与当地其他民族关系比较友好，彼此和睦相处，政治、经济和文化等领域的交流融合与日俱增，华人子弟与其他民族子弟同校读书的情景比比皆是，华人与各族人民共同欢庆彼此佳节已成惯例，标识各自不同宗教文化特征的教堂寺庙遍及城镇乡村。华人与其他民族在经济方面的合作也不断发展，并逐渐从国内共同经营发展到携手走出国门。由于马来西亚宪法规定马来人享有特权，政府实施的多项政策不能公平对待各族公民，华人对马来人政党主导的政府颇为不满，抗争维权一直不断。马来西亚华人政治由此非常活跃。多次大选中不少华人选民都投票支持反对党，以表示对执政党的不满，近年举行的大选，华人选民更是一边倒地支持反对党。目前，马来西亚有华人政党马华公会、民政党、民主行动党，并且有华人部长、众多的华人众议员和州议员、华人地方官员。

独立前，华人主要从事橡胶业、商业和锡业，独立后，随着马来西亚经济工业化和多元化的发展，华人经济明显转向多元化，活跃在马来西亚的各个经济领域。商业是华人经营的传统行业，华人在制造业、建筑业和房地产的投资也不少，在金融业亦非常活跃。随着华人经济的发展，华人经济实力不断增强，资金雄厚的华人企业集团有数十个。

马来西亚的华文教育，经过五六十年代的小学改制、中学改制，六七十年代华文独立中学的衰退与逐渐复兴，以及 60 年代以来长期不懈地申办高等院校等历程，目前已建成了从小学到大学的完整的华文教育体系，不仅在马华文化教育中，而且在马来西亚教育中，均占有不容忽视的地位。2011 年，马来西亚共有 1 291 间华小，学生约 60 万，96% 华裔家长送儿女读华校。③华小是纳入国家教育体系的正规公办小学，日常经费由政府负责，部

---

① 马来西亚统计网，http：//www.statistics.gov.my/，2011 年 11 月 22 日。

② 马来西亚统计网，http：//www.statistics.gov.my/，2013 年 12 月 1 日。

③ 吴汉钧：《华教命运牵动华人选票》，http：//www.zaobao.com/，2012 年 12 月 3 日。

分建设发展经费也由政府拨款，华小毕业生可直接升上政府办的国民中学，也可以到华文独立中学就读。马来西亚长期拥有华文独立中学 60 所，2011 年其在校学生将近 7 万人。①华社创办的华文高等学府，分别有南方学院、新纪元学院、韩江学院等。2012 年 11 月，南方学院正式升格为南方大学学院，可以和一般大学一样，开设学士、硕士、博士课程。此外，马来西亚的拉曼学院和拉曼大学，主要招收华裔子弟。

另外，马来西亚华社还建立了各种亲、地、神、业和文等多缘联系的社团，创办多种华文报刊机构。目前，较有影响的社团组织主要有：马来西亚中华大会堂总会、马来西亚中华总商会、马来西亚华校董事会联合总会、马来西亚华校教师会总会、雪兰莪中华大会堂、马来西亚华人文化协会、马来西亚留台校友会联合总会、马来西亚七大乡团联合会等。较大的华文日报主要有《南洋商报》、《星洲日报》、《中国报》、《光华日报》、《光明日报》、《东方日报》、《联合日报》、《诗华日报》等。

三、2013 年马来西亚的经济发展

2013 年，由于欧美经济持续低迷，马来西亚的出口受到一定的影响，根据马来西亚国际贸易和工业部的数据，2013 年 5 月的出口总额为 554 亿马元，同比下跌 5.8%，这也是 2013 年 2 月以来出口连续 4 个月出现同比下滑。马来西亚是出口导向型的经济，由于出口下滑，2013 年的马来西亚经济发展比 2012 年略显逊色，第一季度的 GDP 增长为 4.2%，比 2012 年第四季度的 6.5% 增幅明显放缓。但 2013 年的经济发展总体形势还是比较稳定的，且第二和第三季度呈持续发展态势。第二季度的 GDP 增长是 4.4%，第三季度提升到 5.1%，第一至第三季度的平均增幅为 4.5%。强大的内需，是经济稳定发展的主要动力。随着美国、欧洲及邻国的经济改善，估计未来马来西亚的经济表现会有所好转，马来西亚政府预计全年经济增长率将介于 4.5% ～5% 之间。②另外，马来西亚 9 月份失业率维持在 3.1%，比 2012 年同期的 3.2% 稍低。在世界银行公布的《2014 年全球经商环境报告》中，马来西亚排名第六，这也是马来西亚首次进入前十名，比韩国、挪威和英国等发达国家排名更靠前。

2013 年的马来西亚华人经济，随着国家经济的发展而稳定发展。大多数华人企业资产实现增长，实力相当雄厚，在马来西亚经济发展中继续发挥着重要的作用。据 2013 年福布斯公布的全球亿万富豪排行榜，马来西亚共有 8 名华人上榜，其中郭鹤年以 125 亿美元净资产在全球富豪和华人富豪排行榜中分别排在第 76 位和第 7 位。在同年马来西亚的十大富豪中，华人占了 8 位。

由于美国经济已开始稳定，欧元区暂时走出经济萧条的局面，加上马来西亚国内需求推动，大多数华商对 2013 年、2014 年和 2015 年的经济前景感到乐观。根据马来西亚中华总商会公布的《2013 上半年大马经济状况调查报告》，在 2013 年上半年，约 55% 的受访者对 2013 年的大马经济和商业前景抱有信心；大部分受访者积极地看待 2014 年和 2015

---

① 《马独中生人数破 7 万创新高》，http：//www.zaobao.com/，2012 年 1 月 8 日。
② 《人均收入比去年增加逾三成　纳吉称或提前达先进国目标》，http：//www.hctvnews.net/，2013 年 10 月 25 日。

年的马来西亚经济前景。①

　　不过，随着各种消费价格的大幅度提升，华人经济发展可能会受到很大的影响，华人对经济发展前景的担忧有所增加。2013 年 10 月，马来西亚政府宣布将削减 15.6% 或 394 亿令吉的汽油、面粉与白糖等必需品津贴，其中每公斤 34 仙的白糖津贴即时取消。接着计划或酝酿涨价和征收的费用还包括电费、吉隆坡房地产税、15 条主要大道的收费和征收消费税等。其中电费从 2014 年 1 月全面调高，涨幅高达 15%。政府计划从 2015 年开始征收消费税，征收税率为 6%。结果，在华总举办的 2013 年马来西亚年度汉字评选中，"涨"字在 10 个热门汉字当中，以 36% 的总得票率当选为年度汉字。华总总会长方天兴指出，"涨"字可说是非常贴切地成为马来西亚人民今年的"代言字"，因为在过去一年内，百物不断腾涨，让人民和商家倍感压力。② 马来西亚宏愿理财机构税务与财务规划总监蔡兆源认为，大道收费调涨带来连锁效应，包括通货膨胀、削减国民消费力，进而影响经济增长。马来西亚华人行业社团总会会长蔡金星抨击中央政府漠视人民的生活压力，允许大道调涨收费。"从汽油、电费到消费税，这些政策接踵而来，给各行各业带来连串打击，成本一夜之间暴涨，百物应声上涨是在所难免的，否则生意难做，国内可能出现'倒闭潮'。"③

　　各族民众和华人商家因涨价风苦不堪言，民怨载道。马来西亚首相纳吉布的民望也从 8 月份的 62% 暴跌 10% 至 12 月份的 52%，创下自 2009 年 6 月以来的新低。据马来西亚独立民调机构默迪卡中心 12 月公布的民调指出，在 5 月举行第 13 届大选后，民众越来越不满意马来西亚的发展方向，有 49% 的受访者认为国家正迈向错误的方向，当中有 30% 的人将其悲观情绪归咎于日益高涨的生活消费水平、通货膨胀、价格调涨，以及差劲的经济状况。接受问卷调查的 1 005 名选民，有 31% 是华人。④ 马华公会要员也批评政府一系列的涨价措施令人民吃不消，促请政府放慢削减津贴的步伐，同时检讨 6% 的消费税税率。

四、马来西亚与中国关系

　　马来西亚是东盟建立后第一个与中国建交的东盟国家，马来西亚与中国于 1974 年 5 月 31 日建立外交关系，此后中马两国人员交流不断增多，高层往来频繁，政治关系密切。2009 年美国高调"重返亚洲"后，美国与东南亚国家的关系明显加强，中国与部分东南亚国家关系一度非常紧张。但中马关系一如既往，延续了后冷战时期"关系非常密切，合作不断拓展"的基本态势。近年，两国政治关系密切，双边贸易迅速发展，留学合作取得突破性的进展，其他各个领域的合作都在持续升温。据统计，中马双边贸易从 2008 年的 291.8 亿美元增加到 2012 年的 585.3 亿美元，五年增长超过了 1 倍，非常惊人。中国已连续几年都是马来西亚最大的贸易伙伴和第二大出口市场。中马双边投资不断增加，金融、旅游等各方面的合作持续发展。另外，经过多年磋商，2011 年 4 月两国终于签订《中马

---

① 《外围好转内需推动　马来西亚华商对经济前景乐观》，http：//www.chinanews.com/，2013 年 8 月 27 日。

② 《方天兴：反映国人心声 "涨" 字当选大马年度汉字》，（马来西亚）《光明日报》，2013 年 12 月 19 日。

③ 《国阵违背竞选承诺遭朝野批评　马部长改称内阁未决定大道起价》，http：//www.zaobao.com/，2013 年 12 月 19 日。

④ 《民调：近半马国人对国家前景感悲观》，http：//www.zaobao.com/，2013 年 12 月 20 日。

高等教育学位互认协议》，扫清了中马留学教育合作的重大障碍。

2013 年的双边合作继续保持良好的态势。例如双边贸易，据统计，2013 年 1—6 月，马来西亚对中国双边货物贸易额为 300.0 亿美元，比 2012 年同期增长 4.2%，中国继续成为马来西亚最大的贸易伙伴和第二大出口市场。①

2013 年中马关系发展的最大亮点，是 2013 年 10 月 3 日至 5 日，中华人民共和国主席习近平对马来西亚进行国事访问。这是继中国前任主席胡锦涛于 2009 年 11 月及中国前任总理温家宝于 2011 年 4 月访马后，近年来第 3 位访问马来西亚的中国最高领导人，对中马关系发展具有重大的意义，两国关系有了更进一步的发展。

习近平主席这次访马，成果丰厚。中马双方一致同意将中马战略性合作关系提升为全面战略伙伴关系，标志着双方在贸易、投资、旅游、教育、金融服务业、基础设施建设和防务等各领域合作迈上新台阶。习近平主席访马期间签署的《中华人民共和国政府与马来西亚政府经贸合作五年规划》（2013—2017 年）明确了双边贸易发展路线图，确定了 2017 年达到 1 600 亿美元的贸易新目标。双方还将 2014 年确定为"中马友好交流年"，届时，中国和马来西亚将庆祝两国建交 40 周年，两国将举行青年交流、文艺团体互访等一系列庆祝活动，进一步促进两国教育、文化、旅游等领域的交流与合作。

习近平主席这次访马达致的丰厚成果，不仅有效地促进了中马关系的发展，还为马来西亚华人提供了不少参与的机会，受到马来西亚华社的高度评价。马来西亚一位侨领指出，中国国家主席习近平走马上任后便在最短的时间内访马，证明中国重视两国已提升至全面的战略伙伴关系，标志着两国关系已进入新的里程碑。另一位华商表示，习近平访马带给华社很大鼓舞，同时也必会促进两国经贸合作及促进中国与海外华裔的联系。受习近平主席此次访马的鼓励，马来西亚华人已就华人参与和推动中马关系的发展提出了具体的计划。如马中经贸总商会已立下目标，要把更多不懂中文的大马商家带往中国开拓商机。②

不过，随着中马政治与经贸关系的迅速发展，中马关系也面临着一些新问题。比较突出的，是近年中马双边贸易中，马来西亚的顺差有所减少，2008 年、2012 年和 2013 年还出现了逆差（见表 2）。2013 年仅上半年马来西亚的逆差便达 29.0 亿美元，比 2012 年同期增长 23.2 倍，中国成为马来西亚外贸逆差的最大来源国。同期马来西亚前六大逆差来源地依次为中国大陆、中国台湾、德国、法国、越南和哥斯达黎加，逆差额分别为 29.0 亿美元、14.7 亿美元、11.4 亿美元、10.3 亿美元、9.2 亿美元和 8.7 亿美元。③ 马来西亚是一个出口依存度非常大的国家，中马建交初期，两国关系曾因马方一度长期逆差而受到影响，目前马来西亚方面的逆差虽然不是很大，但发展迅速，已经引起马方的极大关注。

---

① 《2013 年 1—6 月马来西亚货物贸易及中马双边贸易概况》，http：//countryreport. mofcom. gov. cn/，2013 年 12 月 20 日。

② 《方天兴：习上任短期内访马　中重视战略伙伴关系》，http：//huazong. my/，2013 年 10 月 9 日。

③ 《2013 年 1—6 月马来西亚货物贸易及中马双边贸易概况》，http：//countryreport. mofcom. gov. cn/，2013 年 12 月 20 日。

表 2　中马贸易统计（2007—2013）

单位：亿美元

年份	双边贸易	马出口	马进口
2007	343.8	154.6	189.2
2008	391.8	190.7	201.1
2009	364.6	191.7	172.9
2010	457.5	250.7	206.8
2011	545.7	298.5	247.2
2012	585.3	287.7	297.6
2013.1—6	300.0	135.5	164.5

资料来源：中国商务部历年《中马双边贸易概况》。

另外，中马两国相互投资数额一直比较悬殊。据统计，截至 2012 年 4 月底，马来西亚实际对华投资 62.3 亿美元，中国在马来西亚投资 5.26 亿美元。[①] 马来西亚政商各界，特别是参与双边投资比较多的华人商家，对此一直颇有微词，强烈要求中国增加对马来西亚的投资。

五、马来西亚大选与华人

2013 年 5 月 5 日马来西亚举行的第 13 届全国大选，竞选战况之激烈，政治意识之勃发，选后纠结之持久，大选影响之深远，均前所未有，对马来西亚华人政治与华人社会，乃至马来西亚政治与社会的发展，都将产生重大的影响。

是届大选，马华公会和民政党两个华人执政党，遭受重大挫败。马华竞选 37 国 90 州议席，只赢得 7 国 11 州。民政党竞选 11 个国会议席及 31 个州议席，只赢得 1 国 3 州。[②] 马华民政两党惨败的重要原因，按董总文告所指出的，是因为它们在国阵政治架构内无法发挥为华裔族群的政经文教等领域争取基本权益的作用，导致人民特别是华裔公民的强烈不满，最终被选民唾弃。[③] 其实，马华民政只是一个靶子，华人选民唾弃马华民政等执政党，实际上反映的是他们对国阵政府的强烈不满。

为了争取华人选民的支持，2008 年 "308 政治海啸" 后，华人执政党一直非常努力地争取民心，2009 年 4 月纳吉布出任巫统主席暨马来西亚首相后，国阵政府对华人政策也进行了一系列重大调整：政治上提出了 "一个马来西亚"（One Malaysia）的治国理念，承诺政府将公正及平等地对待各族人民；经济上调整新经济政策，逐步取消有限公司保留 30% 土著股权的硬性规定；教育方面宣布废除实施 6 年之久的 "英语教数理" 政策，批准华社增设独中和升级学院。其他有利于华人社会的措施，还包括不断地拨款给各级华人社团和华文学校，支持华社举办各种华族文化活动，给华人发放各种 "红包"。纳吉布本人利用

① 《马来西亚国家概况》，http：//www.fmprc.gov.cn/，2013 年 12 月 20 日。

② 《成绩总览》，http：//www65.sinchew.com.my/，2013 年 5 月 8 日。

③ 《董总针对第 13 届全国大选结果发表文告》，http：//www.djz.edu.my/，2013 年 5 月 7 日。

各种场合表示对华人的亲善，称赞华人所作出的贡献，并设立中文版博客"阿Jib哥"，与华人网友交流等。

　　然而，凡此种种，最终还是没能挽回华人选民的支持。影响华人选民背向的原因很多，如政府始终无法平等对待华人、教育有失公平、华人执政党表现欠佳、民联对华人选民的有效动员、国内社会运动频发、反政府情绪高涨等。其中，政策效应减弱，华人普遍求变等因素，对华人选民的背向产生了比较大的影响。

　　大选前，马华曾召开特别代表大会通过决议，声称如果马华2013年大选成绩不如2008年，它将全面退出内阁、州与地方政府。这个决定当时被视为"威胁华族选民"的竞选策略，显然没有收到吸引华人选民回归的预期效果。大选后，马华决定执行"不入阁"的决定。民政党在大选后数天，即5月11日召开中委会，也决定不入阁。虽然华社、巫统，以及一些马来西亚的政要名流都曾发表言论，希望两大华人政党重新考虑"不入阁"的决定，但两党均坚持不接受中央职位。结果，大选后组建的马来西亚内阁，首次没有华人政党代表。这也是自1959年以来，马华代表首次没有进入内阁，以及民政党自1974年加入国阵以来，首次没有代表入阁。

　　对于大选后华人政党"不入阁"的情况，马来西亚各界反应不一，一些华人商界和文化精英希望马华和民政党重新考虑入阁，以加强华裔在朝的政治代表性。但也有一些人认为，内阁没有华人代表不要紧，因为任何部长都必须不分种族地为全民服务。还有侨领认为国阵华人政党不入阁如同"自废武功"。

　　笔者认为，中央政府没有华人政党的代表，对华人社会还是有不少影响的。

　　首先，华社少了一个与政府沟通的重要管道。

　　华人政党参与执政，特别是参加内阁，可以为马华两族之间的沟通和磋商提供最大的方便。通过华人官员的信息反馈，政府可以及时了解华人社会的情况与诉求，并在制定政策时考虑有关的情况。如果政府少了华人政党代表，华人要上传华社的信息诉求就不那么容易了。

　　其次，华人在资源分配中将更加弱势。

　　资源分配历来是以政治权力为基础的，在多元族群的马来西亚政府中，哪个族群的代表多，利益就倾向哪一方，代表少的，争得的利益就少一些，没有代表的，就没有机会在政府内部争取本族权益，只能等着别人的善意安排，相当被动。政府里没有华人政党代表，华人将无法直接参与政府的大小决策，无法像过去那样在体制内反复讨论磋商，很多国家和地方政策的拟定安排，很可能会在华人不太知情的情况下作出了决定。

　　再次，降低了华人执政党协调华人与政府矛盾的缓冲作用。

　　过去，大多数华人把马华公会等华人执政党，看成是华人族群在政府里的代表，对政府的很多不满遂转化为对马华公会的不满，如关于"新经济政策"、华文教育课题等大大小小的争论，马华公会都会成为众矢之的，政府和马来人反而在很多时候避开了与华社的正面交锋和激烈冲突，政府得以根据形势参考制定比较有效的措施，两族间的纷争和矛盾，不少在激化之前就得到缓和。马华的角色有点像华社的"出气筒"和政府的"挡箭牌"。没有了马华等华人执政党作为缓冲，华人与政府、华人与马来人的矛盾与冲突，将是直接而正面的，预警、防范或回旋的余地都将大大减少，族群矛盾激化的可能性也随之增加。

目前，国阵还为华人执政党留有一个"交通部长"的内阁职位，估计 2013 年底马华公会党选后，会取消"不入阁"的决定，接受交通部长的内阁职位，并接受国阵政府安排的其他从中央到地方的各级政府职务。由于华人政党"不入阁"而对华人社会造成的负面影响，将略微减少。

六、结论与趋势

大选后，马来西亚侨情的走向之一，是马华两族的种族关系有所紧张。是届大选，华人的反对党——行动党成了最大的赢家，狂胜赢得了 38 个国会议席，重新坐上最大反对党的宝座，再现过去"马来人在朝，华人在野"的局面。大选中，80% 的华人投票支持反对党联盟——民联，大选后，广大华人，特别是华裔青年踊跃参加民联主办的抗议大集会，充分显示了华人的政治力量和华人"反风"的威力，令人刮目相看。

但部分马来人政要及传媒对华人大选的表现有不同的解读，甚至有多方质疑。如大选后，纳吉布迅速把国阵失利归之为"华人政治海啸"；马来文的《马来西亚前锋报》也以头版来指责华人社会到底想要什么；其他一些政客也在大选过后通过媒体、手机短信和社交媒体，不断发表"华人还要什么？"的质问。

例如，前首相马哈蒂尔认为国阵在本届大失利，要归咎于"忘恩负义"的华族选民和一些"贪婪"的马来选民。他认同本届大选出现了"华人政治海啸"，指责华社投选反对党，是"推开了马来人所伸出的友谊之手"，他甚至宣称，马来人已成为"本身国土上的乞丐"。[①]原任马六甲首长莫哈末阿里也表示，他在大选中参选武吉卡迪国会议席失败的事实证明，华族选民不珍惜国阵政府在发展马六甲和照顾人民方面的贡献和努力。"他们只要改变而已，完全不思考它的后果，完全不思量我们长久以来所做的一切。"[②]

上述抨击华人的言论无疑是错误的，也遭到马来西亚舆论和华人的广泛反击，就连马来西亚前首相阿都拉也认为，不应该把大选结果归罪于任何族群。然而，部分马来人对华人抱有上述想法，却是不争的事实。因而，2013 年大选以来，马来西亚的种族言论很多，如巫统政要和马来极端分子宣称的"华人政治海啸"、"华人不懂感恩"、"华人是外来者"，指责华人不效忠，动辄就叫华人回中国、叫印度人回印度等。种族课题也不少，如马六甲鸡场街封街、华裔学生以国小更衣室为食堂、《新村》电影被重新审核、华裔优秀学生被国立大学拒收，以及《教育大蓝图》争论等。连新加坡的外交部部长尚穆根也认为，大选结果显示马来西亚政治出现了种族分化趋势，必须在问题进一步恶化之前解决。[③]马来西亚当地华人也认为，大选后种族关系变得紧张。因为各族人民之间的交往不深入，各有各的生活圈子，政客们才有机可乘，为了捞取政治资本而大打种族牌。

在马来西亚的种族关系有所紧张的情况下，我们和马来西亚国民打交道时，特别要注意避免涉及马来西亚的种族敏感话题。其实，马来西亚种族问题一直比较敏感，马来西亚华人早期到中国投资曾引起"效忠"问题的争论，中马教育合作之所以比其他合作起步更

---

① 《马哈迪指华人忘恩马来人贪婪》，http：//www.zaobao.com/，2013 年 5 月 8 日。

② 《甲原首长抨击华人　不珍惜国阵不懂感恩》，http：//www.zaobao.com/，2013 年 5 月 7 日。

③ 《马来西亚大选的启示》，http：//www.zaobao.com/，2013 年 5 月 7 日。

迟，其中的主要障碍就是因为涉及华文教育等敏感话题。在大选后马来西亚的种族关系有所紧张的情况下，加上近年来大批中国企业、中国留学生、中国游客，以及各种各样的中国元素涌进马来西亚，会不会引起其他种族，特别是马来族的敏感？如何让赴马的中国企业与中国公民了解更多的马来西亚国情以及当地的禁忌，应是我国有关部门及早关注的问题。比方说，可以考虑制作一些有关马来西亚种族关系和宗教禁忌内容的小册子，分发给准备到马来西亚的中国机构干部与中国公民，帮助他们避免触及马来西亚的敏感话题。

新加坡

新加坡是中国之外唯一以华族为主体民族的国家，新加坡华族与其他民族的关系比较和谐。由于新加坡是一个城市国家，所处的自然地理环境和地缘政治环境比较特殊，冷战期间新加坡政府对于与华人祖籍国中国的政治外交关系特别慎重。中国自改革开放以后特别是中新建交以来，两国关系才得到全面发展。在这一背景下，中国大陆赴新加坡的新移民以年均万人的速度快速增长。大量的大陆新移民给新加坡华侨华人社会注入了新的活力，但同时也带来了一系列的矛盾和冲突。不过，笔者认为这些矛盾和冲突不是对抗性的，只要新加坡保持政治稳定和经济持续发展，中新关系没有大的起伏，经过两国政府和新加坡华侨华人社会的共同努力，这些矛盾和冲突会逐步得到缓和和解决。2013 年新加坡政治经济等情况对大陆新移民在新加坡的发展十分有利，但也发生了数起值得大陆新移民注意的事件。

一、新加坡基本国情

新加坡概况

国家全名	新加坡共和国	地理位置	东南亚	领土面积	715.8 平方公里
首都	新加坡	官方语言①	马来语、英语、华语、淡米尔语	主要民族	华族、马来族、印度族
政体	议会制共和制	执政党及主要反对党	人民行动党/工人党、新加坡民主党	现任总统/总理	陈庆炎/李显龙
人口数量	381.82 万	华侨华人人口数量	283.2 万	华侨华人占总人口比率	74.17%
GDP/人均 GDP	2 765 亿美元/52 051 美元	CPI	4.6%	失业率	2.0%

资料来源：以上数据都是 2012 年的数据，主要来自《新加坡统计年鉴 2013》英文版。

---

① 需要说明的是，新加坡的官方语言为英语和各主要民族语言，而国语则确定为马来语，行政用语是英语。1984 年，英语被确定为第一教学语言。事实上，英语是新加坡的通用语言，而华语在 20 世纪七八十年代一度式微，20 世纪 90 年代以后，随着中国经济的发展和新移民的不断增加，才出现蓬勃发展的态势。

二、新加坡基本侨情

（一）新加坡华侨华人简史

中国人旅居新加坡最早可上溯至 10 世纪左右，19 世纪初，英国开始对新加坡进行殖民开发，大量中国人作为劳工来到新加坡。1830 年，新加坡华人便成为新加坡的第一大民族。① 1867 年，"新加坡的华侨人口已达 55 000 人，占当时新加坡总人口的 65%"②。现在所谓的"新加坡本地华人"大多是 19 世纪初至 20 世纪初期来自中国南方的后裔，其中福建人、潮州人和广府人约占 3/4，其余则由中国大陆 19 个方言群组成。

随着中国改革开放政策的实施，中国大陆各地居民以各种形式走出国门。1990 年新中建交后，新加坡政府也逐步向中国大陆留学生、投资移民、新加坡急需的专业人才以及劳工等敞开了大门，后来也不可避免地出现了相当数量的非法移民。尽管他们出国的目的和方式不同，到新加坡后的境遇各异，但从最广义的角度来理解，他们都可以称作新加坡的大陆新移民。

（二）新加坡华侨华人与其他民族关系

华族是新加坡最大的民族，其人口长期保持在总人口的 3/4 左右。新加坡习惯上把国内民族分为华族、马来族、印度族、外来种族，其民族构成比例在 2012 年大致为 74：15：9：3。为了保持新加坡的社会稳定，新加坡政府将维持这样一种人口结构作为一项长期的基本国策来贯彻。新加坡华侨华人与当地民族的关系在东南亚国家中比较特殊。也就是说，新加坡华族作为人数最多的民族，没有其他东南亚国家所存在的被当地民族承认或被强制同化等问题，就华族整体而言，自然也不存在大多数东南亚国家华族都存在的作为少数和外来族群争取政治、经济、社会和文化等权利的课题。

但是，由于新加坡处在印度尼西亚和马来西亚的夹缝之中，这两个国家华族与其他民族的关系以及国际大环境对新加坡的民族关系都有着深刻的影响。冷战时期，东南亚国家普遍对华人存在着防范心理，李光耀率领下的接受英式教育的华人领导集团在建国之后很长时期都害怕与中国走近，也不敢大胆支持华商网络的发展。新加坡建国以后，新加坡政府一方面实行多元种族主义和多元文化主义，在政府部门职位和公共服务等方面更多地考虑少数民族的需要，尽量避免各民族之间的矛盾；另一方面，新加坡领导人从新加坡国情出发，大胆借用西方民族国家理论，加强"国族打造"，通过强化英语教育、实行组屋制度等措施，加强各民族之间的交流，逐步塑造"新加坡人"的意识。③

---

① 《新加坡华侨华人概况》，中国侨网，http：//www.chinaqw.com/news/2006/0630/68/34590.shtml，2013 年 11 月 20 日。

② C. W. Turnbll, *A Short History of Singapore* 1819 – 1975，Oxford：Oxford University Press，1977，p.14. 转引自王黎晨：《1990 年以来新加坡的中国新移民》，厦门大学硕士学位论文，2008 年，第 8 页。

③ 参见梁永佳、阿嘎佐诗：《在种族和国族之间：新加坡多元种族主义政策》，http：//blog.ifeng.com/article/18731437.html，2013 年 11 月 22 日。

（三）新加坡华侨华人社会的变化

与大多数东南亚国家一样，早期新加坡华侨华人社会是移民社会。从国籍上来看，大多数人属于华侨，他们到新加坡是为了谋生、致富，商业意识浓厚，很少有居留地意识。从来源地看，他们来自中国不同的地区，说着不同的方言，遵循着不同的社会风俗，各地的宗乡会馆成为他们主要的求助机构和精神依托。而从整个华侨华人社会来看，是处在各自为政甚至相互倾轧的分裂状态。

随着时间的推移，新加坡华侨华人社会有了第二代、第三代后裔，情况发生了变化。但是，在"二战"前，新加坡长期属于英国的殖民地，没有"新加坡公民"的概念，除了少部分华侨加入英国国籍成为英国臣民外，大多数华侨包括他们的后代被当作外来人，华侨社会没有向华人社会转化。1955 年，新加坡试行自治，1957 年《新加坡公民权法》颁布，新加坡华侨大多数取得新加坡国籍，华侨社会向华人社会转化。1965 年，新马分家，新加坡被迫独立建国，新加坡华侨华人对新加坡的认同问题变得突出了。

新加坡建国后，以李光耀为首的留学英美的华人精英集团通过各种措施，积极推行"新加坡化"的过程，大力提倡"新加坡人意识"。经过几十年不懈的努力，新加坡政治相对稳定，国际地位不断提升，社会经济不断发展，民族关系比较和谐；另外，中国主张海外华侨华人落地生根，而在冷战背景下，新加坡华侨华人社会与祖（籍）国中国的关系也变得疏远。在各种因素的影响下，新加坡华侨华人对新加坡的认同意识不断增强，新加坡华侨华人社会不但在"公民身份"意义上，而且在"公民意识"层次上不断向华人社会转化。

1990 年中新建交以后，中国与新加坡的关系获得了全面快速的发展。与之相应，以留学、人才交流、投资经商、劳务以及其他各种途径进入新加坡的中国新移民人数剧增。数量庞大的大陆新移民给新加坡华侨华人社会注入了新鲜血液和带来了巨大的活力，与此同时也给新加坡原居民社会造成了很大的冲击。

三、建交以来中新关系的发展及对新加坡华侨华人社会的影响

（一）建交以来中新关系的发展

与中国建交以前，出于地缘政治和族群政治的考量，新加坡政府对于处理与中国大陆的关系特别慎重。新加坡与中国建交以后，两国关系迅速发展。

首先，两国政治关系发展顺利，除了 2003 年"非典"时期，两国高层交往频繁。例如，新加坡现任总理李显龙自 2004 年任职以来，先后于 2005 年、2006 年、2008 年、2009 年、2010 年、2012 年、2013 年访华。作为新中关系开路人之一的李光耀自 1991 年任内阁资政后，已有 30 多次访华或出席有关会议。而中方主要领导人也大多到访过新加坡。中国率先提出与东盟建立自由贸易区的设想，并作为域外大国第一个加入《东南亚友好合作条约》以及支持东盟在东亚合作中发挥主导作用等，这些行为都大大加强了中国与新加坡的政治互信，为新中关系的发展夯实了坚实的政治基础。

其次，两国经贸关系发展迅速。自建交以后，新中两国先后签署了《经济合作和促进贸易与投资的谅解备忘录》、《促进和保护投资协定》、《避免双重征税和防止漏税协定》、

《海运协定》、《邮电和电信合作协议》、《成立中新双方投资促进委员会协议》等多项经济合作协议。2008年10月两国又签署了《自由贸易协定》，根据该协定，新加坡自2009年1月1日起取消全部自中国进口产品的关税，中方则于2012年1月1日起取消自新加坡进口的97.1%的产品的关税。据新加坡国际企业发展局2013年1月24日公布的数据显示，2012年新加坡与中国的贸易总额达到1 038亿新元（约合845亿美元），比2011年增长2.4%，中国是继欧盟和马来西亚之后新加坡的第三大贸易伙伴。① 该数据还显示，截至2011年底，新加坡对中国直接投资金额累计达766亿新元（约合624亿美元），比2010年增长12.3%。② 近几年，中国成为新加坡投资的首选地，2012年1—9月新加坡在中国实际投资额为52.42亿美元，位居海外对中国投资的第三位，同期日本对中国投资为56.21亿美元，位居第二位。③作为新中两国政府间经济合作项目，苏州工业园区和天津生态城人所共知。新中两国自建交以来，新加坡还与山东、四川、浙江、辽宁、天津、江苏、广东等省市分别建有合作机制，孕育了中新广州知识城、川新创新科技园、新加坡—大连长兴岛临港产业示范城、新加坡—南京生态科技岛等多个双边合作项目。

再次，在文化教育和人员交流方面，新加坡与中国开展了卓有成效的合作。新加坡与大多数西方国家实行的民主政治不同，其实行的是精英政治，非常重视各类专家在国际管理中的作用，以人才立国作为国家的基本政策。由于新加坡华人人口占大多数，新加坡政府非常重视从马来西亚、中国香港、中国台湾和中国大陆引进各类专业人才。1989年，新加坡政府曾提供25 000个配额给香港专业人士及其家属，1990年新加坡开始吸收接受欧美教育的大陆研究人员，此后逐步扩大到大陆的文化艺术界、体育界人士以及留学生和技术进修人员，另外还有不少投资移民，其中许多人定居下来，成为新加坡的"中国新移民"。

在人才培训领域，两国合作十分频繁。其主要项目有中国赴新加坡经济管理和公共管理硕士班、中央党校中青年干部培训班赴新考察、两国外交部互惠培训项目等。2001年起，新方定期派中高级官员团访华。2004年5月，双方决定成立"新加坡—中国基金"，支持两国年轻官员的培训与交流。2007年7月，双方签署《关于借鉴运用新加坡园区管理经验开展中西部开发区人才培训合作的谅解备忘录》。2009年11月，新中两国签署《关于新中两国中、高级官员交流培训项目的框架协议》（2010年至2014年）。2010年4月，第二届新中领导力论坛在新加坡举行，主题为"和谐社会与领导力建设"。

在旅游方面，无论是中国对于新加坡，还是新加坡对于中国都具有重要的地位。新中建交以后，中国因商务、观光等到新加坡的人数不断增多，2004年中国成为新加坡第二大游客来源国，2006年中国大陆赴新加坡游客突破100万人大关，2011年更高达157万多人次，占新加坡外来游客总量的1/9以上，是新加坡最大的游客来源地。④与此同时，新加坡到中国大陆的游客也不断增加，2012年新加坡到中国大陆的游客也突破了100万人大

---

① 《新加坡2012年对外贸易小幅上升》，http：//cn. sonhoo. com/info/633947. html，2013年11月28日。

② 《新加坡2012年对外贸易小幅上升》，http：//cn. sonhoo. com/info/633947. html，2013年11月28日。

③ 《2012年1—9月全国吸收外商直接投资情况》，中华人民共和国商务部网站，http：//www. mofcom. gov. cn/aarticle/tongjiziliao/v/201210/20121008398765. html，2013年11月28日。

④ 《新加坡统计年鉴2012》（英文版），吉隆坡：新加坡统计、贸易和工业部2012年版，第193页。

关，达 102.77 万人次，在东南亚国家中仅次于马来西亚而排名第二，在世界排名第六。[①]考虑到新加坡总人口数量，这些数据是非常惊人的。

（二）中新关系的发展对新加坡华侨华人社会的影响

建交以后，中新关系的顺利发展对新加坡华侨华人社会产生了巨大的影响，这种影响包括多个方面，如新加坡华侨华人对中国大陆的了解加深，与大陆各个领域的互动增加，对中国大陆的投资增多，新加坡华侨华人商业网络得到扩展等。其中尤为重要的是人员的交流与流动，特别是建交以后，形成了第三次中国大陆向新加坡的移民潮，给新加坡华侨华人社会注入了新的血液，但同时也带来了一些需要重视的问题。如前所述，新加坡中国大陆新移民现在达到 40 万人以上甚至超过 45 万人，这一数据仅次于美国和俄国，可能与日本相当。1990 年中新建交至今中国大陆平均每年向新加坡移民多达 1 万人，这对于一个城市国家来说需要很大的魄力。由此，我们也可以想见中国大陆新移民与新加坡原居民的关系在很多地方存在矛盾与冲突，需要一个审慎和磨合的过程。

人口迁移存在着多种理论解释，但是最早同时影响最大的人口迁移理论是美国伊沃里特·S. 李的推力—拉力理论。人口迁移的推力—拉力理论能够在一定程度上解释新加坡中国大陆新移民剧增的情况，如中国改革开放政策的实施使人们大胆走出国门，追求更好的发展机会和享受更好的生活的愿望成为新移民的推力因素；新加坡政治稳定、经济发达、教育水平高、社会和人文环境好，这些则是新加坡对中国大陆新移民的拉力因素。但仅用这些因素来解释新加坡中国大陆新移民剧增的现象还远远不够。

与中国大陆向欧美等发达国家的移民情况相比，新加坡的人才引进政策，面对国内华侨华人生育率降低，新加坡采取的欢迎和鼓励中国大陆新移民的政策，新加坡主体民族为华族，中国大陆新移民融入新加坡社会相对比较容易等，都是新加坡中国大陆新移民剧增比较特殊的原因。但是，无论什么原因，都离不开这样一个基础，即中新建交以后，中国和新加坡政治和经济关系顺利发展、文化和人员交流非常频密，两国政府和人民相互了解和信任的程度比较高。

四、中国大陆新移民及其与新加坡原居民的矛盾、冲突和解决途径

（一）中国大陆新移民的数量估计与分类

根据《新加坡统计年鉴 2013》的统计，2012 年新加坡总人口为 531.24 万人，其中新加坡居民为 381.82 万人（其中新加坡公民为 273.59 万人，新加坡永久居民为 53.31 万人），非居民为 149.42 万人。与 1990 年相比，新加坡总人口增加约 230 万人，非居民增加约 117 万人，在 1990—2012 年新加坡总人口的增加部分中，非居民增加部分超过了一半。2012 年新加坡非居民增长率为居民增长率的 9 倍，有些年份里这一比率更高。在新加坡非居民增长部分，中国大陆新移民占了很大比重。现在中国大陆新移民究竟有多少，缺

---

① 《2012 年 1—12 月入境旅游外国人人数（按目的分）》，http：//www.cnta.gov.cn/html/2013 - 1/2013 - 1 - 17 - 17 - 13 - 54943.html，2013 年 11 月 29 日。

乏官方的统计数据，但根据新加坡和中国大陆学者的调查估算以及合理的推算，现在新加坡中国大陆新移民应该已超过 40 万人，甚至在 45 万人以上。①也就是说，中国大陆新移民占到新加坡非居民的 1/3 左右，占新加坡总人口的大约 8%。当然，这还不包括少数取得新加坡公民身份或永久居民身份的新移民，也不包括可能没有统计到的非法移民。

中新建交以后进入新加坡的中国大陆新移民的主要类型有：①留学移民。各种类型的留学生是新加坡中国大陆移民的重要组成部分，2005 年前后每年约有 4 000~5 000 名留学生到新加坡留学，其中很大一部分毕业后继续在新加坡深造或在新加坡就职，而在新加坡就职的约占毕业生的 1/3。2006 年中国在东盟各国的各类留学生总数超过 6 万人，其中新加坡为 3.45 万人，约占新加坡留学生总数的一半。② ②投资移民。2005 年前后每年都有一千名左右的中国人申请新加坡投资移民，申请成功率在九成左右，新加坡成为中国在亚洲投资移民的首选地。但是，中国投资移民对新加坡的房地产以及其他市场价格造成了比较大的冲击。2010 年新加坡将投资移民金额从原来的 150 万新元提高到 250 万新元，尽管如此，2012 年春节前仍有上千名中国投资移民被新加坡政府拒绝，被拒者占到申请者的大约八成。③ ③技术移民。技术移民包括教师、科研工作人员、管理人员、艺术人才和体育人才等。新加坡政府重视技术移民人才，并采取了很多措施吸引之。④劳工移民。中新建交以后，不少中国公民通过各种途径前往新加坡打工，而这些劳工主要集中在建筑、加工和制造业等劳动密集型产业。这些劳工大部分与新加坡公司有正式的劳动合同，一般工作一两年后回国，也有一部分被黑中介或蛇头介绍到新加坡后靠自己在市场上找工作，受到多方面的盘剥，而且处于半非法状态。估计中新建交以来赴新加坡的劳工移民数以十万计。⑤非法移民。非法移民主要是指以合法身份进入新加坡但逾期滞留者，具体数字无法统计。

（二）中国大陆新移民与新加坡原居民的矛盾、冲突和解决途径

中国大陆新移民短期内大量涌入新加坡，在给新加坡带来机遇与繁荣的同时，也不可避免地会与新加坡原居民产生各种矛盾和冲突，对新加坡华侨华人社会亦产生一些不良的影响。正视这些矛盾和冲突，加强沟通与交流，并从国家、群体、个体等多个层面采取一些必要的措施，才能够较好地处理中国大陆新移民与原居民的关系，使新加坡华侨华人社会健康发展。包括从有关媒体的报道和学者们的分析来看，中国大陆新移民与原居民的矛盾和冲突主要体现在工作竞争、思想观念与行为方式以及新加坡国家认同等方面，对这些方面有所了解，并找出解决矛盾与冲突的路径，有助于维护新加坡华侨华人社会的和谐，

---

① 刘宏在 2003 年出版的《战后新加坡华人社会的嬗变：本土情怀·区域网络·全球视野》中认为，20 世纪 90 年代中期，新加坡中国大陆新移民约为 20 万人，占中国大陆新移民的 10%；吴前进在《1990 年以来中国—新加坡民间关系的发展》（《社会科学》2006 年第 10 期）一文中认为，新加坡中国大陆新移民（不包括非法移民和短期合同工）已达 30 万人；刘宏在《当代华人新移民的跨国实践与人才环流》（《中山大学学报》2009 年第 6 期）中估计新加坡中国大陆华人新移民已达 35 万人。2010—2012 年新加坡非居民人口增长率分别为 4.1%、6.9%、7.2%，如果忽略其他因素而以 2009 年中国大陆新移民 35 万人为基数，2012 年这一数字已经接近 42 万人。

② 《2012 年中国留学发展分析研究报告》，http://www.chinairn.com/news/20120918/610607.html，2013 年 12 月 28 日。

③ 《超千名中国人申请被拒，新加坡收紧投资移民政策》，http://money.163.com/12/0208/09/7PNTF2LR00254O2B.html，2013 年 12 月 28 日。

推进中国大陆新移民融入新加坡的进程。

第一，工作方面的竞争与冲突。这一点应该是最主要的，但并非唯一。在工作方面，有些中国大陆新移民在工资待遇以及其他方面的要求比原居民低，在就业率高的时候，这一矛盾还不会怎么突出，但在经济不景气就业率降低的时候，这一矛盾就会凸显出来。例如，在1997年亚洲金融危机期间，新加坡失业率居高不下，许多新加坡原居民就将失业的原因归咎于新移民的到来。新加坡新移民中，有许多留学生成绩优秀，毕业后能够找到比较好的岗位，有的还加入了新加坡国籍或是取得了永久居留资格，这些也会招致原居民的不满。甚至一些演艺人士、新加坡政府引进的体育人才，他们虽然在工作上与原居民不存在竞争关系，为新加坡作出了贡献，但也不会受到新加坡原居民太多的欣赏，因为他们是新移民的代表。

近几年，新加坡经济稳定发展，失业率很低，新移民在工作方面对原居民并没有造成太大的威胁，但是新加坡原居民反对政府移民政策的声音似乎越来越强烈。虽然近几年新加坡原居民对政府新移民政策的反对不只是针对中国大陆新移民，但是由于中国大陆新移民数量巨大，而且与马来西亚华人移民相比，中国大陆新移民与新加坡原居民的关系更加复杂难处。因此，可以说中国大陆新移民未来会更多地受到新加坡某些政党、社会团体和个人的批评甚至是无端指责，对此国家和中国大陆新移民团体应该给予足够的重视，采取积极的措施应对。

第二，在思想观念和行为方式方面的矛盾与冲突。新加坡华族原居民与中国大陆新移民虽同为华人，有着共同的文化积淀，但因为各自所处地理环境的差异、经济发展水平的差异、教育的差异、两国近代以来走过的历史道路不同，使人们形成了很多不同的思想观念和行为方式，且存在着较多的矛盾和冲突。在这些方面，有些可能有先进与落后、文明与野蛮之别，需要各自辨别，相互取长补短，有些则是由于经济和政治地位的不同，对问题的看法和处理的方式有所不同，需要相互理解和谅解，尽量避免误会和成见。

不只是在新加坡，很大一部分在海外的中国大陆新移民形象都不是很好，他们被认为是贫穷、落后、邋遢、叽叽喳喳、不排队、不顾及他人感受、不爱护环境、不择手段、不讲公德等，总的来说就是穷酸而缺乏教养。虽然这不能说完全是他们的错，但遗憾的是，人们一般是根据人的言行举止形成印象，而不可能像社会学家那样去追寻形成这些言行举止的深刻的社会和历史原因并找到纠正这些错误言行举止的措施。随着中国经济实力的增强，一些新移民又被批评为傲慢、炫富，新土豪的形象再次令中国大陆新移民的整体形象受损。而在中国大陆新移民看来，新加坡原居民市侩、吝啬、重物质而轻感情、保守怕输、鼠目寸光。正是因为有这样的相互的负面认知，新加坡才产生了各种形式的排斥中国大陆新移民的现象，中国大陆新移民对新加坡的认同也受到一定程度的影响，甚至产生过一些恶性事件。20世纪90年代，"小龙女"、"陪读妈妈"等对中国大陆女性新移民以偏概全式的"污名化"形象走红新加坡文化市场，令中国大陆女性新移民受到沉重的心理创伤。2006年新加坡政府还专门作出规定，禁止中国大陆陪读妈妈从事按摩业工作，似乎在新加坡的中国大陆陪读妈妈都在不务正业。

不过，从新加坡华侨华人的历史来看，中国大陆新移民与以华族为主体的新加坡原居民之间的这些差异并非没有前例可循，更不是什么不可调和的矛盾或不同文明之间的冲突。100多年前，东南亚新客华人与土生华人之间也存在类似的矛盾，即使是新加坡原居民的世代之间，亦会存在这样那样的价值观和行为方式的不同。可喜的是，新加坡政府对此有一个正确的认识，已经通过各种方式如"华族文化节"、"讲华语运动"等促进双方加强沟通，正确处理和化解这些矛盾。在 2012 年 3 月召开的新加坡国会审议财政预算案时，新加坡副总理兼内政部长黄根成强调，政府非常认真看待新移民融入新加坡社会的问题，并意识到要在这方面做得更多。①与此同时，新加坡原居民社会和新移民团体对这个问题也非常重视。新加坡有众多的华人宗乡会馆，"从文化层面上发挥了凝聚新移民与本地公民的功能，一定程度上有助于消除彼此间的隔阂"②。目前在新加坡最有影响力的新移民团体是 2001 年成立的华源会，华源会打破了传统宗乡会馆以地缘和血缘为纽带的格局，吸引了大批高学历的人员参加，自成立以来在帮助新移民融入当地社会方面可以说是不遗余力。

应该说，中国大陆新移民与新加坡原居民的思想观念和行为方式等方面的矛盾和冲突与欧美国家和其他外民族占主体的国家相比还是有质的不同，经过新加坡政府和新加坡华侨华人社会的共同努力，这些矛盾和冲突会逐步得到解决。但是，我们也不能低估这些问题的严重性，建议中国政府在新移民出国前，对这方面进行有实际意义的培训。

第三，国家认同问题上的差异。这一点是比较深层次的观念问题，理论上应该是针对加入了新加坡国籍或至少取得永久居留资格的新移民而言的，但现实中可能会延伸到所有的新移民。值得注意的是，这也是被东南亚诸多国家多年来用以拷问华族甚至借以迫害华族民众的一个问题。在新加坡，关于国家认同的问题可能没有印度尼西亚、马来西亚、越南等国那么严峻，原因就在于新加坡华族是主体民族，新加坡建国以后华族对新加坡的认同也有一个过程，而这一过程至今也没有完结。李光耀甚至将实现"新加坡人"这一目标所需的时间由一代人改为几代人，由几十年改为几百年。③客观地说，国家认同问题是一个长期的过程，不可能一蹴而就，不同的时代、不同的群体、不同的国际国内环境都会对国家认同问题产生影响。新加坡原居民有许多人因工作及其他的需要移民海外，不能因此否认大多数原居民对新加坡有着基本的认同，同样也不能因为中国大陆新移民对是否定居新加坡的举棋不定，或因为有少数以新加坡作为跳板的新移民而普遍怀疑中国大陆新移民对新加坡的忠诚问题。

在国家认同问题上，新加坡原居民对中国大陆新移民的质疑，在笔者看来，类似于"五十步笑一百步"的问题，就整体而言，两者对新加坡的真正认同没有本质的差别，只是程度的差别，或者是时间的差别。今天的新加坡原居民可能是昨天的侨民，今天的中国大陆新移民可能是明天的新加坡公民，后天变为原居民。新加坡建国以后，由于新加坡政府在许多国际和国内问题上实行了比较切合新加坡实际的战略和决策，新加坡的发展可以说是顺风顺水，新加坡原居民的国家认同问题没有得到大风大浪的考验，因此，我们同样有理由相信只要中国坚定地实行单重国籍政策，中新两国关系长期友好互利发展，中国大陆新移民对新加坡的国家认同问题不会成为新加坡华侨华人社会和谐稳定的障碍。近年来，新加坡加快了新移民入籍的步伐，这对于解决中国大陆新移民的新加坡国家认同问题

① 《新加坡移民如何融入新加坡社会 成为新加坡政府的新课题》，新加坡留学网，http://www.liuxue86.com/a/20120527/468698.html，2013 年 12 月 5 日。

② 王玉娟：《沟通与融合：新加坡华人宗乡会馆与中国新移民》，《东南亚研究》2013 年第 5 期。

③ 参见薛君度、曹云华主编：《战后东南亚华侨华人社会变迁》，北京：中国华侨出版社 1999 年版，第 151 页。

是有帮助的。

在全球化的时代，人口流动加快，人口流动的路径越来越复杂，而国家认同问题也发生了很大的变化。过去的三十多年，数百万华人离开原来的所在地，散居于世界各个角落，新加坡作为华人在东南亚地区最主要的移居目的地，同时也承载着华人跨国流动和构建更广泛的商业网络的重任。在这种情况下，简单考虑中国大陆新移民对新加坡的认同和忠诚，不允许他们有自己的选择和审慎的时间，实际上是把新加坡开放的港口城市的性格封闭起来，对新加坡长远的发展是不利的。无论是物流还是人流，流动起来才是新加坡的活力所在，这样才能使人们更加热爱新加坡，在更高的层次上实现对新加坡的认同与忠诚。

五、2013 年新加坡政治经济形势对中国大陆新移民的影响

2013 年是国际风云变幻的一年。但是，新加坡所处的国际环境没有发生大的变化，国内政治形势总体上也比较稳定；经济发展势头良好，国民收入稳定增长，失业率只有 2%；新加坡与中国关系密切，新加坡总理李显龙尽管经历了"钓鱼岛言论风波"，但在 8 月份顺利访华，打造中新关系的"升级版"。这些都为新加坡中国大陆新移民提供了良好的发展环境和机遇。

不过，2013 年新加坡也出现或者凸显了一些新情况，特别是以下两种需要引起足够的重视。如果处置不当，会对新加坡中国大陆新移民产生不利影响，特别是对今后中国大陆民众到新加坡留学、务工以及移民等带来诸多不便。

第一，新加坡部分原居民和一些反对党反对政府新移民政策的势力不可小觑。2013 年 2 月 8 日，新加坡国会通过了新加坡政府提出的《人口政策白皮书》，该白皮书提出为维持新加坡人口增长，保持新加坡的国际竞争力，今后每年将引进 1.5 万至 2.5 万外来人口，使新加坡 2020 年总人口达到 600 万，2030 年达到 650 万至 690 万。[①]新加坡新的人口政策说明新加坡政府以及大部分国民都认识到外来人口对于新加坡未来发展的重要性，对新移民来说无疑是一件好事情。但是，由于新移民与新加坡原居民的一些矛盾未能得到很好的解决，也有一部分原居民对新移民存在误会和偏见，在新加坡一直存在反对政府移民政策的声音，而一些反对党也利用了部分原居民的这种情绪。

2011 年，新加坡举行五年一度的大选，虽然执政党人民行动党仍然获得了 90% 以上的议席，但只获得了总选票的 60.14%，是新加坡建国以来的最低点，而第一大反对党工人党则获得了空前的胜利。之所以如此的一个重要原因就是许多选民对执政党的移民政策不满，支持工人党的控制新移民数量的主张。[②]

2013 年《人口政策白皮书》的通过更引起了新加坡原居民社会的强烈反响，不少新加坡原居民埋怨政府未能处理好新移民激增带来的住房、交通及环境问题。而以批评中国大陆新移民出名的社会工作者吴家和在 2 月 16 日带头组织了反对政府移民政策的集会，

---

① 新加坡文献馆：《新加坡 2013 人口政策白皮书》，http：//sginsight.com/xjp/index.php？id=9401，2013 年 12 月 29 日。

② 王祎：《2011 年新加坡大选结束 反对党收获空前》，http：//www.sina.com.cn，2013 年 11 月 29 日。

据组织者事前称，集会人数可高达数千人，因为集会时下起了大雨，后来实际参加者只有 1 000 多人，但即使是 1 000 人规模的集会在新加坡历史上也是少有的。①笔者认为，新加坡人民行动党以及目前的新加坡政府从新加坡产业规划、人口结构等实际情况出发，不会轻易改变既定的新移民政策。但是，人民行动党和新加坡政府也会从选票和社会稳定的角度出发，在某些方面收紧移民政策。例如近几年新加坡政府逐步收紧了投资移民政策。

第二，新加坡社会因外来人口增多，矛盾和冲突事件也在增多。2013 年 12 月 8 日，新加坡小印度区一名印度外劳被巴士撞死，因对事件处理过程不满，一些印度籍外劳打砸巴士和焚烧警车，22 名警员和 12 名民防队员受伤，成为新加坡 40 多年来最大的一场骚乱。新加坡警方在 17 日宣布对积极参与骚乱的 28 名外籍劳工提起诉讼，另有 53 人因为涉嫌参与骚乱将被驱逐出境，还有 200 人受到警察的警告。②

2013 年 3 月，新加坡媒体报道，从 2012 年 7 月份起，新加坡一位林姓女房东使出百般手段骗取中国留学生的房租，总共骗取了中国留学生 8 万多新元，有 40 多名中国留学生因为受骗而无处安身。现在中国在新加坡的各类留学生有 30 000 多人，几乎年年都有骗取留学生房租的事情发生，但这一次是新加坡历史上涉及面最广的一次中国留学生租房受骗案。③

这些事件都说明，新加坡本来就不是毫无风险的"乌有之乡"，随着外来人口的增加，各种矛盾和冲突在一定条件下必然会加剧。这些给中国大陆新移民敲响了警钟，中国大陆新移民在新加坡要学会分析、鉴别，保证人身和财产安全，并注意独善其身，减少和避免各种矛盾和冲突。

---

① 邱明达（《环球时报》特约记者）：《新加坡千人反华游行 抗议移民新政》，http：//singapore. xdf. cn/201302/9329979. html，2013 年 12 月 5 日。

② 《新加坡对 28 名涉嫌"小印度"骚乱事件的劳工提起诉讼》，国际在线网站，http：//gb. cri. cn/42071/2013/12/18/7371s4360504. htm，2013 年 12 月 28 日。

③ 《超过 100 名在新加坡求学的中国学生租房受骗》，http：//www. china. com. cn/chinese/TCC/121415. htm，2013 年 12 月 29 日。

菲律宾

2013 年菲律宾经济发展态势良好，政治形势基本稳定，社会治安稍有改善，但国内仍不时爆发与各类反政府武装的冲突。中国新移民社会仍在持续成长，但中国新移民的法律地位引发的问题没有得到任何改善。此外，少数中国劳工和中国企业在菲律宾从事非法经营活动，引起了菲律宾社会的关注。中菲关系的持续紧张，影响了中菲之间的经济文化交往，华人社会因此受到一定的影响。

一、2013 年菲律宾政治经济形势

（一）菲律宾基本国情

表 1　菲律宾概况

国家全名	菲律宾共和国	地理位置	亚洲东南部	领土面积	30 万平方公里
首都	马尼拉	官方语言	英语、他加禄语	主要族群	他加禄人、宿雾人、伊洛戈人等
政体	总统制	执政党/主要反对党	自由党/民族主义人民联盟	国家元首/政府首脑	贝尼尼奥·西米恩·阿基诺三世
人口数量	9 883 万	华侨华人人口数量	145 万左右	华侨华人占总人口比例	1.47% 左右
GDP 增速	7%（第三季）	通胀率	3.3%（2013 年 11 月）	失业率	6.5%（2013 年 10 月）

资料来源：菲律宾 National Statistical Coordination Board，National Statistical Office。

（二）人口与社会

截至 2010 年 5 月，菲律宾拥有人口 9 234 万，其当前人口增长率为 1.98%，根据这一速率计算，截至 2013 年 12 月，其人口规模为 9 883 万，[①] 比 2012 年增长 100 多万。相比 2000 年的人口规模 7 651 万，在过去十年间菲律宾人口已经净增长 2 000 多万。对步履蹒

---

① 引自菲律宾人口委员会（Commission on Population）网站，http：//www.popcom.gov.ph。

蹒跚的菲律宾经济而言，过度增长的人口迅速消耗了其经济增长的成果，从而构成经济增长的负担。为了应对迅速膨胀的人口，在 2012 年 12 月 17 日和 19 日，菲律宾众、参两院相继通过"计划生育法案"，菲律宾总统阿基诺三世随后签署该项法案。另据美国中央情报局 2013 年 6 月的估计，菲律宾人口已达 105 720 664 人，为世界第 13 大人口大国。① 由于华人的生育率远低于其他族群，因此就长期趋势而言，华人占总人口的比例将不断下降。不过另一方面，中国新移民的流入也为菲律宾华人社会输入了新鲜血液。

天主教和伊斯兰教是菲律宾人的主要宗教信仰，分别占总人口的 82.9% 和 5%，另外还有为数不少的基督教徒。② 根据笔者在菲律宾的田野调查，菲律宾华人信仰天主教/基督教的比例，与菲律宾人大致相当。

（三）经济形势

2013 年菲律宾经济在整体上延续了 2012 年的势头，前三个季度的增长率高达 7.4%，高于去年同期的 6.7%，其中第三季度增长率为 7%。工业部门第三季度的平均增长率为 8.2%，其中制造业高达 9.7%，电、气和水供应部门为 6.7%。服务业平均增长率为 7.5%，其中房地产、金融调节等行业分别高达 12.2% 和 12.1%。国民毛收入在第三季度增长率为 7.8%，高于 2012 年的 7.3%。③ 不过，台风"海燕"在 2013 年 11 月袭击菲律宾东南部的莱特省，并造成巨大灾害，预计菲律宾的经济会受到较大影响。菲律宾国家经济发展局 11 月 15 日称，菲律宾第四季度经济增长率可能降至 4.1%，台风对菲律宾中部造成的破坏将使菲律宾 2013 年国内生产总值下降 0.3% ~ 0.8%，全年经济增长率可能减缓至 6.5% ~ 7.3%，甚至有可能影响来年经济发展。④ 而且，尽管菲律宾经济发展取得了不俗的成绩，但世界银行的经济学家指出，到 2016 年，约有 1 240 万菲律宾人会失业或半失业，菲律宾政府需要创造更多的就业机会。⑤

2013 年前三个季度，菲律宾排名前三位的投资国分别是英属维京群岛（196 亿比索）、日本（52 亿比索）、荷兰（22 亿比索），美国（432 亿比索）、日本（42 亿比索）、荷兰（38 亿比索），英属维京群岛（103 亿比索）、日本（59 亿比索）、荷兰（44 亿比索）。因此，就全年而言，菲律宾的前三位投资国可能分别是美国、英属维京群岛和日本，⑥ 来自中国大陆的投资仍然非常少。

2013 年前九个月，到菲旅游人次比 2012 年同期增长 11.4%，尽管受到 11 月"海燕"台风的影响，但在年底圣诞节期间，菲律宾的旅游业仍可能完成其预定的目标。排名前五位的旅游市场分别是韩国、美国、日本、中国和澳大利亚（见图 1）。其中韩国游客占菲律宾游客市场的 25.9%，增长 20.71%，中国游客则剧增 66.08%。此外，来自中国香港的游客仍然增长缓慢，而由于受到 2013 年 5 月 9 日中国台湾渔民被菲律宾海岸警卫队枪

① 参见美国 CIA 网站，https：//www.cia.gov/library/publications/the – world – factbook/geos/rp.html。
② 参见美国 CIA 网站，https：//www.cia.gov/library/publications/the – world – factbook/geos/rp.html。
③ 数据参见菲律宾 National Statistical Coordination Board 网站，http：//www.nscb.gov.ph。
④ "Typhoon to pull down economy in Q4：Official"，Philippines Star，November 15, 2013.
⑤ Jojo Malig, "Create more, better jobs, World Bank tells Philippines"，ABS – CBN news，May 30, 2013.
⑥ 数据参见菲律宾 National Statistical Coordination Board 网站，http：//www.nscb.gov.ph。

杀事件的影响，来自中国台湾的游客则大量减少。① 据说大量台湾游客因"广大兴案"取消订位及包机，造成菲律宾每月高达数百万美元的损失，取消的机位也全部集中在菲律宾中部的观光胜地长滩岛。②

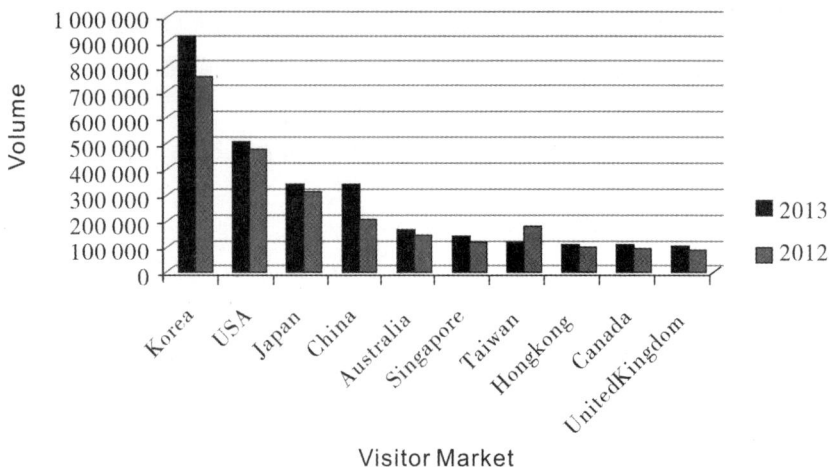

图 1   2013 年 1—9 月菲律宾排名前十位的游客来源地

在与中国的经贸关系上，尽管中菲政治关系紧张，但 2012 年中菲双边贸易额仍达到363.7 亿美元，创下历史最高纪录，较上年同比增长 12.8%，高于中国当年对外贸易6.2%的平均增速。中国企业在菲签订工程承包合同总额超过 10 亿美元，同比增长 63%。不过，菲律宾 6 月最新公布的统计数据显示，2013 年前 4 个月，对美国出口总额为 23.5亿美元，较上年同期下降 12.92%；对中国出口总额为 18.3 亿美元，较上年同期下降 21.18%。③

（四）政治与外交

2013 年菲律宾的政治与外交焦点主要表现在如下四个方面：

第一，菲律宾政府与菲律宾共产党领导及其组织全国民主阵线之间的谈判失败，双方再度爆发武装冲突。自 2012 年中以来，菲律宾政府与菲律宾共产党组织全国民主阵线/新人民军的谈判一直处于停滞状态，2013 年 1 月起，新人民军取消与政府的停火协议，改而采取攻击态势。随后在 5 月，菲律宾政府宣布，在谈判三年后，与菲律宾全国民主阵线/新人民军的和平会谈破裂，此后，新一轮的武装敌对行动再次爆发。④ 5 月 3 日，新人民军武装分子攻击了菲莱克斯矿业公司设在西内格罗斯省锡帕莱市的一座办公室，在与政府的交火中，5 名士兵被打死，此后数月还爆发了数起新人民军和政府之间的武装冲突。其

---

① 参见菲律宾旅游部网站，http：//www. tourism. gov. ph/Pages/IndustryPerformance. aspx。

② Nestor P. Burgos Jr. , "Philippines turns to other tourist markets after Taiwan row", The Philippines Inquirer Daily, May 24, 2013.

③ 《菲律宾官方统计称前 4 月对华出口降逾成》，中国新闻网，http：//www. chinanews. com/gj/2013/06 - 11/4920067. shtml, 2013 年 6 月 11 日。

④ 联合国安理会：《秘书长关于菲律宾儿童与武装冲突问题的报告》，2013 年 7 月 12 日。

实这并不是菲律宾新人民军第一次袭击矿业公司，而是基本上每年都会发生新人民军袭击菲律宾国内外矿业公司的事件，这对想开拓菲律宾矿业市场的中国公司来说，无疑是个不容回避的潜在风险。

第二，菲律宾政府依然受到南部阿布沙耶夫反政府武装和摩洛（Moro）伊斯兰武装组织的困扰。4月16日，菲律宾摧毁了阿布沙耶夫武装分子在Tipo-Tipo的营地，击毙至少8名武装分子。[1] 5月25日，菲海军陆战队队员在苏禄省帕蒂库尔镇山区遭到阿布沙耶夫武装分子袭击，7名士兵死亡，另有9人受伤。[2] 9月13日，在南部城市三宝颜附近的巴斯兰岛，武装部队与摩洛伊斯兰武装分子发生交火，6名士兵受伤。[3] 11月26日，菲律宾武装部队在南部的苏禄岛与阿布沙耶夫武装分子发生冲突，2名武装分子被打死。[4]

第三，在对外关系上，中菲政治和外交关系渐行渐远，菲律宾转而寻求与美国和日本等国建立更加密切的关系以在南海问题上对抗中国。美日等国不仅在防务与军事上加强与菲律宾的合作，更采取种种手段拉拢菲律宾。2013年1月，日本外相岸田文雄到访菲律宾，与菲方官员讨论日菲两国各自与中国之间的领土争议，双方同意加强海上安全合作。应菲律宾请求，日本拟出资为菲律宾海岸警卫队提供10艘巡逻船。12月，据美联社报道，菲律宾国防部称政府已与意大利和韩国签订价值总额约16.3亿比索（约合2.5亿元人民币）的军购合同，作为加快菲律宾军事现代化措施的一部分。而在11月菲律宾遭受台风"海燕"重创后，各国纷纷向菲律宾施以援手，美国和日本的表现则最为抢眼。两国除了巨额捐款以外，还分别派出大型海军舰艇和数千名军人赶赴菲律宾，但是其背后却隐藏着显而易见的地缘政治动机。

第四，提出南海仲裁案，在中菲南海争端上，菲律宾走出了大胆的一步。2013年1月22日，菲律宾政府向中国驻菲律宾大使馆提交了书面照会，将与中国南海争端提交仲裁程序。国际海洋法法庭庭长柳井俊二于3月代中国指派波兰法官斯坦尼洛夫·帕夫拉克（Stanislaw Pawlak）作为仲裁员，并于4月指派了余下的3名仲裁员。菲律宾外长罗萨里奥认为："我们的首席法律顾问认为，在没有中国参与的情况下，裁定将更快宣布，可能在2014年宣布。这是一个积极的进展。"[5]

二、菲律宾华侨华人社会

菲律宾目前约有华人145万，占总人口比例的1.47%左右，若加上中国新移民，总人数近170万。尽管菲律宾华人人口增长缓慢，但在新移民的不断补充之下，其人口基数不至于下降。菲律宾华人尽管人数不多，但拥有5家华文报纸，分别是《世界日报》、《联合

[1] Roel Pareño, "Troops recover bomb – making materials from Abu Sayyaf camp", The Philippines Star, April 17, 2013.

[2] Rory Medcalf, "Typhoon Haiyan and the Geopolitics of Disaster Relief", http://www.lowyinterpreter.org/post/2013/11/11/Typhoon–Haiyan–and–the–geopolitics–of–disaster–relief.aspx.

[3] Frances Mangosing, "6 soldiers wounded in clash with Moro gunmen in Basilan", The Philippines Inquirer Daily, September 13th, 2013.

[4] Julliane Love De Jesus, "Cops kill 4 Sayyaf bandits in Pata town, Sulu", The Philippines Inquirer Daily, November 26th, 2013.

[5] 《菲律宾望联合国完成南海仲裁 称中国要求过度》，网易，http://news.163.com/13/1025/06/9C0TTDO300014JB6.html，2013年10月25日。

日报》、《商报》、《菲律宾华报》和《菲华日报》。不过，除《世界日报》之外，其他华文报纸的发行量都相当低，其辐射范围仅限于唐人街及少数由华人经营的场所，如酒店和餐馆。

相比之下，菲律宾华人的社团数量更加惊人。尽管没有比较权威的统计，但很可能也有 3 000 个左右。不过，真正活跃的华人社团，实际上不超过 100 个，很大一部分华人社团都处于"休眠"状态，或者名存实亡。

和东南亚其他国家的华人一样，菲律宾华人有着非常悠久的经商传统，在菲律宾商业和经济领域扮演着非常重要的角色，远远超过他们在政治领域的表现。经过在菲律宾群岛近千年的繁衍，菲律宾华人长期致力于与主流社会的融合和团结，族群关系融洽。

（一） 文化认同与族群关系

2011 年和 2012 年，笔者先后以"菲律宾华侨华人与中国"、"菲律宾华裔新生代的认同与对华认知"为主题，在菲律宾进行田野调查。研究发现，菲律宾华人比较认可的中国文化符号分别是汉字（64.8%）、书法（61.4%）、长城（52.3%）、功夫（48.9%）和龙（45.5%），而熟悉的中国文化符号分别是汉字（46.6%）、春节（30.7%）、书法（20.5%）、饺子（19.3%）和长城（19.3%），可是对京剧和故宫的熟悉度则低达 2.3%。

至于菲律宾华人庆祝的节日，研究发现，菲律宾新生代华人更倾向于庆祝新年（93.4%）、圣诞节（89.4%）和万圣节（63.6%），远高于对中国传统节日如春节（23.4%）、中秋节（27.4%）的庆祝。在家庭中主要使用的语言或者方言方面，56.71% 的菲律宾华人选择菲律宾他加禄语（Tagalog），说福建话、英文和广东话的比例分别是 46.61%、11.02%、7.03%。在对自身身份的认定上，58.5% 的菲律宾华人认同自身 Tsinoy（菲律宾语中的"菲律宾华人"）的身份，选择华人（Chinese）、菲律宾人（Filipino）和华侨（Huaqiao，Chinese National）的比例分别为 17.53%、10.31%、2.54%。

以上有关菲律宾新生代华人的文化认知、庆祝节日、语言使用、身份认同方面的统计数据充分说明，菲律宾新生代华人已经深度融入了菲律宾本土社会。另外，很多华人在家中依然说福建话，并且认同自身"菲律宾华人"的身份，并没有完全被"菲化"。

菲律宾华人一直以来都积极参与本土事务。尽管华人作为一个族群，其政治参与似乎不甚积极，但在社会事务的参与上，华人的表现可谓出色。由于菲律宾特殊的地理位置，每年各种灾难频发，再加上菲律宾国力不振，因此华人在诸如慈善、赈灾、助学等领域扮演着非常积极的角色。

自 2013 年 11 月菲律宾遭遇台风"海燕"的袭击以来，菲律宾华社一如既往地参与到救灾活动中。截至 11 月 29 日，菲律宾华社捐款已达 1 亿多比索，而中国新移民也非常踊跃地参与到这场赈灾活动中。以旅菲各校友会联合会为例，截至 11 月 27 日，该会已经捐款 1 000 多万比索，这还不包括大量的救灾物资。另外，菲律宾华侨商报与佛教慈济慈善基金会菲律宾分会联合发起的捐款活动，截至 12 月 20 日，募捐总数已达 18 406 万比索。①

---

① 《商报》，2013 年 12 月 20 日。

（二）华人经济

2013 年福布斯发布了全球华人富豪排行榜，该榜单以 10 亿美元为基准，共有 42 家东南亚华人企业家（族）上榜，其中印尼最多，有 13 家，菲律宾有 7 家，分别是施至成、陈永栽、吴聪满、吴奕辉、郑少坚、许炳记夫妇、陈觉中家族，涉及产业既有多元化经营，也有金融、时装、零售和食品饮料等。而在福布斯公布的菲律宾前 50 名富豪中，华人可能占据其中的 21 位（见表 2），① 控制的财富占这 50 名顶级富豪总财富的 63.23%。在前十位富豪中，华人占据六席。不过，正如笔者一再强调的，这一数字除了说明菲律宾华人的经商传统及其商业智慧外，不具备任何政治、社会或者学术上的意义，因为菲律宾华人及其商业活动，早已是菲律宾社会不可分割的一部分。

表 2   福布斯 2013 年菲律宾富豪榜华人上榜名单

（单位：亿美元）

排名	姓名	资产	排名	姓名	资产
1	施至成及其家族/Henry Sy & family	120	21	杨应琳及其家族/Alfonso Yuchengco & family	7.05
2	陈永栽及其家族/Lucio Tan & family	75	23	贝蒂·安/Betty Ang	6
3	吴聪满/Andrew Tan	46	25	施恭旗/Carlos Chan	5
5	吴奕辉及其家族/John Gokongwei，Jr.	34	28	小马里亚诺·陈/Mariano Tan，Jr.	4.35
9	郑少坚及其家族/George Ty & family	26	29	弗雷德里克·狄/Frederick Dy	2.9
10	许炳记夫妇/Lucio and Susan Co	19	31	蔡启文/Ramon Ang	2.6
11	陈觉中及其家族/Tony Tan Caktiong & family	17	35	老哈辛托·吴/Jacinto Ng	2.3
13	叶应禄/Emilio Yap	13.5	42	蔡其仁/Alfredo Yao	1.8
14	罗贝托·安宾/Roberto Ongpin	13	49	菲利普·安/Philip Ang	1.15
17	吴天恩/Andrew Gotianun	10	50	彭泽仁/Manuel V. Pangilinan	1.05
20	小爱德华多·许寰哥/Eduardo Cojuangco	8.25			

数据来源：根据福布斯 2013 年菲律宾富豪榜整理。

（三）社会治安

由于 2013 年是菲律宾的中期选举年，与选举有关的恐怖活动不时爆发。如 2013 年 7 月 26 日深夜，菲律宾南部棉兰老岛的卡加延—德奥罗（Cagayan de Oro）发生炸弹爆炸事

---

① 需要说明的是，除了众所周知的华人富豪外，笔者仅根据姓氏来判断其是否是华人，也许有些人虽然是华人，但被归为菲人，有的菲人因为其姓氏又被归为华人。

件，造成 8 人死亡、40 人受伤。① 几天之后的 8 月 6 日，在棉兰老岛的 Cotabato 市，又发生爆炸事件，造成 6 人死亡、29 人受伤。② 另外，尽管在 2011—2012 年间菲律宾全国有登记过的犯罪案件下降了 10%，但在大马尼拉地区，2013 年以来的犯罪活动却呈上升趋势。③ 由于华人大都定居在城市，并且以大马尼拉区域为主，这意味着华人遭受犯罪活动影响的可能性较高。比如 7 月 30 日，华裔专栏作家 Richard Kho 在奎松市遭到摩托车枪手杀害，据说与其批评政治的专栏有关。④ 8 月 11 日，一名华裔商人在奎松市的家门前遭到三名武装抢匪的抢劫。⑤ 10 月 22 日，在菲律宾甲美地省（Cavite）的沓斯马仁迎示市（Dasmarinas），一名来自中国福建的许姓商人遭遇劫杀，命殒他乡。⑥ 11 月 22 日，华人罗伯·柯（音）和其他两人在北兰佬省于行车途中被身份不明的武装男子掳走。

不过，无论是普通的犯罪案件还是恐怖活动，都只能反映菲律宾政治的混乱与无序以及在社会治理方面的失败，而与族群背景无关。实际上，笔者 2012 年在菲律宾的一项调查显示，菲律宾人对华人的形象评价为 81.5 分，略低于华人对自身的评价 82.8 分，显示华菲族群关系的融洽。

（四）华文教育

在 2013 年 4 月于北京举办的"2013 海外华文教师教学技能'金辉'北京培训班"上，菲律宾华教中心副主席黄端铭表示，中华文化是中华民族的灵魂，没有中华文化就没有今天的华侨华人。当前，随着"汉语热"的持续升温和新华侨华人的不断增加，华文教育进入了一个前所未有的发展阶段，菲律宾的华文教育也逐渐升温。但是，由于历史的原因以及各种因素的制约，菲律宾华文教育发展的速度远不如马来西亚、新加坡、泰国等邻国。华文教育质量的高低关键在于教师，目前菲律宾的华文师资存在着各种各样的问题，如华文师资短缺、教师专业化程度不高、师资队伍老龄化等。为了解决本国华语教学师资队伍的问题，菲律宾华教中心启动了"输血计划"、"造血计划"以及巡回讲座、长短期结合的师资培训班等，努力提高本土华文师资的质量。⑦ 所谓"输血计划"和"造血计划"，即一方面从中国引进师资，另一方面致力于培养菲律宾本土的华文教育师资力量。

一直以来，菲律宾华文教育界的努力得到来自中国方面包括侨办、汉办的大力支持。比如在国务院侨办的组织下，国内很多机构和省份纷纷派出华文教师支持菲律宾的华文教育。4 月，福建省外侨办向菲律宾选派 15 名教师；5 月，陕西省西安市外侨办选派 5 名幼儿教师；山西省外侨办选派 10 名华文教师。⑧ 7 月，华侨大学举办了"2013 年国侨办赴菲律宾外派教师培训工作"，参加培训的外派教师有 150 多人，分别来自福建、浙江、内蒙古、黑龙江、河南、山西等全国 18 个省市区。⑨ 8 月 27 日至 9 月 11 日，受国务院侨办委

---

① Kathlyn dela Cruz, "Personal grudge, terrorism eyed in CDO bombing", ABS-CBN news, Aug. 7, 2013.

② John Unson, "Car bomb kills 6 in Cotabato", The Philippine Star, August 6, 2013.

③ Michael Lim Ubac, "Crime worries Aquino despite low rate", The Philippine Daily Inquirer, January 13th, 2013.

④ "2 tabloid columnists shot dead in QC", ABS-CBN news, July 31, 2013.

⑤ 《商报》，2013 年 8 月 12 日。

⑥ 《菲律宾华报》，2013 年 10 月 24 日。

⑦ 华文教育网，http://www.hwjyw.com/info/content/2013/04/17/27744.shtml，2013 年 4 月 17 日。

⑧ 以上信息皆引自华文教育网，http://www.hwjyw.com。

⑨ 华文教育网，http://www.hwjyw.com/info/content/2013/07/08/28286.shtml，2013 年 7 月 8 日。

托，湖南师大组织讲学团赴菲律宾马尼拉、三宝颜、鄢市、纳卯等四个城市巡回讲学，培训当地华语教师 400 余人。① 9 月份，由菲律宾华教中心和暨南大学华文学院联合举办的，国侨办提供奖学金的"第二届华文教育专业本科学历教育"函授班开班，有来自菲律宾十所华校的二十多名教师报读，该计划是 2009 年菲律宾华教中心启动的"菲律宾华语教学师资队伍专业化方案"的一部分。②

此外，还有为数众多的菲律宾华裔青少年来华学习中文和参加文化活动。3 月 30 日，来自菲律宾五所中学的 41 名菲律宾华裔学生抵达福建泉州师范学院，参加第三届菲律宾华裔学生学中文夏令营，开始为期两个月的中文学习生活。③ 4 月 1 日，2013 年菲华学生学中文夏令营在厦门集美宣告开营，来自菲律宾的 810 名华裔青少年参加"中国寻根之旅"，此次活动由菲华富商陈永栽先生资助。从 2001 年至今，陈永栽先生已连续 13 年总计资助 9 000 余名菲华学生回到故乡福建参加为期 50 天的中文夏令营。④

菲律宾华社还举办各种活动以推动国内的华文教育。比如 4 月 10 日至 5 月 2 日，第八届全菲华校学生中华文化夏令营在马尼拉开营，该夏令营系中国华文教育基金会"走出去"华裔青少年夏令营活动中独具特色的常规项目之一，旨在推动菲律宾华文教育升温。自 2006 年始，已成功举办七届。⑤ 11 月 23—24 日，在菲律宾商总礼堂举办了由中国国务院侨务办公室、中国海外交流协会主办，菲律宾华教中心承办的"第二届海外华裔青少年中华文化大赛演讲暨才艺比赛"，来自中正学院、侨中总校、侨中分校、尚一中学、碧瑶爱国中学五所华校的 43 名选手参加了此次活动，优胜者将在 2014 年赴华参加总决赛。⑥

此外，国家汉办也与黑龙江、山东等众多省市及海南等大学合作，向菲律宾派出大量汉语教师志愿者，仅黑龙江省就面向菲律宾招募志愿者 60 人。⑦ 4 月，国家汉办还在南开大学组织 2013 年赴菲律宾、尼泊尔等国汉语教师志愿者储备人员培训工作。

（五）中国新移民与中国劳工

1. 中国新移民

菲律宾移民局在 2013 年 1 月公布了最新的外国人统计数据，在菲律宾移民局的年度外侨登记中，截至 2012 年 12 月 31 日，总共有 203 753 名定居在菲律宾的外国人登记，其中超过 47 000 人为非移民登记，46 000 多人为移民登记。在登记的 20 多万外国人中，中国公民有 59 000 多名，居第一位，其次是韩国人（31 000 名）和美国人（26 000 名）。⑧ 中国人登记数量少于上一一年度的 61 689 名。

正如本报告 2012—2013 年版本中所言，在菲律宾的中国新移民所面临的最大的不稳

---

① 华文教育网，http：//www.hwjyw.com/info/content/2013/09/12/28993.shtml，2013 年 9 月 12 日。

② 华文教育网，http：//www.hwjyw.com/info/content/2013/09/25/29137.shtml，2013 年 9 月 25 日。

③ 华文教育网，http：//www.hwjyw.com/info/content/2013/04/01/27628.shtml，2013 年 4 月 1 日。

④ 华文教育网，http：//www.hwjyw.com/info/content/2013/04/02/27636.shtml，2013 年 4 月 2 日。

⑤ 华文教育网，http：//www.hwjyw.com/info/content/2013/03/21/27556.shtml，2013 年 3 月 21 日。

⑥ 华文教育网，http：//www.hwjyw.com/info/content/2013/11/28/29395.shtml，2013 年 11 月 28 日。

⑦ 详情可参见汉办网站，http：//www.hanban.edu.cn/。

⑧ "200 000 registered aliens in RP"，http：//immigration.gov.ph/index.php? option = com_content&task = view&id = 1932&Itemid = 78，2013 年 1 月 21 日。

定因素来自菲律宾政府对外侨非法工作的监督和检查。鉴于在菲律宾从事零售业的中国新移民数量巨大——这本身就违反了菲律宾国内的法律，再加上不少人不具备合法的工作证件或签证，这就决定了中国新移民群体在菲律宾的脆弱性。而且在可以预见的将来，这一问题还将长期存在，2013 年中国新移民在菲律宾的遭遇再次印证了这一点。10 月 3 日，菲律宾移民局探员突击加洛干市（Caloocan）的 Victory 商场，抓捕数名无证的中国新移民，最后这些被捕者在支付一笔费用后被释放，此举被认为是索取钱财。① 12 月 11 日，菲律宾移民局探员在中国城附近华人聚集的购物商城如一路发（168）商会、城昌（11/88）商场联谊会及美佳商场等地抓人，凡见貌似华人而又不懂菲语者便一概抓捕，最后有多达 78 名华人被带至移民局扣留。② 截至 12 月 17 日，菲移民局已经释放了大多数人，但仍拘留 5 名没有证件的中国人，这 5 名中国公民最终将被起诉。菲律宾移民局声称："那些外籍人士剥夺了菲律宾人民的谋生机会。根据本国法律，外籍人士在没有申请工作许可证的情况下，不得在菲律宾工作。"③ 其实早在 11 月 8 日，鉴于菲律宾移民局探员在外省拘捕无证件外国人，并将相继在全国各地展开拘捕行动，菲华商联总会、菲律宾中国商会、菲华新联公会、旅菲华侨工商联总会、菲华墨拉兰联合总商会、一路发（168）商会、诚昌（11/88）商场联谊会等华侨华人社团，即已与中国大使馆举行座谈会，商讨中国新移民事务，提醒新侨合法经营，并且持有完整的手续，④ 但悲剧依然发生，并且年复一年。

国内有媒体习惯将菲律宾逮捕中国移民的事件与中菲关系的大环境进行关联，实属过度联想。因为每年在圣诞节以前，菲律宾基本上都会发生或大或小的抓捕外来移民的事件，即便是在中菲关系非常友好的阿罗约时期。一方面可能是因为来自国内不同部门的压力，另一方面，抓捕外国非法移民实际上也是菲律宾移民局"创收"的一种方式。不过，由于中国新移民脆弱的法律地位，他们自然成为菲律宾随意执法的受害者。

此外，还有少数新移民卷入一些犯罪活动中。2013 年 10 月，菲律宾警方在马尼拉北部克拉克经济特区的某酒店内，一举逮捕来自台海两岸的近 170 名电信诈骗嫌疑犯，这是 2013 年 4 月中国台湾和菲律宾签署《刑事司法互助协议》以来，破获的最大宗电信诈骗案。⑤ 而在中国新移民经营的一些商场，各种仿冒商品相当普遍，这也让中国新移民处于不利境地。11 月，菲律宾国家调查局知识产权部门在 Pasig 市的墨拉兰 LRT 商场内检查华人经营的时装点，没收价值 650 万比索的假冒"Lee"牌牛仔裤，两名华人因违反菲知识产权法商标侵权法而被起诉。⑥ 鉴于墨拉兰 LRT 商场是中国新移民的主要经营地之一，这两名华人很可能是中国新移民。

总体而言，尽管每年进入菲律宾的中国新移民数量处于缓慢增长之中，但随着中国新移民整体经济实力的增长，他们中的很多人在积累一定的财富后，开始寻求身份合法化。

---

① 《菲律宾华报》，2013 年 10 月 4 日。

② 《菲律宾华报》，2013 年 12 月 12 日；Tetch Torres – Tupas，"80 foreign nationals arrested for unlicensed businesses"，The Philippines Inquirer Daily，December 13，2013.

③ Buena Bernal，"5 Chinese nationals detained as illegal aliens"，http：//www. rappler. com/nation/46102 – chinese – detained – illegal – aliens – immigration – philippines？utm_source = feedburner&utm_medium = feed&utm_campaign = Feed%3A + rappler + （Rappler）.

④ 《菲律宾华报》，2013 年 11 月 10 日。

⑤ 《菲律宾华报》，2013 年 10 月 25 日。

⑥ 《菲律宾华报》，2013 年 11 月 20 日。

于是，越来越多的中国新移民开始通过退休移民和投资移民的方式，申请菲律宾的永久居留权。为了保护他们的权益，或者基于金钱以外的其他追求，中国新移民组织了各种类型的社团。根据笔者的观察，这些社团大致分为两种类型（见表3）。第一类是综合性商会，主要有三个社团，成员并不局限于某个行业或者地域，而是全国性的。① 第二类是主要由在各购物中心经营零售业的中国新移民所组成的商会，如一路发（168）商会、诚昌（11/88）商场联谊会等，都是马尼拉中国城中最有名的几个主要由中国新移民商贩经营的商场。当然，这并不是说这两大类社团就涵盖了所有中国新移民，只是说这两类社团以中国新移民为主体。实际上，现在有越来越多的之前由菲律宾华人组成的社团，开始吸收中国新移民入会，如菲华商联总会、菲华各界联合会等等。

表3　菲律宾中国新移民社团

第一类	旅菲各校友会联合会、旅菲华侨工商联总会、菲律宾中国商会
第二类	菲华墨拉兰联合总商会、一路发（168）商会、诚昌（11/88）商场联谊会

在菲华商联总会的推动下，中国新移民社团加强了彼此之间的合作。2012年6月，旅菲华侨工商联总会、菲华墨拉兰联合总商会、一路发（168）商会和诚昌（11/88）商场联谊会等的领导签署了友好合作协议，以加强彼此的合作与沟通，共同为树立新移民良好形象，创造和谐的华社环境而努力。②

2. 中国劳工问题

2013年中国公民在菲活动的一个重要特征，是关于中国劳工非法工作的报道大量增加。这些非法活动主要涉及两个方面，其一为非法采矿，其二为非法工作。

最近几年，菲律宾丰富的矿产资源吸引了大量来自中国的矿业公司，但是不少中国矿业公司在菲律宾的开采活动极具争议。4月5日，菲律宾北棉兰佬区矿物及地学局在加牙渊黎奥洛市（Cagayan de Oro）对涉及非法采矿、偷矿及使用水银等违禁品的一名中国人和两名菲人提出控告，而该名中国人所在的 KF Net Corp. 公司和其他四家中国公司也被控涉及非法采矿、偷矿及非法勘探。北棉兰佬区矿物及地学局在对四家公司提出起诉时，也对15人提出起诉，其中包括至少4名中国人和2名韩国人。③ 7月13日，菲律宾警方在菲律宾南部南阿古桑省（Agusan del Sur）的圣弗朗西斯科镇（San Francisco），逮捕了6名在当地淘金的中国人，这些工人不仅非法采矿，还破坏了当地的环境，如破坏集水区、阻

---

① 需要说明的是，菲律宾的中国商会与其他国家通常意义上的中国商会是不同的。其他国家的中国商会，主要是由来自中国的企业组成，而菲律宾的中国商会则主要由菲律宾本地华侨华人和两岸新移民所组成。

② 参见菲华商联总会网站，http://www.ffcccii.org/。

③ "Chinese, 2 Pinoys face illegal mine raps", The Philippine Daily Inquirer, April 7th, 2013.

塞河流、海岸线和造成水土流失等。① 8月1日和3日，菲律宾国家调查局先后两次突击检查了卡加延省（Cagayan）和南怡罗戈斯省（Ilocos Sur）的中国矿业公司，总共拘捕了31名中国公民，这些工人涉嫌在上述两地非法从事黑沙开采，而两家涉事的中国企业华夏矿业与贸易有限公司（Hua Xia Mining and Trading Corp）和宏泽矿业公司（Hongze Mining Corp）则涉嫌在菲律宾违法开矿。②

2013年9月24日，菲律宾最大的劳工团体菲劳联（TUCP）声称，大约有3 000名中国人在巴丹省和八打雁省的跨国私人承包商建筑工程中非法务工。该组织还建议，菲律宾劳动和就业部、移民局及其他机构必须调查建筑行业中越来越多没有工作许可证的中国人。《菲律宾星报》24日称，菲劳联对有关非法在菲律宾建筑项目工作的中国人人数不断上升的报道表示担忧，指这会影响菲律宾劳工的就业机会。"作为捍卫菲律宾劳工权益的先锋，菲劳联对大批外国人——特别是中国人——在建筑界工作的消息表示严重关切，据信他们在没有政府许可证的情况下工作。"这些非法外国工人将冲击菲国本已居高不下的失业率。该机构副主席西诺还指出，一些不肖外国承包商钻法律漏洞，申请300份工作证，却引进多于此数倍的外国劳工。③ 第二天，菲律宾移民局对此作出回应，移民主管米顺指出，外国人在没有取得劳工部签发的外侨就业许可证及移民局的就业签证的情况下就业是违法的。④

根据菲律宾法律，在菲律宾工作的外籍人必须先到劳工部、移民局和专业管理署办理外籍人就业许可证。如果他们的技能是菲律宾劳工市场无法提供的，而且申请人的声誉是毫无疑问的，这些外籍人便可获得在当地的就业许可。菲律宾媒体资深人士黄栋星认为，相对来说，中国建筑工人更能吃苦，技术更成熟、工程进展更快，而且工资也比当地人低，因此一些建筑企业愿意聘用中国工人，而这势必会引起菲律宾当地工人的不满，所以一些当地工会组织会经常向监管部门举报非法雇用外籍工人的问题。⑤ 10月4日，菲律宾移民局在八打雁省一座建筑工地抓扣了至少138名被指"非法务工"的中国工人。⑥

此外，还有一些中国公民或新移民因在菲律宾从事非法活动而被起诉和遣返。如2013年5月，4名中国人因非法从事网上赌博而被遣返。⑦

---

① "Chinese nationals nabbed for illegal mining in various parts of Mindanao", Mining Week, http：//phminingweek. com/chinese－nationals－nabbed－for－illegal－mining－in－various－parts－of－mindanao/#sthash. vCKVgweK. dpuf, July 17, 2013.

② Mark Meruenas, "Raps filed vs Chinese nationals for illegal black sand mining", GMA News, August 6, 2013；Jocelyn R. Uy, "3 Chinese nationals detained for black sand mining", The Philippine Daily Inquirer, October 1, 2013.

③ 《菲律宾华报》，2013年9月25日；Dennis Carcamo, "3 000 Chinese illegally working in Phl－TUCP", The Philippines Star, September 24, 2013；Tina G. Santos, "DOLE probes reports of 3 000 Chinese illegals", The Philippine Daily Inquirer, October 1st, 2013.

④ 《菲律宾华报》，2013年9月26日。

⑤ 《环球时报》，2013年9月25日。

⑥ Arnell Ozaeta, "138 Chinese rounded up in Batangas construction site", The Philippine Star, October 5, 2013.

⑦ "BI detains 8 aliens caught in online casino", http：//immigration. gov. ph/index. php? option = com_content&task = view&id = 2018&Itemid = 78, May, 2013.

三、华侨华人与中菲关系

(一) 中菲关系紧张引发华人忧虑

尽管菲律宾华人从来都是一个多元化的群体,其在政治立场、文化认同、对中国的认知等方面都存在较大的区别,甚至很多华人并不认可中国政府在南海问题上的立场,但是,自 2010 年以来中菲关系的持续紧张引起了菲律宾华人的普遍担忧。根据笔者与有限的、来自不同领域的华人的交流,可以看出菲律宾华人都希望中菲能够求同存异,化解海洋分歧,或者将中菲关系的争端仅仅局限在南海领域,不要波及文化和经济领域。此外,华人普遍反感美国在中菲关系和南海争端上所扮演的角色,一些华人还希望菲律宾政府在处理中菲关系时能够保持足够的理性。[①]

华人还积极推动中菲关系的相互理解与互动。以菲律宾华人推动成立的菲律宾中华研究学会(Philippines Association for Chinese Studies,PACS)为例,该会近来每年都召开中菲关系和南海问题研讨会,希望能够促进中菲对南海争端和中菲关系的理解。2013 年 4 月,PACS 组织成员到上海和北京与中国的智库就中菲关系展开对话。12 月,PACS 又组织中菲学者的研讨会和圆桌对话,邀请中国学者与菲律宾官方高层开展互动。[②] 这些活动不一定可以起到立竿见影的效果,但是作为民间层面的交往,积累到一定程度就有可能对双边关系的解冻起到正面的推动作用。

(二) 中菲关系对华人的影响

尽管自中菲关系紧张以来,中菲经贸关系依然稳步发展,似乎没有受到较大的波及,但实际上,中菲关系的紧张正在产生持续的影响。

首先,就经济领域而言,由于华人的经商传统,以及在菲律宾经济领域的活跃度——无论是金融、零售、地产,还是交通等各个领域,都活跃着华人的身影,这意味着华人经济与菲律宾国民经济的高度一体性,任何菲律宾经济上的损失,很可能就意味着华人的损失。以菲律宾的航空业为例,无论是最大的菲律宾航空公司,还是廉价航空宿雾太平洋公司,都主要是由华人控股的公司,取消航班或者类似旅游制裁等措施,会直接波及这些企业。而自 2010 年以来,因南海和黄岩岛问题、香港人质事件、台湾渔民被枪杀事件等,以及由此采取的一些经济上的限制措施,导致中菲关系的紧张而不可避免地既影响到菲律宾,也牵连到菲律宾华人。

其次,中菲文化交流也开始受到影响。菲律宾华教中心表示,自 20 世纪 90 年代以来,该中心即与中国合作,引进中国华文教师,支持菲律宾华文教育的发展。这些华文教师一般持旅游签证来往菲律宾,然后在菲律宾办理工作签证。可是自 2013 年以来,无论是汉办,还是侨办外派的华文教师,都已经不大可能办理工作签证。尽管菲律宾华社与菲律宾多个政府部门反复交涉,但最后总是被菲律宾不同政府部门相互推脱,敷衍了事。即

---

① 根据笔者 2013 年 12 月与多名菲律宾华人的交流。
② 笔者有幸受邀参加此次会议,在内部圆桌对话上,有菲律宾国家安全委员会、国防学院、军方等众多政府部门的人士参与,可见 PACS 在推动中菲沟通与理解上的良苦用心。

便是类似佛光山万年寺这样的宗教机构从中国大陆引进的华文教师，也遭遇到同样的问题。此外，菲律宾教育部在 2013 年 7 月发文，表达了对中国政府派遣"过多"华文教师的疑虑，要求各华文学校确定由中国来的华文教师确实是在华文学校工作，还要求提交这些志愿者老师的课程等信息，此举在菲律宾广大华文学校中引发了不安。① 受到政治氛围的影响，已经连续举办八届的"中国走进课堂"菲律宾中学生中国知识竞赛，尽管在菲律宾教育界受到广泛好评，但从 2012 年起即已停办。

四、结论与趋势

第一，鉴于在菲律宾的中国新移民数量巨大，并且很大一部分属于违法滞留，或者虽然为合法居留，但是非法从事菲律宾法律不允许的外侨零售业，他们法律地位脆弱，极易成为菲律宾各政府部门随意执法的受害者，从而引发外交上的纠纷，因此驻外部门与菲律宾华人社团就此问题开展一定程度的预警合作是非常必要的，这种合作包括通过社团宣传菲律宾的移民与居留政策，设立临时机构帮助中国新移民办理合法化手续等。

第二，不少中国劳工在菲律宾非法打工，或者其工作活动违反了当地法律。这些活动不仅伤害了菲律宾的国家利益，而且也损害了中国的国际形象。但是，深层次的原因可能还是一些在菲律宾投资的中国公司不遵守当地法律。因此，或可采取一些措施，引导中国对外投资企业了解并尊重菲律宾当地的法律意识，驻外机构可以通过华侨华人社团、中国企业协会等组织加强与中国投资企业的互动。

第三，不宜因南海问题而对中菲关系全面设限，尽量让中菲争端和矛盾限制在南海和政治领域，继续推动经济、文化和防务等领域的双边合作。一方面，经济和文化等"低级政治"议题领域的合作会让菲律宾人认识到中国的实力与魅力，长期而言有可能会推动双边关系的缓和及政治议题的解决，而过激的措施则有可能把菲律宾完全推向美国和日本等国的怀抱；另一方面又可避免因双边关系恶化对菲律宾华人社会造成冲击。

---

① 根据笔者 2013 年 12 月 9 日对菲律宾华教中心黄端铭主席的访谈。

泰　国

在世界各国华侨华人群体中，泰国华侨华人是一个特殊的群体，他们在居住国的社会地位、对居住国的认同以及与居住国其他族群的融合，同其他国家相比都是比较好的。其原因是多方面的，其中中泰关系提供的良好环境以及泰国政府成功的温和同化政策功不可没。2013 年，中泰关系由于李克强总理的访问更上一个台阶，泰国华侨华人为之振奋，也将为他们在泰国新的发展奠定更为厚实的基础。同时，中泰之间实行互免签证的可能性将给泰国华侨华人带来极大的便利，但对中泰之间的人口流动则会有负面影响。另外，11月开始的新一轮泰国国内政治危机也值得关注，对泰国华侨华人的影响有待考察。

一、泰国基本国情

泰国概况

国家全名	泰王国	地理位置	中南半岛中南部	领土面积	513 115 平方公里
首都	曼谷	官方语言	泰语	主要民族	泰族、老挝族、华族、马来族、高棉族
政体	君主立宪制	执政党/主要反对党	泰党/民主党	国家元首/政府首脑	普密蓬·阿杜德/英拉·西那瓦
人口数量	6 740 万	华侨华人人口数量	1 000 万	华侨华人占总人口比例	15%
GDP	3 456 亿美元	CPI	3.81%	失业率	0.7%

资料来源：中国外交部网站，http：//www. fmprc. gor. cn/mfra_ch/，2012 年 8 月更新。

二、泰国侨情概况

由于地理位置的缘故，泰国成为中国人早期移民的主要目的国之一。早在 13 世纪末，中国商人已定居在暹罗湾沿岸的市场和港口。[①] 到 16 世纪初期，在大城已经形成华人

---

① 施坚雅著，许华等译：《泰国华人社会：历史的分析》，厦门：厦门大学出版社 2010 年版，第 1 页。

区。① 而曼谷地区的华人移居区则在 17 世纪上半期开始形成。②

中国移民泰国有三个高潮，第一个高潮是 1767—1782 年的吞武里郑信王朝时期。郑信是华侨的后裔，他在率领泰中人民奋起抗击入侵的缅军，恢复国家的独立和统一之后，从中国招入大批的侨民，于吞武里重建新都和恢复被破坏了的经济。当时泰国华人约有 23 万人，约占总人口的 4.8%。③ 郑信的同乡是在他的大力鼓励下才大批地被吸引到泰国来定居的。华人人口的这一异常扩张，是该王国数百年中发生的重大变化。④ 第二个高潮是 1882—1910 年的曼谷王朝拉玛五世王时期。拉玛五世所实行的社会改革，促进了商品货币关系的发展，需要自由劳动力，由于国王及其大臣们希望增加国家生产，华人受到了史无前例的欢迎。⑤ 这一时期到泰国来的中国人，从每年 1 万多人增至 6 万多人。第三个时期为 1918—1931 年第一次世界大战后的景气时期和 1946—1949 年第二次世界大战结束的初期。由于泰国经济的繁荣和中国华南地区遭受自然灾害以及中国的内战，中国移民泰国人数达到历史上的最高水平。⑥

但对于现时的泰国华侨华人人数则一直存在很大争议。据查尔斯·艾夫·凯斯估计，现在居住在泰国的华侨与华人估计约 600 余万人（包括华侨 21 万余人），在泰国 6 000 余万人中，约占 1/10。又据潮州会馆报道："一般估计，如果将有中国血统的华裔也算在内，那么在泰国的华侨华人、华裔要占其人口的 20% 左右，约有 1 000 万。"⑦ 实际上，无论是 600 余万还是 1 000 万的估计数，都值得怀疑。与东南亚其他国家不同，泰国的华人华裔人口无精确统计数字。⑧

中国人移居泰国历史久远，在长期的民族融合过程中形成了自己鲜明的特色。首先是政治参与程度高。早在大城王朝时，泰国王室就对一些为泰国社会作出重要贡献的华人封官赐爵，华人很早便参加泰国的政治活动。后来虽然出现过短时期的排华，但不久泰国政府便取消了对华人的政治歧视，使他们获得与泰人同样的选举权和被选举权，并且由于"二战"后泰国政府官员和公务员主要通过普选、任命和公开招考的竞争方式进行招聘，所以一些受过高等教育和有才干的华人也有机会担任政府职务。随着他们归化泰籍、文化水平和政治意识的提高，泰国华人很早就意识到参政的重要性。⑨ 不少泰国华人通过选举步入政坛，成为政府要人，泰国前总理川·立派、他信都是典型的例子，还有现任总理英拉在接受中文媒体采访时也承认自己的华人身份。其次是经济融合程度高。在泰国根本不存在所谓华侨华人控制泰国经济和"华人经济"的现象，在泰国并没有出现其他东南亚国家所谓的经济上从外侨经济转变为民族经济的情况，因为华人经济事实上与泰国经济完全融为一体，不可分离。华人经济已成为泰国经济中重要的组成部分，彼此间水乳交融的关系诚如经济学博士李国卿所言："泰国经济如不能有现代化的发展，就不会有泰华经济之

---

① 施坚雅著，许华等译：《泰国华人社会：历史的分析》，厦门：厦门大学出版社 2010 年版，第 4 页。
② 施坚雅著，许华等译：《泰国华人社会：历史的分析》，厦门：厦门大学出版社 2010 年版，第 26 页。
③ 转引自陈健民：《泰国对华人的政策和战后华人社会的变化》，《华侨华人历史研究》1989 年第 4 期。
④ 施坚雅著，许华等译：《泰国华人社会：历史的分析》，厦门：厦门大学出版社 2010 年版，第 26 页。
⑤ 转引自施坚雅著，许华等译：《泰国华人社会：历史的分析》，厦门：厦门大学出版社 2010 年版，第 29 页。
⑥ 转引自陈健民：《泰国对华人的政策和战后华人社会的变化》，《华侨华人历史研究》1989 年第 4 期。
⑦ 转引自吴群、李有江：《二战后泰国华侨华人社会的变化》，《云南师范大学学报》2004 年第 36 卷第 5 期。
⑧ 吴群、李有江：《二战后泰国华侨华人社会的变化》，《云南师范大学学报》2004 年第 36 卷第 5 期。
⑨ 陈健民：《泰国对华人的政策和战后华人社会的变化》，《华侨华人历史研究》1989 年第 4 期。

现代化，相反的，没有泰华经济之快速成长，也就不会有泰国经济的快速发展。"①再次，泰国的华文教育环境较为宽松。早在 1972 年泰国最著名的朱拉隆功大学率先开始教授中文课程。20 世纪 80 年代后期泰国政府逐渐放宽对华文教育的限制，1992 年宣布全面开放华文教育。20 世纪 90 年代以来，泰国教授中文课程的学院、学校、补习班如雨后春笋般出现，社会上学习中文的人数亦日渐增加。②

华人融合于泰国社会，是一个漫长的渐进演变过程，它既是一种自然的融合，又有政府的倡导和制约，这和泰国对华关系与华人政策密不可分。早在七百多年前的素可泰时代，中泰就有着堪称东南亚表率的外交关系，而民间的交往和友谊更是源远流长，亲如兄弟。更为重要的是，除了在一个短时期之外，泰国政府对已经归化的华人向来采取"一视同仁，不加歧视"，甚至特别优待和重用的政策。

在中泰关系友好的大背景下，泰国对华人采取了温和的同化政策，并取得了巨大的成功。在东南亚诸国中，泰国华人被同化的程度最深，泰国对华侨华人的政策也最为成功，其对华人的经济政策与其在政治上的同化政策是相辅相成的。历届政府认可华人在王国的经济事务中发挥重要作用，使其成为泰国经济富有活力的一个组成部分。"这个富有朝气的华人企业家阶层在银行、制造业、进出口、工业化、货币政策、外国投资和各行各业担任领导职务，只有当社会狭隘民族主义情绪偶尔膨胀时，政府才会谨慎地对华人施加压力"，使其社会影响力下降。③ 也正因为如此，泰国政府的融合政策取得成效，华人与泰人的关系十分融洽，正如泰国前总理察猜·春哈旺少将所说的那样："泰中两国人民的关系已亲密到了水乳交融一样不可分的程度。"④

三、中泰关系全面提升有利泰华社会

中泰自古就是友好邻邦，两国人民有着密切交往关系和深厚友谊，"中泰一家亲"是两国关系的最好写照。1975 年 7 月 1 日中泰建交后，两国关系保持健康稳定发展，泰国成为中国周边国家中与之有最亲密双边关系的国家之一。2013 年中泰关系全面提升，泰华社会为之振奋，中泰关系更上一层楼为泰国华侨华人在当地的生活和经济活动提供了更为厚实和广阔的基础。

首先，两国高层往来更加密切。两国领导人于 2013 年期间在多个场合进行了会见，促进了双方之间的互信和合作。中国国家主席习近平于 2013 年 10 月 6 日在印度尼西亚巴厘岛会见泰国总理英拉时表示，中泰关系有着坚实的政治、经济、民意基础，发展潜力巨大，前景看好。中国高度重视发展同泰国的友好关系，将泰国视为本地区重要的合作伙伴。自 2012 年两国建立全面战略合作伙伴关系，中泰关系进入新的发展阶段。⑤ 10 月 11—13 日，国务院总理李克强对泰国进行国事访问，双方共同规划了中泰关系未来发展方

① 转引自王望波：《泰国华人政策及其影响》，《八桂侨史》1996 年第 1 期。
② 吴群、李有江：《二战后泰国华侨华人社会的变化》，《云南师范大学学报》2004 年第 36 卷第 5 期。
③ 王望波：《泰国华人政策及其影响》，《八桂侨史》1996 年第 1 期。
④ 陈健民：《泰国对华人的政策和战后华人社会的变化》，《华侨华人历史研究》1989 年第 4 期。
⑤ 《习近平会见泰国总理英拉》，http://www.fmprc.gov.cn/mfa_chn/gjhdq_603914/gj_603916/yz_603918/1206_604642/xgxw_604648/t1085174.shtml，2013 年 11 月 6 日。

向和重点，就深化两国各领域合作达成重要共识。在同泰国总理英拉举行会谈时，李克强特别表示，中泰是好邻居、好亲戚、好伙伴。两国始终相互尊重信任，中泰关系走在中国与东盟国家关系前列，发挥了示范和引领作用。中国政府高度重视发展同泰国的关系，愿与泰方一道，加强对双边关系发展的战略规划，扩大高层互访，共同维护中泰关系的健康快速发展势头，使两国关系"亲上加亲"。① 此外，外交部部长王毅在 2013 年曾两次到访泰国，会见泰国总理英拉、泰国副总理兼外长素拉蓬、泰国公主诗琳通，双方就深化双边合作达成广泛共识。王毅在谈到为何首次出访选择东盟国家时表示，东盟国家是中国的重要近邻，中方一向重视与东盟发展友好合作关系。担任外长首次访问选择东盟国家，体现了中国新一届中央领导集体对东盟的高度重视，而泰国作为中国—东盟关系协调国，中国希望泰国能够为此发挥独特和重要的作用。②

其次，中泰关系得到全面提升。国务院总理李克强在泰国访问期间中泰双方共同发表了《中泰关系发展远景规划》，为全面提升两国关系提供了切实可行的框架协议。在规划中双方对当前两国关系和各领域合作取得的进展表示满意，双方一致认为，2012 年两国建立全面战略合作伙伴关系以来，中泰关系进入了新的发展阶段，展现出更加巨大的合作潜力和更加广阔的合作前景，已超越双边范畴，为在地区和全球层面开展战略性合作提供了新的机遇。双方同意推进两国各领域的务实合作，惠及两国人民，为促进本地区和世界的和平、稳定与繁荣作出贡献。为此，双方决定进一步发展中泰关系，加强在政治和经贸、投资和金融、文教和旅游、科技和创新、能源和海洋以及国际和地区合作等多个领域的全方位合作。③

再次，中泰合作领域不断扩大。中泰两国地缘相近，文化相通，有着逾千年的友好交往史和深入两国民心的传统友谊。自建交以来，两国在多领域和多层次的友好合作关系不断扩大，持续发展，成为不同社会制度国家和睦相处与互利合作的典范。中泰两国有着巨大的合作机遇，泰国是东盟重要国家，经济总量、面积和人口在东盟中分别居第二、第三和第四位，泰国正在实行第十一个国民经济和社会发展规划，推进基础设施项目建设，进一步改善国民生活。而中国正在实施"十二五"规划，计划在 2020 年实现国内生产总值和居民收入比 2010 年翻一番的目标，全面建成小康社会。中国的发展将释放出更大的市场需求，这将为泰国提供重要的合作机遇和巨大的合作空间。2013 年，两国各领域合作快速拓展，取得丰硕成果。中国已成为泰国最大旅游客源国和出口市场，泰国则是中国最大天然橡胶进口来源地。中泰铁路合作成为两国合作新亮点，中方在高铁建设上积累了丰富的经验和实力，正积极参与泰国高铁建设，促进本地区货物和人员往来，提升泰国作为本地区交通枢纽的地位。中泰还积极开展电力、电网、水利、可再生能源等方面合作。另外，随着两国经济交往日益密切和民众往来增多，中方正积极考虑在泰国设立人民币清算

---

① 《李克强与泰国总理英拉举行会谈时强调发挥中泰关系的示范和引领作用》，http：//www.fmprc.gov.cn/mfa_chn/gjhdq_603914/gj_603916/yz_603918/1206_604642/xgxw_604648/t1088122.shtml，2013 年 11 月 6 日。

② 《王毅谈中国对东盟政策的三个"坚持"》，http：//www.fmprc.gov.cn/mfa_chn/gjhdq_603914/gj_603916/yz_603918/1206_604642/xgxw_604648/t1036851.shtml，2013 年 11 月 10 日。

③ 《中泰关系发展远景规划》，http：//news.xinhuanet.com/world/2013－10/12/c_117692332.htm，2013 年 11 月 10 日。

银行，为两国企业更多使用人民币进行双边贸易结算创造条件。①

中泰关系在 2013 年取得的进展对泰国华侨华人带来了积极和深刻的影响。

第一，中泰关系的进一步加强为华侨华人在当地的生活和经济建设创造了更为宽松的政治氛围。泰国是海外华侨华人的主要聚居地之一，泰国华侨华人能赢得泰国王室、政府、社会、民众的高度认可和普遍赞誉，一方面与华侨华人吃苦耐劳、团结互助、敢拼会赢的秉性有关，另一方面与中泰两国持久稳定的国家关系密不可分，这使得当地华侨华人能与其他各族人民和睦相处，积极融入当地社会。有一个例子能很好地说明过去一年中泰关系的进一步推进对华侨华人的影响。在 12 月 26 日毛泽东诞辰 120 周年之际，泰国毛泽东纪念馆在曼谷落成，这不是中泰两国政府的项目，而是当地华人的私藏，泰国知名侨领翁宗周先生在该馆展出了其耗尽毕生心血、花了 50 年时间收藏的两万余件毛泽东的相关藏品。翁先生在开馆仪式上激动地表示，自己对毛主席很崇敬，几十年前开始收藏与毛主席有关的纪念品，并一直寻找机会在泰国开办纪念馆，希望毛主席的思想永远留在人们的心中，把毛主席的伟大事迹和崇高品德发扬光大。② 尽管在国内毛泽东纪念馆并不少见，但在国外却似乎还没有，在泰国出现第一家华人创办的毛泽东纪念馆，这与中泰关系一家亲所带来的宽松政治氛围密不可分。

第二，华侨华人作为中泰经济交往的主体，将直接从中泰经济合作中受益。2013 年中泰关系突飞猛进的一个重要指标是中国对泰国投资额的急速增加，中泰经济合作处在大发展的重要时期，这将给广大海外华侨华人带来更多的创业发展机会。根据泰国投资促进委员会的统计，2013 年前 11 个月中国在泰国的直接投资达到了 381.57 亿泰铢，比上年同期的 95.11 亿泰铢增长了 4 倍多，而泰国的其他贸易伙伴，包括日本、美国、澳大利亚、欧盟和东盟皆出现了负增长。③ 高速增长的中国投资将给华侨华人创造更多的机会，华侨华人经济已经成为泰国经济的重要组成部分，从传统的零售、运输、地产开发等领域到金融、钢铁、旅游、汽车等重要行业都能找到华侨华人企业家的身影。李克强总理在访问泰国时也向广大华侨华人发出呼吁："中泰合作已进入快车道，前景无限广阔。中国新一届政府将继续致力于发展同泰国的友好关系，推动两国全面战略合作伙伴关系不断迈上新台阶。这需要广大华侨华人更加积极投身到中泰友好和互利合作中来，为巩固和发展中泰关系作出新的更大贡献。未来 8 年，中国从东盟国家累计进口将达 3 万亿美元，对东盟国家累计投资将超过 1 000 亿美元。作为有着近水楼台优势的华人华商，将从中分享到更多的商机。"④

第三，中泰关系的加强在一定程度上拉近了当地华侨华人与祖（籍）国的距离，特别是国务院总理李克强对泰国进行正式访问并出席当地侨界活动，在泰国华侨华人中引发热烈反响。当地侨胞认为，李克强总理的访问为中泰两国经贸和投资领域的务实合作铺平了

---

① 《李克强在泰国〈民意报〉发表署名文章》，http：//www.fmprc.gov.cn/mfa_chn/gjhdq_603914/gj_603916/yz_603918/1206_604642/xgxw_604648/t1087771.shtml，2013 年 11 月 15 日。

② 《纪念毛泽东诞辰 120 周年暨泰国毛泽东纪念馆于 2013 年 12 月 26 日正式开馆》，http：//www.thaicn.net/news/whjl/2013 - 12 - 28/8373.html，2013 年 12 月 28 日。

③ "Foreign investment from major countries"，http：//www.boi.go.th/upload/content/FINV1311_35933.pdf，2013 年 12 月 28 日。

④ 《中总潮馆联合泰华各界举行公宴大会热烈欢迎中国国务院总理李克强访泰》，http：//www.tiochewth.org/index.php? langtype = cn&pageid = cn_14&add = view&id = 89，2013 年 12 月 28 日。

道路，开启了两国友好关系的新篇章，将极大地激励泰国华社同圆、共享"中国梦"。李克强总理首次访泰就参加华社活动让泰国侨界激动不已，当地侨胞认为此举彰显中国政府对华侨华人的高度重视，[①] 令泰国的华侨华人欢欣鼓舞。正是在这样的政策背景下，泰华各界长期以来得以团结和谐，在全力建设泰国的同时，竭诚关注并积极参与祖（籍）国的建设事业，为深化泰中友谊和合作交流、弘扬中华文化、促进中国和平统一等作出了重要贡献。

四、中泰"签证互免"是把双刃剑

中国与泰国共同发表的《中泰关系发展远景规划》提到，双方愿商签互免持普通护照人员签证谅解备忘录，促进两国人员往来。从目前来看，双方对此事保持乐观的态度。假如进展顺利，泰国将成为首个与中国互免签证的国家。

中泰两国"签证互免"，反映出中泰两国互信的增强。这是顺应两国民心之举，不仅有利于两国关系的发展，也有利于两国人民的往来。中泰两国之间的人员交流非常密切，各自在对方国家的留学人员已超过 1 万名，并有进一步增加的趋势。而中国已经成为泰国最大的旅游客源国，泰国是最受中国游客欢迎的出境目的地之一，中泰"签证互免"将使游客、留学人员等直接受益，另外也将对两国旅游业产生积极影响，无论是泰国人去中国，还是中国人来泰国，数量都将明显上升。更为重要的是，中国"签证互免"是对等互惠的安排，它将给两国人民都带来便利和实实在在的好处，两国的经贸、教育、文化交流和人民往来会更加密切，对泰国华侨华人来说，他们来往居住国和祖（籍）国会变得更为便捷。

但是，中泰"签证互免"也有可能加剧当地人对非法移民的担忧。目前在泰国存在着一个庞大的"半"非法移民的群体，之所以称之为"半"非法移民，是因为这些人拿着合法的泰国签证但从事非法职业，包括倒爷和性工作者。倒爷大多为宗亲关系的介绍，通过中介高价办理三个月或半年的泰国签证，多次往返于中泰两地，利用两地商品的差价牟取利益。在曼谷唐人街台北饭店就长年住着一批这样的"半"非法移民。据了解，倒爷大多来自老移民的来源地，包括潮汕地区、梅州地区和福建，光广东丰顺一个县，倒爷就有一万人之多。与倒爷不同，性工作者一般是通过蛇头进入泰国的，但同样需要通过中介高价办理签证。中泰"签证互免"无疑将降低这些群体进入泰国的成本，这些"半"非法移民群体的增加将不可避免。

五、泰国政局变色，华侨华人能否独善其身

泰国的反政府示威抗议已经持续 20 多天，虽然泰国国王已经批准解散国会及 2014 年 2 月举行大选，但泰国国内政治僵局依然持续。此次反政府示威抗议活动的导火索是 2013 年 11 月 1 日，泰国国会下议院通过了由执政党为泰党提出的特赦法案草案。根据这份法

---

① 《中泰友好里程碑　同圆共享中国梦》，http：// world. huanqiu. com/regions/2013 – 11/4521233. html，2013 年 11 月 2 日。

案，从 2006 年 9 月 19 日军事政变至 2013 年 8 月 8 日期间所有涉及政治集会的罪犯将获得赦免。但反对党和当地媒体均认为，特赦法案是为流亡海外的前总理、英拉的哥哥他信量身定做的，从而引起了社会的广泛反对，并且反政府示威抗议活动愈演愈烈，从开始的反对特赦法案通过发展到要求总理英拉辞职。但泰国看守政府总理英拉重申在大选前自己不会辞职，将按照宪法在新内阁产生之前履行好看守政府的职责。她欢迎各方通过各种政治论坛对泰国的改革提出建议和意见。同时，她认为，国家改革的时机须符合宪法规定，因此坚持国家政改应在大选后进行。① 而此次反政府示威抗议活动组织者"君主立宪制下完整民主制度人民委员会"领导人素贴则坚持"先政改、后选举"的立场，同时准备掀起更大规模的示威游行以迫使英拉下台。② 此次危机再次撕开泰国政治旧伤，挑起民众之间的对立，给泰国国内的政治、经济都带来负面的影响。人们对政府的不满情绪在蔓延，对再次发生军事政变的担忧在增加。

对于发生在身边的动荡，现在多数的泰国华侨华人都能够置身事外。虽然政局动荡不会给华侨华人带来安全威胁，但是经济上的影响却无法回避。据香港《南华早报》12 月 17 日报道，泰国反政府示威活动持续不断，且主要地点集中在曼谷旅游景点附近，致泰国旅游业生意惨淡，损失约 200 亿泰铢（约 37.9 亿元人民币）。据泰国旅游部统计，泰国苏瓦纳普国际机场的旅客量已从每天 5.2 万人次减少至 4.6 万人次。截至 12 月 10 日，共有 39 个国家和地区针对公民赴泰国旅行发布旅游警告。泰国旅游业界预计泰国示威活动可能持续至 2014 年 1—2 月，泰国旅游业将会持续低迷。③

① 《颖拉不辞职　重申先大选后政改》，http：//www.udnbkk.com/article/2013/1218/article_113076.html，2013 年 12 月 19 日。
② 《22 日大集会　素贴：示威者估 170 万》，http：//www.udnbkk.com/article/2013/1219/article_113110.html，2013 年 12 月 20 日。
③ 《泰国局势动荡重创当地旅游业　已致近 40 亿元损失》，http：//news.eastday.com/eastday/13news/auto/news/world/u7ai368929_K4.html，2013 年 12 月 20 日。

越　南

2013 年越南华人在政治上没有明显的突破，但在经济领域发展迅速。在越南国内政治改革的呼声高涨、活跃的外交以及复苏的经济等大环境中，华人以及新华侨的发展空间将更加广阔。

一、越南的基本国情

越南概况

国家全名	越南社会主义共和国	地理位置	中南半岛	领土面积	331 210 平方公里
首都	河内	官方语言	越南语	主要民族	京族
政体	议会制	执政党	越南共产党	国家元首/政府总理	张晋创/阮晋勇
人口数量	88 780 000（2012 年）	华侨华人人口数量	947 000（2008 年）	华侨华人占总人口比例	1.07%
GDP	1 498 亿美元（2011 年）	CPI	8%（2012 年）	失业率	1.99%（2012 年）

二、越南华人概况

中国人很早就已经移居越南。目前越南华人主要集中在胡志明市及湄公河三角洲（即九江平原）地区的各个省份。[①] 其中胡志明市现有华人 43 万多，[②] 主要居住于该市第五、第六、第十、第十一郡，[③] 其余多分布在胡志明市邻近各省和九龙江平原一带，在较为集中的蓄臻省约有 10 万。[④] 越南华人以祖籍广东、福建者居多，广东籍中又以广肇、潮州籍人居多。广东话成为越南华人的主要语言。

---

① 《越南华侨华人概况》，http：//vietkieu. blog. sohu. com/95788365. html，2008 年 7 月 28 日。

② 《胡志明市：1 100 华人代表出席传统大会》，http：//www. sggp. org. vn/chinhtri/2009/2/179985/，2009 年 2 月 3 日。

③ 《胡志明市华人与发展状况》，http：//www. sggp. org. vn/theodongthoisu/2011/2/250397/，2011 年 2 月 11 日。

④ 《越南华侨华人概况》，http：//www. chinaqw. com/news/2006/0630/68/34579. shtml，2006 年 6 月 30 日。

（一）政治

20 世纪 90 年代前，越南华人在政治上受歧视，普遍不参与政治。但 2002 年以后，越南华人参政意识越来越高，改变了以前在商言商、对政事漠不关心的传统观念。年青一代也对政治表现出越来越浓厚的兴趣。如华人黄明舒，于 2007 年曾作为一名无党派人士参加国会选举。另两名华人陈叶勇和张伟建，前者是越共党员，后者是越南企业家模范，都参与了选举。最终结果虽然落选，但体现了越来越多的青年向政界发展的意向。在华人参政过程中，至今为止，华人进入高层领导的人数甚少，主要停留在基层上。如华人政治代表人物之一的姚妙玲女士，曾是连任两届的越南国会中华人唯一代表。目前的这一届国会中，无一华人国会代表。2010 年胡志明市有 235 名华人被选举为各级人民会议代表，有439 名华人被选为祖国民族统一阵线的成员。①这些数据都表明了华人参政主要停留在基层上。

（二）经济

越南华人尽管只占越南人口的 1.07% 左右，却在经济领域中发挥着重要作用。以胡志明市的华人为例，20 世纪 90 年代初期，其经济规模已恢复到相当于 1975 年时的 1/3。2000 年以后，随着越南政府进一步放宽政策鼓励华人发展经营，其经济在 2007 年已经占该市经济总量的 30%。另外，据越南《商贸》杂志 2007 年第 18 期公布的统计资料，取得经营许可证的华人企业在 1995 年仅为 1 380 家，而至 2006 年，这一数字增加到 24 000 家。经营范围几乎涉及所有经济领域，其中一些华人企业还进入了金融和高科技等领域，成为当地具有雄厚实力的知名大型集团。②

在 2010 年中，越南媒体从全国 6 000 名企业家中评选出 10 名优秀企业家。胡志明市有三人获选，其中华人占两名。③这足以证明华人在胡志明市经济中的重要地位。

近年，越南华人日益与国外建立广泛联系，以此吸引更多的国外资金来投资。胡志明市的华人企业早在数年前就与新加坡中华总商会、中国广西国际贸促会、中国湖南湘潭贸促会签订了贸易投资项目协定。④自 2006 年开始，外国资本也开始关注越南华人企业，对华人企业投入资金。闻名越南全国的胡志明市的京都食品股份有限公司就是一个例子。该公司由越南食品大王陈金成、陈寺源兄弟经营。在 2007 年越南媒体首次公布的股市百名富豪榜上，其资产已经达到 4 亿美元。自 2005 年开始，京都集团股票正式在胡志明市证券交易所上市，获得了多家大集团的投资，并进入了房地产领域，陈氏兄弟位列福布斯越南十大富豪榜单⑤。陈氏为此成为越南华人首富、越南华人的成功典范。

（三）华文教育、华人社团和华文报纸

越南华人的华文教育有三种形式：第一，直属普通中小学的华语学校；第二，全日制

① 《胡志明市华人与发展状况》，http://www.sggp.org.vn/theodongthoisu/2011/2/250397/，2011 年 2 月 11 日。
② 《越南华人经济日益发展》，http://intl.ce.cn/zgysj/200705/28/t20070528_11516194.shtml，2007 年 5 月 28 日。
③ 丛河：《越南胡志明市的华人》，《新闻晚报》，2010 年 6 月 7 日。
④ 《越南华人经济日益发展》，http://intl.ce.cn/zgysj/200705/28/t20070528_11516194.shtml，2007 年 5 月 28 日。
⑤ 《华人首富陈金成》，http://finance.huagu.com/cjrw/1209/126420.html，2012 年 9 月 29 日。

越华学校；第三，华文培训中心，这一类的华语教育机构主要面对成人，比较注意实用性。

近年来，越南政府对少数民族的教育日益重视，实施一系列政策鼓励华人学习华语。例如，对从原来的私立学校转为公立学校、华语学校学习的小学生，在升初中、高中后也承认其在私立小学学习的分数等。正规华文教育日益得到华人的重视。仅从胡志明市看，正规华文教育得到重视的程度越来越高。2010 年至 2011 年，胡志明市的 8 个县、郡中，有 27 个小学开办了 128 个华文班教育，共 5 020 名学生，比原来增加了大量的学生。另外，19 个华文培训中心中，共开班 414 个，有 10 054 名学生，这一数字比 2009 年减少了 17 个班和 802 名学生。[①]这些数字表明，小学正规华文班设班越来越多，属于临时补习性质的华文培训中心需求越来越低，表明了华人家长日益重视从基础起抓孩子的正规华文教育。

在越南，华人社团除了各行业的团体、组织、协会以外，值得一提的是华人会馆。在胡志明市有广东人的穗城会馆、福建人的二府会馆和崇正会馆、潮汕人的义安会馆以及海南人的琼府会馆等。这些会馆是华人团体的最高组织。这些华人团体在地方政府的监督下，主要管理来自社会各界人士捐赠的资金，负责组织节假日庆典活动以及其他社会活动。会馆组织在社会慈善和公众福利事业方面作出了很大贡献，包括建医院、学校、义祠，救济穷人，资助学生求学，发放学生奖学金等。各个会馆的理事会社团在响应地方政府的号召、积极参与各项社会活动、聚集乡亲、和睦乡谊、团结互助方面作出了很大的贡献。

华人媒体在越南发展比较缓慢。目前全国只有政府党报《西贡解放日报》设有中文版，这是越南唯一的华文报纸，是越南华人阅读华文报纸的首选，也是唯一的选择。

三、全球化、区域化时代中形成的越南新华侨

自 20 世纪 90 年代初中越关系恢复以来，新一轮中国移民到越南的潮流，在不同时期以不同的方式出现。新移民方式与过去任何时期的移民方式都有很大区别。除留学的方式外，更多人是以做生意、投资的方式移民到越南。他们当中大多没有加入越南国籍。尽管他们长期居住在越南，却把家庭留在了中国国内。本文把这些移民称为新华侨。

到越南经商的中国人活跃在各行各业，有国营企业的也有民营企业的。国企大多数经营水电、建筑以及一些承包工程项目。民营企业则分布在各行各业。在电子通信以及电器行业中表现出色的企业代表有华为、中兴以及国美、海尔、联想和 TCL 等。这些企业中有大量从中国派来的年轻技术人员。类似这样的群体已经成为新华侨的一族，他们当中有不少人与当地人通婚组成家庭，如中国著名企业中建公司的男性管理层就有 30% 的人与当地女子通婚。[②]

此外，以劳务形式移民到越南的中国人也不少。虽然官方没有准确统计数据，但从一

---

① 《2010 年华人工作总结报告》，http：//www. nguoihoa. hochiminhcity. gov. vn/web/guest/tin-cong-dong，2010 年 12 月 21 日。

② 根据 2009 年笔者到胡志明市考察中国企业时访问中建公司总经理余索所得资料。

些报道看，仅 2009 年中国劳工在越人数已经达到 5.9 万人。① 这一数据还没有包括非法进入越南劳务的人数。从这一数字推测，每年至少有 10 万名中国劳工进入越南工作。

在这里值得一提的是中国台湾、中国香港在越南的新华侨。自 20 世纪 80 年代以来，台湾、香港地区的企业大举进军越南市场，至今这两个地区的投资在越南的外资排名中居于前三位。本文暂不把他们列入考察范围。

四、2013 年越南的政治经济与外交

（一）求变的国内政治

2013 年，越南国内的政治改革呼声日益高涨。越南政治改革的一个重要部分，就是修宪的问题。6 月，越南第十三届国会第五次会议召开，就修宪的问题提出了讨论。至今为止，越南执行的宪法是 1992 年制定的宪法，即《1992 年宪法》。在该次会议上提出了《1992 年宪法》的修改草案。草案就《1992 年宪法》的前言；国号、政治体制、经济体制；越南共产党、越南祖国阵线中央委员会、越南工会的角色和地位；人权问题、公民的基本义务和权利；国家土地征收问题；国会、国会常务委员会、国家主席、政府、人民检察院、人民法院、地方政府、国会选举委员会、宪法委员会等任务和权限进行了广泛的讨论。② 11 月，第六次国会正式通过了《1992 年宪法修改草案》，重申越南共产党在国家政治经济的领导地位，规定了越共在国民经济中应起的主导作用。③

越南国内政治改革的高涨呼声还体现在一部分知识界人士和媒体联名要求政府进行大幅度的改革，要求扩大党内民主。

国会积极推动政治民主改革。年中，国会对国家领导人进行了一次民主测评的投票。这表明了 2013 年越南国内在推进党内民主方面有了积极的信号。

（二）复苏的经济

近几年的越南经济，由于受世界经济的影响，以及国内宏观经济，尤其在金融方面的力度不够，拖累了越南整体经济的良性发展。在 2012 年里，越南全国约有 5.5 万家企业停产或解体，相当于过去 20 年企业停产或解体数量的两倍。由此可见，近年来越南经济面临的严峻性。进入 2013 年上半年，越南经济发展较为平稳，经济全面步入复苏阶段，但仍然不容乐观。

早在 2013 年初，越南总理就提出了 2013 年经济社会发展三项战略任务，即在 2013 年实现经济社会发展的三个战略性突破：一是着重促进发展人力资源和完善市场经济体制；二是改善企业经营环境，有效开展越南中期（2013—2015）投资计划；三是促进高附加值产品的生产，发展先进科学技术与绿色科技，节约能源和保护环境。④

---

① 《中国的劳务输出：廉价劳工在越南》，http：//discovery.163.com/09/1222/09/5R4LV08A000125LL.html，2009 年 12 月 22 日。

② 越南国会开会讨论修宪草案，涉及国名等内容，参见《国际在线》，2013 年 6 月 4 日。

③ 《越南通过修宪草案强调越共领导地位》，《人民日报》，2013 年 11 月 29 日。

④ 《2013 年越南吸引外资相关措施》，http：//www.mofcom.gov.cn/aarticle/i/jyjl/j/201301/20130108513146.html，2013 年 1 月 6 日。

外资是目前越南经济极为重要的一部分。越南政府在 2013 年初出台了一系列措施，以吸引更多的外国投资。

（三）活跃的外交

2013 年，越南在逐渐推进政治改革的同时，其外交活动日趋成熟，取得了令人瞩目的成绩。年初，越南原副总理被任命为东盟秘书长，这表明了越南在东盟的政治地位日益提升，未来发展令人关注。越南的"大国外交"搞得有声有色，高层官员接连访问了欧洲、俄罗斯、中国、美国和日本。作为回应，俄罗斯总统、中国总理、美国副总统以及日本首相也回访了越南。2013 年的越南外交取得了丰硕的成果，与中国的关系尤其值得关注。6 月，越南国家主席张晋创到中国访问，两国关系由此得到了进一步加强。在中越关系由于南海问题争端出现不稳定之际，两国签订了以下一系列协议：中越两国政府关于落实中越全面战略合作伙伴关系行动计划、两国国防部边境防御合作协议、两国农业部关于建立海上渔业活动突发事件联系热线的协议、两国政府间关于中国对越提供优惠贷款的框架协议、两国友协 2013—2017 年合作计划、中国对越提供优惠出口买方信贷的协议、中海油和越南油气集团在北部湾开展联合开采活动协议第四次修正案。这充分表明了双方决心维护双边良好关系的愿望。李克强总理在 10 月访问了越南，与越南签署成立三联工作组，即成立海上、路上和金融三个联合工作组，进行三大领域的合作。这不仅为双方的经贸合作进一步拓宽了路径，同时也为今后南海争端的协商解决提供了指导的典范。

五、2013 年越南政治改革、经济复苏及中越关系对越南华人及新华侨的影响

在 2013 年越南的政治改革中，值得关注的是国会通过了宪法修改草案。其中修改宪法内容之一是就人权问题、公民的基本义务和权利问题进行了明确的定义。这一修宪决定，将对作为少数族群的华人产生深远的影响。

长期以来，不少华人对自己作为一个越南公民的意识和应承担的义务缺乏应有的认识。这一点，在 2011 年末胡志明市华人工作总结大会上，时任胡志明市市委副书记黎明智的发言中得到了体现。"……应该加强宣传、教育华人发扬胡志明市革命斗争的传统，帮助华人提高爱国精神、热爱社会主义，认清作为公民的责任，自觉实行公民的义务和权利。帮助他们提高觉悟，及时阻止各种坏分子危害全民族大团结活动。"[①] 2013 年修宪草案的通过，越南政府将会就公民意识和义务加强全民教育，加强对华人自觉遵守公民义务的教育，使其全面融入越南社会，提高华人作为一名越南公民的意识。此外，修宪也会改变华人参政机会颇少的现状。至今为止，尽管华人参政的意识越来越高，但是极少能在国家重要部门中任职。例如，国会代表中极少有华族的代表。在司法、海关、军队等国家重要部门，也几乎看不到华人的身影。这是对华人不公平待遇的一个表现。相信随着修宪的落实，对公民的基本义务和权利的重视，越南公民平等意识会进一步深入人心，华人将把自

---

① 《规划、培养各级华人干部》，http：//www. sggp. org. vn/xahoi/2010/12/246512/，2010 年 10 月 22 日。

己作为一名越南公民而履行义务，在政治上与别的种族应得到平等对待的诉求也会进一步加强。同时，随着越南政府加强对平等公民社会的构建，将会对少数民族采取进一步宽容的政策，进一步积极鼓励少数民族融入社会、参与政治。在这样的状况下，华人在担任国家重要职务中的缺失现象将会得到改善。

2013 年，越南逐步复苏的经济、政府积极吸引外资及外交的活跃，给华人创造了更大的经济发展空间。在中越关系逐步回归良性发展的背景下，华人积极参与推动中越经济关系的趋向越来越明显。最为典型的例子是胡志明市华人企业、越南最著名的鞋类制造商平仙日用品制作有限公司。2013 年，该公司董事长在中越边境的老街市投资瑞雅四星级酒店。这一投资项目成为该市对外战略合作的项目之一，积极为当地创造就业机会的同时，也为来自中国的游客、商人提供优质的服务。老街市面向中国，是越南北方最大的口岸之一，也是中国陆地通往东盟的通道之一。在如此重要的口岸、离中国仅一河之隔的地方进行如此大的投资，反映了越南华人多年以来一直与中国保持一定距离的心态正慢慢发生变化。

此外，在越南本土企业不景气的状况下，越来越多的华人企业正成为越南著名的企业。例如，侨领朱应昌开创的越南艺昌古艺家具，在越南的红木家具行业有很高的知名度。还有饮誉越南国内市场的越旺企业食品公司，是由潮州籍的华人许清德所经营。

2013 年 1 月中国海军首次访问越南胡志明市，部分华侨华人参观了中国的海军舰。① 这改变了多年来中国高级官员或军队访问越南时看不到华侨华人身影的状况，反映出在活跃的越南外交中，华侨华人越来越积极地参与到两国的政治关系中。此外，中越关系的良性发展，也促使越南华侨华人对中国发展的关注。例如，2013 年 7 月和 9 月，世界越南华侨华人联谊会到中国云南举行联谊会。在联谊会上，共募捐了 21 118 英镑以帮助中国云南灾区和贫困学童。联谊会为云南弥勒市西一镇建立了 21 个水窖，在一定程度上解决了当地百姓用水难的问题。

2013 年中越关系朝着良性、稳定的方向发展，促进了中国企业对越的投资。尽管 2013 年官方的统计数据还没有出来，但 2012 年中国在越新增加投资总额为 2011 年的 147%。这一统计数据，反映出中国对越投资的迅猛发展势头。2013 年，中越两国签署了中国对越提供优惠贷款的框架协议、两国友协 2013—2017 年合作计划、中国对越提供优惠出口买方信贷的协议、中海油和越南油气集团在北部湾开展联合开采活动协议第四次修正案，以及两国成立海上、路上和金融等领域的三个联合工作组进行三大领域合作的协议。这些协议的签署以及进一步的落实，将使中国在越投资的步伐进一步加快，相信越南华人以及新华侨的发展空间将会进一步扩大。

随着三联工作组的成立和运营，两国之间的南海问题争端将会有所缓和，由此将会营造出一个良好的、稳定的双边关系大环境。在这一背景下，中国到越南投资的企业将会越来越多。与此同时，越南国内经济的复苏以及政府在吸引外资方面会实施更多的优惠政策，也会促使更多的中国企业到越南投资。优惠的政策以及亟须发展国内经济的现状，使越南新华侨的发展空间更广阔，也促使更多的新华侨团体在越南进一步形成与发展。

---

① 《我海军护航编队售访越南　华侨华人参观"益阳"舰》，http：//military. people. com. cn/n/2013/0108/c1011 - 20125751. html，2013 年 1 月 8 日。

六、结语

从越南国内的政治来看，尽管短期内看不到华人在政治上有大的突破，但 2013 年越南的政治改革、活跃的外交以及复苏的经济等大环境，给越南华人以及新华侨带来了更大的发展空间与机遇。华人在经济中的作用越来越重要。随着中越经济关系稳步的良性发展，双方人员、物质、资金的流动及技术的转让也将更加频繁。在这一背景下，越南的新华侨将利用地缘上的优势，为发展中越经济关系作出更大的贡献。同时他们也为解决越南当地的就业问题作出贡献。据统计，至今中国企业已为越南解决了 10 万人的就业机会。不过，也出现了不少值得关注的问题。例如，中国企业与当地民众的矛盾、越南政府及民众对中国企业经营手法的质疑、有些中国企业与人员不遵守当地法律、雇用非法劳工，以及租赁土地进行农业生产而损害到越南农民切身利益的事件等问题，在一定程度上会影响到在越的新华侨以及华人。

总的来说，越南国内政治相对稳定，要求政治改革的呼声越来越高。越南政府对外关系奉行努力融入国际社会的外交方针，与各方大国积极发展良好关系，加上越南经济处于爬坡发展期，且长期受通货膨胀的拖累，因此，致力于全面恢复经济，使经济朝着健康的道路稳步发展，是越南政府今后相当长时间内的主要任务之一。在其内外政治需要稳定，力求国内经济发展，积极搞好对华关系的状况下，相信越南华人以及新华侨将有更大的发展空间。

缅 甸

　　缅甸与中国云南有近 2 000 公里的边境线，这导致了历史上有大批的云南人移民缅甸。缅甸国内的政治变化和中缅关系的发展对缅甸华人产生了重要的影响，是缅甸华人命运起伏的一个重要因素。由于缅甸已经 30 多年没有做过人口统计，因此到现在为止关于缅甸华人的数量缺乏可靠的数据。依据不同的标准，缅甸华人可以分为不同的群体；缅甸华人主要从事零售和酒店服务业，受其职业和边境贸易的影响，缅甸华人主要聚居在仰光和曼德勒等大城市以及和云南接壤的边境城市；缅华商会是缅甸华人的主要团体组织。2013 年缅甸国内一些经济政策的调整将对缅甸华人的社会和经济活动产生重要影响，给缅甸华人带来新的商机。展望未来几年，缅甸国内政治和中缅关系将会继续经历一些调整，但发生剧烈变动的可能性比较小，因此不会给缅甸华人带来剧烈的影响。

一、缅甸的基本国情和缅甸华人的构成及变迁

　　缅甸是中国的邻邦，与中国的云南和西藏接壤，与中国有 2 000 多公里的边界线，缅甸的一些少数民族与中国的一些少数民族在文化上属于同一个民族，如缅甸的克伦族和中国的景颇族，因此十分有利于云南人移民缅甸。缅甸的华侨华人很大一部分来自云南，这是与其他国家不同的一个方面。受缅甸国内政策和中缅关系的影响，20 世纪 60 年代大批华人离开了缅甸，20 世纪 90 年代又有大批中国人移民缅甸。

表 1　缅甸概况

国家全名	缅甸联邦共和国（Republic of the Union of Myanmar）	地理位置	地处中南半岛西部，位于东经 92°10′~101°11′，北纬 9°32′~28°31′之间	领土面积	677 000 平方公里①
首都	内比都（Nay Pyi Taw）	官方语言	缅语	主要民族	缅族、克伦族、掸族、克钦族、钦族、克耶族、孟族和若开族等，缅族约占总人口的 65%

---

　　① 关于缅甸的领土面积，有不同的说法，这里采用的是缅甸外交部官方网站提供的数字，http://www.mofa.gov.mm/? page_id=12，2013 年 12 月 19 日。

（续上表）

政体	总统制（根据缅甸 2008 年宪法第 16 条，总统既是国家元首也是政府首脑）	执政党/主要反对党	巩固与发展党（The Union Solidarity and Development Party）/全国民主联盟（National League for Democracy）	现任国家元首/政府首脑	登盛（Thein Sein）
人口数量	约 6 038 万	华侨华人人口数量	约 250 万	华侨华人占总人口比例	4%
GDP/人均 GDP	529 亿美元/877 美元①	CPI	7%②	失业率	37%③

资料来源：以上表格数据，除未特别说明外，均引自《缅甸国家概况》，中国外交部网，http://www.fmprc.gov.cn/mfa_chn/gjhdq_603914/gj_603916/yz_603918/1206_604498/，2013 年 12 月 19 日。

　　1948 年缅甸独立后，缅甸国内政治经济政策几次大变动及中缅关系变迁给缅甸华人（这里所说的华人是指被缅甸政府归类为外国人的华人）带来了重大影响。1978 年以前对华人影响最大的缅甸国内政治事件当属 1963 年缅甸政府的国有化政策，当时几乎所有华人经营的企业（包括华文学校）都被缅甸政府收归国有，这一政策使得当时大约 10 万缅甸华人不得不离开缅甸。受中缅关系影响最大的事件当属 1967 年的缅甸排华事件，这一事件进一步加剧了缅甸华人本来就十分艰难的生活处境，迫使上万缅甸华人逃离缅甸。到 1983 年时，依据缅甸政府的人口统计，缅甸的华人只有 23.4 万，约占缅甸当时人口的 0.7%。④

　　1988 年缅甸实行市场经济改革和中缅边界贸易的开放给缅甸华人带来了新的生机，趁着缅甸的经济改革和中缅边界贸易的开放，缅甸的华人逐渐开始在缅甸的经济活动中占据

　　① 缅甸的财政年度是从当年的 4 月 1 日到次年的 3 月 31 日。这里引用的数字是缅甸 2012—2013 年财政年度的统计数字。人均 GDP 按 1 美元兑 810 缅币的汇率计算得来。资料来源：《缅甸人均 GDP 达 800 美元》，中国商务部网，http://www.mofcom.gov.cn/aarticle/i/jyjl/j/201204/20120408075785.html，2013 年 12 月 19 日。根据缅甸总统登盛 2013 年 3 月 29 日签署的缅甸 2013 年国家财政计划法，缅甸 GDP 计划增长 8.9%，GDP 总量 45.7 万亿缅币，人均 96.224 万缅币（按照前面的汇率计算，人均 GDP 约为 1 100 美元，按照 2013 年 12 月 18 日缅甸官方的汇率 1 美元兑 983 缅币计算，约为 978 美元）。资料来源：《2013 年缅甸计划 GDP 增幅情况调查分析》，中商情报网，http://www.askci.com/news/201204/19/11164_74.shtml，2013 年 12 月 19 日。

　　② 由于缅甸的财政年度是从当年的 4 月 1 日到次年的 3 月 31 日，因此这里列出的通货膨胀率是缅甸 2013 年上半年的数字。资料来源：世界银行《2013 上半年缅甸经济》报告，本文转引自《上半年缅甸通货膨胀率为 7%》，中国环球网，http://china.huanqiu.com/News/mofcom/2013-11/4569809.html，2013 年 12 月 19 日。

　　③ 转引自《首次收入及就业调查显示　缅甸失业率高达 37%》，中国社会科学在线网，http://www.csstoday.net/Item/45808.aspx，2013 年 12 月 19 日。

　　④ 潘翎主编，崔贵强编译：《海外华人百科全书》，香港：三联书店有限公司 2000 年版，第 140 页。

主导地位。"在 1988 年 11 月—1993 年 4 月，缅甸共有 5 875 家进出口公司或代理机构，其中 800 家属于华人。""处于核心地位的 20 家出口公司中，有 10 家是华人开办的。""1990 年代中期，缅甸主要市场 70% 的摊档都是由华人经营的。经营范围涉及农产品、地方土特产、珠宝产品、塑料制品、机器、交通、酒店、餐馆、纺织、建筑、旅游和水产品。""到 2000 年，缅甸华人经营的进出口公司总数已达 4 500 家。"[①] 2000 年以后，华人在缅甸的食杂店、零售、餐馆、农产品出口、私人橡胶交易、银行服务业等领域占据了统治地位。[②]

需要指出的是，与以前相比，"到 2011 年时，缅甸华人的职业构成虽然多少有了一些变化，但没有发生根本性的变化，仍然是以服务业为主。虽然也有一些企业从事生产和制造，但规模都比较小，主要从事的是加工业，生产的是一些轻工业产品"[③]。

二、关于缅甸华人数量的估算与分类

关于缅甸华人的数量，目前缺乏可信的数据。从 1983 年的人口普查以后，缅甸已经 30 多年没有进行过人口普查，因此缅甸的人口和缅甸的华人数目都只能是一个大致的估计数。不同的机构，不同的时间，估算的依据和标准不一样，估算出来的华人数量也有很大的差别。下面的表格列出了 2000 年以后不同的机构或学者对缅甸华人数量的估算数据。

表 2 2000 年以来不同机构对缅甸华人数量的估算

机构或学者名称和估算的时间	估算的缅甸华人数据（百万）
台湾"侨务委员会"（2009 年）	1 ~ 1. 28
广东省外事办（2008 年）、中国驻缅甸大使馆（2005 年）	2. 5
美国乔治城大学亚洲中心戴维·斯坦伯格教授（美国缅甸问题专家，2012 年）	3
中国厦门大学南洋研究院庄国土教授（2009 年）	2. 5

资料来源：笔者根据 David L. Steiferg and Hongwei Fan, *Modern China – Myanmar Relations*：*Dilemmas of Mutual Dependence*, Copenhagen：Nias Press, 2012, p. 248 的文字叙述编制。

对于缅甸华人的认知，有不同的分类标准。依据其来源地和方言来分，可以大致地将缅甸华人分为福建帮、云南帮和广东帮三个群体。福建帮和广东帮主要居住在以仰光为中心的缅甸南部，而云南帮则主要居住在以曼德勒为中心的缅甸北部。近十多年来，随着缅甸和云南边境贸易的发展，一些发财致富的云南人也开始移居仰光等南部城市。

依据其民族身份进行划分，一般将缅甸的华人分为两类：一是汉族的缅甸华人，这包

---

① David L. Steiferg and Hongwei Fan, *Modern China-Myanmar Relations*：*Dilemmas of Mutual Dependence*, Copenhagen：Nias Press, 2012, p. 258.

② 参见 David L. Steiferg and Hongwei Fan, *Modern China-Myanmar Relations*：*Dilemmas of Mutual Dependence*, Copenhagen：Nias Press, 2012, p. 259.

③ David L. Steiferg and Hongwei Fan, *Modern China-Myanmar Relations*：*Dilemmas of Mutual Dependence*, Copenhagen：Nias Press, 2012, p. 259.

括果敢人、福建人、广东人以及云南人；二是非汉族的缅甸华人，这包括回族人、傣族人、景颇族人和佤族人。

根据移民的时间进行分类，可以将缅甸的华人移民分为两类：一是传统华人，这里指的是在 1978 年中国改革开放以前就移居缅甸的华人；二是新华人，指的是在中国改革开放以后移居缅甸的华人。缅甸的新华人主要是云南人。据估计，缅甸的新华人有 100 万 ~ 200 万。

缅甸政府对缅甸华人的分类标准又有所不同。在缅甸，果敢人以及一些在缅甸和中国云南边界跨界居住的民族如克伦族（在中国为景颇族）和掸族（在中国为傣族）被政府列为官方承认的少数民族，而其他未获得官方承认的则属于外族人或外国人。下面将所述文字内容列表如下：

表 3   不同分类标准下的缅甸华人群体

分类标准	缅甸华人群体
来源地和使用的方言	福建帮、广东帮、云南帮
中国的民族身份	汉族的缅甸华人（包括果敢人、广东人、福建人、云南人）和非汉族的缅甸华人（包括回族人、景颇族人、傣族人等）
依据移民缅甸的时间（以 1978 年中国改革开放为界）	传统华人、新华人
缅甸官方的标准	官方承认的少数民族和外国人

三、缅甸华人的分布、组织及华文教育

缅甸华人主要分布在仰光、曼德勒等一些比较大的城市以及靠近中国云南的一些边境城市。缅甸华人在缅甸从事的主要是商店和酒店服务业以及玉石开采与加工业，在缅甸的对外经济活动中，缅甸华人起着沟通缅甸市场与大中国（包括中国大陆、中国台湾、中国香港、中国澳门）市场以及东盟国家市场的重要桥梁作用。

缅甸华人有各种各样的组织，从全国范围来看，最重要的缅甸华人组织应该是缅华商会（Myanmar Chinese Chamber of Commerce）。该组织的前身是"中华商务总会"，中华商务总会 1909 年成立于缅甸的仰光，1930 年改名为"缅华商会"。从其名称上看，它并不是所有缅甸华人的代表机构，而只是缅甸华商的一个俱乐部（按照冯励东先生的回忆，当时代表全体华侨的组织是"救灾总会"①）。但是通过其成立后的一系列活动，如复办华侨学校、组织华侨回国观光团、联合其他机构为华侨办理身份证、成立贸易公司向中国运输被西方国家禁运的战略物资、承办缅中大型文化交流活动、组织赈灾捐款、资助和奖励华文教育、主办世界缅华同侨联谊大会等，缅华商会逐渐成为缅甸华人的"领导机构"。缅

---

① 冯励东：《缅华百年史话》，香港：镜报文化企业公司 2002 年版，第 47 页。

华商会现有 500 多个企业会员，[1] 现任会长是吴继垣。今天中国许多重要的民间组织都把缅华商会作为沟通缅甸华人的一个重要机构。

缅甸的华文教育曾经十分兴盛。1959 年华文学校"达到 280 间，其中中学 44 间，小学 236 间。华侨教师共 916 人，学生 32 473 人，包括中学生 5 700 人，小学生 26 773 人"。当时华校的运作也比较自由，"华校在课程的设置、教材的选择、教师的聘任上，总的来说缅甸政府没有过多干涉"[2]。1963 年缅甸实现全面国有化之后，华侨学校被取缔，缅甸政府禁止商店使用中文标识，华文教育受到致命打击。一直到 20 世纪 90 年代以后，缅甸的华文教育才开始慢慢地复兴。一些人开始私办华文学校，在缅甸第二大城市曼德勒比较有名的福庆学校就是在 1993 年 11 月成立的。该学校当初只是曼德勒福建同乡会创办的一个托儿所，后来应社会的需要开始举办成人华文速成班。2003 年 11 月，该学校正式改名为"福庆语言与电脑培训学校"。因为到现在为止，政府的禁令还没有取消，所以该学校的正式名称仍然只能是语言与电脑培训学校。对华文教育的限制在孔子学院的名称上也可以看出来。在缅甸，由于受政府禁令的限制，中国政府没能设立孔子学院，只能在其他语言和电脑培训学校附设孔子课堂，如附设在曼德勒福庆语言与电脑培训学校的孔子课堂。中国政府对它们的控制也比较有限。据了解，国家汉办目前只是以项目资助的形式定期对当地语言学校的老师提供一些短期培训，中国政府对其外派的教师很少。受整个大环境影响，直到 2007 年 10 月 1 日，缅甸才创办了第一家中文报纸——《金凤凰》。

四、2013 年缅甸的政策调整及其可能对缅甸华人产生的影响

2013 年，缅甸出台了一系列经济政策调整，这些调整将对缅甸华人的生活和经济活动产生重要影响。

第一是公布的《外国投资细则》为缅甸华人投资和经营提供了明确的方向与指引。缅甸国家计划与经济发展部于 2013 年 1 月 31 日颁发《外国投资细则》，该细则以列举的方式说明了禁止外资投资的行业、只能与缅甸公民合资的行业、需要特批的行业以及需要环境评估的行业。根据该细则，"禁止外资投资的行业种类 21 项，包括军工企业、天然林维护、电网管理及电力贸易、珠宝玉石勘探及开采、印刷及广播业等；与国民合作经营的行业种类 42 项，包括杂交种子生产销售、糖酒副食品、塑胶产业、造纸、建材、房地产、国内航空服务、私人医院及旅游业等；特许行业 115 项，包括种植业、淡水海水养殖、原木出口、大型金属矿生产、烟草业、水电及火电开发、空港建设、网络服务、石化产业、公私合营医院、工厂建设、Spa 业、电影业等；其他特批行业 27 项，包括肉类动物生产、零售及批发行业等；需进行环评的行业 34 项，包括矿业项目、油气项目、大型电力项目、油气管道及输电铺设项目、大型种植业项目、水泥厂、大型房地产开发、大型林业种植、生态区项目等"[3]。《外国投资细则》为缅甸华人投资划出了明确的投资经营范围，同时也

---

① David L. Steiferg and Hongwei Fan, *Modern China-Myanmar Relations*: *Dilemmas of Mutual Dependence*, Copenhagen: Nias Press, 2012, p. 254.

② 范宏伟：《和平共处与中立主义》，北京：世界知识出版社 2012 年版，第 50 页。

③ 《缅甸颁布〈外国投资细则〉》，中华人民共和国驻缅甸大使馆经济商务参赞处网，http://mm. mofcom. gov. cn/article/jmxw/201302/20130200021670. shtml，2013 年 12 月 15 日。

为缅甸华人的投资经营提供了指引，避免了规则不明可能带来的麻烦，有利于缅甸华人的投资和经营活动。

第二是放松了对部分进出口商品的限制。缅甸政府于 2013 年 2 月份宣布："从 2013 年 3 月 1 日开始，共有 318 种商品无须申请许可证，即可自由进出口。获准自由出口的商品含豆类、玉米等 43 种农产品，11 种水产品，猪、羊等 4 种畜牧产品，19 种林产品，74 种工业产品及其他产品在内共计 152 种。可自由进口的商品包括电视机、冰箱、空调等电器，日用品、纺织品和部分水果在内共计 166 种。"① 5 月，缅甸商务部再一次公布了可以自由进口的商品种类。根据公告，"本次松绑的进口商品有医疗膏药、染料、印刷油、纸张、灯泡、车灯、油漆、燃气灶、化妆品、电池原料（碳）、轮胎、纸张、渔网、饼干、钢制品、家具、抽水机等"②。

第三是收紧了对某些商品的出口限制。据缅甸《七日新闻》报道："从 1 月 17 日开始，已经不再批准稻谷出口国外。原因是稻谷大量出口国外，可能会面临影响到国内的碾米业和碾米工人的就业机会，以及牲畜饲料的减少。"③

缅甸政府这些关于进出口产品政策的变动，无疑会对缅甸华人的社会和经济生活产生重大的影响。放松某些进出口商品的限制，会给主要从事进出口商品的缅甸华人带来新的商机。而禁止稻米出口给华人带来的影响则暂时还难以确定。一方面禁止稻米出口会减少一部分经营进出口商品的华人的商机，另一方面则可能给在当地从事稻米加工业的华人带来新的商机。

第四是简化企业注册程序。这也有利于缅甸华人的投资和企业经营。据《缅甸新光报》2013 年 11 月 17 日的报道，缅私营企业发展委员会表示，自 11 月 25 日起，在一站式服务的基础上，公司注册机构将在接到申请后 3 天内直接核发正式公司注册证书。此前，公司在取得临时证书后仍需等待约两个月方能取得正式证书。④

第五是缅甸加入了《纽约公约》。这将有利于进一步提升缅甸华人投资和经营企业的信心。据《缅甸时报》2013 年 9 月初的报道，缅甸将正式加入《承认及执行外国仲裁裁决公约》（又称《纽约公约》）。按照公约要求，缅甸司法机关将自动承认和执行缔约国仲裁机构作出的有效仲裁裁决。有关专家认为，加入该公约将有助于保护在缅外国投资者的利益，对提振投资信心具有重要意义。⑤

从以上的引述和分析可以看出，缅甸政府 2013 年所做的一些经济政策调整基本上都有利于缅甸华人的投资和经营活动。

---

① 《缅甸放开 318 种商品进出口限制》，中华人民共和国驻缅甸大使馆经济商务参赞处网，http：//mm. mofcom. gov. cn/article/jmxw/201303/20130300047891. shtml，2013 年 12 月 15 日。

② 《缅甸再次放宽进口商品限制》，中华人民共和国驻缅甸大使馆经济商务参赞处网，http：//mm. mofcom. gov. cn/article/jmxw/201305/20130500145907，2013 年 12 月 15 日。

③ 《缅甸不再批准稻谷出口》，中国南博网，http：//www. caexpo. com/news/info/export/2013/01/24/3585701. html，2013 年 12 月 15 日。

④ 《缅甸大幅简化公司注册流程》，中国驻曼德勒总领馆网，http：//mandalay. mofcom. gov. cn/article/jmxw/201311/20131100397746. shtml，2013 年 12 月 15 日。

⑤ 《缅甸正式加入〈纽约公约〉》，中国驻曼德勒总领馆网，http：//mandalay. mofcom. gov. cn/article/jmxw/201309/20130900282127. shtml，2013 年 12 月 15 日。

五、展望缅甸国内政治和中缅关系的发展及其影响

展望缅甸国内政治和中缅关系的发展，笔者认为，缅甸政治和经济政策以及中缅关系将继续小幅和稳步调整，发生剧烈变动的可能性有，但很小，从总体上判断，这些调整基本上有利于缅甸华人的社会和经济活动。

展望未来几年缅甸的政治局势，有以下几点可以预期：

军人将继续掌控政局，这一点可以保证中缅关系的基本稳定。现在的宪法规定保证了这一点。根据现行的 2008 年缅甸宪法，缅甸国会两院都将由武装部队总司令任命四分之一的议员，政府内阁中的三名关键部长——国防部长、内政部长、边境事务部长也将由武装部队总司令决定。而且宪法规定，在紧急情况下武装部队可以接管政权。宪法的这些基本规定将保证缅甸军队对缅甸政局的掌控，保证中缅关系的基本稳定。其中的变数在于缅甸的军队能否团结一致。根据目前得到的各种信息，缅甸军队近期内部分裂的可能性不大。

需要指出的是，缅甸中央政府（包括缅甸军队）并没有掌控缅甸的全部国土；缅甸军队也会在掌控局势的情况下，允许脱掉军装在前台执政的文官政府有一定的自主性，而这种自主性在某些方面可能会损害中国在缅甸的部分经济利益和一定的战略利益，会影响中缅关系。但是缅甸文官政府的政策调整并不是特别针对中国的，相邻的泰国以及和泰国合作开发工业区的意大利同样也受到影响。

政治反对派是缅甸政局中一个十分重要的变数。目前，缅甸最大的政治反对派就是昂山素季领导的全国民主联盟。从现在的发展来看，如果没有意外，昂山素季领导的全国民主联盟将会赢得 2015 年举行的国会选举，但昂山素季成为总统的可能性不大。中国过去和昂山素季及其领导的全国民主联盟接触不多，没有太多的交往。昂山素季也没有系统地阐述过自己的治国理念。但从昂山素季对莱比塘铜矿事件的处理来看（2012 年在一些反对派和环保人士的鼓动下，由中国万宝公司参与开发的莱比塘铜矿被迫停工。昂山素季领导的事件调查委员会经过调查最后做出结论，支持铜矿继续开发），即使昂山素季上台，成为缅甸的总统，也不会使中缅关系发生根本性的转变。中联部已经邀请缅甸全国民主联盟访问过中国，昂山素季没有随访，原因可能在于昂山素季对刘晓波持支持立场。

缅甸的少数民族武装将可能获得更多的合法性力量。自从 1948 年缅甸获得独立以后，一些少数民族就开始武装抗争，要求获得更大的自治权利。他们以 1947 年 2 月少数民族代表与缅甸国父昂山将军签订的《彬龙协议》为旗帜和抗争的依据。目前缅甸中央政府已经和北部克钦独立武装之外的少数民族武装达成了新一轮的停火协议，但武装冲突仍时有发生。可以预计，缅甸中央政府未来几年会通过修改法律让地方少数民族获得更多的权利，少数民族武装的影响将逐渐减弱。少数民族武装的斗争在局部会影响到中国在缅甸的经济利益，例如把位于其控制地区的中国投资工程及项目作为与缅甸中央政府对抗的一个要挟和筹码。因此从整体上判断，通过修改法律、赋予地方少数民族更多权利、政治解决地方武装问题的趋势有利于中缅之间关系的长期稳定。

需要指出的是，既有的中缅关系在很长一段时间内是在缅甸受到西方制裁和封锁的背景下发展起来的，是一种不正常的国家间关系，缅甸极度依赖中国的政治和经济支持。随

着西方对缅甸各种制裁和封锁的逐渐解除，缅甸会逐渐以正常的国家身份和中国开展关系，甚至有时为迎合形势的需要，牺牲一些中国的在缅利益，但总的判断，中缅关系不会有大的变化。

中国的对策归纳为以下五点：①对缅甸政局变化继续奉行不干涉内政的外交原则，同时创造环境和条件推进其国内民族和解。②继续密切两国高层之间的外交往来，从大局和战略的角度看待密松电站和莱比塘铜矿事件的损失，不做太多的计较。③加强中国政府同缅甸民间之间的往来，在援助时，划出一定比例的资金，用于建一些民心工程，如医院、学校等。④在工作方式上，援助项目的立项、选址和建设更多地听取当地的要求。⑤通过当地媒体，增加对中国援助项目的宣传和介绍。

由此可以看出，缅甸政府和中国学界关于缅甸华人的分类有很大的不同。依据缅甸政府的分类，除了官方认可的民族，如果敢族、克钦族等，其他——包括很大一部分我们所认为的华人——都属于外国人。虽然 1988 年以后，有上百万华人移民和生活在缅甸，并在某些经济领域处主导地位，但受缅甸过去法律的影响，华人的生活，特别是华人的从政和华文教育还受到严格的限制。2013 年缅甸经济政策的调整有利于华人扩大自己的经济活动范围和影响，展望未来，缅甸国内政治和中缅关系会有一些微调，但发生剧烈变动的可能性不大，这将有利于改善缅甸华人的生活处境。

柬埔寨

2013 年柬埔寨迎来了第五次全国大选，由于反对党——救国党质疑大选结果，认为存在违规和舞弊等现象，抵制并拒绝加入新政府，导致了政治僵局，还发动了几次大规模的示威抗议活动，短期内对华商尤其是从事制衣业的投资者造成了一定的冲击。但总体来看，柬埔寨的政治经济环境没有受到根本性的影响，经济依然保持增长态势，伴随着 2013 "中柬友好年" 的开展，中柬关系稳步提升，柬埔寨华人社会的发展相对平和、稳定。

一、柬埔寨基本国情与侨情

（一）柬埔寨国情概况

柬埔寨是君主立宪制国家，实行多党制和自由市场经济。国王是终身制国家元首，王位不能世袭。现任国王为诺罗敦·西哈莫尼，首相为洪森。人民党是执政党，主要反对党是 2012 年由桑兰西党和人权党合并组成的救国党。国会是柬埔寨的最高权力机构和立法机构，每届任期五年。第一届国会成立于 1993 年。2013 年 7 月 28 日柬埔寨大选后诞生了第五届国会，韩桑林为国会主席。参议院主席由人民党主席谢辛担任。

柬埔寨概况

国家全名	柬埔寨王国	地理位置	东南亚中南半岛南部	领土面积	181 035 平方公里
首都	金边	官方语言	高棉语、英语、法语	主要民族	高棉族
政体	君主立宪制	执政党/主要反对党	人民党/救国党	现任国家元首/政府首脑	诺罗敦·西哈莫尼/洪森
人口数量	1 440 万	华侨华人人口数量	约 70 万	华侨华人占总人口比例	约 5%
GDP/人均 GDP	140. 38 亿美元/987 美元（2012 年）	CPI	2. 9 %（2012 年）	失业率	1. 7%（2012 年）

资料来源：《柬埔寨国家概况》，中国领事服务网，http://cs. mfa. gov. cn/gbxx/yz/jpz/gqjj_23178/2013 - 08 - 19；庄国土：《东南亚华侨华人数量的新估算》，《厦门大学学报》2009 年第 3 期。

柬埔寨是传统的农业国，工业基础薄弱，属世界上最不发达国家之一。1993 年柬埔寨王国政府成立以来，实行对外开放的自由市场经济，推行经济私有化和贸易自由化，把发展经济、消除贫困作为首要任务。在首相洪森的领导下，柬埔寨的经济建设和社会发展取得了令人瞩目的成绩:国民经济持续保持稳步增长的势头,国民的生活水平也有了明显提高,贫困人口显著减少,贫困率从 1990—1992 年的 39.9% 下降到 2010—2012 年的 17.1%,①国家呈现出和平稳定的局面。

(二) 柬埔寨基本侨情

华侨华人移居柬埔寨已有上千年的历史,最早可以追溯到 11 世纪左右。据有关统计,1890 年柬埔寨的华侨华人数量约为 13 万,20 世纪 60 年代中期达到 43 万。②20 世纪 70 年代中后期,由于受战乱及柬埔寨国内外各种因素的影响,华侨华人数量急剧减少。20 世纪 80 年代末期,随着柬埔寨社会政治经济环境趋于稳定,华侨华人人数开始不断回升。柬埔寨现有华人 70 万,约占总人口的 5%。③华人主要分布在马德望、暹粒、磅占、茶胶等经济较发达省份的省会城市。首都金边的华侨华人最多,有十几万人,其中大部分人的祖籍是广东潮州,其余则来自福建、海南和现广东珠三角地区。

虽然目前还没有关于柬埔寨华侨华人所从事行业的确切统计资料,但据有关学者做过的调查研究资料估算,有 90% 的华人从事商业,华人控制了柬埔寨 50% 的商业。④除经营商店外,华人已稳步进入金融行业,在柬埔寨银行业中规模较大的加华银行和湄江银行等都是由华人开办的,其中加华银行是柬埔寨最大的私人银行。此外,华人在柬埔寨制造业中也占据着重要地位,制衣厂、制鞋厂、卷烟厂、饮料厂、锯木厂等都有华人经营的足迹。房地产业和酒店业等都已成为华商的重要经营项目。柬埔寨税收的大部分都来自华人经营的公司和企业。柬埔寨政府已向约 20 名华商颁发了"勋爵"头衔,以表彰华人对柬埔寨经济发展作出的巨大贡献。⑤美国知名网站维基解密(WikiLeaks)近期公布了柬埔寨 9 位华裔富商的名单,他们是陈丰明、李永发、周速光、刘明勤、林秋好(女)、徐光秀、符国安、蒙乐迪、方侨生,均被柬埔寨政府授予勋爵称号。⑥他们当中有三个人是首相洪森的私人顾问,有三个人是现任参议员。

自 20 世纪 90 年代柬埔寨王国政府成立并实行宽松华人政策以来,柬埔寨的华人社团踊跃发展起来,不仅加强了华人社会的凝聚力,还起到了沟通华人与政府的纽带作用。柬埔寨华人理事总会是目前柬埔寨华人社会的最高领导机构,现任会长为杨启秋。下属有 5 个宗乡会馆(即潮州会馆、福建会馆、广肇会馆、客属会馆和海南会馆)以及 13 家宗亲会。在华人社团的精心管理下,柬埔寨的华文教育非常兴盛,华文教育的发展环境相当好,在东南亚国家中十分突出。主要体现在:华文教育规模大,分布较广,格外受华人社

① 《联合国粮农组织第38届大会肯定 柬埔寨3年成功减少50%贫困人口》,转引自《华商日报》(柬埔寨),http://www.7jpz.com/article-24998-1.html2013-11-26,2013年6月22日。

② 相关数据参见《柬埔寨的华侨华人》,《人民日报》(海外版),http://www.people.com.cn/GB/paper39/8858/826655.html,2003年4月3日。

③ 庄国土:《东南亚华侨华人数量的新估算》,《厦门大学学报》,2009年第3期。

④ (柬埔寨)仲力:《柬埔寨华人的崛起》,柬埔寨中文社区网,http://www.7jpz.com/thread-4353-1-1.html,2013年11月15日。

⑤ (柬埔寨)仲力:《柬埔寨华人的崛起》,柬埔寨中文社区网,http://www.7jpz.com/thread-4353-1-1.html,2013年11月15日。

⑥ 《维基解密公布柬埔寨9位华裔富商》,(柬埔寨)《高棉日报》,http://cn.thekhmerdaily.com/?page=detail&ctype=article&l_id=29&id=3322&lg=ch,2013年10月2日。

团的重视，柬埔寨政府也给予了大力支持。目前，柬埔寨共有华校 78 所，学生 5 万多人，开办时只有小学，现在均设立了初中，有条件的学校还开办了高中。端华学校已发展成为东南亚最大的华文学校，共有学生 14 000 人。①此外，柬埔寨的华文媒体也十分活跃。目前影响较大的主要有《华商日报》、《柬华日报》、《柬埔寨星洲日报》，以及创办仅一年的《高棉日报》。金边最大的华文书店国际书局已经扩展到目前的三家。可以说，华文已渗透到柬埔寨生活的各个方面，特别是随着中柬关系不断向前发展，越来越多中国企业和个人来到柬埔寨投资、经商，更加推动了这种趋势。

二、2013 年柬埔寨的政治经济形势及其对华侨华人的影响

（一）2013 年柬埔寨的经济形势

2013 年，柬埔寨经济继续保持稳定增长。世界银行依据柬埔寨农业、服装出口业、建筑业和旅游业的良好发展势头，预测该国 2013 年的经济增长率为 7%；亚洲开发银行（ADB）的预测是 7.2%；柬埔寨政府认为增长率可达到 7.6%。②2012 年，柬埔寨的经济增长率是 7.3%。

从已公布的实际数据来看，柬埔寨经济的发展速度仍保持着稳步上升的态势。2013 年上半年，GDP 增速约 7%，通货膨胀率约 2.9%，汇率基本稳定。2013 年前三季度，柬埔寨进出口总额达 118 亿美元，同比增长 20%。其中，出口 52 亿美元，同比增长 28%；进口 66 亿美元，同比增长 15.83%。③服装出口总额达 41.9 亿美元，同比增长 21.8%。制衣业是柬埔寨最主要的出口行业，占整体出口的 80% 左右，行业工人约 60 万。④2013 年 1—9 月，柬埔寨出口大米 26.61 万吨，同比增长 106%。⑤2013 年的前 9 个月柬埔寨接待外国游客 300 万人次，比去年同期增长 19%。游客主要来自越南、韩国、中国、泰国和老挝。⑥2013 年的前 8 个月，柬埔寨税收总额达 6.062 亿美元，完成 2013 年全年税收计划的 70%。⑦柬埔寨经济持续稳定地快速发展，再加上柬埔寨政府推行高度自由化的金融货币政策，给包括广大华商和中国企业在内的投资者带来了更加积极的影响和推动力，仅 2013 年上半年，柬埔寨政府就批准了 68 个投资项目，投资额约为 23 亿美元，同比激增 234%，

① （柬埔寨）仲力：《柬埔寨华人的崛起》，柬埔寨中文社区网，http://www.7jpz.com/thread-4353-1-1.html，2013 年 11 月 15 日。

② 《世行预测柬埔寨经济增长率为 7%》，转引自（柬埔寨）《华商日报》，http://blog.163.com/global_taxi/blog/static/21026606320139811574191/，2013 年 10 月 8 日。

③ 《今年前三季度外贸增长 20%》，中华人民共和国驻柬埔寨大使馆经济商务参赞处网，http://cb.mofcom.gov.cn/article/jmxw/xmpx/201310/20131000371502.shtml，2013 年 11 月 13 日。

④ 《前三季度柬服装出口同比增长 21.8%》，中华人民共和国驻柬埔寨大使馆经济商务参赞处网，http://cb.mofcom.gov.cn/article/jmxw/xmpx/201310/20131000360567.shtml。

⑤ 《前三季度柬埔寨出口大米同比增长 106%》，中华人民共和国驻柬埔寨大使馆经济商务参赞处网，http://cb.mofcom.gov.cn/article/ddgk/zwfengsu/201310/20131000340369.shtml，2013 年 10 月 10 日。

⑥ 《今年 1—9 月柬埔寨接待外国游客量同比增长 19%》，中华人民共和国驻柬埔寨大使馆经济商务参赞处网，http://cb.mofcom.gov.cn/article/jmxw/xmpx/201310/20131000338697.shtml。

⑦ 《今年前 8 个月柬税收总额达 6 亿美元》，中华人民共和国驻柬埔寨大使馆经济商务参赞处网，http://cb.mofcom.gov.cn/article/jmxw/xmpx/201309/20130900295903.shtml，2013 年 9 月 10 日。

涉及制衣厂、农业加工、旅游业和住宅等，可为柬埔寨创造9.5万个工作岗位。①这些领域大都是华商和中国企业投资的重点。自由度较高的贸易、金融和投资环境，吸引了越来越多中国企业和海外华商到柬埔寨开拓商机，寻求发展，也为当地华商创造了前所未有的良好的合作机遇。

（二）2013 年柬埔寨的政治形势

2013 年对柬埔寨而言，最重要的事情就是7月28日举行的全国大选。这是柬埔寨王国政府成立后迎来的第五届国会选举，也是柬埔寨第一次独立举行的全国性选举。这次选举出现了既在意料之中，又令人意外的结果。意料之中是因为人民党如选前普遍预测的一样赢得了大选，令人意外的则是其只获得了国会123个议席中的68席，比上一届少了22席，而反对党救国党异军突起获得了55席，比上一届增加了26席，人民党仅以微弱的优势取胜。但反对党救国党仍以大选中存在违规和舞弊等现象为由拒绝接受大选结果，要求成立独立调查委员会进行调查，并先后组织了三次大规模的示威抗议活动，还呼吁国际社会不要和新一届政府建立关系、外来投资商不要到柬埔寨投资，致使柬埔寨政局陷入僵局，社会出现不稳定局面。

尽管大选后对峙的两大党一直坚持各自的立场，互不妥协，针锋相对，但他们都还保持着极大的克制和忍让，尽量避免示威活动导致社会动荡。然而，争议产生的负面影响却是不可避免的，尤其是反对党不断号召并发起的示威抗议活动一直没有停息，对柬埔寨的社会稳定和人民的日常生活以及经济活动都带来了一定的冲击。据《柬华日报》报道，自2013年7月大选以来，柬埔寨商业银行的存款额大幅降低，主要原因是大选后的政治僵局导致的不稳定因素，包括受到大规模示威活动的影响。受这次政治僵局的影响，柬埔寨第三季度（7—9月）新注册的公司也相应减少，只有912家，同2012年同期相比减少了6.46%。②柬埔寨商业部发言人关波铁拉指出：国内外投资商都持观望态度，他们正在依据目前政局的进展状况来决定是否投资建立新公司。其中包含着不少华商和中资企业。另外，反对党发起的大规模示威抗议活动也推动了新一轮的罢工潮，尤其是在制衣行业表现得最为突出。因为柬埔寨有558家成衣厂，大部分柬籍工人都集中在这里，有50多万人。③而柬埔寨的工会组织十分活跃且立场大都偏向反对党，如柬埔寨工会联盟、柬埔寨自由工会、柬埔寨民主工人工会联盟等，大选后他们不断呼吁并招募大批工人参加反对党组织的示威活动，还致函柬埔寨制衣厂商协会主席，要求制衣厂在工人示威期间停止生产，给工人假期参加示威活动。所以有评论指出，柬埔寨大选不仅是政治家角力的舞台，也被工人视为表达诉求的"最佳时机"，而最大的受害者无疑是制衣厂业主。工人无法正常上班，工厂不能正常运作，经营者忧心忡忡。投资制衣业的华商不在少数，因此受到的影响比较大。像比较有规模、有影响力的由华商经营的莎美娜制衣厂和实力（SL）成衣加工厂的工人历来都热衷于罢工，他们也是反对党示威游行队伍中的常客和主力。为了避免麻

---

① 《财经部发表上半年投资报告 柬吸引廿三亿美元投资额 同比增长两倍》，（柬埔寨）《高棉日报》，http：//cn. thekhmerdaily. com/？ page = detail&ctype = article&l_id = 29&id = 3323&lg = ch，2013 年 10 月 2 日。

② 《受政治僵局影响 3 季度全国新注册公司有所减少》，（柬埔寨）《柬华日报》，http：//www. 7jpz. com/article - 26954 - 1. html2013 - 11 - 01，2013 年 10 月 31 日。

③ 《全柬 558 家制衣厂创造 50 万岗位》，（柬埔寨）《高棉日报》，http：//cn. thekhmerdaily. com/？ page = detail&ctype = article&l_id = 29&id = 2037&lg = ch，2013 年 7 月 13 日。

烦，有些华商宁愿少接单，以保证工厂能灵活应对工人罢工和参加示威活动带来的变数，但由此造成的损失也是巨大的。若柬埔寨大选后的政治僵局久拖不决，这一不良影响势必会持续下去。

（三）2013 年柬埔寨与中国的关系

近十年来，中柬关系日益向着稳固、深化的方向发展，从好邻居、好朋友、好伙伴关系上升到全面战略合作伙伴关系。2013 年，中国新一届领导人就任后十分重视对柬关系的发展，双方互动频繁。4 月柬埔寨首相洪森对中国进行了国事访问，并出席博鳌论坛；8 月中国外交部部长王毅访问了柬埔寨，被外界认为对柬埔寨大选后的局势稳定起到了积极作用。2013 年正值中柬建交 55 周年，双方也把这一年确定为"中柬友好年"，举行了一系列丰富多彩的庆祝活动。与此同时，双方在经贸领域里的合作不断拓展，中国企业在柬埔寨的投资十分活跃且成效显著。中柬经贸合作有两个特点：一是贸易增速较快。中柬双边贸易额已从 1992 年的 1 295 万美元增至 2012 年的 29 亿美元，年均增速超过 30%。[①]二是中国对柬埔寨的投资和援助已成为中柬经贸合作的重要支撑。截至 2012 年底，中国累计对柬埔寨协议投资 92 亿美元，是柬埔寨最大的外资来源国。[②]道路、桥梁、水电站等项目，既是柬埔寨国家发展建设的重要内容，也是中国大力援助的主要对象。十年来，柬埔寨的主要道路设施基本上是由中国政府援助、中国公司承建的。中国在柬埔寨的投资主要有水电站、矿产、制衣、金融和农业等领域。目前柬埔寨的高层建筑均以政府或华资企业投资的项目为主，且大多数项目负责人为中资企业。中资企业能够较好地、快速地融入柬埔寨市场，很大程度上得益于当地华人、华商的鼎力配合、宣传推介以及牵线搭桥。与此同时，中柬政治经济关系的稳步发展也为柬埔寨本地华商及其企业创造了更多更好的合作机会与发展机遇。

三、2013 年柬埔寨侨情概况及未来发展

（一）2013 年柬埔寨侨情概况

2013 年柬埔寨侨情可体现在华商、华社、华校的主要动态与活动中。

（1）华商的主要活动：2013 年 1 月 19 日，由柬华理事总会指导，香港富皇集团、中国内地与香港的商家及柬埔寨多家华人公司协办的大型华人联谊活动隆重开幕，该活动促进了华商企业之间、华商企业与柬华社团之间、华商企业与中资企业之间的沟通和交流。活动中，富皇集团捐出 6 000 美元给柬埔寨中华文化发展基金、端华学校、培英学校、广肇学校，用以支持柬埔寨华文教育事业。[③]近年来，不断有中资、港资、台资企业来到柬埔寨拓展商机，越来越多的华人商会应运而生，本着华人"抱团经商"的传统理念，这些商会开始寻求新的合作模式，2013 年 10 月 3 日成立的中柬经贸发展联合会可以说是一种新

---

① 《去年中柬贸易额达 29 亿美元》，转引自（柬埔寨）《华商日报》，2013 年 3 月 6 日，柬埔寨华人社区网，http://www. 7jpz. com/article – 22669 – 1. html。

② 《中国驻柬商务参赞：中柬经贸合作前景广阔》，国际在线，http：//gb. cri. cn/42071/2013/09/27/6071s4268419. htm。

③ 《高官巨贾、社团领袖、演艺明星同场联欢　富皇成功主办大型华人联谊晚会》，（柬埔寨）《华商日报》，http://www. 7jpz. com/article – 21862 – 1. html，2013 年 1 月 21 日。

的尝试。该会是由柬埔寨华人侨商企业家以及社会贤德人士自愿组成，并由柬埔寨内政部批准合法登记注册成立的社会团体。柬华理事总会会长杨启秋任永远最高名誉会长。该会成立的目的是为了凝聚会员力量，发挥商会的纽带作用，为促进中柬贸易往来提供服务平台。与此同时，柬埔寨有实力的本土华商企业也开始探索对外投资的可能。据柬埔寨《高棉日报》报道，2013 年 10 月，柬埔寨"高棉控股"集团旗下高棉第一财富控股集团有限公司，与中国昆明科华矿业有限公司签订了合作协议，双方合资开发经营昆明市东川区的矿产资源，高棉第一财富控股集团有限公司占 51% 的控股权，拥有法人资格。①这是柬埔寨矿产企业第一次走出国门，意义重大。高棉集团董事局主席曹云德勋爵指出，投资东川是为了更有利于柬埔寨矿业人才的选拔与储备。

（2）柬华社团的主要动态：2013 年 6 月 16 日，柬华理事总会召开换届会议，一致同意原会长杨启秋继续担任第五届理事会会长，领导华社工作。会议还通过了柬华理事总会文教基金处对华校 2013 年上半学期办学经费的资助，经费总额 28 300 美元，共有 41 所华校获得资助。②2012 年 12 月，由柬埔寨 12 大宗亲会之一的江夏黄氏宗亲总会主办的世界黄氏第 11 届 2 次恳亲会在金边举行，来自 10 多个国家和地区的 1 700 多名代表出席，是历届人数最多的一次。作为宗亲总会永远名誉会长、时任柬埔寨国务部长兼商业部长的占比塞（黄裕德虎）出席该会并致辞。柬埔寨首相洪森发来了贺电，充分肯定了作为柬埔寨公民的华人后裔在柬埔寨经济发展中所发挥的重要作用，他本人还表示，将"继续支持华人后裔建立各自的华人社团组织，进行各种传统活动、宗教活动和商业活动"，并欢迎他们在柬埔寨开办更多更大的华文学校。③2013 年 3 月 26 日，柬埔寨李氏宗亲会举行了第三届换届选举，李瑞中勋爵担任会长。2013 年 5 月 11 日，柬埔寨林氏宗亲会应邀组成 20 人的代表团，前往中国河南参加林氏始祖比干公诞辰 3105 周年纪念大会。这些都充分显示了在柬埔寨政府对华人积极友善政策的支持下，华人得以自由地保持自己的民族文化特性以及与祖籍国的密切联系。

（3）华文教育发展近况：柬埔寨王国政府自 1993 年成立以来，对华侨华人实行宽松政策，华文教育得以蓬勃开展。20 年来柬埔寨的华文教育事业取得了令人瞩目的成就，这与柬华社团及华社各界人士一如既往的鼎力支持和慷慨相助是分不开的。2013 年，柬埔寨华社为推动华文教育的发展，继续开展多项文化合作与交流活动。7 月 30 日—8 月 14 日，柬华理事总会与柬埔寨孔子学院联合举办了柬华教师暑假培训班，原定 50 个名额，由于教师踊跃报名，最后名额增至 137 个。④柬埔寨孔子学院尽管才建立 4 年，却取得了十分突出的成绩，已开设了 12 个教学点，现有注册学员 6 800 多人，举办了几十场中柬友好研讨会、汉语比赛等丰富多彩的文化活动，被评为先进孔子学院。为了表彰柬埔寨孔子学院在推动柬埔寨人民学习中文、促进中柬文化交流中的积极作用，2013 年亚洲孔子学院

---

① 《柬埔寨高棉控股集团走出国门，投资云南——高棉东川矿业人才培养基地落户"中国铜都"》，（柬埔寨）《高棉日报》，http：//cn. thekhmerdaily. com/? page = detail&ctype = article&l_id = 29&id = 3367&lg = ch，2013 年 10 月 8 日。

② 《第五届柬华理事总会成立　杨启秋勋爵继续领导华社工作》，（柬埔寨）《高棉日报》，http：//cn. thekhmerdaily. com/? page = news_calendar&date = 2013 - 06 - 18。

③ （柬埔寨）仲力：《民族和谐政策惠及柬埔寨华社》，柬埔寨中文社区网，www. 7jpz. com/thread - 13488 - 1 - 1. html，2013 年 11 月 20 日。

④ 《柬华总会与孔子学院联办教师暑假培训班》，（柬埔寨）《高棉日报》，http：//cn. thekhmerdaily. com/? page = news_calendar&date = 2013 - 07 - 31。

联席会议选择在柬埔寨金边召开，目的是交流教学成果，传承发扬中华文化，共商发展大计。首相洪森出席了开幕式，并为柬埔寨警察学院、70 号警卫旅、吴哥中学的孔子学院课堂揭牌。[①] 2013 年 8 月 22 日，柬华理事总会为中国国侨办援柬教师和中国汉办第四批汉语教师志愿者共计 133 人举行欢迎宴会，[②] 这些教师将分赴柬埔寨 37 所华校援教一年，目的是提高华校教学水平，促进柬华教育事业的发展。2013 年，柬华理事总会共向中国汉办申请了 100 多位汉语教师志愿者到柬埔寨任教，体现了华社对华文教育的重视。

此外，华文传媒也在积极运作，并不断完善和发展。2013 年 6 月，柬埔寨华商日报社举行了编辑排版培训学校开学典礼，希望通过培训提高报社的办报水平。《华商日报》是柬埔寨在战后的第一份中文报纸，20 年来，这份华文报纸已在柬埔寨享有一定的知名度。2013 年 9 月，在中国南宁举行的"中国—东盟媒体交流暨颁奖大会"上，《华商日报》和柬埔寨国家电视台一起获得"媒体突出贡献奖"。高棉国际传媒旗下的两报两刊——《高棉经济》杂志（中、柬文版）、《高棉日报》（中、柬文版），在 2012 年创办至今仅短短两年的时间里就已初具规模，并受到柬埔寨政府高层的重视，被作为柬埔寨参议院的内参报纸。目前，高棉传媒集团已开始向广播电视业和出版印刷业进军，目标是发展成一家全方位立体式的大型传媒产业集团。2013 年 4 月，高棉传媒集团主席曹云德勋爵接待了来访的中国新闻社代表团，并就双方的合作与发展进行了交流与探讨。

（二）未来发展

就当前现状而言，柬埔寨华侨华人的生存环境与发展状况还是比较理想的。首相洪森领导下的柬埔寨政府奉行宽松的华人政策，而且重视国家经济的发展和国力的提升，柬埔寨华人安居乐业，积极融入柬埔寨社会，并在各个领域发挥着重要的作用。美国政府资助的国际共和研究所曾在 2013 年柬埔寨大选前做过一项调查，在接受调查的 2 000 名柬埔寨人中，有 79% 的人认为柬埔寨已经走上了正确的道路；54% 的受访者认为在未来五年，其家庭生活将会有好转；87% 的受访者表示信任洪森。[③] 可见，大部分人对现状都还是比较满意的。尽管现在柬埔寨国内有不少批评洪森的声音，但他们都无法否认在洪森的领导下，柬埔寨的国民经济水平、国际地位都有了较大幅度的提高，人民生活水平也有了不同程度的改善。其实这也代表了大部分华人对政府的认识。

当然，从今后的发展来看，仍然存在一些不稳定因素。尤其是大选后的政治僵局尚未化解，且反对党力量有所加强，加上日趋活跃的工会组织时常发起罢工活动，都会对华人的投资环境和企业的正常运营造成影响，广大华商和中资企业应该关注并制定有效政策以规避这些问题带来的风险。

---

① 《亚洲孔子学院联席会议金边召开 洪森鼓励柬青少年努力学好中文》，（柬埔寨）《高棉日报》，http：//cn. thekhmerdaily. com/？page = news_calendar&date =2013 – 05 – 30。

② 《柬华理事总会隆重设宴 欢迎侨办汉办援柬志愿者教师》，（柬埔寨）《高棉日报》，http：//cn. thekhmerdaily. com/？page = news_calendar&date =2013 – 08 – 24。

③ 《美资助柬民间大选调查 八成人民将参与投票》，（柬埔寨）《华商日报》，http：//www. jpzhs. com/por-tal. php？mod = view&aid =3424，2013 年 5 月 29 日。

老　挝

2013 年，老挝政局稳定，经济快速发展。老挝同中国的关系在已有的良好基础上持续发展。老挝政治经济与老中关系的大局在客观上都有助于老挝华侨华人的生活与创业。老挝是东南亚国家中华侨华人数量较少的国家。老挝的华侨华人大多从事商业与手工业，生活水准略高于当地其他族群。老挝华人从政者较少，华人社团以万象中华理事会为主。老挝的华文教育虽然经受过波折，但近些年发展迅速，并有望继续扩大发展。中老同为社会主义国家，基本上无历史包袱，近些年来双边关系发展较快，有助于老挝华人创业，老挝华人也为中老关系的发展作出了积极贡献。

一、老挝国情与华侨华人数量

老挝位于亚洲中南半岛北部，北与中国云南省接界，西邻缅甸，南邻泰国，东邻越南。2008 年 11 月，老挝第六届国会审议确定：老挝只有一个民族，即老挝族，一个老挝族之下又有 49 个少数民族。

老挝概况

国家全名	老挝人民民主共和国（Lao People's Democratic Republic）	地理位置	中南半岛北部	领土面积	23.68 万平方公里
首都	万象（永珍）（Vientiane）	官方语言	老挝语（Lao）	主要民族	老挝族（Lao People）
政体	社会主义制度	执政党	人民革命党（Lao People's Revolutionary Party, LPRP）	现任国家元首/政府首脑	朱马利·赛雅颂/通辛·坦马冯
人口数量	669 万多（2013 年 7 月估计）	华侨华人人口数量	3 万多	华侨华人占总人口比例	不到1%
GDP/人均GDP	101.9 亿美元/1 490 美元（2013 年）	CPI	7.5%（2013 年）	经济增长率	8.25%（2013 年）

因地缘之便，中国云南的边民从宋代末期就开始移居如今叫作老挝的这块土地。①清朝中后期，来自广东、福建等地的民众经越南、泰国、柬埔寨等地移居老挝。20世纪70年代，包括老挝在内的印支半岛政局动荡，老挝华侨华人生活深受影响，不少华人离开了老挝。目前，在澳大利亚与北美等地的一些华人社团就是由当时离开老挝的华侨华人建立的。

目前，关于老挝华侨华人的人数没有一个较为确切的数据。据中国外交部网站的数据，在老挝的华侨华人现有3万余人。这一数据与老挝华社"万象中华理事会"提供的数据一致——也是3万多。②不过，台湾"侨务"部门的相关统计数据与上述数据差异较大。据"中华民国侨委会"2005年的数据：在老挝的华人（Ethnic Chinese）有185 765人（2004年有181 571人），华人人口增长率为2.31%，③占老挝人口总数的0.4%。④上述差异可能是由于统计对象、时间等不一所致。

历史上老挝华侨华人的数量缺乏准确统一的数据。1927年，法国殖民政府的统计显示，在老挝的华侨华人有2 000人；⑤到了1959年，有4万人。⑥老挝当地华人曾告诉西方学者：老挝华侨华人最高峰时大概有10万人。但西方的相关统计数据更多的是采用"4万多"这个数据，学者们也多采信"4万"这个数据；⑦国内的相关研究中也有采用"4万多"这个数据的。⑧台湾1988年出版的《寮国华侨概况》称老挝有华侨华人15万之多，该书作者蔡天是根据老挝各个主要市镇的华人人口推算出来的。⑨据估计，20世纪90年代中期，在老挝的华侨华人有1万多人，其中首都万象有华人8 000余人。⑩总之，老挝华侨华人的数据仍有待确认。

近些年，随着老挝与中国关系的发展，到老挝从事经济、文化活动的中国人越来越多。据中新社报道，他们大多在2000年之后到老挝，其中湖南邵东人占有较大比例，"有十万人之多"。

---

①　Florence Rossetti, The Chinese in Laos：Rebirth of the Laotian Chinese Community as the Peace Returns to Indonesia, *China Perspectives*, September – October, 1997.

②　李家忠：《印支外交亲历》，上海：上海辞书出版社2010年版，第208页。李家忠于1994年至1995年担任中国驻老挝大使，他提供的老挝华侨华人数据应该是较有参考价值的。

③　"The ranking of ethnic Chinese population", http：//www. ocac. gov. tw/english/public/public. asp？selno = 1163&level = B，2012年11月9日。

④　《海外华人人数》，http：//www. ocac. gov. tw/public/public. asp？selno = 9429&no = 9429&level = C，2012年11月9日。

⑤　Centre des Archives d'Outre – Mer in Aix – en – Provence, France. Division of Economic Affairs, Indochina General Government, Courrier, 1927. 转引自Florence Rossetti, The Chinese in Laos：Rebirth of the Laotian Chinese Community as the Peace Returns to Indonesia, *China Perspectives*, September – October, 1997.

⑥　Joel Martin Halpern, The Role of the Chinese in Lao Society, *The Journal of Siam Society*, Vol. 99, 1961.

⑦　Florence Rossetti, The Chinese in Laos：Rebirth of the Laotian Chinese Community as the Peace Returns to Indonesia, *China Perspectives*, September – October, 1997.

⑧　朱芳华：《老挝汉语推广的对策初探》，《海外华文教育》2010年第1期。

⑨　蔡天：《寮国华侨概况》，台北：中正书局1988年版，第57～59页。

⑩　李家忠：《印支外交亲历》，上海：上海辞书出版社2010年版，第193页。

二、地域分布与从业状况

老挝华侨华人主要集中在老挝的中南部。首都万象与沙湾拿吉、巴色、琅勃拉邦等省会城市最为集中。"多以经商为主，生活水平略高于其他族群。"①从事的行业包括餐饮、旅馆、服装贸易、食品加工、日用百货。

近些年新到老挝的华侨华人多从事矿产、交通、银行、酒店、网络、手机、摩托车等行业。据中新社消息，湖南商人在老挝的经贸领域发挥着越来越大的作用，他们在摩托车、手机、服装和箱包生意等领域都占有较大份额。万象的宏格亚星商业街被称为"邵东街"，因为湖南邵东人开设的门店占整条街门店总数的七成多。不过，随着中国的援助与投资在老挝的份额逐渐增长，关于中国经济与中国人在老挝的负面影响的猜测与报道也出现了。②

老挝华人在政治领域的表现逊色于经济领域。华人参与政治活动者较少，但不乏位居高位者。

三、万象中华理事会

万象中华理事会（Vientiane Chinese Association）是老挝最大的、历史久远的华人社团，其前身为万象华侨公所，成立于 1934 年。1948 年 9 月 28 日，中国政府要求法国殖民政府取消公所名称，代之以"永珍中华理事会"；1959 年，老挝政府要求取消中华理事会，代之以"中华会馆"，受"中华民国"驻万象的"领事机构"指导。近些年来，中华理事会与中国使馆联系渐趋密切。2013 年 2 月，华人农历春节之际，万象中华理事会到中国驻老挝使馆拜年。2013 年 7 月 4 日，新到任的中国驻老挝大使拜访中华理事会；7 月 25 日，中华理事会为新到任的中国驻老挝大使举行欢迎晚宴。

2013 年 7 月 4 日，中国驻老挝大使参观永珍善堂。永珍善堂是中华理事会管理下的华人慈善机构，成立于 1966 年，每年在盂兰节等节日举行慈善捐助活动，还收养一些孤寡老人，目前共赡养有 11 位孤寡老人。善堂还为贫困人士办理丧葬事宜，并在传统节日举行慈善捐助活动，其善行赢得老挝各界的赞誉。

此外，理事会下属机构还包括万象寮都公学、福德庙、伏波庙、寮都教育基金会、寮都修校委员会、中华妇女会、中华少狮团、寮都校友总会。"目前拥有会员 1 000 多人，多数为粤籍潮汕地区的乡亲。"中华理事会的委员会由 15 位经过选举的人员组成。万象中华理事会的新任也是现任理事长为李燕金；原理事长林振潮荣任终身名誉理事长。

---

① 李家忠：《印支外交亲历》，上海：上海辞书出版社 2010 年版，第 208 页。

② Ian Storey, China and Vietnam's Tug of War over Laos, *China Brief*, Vol. 5, Issue 13, June 7, 2005. Tom Fawthrop, Laos's Chinese Gamble, *The Diplomat*, December 24, 2010, http：//www. thediplomat. com/2010/12/24/laos's – chinese – gamble/, 2012 – 11 – 09.

四、华人代表

老挝华人代表主要包括华社的领导与重要的企业界人士。林振潮是老挝万象中华理事会的前会长、终身名誉理事长；张贵龙是老挝华人企业家，被称为老挝华人首富。两人都是中国海外交流协会第四届理事会理事，也是该协会仅有的两位来自老挝的华人。1997年，张贵龙作为老挝华侨华人代表参加香港回归仪式，并在1999年到北京参加新中国成立50周年庆典。[①]

"不少（老挝）华侨华人同老挝高层领导人关系甚笃，华侨华人每逢嫁娶等喜庆活动，经常邀请老挝的部长、副部长等高级官员到场。""华人企业家张贵龙先生同老挝高层领导人的交往更为密切，以致有的老挝领导人出访，也让张贵龙先生参加。每逢春节，张贵龙先生都在家里摆上数十桌宴席，邀请包括中央委员和部长在内的多位老挝官员参加。"[②]关于张贵龙的报道中也都会提到他与老挝政府的良好关系。[③]

除经营企业外，华人企业家也积极投身于公益事业。张贵龙积极投身于公益事业，担任数个民间社团的职务，如老挝中国和平统一促进会会长、崇德学校名誉董事长、万象寮都公学副董事长、万象中华理事会监事、老挝潮州乡亲会会长等。[④]

另一位华人企业家姚宾是老挝吉达蓬集团董事长，于20世纪90年代到老挝经商，最初以从事中老贸易为主，后涉足房地产开发、建筑、政府采购贸易、木材加工、酒店旅游等行业。他目前担任老挝万象中华理事会副理事长。他每年都向慈善机构捐赠，曾多次捐款给福德庙、永珍善堂等华侨华人文化和慈善机构，还曾资助文化与体育事业，赞助过参加广州亚运会的老挝体育代表团、老挝乒乓球队以及老挝贫困地区的学校。他常随老挝政府代表团访问中国，以更多的实际行动服务于两国友谊与经贸合作。

五、学校与华文教育

老挝的华文教育办学条件较好，师资力量较强，教学水平较高。不仅华人子女到华文学校就读，家庭条件较好的其他族裔也会把子女送到华文学校。老挝开设华文教育的学校主要如下：

（一）寮都公学

2013年7月4日，中国驻老挝大使访问寮都公学，高度评价其为促进华文教育、传承中华文化所作的积极贡献，表示大使馆和中国政府有关部门将继续为之提供支持和帮助。寮都公学是中华理事会属下的主要的华文学校之一，创办于1937年，是老挝规模最大、学生最多、师资力量最强的华文学校，现有学生两千余名。该校是中国国务院侨办确定的三所老挝华文教育示范学校之一，每年都有毕业生到中国的暨南大学和华侨大学接受高等教育。

① 辛秀玲：《张贵龙：力促中老友好合作的华人首富》，《民营经济报》，2011年9月29日。
② 李家忠：《印支外交亲历》，上海：上海辞书出版社2010年版，第194页。
③ 伍建青、黄信：《倾力促进老中友好合作——访老挝华商张贵龙》，《广西日报》，2005年6月29日。
④ 陈玩穗：《张贵龙：老挝华人首富》，《民营经济报》，2012年9月29日。

（二）巴色华侨公学

2013 年 5 月 27 日，巴色华侨公学承办第六届"汉语桥"世界中学生中文比赛老挝赛区预赛。来自寮都公学、沙湾拿吉省崇德学校和巴色华侨公学的 15 名中学生参加。比赛的主题为"我的中国梦"，设中文演讲、中国国情知识竞答和中华才艺展示三个环节。寮都公学的娜帕万和巴色华侨公学的陈雅文同获一等奖，代表老挝前往中国昆明参加决赛。拥有 84 年历史的巴色华侨公学是老挝南部最著名的华文学校，由当地华社创办管理。

（三）寮东公学

2013 年 11 月 2 日，中国驻老挝大使走访寮东公学，并赠送电脑和打印机等教学设备。寮东公学是甘蒙省他曲中华理事会创办的华文学校。

（四）崇德学校与新华公学

建于 1931 年，位于沙湾拿吉省的崇德学校被中国国务院侨办、中国海外交流协会评为"华文教育示范学校"，理事会派专人负责华校工作，筹集办学经费，争取政府的支持，解决师资、教材等方面的困难，改进教学方法，提高教学质量等。此外，琅勃拉邦省新华公学也是老挝知名的华文学校。

（五）老挝国立大学中文系

2013 年 5 月 21 日，老挝国立大学与中国驻老挝大使馆在万象联合举办第十二届"汉语桥"世界大学生中文比赛老挝赛区预赛。老挝国立大学和孔子学院及万象华文学校师生等 300 余人参加。中文系两位学生分别获一、二等奖，并于 7 月赴中国湖南省参加第十二届"汉语桥"世界大学生中文比赛复赛和观摩营。老挝国立大学中文系成立于 2003 年，学制原来为 5 年，2008 年改为 4 年；老师由中国汉办委派，使用从中国进口的教材。

（六）中文培训中心、孔子学院与其他

2013 年 12 月于琅勃拉邦省成立的中文培训中心，是老挝新的中文培训机构，由中国昆明理工大学与老挝苏发努冯大学合作设立。孔子学院是另一个在老挝从事华文教育的重要机构，成立于 2010 年 3 月，由中国广西民族大学对口支援。举办短期培训班是老挝华文教育的另一种方式，培训班有政府办和私人办两种。政府办的培训班主要是由共青团中央、部队和学校开办，一般是临时的。私人办的华文培训班，规模大小和收费都很灵活。

六、华文报纸与华文书店

目前，老挝没有本土编辑出版的华文报纸。过去，老挝曾经有过几份华文报纸，但存在时间短、销量小。1959 年创办的第一份华文报纸《寮华日报》因销路有限而停办，随后创办的《自然报》和《虎报》也都时间不长就停刊了。1965 年创办的《华侨新闻》和1967 年创办的《永珍日报》发行量都不超过 1 000 份。20 世纪 70 年代创办的《老华日

报》于 1978 年 2 月被老挝政府查封。①

华文书店可被视作老挝华文教育的晴雨表之一。2012 年 3 月在万象开张的华文书局位于昆布伦大街，是老挝最大的书店。②在老挝开设华文书店是老挝华文作品市场发展到一定阶段的产物，体现了近些年来华文文化产品在老挝的需求量不断扩大的趋势；同时，还有可能进一步推动老挝华文教育的发展。

七、2013 年老挝局势与老中关系及其影响

2013 年老挝政局稳定，经济快速发展。国际货币基金组织曾盛赞 2013 年老挝经济发展之快。不过老挝仍是发展中国家。在对外关系方面，一位于 2012 年 12 月失踪的老挝公民（Sombath Somphone）在 2013 年成为国际关注老挝的一个焦点；此外，老挝计划在湄公河修建水坝遭到其他国家质疑。老挝国家领导人历史性地访问了韩国，并接待日本领导人来访，老挝同韩国与日本间的往来在客观上可为老挝发展带来较多经济上的好处。从 2013 年开始，老挝正式成为世界贸易组织成员，有望为老挝经济发展带来新的机遇。

2013 年老挝同中国的关系也在原有的良好基础上稳定发展，客观上有助于老挝华侨华人的生活与创业。老挝华侨华人是中老关系发展的见证者，是发展两国关系的纽带，他们积极地通过自身的努力为老挝同中国关系的健康发展作贡献。老挝华侨华人深受老中关系变化的影响：当老挝同中国关系健康发展之时，就会有不少中国人到老挝从事经济、文化活动，从近 20 年来的情况看就是如此；当老挝同中国关系不佳时，不少老挝的华侨华人就被迫离开老挝，留在老挝的华侨华人的文化活动也受到限制。目前老中关系的状态越来越有利于华侨华人在老挝生活、发展。如今，老挝政府对待华侨华人的政策较为宽松，基本不存在歧视华侨华人的现象。

老挝有望继续保持政局稳定、经济快速发展的态势，并积极发展同中国之间的良性互动关系，这一切都有望为老挝华侨华人生活与创业提供更加有利的条件。

---

① 傅曦、张愈：《老挝华侨华人的过去与现状》，《八桂侨刊》2001 年第 1 期；朱芳华：《老挝汉语推广的对策初探》，《海外华文教育》2010 年第 1 期。

② 《新知集团老挝万象再开华文书局》，《中国新闻出版报》，2012 年 4 月 5 日。

东帝汶

东帝汶是世界上最年轻的国家。当前在东帝汶大约有 2 万华侨华人。2012 年底，联合国东帝汶综合特派团和国际安全稳定部队撤离东帝汶。2013 年，东帝汶加入东盟的申请开始正式审议，但东帝汶的失业情况和畸形经济结构没有得到较大的改善。这些重大变化对于在东帝汶的华侨华人而言既有机遇也有挑战。总体而言，东帝汶华侨华人必须实现从以贸易为主转型为以投资为主，因此建立中国—东帝汶产业园、开展两国在石化领域的合作应该成为两国今后重点开展的合作项目。

一、基本国情

东帝汶地处东南亚，是世界上最年轻的国家，其发展历程非常曲折，先后经历了葡萄牙殖民、1975 年短暂独立、印尼入侵、1998 年再次独立和 2002 年建国。中国是第一个与东帝汶建立正式外交关系的国家，东帝汶也是中国首次派出维和警察参与联合国维和行动的国家。基本国情见下表。

东帝汶概况

国家全名	东帝汶民主共和国（简称东帝汶）	人口数量	1 143 667，年增长率达 2.41%，人口密度为 71.5 人/平方公里。（2013 年预测值）
地理位置	东帝汶位于东南亚努沙登加拉群岛最东端，包括帝汶岛东部和西部北海岸的欧库西地区以及附近的阿陶罗岛和东端的雅库岛。西部与印尼西帝汶相接，南隔帝汶海与澳大利亚相望。经纬度：南纬 8°50′，东经 125°55′	华侨华人数量	1 万 ~ 2.1 万①
领土面积	14 609 平方公里	华人所占比例	2%
政体	多党制、议会制、共和制	主要族群	78% 为土著人（巴布亚族与马来族的混血人种），20% 为印尼人，2% 为华人

① 亚洲开发银行和美国 CIA 的数据显示东帝汶华侨华人数量为 2 万多，我国驻东帝汶大使馆的数据显示目前东帝汶的华侨华人约为 1 万人，其中 6 000 多人为 2002 年以后到达东帝汶的新侨。

（续上表）

执政党	2012 年 8 月议会大选后，大会党获 30 席成为议会第一大党，与获 8 席的民主党和获 2 席的革新阵线联合组阁执政	国内生产总值 GDP	41.73 亿美元（官方汇率计算，2012 年），112.3 亿美元（PPP 衡量，2012 年）
国家元首	现任总统陶尔·马坦·鲁阿克（Taur Matan Ruak，2012 年 5 月 20 日当选，每届 5 年）	GDP 经济增长率	10.6%（2012 年）
政府首脑	现任总理凯·拉拉·夏纳纳·古斯芒（Kay Rala Xanana Gusmao，2007 年 8 月 8 日任总理，2012 年 8 月 8 日连任）	CPI	11.6%（2012 年）
官方语言	德顿语（Tetum）和葡萄牙语为官方语言，印尼语和英语为工作语言	失业率	18.4%（2012 年）
首都	帝力（Dili），位于帝汶岛东北海岸，人口约 23.4 万，是全国政治、经济和文化中心。据估计，东帝汶 80% 以上的经济活动在此进行	人均国内生产总值	4 697 美元（官方汇率计算，2012 年），1 000 美元（PPP 衡量，2012 年）

资料来源：编译整理自亚洲开发银行数据库，https：//sdbs. adb. org/sdbs/index. jsp ；CIA，The World Factbook，https：//www. cia. gov/library/publications/the – world – factbook/index. html。

根据葡萄牙国家统计局的统计，2003—2010 年，东帝汶经济保持了年均 17.2% 的增长速度，[①]是世界上经济增长速度最快的国家之一。带动东帝汶经济发展的主要原因是石油和天然气出口的增长，截至 2013 年 9 月底，东帝汶石油基金的资产已达 148 亿美元。[②]尽管独立十多年来，东帝汶的经济得到了很大的改善，但东帝汶的整体发展水平还非常低，仍然属于世界上最不发达国家之一。

二、东帝汶侨情

（一）东帝汶与中国的关系

中国是 2002 年 5 月东帝汶独立后第一个与其建立正式外交关系的国家。在此之前，中国已与东帝汶建立了正式的往来渠道。2001 年 1 月，中国向东帝汶派出 15 位维和警察；

[①] 《东帝汶是 2003—2010 期间经济增长最快的葡语国家》，http：//www. macauhub. com. mo/cn/2013/07/16/，2013 年 11 月 1 日。

[②] 《9 月底东帝汶石油基金拥有 146 亿美元资产》，http：//www. macauhub. com. mo/cn/2013/11/08/，2013 年 11 月 1 日。

同年 9 月，中国任命前驻莫桑比克大使邵关福为中国驻东帝汶代表处代表（大使衔）。双方建交后，双边关系发展迅速。东帝汶也是少数几个给予中国公民免签的国家。

2000—2012 年，中国共向东帝汶派遣维和警察 17 批，共计 319 人次。[①]2012 年底，随着联合国安全部队向东帝汶移交权力，中国在东帝汶的维和警察行动正式结束。

截至 2012 年底，中国共向东帝汶援建了 7 项大型成套项目，解决了东帝汶建国初期基础设施亟待改善的问题，其中很多项目已经成为东帝汶的地标性建筑。中国援建的 7 套项目包括东帝汶外交部、总统府、国防部、外交学习中心等大型标志意义强的建筑，7 个项目的援建金额合计约为 2.5 亿元人民币。自 2002 年以来，中国一直向东帝汶派出医疗援助队，截至 2013 年底，中国医疗队已救治了 16 万东帝汶民众。

两国建交后双边贸易的发展也较快，2012 年双边贸易额约为 6 316 万美元，中国是东帝汶第五大贸易伙伴。目前中国在东帝汶的投资还比较有限，但中资公司是东帝汶主要的外国工程承包公司。中国核工业集团第 22 建设公司中标的东帝汶国家电网是东帝汶建国以来最大的基建项目，该项目合同总金额为 3.6 亿美元，包括建设 3 座重油发电站、10 座变电站和 750 公里的高压电缆。[②]2013 年 8 月，东帝汶国家电网工程已经基本完工。[③]

（二）东帝汶华侨华人简史

19 世纪以后，大量中国移民涌入东帝汶。许多人把普通话作为文明用语，把客家话作为日常用语，把帝汶岛的语言作为商业用语。[④]20 世纪 70 年代以前，葡萄牙统治东帝汶时期，在东帝汶生活着 3 万多华人。[⑤]随着 70 年代印尼对东帝汶的占领，大部分华人陆续离开，主要迁往澳大利亚的悉尼、墨尔本、达尔文、凯恩斯等地居住，逐步形成澳大利亚东帝汶华人群体，并建立起东帝汶华人联谊会等侨社组织。1974 年以前，东帝汶的华人主要受中国台湾地区的影响，在当地从事零售业和咖啡出口。[⑥]1974 年之后，东帝汶地区的华人与中国内地的联系逐步增多。

2002 年东帝汶独立以来，逐步有来自中国福建和河南的新华侨赴东帝汶谋生。2006 年，东帝汶发生骚乱，中国政府组织 243 名旅居东帝汶的侨胞撤离。目前，东帝汶局势已基本稳定。2012 年 10 月 31 日，联合国在东帝汶长达 10 余年的维和与临时行政支持任务全部完成，国际武装力量完全撤离东帝汶。

（三）东帝汶华人的地域分布与行业分布

东帝汶的民族构成中 78% 为土著人（巴布亚族与马来族或波利尼西亚族的混血人

---

① 根据中国驻东帝汶大使馆和中国维和警察网的数据整理，详情参见中国维和警察网，http://www.mps.gov.cn/n16/n983040/n1372264/index.html，2013 年 11 月 5 日。

② Antonio Freitas, Joao Evangelista, *China's Foreign Aid and Constructive Engagement Policy in Timor - Leste*, Dili Institute of Strategic and International Studies Working Paper.

③ 《东帝汶接近全国通电》，http://www.macauhub.com.mo/cn/2013/08/22/，2013 年 11 月 5 日。

④ 东帝汶驻中国大使馆：《走进东帝汶》，北京：世界画报出版社 2008 年版，第 38 页。

⑤ 《旅东华人隆重举行"东帝汶争取民族独立运动中遇难华人同胞纪念碑"揭幕仪式》，http://tl.chineseembassy.org/chn/xwdt/t971931.htm，2012 年 10 月 1 日。

⑥ Nuno Canas Mendes, "The dragon and the crocodile: Chinese interests in east Timor", *Portuguese Journal of International Affairs*, Spring, 2009.

种），20% 为印尼人，2% 为华人。华侨华人总数为 2 万余人，其中 2002 年以后到达东帝汶的新侨和中国海外公民共 6 000 余人。[①]

东帝汶华人所从事的行业在新华人和老华人之间有着明显的差别。新华人来东帝汶的时间较短，主要从事零售等行业；而老华人在东帝汶的时间较长，以经营超市、餐饮、建材、汽车销售、加油站等服务行业为主。东帝汶的私营经济充满着华人的味道。[②]目前东帝汶的中国公民人数在逐年增长，大部分来自福建、河南等地，主体是来自福建福清和平潭，他们往往是通过家族或同乡关系来东帝汶经商或者打工。

（四）东帝汶华侨华人社团

目前在东帝汶得到政府认可的华人社团组织有两个，分别是东帝汶中华商会和东帝汶华商联合会。

东帝汶中华商会始建于 1912 年，以弘扬中华传统文化、维护会员合法权益、增进民间交往与友谊、促进当地经济发展为宗旨。中华商会在印尼占领时期被迫关闭，于 2003 年恢复活动。目前，中华商会约有 500 个会员。东帝汶中华商会每年年底都举行慈善活动，由侨领和华商自愿募捐，资助当地贫困华人。

东帝汶华商联合会是 2012 年 12 月新成立的华人社团，东帝汶议会第一副议长、社会救济部长、旅游和文化部长等东帝汶政要都参加了成立仪式。该会的宗旨是维护侨界团结和侨胞合法权益，引导侨胞遵纪守法、诚信经营，积极融入当地社会，促进中东经贸往来和双边友好。东帝汶华商联合会是一个以新侨为服务对象的社团组织，现正处于发展阶段，会长为何义（爱尔兰籍华人，长期居住在新加坡），副会长为陈振光。

除中华商会外，东帝汶还有一个佛教协会，主管一个华人庙宇——关帝庙，经常举办一些宗教活动。东帝汶首都帝力市的关帝庙始建于 1936 年，由当地华人捐资修建，目前华人和当地人都时有参拜。

（五）东帝汶的华文教育

1974 年，印尼占领东帝汶之前，东帝汶境内有 14 所华文小学，在帝力有 1 所华文中学，大多数的课程是由台湾教师用汉语普通话授课。[③]当时全东帝汶的 13 个县都有华文学校。华文教育较为普遍，甚至在东帝汶的货币上都印有华文。据东帝汶中华商会前会长符孝勤介绍，帝力中华学校 1974 年有学生 1 200 名，全是华人子弟。[④] 1975 年印尼占领东帝

---

① 关于东帝汶的华侨和中国海外公民人数没有确切的统计数据。2004 年国务院侨办网站公布的资料称东帝汶的华侨华人约为 1 500 人；2006 年东帝汶撤侨时，当时中国驻东帝汶大使馆统计的中国在东帝汶公民和华侨为 500 余人；东帝汶留学生马提丝在其硕士学位论文《中国对外援助及其对东南亚发展的影响：中国—东帝汶关系的案例分析（2002— ）》中认为中国在东帝汶的华侨和海外公民为 1 000 ~ 3 000 人；中国第 16 支赴东帝汶维和警队队长陈枫在 2012 年接受记者采访时称，东帝汶"新侨"为 2 000 ~ 3 000 名。笔者在写作本文的过程中曾向中国驻东帝汶使馆领事部赵守圣随员咨询华侨华人数量，据他介绍当前东帝汶华侨华人规模约为 500 户 3 000 人。新侨自 2002 年后陆续来东，现规模为 6 000 人左右。

② 东帝汶驻中国大使馆：《走进东帝汶》，北京：世界画报出版社 2008 年版，第 40 页。

③ 东帝汶驻中国大使馆：《走进东帝汶》，北京：世界画报出版社 2008 年版，第 38 页。

④ 《东帝汶见闻：随东帝汶历史命运起伏的华人》，中新社，http：//news. xinhuanet. com/overseas/2005 – 07/05/content_3176504. htm，2013 年 6 月 12 日。

汶后，华文学校均被当局关闭，华人子弟失去了系统学习中华文化的机会。东帝汶建国后，一些华人有识之士倡议恢复过去的帝力中华学校。以中华商会为首，华人已向政府递交了申请，希望能将原来的校址交还华人，重开华文学校。①目前东帝汶开办了一些华文补习班。

（六）新华侨华人移民

东帝汶的老华人大多在当地出生，属于第二代或第三代移民，很多是华人与当地人混血的后代。东帝汶的新华侨华人主要是指改革开放之后，特别是 2002 年东帝汶建国之后移民东帝汶的华侨华人，目前对于该群体的人数没有确切的统计，大致数量在 6 000 人左右。与"新侨"相比，"老侨"在东帝汶生活时间较久，熟知东帝汶的国情民情，很多人已经与当地人通婚，基本融入了当地社会。"老侨"普遍比当地人生活水平高，受到当地人的尊重。②

在东帝汶的中国海外公民和东帝汶新华侨主要来自中国福建和河南等地，从事零售业。他们来东帝汶的时间大都不到 10 年，不太会说当地通用的葡萄牙语和德顿语，与当地人沟通交流不畅。他们也不太懂得东帝汶的风俗习惯，融入当地主流社会面临着较大的困难。

目前，在东帝汶的中国公民和新华侨存在的主要问题包括：落地签证收紧，中国公民被拒绝入境的人数增多；非法务工和移民倾向；东帝汶政府为保护本国中小商人，开始限制中国商人在东帝汶经商。

三、东帝汶政治经济形势变化对华侨华人的影响

（一）联合国东帝汶综合特派团和国际安全稳定部队撤离东帝汶

自 1999 年东帝汶开始独立进程后，东帝汶治安形势就处于动荡不定的状态，为此联合国先后多次通过决议，向东帝汶派驻维和部队。2006 年，由于东帝汶局势急剧恶化，世界各国包括中国曾大规模撤侨。东帝汶局势好转后，联合国又向东帝汶派驻了国际安全稳定部队，人数最多时达 6 000 人。2012 年 10 月 31 日，联合国安全稳定部队正式全部撤离东帝汶，向东帝汶安全部队和警察力量移交权力。为帮助东帝汶政府而设立的联合国东帝汶综合特派团也于 2012 年底撤离东帝汶。这一事件对东帝汶及东帝汶华侨的影响主要体现在以下两个方面：

第一，国际安全稳定部队撤离后，东帝汶的安全形势不仅影响东帝汶的稳定与发展，而且也直接影响着东帝汶华侨的生命和财产安全。截至 2013 年 12 月，从整体来看，国际安全稳定部队撤离后，东帝汶的安全形势并没有恶化，表明东帝汶的安全部队和警察力量已基本可以控制东帝汶的安全局面，这是维持东帝汶长期稳定安全的重要基础。但也需要注意到，东帝汶的安全基础仍然薄弱。2013 年 7 月，东帝汶首都帝力市两家华侨商铺发生

---

① 《东帝汶见闻：随东帝汶历史命运起伏的华人》，中新社，http：//news. xinhuanet. com/overseas/2005 - 07/05/content_3176504. htm，2013 年 6 月 12 日。

② 《中国"新华侨"勇闯东帝汶》，http：//www. overseasreview. com/timor - lorosae. html，2013 年 10 月 12 日。

恶性案件，导致一名印尼籍雇员死亡，两名中国公民受伤。此外，帝力市各派武术团体夜间活动猖獗，局部地区治安状况有所恶化。如果东帝汶较高的失业率不能得到根本的缓解，那么东帝汶的安全形势仍然会面临较大的挑战。

第二，华商的生意受到负面影响。2002—2012 年，联合国东帝汶综合特派团和国际安全稳定部队在东帝汶的人数维持在 2 000 ~ 8 000 之间。东帝汶普通民众的消费能力还非常有限，这批国际雇员的存在是带动东帝汶消费特别是东帝汶首都帝力消费的重要力量，同时也创造了一些相关的就业岗位。随着这批人的撤离，在东帝汶的华商，特别是从事零售、批发行业的华商将受到负面的影响，竞争也会更加激烈。

（二）东帝汶加入东盟问题

2011 年东帝汶正式提出申请加入东盟。2013 年 4 月 29 日在东盟秘书处举行的关于第 22 届东盟峰会结果的新闻发布会上，东盟秘书长黎良明表示，东盟已成立工作小组，旨在审核东帝汶加入东盟申请书的相关问题。[①]这标志着东盟开始正式审议东帝汶加入东盟问题。尽管东盟内部还尚未就东帝汶正式加入东盟达成共识，但从长远来看，东帝汶加入东盟是必然趋势。东帝汶加入东盟对当地华侨华人的影响主要体现在以下两个方面：

第一，从经济角度而言，东帝汶加入东盟对当地华侨华人而言是一个巨大的发展机遇。东帝汶成为东盟大市场的一部分将使东帝汶的经济地位进一步得以提升，将加速其本身的发展，从而有可能使东帝汶畸形的经济结构逐步得到改善。

第二，从人员往来角度看，东帝汶加入东盟后，有可能收紧对华的签证政策。目前东帝汶对华实行免签政策，加入东盟后，东帝汶的吸引力将会大增，东盟其他成员国有可能会要求东帝汶收紧对华的签证政策以控制中国人的大量涌入。

（三）东帝汶失业情况和畸形经济结构没有得到较大的改善

东帝汶独立后，在经济上除了油气出口有较大的增长外，主要还是依靠国际援助，自身并没有建立完整的经济结构。因此，东帝汶的失业情况一直较为严重，经济也主要依靠油气出口和国际援助。这种情况在 2013 年仍然没有得到显著的改善，这使东帝汶的经济发展较为脆弱。

这对东帝汶华侨华人的影响主要体现在以下两个方面：第一，以经营零售和其他小商业为主的新华侨以及在东帝汶的中国公民的经济将受到负面影响。新华侨和东帝汶独立后经常赴东帝汶的中国公民大多在东帝汶从事以商业为主的服务业，而且主要集中在首都帝力。由于东帝汶经济结构没有得到明显的改善，零售业有可能成为政府限制外国人进入以保护本国就业的领域。2012 年东帝汶已经出台了限制外国人从事零售业的政策，预计未来这一政策会进一步收紧。

第二，东帝汶失业率高企和畸形的经济结构表明东帝汶亟须建立自己的产业结构，而外国投资是尽快改善民生、解决失业和发展经济所必需的。因此东帝汶将更为欢迎来自中国的投资，华人资本可以寻求在东帝汶的投资机会。

---

① 《东盟审议东帝汶加入东盟的申请书》，http：//cn. vietnamplus. vn/Home/东盟审议东帝汶加入东盟的申请书/20135/23425. vnplus，2013 年 10 月 5 日。

四、趋势与结论

根据亚行的研究，东帝汶的经济虽然仍将保持较快的增长，但增长速度将逐步放慢。① 在这样的背景下，预计在东帝汶经商和就业将受到更多限制，而在东帝汶投资则会受到更大的欢迎。自 2002 年东帝汶独立以来，来自中国的新华侨和海外公民开始通过族亲和同乡关系来东帝汶经商。随着东帝汶对华落地签政策的收紧和保护本国商贩政策的出台，预计来东帝汶经商的新华侨和中国公民将受到限制。目前在东帝汶的 6 000 多名新华侨和中国公民将面临转型的压力，要么发展壮大，要么可能不得不退出东帝汶市场。

东帝汶当前经济发展落后，贫困和失业是当前东帝汶政府面临的主要挑战，而国家发展畸形，依赖石油收入将是东帝汶政府面临的长期挑战。在这样的背景下，预计东帝汶将欢迎华侨华人和中国公民来东帝汶投资，发展本国的加工业、旅游业和进口替代工业，华人资本在东帝汶将受到欢迎。此外，东帝汶当前正在与澳大利亚就油气资源加工进行谈判，如果双方同意将部分海上油气资源通过管道运往东帝汶本土进行加工，油气资源加工利用也将是中国企业在东帝汶的"可为之地"。

（一）建立中国—东帝汶产业园

正如前文所述，东帝汶较高的失业率和畸形的经济结构决定了解决人口就业、发展自己的主导产业将是东帝汶政府当前最迫切的任务。目前，东帝汶的新华侨华人主要以从事低端的零售业为主，这对当地就业的冲击将是巨大的，因此这种模式在当地是无法持续的。当地华侨华人必须完成从贸易到投资和生产的转型，只有这样才能实现双赢。但东帝汶较为落后的基础设施、不完善的法制环境、较低的人口素质是制约华商在东帝汶投资的主要不利因素。因此我们建议可以由中国和东帝汶政府牵头在东帝汶建立两国的产业园或工业园，利用中国较为发达的制造业发展经验和产业园区建设经验，在改善基础设施的基础上，吸引中国资本在东帝汶投资，既能帮助东帝汶自主发展，又能保护华商在当地的投资安全。此外，由于东帝汶属于世界上最不发达国家之一，因此世界上大部分发达国家都给予了东帝汶单边最惠国待遇，这是在东帝汶投资的一大优势。

（二）开展两国在石化方面的合作

2002 年东帝汶独立后，中国石油曾投资 150 万美元在东帝汶开展石油勘探工作，但后来因各种原因无疾而终。在可预见的未来，中国仍将是世界第一大油气进口国，而东帝汶所产的油气几乎全供出口，且东帝汶和澳大利亚交界的帝汶海沟是世界上主要的油气产区之一。东帝汶政府也一直试图延长油气产业链，发展油气加工业，但由于东帝汶和澳大利亚在油气分成等方面存在分歧，目前东帝汶本土的油气产业仍然没有大的发展。从长远来看，中国与东帝汶开展油气勘探和石化产业的合作是符合双方需求、有较大发展前景的项目，因此中方应继续开展在这些方面合作的可行性研究，尽早促成合作。

---

① 《2014 年东帝汶预算盈余预料将显著下降》，http：//www. macauhub. com. mo/cn/2013/12/04/2014 年东帝汶预算盈余预料将显著下降/，2013 年 11 月 6 日。

文 莱

文莱是一个非常特殊的国家。从政治体制看，文莱是世界上为数不多的仍然实行君主制的国家；从经济层面看，文莱是一个石油输出国，石油对国内生产总值的贡献率高达70%左右，其人均国内生产总值达48 000美元（2013年）；从宗教与文化的角度看，国内居民绝大部分为马来人，多信仰伊斯兰教。文莱还是东南亚国家联盟的成员国。这些特征深刻地影响了该国华侨华人的政治、经济、社会和文化生活。

一、基本国情

文莱概况

国家全名	文莱达鲁萨兰国	地理位置	亚洲东南部，濒临南中国海和马来西亚
领土面积	5 765 平方公里	首都	斯里巴加湾市
官方语言	马来语	主要民族	马来族、华族
政体	君主立宪制	执政党	文莱国家团结党
现任国家元首/政府首脑	哈吉·哈桑纳尔·博尔基亚苏丹	人口数量	412 200（2012年）①
华侨华人人口数量	40 000②	华侨华人占总人口比例	约10%
GDP/人均GDP	169.5亿美元/48 000美元（2013年）	CPI	0.46%（2011年）
失业率	9%（2013年）		

资料来源：根据世界银行等机构提供的相关信息综合整理。

二、华侨华人历史

根据史书记载，早在6世纪文莱就与中国有贸易往来，华商在那时就陆续往来于文莱与中国之间。据《明史·渤泥》载：永乐六年（1408年），文莱国王麻那惹加乃曾率妻子、弟妹、陪臣等150多人，渡海抵达中国，受到明王朝的隆重欢迎。17世纪，清朝解除海禁后，许多华人移居到婆罗洲北岸（当时文莱所属的砂拉越和沙巴一带），从事胡椒和

---

① 世界银行，http：//data. worldbank. org/country/brunei–darussalam。
② 台湾"侨委会"编辑：《2012年侨务统计年报》，台北：台湾"侨委会"2013年版，第8页。

水稻的种植以及淘金和商业贸易。

20世纪30年代初，由于中国国内遭受日本侵略，再加之文莱发现石油，需要大量劳工，所以华人大量移民并定居文莱。在移民并定居于文莱的华人里，来自砂拉越、新加坡与香港的华人技工主要从事石油工业，而来自其他地方的华人则主要从事耕种劳作。

文莱第一次人口调查显示：在1911年，文莱的华人有736人。到1960年，华人在文莱的人口总数高达21 795，占文莱人口的26%，是华人人口占文莱总人口比例最高的时期。

1961年，文莱通过新的国籍法，对华人入籍实行严格的限制。该国籍法规定：在文莱一直居住20年以上，能操持流利的马来语，并通过一般性知识考试，才能够成为文莱的公民。根据新的国籍法，华人之中只有10%的人可以成为文莱的当地公民。有些华侨因为不能入籍而向其他国家迁移，致使文莱华侨华人人口呈下降的趋势。

1991年，华人人口在文莱已达40 621人，但其中一半是持有1~3年短期工作准证的临时居民。而且，在52%的华人永久居民中，只有23%是公民，剩下的29%尚未取得公民权。

据台湾学者的统计，到2012年，文莱的华侨华人约有4万，约占文莱总人口的10%。[①] 文莱华人之中，80%的祖籍为我国福建省大、小金门岛，其余来自福建省的其他县市、广东省以及海南岛等地。华人早期主要分布在白拉奕区，其中多数就职于油田或务农经商。随着首都斯里巴加湾市所在的文莱—穆阿拉区的经济发展，华人逐渐向城市地区转移。而白拉奕至斯里巴加湾市之间高速公路的通车和穆阿拉港口与文莱国际机场的建成，更加速了文莱华人大量移居首都附近。

三、华侨华人与当地民族的关系

文莱的主体民族是马来族，约占全国人口的2/3；华族是文莱的第二大民族，约占10%。文莱独特的政治制度是马来伊斯兰君主制，"马来"这一概念严格规定了文莱国家人民的基本社会生活方式，即文莱国家应始终维护和沿袭传统的马来文化与习俗，文莱的马来族享有不可置疑的特权。因此，文莱政府的民族政策重点是保护和促进马来人的地位与利益，对华人等外来人种进行严格的限制。这一政策首先体现在公民权问题上，只有获得公民权才能在文莱购置房产和土地，才能享受种种特权。文莱华人中多数还没有获得当地国籍。因此，作为非公民的华人不能享受免费医疗保健、免费教育及其他社会福利。而且，他们在政府机构中任职的可能性很小。

尽管文莱是一个以马来人为主的国家，在各个领域都奉行马来人优先的政策，而且对其他群体和文化持排斥态度，但大多数文莱华人在语言文化和宗教信仰乃至生活习俗等各个方面仍保持着自身的传统。虽然文莱政府对外来人种进行严格的限制，但是华人在文莱生活的社会环境还算比较宽松，而且当地马来人一般都与华人相处融洽，尤其是每逢穆斯林开斋节或华人春节期间，大家都相互上门祝贺，互致问候。而且在每年苏丹寿辰之际，都有华人社会名流受到苏丹的册封。

---

① 台湾"侨委会"编辑：《2012年侨务统计年报》，台北：台湾"侨委会"2013年版，第8页。

四、华人政治与经济

文莱特殊的马来伊斯兰君主制深刻地影响了文莱华人的政治参与。文莱国家规定：除信仰伊斯兰教的马来人外，其他人没有资格被任命为大臣和副大臣。文莱华人中只有10%的人获得文莱国籍，具有参与国家政治生活的资格。而对于绝大多数的华人来说，参与国家政治生活是遥不可及的事情。但是，随着文莱华人经济地位的提高，华人的参政意识也越来越强。

在文莱的政治舞台上，现在也可以看到华人的身影。文莱现任第二外交部部长林玉成、文莱外交部常任秘书林玉辉、文莱经济发展局代局长王德望、财政部高级官员卜源生、议员吴景进等都是文莱华人政治参与的杰出代表。由此可见，华人在文莱的参政热潮在不断地扩大。在不久的将来，或许会看到更多华人的身影出现于文莱国家政治的舞台之上。

文莱华人在"二战"前主要从事商业和种植业。"二战"后，由于文莱经济发展迅速，政府对华人政策较为宽松，华人开始投入到各种行业之中，但石油、天然气等支柱产业除外。在较为宽松的政策下，华人经济发展较为顺利，经济活动几乎遍及各行各业。其中以杂货业为主，大多都是经营杂货的零售、批发、进出口及代理国外烟酒或大宗货物。

工业是文莱华人经济中的重要行业。除炼油厂、液化气及大型橡胶厂外，70%以上的中小型企业多由华人经营。这些中小型企业主要有锯木厂、碾米业、小型橡胶厂、食品加工业、家具制造业以及工艺品制作等。近年来，文莱华人开始涉及化工、电子等新行业，并开始崭露头角。文莱华人也活跃在机械、运输等经济领域，与运输业相关的车、船、电器维修等行业几乎都是由华人经营。

文莱华人在服务业有突出表现，尤其是在旅馆餐饮业方面。由于文莱政府十分重视社会福利，而马来人又不愿从事服务性行业，所以文莱的旅馆餐饮业几乎为华人所包揽。随着文莱旅游业的发展，尤其是越来越多中国人到文莱旅游，更多的华人加入此行业。在农业领域，目前有20余家从事农业的华人企业，他们大多以种植蔬菜、瓜果及饲养禽畜为主。

总体来说，文莱特殊的政治体制确保了马来人在经济政治上的核心地位，而华人的经济发展则受到了一定的限制，这导致文莱华人的经济发展远不如新加坡、马来西亚、菲律宾等其他东南亚国家的华人。文莱华人的经济在文莱经济中所占比重较小，但随着经济全球化的发展，文莱华人经济已逐渐向企业化、现代化和国际化方向发展。根据政府经济政策的变化，华人寻找机会涉足各个领域，并在一些领域占据着重要位置。

五、华人社团

旅居海外的华人都有建立会馆和社团的传统，以达到"联络乡谊、互相帮助"的目的，文莱华人也是如此。1984年文莱独立后，政府允许华人社团存在，华人社团纷纷建立。据非正式的统计显示，现有的文莱华人社团为50个左右，当中以业缘性和地缘性的华人社团居多。

文莱华人组织中大大小小、各种形式的团体，深深地融入文莱的社会生活之中，成为文莱社会组织结构中不可分割的一部分。这些团体在扶助弱小、联络感情、开拓事业、调解纠纷等方面发挥着极大的作用，并对社会进步、经济发展作出了重要贡献。

据统计，文莱华人约有 9 个地缘性社团。在文莱首都地区，华人祖辈大多来自福建金门，华人也以说闽南语居多，因此，尽管文莱福建会馆成立的时间并不长，但在文莱华人社团中却有着相当重要的影响力，目前较为活跃的社团有 19 个。

但因为特殊的环境及因素，在文莱现有的约 50 个华人社团中，并没有血缘性的团体。这种情况在世界各国的华人社团中是十分罕见的。[1] 难能可贵的是，这些不同类型的华社在赞助教育、支援华教发展上，都能以"维护华教，支援华教"为己任。[2]

文莱大学前任讲师饶尚东博士在一篇题为"新世纪，新华团"的论文中指出，文莱华团的出现，是文莱华人文化的具体表现，是华人结社行为的产物。它是华人的一种社会管道，促进华人社会的发展，弘扬中华文化。他提到文莱华团不论是传统的宗乡会，还是非传统组织的商会等，都已经在文莱存在了近 80 年光景。一路走来，这些组织在照顾同乡会员的福利上，在推动社会进步和经济的繁荣上都扮演着重要的角色。文莱华人社团不仅在团结华人、相互扶持、相互帮助等方面起到很好的作用，而且为文莱经济社会的发展作出了不小的贡献。华人社团应该继续积极发挥其领导者、组织者的作用，为改善华人在文莱的生存与发展等发挥应有的、不可替代的作用。

六、华文学校与华文教育

19 世纪末、20 世纪初，华人从中国下南洋谋生，为了文化的传承以及让子女学习母语，开始兴办华校并进行华文教育。根据文莱政府公报，文莱第一所华文学校创办于 1916 年，即现在斯市中华中学的前身——文莱市中华学校。1931 年，马来奕县华人创办了中华学校，1938 年诗里亚华社创办了中正学校。

文莱目前共有 8 所华校，全部为私立学校，5 所小学，3 所中学，提供从幼儿园至中五的教育。8 所华校学生的总人数约为 6 000。

这 5 所小学为都东中华学校、双溪岭中岭学校、九汀中华学校、那威中华学校和淡武廊培育小学。每所学校的人数为 50 ~ 300 不等。

3 所中学为婆罗乃中华中学（斯市）、诗里亚中正中学和马来奕中学。其中婆罗乃中华中学最大，学生人数在 3 000 以上。诗里亚中正中学和马来奕中学的学生人数也都超过 1 000。

文莱华校除经费自主外，课程、教学媒介语、教师的聘请、学费的多寡等均受到教育部的约束。各阶段的毕业考试和政府学校一样，学生们必须参加教育部统一的会考。华校除了要遵循双语（马来语及英语）教育政策外，另需将华文列为从小一至中五的必修课。在学校的行政、课外活动以及人际沟通上，要使用这三种语言。这是文莱华校的一大特色。

---

① 《文莱华社》，易华网，http：//www.e-huawang.com/brunei_CA3.htm。

② 《文莱华团特色》，易华网，http：//www.e-huawang.com/brunei_CA4.htm。

七、文莱华人未来走向

华人在文莱有着久远的历史，大多数华人已深深融入文莱的社会生活之中。目前，文莱华人在政治、经济等领域都相继开始扮演重要的角色，尤其是在经济领域，文莱华人为文莱的经济发展作出了巨大的贡献。

文莱特有的政治制度对华侨华人未来的发展产生着深远的影响，尤其是马来伊斯兰君主制，严格限制了文莱国家人民的政治生活方式，而这也恰恰保障了文莱伊斯兰教和马来族的主导地位，因此，华人作为这个制度外的群体，无法享有群体内部的权利。同时，文莱通过对国籍法和公民权的修改，对华侨华人入籍进行严格限制。现在，想要入文莱籍，已经由原来规定的25年内连续在文莱居住20年，改为30年内在文莱连续居住25年以上，且无须本国救济，并通过马来语和一般性知识考试。这样就使得多数华人在文莱很难入籍，无法获得应有的公民权利，也使得他们的生活过得相对贫苦。但是，随着华人越来越多地进入文莱的政界，参与国家事务的管理，文莱华人以后的政治环境和社会环境有望得到改善。

文莱的国教为伊斯兰教，信仰伊斯兰教的人口占总人口的2/3，而文莱的华人大多都信仰佛教或其他华人传统宗教。这种文化差异使得华人很难完全融入文莱社会。通过文化的交流，虽不能完全融合，但华人与马来人之间可以增进了解，可以更好地相处。随着中国进一步加强与文莱的政治经济关系，文莱华人作为连接中国与文莱的桥梁，可以发挥更大的作用。

日　本

2013 年中日关系持续恶化，其主要原因是日本在外交和军事战略方面，采取比"二战"结束以来任何时期都更具有对抗性的政策，安倍政府在各种场合的强硬言行时刻牵动着让世界警惕的目光。目前日本政治生态已经变成机制性的右倾化，阁僚参拜靖国神社、篡改历史教科书、不承认强征慰安妇、否认南京大屠杀、在钓鱼岛等问题上不断挑衅，致使中日关系陷入前所未有的危险境地。这种状况不可避免地波及日本的华侨华人社会，影响到在日华人的生活环境和生活质量。因为在日华侨华人永远站在中日关系和中日市场的十字路口上：既是桥梁，又是通道；既是两国关系友好时最直接的受益者，也是两国关系紧张时最直接的受损者。

一、日本国情

表 1　日本概况

国家全名	日本	地理位置	太平洋西岸	领土面积	约 37.79 万平方公里
首都	东京	官方语言	日语	主要民族	大和民族
政体	天皇为国家象征。以立法、司法、行政三权分立为基础的议会内阁制	执政党及主要反对党	执政党是自民党、公明党。在野党是民主党、维新会、大家党等	现任总统/总理	安倍晋三
人口数量	1.257 5 亿	华侨华人人口数量	华侨华人、留学生、在日中国人共约 82 万	华侨华人占总人口比例	约占 0.66%
GDP/人均 GDP	人均 GDP 46 896 美元	CPI	综合指数与 2010 年相比上升了 1.1%	失业率	4%（2013 年 10 月）

二、日本华侨华人简史

中日是东亚邻邦，华人移居日本历史悠久，仅从有文字记载起就有两千多年历史。历史上大量中国人带着先进的文化和生产工具、生产技术移居日本，对古代日本社会的进步和发展作出了巨大贡献。

1571 年，中国处于明朝末期，明朝政府不允许国民出国，中国人只能乘船秘密航渡。

由于当时日本严格限制外国人进入，中日贸易基地只限于长崎一地，因此，长崎是中日贸易的最早窗口，也是日本华侨的发祥地。1858 年，日本政府实行"安政开国"政策，出于国内政治、经济的需要，开始积极发展海外贸易，开辟商埠吸引外商，相继在横滨、神户、新潟、函馆、长崎建立通商口岸，致使贸易盛行，来日的外国人（包括中国人）逐渐增多。1871 年 7 月 29 日，清朝与日本签订《清日修好条规》，两国正式建交。根据《清日修好条规》的规定，在日本各港口设贸易区开展自由贸易。因此，日本华侨社会的情况发生了变化，华侨的人数明显增加，职业上也有所改变，以经商为目的的华侨开始大量移居日本，华侨的贸易商社在日本各地日渐增多，并掌握了日本对中国贸易的实权。因为当时中国工业先进，生活水平高于日本，所以中国产品在日本备受欢迎。在神阪地区，仅1873 年，华侨便占据了日本对外贸易额844.186 9 万日元中的1/3。[1] 华侨还掌握了日本对北美和南美的贸易。直到 1896 年，日本对外输出额的 74.2%、输入的 70% 仍为外商把握，而当时所谓的外商，几乎均是居日华侨。[2]

随着赴日人数的增多，华侨为了更好地生存和发展以及维护自身的合法权益，按同乡和行业设立了一个又一个同乡会、宗亲会、中华会馆等联合的社会互助性社团组织，并在华侨居住比较集中的长崎、神户、横滨形成了中华街，逐步形成了稳定的华侨社会。尽管中国人移居日本的历史悠久，但由于近代以来战争及各种因素的限制，很长时间内都未形成大规模的群体，至 1972 年中日邦交正常化以前，老华侨华人的总数仅有 49 280 人。[3]

三、日本华侨华人现状

近年来，随着日本政治、经济、社会情况的不断变化，中日关系变得越来越错综复杂，致使在日华侨华人的数量、生存状况也不断发生着改变。

（一）在日华侨华人数量统计

1978 年中国实施改革开放政策以后，出现了"第二次留日高潮"。

表 2　在日中国人人数变化表（1980—2012）

年份	外国人	中国人	比例	年份	外国人	中国人	比例
1980	782 910	52 896	6.7%	2000	1 686 444	335 575	19.9%
1985	850 612	74 924	8.8%	2005	2 011 555	519 561	25.8%
1990	1 075 317	150 339	13.9%	2010	2 134 151	687 156	32.2%
1995	1 362 371	222 991	16.4%	2012	2 033 656	675 328	33.2%

资料来源：根据日本出入国管理年报和入国管理局的《在日外国人统计》整理制作，http：//www. e - stat. go. jp/SG1/estat/List. do？lid =00000106502。

① ［日］鸿山俊雄：《神户大阪の華僑——在日華僑百年史》，东京：华侨问题研究所1979 年版，第17 页。
② 卢冠群：《日本华侨经济》，台北：台湾海外出版社1956 年版，第35 页。
③ 陈正雄：《在日中国人人口動態》，［日］华侨国际比较教育研究会编：《華僑学校教育の国際比較の研究「上」》（東京：トヨタ財団助成研究報告書），宫崎：宫崎大学教育学部社会经济研究室1988 年版，第77 页。

从 2008 年开始，受全球经济大环境影响，日本生产状况与经济整体状况低迷，特别是受 2011 年"3·11 大地震"、海啸和悬而未决的核辐射的影响，在日外国人逐年减少。

表 3 在日外国人及中国人统计（2008—2012）

年份	2008	2009	2010	2011	2012
外国人	2 217 426	2 186 121	2 134 151	2 078 508	2 033 656
中国人	655 377	680 518	687 156	674 879	675 328

资料来源：根据日本出入国管理年报和入国管理局的《在日外国人统计》整理制作，http：//www. e - stat. go. jp/ SG1/estat/List. do？ lid = 00000106502。

据日本法务省入国管理局 2012 年 12 月 30 日的统计数据显示，在日中国人登录者达 675 328 人，占在日外国人人口总数的 33.2%；[①] 截至 2012 年底，取得日本国籍的中国人总数已达 127 200；[②] 战后中国残留孤儿归国者眷属 12 608 人（共 5 882 个家庭，18 608 人中约有 6 000 人是日本人）。[③] 综合各类数据，目前在日本的华侨、华人、留学生、就学生、研修生、日本人配偶、不法滞在者共 11 700 人（包括中国台湾，2013 年 1 月 1 日），[④] 加上持有工作签证的中国人等，在日华人可统计人口已达 826 836 人（包括中国台湾）。[⑤]

（二）华文媒体

日本的华文报刊历史悠久，自 1898 年《东亚报》、《清议报》问世以来，已经走过了 115 年的发展路程。19 世纪末至 20 世纪初，在日流亡的知识分子和留学生为救国救民创办了数百种华文报纸、杂志，[⑥] 仅 1900 年至 1911 年短短的 10 年中，创办的各种刊物就达 80 多种。[⑦]

1980 年以来，大批留学生赴日，为日本华文媒体的发展带来了新的契机。新华侨华人在短短 30 多年中，使华文报纸、华语电视、广播等媒体取得了飞跃性的发展。据统计，现在还在继续发行的报纸有《留学生新闻》、《中文导报》等 40 多种。除报纸杂志以外，日本华侨华人还利用电子媒介发行网上的电子刊物，开播专门的中文广播，设立了"CCTV 大富"、"乐乐中国"、"上海"等 3 家 5 个放送频道的中文电视台，使日本华文媒体由过去单一的报刊印刷媒体走向了立体的信息传媒。[⑧]

---

① 日本法务省在留外国人登陆统计，http：//www. e - stat. go. jp/SG1/estat/List. do？lid = 000001089591。

② 参照周宏：《每三个在日外国人中就有一个中国人》，（日本）《中文导报》，2011 年 6 月 8 日。在其文章中"截至 2010 年年末入籍华人是 120 343 人"的基础上，笔者又加入最新统计的 2011 年 3 259 人、2012 年 3 598 人，因此在日入籍的华人人数共计 127 200 人。

③ ［日］财团法人入国管理协会：《在留外国人统计》，2001 年，第 17 页，http：//www. nyu kan - kyokai. or. jp/。

④ 孙辉：《日本被强制遣送外国人减少 违法滞留者逐年下降》，（日本）《中文导报》，2013 年 4 月 2 日。

⑤ 中日恢复邦交正常化以后，日本出入国管理局的《在日外国人统计》历年都是中国（包括台湾）的统计数字，然而，最新的 2012 年统计却将台湾在日人数单列出来，这也是日本政局向右转、妄图分裂中国的一种体现，所以笔者统计时特别强调包括台湾。

⑥ 段跃中：《日本中文媒体研究（1985—1994）》，东京：北溟社 2003 年版，第 25 页。

⑦ 王晓秋：《近代中日文化交流史》，北京：中华书局 1992 年版，第 368 页。

⑧ 鞠玉华：《日本新华侨华人状况及未来发展走向论析》，《世界民族》2006 年第 2 期，第 41 页。

近几年来，随着东京首都圈华侨华人的增多，在日华文传媒的重心也随之发生变化。东京池袋地区已经成为中国文化传播、中日民间交流最活跃的区域。现在，除了《中日新报》、《关西华文时报》等在大阪发行以外，其余的几乎全部集中在以东京为主的首都圈。

表4 东京池袋丰岛区华文报刊一览表

媒体名称	发行频度	创刊日期	媒体名称	发行频度	创刊日期
半月文摘	半月刊	1992年8月	环 宇	月刊	1999年11月
华人时报	月刊	1993年10月	法制与生活	月刊	2000年1月
东方时报	周刊	1995年5月	华人周报	周刊	2000年6月
日本侨报	月刊	1996年4月	知音报（已停刊）	旬刊	2001年
新华侨	双月刊	1997年2月	阳光导报	周刊	2002年12月
台湾新闻	月刊	1998年	海华丽人	月刊	2007年1月
中华时报	半月刊	1998年1月	网博周报	周刊	不详
日本侨报周刊	周刊	1998年8月	华信志	月刊	不详
日本新华侨报	旬刊	1999年2月	第一杂志	月刊	不详
华声女性月刊	月刊	1999年8月	走进日本	双月刊	不详

资料来源：根据《华侨华人百科全书·新闻出版卷》、《世界华文传媒年鉴》、《在日中国人媒体总览》及中国新闻网（http://www.chinanews.com.cn/hr/yzhrxw/news/2007: /08-13/1000865.shtml）制作。

具有代表性的日本侨报社自创办16年来，相继成立了多个致力于中日交流的子机构，包括在日中国人资料中心（1998年）、中日交流研究所（2005年）、中国研究书店、博士文库、日中翻译研究所，还推出了华人学术奖（2002年）和中国人日语作文比赛与日本人汉语作文比赛（2005年）、中日公共外交研究奖（2011年）等各种促进中日交流的新模式。侨报社汉语角的交流规模得到了中日友好人士和团体的支持与媒体的关注，在日本各地不断扩大。目前，大阪、小平市、埼玉县、广岛、鹿岛、横滨、名古屋、静冈等地也陆续开办"星期日汉语角"，真正起到了促进中日民间交流的作用。

《日本新华侨报》与广东电视台、大连电视台等地方媒体建立了国际传播的长期合作关系，为其提供了大量一手新闻信息。15年来，"CCTV大富"华人电视台（1998年）用中文向在日华人报道中日关系最新趋向、中国政经发展走势、华人社会热点问题等，成为对华人社会影响较大的电视台之一。2011年8月，"CCTV大富"电视台又与中国中央电视台签署了《关于CCTV中文国际频道在日本实施日语化落地播出的合作协议》，这是中央电视台第一次在海外进行国际频道本土化译制和播出。"CCTV大富"电视台对央视新闻节目采用日语同声传译方式实时直播，非新闻类节目全部采用配制日语字幕延时方式播出，这使电视台受众群体由华人社会扩大到整个日本社会，增强了中国中央电视台在日本的影响力。

（三）华文教育

日本全国只有5所全日制华文教育学校（中华学校），其中与中国内地联系紧密的是横滨山手中华学校和神户中华同文学校。随着华侨华人的不断增多，华人子女教育的市场需求也在不断增大，5 所中华学校的接纳能力十分有限。2010 年 4 月，拥有 112 年历史的横滨山手中华学校新校舍落成并启用。新校舍建成后可容纳 800 名学生学习，极大地改善了学校的教学条件，为在日华文教育树立了新的里程碑。

从 20 世纪 80 年代以来，移居日本的新华侨华人迅速增多，新移民的社团组织也相继建立，且分布广，涵盖所有华人相对密集的地区，影响力和规模也不断扩大。在这样的大背景下，周末中文学校应运而生。在东京、大阪、名古屋等大城市有很多规模不等的周末中文学校，规模较大的有七八百名学生；规模较小的中文教室，学生人数不等，多的三十多人，少的不足十人，但学校的数量很多。据不完全统计，仅在关东地区就有一百多所周末中文学校。①

日本的华文教育除华侨学校、周末中文学校外，还有新型教育模式的电视教学。2000 年 4 月，日本新世纪中文电视局成立了新世纪电视中文学校，通过电视教育方式，即在中国进行教材、练习册及教学节目的前期制作和录制，后期在日本进行华文教育节目的编辑和定期播放、教学作业的布置和批改、学生疑问的解答，形成了一个系统的华文教育流程，为华侨华人子女提供了便利、科学、专业的学习机会。②

（四）华侨华人社团

随着中日关系及华侨社会的发展，华侨华人社团在服务日本华社的同时，也充分发挥自身所具备的"双语言、双文化"优势，把社团的影响力扩展到日本社会之中，促进中日之间的交流与合作。近年来，日本华侨华人社团的功能和结构开始变化，其特点日益突出。

1. 横向联合、影响力日益增大

（1）日本新华侨华人会。日本新华侨华人会成立于 2003 年，由 23 家华人团体联合而成，十年来不断发展壮大，如今已扩大成为由 30 个团体构成的日本目前规模和影响最大的华人团体之一。日本新华侨华人会积极发挥着整合社会各界资源的不可替代的作用，成为推进中日经济文化交流的重要团体，正像会长颜安所述的"十年来新侨会像一座桥梁，承接着过去、现在与未来；新侨会薪火相传，生生不息"。③

（2）日本华侨华人学会。日本华侨华人学会成立于 2003 年 3 月 29 日，是日本最大的研究在日华侨华人生存发展历史的学术团体。该会以长崎、神户、横滨等地的华侨华人研究会为基础，整合了全日本有关华侨华人研究的主要力量，形成了组织更健全、规模更宏大的专业学术研究社团。日本华侨华人学会每年都举办一次大型研讨会，还在日本各地举行各种研究发表会、讲演会，并发行学术杂志（会刊）及学术书籍，将其研究成果向社会广泛传播，促进会员间的相互交流，推动了日本华侨华人研究的发展。

（3）日本华人教授会议。日本华人教授会议成立于 2003 年 1 月，将日本各大学、研

---

① 鞠玉华：《日本周末中文学校教学现状研究》，（韩国）《中国语教育与研究》2006 年第 3 期，第 98～106 页。
② 任江辉：《日本华文教育现状探究》，《内蒙古农业大学学报》（社会科学版）2010 年第 4 期，第 139～144 页。
③ 日本新华侨华人会会长颜安：《团结起来，服务侨民，为祖国谋发展，为中日友好增砖添瓦》，http：// www.nocaj.org/pdf/20130804 - yan - an.pdf，2013 年 8 月 4 日。

究机构的高层次专家学者联络到一起，充分利用自身的优势，多次举办国际学术会议，邀请中、日以及其他国家的专家和学者参会，为中日两国各领域的交流牵线搭桥，呈现出渠道的多样化和专业化相结合的特点。日本华人教授会议除了开展会员间的学术交流外，还与日本政治、经济等各界积极展开对话和交流，多次被即将访华的日本首相邀请到首相官邸，听取他们对于发展日中两国关系的意见和建议，并多次参加了中国领导人访问日本期间的接待工作，社会影响力日趋扩大。

（4）日本中华总商会。日本中华总商会成立于1999年9月9日，是由新、老华侨华人，以及有中资背景的在日企业法人组成的经济团体。[①] 该商会一直致力于与日本、中国经济界以及海外华商团体的交流。该商会除有以华人经营者为主体的正会员外，还有70多家由日本企业和跨国公司构成的赞助会员，加强了与日本经济界的联系，因此社会影响力不断增大。在2012年3月的年度大会中，日本中华总商会提出将会员企业扩大至500家，实施"强化组织体系"、"品牌构建和对外活动"战略，提出要把总商会建设成日本经济界及世界华人经济界具有一定影响力的经济团体的发展目标。[②]

2. 社团组成的专业化

早期的日本华侨社团是以地缘、业缘为基础，业缘始终以地缘为依附的社团组织，多注重联络会员之间的感情和同乡的商业经济利益，如神户中华商务总会（1909年）、长崎华商商会（1913年）、东京的京滨华厨会（1919年）、大阪的支那料理业组合（1932年）等等。[③] 但到20世纪80年代中后期，随着新华侨华人的快速增长，以专业和技能为主的涉及经济、教育、文化、体育、娱乐等的华侨华人社团不断涌现，如日本中华总商会（1999年）、在日中国律师联合会（2000年）、在日中国科学技术者联盟（1993年）、全日本中国人博士协会（1996年）、中日传统医学交流促进协会（2002年）、在日华人花艺协会（2005年）、全日本华人书法家协会（2006年）、日中汽车交流协会（2006年）、在日中国人医师协会（2007年）、日本中部华侨华人旅行业协会（2008年）等。

3. 新兴社团增多

20世纪90年代中期以来，中国国内著名高校在日本纷纷成立校友会，在加强与母校的联系、推动中日之间各方面的交流上发挥了重要作用，如清华大学日本校友会（1995年）、北京大学日本校友会（1997年）、复旦大学日本校友会（2007年）、日本浙江大学校友会（2006年）、中国科技大学日本校友会（2010年）等。调查表明，校友会占在日华侨华人社团的比例高达44.9%，[④] 在日校友会已经成为日本华侨华人社团的新兴力量。

日本的地域性社团，除广东同乡会、福建同乡会、宁波同乡会等具有悠久历史的老华侨华人地域社团外，近年来又涌现出新的地域团体，如湖南同乡会、上海同乡会、温州同乡会等等。同时，还涌现出以日本地域为基础的华人华侨社团，如西日本新华侨华人联合

① 截至2011年末，日本中华总商会有企业会员近300家，其中在以华侨华人经营者为主体的230家（2012年4月）正会员当中，有5家在东京证券交易所上市。正会员企业注册资本总额超过300亿日元；员工14 000余人；最近的年商总额超过2 200亿日元，属下子公司达到230余家。
② 孙辉：《日本中华总商会召开会员大会　将实现社团法人化》，（日本）《中文导报》，2012年3月19日。
③ 罗晃潮：《日本华侨史》，广州：广东高等教育出版社1994年版，第249~259页。
④ ［日］过放：《近现代日本华侨社会的进展与变化》，《南洋资料译丛》2005年第1期。

会、北海道华侨华人总会等，开启了华侨华人社团的新模式，也标志着华侨华人社团已开始重视日本地缘关系对华侨社会发展的作用与影响。

四、日本政局、中日关系对华侨华人的影响

安倍晋三在上任伊始就着手所谓的"战略性外交"，特别是 2013 年 7 月自民党在参议院大选中全面胜出，使首相安倍晋三获得了"近十年来未曾赋予日本领导人的权限"，其执政有了更足的底气，加快了"向右转"的步伐。

（一）外交战略

2011 年末，美国的外交和军事中心转向"重返亚太"战略，让日本看到了实现"主导亚洲事务"的希望，致使日美双方找到了亚洲战略的基础，进一步强化了双方对彼此的需求。

（1）美国欲借日本"地利"重返亚太，日本则把美国战略作为提升日本存在感的战略机遇。

（2）美国军费吃紧，急需将日本等盟国拉入其整体军事战略之中。而日本妄图扩张，也非常希望借美国庇护，增加防卫经费，研究购买先进武器，修改武器出口三原则，还要将自卫队改为"军队"等，走"独立强军路线"。

（3）美国亚太"再平衡"战略调整，妄图牵制甚至"围堵"中国，日本便制造"中国威胁论"，欲趁势修改宪法以突破战后体制，联合与中国有领土争议的国家对抗中国，打造对华包围网。

长期以来，日本在强调以日美同盟为基轴构建日本外交的同时，更谋求最大限度地在同盟框架下发展自己，即由"日美同盟下的日本战略"走向"日本战略中的日美同盟"；其军事战略也由"本土防御"向"海外干预"、"先发制人"的方向逐渐转变。

（二）内政方针

在日本的传统政治气氛中，右翼势力始终没有被清算，并且实力很强。近几年来，随着日本政坛向"右"转，他们更加躁动，安倍的上台执政更直接成了右翼政治力量的代表，他们正强力推行使日本成为所谓"正常国家"的步伐。

（1）安倍在 2013 年的首个工作日，曾与自民党党员高唱被视作日本军国主义"招魂"的国歌《君之代》。他表示希望修改反省日本侵略罪行的"村山谈话"、"河野谈话"，并声言要"修正"日本政府关于侵略战争和慰安妇历史的立场。在 2013 年靖国神社春、秋两次例行大祭和"8·15 终战日"上，安倍内阁多名成员参拜靖国神社，他本人每次都以"内阁总理大臣"的名义捐赠奉献祭祀费；日本超党派议员联盟"大家一起参拜靖国神社国会议员会"约 160 名成员集体参拜靖国神社，人数达往年两倍之多。另外，安倍在日本战败投降 68 周年的"全国战死者追悼仪式"中，不仅没有像历届首相那样就日本对亚洲各国的加害责任表示反省和哀悼，也没有发表"不战誓言"，甚至还多次对没有亲自去靖国神社参拜表示"歉意"，其右倾、"鹰派"的作风愈发明显。

（2）日本执政的自民党在参议院选举中取得胜利后加快了修宪步伐。在政界，"修宪

派"赢得了 154 个议席,距离提交修宪议案所需的 162 席仅差 8 个席位。然而,民众对修宪的态度并不太积极,调查显示,反对修宪者占 48%,赞成者占 31%。① 这样的结果使安倍感到修宪阻力较大,于是他以重新解释宪法的方式来推动行使"集体自卫权",② 以允许自卫队更名为"国防军"等计划来转换日本的安全保障政策,但其本质都是在向修宪靠拢。日本一旦可以行使集体自卫权,就意味着和平宪法被架空。

(3) 积极扩充军备,频繁军演,借此强军。日本加强了军事领域的扩张行为,不仅在时隔 11 年后提高了军费预算,还决定在 2013 年度预算案中,将海上保安厅的"坚守领土、领海机制强化费"增至 364 亿日元,较 2012 年度增加 37.6%。③ 与此同时,他们还积极开展军事外交,彻底打破"武器出口三原则",谋求与别国共同研制武器。2013 年 10 月,日美安保磋商委员会确认将在明年重新修订《日美防卫合作指针》,把美军与自卫队的合作扩大至救灾、反恐和装备研发领域。

(三) 对华关系

近年来,随着日本国内右翼势力抬头,参拜靖国神社、篡改历史教科书、不承认强征慰安妇、否认南京大屠杀,特别是自 2012 年一意孤行推出"购岛"闹剧以来,中日关系迅速恶化、降至冰点。

(1) 日本对华外交鲜明地体现了"两面性"。安倍仅在口头上表示"要使日中关系回到构筑战略互惠关系的原点,愿意与中国展开对话"、"日中是最重要的双边关系之一",而实际上仍然对华持强硬态度,声称中日间"不存在领土问题,钓鱼岛没有外交交涉余地"。在 2013 年 10 月举行的亚太经济合作组织(APEC)会议期间,日本一边与中国领导人握手寒暄,一边屡屡向中国挑衅。先是拉拢美、澳发表钓鱼岛相关声明,后是对中国的海上活动表示关切,再与越南签订针对中国的安全合作协议。他左手"和平",右手"修宪"、"扩军"的做法,令国际社会感到安倍对华没有诚意,只是在作秀。④

(2) 一直以来,日本对华战略就表现为,借助同盟国——美国的力量来增强与中国讨价还价的能力,在钓鱼岛问题上,日本拉拢美国,让其同意钓鱼岛适用《日美安保条约》,借此向中国施压。

(3) 日本国内不断炒作"中国威胁论",以此为借口扩张军备,加快走向军事大国的步伐;加速研发新武器,推出"出云号"轻型航母;以"守卫离岛"和"夺回离岛"为主题,不断进行军演训练,制造炮声隆隆、硝烟弥漫的紧张气氛。

(4) 欲建"对华包围圈"。尽管金融危机加上东日本大地震造成日本经济不佳,甚至陷入负增长状态,但日本还是不断向外"撒钱",谋求发展与中国周边国家的关系来对抗中国的崛起,以便消耗中国的实力和耐心;插手与中国周边有领土争议国家的纠纷,煽风

---

① 冯玮:《日本欲行使集体自卫权的前因后果》,《日本新华侨报》,2013 年 9 月 5 日。

② 日本的集体自卫权,是指与本国关系密切的国家,特别是盟国遭受其他国家武力攻击时,无论自身是否受到攻击,都有使用武力进行干预和阻止的权利。《日本国宪法》第二章第九条明文写到,不以武力解决国际争端。根据宪法规定,日本不能行使集体自卫权,只能行使个别自卫权,即在本国受到攻击时才能行使武力。

③ 庄紫:《日本 2013 年度"领土领海机制强化费"364 亿日元》,《日本新华侨报》,2013 年 1 月 29 日。

④ 郭金超:《中日领导人会面? 李保东吁日本不要再耍嘴皮子》,中新网,http://www.chinanews.com/gn/2013/08-27/5210255.shtml,2013 年 8 月 27 日。

点火，激化矛盾，从而利用第三国的力量牵制和围堵中国；提出要以"自由"、"民主"等价值理念作为东亚区域合作的基础，试图以"价值观"、"制度"等政治"构件"抵消中国的国际影响力，争夺东亚区域合作的主导权。

（5）日本政坛经历了走马灯式的首相更换后，选民要求有一个持久的、强大的政府，安倍便借机高喊"危机"，煽动民众的"国防意识"，以此来凝聚人心，对华显示"强硬"态度、制造紧张气氛都是为了迎合选民的民族主义情绪，从而捞取更多政治资本，以对其执政有利。

（四）中日关系变化对在日华侨华人的影响

中日邦交正常化以来，尽管右翼分子不断发出一些荒谬言行，但由于没有足够的市场空间和氛围，因此还是有所忌讳。如今安倍再度上台后日渐浓厚的右倾色彩使右翼分子在公开场合的露骨言论不仅不受谴责，反而使友善言论没有市场甚至受到攻击。受其直接影响，日本国民的心态和情绪发生了变化，致使在日华侨华人的生活环境变得错综复杂，对未来生活前景感到担忧。因为在日华侨华人永远站在中日关系和中日市场的十字路口上：既是桥梁，又是通道；既是两国关系友好时最直接的受益者，也是两国关系紧张时最直接的受损者。主要表现在以下五个方面：

（1）就职受到影响。长期以来，中国经济的快速发展为精通两国语言、国情的在日华侨华人提供了在中日经济舞台上更多大显身手的机遇。但自 2012 年日本"国有化"钓鱼岛事件以来，中日关系持续恶化，直接影响到了在日的华侨华人，很多日本公司雇用华人是为了进军中国市场，但现在很多计划被搁置，令华侨华人就业受到影响。

（2）生存环境更加错综复杂。目前，日本社会对中国持不友好态度的言论随处可见，在日华侨华人的生存环境变得更加错综复杂。2012 年 6 月和 10 月，日本右翼组织"奋起日本"曾两次在东京大久保的华人聚集区，对华人开办的商店组织示威游行，公开包围和威吓华人店铺。其中 6 月份的示威游行规模最大，到场的右翼人员有上千人。

（3）加入日籍的中国人骤减。据日本法务省的最新统计资料显示，从 1952—2012 年，在日华人加入日本国籍的人数已达 127 199 人。近年来，加入日本国籍的在日华人每年都以四五千人的速度平稳增加，而 2011 年（3 259 人）、2012 年（3 598 人）则连续两年呈现减少趋势。这与 2011 年发生的东日本大地震、海啸、核事故，特别是与 2012 年中日关系因钓鱼岛事件而恶化有关。①

（4）日本人配偶者减少。在中日关系持续的寒流中，曾经以每年万人为单位远嫁日本的中国新娘大幅减少。2012 年日本人配偶者减少 4 867 人，减少 9.5%。②

（5）留学生减少。目前，尽管日本政府为促进拥有高级技术的海外人才长期在日定居，决定放宽对外国高级人才永久居住条件，由居留期 5 年缩短至 3 年。但由于日本近年来的右倾化、与周边国家关系紧张，中、韩等国留学生大量流失。特别是 2012 年 9 月以后，中国赴日留学生人数大幅减少。"日语教育振兴协会"调查显示，2010 年在该协会认定学校学习的中国留学生有 29 271 人。然而到 2012 年，中国留学生锐减至 18 093 人，减

---

① 张石：《受钓鱼岛问题及大地震影响　加入日籍中国人骤减》，（日本）《中文导报》，2013 年 4 月 3 日。
② 日本法务省在留外国人登陆统计，http：//www.e-stat.go.jp/SG1/estat/List.do? lid=000001089591。

少了 11 178 人。另据 2013 年 4 月留学签证发放情况调查显示，中国留学生人数比 2012 年同期减少了数个百分点。日语学校是向各大学输送留学生的重要管道，日语学校留学生大规模减少，将预示一两年后中国留日学生会出现更大规模的减少。其原因是中日关系恶化的情况仍在延续，不少家长因对让孩子赴日心存顾虑而"另寻他路"。①

五、结论与趋势

自 1972 以来的 40 余年间，中日两国间政治改善、经贸互补增强、科技文化合作广泛、人员往来交流密切，使日本华侨华人社会呈现前所未有的良好发展势头。但是，近年来，尤其是"9·11 购岛"闹剧以后，日本政坛风向渐变，右倾政客屡屡大放厥词，从首相安倍的"侵略定义未定论"、"历史自豪论"，到大阪市长桥下的"慰安妇必要论"，再到副首相麻生的"效仿纳粹修宪论"，无一不令人震惊。在这种情况下，中日关系降至冰点，日本华侨华人社会的发展也步入低潮。综观日本右翼势力的种种行径，中日关系难以在短期内恢复，对在日华侨华人的影响将会继续加深。

中日邦交正常化以来，两国民众的相互了解不断深化，主张中日友好相处的意愿成为主流。但是，近年来在日本右翼势力的鼓噪下，中日两国民众的相互认知及情感在不断地发生变化。由日本非营利组织"言论 NPO"和《中国日报》于 2013 年共同实施的舆论调查结果显示，中国和日本分别有 92.8% 和 90.1% 的受访者对对方国家印象不好，比去年的调查结果高出 28.3% 和 5.8%；中国 90.3% 的受访者和日本 79.7% 的受访者认为当前两国关系不好；更有 45.3% 和 28.3% 的中日受访者认为两国关系会继续恶化，比去年增长了 26.5% 和 4.7%；而认为今后两国关系会出现好转的中日受访者比例都低于 10%。② 日本民族是个比较有危机感的民族，中日关系发展到今天，日本人或多或少都对华侨华人、中国人持怀疑态度。越来越多的人担心如果问题长期化，日本社会的政治环境、氛围会继续影响华侨华人的生活质量。

目前，安倍政权执政根基不断稳固，挑战中国核心利益的言行更加露骨，尤其令在日华人担忧。如果安倍政权加快推动修改宪法的步伐，将会使中日关系向更糟的方向发展。一位经常往返于中日之间贸易的华人说："如果修宪，中日和平稳定局面被打破，对于两国经贸发展都没有好处。"一位在横滨经营中华料理店的华侨说："日本的经济繁荣离不开在日华人的努力支撑。中日文化交流源远流长，和平对于两国发展都很有益。修宪将破坏掉这一切，到时悔之晚矣。"③

随着中日关系的每况愈下，两国的经贸往来不断减少。据日本贸易振兴会统计，2013 年 1—6 月，日中之间的贸易额为 1 472.741 3 亿美元，比 2012 年同期减少 10.8%。上半

---

① 郭桂玲：《日语学校中国学生锐减影响日本高校录取生源　日本各大学生源难确保》，《日本新华侨报》，2013 年 8 月 29 日。

② 《中国日报》舆论调查，http://www.6ri.jp/portal.php? mod = view&aid = 607http://wenku.baidu.com/view/fe4a13ee4afe04a1b071de0c.html；日本非营利组织"言论 NPO"：《有識者 264 人が見た「日本の外交についての認識」とは》，http://www.genron-npo.net/world/genre/security/post-241.html。

③ 郭桂玲：《日本自民党参院获胜或力推修宪在日华人表示强烈担忧》，《日本新华侨报》，2013 年 7 月 23 日。

年日中贸易额时隔 4 年减少。2013 年 1—6 月日本企业的对华直接投资额同比下降三成,[1]这也导致日企招收华人的计划缩减。而在旅游业方面,受中日关系恶化的影响,赴日本的中国人数减少,直接影响到华人经营的主要面向中国人的旅行社、旅馆、饭店、翻译公司的营业额,严重打击了这些由华人经营的行业。

总之,中日两国之间的关系及政策在很大程度上左右着华侨社会的成长。中日关系的复杂性和特殊性,对在日华侨华人的生存状况产生着极其重要的影响。2013 年日本华侨华人在两国关系持续的寒流中艰难前行,人数呈现减少的趋势。尽管在日华侨华人大都期盼中日关系能尽早获得改善,并在各个领域发挥着民间大使的作用,积极地推动中日友好互利的合作关系,但是,当今日本右翼势力在政坛逐步扩充并壮大,而左翼及对华友好的势力渐渐式微。近期内中日关系得到改善的前景不容乐观,这种状况会继续影响到在日华人的生活环境和生活质量,使他们对未来生活前景感到担忧和困惑,因为他们的切身利益、人生规划都维系于中日关系的大环境。但是,寄期中日关系短期内扭转局面并构筑战略互信关系几乎难以实现。

---

① 郭桂玲:《日中贸易额时隔 4 年减少 对华贸易赤字创新高》,《日本新华侨报》,2013 年 8 月 15 日。

韩　国

中韩互为重要近邻，友好交往历史悠久。1992 年中韩建交后，两国政治互信取得长足进步，经济合作、文化交流日益扩大，人员交流也与日俱增，在韩华侨境遇得到明显改善，尤其是新华侨的大量进入使韩国华侨的社会结构发生了重大变化。在中韩关系持续发展的进程中，韩国华侨社会依据自身优势，为加强中韩民间交往、增进相互了解发挥着积极作用，并将伴随着中韩友好关系的深入发展逐步展现新的繁荣和发展机遇。

一、韩国基本国情

韩国概况

国家全名	大韩民国	地理位置	东北亚	领土面积	100 210 平方公里
首都	经济首都：首尔；行政首都：世宗	官方语言	韩语（朝鲜语）	主要民族	韩民族（朝鲜族）
政体	总统共和制	执政党/主要反对党	新世界党（原名大国家党）/开放国民党	现任总统/总理	朴槿惠
人口数量	50 004 441	华侨华人人口数量	（老）21 381；（新）147 301	华侨华人占总人口比例	0.337%
GDP/人均GDP	1.163 万亿美元/23 749 美元（国际汇率）	CPI	韩国 4 月份 CPI 为 107.3，同比上涨 1.2%（2013 年）	失业率	2.9%（2013 年 12 月）

二、韩国基本侨情

（一）华侨社会发展历史

中韩两国交往历史悠久，在西汉时便有往来，[①] 其后的宋、元、明、清各代，韩国与中国均有政治军事上的密切关系。明清时期，中国民众零星移住韩国的事也时有发生，但

[①] 《三国志·魏书·乌丸鲜卑东夷传》："桓、灵之末，韩濊强盛，郡县不能制，民多流入韩国。"

形成移民规模则发生在清末。1882 年，朝鲜发生壬午军乱，朝鲜高宗皇帝求救于清政府，清朝派吴长庆将军赴朝协助平乱。当时随清军来韩的华商有 40 余人，基本为山东省人，其后定居于韩国，成为华人定居韩国之始。

1894 年，中日甲午战争爆发，清朝战败，与日本签订中日《马关条约》[①]，承认朝鲜独立，终止与清朝的册封关系，并于 1897 年成立大韩帝国，从此朝鲜改国号为"韩"。1910 年 8 月，日本迫使大韩帝国与之签订《日韩合并条约》，正式吞并朝鲜半岛，进行殖民统治。日本吞并朝鲜后，在韩华侨失去了以往的社会地位，经营活动受到限制和排挤，但华侨仍顽强抗争，不屈不挠地利用已有的基础继续经营，因此经济发展并未受太大影响，人数仍呈增长势头。1916 年，生活在朝鲜半岛的华侨共有 18 000 多人。到 1922 年，有 3 万多名华侨长住韩国，其中一半以上从事商业活动。[②] 华侨将国内的绸缎、布料、粮油等大量输入韩国，此时韩国一切对外贸易皆操于华人之手，当时朝鲜全国的纳税大户全是华商，可算是华侨在韩活动最盛的时期。

1945 年日本投降，朝鲜半岛以三八线为界，分别成立两个国家，即大韩民国与朝鲜人民民主共和国。当时韩国有华侨 12 600 余人。在此期间，华侨因战胜国国民身份，从日本统治时期受欺压的环境中解脱出来，享受了比较公平的待遇。战乱之后的韩国资源贫乏，消费品奇缺，给华侨重振经济带来了转机。他们积极从事韩中贸易，为经济恢复发挥了积极作用。但是好景不长，1948 年，大韩民国成立，李承晚、朴正熙独裁集团执政，颁布了一系列限制、排挤、歧视华侨的政策，华侨又沦入艰难时期。至中韩建交的 1992 年，在韩华侨仅剩两万余人。

1992 年，中韩建交后，两国经贸往来日益扩大，人员交流也与日俱增，尤其是新华侨的大量进入，使韩国华侨的结构发生了重大变化。截至 2011 年，韩国华侨已达 168 628 人，其中新华侨为 147 301 人。

（二）韩国的华侨政策

韩国华侨的生活与韩国的国策息息相关。清末以前，朝鲜是清朝的附属国，华侨作为"大国人"，享有优越地位，其活动自由；日本吞并韩国后，出于霸占亚洲的目的，对在韩华侨竭力排挤、打击，使华侨的经营举步维艰，生活也日陷困顿，至"二战"结束前，华侨的经营可谓百业凋敝；"二战"结束后的最初几年，华侨从日本殖民者的重压下获得解脱，燃起重振事业的希望，并取得了明显的效果。但是，随着朝韩分治、朝鲜战争爆发，韩国政府制定颁发了限制、排挤、歧视打压华侨的种种法律法规，致使华侨社会在 40 余年间（1948—1992 年）发展停滞，人口日趋萎缩。1992 年中韩建交，这种状况开始得到改善，归化入籍、就业、置产等多年来令华侨痛心疾首的问题都有了不同程度的松动，但仍存在着束缚华侨社会生活的诸多因素，华侨社会的发展仍面临着诸多制约。

1. 限制外国人的入籍政策

华侨移居海外，经过自身的拼搏，逐步于住在国立稳脚跟，融入当地社会，或加入住

---

① 《马关条约》规定："中国认明朝鲜国确为完全无缺之独立自主，故有亏损独立自主体制，即如该国向中国所修贡献典礼等，嗣后全行废绝。"《国际条约大全》（1872—1916）（卷九）北京：世界知识出版社 1986 年版。

② 《韩国华侨志》，台北：台北出版社 1958 年版，第 49 页。

在国国籍，身份转变为华人。但是在韩国，绝大多数华侨仍保持着中国国籍，没有加入韩国国籍。这既有历史原因，也与韩国制定的几近苛刻的限制华侨入籍的政策密切相关。韩国独立后，严格控制以永久居住为目的的外国侨民进入或滞留韩国，并严格控制外国人入籍。

1992年中韩建交后，韩国放宽了华侨入籍的条件。1994年修改《关于外国人取得土地及管理法》，依据该法，1992年以后在韩国出生的华侨，年满18岁即可选择成为韩国公民；1997年修订了《国籍法》，将原本以父系血统为国籍认定的标准，放宽为父系、母系任一方血统皆可为认定的标准；2002年修订《出入境国管理法》，允许在韩国合法居住5年以上的外国人及其未成年子女申请永久居住权。这些政策法规的修订在一定程度上改善了在韩华侨的生存境况，但其诸多限制性条款仍束缚着华侨社会的发展。[①]

2. 限制外国人的经济政策

自20世纪60年代以来，韩国政府相继制定颁布的一系列限制外国人经济活动的法律法规（华侨是在韩国生活的外国人的主体），不但将华侨排斥于主流经济之外，而且使其所从事的非主流经济也难以为继。

（1）土地限制政策。韩国华侨的经济发展在很大程度上受限于1968年7月3日公布的《外国人土地法》。[②]此法规定在韩外国人每户只限购住宅、店铺一栋，合计面积不得超过200坪（1坪=3.3平方米），如单独作为店铺，则不得超过50坪；旅韩华侨在规定范围内获得土地所有权后，只限自用，不得出租。还规定1968年7月3日《外国人土地法》公布以前取得的土地，如面积超过规定者，则须设法出让；在《外国人土地法》公布以前所取得的200多坪土地，不得变更原有的用途。对华侨使用土地的种种限制，使得韩国华侨失去了安身立命的根本。此外，韩国华侨无权像韩国公民一样通过抽签来取得购买公寓的资格，因此很多华侨不得不以第三者的名义购买房地产，或者通过集团方式购买，权益难以保证，沦为韩国经济社会的边缘群体。

（2）经营领域限制。韩国独立后，立法规定外侨不得拥有土地、山林等资源，不能以独立资本开设工厂，禁止从事房地产、外贸等多项行业。为了维持生计，华侨只能经营传统的小餐饮店、杂货铺，或在城市周边区域开办小型中医诊所、小铁工厂等微利行业。另外，早期来韩华侨便开始蔬菜种植，此后华侨延续从事蔬菜种植的传统，既维持了生计，也满足了韩国的市场需求。但韩国实行土地限制政策后，华侨只能租用韩国人的土地种植蔬菜，负担加重。韩国政府为了扶持本国人的经济发展，在华侨经营的一些传统领域出台了更加细化且苛刻的条款，如20世纪70年代，曾规定禁止中华餐馆经营米饭及以大米为原料制成的食品（大米是韩国人的主食），华侨经营的餐饮店只能出售面食。在蔬菜种植领域，华侨一直采用传统的种植方法，精耕细作，成为韩国蔬菜市场的主要供应者。20世纪70年代，韩国政府推行"新乡村运动"，对韩国菜农优惠提供资金、设备，并予以技术帮助，而华侨菜农却无缘获得这些优惠政策，无法与韩国菜农竞争，不得不逐渐退出蔬

---

① 如即使获得了永住权，并非享有与韩国国民完全相同的待遇。根据韩国政府的规定，永住者不能与韩国国民享受如下福利、权利：无住宅者国民可以获得住宅分让；可以申请住宅贷款；加入国民年金；障碍者享受国家补助；报考国家公务员等。

② ［韩］《外国人土地法》，吴世敬编著：《大法典》，首尔：法典出版社2003年版。

菜种植领域。

（3）融资资金限制。战后，韩国政府实行发展和保护本民族经济的政策，扶持本国人重新建立工商各业，华侨则被排除在外。因此，华侨没有资格获得银行贷款，不能享受外汇配额方面的优惠，经济活动受到严重制约。因此，无论是在韩国独立后的经济恢复阶段，还是在经济高速发展阶段，韩国华侨不但没能得到机遇，反而不断遭到歧视、排斥，始终处于韩国主流经济之外。

1992 年中韩建交后，两国贸易往来持续增长，中国已经成为韩国最大的贸易对象国。[①] 韩国政府修订了歧视、排斥华侨经济的一些法规政策：于 1998 年修订《外国人土地法》，废除并放宽对外国人的房地产限制，允许外国人拥有土地所有权及交易权；于 2004 年 8 月 17 日制定了雇佣许可制，规定劳动基本法、最低工资法、产业安全保健法等适用于外国劳动者。[②] 尽管韩国政府修订了一些歧视性的政策法规，在一定程度上改善了华侨的境遇，但由于历史及华侨自身等原因，华侨经济占韩国经济的比重仍微乎其微，其生活境况尚未得到明显改观。

（三）韩国的华文教育

自 1948 年以来，韩国当局对华侨在经济层面实行种种限制政策，但在华侨教育领域实行的政策则相对比较宽松，在华侨学校的建立、设置、招生、教务等方面未加限制或干涉。但是，在华侨学校与韩国学校的权利与待遇上，韩国政府并非一视同仁。例如，韩国政府没有把华侨学校纳入国民教育序列，而是划入外国社团，因此，华侨学校不具有学校的主体资格，不能享有与韩国学校同等的地位与待遇，享受不到政府在税收方面（如财产税、附加价值税）的各种优惠，这给华侨学校的运营及学生毕业后的出路造成诸多困难。1999 年，韩国政府修订外国人教育制度，华侨学校资格由以前的"外国人团体"改为"各种学校"序列，华侨学校的主体资格得到承认，学校在税收、学生升学等方面得到了改善，也在一定程度上缓解了经济、经营的困难。

自 1949 年起，中韩中断交往近半个世纪，韩国华侨界基本与台湾省保持往来，华侨学校也接受台湾教育机构、侨务机构的指导与资助。但华侨学校的建立、经营由学校董事会实施，并负责募集办学经费，用于维持、改善办学条件，日常运营则由董事会聘任的校长全面负责。在教学体制上，除增设韩国语课程外，所用教材由台湾"侨务委员会"提供，学制也基本与台湾中小学同步。同时，华侨学校不定期派教师赴台湾师范院校进修，也有台湾教师应聘到韩国华侨学校任教。因此，华侨学校有 50％ 以上的高中毕业生考入台湾大学院校，这在一定程度上扩展了华侨子弟就业的渠道。

中韩建交后，两国政治互信不断加深，经贸往来日益密切，为华侨学校的发展开启了新的局面。中国驻韩国使领馆及中国侨务部门关注华侨学校的发展，并给予必要的支持与帮助。韩国的华侨学校也开始与中国的学校进行交流、合作，不仅增进了相互了解，而且为华侨学校的发展开辟了新途径。

---

① 据中国海关统计，中韩贸易额 1992 年为 60 亿美元，至 2012 年增至 2 151 亿美元。
② 其适用的产业包括制造业、建筑业、农业、畜牧业、水产业和服务业等六项。实际上，这些规定在一定程度上是为缓解"难、脏、险（difficulty, dirty, dangerous）"的困境。

（四）韩国华侨社团

华侨远居异国，为了谋生存、求发展，需要组织起来，聚会交流，互助互持，团结御侮，建立维护自身利益的社团。韩国华侨社团既具有海外华侨社团的共同点，也有其自身的发展历程。韩国华侨社团初始便展现了地域性与行业性相互交织的特点，即以地缘性为基础的帮会和以业缘性为背景的商会。在其发展过程中，各阶段、各类别又相互交融、联合，时荣时损。至今在韩国各地仍有数以百计的华侨社团。

1. 韩国华侨社团的主要类别及演变

（1）地域性社团——帮会。

韩国华商移居初期，各业商人因经营活动需要彼此相互提携、互助合作，往来日益频繁密切，客观上形成了以地域（乡土）为基础的松散人际网圈，并延续国内的传统，称之为"帮"。1884 年前后，韩国首先以汉城为中心，形成了以北方地域（山东、河北等省）为区别的北帮。1885 年 2 月，形成了以南方地域（江苏、浙江、湖南、湖北、安徽、广东等省）为区别的南帮。随着广东省籍商人的增加，1888 年，广东籍商人从南帮中分离出去，成立了广东帮。这种划分固然以乡情为基础，但也与华商所经营的业务范围相关，如南帮以经营药材、洋服、理发、夏布、建筑等业为主；北帮以经营绸缎、日用品杂货、小商店及餐馆为主；广东帮主要从事外贸，从香港、欧洲、美洲及上海、神户各地输入药材、绸缎、夏布及其他杂货。具有组织结构、机能的"三帮"成立后，于 1900 年前后相继设立南帮会馆、北帮会馆、广东帮会馆。① 其后，仁川也相继成立南帮、北帮、广东帮会馆。

"三帮会馆"的设立起到了凝聚乡情、团结互助的重要作用，为韩国华侨的生存和发展提供了组织保障与经济支撑。日本吞并朝鲜后，严格控制华侨社团活动，"三帮会"的发展受到制约。加之战乱频繁，大量华侨撤离韩国，尤以华南籍华侨流失为剧，到 1945 年后，南帮、广东帮逐渐消亡。与此不同，北方籍华商多数仍留在韩国惨淡经营的同时，又有一些山东、河北及东北的农民、贫民流落韩国，加入华侨行列，使韩国华侨结构呈现出北方籍人占绝对多数的局面。但是，这并无法改变北帮势力的颓势，与南帮、广东帮一样，北帮也不可避免地衰败了。尤其是韩国华侨协会成立后，"帮会"的功能被取代，"三帮会"已名存实亡。

（2）行业性社团——商会。

韩国华侨商会经历了不同的发展阶段。首先，商会发起并不完全是华商的自发行为，而是具有一定的官方色彩。1883 年 10 月，陈树棠被清政府委派为总办朝鲜各口交涉商务委员，成为近代中国最早派驻朝鲜的最高级商务领事官员，他恪尽职守，力促汉城华商筹建具有跨帮性质的"中华会馆"。② 1885 年左右，统协"三帮"的汉城中华会馆成立。

1887 年，仁川仿照汉城中华会馆模式，三帮联合成立仁川中华会馆，标志着华商自办

---

① 广东帮会馆馆舍在朝鲜战争后已化为灰烬。南帮会馆馆舍业已变卖。北帮会馆在朝鲜战争中被烧毁一半，后已变卖。

② 据"陈树棠审理驻朝中华商会人员与朝鲜官绅李范晋地产纠纷案"，陈树棠为"中华商会"筹建见《陈树棠总办朝鲜商务片》，《奏稿》（出自吴汝纶编：《李文忠公全书》，台北：文海出版社影印）卷四十六，第 59 页。

社团意愿的增强及官方色彩的消退。为了进一步加强中华会馆的规范性，使之更符合商务活动的规律，1899 年，北帮、南帮、广东帮三帮联合在中华会馆基础上成立了中华商会，中华会馆随之解体。① 到 1925 年，韩国境内的汉城、仁川、木浦、釜山、镇南浦等地均建立了中华商会。同时，为综理各地中华商会商务，在汉城设立了中华商务总会，起到了统筹协调的作用。

1937 年，中日战争全面爆发，日本当局及韩国傀儡政权强化对华商的统治，中华商务总会由旅韩中华商会联合会代替，虽然在形式上仍为独立社团，但在日傀儡政权的压迫下，华侨被迫参加各种"亲日"活动，中华商会以往的性质、作用已不复存在。到"二战"结束时，中华商会已终止活动。

中韩建交后，中韩经贸交流快速增长，促使韩国工商界华侨产生成立经济商业团体的愿望，1999 年 5 月从事经济活动的韩国华侨经济人协会成立。2004 年 2 月，在韩国华侨经济人协会基础上成立了韩国中华总商会，并于 2005 年 10 月成功承办了"第八届世界华商大会"。

（3）综合性社团——协会。

"二战"结束后，韩国华侨从日本的奴役下获得解放，摆脱了被排挤、欺压的命运，开始重整旧业、恢复经济。与此相适应，已终止活动的华侨社团也发生了划时代的转变，以往林立的地方性会馆解体，取而代之的是具有综合性质的全韩统一的华侨自治组织——华侨自治区，1962 年改名为各地"华侨协会"，并沿用至今。

韩国华侨自治组织的建立，与官方的参与密切相关。1947 年，在国民党政权驻汉城总领事馆的干预、支持下，韩国各大县市华侨社团依照国内行政区划的形式，将华侨组织改称为"自治区"，各地华侨分别隶属于 48 个自治区，并受设在汉城的南韩华侨自治总区公所统一辖制，这是较其他海外华侨社团最具特色的地方。1960 年，因自治区的名称容易受到误解，韩国华侨自治联合总会决定将团体名称改为"华侨协会"，将原所属的 48 个自治区改设为 51 个华侨协会。各华侨协会各自独立，总会被取消。

1992 年中韩建交，韩国华侨团体产生了新的变化。由于历史原因，华侨协会与中国台湾始终保持着往来。此后，华侨协会在一定程度上与台湾当局的关系呈现疏离现象，并加强了与中国内地的交往及联系。2003 年，汉城华侨协会在延续于台北代表部注册登记的同时，也正式在中国大使馆登记，开启了韩国华侨团体在两岸派驻机构双重登记的先例。同时，一批新成立的华侨社团舍弃了与台湾"侨务"部门的联系，单独在中国驻韩机构登记注册，先后成立了汉城中国侨民协会、韩华中国统一促进委员会、在韩中国侨民协会、中国在韩大邱市侨民协会、首尔永登浦中国侨民协会等社团，为韩国华侨社团的发展掀开了新的一页。

2. 韩国华侨社团的特点

海外华人社团是移居海外的华侨华人以一定关系为纽带而建立起来的社会组织，因发展历史、所居国度特点的不同，其特点亦不同，而韩国华侨社团的特点尤为明显。

（1）国内政府的背景。

韩国华侨社团自产生之日起，国内政府及派驻机构便参与其中，从三帮会到华侨协会

---

① 参见韩国汉城华侨协会网，http://www.craskhc.com。

莫不如此。三帮会中北帮的建立虽然自发成分较大，但其后的南帮、广东帮均是在得到清政府派驻机构首肯后才成立的。① 中华商会更是在清政府总办朝鲜各口交涉商务委员陈树棠的直接筹划与支持下建立的。其后的华侨协会则完全是依照"中华民国政府"的指令而建立。② 海外华侨社团一般均与国家驻外使领馆保持一定的联系，但如韩国华侨社团般几乎是由本国政府通过派驻机构直接领导的现象很少见。1992年中韩建交后，这种局面日益减弱，华侨社团逐步增强了自主性。

（2）具有政府性质的行政职能。

韩国华侨社团从三帮会、中华商会到华侨自治区，直至华侨协会，一直具有行政职能，如办理华侨户籍，向使领馆转呈华侨陈情或申办各种证件，调解侨民间、侨民与韩人间纠纷，负责侨胞的结婚、移居、出生、死亡申报、保管华侨社会的各类历史档案等。③韩国政府当局有关法规政令等也通过当地华侨协会办理，各地的华侨协会相当于一个类似政府的行政机关。韩国华侨社团承担着这种职能，既有韩国自身的原因，即韩国为单一民族国家，除中国人外，鲜有长期居住的外国人群体，也与华侨自身的特点密切相关，即华侨社团建立的背景及其始终的延续性质，构成了稳定的社团社会，加之韩国华侨鲜有加入韩国国籍者，绝大多数世代保留中国国籍，④ 是这种行政职能得以实施的雄厚基础。因此，在韩居住的华侨无一不是华侨协会的会员。这也是韩国华侨社团独有的特点。

三、中韩关系发展对华侨华人社会的影响

在全球化时代，地缘上靠近中国、经济结构又是出口导向型的韩国，对中国近年来综合国力的迅速提高和经济发展非常关注，中国13亿人口的巨大市场更是在韩国总体经济战略上占据着重要地位。因此，1992年中韩建交后，两国在各个领域的交流与合作得到了迅速发展，友好关系不断巩固，为韩国华侨社会的发展带来了机遇。

（1）政治互信不断增强。从1992年至今，中韩双方历届领导人频繁互访，坦诚地讨论两国关系的发展方向和共同关心的问题，增进互信共识，拓展合作领域，签署了一系列合作协议。在此期间，两国曾合作抵御亚洲金融危机的影响；积极推进朝鲜半岛的六方会谈；共同为维护地区的和平与稳定展开密切合作，对国际社会作出了贡献。在中韩关系持

---

① ［韩］李正熙：《关于韩国华侨社会组织的研究——以同乡组织和华侨协会为中心》，《南洋资料译丛》2010年第3期，第63页。1885年10月，浙江华商以浙江省籍移居者增多、与北帮华商语言不通而不便商务为由，向驻朝鲜总理交涉通商事宜全权代表袁世凯提出从北帮分离另设南帮。得到批准后，南帮于1885年12月正式成立；1888年，汉城的广东华商也因该省籍移居者增多、南帮与广东帮语言不通为由，向龙山商务委员会申请准许设立广东帮，得到批准后成立了广东帮。

② "中华民国政府"驻韩国总领事馆于1947年在汉城设立了南韩华侨自治总区，将韩国华侨分属于48个自治区。1960年8月"中华民国驻韩大使馆"接受"外交部"和"侨务委员会"的指示，向各自治区颁发《韩国各地华侨协会组织通则草案》，将"自治"更名为"华侨协会"。汉城华侨协会根据《旅韩各地华侨协会组织通则》制定组织通则，其中第三条规定：接受驻韩台北代表部的监督指导，即由"中华民国政府"监督指导。

③ 韩国汉城华侨协会全球资讯网，http：//www.craskhc.com；韩国釜山华侨协会全球资讯网，http：//www.crabk.com。

④ 据韩国法务部出入境管理事务所统计，截至2009年，韩国华侨华人有23 000多人，其中华侨占90%以上。另据韩国翰林大学韩圭焕教授的统计资料，韩国华侨18岁以下青少年加入韩国籍的只有3.2%，而成年人加入韩国籍的也只有10.7%。

续发展的进程中，在韩华侨的生活境遇也得到了明显改善。

（2）在经贸领域的合作发展更加迅速。目前，中国已经成为韩国的第一大贸易伙伴和最大的投资对象，韩国也是中国的第四大贸易伙伴和第三大进口来源地，两国的贸易额在2012年创下2 500多亿美元的历史新高。过去中国是韩国企业的生产基地，现在则向市场转变。随着韩国企业对华贸易性质的变化，对会说中韩双语、熟知两国国情和文化的高层次华侨人才的需求将日益增加，因此在韩华侨的就业机会增多，活跃在两国经贸领域的舞台将会更大。正像三星经济研究所首席研究员权赫载所说："随着韩国企业加快布局中国市场，对了解中国当地情况的人才的需求将持续增加。"①

（3）人员往来与日俱增。2012年，中韩两国人员往来达720万人次，两国共有几十万人在对方国家工作、学习。中国教育部2013年发布的统计数据显示，韩国在华的留学生约有6.2万名，数量最多，占全体外国留学生总数的21.3%，比排在第二、第三位的美日留学生总和还多。中国在韩国的留学生约有6.5万名，② 中韩两国的留学生均居对方国家外国留学生人数之首。

（4）"汉语热"持续升温。1992年中韩建交以来，韩国的汉语教学进入一个快速发展的时期，整个社会出现了大范围的持久的"汉语热"，无论是学习群体的规模还是发展速度都十分惊人。2004年底世界上第一所中国孔子学院和亚洲第一个中国文化中心在韩国首都汉城挂牌，韩国目前有19所孔子学院和4所孔子课堂。据不完全统计，目前韩国全国学习汉语的人数已超50万人。③ 参加汉语水平考试（HSK）的人数不断增多，专门播放中国节目的"HAOTV"、"CHINATV"和"中华TV"等电视台不断涌现。

（5）中韩在文化交流方面也取得了丰硕的成果。中韩日渐频繁的文化交流与合作、文化团体的互访、举办音乐会、展览会、体育比赛、电影周等都取得了令人瞩目的成就，已经形成以政府为主导，多层次、多渠道、形式多样的文化交流关系，并逐渐向民间扩展。迄今，中韩间结成了141对友好城市，④ 进行对口合作交流。两国的许多城市还相互举办学术研讨会、饮食文化展和武术、绘画、民间艺术展演，并进行青少年之间的互访交流、经贸商业洽谈等，双方搭建了研究、交流、相互理解的平台。韩国华侨在这些文化交流中发挥着牵线搭桥的桥梁作用。

四、结论与趋势

在中国移民史上，韩国华侨首先揭开了中国人通过陆路移居海外的序幕。他们身处异乡，在逆境中求生存，以隐忍谋发展，曾有过辉煌，也经历了更多的苦难，但他们始终具有强烈的民族认同感，承传着优秀的民族传统，保持着浓厚的民族语言文化特色，构成了独具特色的华侨社会。但由于长期以来韩国政府在各项政策上对外国人的限制，导致韩国华侨生活步履艰难，经济地位不高，多数老华侨从事着小规模、家庭经营的工商业、农

---

① 金九庸：《中国大学毕业证真的有竞争力吗?》，（韩国）《朝鲜日报》，2012年4月25日。

② 金九庸：《中国大学毕业证真的有竞争力吗?》，（韩国）《朝鲜日报》，2012年4月25日。

③ 《韩女总统朴槿惠首次访华 2012年中韩贸易2 500多亿美元》，《新京报》，http://news.e23.cn/content/2013 - 06 - 27/2013062700087.html。

④ 颜牛：《中日韩地方城市间加强友好交流》，新华网，2012年7月31日。

业，收入很低；华侨经营的饮食业，一般也只是些门面很小的面馆、小餐馆、烧饼油条铺之类，其收入只能维持一家的生计；从事蔬菜种植业的多数华侨，也是墨守着几十年前的耕种方法，终年辛苦劳作，收入仅能养家糊口。生活的艰辛，致使有些华侨选居第三国或返回台湾省。有些经济条件较好且教育水平较高的华侨家庭，选择把子女送到美国或者其他发达国家留学，且在日后定居不归。尽管 20 世纪六七十乃至八十年代，韩国经济出现了腾飞，但由于当局的政策限制及自身的原因，华侨经济未能融入当地的民族经济之中，几乎无人从事诸如制造业、金融业或是 IT 产业等更专业的高薪职业。因此，韩国华侨经济实力薄弱、经营领域狭小、社会地位不高，致使其影响、作用有限。

1992 年中韩建交以来，两国在政治、经贸、人文等各领域的交往得到了快速发展，给韩国华侨社会提供了一个前所未有的发展机遇。尤其是新华侨的大量进入，使韩国华侨的社会结构发生了重大变化，也带来了生机和活力。新华侨依据自身的优势，为加强中韩民间交往、增进相互了解发挥了积极的作用，影响幅度不断增大，成为改变华侨生存状况的生力军。还有，韩国政府对外国人政策的变化，也使华侨的生存环境有了相当大的改善。

中韩建交 22 年来，两国关系经历了"合作伙伴→全面合作伙伴→战略合作伙伴"的各个时期，打下了政治互信的良好基础。在经济上两国互补性强，具有广阔的发展空间与广泛的合作领域。在文化方面，中韩两国同属儒家文化圈，都曾遭受过日本侵略者的压榨与奴役，在重大国际问题上立场相同或相近，并有很多共识与合作。虽然两国间也存在某些纷争与矛盾，包括近来在对待"防空识别区"上的分歧，但两国的关系总体上仍朝着健康的方向发展。因此，韩国的华侨社会也会伴随着中国在韩国影响力的日趋显著，在两国友好关系持续不断的发展进程中逐步展现出新的繁荣和发展机遇。

吉尔吉斯斯坦

中吉两国在地理上相邻，在政治领域同为上海合作组织成员国；在经贸领域，中国已经成为吉尔吉斯斯坦的第二大贸易伙伴，中国在吉尔吉斯斯坦的投资额不断提升。目前吉尔吉斯斯坦有各族华侨华人同胞约 15 万人，其中，维吾尔族约 5 万人，回族（含东干人）约 8 万人，汉族、哈萨克族、乌孜别克族、柯尔克孜族约 2 万人。其中从商人数约 4 万人。近年来，吉尔吉斯斯坦侨情变化的特点主要体现在三个方面：中吉双边交流合作全面铺开；与吉尔吉斯斯坦侨胞的联谊工作得到加强；吉尔吉斯斯坦华文教育和华文传媒获得较快发展。

一、吉尔吉斯斯坦概况

吉尔吉斯斯坦是中亚五国之一，与中国、哈萨克斯坦、乌兹别克斯坦、塔吉克斯坦接壤，具有重要的国际战略地位。根据吉尔吉斯斯坦官方统计，2013 年 1—9 月，吉尔吉斯斯坦吸引直接外资总额为 6.86 亿美元，同比增长 70%，其中最主要的投资来源国为中国、加拿大、英国和俄罗斯。中国投资中的 76.7% 投入采矿业，16.9% 投入加工业（主要为石油产品生产）；加拿大投资中的 97.4% 投入加工业（主要为金属加工和金属制品生产）；英国投资中的 99.4% 投入地质勘探；俄罗斯投资中的 38.6% 投入贸易和汽修等，30.8% 投入水电气的产配，27.1% 投入加工业（主要为纺织缝纫和食品加工）。[①] 中国与吉尔吉斯斯坦于 1992 年建交，两国关系发展较快，并在能源、交通、安全、人文等领域不断寻求合作。目前，中国是吉尔吉斯斯坦的第二大贸易伙伴。2013 年 1—6 月，中吉双边贸易额达 22.3 亿美元，同比增长 3.9%。[②]

---

① 《2013 年 1—9 月吉吸引直接外资 6.86 亿美元，同比增长 70%》，中华人民共和国驻吉尔吉斯斯坦共和国大使馆经济商务参赞处网，2013 年 12 月 8 日。

② 《习近平同阿坦巴耶夫总统举行会谈》，新华网，2013 年 9 月 11 日。

吉尔吉斯斯坦概况

国家全名	吉尔吉斯斯坦共和国	地理位置	地处中亚，与中国接壤	领土面积	19.99万平方公里
首都	比什凯克	国语/官方语言	吉尔吉斯语（国语）/俄语（官方语言）	主要民族	吉尔吉斯族
政体	民主共和制	执政党/主要反对党	社会民主党、尊严党、祖国党组成执政联盟/共和国党和故乡党为议会反对党	现任国家元首/政府首脑	阿坦巴耶夫（总统）/萨特巴尔季耶夫（总理）
人口数量	566.31万（截至2013年1月1日）	华侨华人人口数量	约15万	华侨华人占总人口比例	约2.64%
GDP/人均GDP	3 043.5亿索姆/5.409 7万索姆	GPI	5.7%	失业率	2.5%

资料来源：主要参考中华人民共和国驻吉尔吉斯斯坦共和国大使馆经济商务参赞处《吉尔吉斯斯坦概况》，2013年2月；中华人民共和国外交部网站《吉尔吉斯斯坦国家概况》（最近更新时间为2012年12月），http://www.fmprc.gov.cn/mfa_chn/gjhdq_603914/gj_603916/yz_603918/1206_604258/。

　　2013年9月中国国家主席习近平访问吉尔吉斯斯坦，在比什凯克同吉尔吉斯斯坦总统阿坦巴耶夫举行会谈时强调："中方支持吉尔吉斯斯坦走自主选择的发展道路，支持吉方维护独立、主权、国家安全和促进经济社会发展的努力。双方要保持密切沟通，打击包括东突在内的'三股势力'，维护共同安全和稳定。双方要抓紧推进中国—中亚天然气管道D线等大项目，扩大双边贸易规模，加强电力、能源、交通、农业、毗邻地区合作，支持教育、学术、文艺交流，提升人文合作水平。"[①] 在习近平主席访问期间，中吉双方共签署总金额约30亿美元的经贸合作协议。同时，中国继续帮助吉尔吉斯斯坦实施奥什—萨雷塔什—伊尔克什坦公路、比什凯克—纳伦—吐尔尕特公路、奥什—巴特肯—伊斯法纳公路，以及南部电网改造、达特卡—克明输变电线等项目。[②]

　　随着近年来中吉两国关系的不断发展，中国赴吉尔吉斯斯坦的人数也在增多。目前吉尔吉斯斯坦有各族华侨华人同胞约15万。其中，维吾尔族约5万，回族（含东干人）约8万，汉族、哈萨克族、乌孜别克族、柯尔克孜族约2万。[③] 其中从商人数约4万。[④] 众多

---

① 《习近平同吉尔吉斯斯坦总统阿坦巴耶夫举行会谈》，中国政府网，2013年9月11日。

② 《习近平访吉期间中吉签署30亿美元经贸合作协议》，中华人民共和国驻吉尔吉斯斯坦共和国大使馆经济商务参赞处网，2013年9月25日。

③ 庄国土：《华侨华人分布状况和发展趋势》，《侨务政策研究》2010年第4期；刘宏宇、王静、张全生：《吉尔吉斯斯坦维吾尔族华侨华人社会探究》，《中亚局势新动向》，北京：社会科学文献出版社2012年版。

④ 《〈大陆桥〉杂志和〈吉尔吉斯华侨报〉开辟对中亚外宣工作的新途径》，（新疆经济报社）亚心网，2008年7月9日。

在吉尔吉斯斯坦的华侨华人成为沟通中吉两国友好关系的使者和桥梁，为推动中吉关系的发展发挥了积极作用。

二、中吉双边交流合作全面铺开

吉尔吉斯斯坦是自然资源较为丰富的国家，黄金、锑、钨、锡、汞、铀和稀有金属等储量较多，其中锑产量居世界第三位、独联体第一位，锡产量和汞产量居独联体第二位，羊毛产量和水电资源在独联体国家中居第三位。①

在经历了 2010 年的政治动荡后，目前吉尔吉斯斯坦全国正在实施 2013—2017 年国家稳定发展战略，未来 5 年吉尔吉斯斯坦 GDP 年均增幅将不低于 7%，到 2017 年将达到 6 300 亿索姆，人均 GDP 翻一番，从 2012 年的 1 200 美元增至 2017 年的 2 500 美元。未来 5 年吉尔吉斯斯坦还将创造 35 万个就业机会，将贫困率由 37% 降至 25%，并确定发展民主政治、推动经济发展、提高居民收入三大目标，集中力量发展矿业、能源、交通、农业、环保、旅游等产业。② 目前中吉双方在各领域的合作均呈迅速发展势头，合作范围涵盖交通、通讯、电力、矿业、工程承包、农业等诸多领域。据吉方统计，中国对吉尔吉斯斯坦的各类投资累计 17 亿美元，其中直接投资 5 亿美元，双边贸易额在 2012 年达 12.7 亿美元，中国是吉尔吉斯斯坦第二大贸易伙伴。两国人员交流与人文合作也日益密切，2012 年两国人员往来约 10 万人次。中方每年向吉方提供几十个政府奖学金名额，目前在吉尔吉斯斯坦的中国留学生约有 2 000 人，与在华的吉尔吉斯斯坦留学生数目大体相当。中方现已在吉尔吉斯斯坦开办了 3 所孔子学院，累计 1.5 万人接受汉语学习或培训。③ 在 2013 年 9 月习近平主席访吉期间，中吉双方签订的《关于建立战略伙伴关系的联合宣言》指出：双方高度重视加强两国民间合作、巩固世代友好关系。双方愿继续在文化、科学、教育、卫生、旅游、体育、信息、知识产权保护和创新、民族文化遗产保护等领域进一步扩大合作。中方将在未来 5 年内向吉方提供中国政府奖学金名额 1 500 个。吉方支持中方在奥什地区开设孔子学院，并将积极提供协助。双方支持两国有关部门在传统医学领域开展合作。④

在联合反恐领域，2011 年中国与吉尔吉斯斯坦和塔吉克斯坦在新疆喀什举行了"天山 – 2 号（2011）"上海合作组织成员国执法安全机关联合反恐演习，旨在增强相关国家联合反恐的协调性并对地区恐怖主义产生震慑作用。2013 年根据上海合作组织地区反恐怖机构理事会的相关决议，中国与吉尔吉斯斯坦"边防联合决心 – 2013"联合反恐演习于 8 月 11 日在中吉边境地区举行，共动用兵力 1 075 人，这是中吉主管机关边防部门在上海合作组织框架内首次举行双边联合反恐演习。⑤ 中国与包括吉尔吉斯斯坦在内的中亚国家不

---

① 《吉尔吉斯斯坦国家概况》，中国外交部网，2012 年 12 月。

② 《"中国梦"为中国与周边、中亚及吉尔吉斯斯坦深化合作、共同发展带来新机遇》，中国外交部网，2013 年 6 月 19 日。

③ 《"中国梦"为中国与周边、中亚及吉尔吉斯斯坦深化合作、共同发展带来新机遇》，中国外交部网，2013 年 6 月 19 日。

④ 《中华人民共和国和吉尔吉斯共和国关于建立战略伙伴关系的联合宣言》，新华网，2013 年 9 月 11 日。

⑤ 《"边防联合决心 – 2013"中吉联合反恐演习举行》，《人民公安报》，2013 年 8 月 12 日。

断增强反恐领域的合作，主要是应对近年来日益活跃的"三股势力"对中国新疆以及中国国家安全所造成的破坏和负面影响。中吉两国在《关于建立战略伙伴关系的联合宣言》中提出：双方强烈谴责和反对一切形式的恐怖主义、极端主义和分裂主义，重申"三股势力"是对两国和整个地区安全稳定的严重威胁。双方将全面加强两国相关部门的协调与合作，采取有效措施，共同打击包括"东突"恐怖势力在内的"三股势力"。双方一致认为，安全领域的新威胁和新挑战进一步加剧，双方有必要扩大和加强合作，共同打击非法贩运武器弹药、麻醉药品、精神药物及其前体以及其他形式的跨国有组织犯罪。[①]

除中吉政府层面的反恐举措外，针对 2013 年 4—6 月新疆先后发生的暴力恐怖事件，吉尔吉斯斯坦华侨华人纷纷表示愤慨并极力谴责，认为暴力恐怖分子应该得到法律的严惩。

三、吉尔吉斯斯坦侨情发展

（一）与吉尔吉斯斯坦侨胞的联谊工作得到加强

中亚地区生活着十多万在晚清时期由中国陕甘地区迁居而来的回族人，一般称他们为东干人，其中吉尔吉斯斯坦国内约有 6 万。他们目前仍保存着传统的方言和生活风俗、习惯，在住在国中多从事农业、商业工作，是推动中国与住在国友好关系发展的桥梁。由于促进东干人群体对母语文化的保持及其对中国文化的热爱，是促进其保有海外亲情和乡谊的重要条件，因此，2012 年甘肃省侨办向国侨办申请了 10 万美元资金，在吉尔吉斯斯坦设立"李白华文小学"。在此基础上，2012 年 6 月 5 日，甘肃首个华文教育基地在西北师范大学正式揭牌。至此，国务院侨办在西北地区高校，如陕西师范大学、西北师范大学、新疆师范大学等都设立了华文教育基地，招收包括东干人子女在内的中亚地区留学生。西北师范大学华文教育基地首届东干族华侨华人子女汉语国际教育专业本科班招收的 60 名来自中亚各国的东干族华侨华人学生，将在兰州展开为期 4 年的学习，其中 50 名东干族学生 4 年的学习费用全部由国侨办出资，共 700 多万元人民币。[②]

此外，为加大对中亚侨胞和归侨侨眷的慰问，在国务院侨办的支持下，近几年来甘肃省侨办在侨务工作方面取得了不少成效。2008 年以来，甘肃省侨办受理海外华侨华人、归侨侨眷来访来信 1 000 多人件（次），结案率达 90% 以上。从 2011 年开始，甘肃省财政厅每年拨付 240 万元作为贫困归侨侨眷生活补助专项经费。2011 年甘肃省外派教师工作突破了零的纪录，先后派遣 24 名教师赴国外任教。在"中国寻根之旅"夏令营活动中，200 多名华裔青少年到甘肃参观访问，切身体会到西北侨乡的壮丽风景和丰厚的历史文化资源。[③]2012 年甘肃省基层部门又派代表走访了部分吉尔吉斯斯坦的东干海外乡亲，旨在增进彼此的情感交流和联系。在走访中，广大海外东干乡亲纷纷表达了对甘肃的思念之情。在与当地社团的交流中，吉尔吉斯斯坦中亚华侨华人友好协会有包括东干老侨和近几年移居吉尔吉斯斯坦的新侨在内近百名会员，协会在当地华侨华人中具有一定的影响力，多年

---

① 《中华人民共和国和吉尔吉斯共和国关于建立战略伙伴关系的联合宣言》，新华网，2013 年 9 月 11 日。

② 《甘肃借侨务资源向西开放　畅通"丝绸之路经济带"》，中新网，2013 年 11 月 12 日。

③ 《甘肃：最贴近中亚的新侨乡》，《人民日报》（海外版），2012 年 10 月 19 日。

来开展了不少有利于中吉友谊和服务当地侨众的活动，特别是促进当地华文学校建设，满足侨众及其子弟学习汉语、了解中华文化的迫切需求。在与甘肃代表的交流中，双方共同就促进与东干人历史、文化、艺术、教育相关工作等问题达成合作意向。①

中国政府推动、辐射吉尔吉斯斯坦侨众的文化宣传活动还有很多。在中国国务院侨务办公室和新疆外事侨务办公室联合组织下，2013 年 1 月 1 日中国新疆木卡姆艺术团在吉尔吉斯斯坦首都比什凯克市国家歌剧舞剧院奉献了"文化中国·魅力新疆"慰侨演出，演出内容包括极富民族特色的"十二木卡姆"大曲、《那孜库姆》等歌舞表演，② 受到当地侨众的热烈欢迎。此外，吉尔吉斯斯坦的华文教育和华文传媒也都获得了快速发展。

（二）吉国华文教育和华文传媒获得较快发展

1. 第三所孔子学院、中国文化中心等多个机构先后成立

2013 年 6 月由新疆师范大学和吉尔吉斯奥什国立大学合作举办的孔子学院，在吉尔吉斯奥什国立大学举行揭牌仪式，这是继比什凯克人文大学孔子学院、吉尔吉斯国立民族大学孔子学院之后，中国新疆高校在吉尔吉斯斯坦举办的第三所孔子学院。作为目前全球唯一一所以汉语本科教学为起点的孔子学院，奥什国立大学孔子学院开设了中国学专业及汉语言翻译专业，共招收全日制本科生 102 名。孔子学院在中方支持下配有多媒体教室、电脑室、汉语图书阅览室和中国文化活动室数间，为吉尔吉斯斯坦南部学习汉语者提供了优越的学习环境。③ 吉尔吉斯斯坦第三所孔子学院的成立，是近年来中吉关系不断加强形势下孔子学院和汉语教育在吉尔吉斯斯坦发展的真实写照。再如，吉尔吉斯国立民族大学孔子学院自 2009 年建院至今，学生数量增长了 10 倍，已达 2 000 多人，而整个吉尔吉斯国立民族大学学习汉语的学生共有 3 000 余人。学院每年都有大量教师和学生赴中国学习，很多学成归来的学生又成为汉语教学一线的骨干。2013 年 3 月吉尔吉斯国立民族大学孔子学院还在吉尔吉斯内务部高等警官学院开设了新的汉语教学点。④

2013 年 12 月吉尔吉斯国立民族大学孔子学院在吉尔吉斯国立体育大学举办了"中国文化中心"揭牌仪式。新疆师范大学的体育学院一直希望能和中亚的体育教育机构建立交流和合作关系，此次在吉尔吉斯国立体育大学开设的"中国文化中心"，为新疆师范大学在同中亚的体育教育交流方面奠定了良好的合作基础。⑤

2. 在吉尔吉斯斯坦创办中文《中亚侨报》

由于中吉经贸合作日趋紧密，在吉尔吉斯斯坦经商的华人不断增多，创办一份华文报纸对当地侨众来说非常重要。为此吉尔吉斯斯坦华侨华人社团、中国驻吉尔吉斯斯坦大使馆就曾与新疆经济报社联系，商谈在吉尔吉斯斯坦办理面向当地华侨华人的中文报纸一事。⑥ 在多方努力下，2007 年 9 月，由国务院新闻办主管，自治区党委外宣办、新疆经济

---

① 《甘肃支持中亚两国华侨华文教育》，天山网，2012 年 11 月 20 日。
② 《新疆艺术团走进吉尔吉斯斯坦举行慰侨演出》，人民网，2013 年 1 月 4 日。
③ 《驻奥什总领事吴颖钦出席奥什国立大学孔子学院首届开学典礼》，环球网，2013 年 9 月 10 日。
④ 《推进中吉友好关系不断深化》，《人民日报》，2013 年 9 月 10 日。
⑤ 《吉尔吉斯国立体育大学举办中国文化中心揭牌仪式》，中新网，2013 年 12 月 4 日。
⑥ 《〈大陆桥〉杂志和〈吉尔吉斯华侨报〉开辟对中亚外宣工作的新途径》，（新疆经济报社）亚心网，2008 年 7 月 9 日。

报社、新疆维吾尔自治区版权保护协会共同主办的俄文《大陆桥》杂志正式在吉尔吉斯斯坦落地发行。目前，俄文《大陆桥》杂志在该国每期的发行量已达万份，成为侨众了解中国的一扇重要窗口。2012 年 5 月 28 日，吉尔吉斯斯坦中亚华侨华人友好协会又成功申办了吉尔吉斯斯坦司法部注册的《中亚侨报》刊号，希望集合新疆经济报的强大媒体资源合作创办《中亚侨报》，更好地服务于吉尔吉斯斯坦华侨华人。① 这为吉尔吉斯斯坦华文传媒发展创造了更为良好的条件。目前，新疆经济报旗下已形成《大陆桥》俄文杂志、塔文杂志和中俄文对照出版的《中亚侨报》、《哈萨克斯坦华侨报》等媒体集群，构成了"中亚战略"的外宣前沿阵地。《大陆桥》杂志通过邀请周边国家媒体举办论坛、组织国画艺人出国交流等活动，增强中国西部文化产品在周边国家的影响力。如《大陆桥》俄文版杂志 2012 年的报道，就多角度向中亚国家展示新疆的发展变化。《科学发展造福边城》、《外国人眼中的新疆》等栏目如实报道了新疆边境县城的发展现状，这对中亚当地华侨华人了解新疆的发展变化无疑具有重要作用。②

3. 华文教育

在华文教育方面，吉尔吉斯斯坦最早开设中文系的是国立民族大学。1991 年该大学成立了中文系，同年吉尔吉斯斯坦女子师范大学也开设了汉语课程。1992 年吉尔吉斯斯坦比什凯克人文大学也成立了中文系。2006 年秋季在中国国家汉办和比什凯克人文大学的共同努力下，人文大学成立了中亚地区第一个汉语水平考试中心，截至 2010 年共承办了 6 次不同级别的汉语水平考试（HSK），有 1 200 多人次参加了考试。2008 年 6 月 15 日在中国大使馆和中国汉办的大力支持下，新疆大学和人文大学合作成立了第一所孔子学院，先后开展了包括汉语教师技能大赛、演讲比赛、图书及摄影展览等在内的中国文化周活动。吉尔吉斯斯坦另外一所孔子学院设在比什凯克国立民族大学，他们的合作方是新疆师范大学。据不完全统计，截至 2010 年在吉尔吉斯斯坦境内有 13 所大学和 7 所中学开设了汉语课程，在校学生超过 4 000 人，比四年前增长了近 7 倍。目前，吉尔吉斯斯坦在华文教育中使用着超过 20 种教材，打破了一套教材一统天下的局面。每种课型都有多种教材可供教师选择，如北京语言大学出版的《汉语新目标》、《汉语速成》、《中级汉语教程》等就很受欢迎。③ 目前吉尔吉斯斯坦正在筹建第四所孔子学院，而其全国汉语在学人数累计达 1.5 万人，"汉语热"无疑是吉尔吉斯斯坦社会发展中的一道独特风景线。

四、结论与趋势

中吉两国关系发展良好，但并不意味着处处皆无问题，例如中国在吉尔吉斯斯坦侨民、公民的安全问题就曾多次引起关注。2010 年吉尔吉斯斯坦国内发生骚乱时，中国政府就进行过撤侨工作。另外，2013 年 11 月吉尔吉斯斯坦首都比什凯克发生多起中国人被抢劫事件，部分中国公民遭受人身伤害和财产损失。为此，中国驻吉尔吉斯斯坦大使馆第一

---

① 《走向中亚——新疆经济报社考察团赴中亚考察纪行》，(新疆经济报社) 亚心网，2012 年 7 月 13 日。
② 《打造新媒体时代高品位外宣读物》，中国报协网，2013 年 9 月 10 日。
③ 古丽尼沙·加玛力：《吉尔吉斯斯坦汉语教育现状及发展前景展望》，《世界汉语教学学会通讯》2010 年第 1 期。

时间向吉尔吉斯斯坦内务部、比什凯克市内务总局等部门提出交涉，要求吉方立即破案，将犯罪分子绳之以法，切实保障在吉中国公民的人身和财产安全。目前，中国驻吉尔吉斯斯坦大使馆仍在持续加大交涉力度，敦促警方限时破案并将相关结果向社会公布。[①] 随着世界经济全球化发展和中国"走出去"战略的实施，大量中国公民不断涌出国门，这就要求中国驻外使领馆在多方位维护海外中国公民合法权益的同时，进一步加强海外中国公民的安全意识，并在社团建设、法律援助、政策咨询等方面提供必要的支持，促进海外公民的团结和协作。

另外，在华文教育方面，有关方面应推动华文教育从主要集中于比什凯克、奥什等大城市，到扩大至吉尔吉斯斯坦华侨华人聚集地区，华文教育的教材也应注意语种的多元化，特别是增加吉尔吉斯语、维吾尔语、俄语、哈语等不同语种，以满足侨众子女的不同需求，同时也有利于推动少数民族华侨华人子女接受华文教育。在师资结构上，应注重培养年富力强、教学成果显著的华文教育教师。在教学形式上采取更为灵活多样的教学方式和方法，增强学生的学习兴趣。如此才能进一步推动华文教育在吉尔吉斯斯坦获得更大发展。

还有，随着近年来中国在吉尔吉斯斯坦投资的不断增长，西方社会对中吉关系的加强持"中国威胁论"论调，代表性看法认为中国对吉尔吉斯斯坦投资的不断增强，再加之地缘政治的关系，会使得吉尔吉斯斯坦对中国形成过多的政治和经济依赖，从长远来看是有危险性的。这种论调的增长不仅反映出西方社会对于中国加大西向战略和周边外交政策的一种警惕心态，也反映出中国与中亚国家关系发展可能面对的负面阻力。因此，中国在加大国际合作的基础上，增强投资、合作的互利性，将双边关系向多边关系发展推进，让更多国家从地区合作中获得益处，加大外界对中国外交和经济政策的理解与认知，恐怕是中国外交和外宣工作应注意的重要问题。

---

① 《吉尔吉斯斯坦首都发生多起抢劫，中国使馆发布安全提醒》，人民网，2013 年 11 月 27 日。

美洲地区

美国

无论是对目前的经济状况，还是对未来的经济展望，华裔都信心十足。美国富国银行的调查显示，67%的华裔认为目前经济状况良好；65%的华裔对自己未来的经济前景持乐观态度，而全美范围内只有约一半的成年人持这样的想法。华裔家庭的收入也相当可观，37%的华裔家庭收入超过10万美元，而全美只有23%的家庭年收入达到这个水平。美国华裔以善于储蓄著称，目前在职华裔退休储蓄中位值达到了10万美元，而全美成年人退休储蓄金的中位值只有4.5万美元。①

一、简要国情和基本侨情

（一）简要国情

美国概况

国家全名	美利坚合众国	地理位置	本土位于北美洲中部，另有阿拉斯加州位于北美大陆西北方，夏威夷州则为太平洋中部的群岛	领土面积	962.9万平方公里
首都	华盛顿	官方语言	英语	主要族群	欧洲各族后裔、拉美裔、非洲裔、亚裔、印第安裔
政体	联邦共和立宪制国家	执政党/主要反对党	民主党/共和党	现任国家元首/政府首脑	巴拉克·奥巴马

---

① 《美国亚裔群体经济状况可观　平均退休存款10万美元》，中国新闻网，2013年7月1日。

（续上表）

人口数量	3. 17 亿①	华侨华人人口数量	约 420 万②	华侨华人占总人口比例	1.3%
GDP/人均GDP	168 576 亿美元/5. 32 万美元③	CPI	－0. 1%④	失业率	6. 9%⑤

  近一两年，在奥巴马推出的一连串经济振兴政策的刺激下，美国的经济正在缓慢复苏。据美国商务部统计，2013 年第二季度，美国国民生产总值年增长率估计达到 2.8%，相比第一、二季度有所提升。⑥ 不过，美国政府面临的巨额财政赤字和沉重债务依然是亟待解决的问题。由于国会两党有关政府支出的法案僵持不下，今年 10 月 1 日美国联邦政府正式停摆，"关门"时间达半个月之久。10 月 16 日晚间，国会参众两院分别投票通过议案，给予联邦政府临时拨款，同时调高其公共债务上限；次日凌晨奥巴马签署了议案，正式结束了这场关门风波，暂时平息了国际市场对美国政府可能出现债务违约风险的担忧。⑦ 美国经济的缓慢复苏，使得美国人的经济生活状况有所改善。根据 2011 年和 2012 年美国社区的调查估算，全美家庭收入的中位值约为 5.1 万美元，这是自 2007 年社区调查以来，家庭收入中位值第一次没有下降；同时，美国人口的贫困率也没有继续上升。⑧

（二）基本侨情

1. 华人人口数量和分布

  美国华人人口数量居世界各国华社的第四位，位居泰国、马来西亚和印度尼西亚之后，目前有 420 万人。华人人口排前十位的州分别是加州、纽约、得克萨斯、新泽西、马萨诸塞、伊利诺伊、华盛顿、宾夕法尼亚、马里兰、弗吉尼亚、俄亥俄，其中加州和纽约

---

  ① U. S. Census Bureau, Current Population, Nov. 28, 2013.

  ② 据 2010 年美国人口普查，美国华人人口是 4 014 114 万人，占亚裔族群的 23.2%；据 2012 年美国人口普查局发布的《2011 年美国社区调查》（American Community Survey 2011）估算，华人（除"台湾人"外）为 4 007 372 人，"台湾人"为 178 499 人，两相合计，在美华人总数达到 4 185 871 人（含纯血统和混血者），其中纯血统华人约 3 520 150 人；另据 2013 年美国人口普查局新发布的《2010—2012 美国社区调查三年估算》，全美纯血统华人（含"台湾人"）达到 355 万人（误差大约在 28 660 人），参见 U. S. Census Bureau, 2011 American Community Survey 1 - Year Estimates：Asian Alone or in Any combination by Selected Groups & Asian Alone by Selected Groups，2010—2012 American Community Survey 3 - year Estimates。据上述数据推算，全美华人总数（含纯血统和混血者）达到 420 万左右。

  ③ 数据截至 2013 年 11 月，参见 U. S Department of Commerce，"Gross Domestic Product：Third Quarter 2013"，Released：Nov. 7，2013。

  ④ 数据截至 2013 年 10 月，参见 U. S. Bureau of Labor Statistics, Consumer Price Index, Oct.，2013.

  ⑤ 数据截至 2013 年 10 月，参见 U. S. Bureau of Labor Statistics, Labor force Statistics from the Current Population Survey，A - 29：Unemployment rate by martial Status, race, Hispanic or Latino ethnicity, age, and sex。

  ⑥ "Gross Domestic Product"，U. S. Department of Commerce, Bureau of Economics & Statistics Administration, News Release，Aug. 29& Nov. 7, 2013.

  ⑦ 《停摆 16 天 美国政府重新开门》，《京华时报》，2013 年 10 月 18 日。

  ⑧ "Household Income：2012，Poverty：2000 to 2012"，American community Survey Briefs, U. S. Census Bureau, Sep.，2013.

的华人人口合计占美国华人总人口的一半以上。华人人口居前十位的城市是纽约、旧金山、洛杉矶、波士顿、华盛顿、芝加哥、费城、西雅图、休斯敦，其中纽约市华人人口最多，达48.7万，占当地总人口的6.0%。① 旧金山市是大城市中华人人口占比最高的，大约为21%；而蒙特利尔公园市是中小城市中华人人口占比最高的，达43.7%。② 在圣盖博谷一带新兴的中小城市，华人占当地人口的比例多超过20%。2013年《洛杉矶商业周刊》提出了圣盖博谷为"中国谷"的说法。

2. 华人的职业和经济状况

美国华人具有重视教育的美名，他们的平均受教育水平高，就业状况好。统计显示，过半的美国华人拥有学士以上学位，1/4以上的美国华人拥有硕士、博士或其他专业学位，是全美平均水平的2.5倍。③ 华人新移民拥有科学和工程学历的比例仅次于印度移民。另据台湾"侨务委员会"的调查，台湾地区移民的教育程度非常高，拥有大专以上学历的达70%以上，而硕士、博士的比例高达30.7%，为美国当地水平的近三倍。其中24～44岁青壮年的教育程度最高，95%以上具有大专以上程度，而硕士、博士的比例则超过50%。④ 良好的教育状况使得美国华人的职业地位较高。有一半以上的美国华人是白领专业人士，他们的工作多是在管理、信息科技、金融、会计、工程、医药、银行、法律、科研、教育等领域。在科技工程领域从业的华人数量仅次于印度裔美国人。华裔约占美国亚裔高科技专业人士的1/3，占据硅谷全部员工的1/10。⑤ 台湾移居美国侨民有工作者（包括工作及求学各半者）所从事的职业以经济及专业技术人员为最多，占61%；行政及销售人员占25.9%；技术工及体力工仅占6.8%。⑥

由华人自主投资经营的公司或店铺也不少，数量超过42万家。其中70%以上是无雇员的自雇型店铺，即便是有雇员的公司，雇员也不超过5人，只有不足2%的企业雇员超过50人。⑦ 目前房地产业、银行业、餐饮业、旅馆业、零售业及科技业是华人在美国经营的六大主要行业。

在房地产领域，华人是提振美国经济不可或缺的重要力量。中国人近两年已成为美国房地产第二大投资群体，仅次于加拿大人。中国投资者在美购买房产时偏爱价值数百万美元的高端豪宅，加州和纽约市是他们最喜爱的购房地点，购买方式则多倾向于支付现金。加州地产经济商协会2012年12月的调查数据显示，中国买家占加州房市国际买家的比例

---

① U. S. Census Bureau, American Fact Finder, "Profile of General Population and Housing Characteristics：2010".

② U. S. Census Bureau, American Fact Finder, "ACS Demographic and Housing Estimates：2012".

③ Stella U. Gunkhole et. al, "The Population with a Bachelor's Degree or Higher by Race and Hispanic Origin：2006 – 2010" (American community Survey Briefs), p. 4 <www. Census. gov/acsbr10 – 19>, American Fact Finder, U. S Census Bureau, Retrieved 2013 – 09 – 11.

④ 台湾"侨务委员会"：《台湾移居美国侨民长期追踪第十（2012年）调查报告》，第14～15页，http：//www. ocac. gov. tw。

⑤ "Chinese American contributions to silicon valley", http：//www. Modelminority. com.

⑥ 台湾"侨务委员会"：《台湾移居美国侨民长期追踪第十（2012年）调查报告》，第26～27页，http：//www. oaac. gov. tw。

⑦ U. S. Census Bureau, "Survey of Business Owners – Asian Owned Firms：2007", http：//www. census. gov/econ/sbo/ get07sof. html？16.

高达 39.1%。① 旧金山湾区既有不少华裔人口，又有良好的天气和学校，因此成为中国客的优先选择地区。② 纽约市华人聚居区房屋销售量在最近一年也看涨。根据纽约房地产委员会 2013 年 7 月下旬公布的房屋销售报告，华人聚集地法拉盛是皇后区房地产最热的地方，第二季度的房屋销售量位居全皇后区第一。③ 另外，失业率和犯罪率居高不下，最近又宣布破产的底特律市也是中国房产投资家的目的地之一，有分析人士指出这种"超底"买房而罔顾风险的投资并不明智。

就餐饮业和零售业来说，最能够让大家在市面上看见的就是餐馆及超级市场。2012 年美国经济缓慢复苏，也带旺了华人餐饮业和小商业。在南加州，大量的中餐馆、港式西餐厅、越南米粉及台湾小吃店，西起洛杉矶中国城，经过蒙特利尔公园市、圣盖博市、罗斯密公园市，一直到哈岗、罗兰岗，有的营业到凌晨两点，连带附近的礼品店和小商品店都生意红火。④

华资银行的影响力也逐渐上升。华资银行虽然规模相对简小，但专注于为华人与华资企业服务，在美国银行界形成了一股新势力，并得以在众多大银行的竞争之下占有一席之地，且市场在继续扩大之中。加州有近 30 家华资银行（包括已由华尔街投资银行收购但仍以华人华商为经营对象的华美银行和联合银行；不包括台资、港资和中资银行在美国的分行），其中联合银行、华美银行、国泰银行、万通银行、中信银行、广东银行及远东国家银行位列加州五十大商业银行之列。据美国百人会会长吴建民说，21 年前他刚出任华美银行总裁时，它在全美 9 000 多家银行中仅排 4 000 多名，现今这家银行在全美银行中的排名已跃居第 21 位。

华人高科技企业在美国占有一席之地，已涌现出一批具有相当规模和竞争力的华人公司。除了硅谷以外，马里兰州也成为富有创新精神的移民开创科技企业的绝佳之地。该州科技产业发达，且政府提供了支持移民创业的优惠条件。根据考夫曼公布的报告，亚裔在马里兰州开办科技公司的比例高居全美第二。2006—2012 年，16% 的亚裔科技企业在马里兰州开办，而其中的 80% 由华裔及印度裔移民创办。⑤

华人在美国各行各业都涌现出不少精英，尤其体现在科教领域。2013 年 4 月 17 日，华盛顿的"美国癌症研究院"宣布，华裔科学家、2008 年诺贝尔化学奖得主钱永健入选该院"一级院士"。⑥ 4 月 25 日，美国人文与科学院 2013 年院士名单出炉，198 人成为新一届院士。本国院士包括庄小威、郁彬、安德鲁·罗（音译）等 3 名华人教授，外籍荣誉院士包括中国清华大学的施一公教授。⑦ 4 月 30 日，美国科学院发布公告，施一公当选为美国科学院外籍院士；千人计划学者、耶鲁大学终身冠名教授邓兴旺和陈雪梅、杨巍（音译）等 3 名美籍华裔科学家当选为科学院新科院士。⑧ 新生代华人青年学者也逐渐崭露头角。始于 1955 年的斯隆青年学者研究奖 3 月底公布了 2013 年的获奖者名单，126 名获奖

① 《加州楼市 4 成国际买家为中国人　地产商赴华揽客》，中国新闻网，2012 年 12 月 30 日。
② 《中国投资客购买力强劲　带动美国湾区楼市发展》，中国新闻网，2013 年 2 月 16 日。
③ 《纽约华人聚集区现购房热　经纪回暖或成主要诱因》，中国新闻网，2013 年 7 月 30 日。
④ 《美国南加州华裔经济圈复苏　辐射周边城市》，中国新闻网，2012 年 12 月 30 日。
⑤ 《全美 16% 亚裔科技企业落户　马里兰成移民创业摇篮》，中国新闻网，2012 年 11 月 12 日。
⑥ 《华裔诺奖得主钱永健入选美国癌症研究院一级院士》，中国新闻网，2013 年 4 月 18 日。
⑦ 《美国艺术与科学院公布新院士名单　含 4 华人教授》，中新社，2013 年 4 月 27 日。
⑧ 《清华教授施一公当选美国双院外籍院士》，《京华时报》，2013 年 5 月 3 日。

者中包括 16 名华人青年学者，他们分布在全美各地的大学和研究所，大多数出生于 20 世纪 70 年代末和 80 年代初。获奖者中来自北京大学和中国科学技术大学的校友人数最多，其中北京大学 8 人，中国科学技术大学 5 人。[①]

3. 华人的政治参与近况

随着整体素质和社会经济地位的提高，华人参与美国主流政治的积极性也在稳步提升。由于华人社团和政界精英的长期呼吁，美国华人的"政治冷漠感"正在逐渐转变。华裔选民投票已改变过去民主党和共和党各占一半的现象，表现出对民主党很大的倾斜。亚美法律援助处 5 月 14 日公布针对 2012 年总统大选的投票率民意调查，宾夕法尼亚州对总统奥巴马的支持率高达 89%，超过全美亚裔平均 77% 的支持率，其中华裔的支持率高达 96%。[②]

在联邦和地方一级，华人参与竞选或获委任者均不少，华人社团及普通选民投票和助选的意识也在提升。在联邦一级，2013 年有 3 位国会众议员赵美心、孟昭文、谭米·达科沃斯新上任，骆家辉依然就任美国驻中国大使。在华人人口聚集最多的加州，在 2013 年的地方选举中，华裔候选人取得了不俗的成绩。南加州地方选举于 3 月 5 日登场，13 位华裔候选人有 8 人获胜，5 人落选，交出了亮眼的成绩单。3 位现任者喻颖章、李志与陈金凯莉均以第一高票顺利蝉联市议员。圣盖博市的亚裔超过 65%，可此前市议会却没有一位亚裔市议员。这次选举圣盖博市有 2 位华裔参选人廖钦和卜君毅与其他 3 位现任白人议员竞争，并艰难地取胜。[③] 华裔选民在圣盖博市的选战中爆发出极大的投票热情，为 2 位华人获胜起了关键作用。在蒙特利尔公园市，4 位华裔 3 位获胜，市议员候选人梁侨汉与陈赞新双双进入市议会；竞选市府书记官的陈亮文也以高票当选。选情较平静的天普市，2009 年以最高票当选的现任者喻颖章再次以最高票蝉联。拥有六成亚裔选民的罗斯密市，华裔李志以最高票与另两位现任者顺利蝉联。喜瑞都市唯一的华裔候选人陈金凯莉在面临最多候选人竞选的局面中以最高票顺利蝉联。[④] 此外，罗斯密市议会 3 月 26 日选出新一届正、副市长，劳朱嘉仪（怡）出任该市首位华裔女市长。[⑤]在纽约，刘醇逸作为该市首位当选市议员、市主计长的华人，2013 年参选纽约市长，得到很多华人和亚裔的支持。纽约众多华人社团和各界代表专门成立了"刘醇逸竞选市长助选联盟"，全力支持刘醇逸竞选纽约市市长，这是首次来自中国两岸四地的华人不分政治理念共同支持一位华裔竞选纽约市最高职位。[⑥] 竞选结果是刘醇逸未能获胜，但陈倩雯和顾雅明连任成功。此次纽约地方选举，华裔候选人虽然未全部胜选，但显示了当地华人社群参政意识的增强。

4. 华侨华人社团发展动向

在美华人无论是谋求事业发展，还是获取竞选的胜利，均离不开众多华侨华人社团的

---

① 《16 名美国华人青年学者获颁 2013 年斯隆研究奖》，中国新闻网，2013 年 3 月 30 日。

② 《民调：宾州亚裔选民奥巴马支持率最高 华裔达 96%》，中国新闻网，2013 年 5 月 16 日。

③ 不过，廖钦和在 3 月 19 日准备宣誓就职时，遭人"以长期住址不在圣市"为由质疑其参选资格而受阻，圣盖博市议会专门举行听证会审查此事。在以赵美心为首的华人民选官员及华社代表、亚太裔法律中心律师团的力挺下，最终圣盖博市议会 4 位议员以 3∶1 的表决结果否决了质疑，廖钦和终于在 5 月 7 日得以宣誓为市议员。

④ 《13 华裔角逐南加州地方选举 8 人胜选　3 人夺最高票》，中国新闻网，2013 年 3 月 7 日。

⑤ 《美国罗斯密市诞首位华裔女市长　获市议会全票通过》，中国新闻网，2013 年 3 月 28 日。

⑥ 《刘醇逸竞选市长助选联盟在纽约成立　华人全力支持》，中国新闻网，2013 年 3 月 16 日。

支持。美国华侨华人社团类型多样，有历史悠久的传统侨团，有成立时间不长、但数量增加很快的新型专业人士社团、同乡会、校友会、商会、政治性社团、文化团体、宗教团体、社团联合体等。2013 年美国华侨华人社团发展的动向，有两点尤为惹人瞩目。首先是传统侨团"老大"旧金山中华总会馆发生了一件具有标志性的事情，即 6 月 3 日中国驻旧金山总领事袁南生登门拜访中华总会馆，他是自 1949 年以来第一位踏进该会馆的中国官员。此前的 5 月 25 日，中华总会馆举行商董月会，通过了撤下青天白日旗的提案，此后会馆只悬挂美国国旗和会馆旗帜。① 其次是 2013 年在美国诞生了三个社团联合体：一是 2 月 1 日在纽约曼哈顿成立了中国高校北美校友会联盟（目前成员有 30 多所高校）；二是 11 月 22 日在洛杉矶成立了美国华侨华人联谊会；三是 11 月 29 日纽约、旧金山、洛杉矶等 18 个城市的华人联合成立了华人平权联合会。② 这些新成立的社团联合体与现有的美国华人社团联合总会、美东华人社团联合总会、南加州华人社团联合总会、旅美华人联合总会、全美中华青年联合会等团体，在联系、协调、凝聚华人社团，共同争取权益，鼓励华人积极参政，融入主流社会，促进中美友好方面发挥着重要的作用。

5. 孔子学院和华文学校的发展

2013 年度中国对美国的语言文化输出势头强劲，突出表现在有数所孔子学院相继成立。4 月 9 日，美国哥伦比亚大学孔子学院正式成立。它不授予学位，主要从事汉学和中国问题的研究工作。③ 4 月 10 日，南京大学与乔治·华盛顿大学合办的孔子学院举行了揭牌仪式，这是在美国首都华盛顿成立的第一所孔子学院。4 月 11 日，卫斯理学院孔子学院举行成立庆典。4 月 12 日，休斯敦的第一所孔子学院在得克萨斯南方大学正式揭牌成立，它是与北京交通大学合作设立的，将以中医为抓手在特色办学上下功夫。④ 至此，在美国高等院校设立的孔子学院已近百所，美国成为世界上孔子学院最多的国家。

由华侨华人自主创办的中文学校也迅速增加。在美国既有上十所成立百年的老侨校，更有大量新移民创建的周末中文学校，它们增速很快。历史悠久的有美洲中华中学校（1888 年）、旧金山南侨学校（1920 年）、纽约华侨学校等。近二三十年新成立的中文学校数量约为 700 所。1994 年成立的全美中文学校协会最初会员学校仅有 16 所，至 2010 年底已有 410 多所，遍布美国 34 个州的所有大、中城市。协会会员学校的在校学生人数从开始的几百人发展到 10 万多人。⑤ 目前全美教授简体字的华人中文学校有 400 所，有学生 8 万多人；教授繁体字的华人中文学校亦有六七万名学生。⑥

6. 新华侨华人

新移民的持续大规模涌入，使得美国华人第一代移民比例达 60% 以上。据美国 2011 年社区调查，生活在美国的中国两岸四地移民总数达到 2 231 000 人，占亚洲移民群体的

---

① 《中国驻旧金山总领事拜访美中华总会馆》，中国新闻网，2013 年 6 月 4 日。
② 全美范围组织抗议 ABC 有关"杀光中国人"辱华节目的活动是促成该组织成立的直接原因。
③ 《哥伦比亚孔子学院成立　美高校已设立近百所》，中国新闻网，2013 年 4 月 10 日。
④ 《美国休斯敦首家孔子学院揭牌　中医为抓手特色办学》，中国新闻网，2013 年 4 月 13 日。
⑤ 《全美中文学校协会发展历史回顾——记全美中文学校成立十六周年》，第 1 页；http：//www. csaus. net/archive/CSAUS – history2010. pdf.
⑥ 《全美中文学校协会季度通讯 2013 年第三期》（总第六十五期），第 5 页；http：//www. csaus. net/newsletter/y2013/CSAUS2013_3. pdf.

19.3%，居首位。从分布上看，华人移民有 76 万多定居于加州，41 万人定居于纽约，合计占全美华人新移民总量的 52%。①2012 年，获得绿卡的中国移民有 81 784 人，占本年度美国合法外来移民总数的 7.9%，位列墨西哥移民之后，相比 2011 年下降了近 6 000 人。②从移民类型看，美国公民的直系亲属和家庭优先权类移民合计达 4.3 万多人，而职业优先权类移民不足 2 万人。从移民流向地看，纽约（2.5 万人）已超加州（2.2 万多人），居首位。③

二、美国移民政策改革对华侨华人的影响

2013 年华侨华人最为关注的当属美国移民政策的全面改革。奥巴马在第一任期内未能通过全面移民改革法案，在其第二任期内，这成了美国的一项政策改革重点。2013 年 3 月初，美国国会参议院 8 人组成的移民改革小组（俗称"八人帮"）开始草拟法案，他们倾向于削减亲属移民签证，增加高科技移民的签证数量。对此，美国国会众议院"亚太党团会议"主席赵美心于 3 月中旬和其他 23 名成员联名写信给参议院"八人帮"，信中赞成增加科技人才的移民配额，但同时指出不要为此牺牲亲属移民配额。④4 月 16 日美国国会参议院移民改革小组正式公布了全面移民改革草案；6 月 27 日，参议院正式通过了 S. 744 号移民改革案，现已提交国会众议院讨论。

参议院通过的移民改革草案主要提出以下几大变革方案：第一，为现居住在美国的 1 100 多万非法移民提供取得合法身份的路径。成年非法移民至少需要 13 年才可成为美国公民。而那些未及 16 岁的非法移民则可利用《梦想法案》，最快五年取得绿卡并立即申请入籍，但条件是他们必须高中毕业，至少上过两年大学或服过四年兵役，并通过英文考试。第二，修订亲属优先移民条例。一是废除了有关合法永久居民配偶和未成年子女的配额限制，将他们归为直系亲属移民，可以直接获得绿卡；二是取消了美国公民的兄弟姐妹和 31 岁以上成年已婚子女的入境优先权。第三，修订职业优先移民条例。一是取消了每个国家职业类移民的签证数额限制；二是某些高技术和才能突出的移民也不受全球配额的限制，特别是那些具有杰出才能或是从美国大学获得科学、技术、工程和数学类学位的人才。第四，新设立了优秀移民签证类型（Merit – Based Point System）。主要是采用计分制选拔适合美国市场需求的技术人才，分数将根据学历、从业经历、居美时间、有无亲人在美国等条件计算。此类移民签证配额设在 12 万至 25 万之间，每年会依照就业市场需求调整。第五，增加了 H1 – B 类非移民签证的数量，从原来的每年 6.5 万增至 11.5 万至 18 万之间，也是按就业市场需求而调整。第六，为技术水平较低的普通工人新设了一个非移民的"W"签证。第七，新设企业家类别签证。一类是非移民的企业家签证，至少需要 10 万美元的投资，每年创造 25 万美元的收入。另一类是 EB – 6 移民企业家签证，是可以取

---

① Thomas Gryn and Christine Gamino, "The foreign born from asian: 2011"（American Community Survey Briefs, October 2012），pp. 2, 4, U. S. Bureau of Census＜WWW. census. gov/acsbr11 – 06＞.

② DHS Office of Immigration Statistics, U. S legal Permanent Residents：2012, p. 4.

③ Office of Immigration Statistics （or U. S Census Bureau?），Persons obtaining Legal Permanent Resident Status During Fiscal Year 2012 by Region/Country of Birth and Selected Characteristics：China.

④《美华裔国会议员说服移改"八人帮"促保亲属移民》，中国新闻网，2013 年 3 月 27 日。

得绿卡的。这类移民申请者必须在美国公司中占有很大的股份，或作为某公司的主要创办人之一，而且所经营企业至少每年创造五个工作机会和获得 50 万美元的投资，或是在前两年取得 75 万美元的收益。第八，取消现行的"多元化签证"，将配额转至计分制移民。[①]

从上述移民改革案的几大重要变革中，可以看出它的主要目标是想将美国移民政策从偏重家庭团聚转向吸引更多人才以满足美国经济发展的需求。这一移民法案如果获得通过，对华人移民来说将有喜有忧。喜的是，那些受过良好教育、专业技能突出的人，特别是在美国大学毕业的高科技博士、硕士就能很快获得美国绿卡，而不用像现在一样苦等签证排期；大约十万的中国非法移民可以有机会获得合法身份，堂堂正正地做一个美国人。忧的是取消兄弟姐妹和已婚成年子女的入境优先权，将意味着亲人长时间难以团聚，因为通过别的途径获得移民签证的难度要大得多。

三、本年度美国涉侨重大事件及其后果

（一）ABC 辱华节目风波　华人发起大规模抗议

ABC（美国广播公司）2013 年 10 月 16 日夜场节目"吉米·基梅尔直播秀"，举行"儿童圆桌会议"，邀请四位小朋友讨论国家大事。主持人基梅尔问："美国欠中国 1.3 兆元的债，我们怎么才能还完这笔钱？"其中一位白人小男孩口出狂言："杀光所有中国人！"基梅尔居然以调侃的口吻说："那是一个有趣的点子！"这等含有公然种族仇视言论的节目播出后，引起全美华人持续的抗议。80 - 20 促进会、美华协会、美国华人全国委员会、国会亚太裔党团等团体的领袖吴仙标、赵美心、孟昭文、薛海培等人先后致信 ABC 及其母公司迪斯尼高层，表达谴责之意，要求基梅尔和 ABC 公开向华人致歉。10 月 19 日有华人在白宫网站"我们人民"（we the people）贴出一个请愿，要求"调查吉米·基梅尔的儿童圆桌会议节目，让 ABC 停止播放该节目，并发出一个正式的道歉"。请愿书贴出后，在十几天里就收集到 10 万多人的联署签名。虽然基梅尔本人和 ABC 都先后道歉，但他们并未承认究竟错在哪里，华人对此很不满意。借助网络召集协调，11 月 9 日洛杉矶、旧金山、纽约、底特律、西雅图等 28 个大、中城市的华人同步举行抗议集会和游行。这是迄今为止在美华人举行的规模最大的一次抗议活动，人数达万人以上。华人抗议者提出了几点要求，其中包括 ABC 以新闻发布会的形式郑重道歉，解雇主持人吉米·基梅尔，出台相关措施防止类似歧视事件再度发生等。全美华人的联合行动取得了一定的成果。ABC 于 11 月 10 日在其网站上发表正式道歉声明，承诺将永久清除涉事节目内容，永久取消"儿童圆桌会议"节目环节。

全美各地参与抗议行动的华人对是否接受这一道歉有不同的意见。从北美华人最大网上论坛——"未名空间"可以看到，许多华人并不满意 ABC 的道歉。11 月 13 日，洛杉矶、旧金山、纽约、华盛顿、西雅图、迈阿密、奥兰多等多个城市的华人代表通过微群投票决定，将展开以"网上抵制迪斯尼"为主的新一轮 ABC 辱华言论的抗议行动。白宫请

① Immigration Policy Center, "A guide to S. 744: understanding the 2013 senate immigration bill", July, 2013, http://www. immigration. org/special - reports/guide - s744 - understanding - 2013 - senate - immigration - bill.

愿网上也已贴出华人的第二个请愿，要求"ABC 解雇吉米·基梅尔"。新一轮抵制运动的最终目的是促使迪斯尼对子公司 ABC 的辱华言论做出"体制"上的调查，直到主持人吉米·基梅尔被停职为止。

这次华人抗议 ABC 辱华节目的行动，无论是组织街头游行示威还是白宫请愿均彰显了互联网时代华人利用网络实现族群动员的巨大能量。华人遵循了美国社会合法、正当、其他族群惯常采用的手法去发出自己的声音，维护自己的权益。这次抗议行动规模之大，不仅反映了华人的民权意识有了更大的觉醒，也显示出华人族群凝聚力和政治动员能力的增强。这次不同背景的华人能够撇开歧见，一起站到维护华人权益和尊严的旗帜下，凸显出华人族群整体政治影响力的提升，而不再是单纯依靠政界精英来发声。此次抗议活动还催生了华人平权联合会，它将整合全美的资源和力量，统一协调全美的行动，一起反对种族歧视，维护少数族裔的权益。

（二）美国投资移民历史上最大的骗局 华人投资者成最大受害者

近一两年美国增加了投资移民 EB-5 配额，希望他们能为美国经济复苏助力，这给很多中国富豪提供了移民美国的机会，但同时也带来很多问题。据美国证券交易所曝光，"芝加哥会议中心项目"涉嫌布下投资移民骗局，受害人多达 294 名，涉案金额包括 1.45 亿美元的投资费用和 1 100 万美元的管理费用。媒体惊呼这是"美国投资移民历史上最大的骗局"。在这场骗局中，290 余名受害者中就有 250 名来自中国，他们不仅赔了钱，而且未能顺利移民。[①] 不过，这次大骗局似乎并没有给中国投资者带来多大教训。据移民中介人士介绍，2013 年的投资移民介绍会依然人头涌涌。

（三）"间谍案"频发 "中国威胁论"作祟

2013 年，在美国又发生多起所谓的"中国间谍案"，显示中美两国角力之时，在美国的中国公民、华人易成为被盯梢的对象。首先是 3 月份的"姜波案"。旅美华人学者姜波因为在美身份即将过期，持单程机票前往北京时在机场被 FBI 逮捕，被控隐瞒所带电子装置，以及涉嫌携带未经授权的机密资料出境等罪名。一时间媒体关于泄密案、间谍案的报道满天飞。但最终检查的结果是，姜波携带的电脑中并无任何敏感资讯，最后姜波被控以"非法下载有版权的电影和有色情镜头的影碟"等轻罪。5 月份又发生了"朱宇东等案件"。美国联邦检察官在 5 月 20 日宣布，朱宇东等 3 名来自中国的纽约大学朗格尼医学中心研究员，被控擅自把联邦政府资助的研究项目核磁共振造影技术泄露给中国的竞争对手。在海外工作的中国科学家担心，对朱宇东等人的起诉可能会给他们带来负面影响。上述两起案件在很大程度上是"中国威胁论"在作祟。随着中国的崛起，中美之间的竞争越来越激烈，不仅表现在国防领域，商业领域也是如此。

四、美国侨情发展趋势预测

（1）2013 年度美国地方选举中华裔候选人表现出的竞选积极性、胜选率，华人群体

---

① 《谁制造了 1.45 亿美元移民骗局》，《人民日报》（海外版），2013 年 4 月 12 日。

助选的热情，以及 ABC 辱华风波中华人团结维权的表现，都显示出美国华人的参政和维权意识正在增强，而且对于美国的政治游戏规则越来越熟稔。虽然 2013 年华裔能源部长朱棣文、白宫内阁秘书长卢沛宁卸任，美国政坛少了两位华裔代言人，但随着越来越多美籍华人积极参政，未来美国政坛会出现更多更强的华裔后起之秀。美国华人（亚裔）社团，如美华协会、百人会、80-20 促进会等都在积极着力于培养年青一代领袖人才。第二代和第三代华裔已经非常美国化，从政的愿望比第一代强得多。随着华人人口越来越多，特别是在一些城市人口中占据优势，会在很大程度上决定选情。如旧金山、蒙特利尔公园市，以及圣盖博谷的一些新兴中小城市，由于华人和亚裔选民的支持，华裔参选和胜选人数都有所增加。相信未来华人在美国各级政府的政治影响力会持续增强。

（2）中国留美学生趋向低龄化。中国已连续数年成为美国国际留学生的第一来源国，年增长率达 20% 以上。在强大的留学潮的带动下，低龄留学开始急剧升温。由于申请美国本科院校的难度逐渐加大，为了让孩子进入美国名校，越来越多的家长选择从中学开始就把孩子送到国外，以此为跳板，提高小孩入读顶尖大学的成功率。由于申请美国私立高中竞争激烈，为了避开申请 9、10 年级的锋芒，许多学生甚至开始申请美国私立初中的 7、8 年级，使得美国的中国留学生越来越低龄化。

（3）由于中国经济发展和引进人才力度的加大，最近两年选择回国发展的留美学生和美籍华人增多，但若美国参议院通过的移民改革法案最终实施，将会与中国形成人才争夺战。2012 年 12 月至 2013 年 5 月中国与全球化研究中心曾对中国留美学生进行抽样问卷调查，显示留学生整体回国的意愿比较强烈，有 36.3% 的留学生确定学成回国，有 42.1% 的留学生表示可能回国，两者比例占所调查留学生的 3/4 以上，仅 9.7% 的留学生表示不打算回国。[①] 不过，这个调查是在美国参议院通过移民改革法案之前做的，很难作为未来留美学生回国率的参考。美国参议院移民改革法案最突出的地方，就是取消原先针对每个国家的职业类移民签证数量限制和杰出人才的全球额度限制，并拟采用计分制度挑选更多的专业技术人员，还增加了 H1-B 短期工作签证数量，其目的都是为美国延揽人才。这个法案如果在众议院获得通过，继而由奥巴马签署实施，那么将会使很多在美留学生快捷地取得美国绿卡。这将对中国吸引留学人才回国形成很大的挑战。

五、结论

（1）要想继续提高美国华人的政治影响力，除了发挥政治性社团的作用外，还要联络各类新老侨团——传统的中华会馆、地缘和宗亲团体、新移民建立的同乡团体、专业人士团体、校友会，特别是华人聚集较多的州、市形成一定的优势。这样，不仅在发生侵害华人权益的事件时能一呼百应，还有助于在各级选举中成为候选人不容忽视的一股力量。华人参政不仅可以为本族群争取权益，也能在一定程度上影响美国对中国的政策。中国侨务部门应当多与那些在主流社会中有一定影响力的政界精英、社团领袖接触，以他们为桥梁来增进中美在各领域的合作。

---

① 王辉耀、蓝绿编著：《国际人才蓝皮书——中国留学发展报告 2013》，北京：社会科学文献出版社 2013 年版，第 235~237 页。

（2）应警惕美国的"中国威胁论"思潮。无论是 ABC 辱华风波，还是频发的所谓"中国间谍"案，都释放出了危险的信号。中美在政治、经济、军事及文化领域角力的时候，在美华人，特别是那些在敏感领域工作的科学家、技术人员等容易成为被盯梢的对象。中国涉外部门要告诫赴美人员多了解美国的相关法律法规，尤其是科学界一些研究人员在美国申请做项目的同时，往往也在中国做相关的研究，需认真考虑这样做是否侵权，否则容易被冠上"间谍"的罪名。在美华人一旦觉得被错怪或被冤枉，要据理力争，勇于维护自己的权益。

（3）美国有庞大的中国留学生群体，他们毕业后的就业问题一直令人关注。现在，毕业生选择留美也有了一些新的原因，比如美国经济在慢慢复苏、移民政策可能放宽、中国的环境和食品安全问题未能得到有效解决等。未来中美双方人才拉锯战可能会愈加激烈，中国应考虑制订更具吸引力的人才引进计划，同时解决国内存在的一些卫生和环境问题，优化创业和工作环境，以吸引和留住人才。

（4）2013 年 ABC 辱华节目引发华人大规模的抗议活动，由于有大量中青年知识精英和专业人士的参与，同时发挥了网络在召集华人上的重要作用，全美主要城市的华人得以在很短的时间内达成一致，形成联合行动。一些知识精英在抗议集会上发表的演讲，在未名空间、文学城、同气连枝网站上发表的檄文、评论，都有很高的水平，有理有据，掷地有声，展现了海外华人的软实力。如何巧妙地发挥海外华人中知识精英和专业人士的作用，在住在国社会和主流媒体中发出声音，形成中国公共外交的外围力量，应当成为中国侨务部门和外交部门思考的问题。

加拿大

2013 年，中加两国在政治和人文方面关系良好，但在经贸方面有一些摩擦。华侨华人与当地民族的关系虽然也有一些不愉快，加拿大也出现了一些排华言论，但总体上还是比较和谐。华人对加拿大政治的参与虽然十分踊跃，但依然游离于主流政治之外。在经济上，加拿大华侨华人状况堪忧，尤其是新移民工资偏低，逾半从事体力劳动，华人聚居区所在的城市家庭平均收入大多达不到加拿大家庭的平均值。华文教育蓬勃发展但有一些偏差也值得注意。

展望未来，加拿大移民政策中对语言要求的提高，对技术移民标准的提高，对投资移民和家庭移民的忽略，将极大地影响中国人移民加拿大的人数和侨社结构。不过在短期内，唐人街占加拿大侨社主导的地位恐怕还难以改变。

一、加拿大基本国情与中加关系

（一）基本国情

加拿大概况

国家全名	加拿大	地理位置	北美洲北部	领土面积	9 984 670 平方公里
首都	渥太华	官方语言	英语和法语	主要族群	英裔、法裔
政体	联邦议会民主与君主立宪制	执政党/主要反对党	保守党/新民主党	现任国家元首/政府首脑	戴维·约翰斯顿/斯蒂芬·哈珀
人口数量	35 158 300①	华侨华人人口数量	158 万②	华侨华人占总人口比例	4.5%
GDP/人均 GDP	1.518 万亿美元/43 146 美元（按购买力平价计算）③	CPI	1.2%④	失业率	6.9%（2013 年 9 月）⑤

① http：//en. wikipedia. org/wiki/Canada.

② http：//en. wikipedia. org/wiki/Canada；http：//baike. baidu. com/link? url = SdqNKTcDtU6IpFiXhHB8yRjx0v8WSLX LIQyV7DOU3fDW3ydQdCBsSuk0Z4LxY1WF；加拿大平权会则认为华裔人口应达到 170 万，参见 http：//www. chinanews. com/hr/2013/05 - 10/4803963. shtml.

③ http：//en. wikipedia. org/wiki/Canada.

④ http：//en. wikipedia. org/wiki/Canadian_economy.

⑤ Statistics Canada：Canada's national statistical agency.

（二）2013 年加拿大与中国的关系

2013 年，中加两国在政治、经贸、人文和教育交往上互动频繁，成果丰硕。中国新一届政府在年初成立后，李克强总理应约与哈珀总理通话，双方就推进两国全面合作达成重要共识。加拿大外交、贸易、交通、自然资源、农业等多位内阁部长相继访华，两国国防部长在短短两个月内互访。加拿大总督约翰斯顿应习近平主席之邀，在 10 月 18 日至 24 日对中国上海、江苏、四川、重庆、广东和北京进行国事访问，开展其所谓的"知识外交"，可以说是 2013 年中国领导人换届后两国间最重要的一次高层交往，也是约翰斯顿就任加拿大总督以来首次访问中国。其间，中国新一届领导人与约翰斯顿总督的会见会谈及其所达成的共识，为两国各领域合作加大了政治推力，充分发挥了高层交往对两国关系发展的引领作用。

在 2013 年，两国经贸合作频繁，硕果累累，利益交融进一步紧密。其中比较大规模的有：5 月 15—25 日，由加拿大安大略省十余个城市市长组成的考察团赴中国进行为期 10 天的交流访问，本次活动由加中投资商会主办，考察团主要访问中国北京、上海两个城市及其周边地区，并与当地政府官员、企业代表和投资人士进行座谈，目的是进一步了解中国经济的发展前景、中国的商业和法律环境及企业经营模式，同时向中国政府和企业推介安大略省城市特色，吸引中国投资者到这些城市投资。在约翰斯顿总督访华期间，加中贸易理事会在北京举行了第 35 届年会，两国有关方面领导人和工商界人士就如何进一步深化中加经贸合作展开对话交流，并重点就能源、科技创新合作等议题进行深入探讨。此外，渥太华市市长沃森也在期间率领由 40 多家以高科技企业为主力的"渥太华队"（Team Ottawa）来中国洽谈合作。11 月 21 日至 12 月 3 日，不列颠哥伦比亚省省长简惠芝（Christy Clark）率团访问中国，这是其在任内第三次访问中国，目的是吸引更多投资，推广不列颠哥伦比亚省的天然气和清洁能源产品。

2013 年，中国的地方领导人也纷纷对加拿大进行访问，寻求经济合作，如 5 月 15—17 日，海南省省长蒋定之率团对加拿大爱德华王子岛省进行友好访问，就进一步深化海南省与爱德华王子岛省在经贸、旅游、教育、农业、科技等领域的友好交流与互利合作深入交换意见。天津市市长黄兴国率团于 6 月 17 日访问了在蒙特利尔的庞巴迪集团总部（庞巴迪集团是世界知名的交通运输设备和宇航产品制造商，属全球 500 强企业），与集团全球客服总裁艾瑞克·马迪尔就开展合作进行了深入交谈，艾瑞克·马迪尔表示，将把天津作为公司发展的重要战略地区，积极推进投资项目落实。19 日上午，黄兴国在多伦多会见了利纳马集团首席运营官吉姆·贾雷尔一行，希望该集团加快推进在津项目，引入更多核心业务，实现更大的发展。利纳马集团主要从事汽车精密零部件设计制造，2011 年在天津市投资了发动机零部件生产基地。19 日中午，天津代表团在多伦多访问了麦格纳集团总部，麦格纳集团是全球领先的汽车多元化系统供应商，也是世界 500 强企业，已经在天津市投资了汽车冲压模具和动力总成两个项目。

两国贸易与投资合作在不稳定的世界经济金融形势下逆势上扬。据加方统计，2013 年前 7 个月加拿大整体对外出口出现负增长，而同期对华出口却增长了 10%，①这充分说明了中国市场对加拿大出口的重要性。2013 年中国对加拿大的投资也居于高位。前 9 个月，中国对外投资达到 730 亿美元（2012 年同期为 610 亿美元），其中约 1/3 进入北美市场，仅中海油总公司收购加拿大尼克森公司（Nexen Inc.）的交易就有 151 亿美元，使得中国在 2013 年对北美的总投资是 2012 年的两倍，达到 247 亿美元。相比之下，中国对欧洲的投资减少了 25%，减至 58 亿美元。②两国在能源、矿产、金融、电信、生产制造、航空航天、基础设施等领域的互利合作不断取得新进展。

当然，两国在经贸合作方面也有一些矛盾和摩擦。比如加拿大国际贸易法庭于 2013 年 11 月 12 日公布对进口自中国的单元式幕墙（Certain Wall Modules）反倾销和反补贴合并调查的损害终裁结果，裁定上述进口产品对加拿大国内产业没有损害但是存在损害威胁。12 月 2 日决定对进口自中国的不锈钢水槽（Certain Stainless Steel Sinks）双反措施发起再调查，重新计算倾销幅度和补贴金额。本案原审调查发起于 2011 年 11 月，据加拿大统计，每年进口金额约为 2 400 万美元。加拿大于 2012 年 5 月对上述产品开始征收反倾销税和反补贴税，其中反倾销税率为 4.4% ~ 103.1%，反补贴税为 0.21 ~ 264.94 人民币/件。③这些对中加贸易都有着不利的影响。

两国的人文交流进行得如火如荼，相互了解和友谊日益加深。2013 年两只中国大熊猫的到来在加拿大引起轰动，加拿大总理哈珀夫妇亲自去机场迎接，加拿大出现"熊猫热"。中加 2013—2014 年互办系列文化活动全面铺开，中国中央芭蕾舞团等十多个国内优秀文化团体到加拿大演出。特别值得一提的是，由中国江苏省无锡市演艺集团歌舞剧院《绣娘》剧组、重庆市川剧院《凤仪亭》剧组、"龙神道"雷击乐队、四川省成都军区战旗文工团杂技分团《灯上芭蕾》节目组、四川省凉山歌舞团、北京市金帆艺术团等众多地方艺术团体于 6—8 月，陆续在加拿大通过参加"点亮多伦多"艺术节（Luminato Festival）、蒙特利尔国际爵士节、卡尔加里牛仔节、德鲁蒙维尔国际艺术节和蒙特利尔国际立体花坛节等，将"系列文化活动"推入新的高潮，进一步全方位地展示了中国各地区、各民族的优秀文化和艺术，充分体现出中加两国文化以多元化为主要特色的共同点。著名书画大师范曾于中国国庆期间在埃德蒙顿成功举办作品展，广东省在多伦多举办了广东文化周展览。有"加拿大艺术瑰宝"之称的加拿大国家艺术中心交响乐团，在音乐总监、世界著名小提琴家、指挥家和音乐教育家平夏斯·祖克曼的率领下，于 10 月 4—20 日赴广州、重庆、北京和上海等地进行多场大型演出，并举办音乐教育和交流活动，这是该团近 10 年来首次赴国外演出，也是加方为配合约翰斯顿总督访华特意安排的一项重要文化交流活动。巡演期间，该团还针对中国青少年开展丰富多彩的音乐教育活动。同时，加拿大总理哈珀的夫人劳琳·哈珀女士还通过互联网与身在北京的加拿大笑星"大山"连线，共同主持中加两国青少年音乐学生的在线交流活动。

教育合作成为两国关系新的战略重点，中国赴加拿大留学人员已达 7.5 万，加拿大在华留学生也有数千人。双方正采取积极措施，早日实现两国领导人达成的两国双向留学人

---

① 《发挥高层交往引领作用，推动中加关系深入发展——驻加拿大大使章均赛谈中加关系和约翰斯顿总督访华》，http：//ca. china - embassy. org/chn/zjwl/t1090870. htm。

② 《研究显示：中国对外投资聚焦北美市场》，http：//ca. mofcom. gov. cn/article/jmxw/201312/20131200412943. shtml。

③ 《加对我不锈钢水槽双反措施发起再调查》，http：//ca. mofcom. gov. cn/article/jmxw/201312/20131200412941. shtml。

员增至 10 万的目标。

二、加拿大基本侨情

(一) 华侨华人数量

加拿大华侨华人数量近年来增长很快。如今,加拿大华侨华人已达到 158 万,其中一半居住在多伦多,有 70 多万人,另外几个集中的城市和地区则是温哥华(近 50 万)、卡尔加里(10 万左右)、蒙特利尔(12 万左右)。① 加拿大华侨华人总数仅次于南亚裔,位居亚裔第二位。

(二) 华侨华人与当地民族的关系

2013 年,华侨华人与当地民族的关系虽然有一些不愉快,但总体上还算和谐。华侨华人与当地的良好关系从哈珀总理的春节祝福声明中可以体现出来。在年初的 2 月 8 日,加拿大总理哈珀依惯例发表了声明,向加拿大和全球华人祝贺蛇年春节。声明说:"烟花燃放与庆祝巡游的特别时刻总是告诉我,我们国家的华人文化是多么的生机勃勃与充满活力;它也提醒我们,在建设加拿大这个伟大国家中加拿大华人所作出的巨大贡献"。②

华侨华人与当地的良好关系也可从唐人街邮票的发行中窥见一斑。5 月 1 日,加拿大邮政局在全国八大城市同时举行唐人街牌楼邮票、纪念邮票和彩色牌楼邮票纪念册发行仪式。首都渥太华的发行仪式在位于总理府一侧的市中心邮局举行。这组邮票分为国内邮票、纪念邮票和首日封。每套邮票(即一个小型张)为 8 枚邮票,分别描绘了加拿大 8 个城市的唐人街牌楼。这 8 个城市是多伦多、满地可(蒙特利尔)、温尼辟(温尼伯)、爱蒙顿(埃德蒙顿)、温哥华、渥太华、密西沙加(米西索加)和维多利亚。纪念张和小型张上的 8 枚邮票以每边三枚的形式排列,正中为空格,象征着外圆内方的中国古钱币。大红色的纪念册上印了一个大大的繁体中文"门"字,内页以中、英、法三种文字对中国牌楼的起源与历史变革,以及加拿大八大城市牌楼的修建分别作了说明。以唐人街牌楼作为邮票主题,这在世界上尚属首次,也极具创意。这套邮票的发行,将像唐人街的牌楼一样,既是对加拿大和中国之间的历史与文化联系的确认,也是对加拿大华裔和华人社区对加拿大所作出的重要贡献的肯定与表彰③。

此外,1 月 12 日,多伦多中区华埠金牛城超市老板陈旺与其他 17 位杰出社区人士一道,获加拿大总理哈珀亲自颁发的英女王登基 60 周年钻禧勋章,这一勋章是对获奖者对其所在社区、社会和整个加拿大作出的贡献的表彰。④ 6 月 22 日,第五届加拿大杰出移民奖表彰了 25 人,3 位华裔榜上有名,包括来自多伦多的简慧儿(Sharifa Khan)、黄严焕卿

---

① 数据来自笔者在加拿大的实地调查访谈。

② 《加拿大总理哈珀向华人祝贺春节》,http://ca. china - embassy. org/chn/zjwl/t1013680. htm。

③ 《加拿大邮局举行唐人街牌楼邮票发行式》,http://ca. china - embassy. org/chn/zjwl/t1037093. htm。

④ 《加拿大促修法华人店主陈旺获英女王登基钻禧奖章》,http://www.chinanews.com/hr/2013/01 - 14/4483576. shtml。

（Winnie Wong）及来自温哥华的王文蔚（Wenwei Wang）等。① 11 月 21 日，温哥华 50 名最具影响力人物名单出炉，7 名华裔上榜。其中，第一名为不列颠哥伦比亚省长简蕙芝，第二名是 2012 年排在首位的温哥华市长罗品信（Gregor Robertson）。②

华侨华人与当地也存在一些不和谐因素和现象。比如，有些素质较差的留学生损害了华侨华人的整体形象。十多年来接待过逾百个国际留学生的一位温哥华白人认为，虽然多数华裔学生对待学习、生活认真，但仍有些学生缺乏人生经验，容易掉入陷阱，有的更受到负面社会影响而不务正业。还有华裔房东指出，多数留学生虽然安分守己，但往往我行我素，不会体谅他人。③ 再比如，华人喜欢医学、律师等传统高收入职业，并把参军联想为高危险、低收入、离家远的行业。根据加拿大军部所作的一项调查，仅有 1% 的 16 ~ 34 岁青年选择参军为人生职业，而近 80% 的华裔父母不鼓励子女参军。④

除了华侨华人自身的因素之外，加拿大社会也隐藏着一些挥之不去的对华侨华人的歧视和不满。如 8 月 27 日，在加拿大太平洋铁路（CPR）必经要镇、不列颠哥伦比亚省内陆著名旅游景点地狱门（Hell's Gate）推出的兴建铁路华工历史回顾展览，展览内容虽部分地反映了历史真相，但仍有部分以各种语言艺术，掩盖、淡化歧视筑路华工的丑恶历史，更把铁路公司对待华工的历史真相进行美化。⑤ 11 月 22 日，加拿大街头出现"杀光中国人"涂鸦，引起了社会的关注。温哥华华人社区亦怀疑华人是否真正受到加拿大社会的欢迎。⑥

（三）华侨华人的政治参与

2013 年，华侨华人对加拿大政治的参与依然十分踊跃，成绩也很突出，当然也有一些需要更加努力的方面。

在委任职务方面，加拿大华人继续有所斩获。在联邦一级，中加商贸促进委员会（CCBCC）创办人胡子修在 1 月 25 日获哈珀总理委任为参议员，是 5 名委任参议员中唯一的华裔人士，也是第二位华人参议员。7 月 17 日，加拿大改组内阁，黄陈小萍留任长者事务部长。9 月 22 日，多伦多惠柳第选区华裔国会议员梁中心获哈珀总理延聘，续任多元文化国会秘书。在省一级，2 月 17 日，安省自由党华裔省议员陈国治获留任内阁，除继续担任旅游、文化及体育厅长外，更兼任泛美运动会厅长。6 月 7 日，在卑诗省府新内阁中，在列治文中选区的激战中获胜的华裔省议员屈洁冰被延揽为国际贸易及亚太策略与多元文化厅长。

---

① 《第五届加杰出移民奖表彰 25 人，3 华裔榜上有名》，http://www.sinonet.org/news/ca/2013 - 06 - 22/274349.html。

② 《温哥华 50 名最具影响力人物名单出炉，7 华裔上榜》，http://www.chinanews.com/hr/2013/11 - 21/5530222.shtml。

③ 《加华裔房东谈"90 后"留学生　多安分守己缺乏体谅》，http://www.chinanews.com/hr/2013/07 - 23/5074814.shtml。

④ 《加拿大军部盼招更多华裔入伍，吁父母鼓励子女参军》，http://www.chinanews.com/hr/2013/11 - 11/5485355.shtml。

⑤ 《华社斥加拿大铁路华工展淡化歧视史，纪念路牌隐蔽》，http://www.chinanews.com/hr/2013/08 - 27/5212668.shtml。

⑥ 《加拿大街头现"杀光中国人"涂鸦引网民热议》，http://www.chinanews.com/hr/2013/11 - 22/5533947.shtml。

以选举获胜的官员，值得一提的是 10 月 9 日，以冷静、稳健的处事风格见长的多伦多公校教育局署理总监华裔关月娜（Donna Quan），被多伦多教育委员会选为加拿大最大、最多元化的多伦多教育局新任总监。

在选举参与上，华人表现出较高的热情。4 月 29 日，加拿大卑诗省省选，总计全省 85 个选区有 376 名候选人，华裔登记相当踊跃，创历史新高。加拿大卑诗省华裔女议员关慧贞谋五连任。① 在 6 月的安省省选中，自由党有 4 名华裔出战，创历史纪录，写下安省华人参政新的篇章。

不过，虽然参选积极，但华人在当选席次上并没有太大提升。比如，10 月 25 日，亚省市选揭晓，在卡尔加里市，竞选连任的原任市议员，几乎每个都如愿以偿，唯独原任两届华裔市议员的马超俊意外落马。好在任职警员的华裔朱文祥当选，卡尔加里华裔议员人数维持在 1 人。

近年来各政党都为着未来选举争打"中国牌"，争夺中国内地移民选票，然而在这场政治游戏中，真正能走上政党第一线台面的中国内地移民寥寥无几，多见"跑堂"、"票友"之类。华人参政议政的人数与人口比例存在巨大落差，现实与政治存在着断层。②

（四）华侨华人经济

2013 年，加拿大华侨华人经济状况堪忧，尤其是新移民工资偏低，逾半从事体力劳动，华人聚居区所在的城市家庭平均收入大多达不到加拿大家庭的平均值。由全加华人协进会（平权会）多伦多分会发起的"华人新移民工作状况和经历"小区研究报告于 6 月 8 日出炉，显示在多伦多市受访的 300 名讲普通话的中国新移民中，有两成指他们获得的时薪低于本省法定的 10.25 元最低工资，半数讲普通话新移民收入仅为最低工资或低于最低工资标准，甚至有无偿劳动或无偿加班的情况。同时只有约半的（53％）受访者表示于公众假期休假时获得薪金。多伦多市的"工人健康及安全中心"（Workers Health and Safety Centre）的华裔导师 Holly Du 指出，来自中国的新移民对劳工法例认识甚少，该民调指有约半人从未听过《职业健康及安全法例》（Occupational Health and Safety Act），只有 1/4 受访者接受过有关指导。③ 加华裔移民就业难的主要原因在于英语差和没经验。另外，中介也乘人之危，盘剥华人。大多伦多地区有众多华裔新老移民透过职业中介机构寻找就业机会，绝大多数的华裔临时劳工对劳工法例的认知严重不足，不了解自己作为劳工所应享有的基本权益。有些人即使知道自己的权益被职业中介机构所侵犯，但为了保住工作职位，宁愿采取一味隐忍的态度。不稳定的临时工作对新移民的身心健康产生了严重的负面影响。有华裔临时劳工表示，工时不定、低薪和不稳定的收入以及为了糊口而身兼几份工作等，令不少新移民饱受沉重的生活压力，这也是导致婚姻破裂、妻离子散的罪魁祸首之

---

① 《加拿大卑诗省选共 376 人参选，华裔 22 人创新高》，http://www.chinanews.com/hr/2013/04 - 29/4776675.shtml。

② 《参政与人口落差大，多伦多中国移民仍处政治圈外》，http://www.chinanews.com/hr/2013/05 - 07/4793362.shtml。

③ 《多伦多市两成中国新移民时薪过低，不懂法例投诉》，http://www.chinanews.com/hr/2013/06 - 16/4931850.shtml。

一。① 在温哥华也有类似的情形。

（五）华侨华人社团

据统计在加拿大政府注册的华侨华人社团有一万多个，但迄今依然活跃的只有 1 000 多个。在 2013 年，这些侨团依然活跃，发挥着慈善互助、促进中加友谊等作用。值得一提的是，在北京时间 4 月 20 日上午 8 点 2 分，四川雅安发生里氏 7 级强震，伤亡惨重，这一震也让海外华人的心深受震动。四川商会、中华会馆等本地侨团、慈济加拿大分会等，纷纷行动起来，召开紧急会议，商讨救灾赈灾方案。加拿大四川商会、加拿大东北总商会、加拿大中国工商业协会与列治文中区新民主党省议员候选人黄运荣共同发起《致全加华人社区的倡议书》，呼吁华侨华人共伸援手抗震救灾。② 10 月 26 日，加拿大安大略省密西沙加市华人专商协会 15 周年晚宴暨筹款活动成功为弱者筹款 200 万加元。加联邦国会议员巴特、密西沙加市 92 岁高龄的市长麦考莲女士等加三级政府官员、该会主席阿尔伯特·王（Albert Wong）、中国驻多伦多总领事馆总领事房利等，以及加社会各界人士共 400 余人出席了该活动。③。

华侨华人团体在促进中加友谊方面继续发挥积极作用。比如，多伦多华人团体联合总会为庆祝中国"十一"国庆节，从 9 月 27 日晚上 6 时 30 分起，在万锦市世纪皇宫酒楼举行国庆宴会，并在 10 月 1 日上午 11 时于安省政府正门广场举行升旗典礼。各地的华侨华人也举行国庆招待会，除了有华侨华人参与之外，也邀请了当地主流社会的白人政要出席，例如温哥华中华会馆主办的国庆活动就有当地省市白人和华人政要出席，总理哈珀也发来贺信，共祝中加友谊继续升华。

在加拿大当地侨社，老侨团依然占主体和中心位置，虽然说老侨团成员年龄偏大，但并没有萎缩，还是很有活力。由于近年来不断有年龄较大的，甚至很多是退休的中国人移民到加拿大与子女团聚，他们大部分都在唐人街，并积极参与老侨团的活动，所以出现了老侨团"新移民"成员众多的现象。根据笔者 2013 年 9—10 月的考察，这些老侨团成员有时间和精力，也有意愿关注侨社的发展，关注中国的建设和中加友谊，关注当地政治。不管是老的"新移民"，还是那些老的"老移民"，都对中国有着非常强烈的认同感，他们大多都认为中国是自己在海外的坚强后盾，只有中国强大和稳定，自己在海外才不会被欺负。这一点不是新侨团里的新移民所能够比的。所以，能够在加拿大主流社会引起轰动和被注意的华人社区活动都是由老侨团所主导，如一年一度的春节大巡游和庆祝中华人民共和国国庆招待会，大都是由老侨团举办；在反对"法轮功"、"台独"和"藏独"等行动中，洪门等组织就一直冲在最前列。而新移民的新侨团在这些方面就没有多少表现。

---

① 《加拿大华裔硕士移民难谋生，为糊口身兼数份工作》，http：//www.chinanews.com/hr/2013/09 - 08/5258656.shtml。

② 《加拿大华社发倡议书，吁共伸援手支持雅安抗震救灾》，http：//www.chinanews.com/hr/2013/04 - 23/4755562.shtml。

③ 《加拿大密市华人专商协会为弱者筹款 200 万加元》，http：//www.chinanews.com/hr/2013/10 - 28/5429225.shtml。

（六）华文（汉语）教育

加拿大的华文教育主要由各地的中华文化中心、教会、侨社、孔子学院等承担。其中，中华文化中心是主体，在较大的中华文化中心学习中文的学生多达几千人。不过，教会的力量也不容小觑，如蒙特利尔的华人基督教会开办的华文教育中心就拥有学生 1 000多人，远远超出一般侨社几十人的规模。

加拿大的华文教育中存在两种倾向：一是用汉语拼音，而不是汉字作为教学媒介；二是即便用汉字作为教学媒介，但教学内容却都是与当地社会有关的东西，与中国没有一点关联。这两种倾向会把海外华文教育引入歧途，必须引起我们的高度重视。

第一种倾向所导致的海外华文教育的结果只能是培养"文盲"。用汉语拼音而不是汉字作为教学媒介，虽然可以减少海外华人学习汉语的困难，能在口语交流上很快得到提高，但是没有汉字的华文教育能称为华文教育吗？

很多华人家庭都碰到过这种情况，虽然他们可以讲一些中文，但你把他所说的话用汉字写下来放在他面前，他却不知道是什么东西，因为他们在受教育时不写汉字，也不认汉字。这不是与在中国没有接受过教育的文盲一样吗？中国的文盲会讲中文，但不会读和写，对中文的理解能力也十分有限。

第二种倾向所导致的海外华文教育的结果则是"香蕉人"，即有着华人的外表，却是一个地地道道的外国人。受过这样的华文教育的海外华人即便会说、会写、会读、会听汉语，但仅此而已，他们对与中文有关的中国文化、历史、社会等知识知之甚少，乃至阙如。在他们身上根本看不到一点华人的影子，还能指望他们在海外传承中华文化、提高中华文化在海外的影响力吗？

因此，对于上述两种倾向，我们有关部门应引起高度重视。否则，我们投入巨大人力和物力支持的海外华文教育（这些海外华文教育中心大多都接受中国捐赠的教材、教具，有的也接受中国的师资培训和支援）就是白费功夫，根本达不到让海外华人传承中华文化的初衷。

三、加拿大移民政策变化对华侨华人的影响

2013 年，加拿大移民新政策中最主要的一条就是提高了申请人的语言要求，对英语或法语的语言要求愈来愈高。有当地律师认为，设最低语言要求，估计九成华裔申请人不及格[①]。但这一政策对来自说英语或法语国家的申请人则有优势。

关于技术移民的新政策对中国移民影响也很大。按照 5 月份实行的新技术移民法的规定，只有 24 种职业人才符合申请要求，且需要满足加拿大语言基准（Canadian Language Benchmark）7 级及海外学历必须经过指定机构认证等要求，当地移民业者认为，华人对新政策反应较淡，因为新规定对华人较为不利，比如海外学历认证的要求，由于两国教育

[①] 《加拿大投资移民拟新规，料 9 成中国申请人转往他国》，http://www.chinanews.com/hr/2013/09 - 12/5275858. shtml。

体系差异较大，认证时间可能被拖太久，导致移民申请不能如愿按时递交。①

加拿大移民政策中的另一大变化就是重技术移民，轻家庭移民和投资移民。加拿大联邦及魁北克省的投资移民金额，日后可能提高至 200 万～300 万元②。其结果是迫使中国移民承受与家人分离的痛苦，并加重中国人移民加拿大的成本。

四、结论与趋势

展望未来，加拿大的侨情可能会出现如下演变：一方面由于历史的原因，加拿大华侨华人目前在政治上和经济上游离于加拿大主流社会之外的情形，短期内恐怕难以改变，唐人街依然还是加拿大华侨华人社会的主体。另一方面随着加拿大移民新政策的进一步落实，因投资移民和家庭团聚而来加拿大的中国人数量将会大大减少，而留学生人数将会增多，并且所占比例会越来越大。这一趋势将会改变华侨华人社会新老力量的对比，华侨华人也许能更好地融入主流社会。不过，与当地社会融合程度越高，加上华人新生代，尤其是第三代以后华人的中文水平越来越低，对中国的认识与了解也越来越少，恐怕他们对中国的感情也会越来越淡薄，与中国的联系也会越来越少。

不过，不管加拿大侨情如何演变，我们的对策都应该是以不变应万变，即在关注新侨的同时不忘老侨。我们不能有嫌贫爱富、喜新厌旧的思想和作为。在 2013 年 9—10 月的加拿大侨情调查之旅中，笔者了解到一些老侨领的抱怨，因为中国现在更重视在海外华侨华人中进行招商引资工作，所以，一贯在各方面支持中国、但经济实力比不上部分新移民（尤其是那些投资移民）的他们明显感受到了冷落。过去他们回中国参加诸如海外交流联谊会时总是被奉为上宾，在会上想发言，只要举手就行。但现在，境况完全不一样了，他们不仅不再是座上宾，开会时很难再被安排在第一排，而且连发言也似乎比登天还难，不管举多少次手，都难以获准发言，因为发言的富商大贾一个接一个，根本就轮不上他们。以这样一种心态去做侨务工作是绝对要不得的，招商引资只是我们侨务战略的一部分，我们不能厚此薄彼、顾此失彼，因为我们的侨务战略在海外实施需要海外每一个华侨华人的支持。此外，对于加拿大华文教育的偏差，我们要尽可能地纠正，尤其是我们提供了资助的中文学校，我们有必要给予一些建议，尽可能地在中文教育中融入一些中国文化元素，否则，我们的资助就没有意义了。

---

① 《加拿大技术移民受理申请，新规定影响大华人反应冷》，http：//www.chinanews.com/hr/2013/05 - 06/4788754.shtml。

② 《加拿大投资移民拟新规，料 9 成中国申请人转往他国》，http：//www.chinanews.com/hr/2013/09 - 12/5275858.shtml。

墨西哥

2013 年是中墨关系史上极不平凡的一年，在两国新一届领导人的共同推进下，中墨关系由原战略伙伴关系提升为全面战略伙伴关系，双边关系实现了大跨越、大发展，迎来了历史最好时期，同时也为广大侨胞在墨西哥的生存发展打下了坚实的基础，创造了新的历史机遇。本文简要回顾 2013 年中墨关系及其对墨西哥华侨华人的影响，同时对墨西哥侨情发展趋势进行预测，并提出一些对策性建议。

一、墨西哥基本国情

墨西哥概况

国家全名	墨西哥合众国	地理位置	北美洲	领土面积	197.26 万平方公里
首都	墨西哥城	官方语言	西班牙语	主要族群	印欧混血人、印第安人
政体	总统制联邦共和国制度	执政党/主要反对党	革命制度党/国家行动党和民主革命党	现任国家元首/政府首脑	恩里克·培尼亚·涅托
人口数量	1.149 亿（2012 年）①	华侨华人人口数量	约 8 万②	华侨华人占总人口比例	0.07%
GDP/人均 GDP	12 102.3 亿美元/10 431.14 美元（2013 年）③	CPI	3.759%（2013 年）④	失业率	4.8%（2013 年）⑤

墨西哥合众国（西班牙语为 "Estados Unidos Mexicanos"；英文为 "The United States of Mexico"），简称墨西哥（México），位于北美洲西南部，北部与美国接壤，东南与危地马拉和伯利兹相邻，东濒墨西哥湾和加勒比海，西南临太平洋。官方语言为西班牙语，首都

① 中华人民共和国驻墨西哥大使馆网，http：//www. embajadachina. org. mx，2013 年 9 月 1 日。

② 黎静：《墨西哥、厄瓜多尔华人社团的现状》，吕伟雄：《海外华人社会新透视》，广州：岭南美术出版社 2005 年版，第 87 页。

③ http：//www. statista. com/statistics/263580/gross – domestic – product – gdp – in – mexico；http：//www. statista. com/statistics/263597/gross – domestic – product – gdp – per – capita – in – mexico.

④ http：//www. global – rates. com/economic – indicators/inflation/consumer – prices/cpi/mexico. aspx. .

⑤ http：//www. statista. com/statistics/263702/unemployment – rate – in – mexico.

为墨西哥城。

墨西哥人口约 1.149 亿（2012 年估计），其中印欧混血人种约占 60%，印第安人后裔占 30%，欧洲人后裔占 9%，还有一些外国移民，主要是美国人、西班牙人、危地马拉人等，中国人和日本人所占比例较小。居民中 89% 信奉天主教，6% 信奉基督教新教，其余 5% 信奉其他宗教或没有宗教信仰。①

墨西哥长期奉行独立自主的外交政策，主张维护国家主权与独立，尊重民族自决权，推行对外关系多元化，主张和平解决国际争端。墨西哥是 20 国集团、北美自由贸易区、亚太经合组织、经济合作与发展组织、美洲国家组织、里约集团等组织成员国和不结盟运动观察员，2008 年当选 2009—2010 年度安理会非常任理事国。墨西哥现同 187 个国家有外交关系。

二、2013 年墨中关系

（一）政治关系

墨西哥是拉丁美洲诸国中与中国联系最早、交往最密切的国家，也是最早与中国建交的拉美国家之一。中墨于 1972 年 2 月 14 日建交以来，两国关系稳步发展。2003 年，两国正式确立了战略伙伴关系。2004 年 8 月，中墨成立政府间两国常设委员会，迄今已举行四次会议并签署了 2006—2010 年、2011—2015 年共同行动计划。②中墨建交以来，两国高层领导人之间互访频繁，为中国与拉美建交国家所仅有。墨西哥历任总统均在任内访华，中国国家主席、政府总理等多位领导人也先后访墨。但随着中国市场经济的发展，墨西哥对中国贸易逆差持续拉大，以及墨西哥前总统会见达赖等对华不友好政策，中墨关系一度陷入低谷。

2013 年是中墨关系史上极不平凡的一年。2013 年 4 月，墨西哥总统培尼亚·涅托对中国进行正式访问并出席博鳌亚洲论坛年会，两国首脑就新形势下加强中墨关系达成重要共识。这是培尼亚·涅托上任以来继拉丁美洲之后的第一次国际性访问。2013 年 6 月，中国国家主席习近平到访墨西哥，这是培尼亚·涅托总统上任后接待的首个国事访问。两国首脑签署了《中华人民共和国和墨西哥合众国联合声明》，宣布将中墨战略伙伴关系提升为全面战略伙伴关系。2013 年 9 月 4 日，中国国家主席习近平在圣彼得堡会见了前来出席 20 国集团峰会的墨西哥总统培尼亚·涅托。从三亚到墨西哥城再到圣彼得堡，两位元首在不到半年时间里进行了三次会晤。中墨双边关系实现了大跨越、大发展，迎来了历史的最好时期。

2013 年 6 月习近平主席访问墨西哥期间，在墨西哥参议院发表演讲时提出："双方应该保持高层交往势头，充分发挥高层交往对两国关系的引领作用。两国政府、立法机构、政党、地方应该加强往来，加强治国理政经验交流和互鉴。"之后，几乎每个月两国都有一次部长级的官员互访。在习近平主席访问墨西哥后的短短 3 个多月后，墨西哥外交部长梅亚德与通信交通部长鲁伊斯和旅游部长马谢乌等组成墨西哥部长联合访华团再次访华。

① 中华人民共和国驻墨西哥大使馆网，http：//www. embajadachina. org. mx，2013 年 9 月 1 日。
② 中华人民共和国驻墨西哥大使馆网，http：//www. embajadachina. org. mx，2013 年 9 月 1 日。

2013 年 9 月 24 日，墨西哥革命制度党代表团在主席卡马乔率领下访问中国。2013 年 11 月 29 日，外交部部长助理郑泽光会见墨西哥外交部政策规划司司长坎塞科，双方就两国总体外交政策、中墨双边关系等问题交换了意见。

2013 年中墨两国共签署了 12 项重要双边协定，占中墨 1972 年建交以来签署重要协定总量 72 项的 1/6。

（二）经贸关系

2013 年，中墨两国关系提升为全面战略伙伴关系，为双方经贸合作开辟了更广阔的前景，高层的频繁互访从政治层面推动了双方经济合作乃至全方位合作。2013 年 6 月 5 日习近平主席在墨西哥城同墨西哥总统培尼亚·涅托共同出席中墨企业家会议时，在致辞中指出："中墨都处于重要发展时期，在资源、技术、资金、市场等方面互补优势明显，中墨经贸合作具有天时地利人和，发展前景广阔。双方要坚定不移将对方视为合作伙伴，始终将对方发展视为自身发展的重要机遇，希望两国企业家以战略眼光，携手努力，把中墨经贸合作水平提升到新高度。"

继中墨元首和部长密集互访后，由中国国家部委、政策性金融机构和企业代表组成高规格经贸代表团于 10 月 14—16 日出访墨西哥，墨西哥方面为此次三天的访问密集安排了超过 10 项官方活动，双方会晤的主要内容包括双边投资高级工作组筹备以及更多的企业潜在合作讨论。11 月 29 日，为落实习近平主席在墨西哥进行国事访问期间同培尼亚·涅托总统达成的一项重要共识，中墨企业家高级别工作组举行成立仪式暨首次会议，邱小琪大使出席并代表中国政府同墨西哥经济部副部长罗森茨威格共同签署了《中墨高级别企业家工作组合作谅解备忘录》。仪式后，培尼亚总统亲切会见中墨双方代表。此外，两国各类经贸代表团的互访及地方经贸合作对接活动也频繁展开。

据墨西哥经济秘书处统计，2013 年 1—9 月墨西哥与中国的双边贸易额为 497.9 亿美元，增长 10%。其中，墨西哥对中国出口 48 亿美元，增长 14.7%；自中国进口 449.9 亿美元，增长 9.5%。墨西哥贸易逆差 401.9 亿美元，增长 8.9%。中国为墨西哥第四大出口目的地和第二大进口来源地。[①]

（三）文化、教育等方面的交流与合作

墨西哥与中国之间的文化交流历史悠久，在新中国成立后开始步入一个崭新的阶段。20 世纪 70 年代中墨建交之后，时任总统埃切维里亚曾邀请上百名中国教师和留学生访问墨西哥，从而开启了两国近代友好交流的序幕。1978 年两国政府签署文化协定。2006 年 3 月，教育部部长周济陪同国务委员陈至立访问墨西哥，签署了《中墨两国关于在墨建立孔子学院的谅解备忘录》。同年 5 月，中墨两国常设委员会第二次会议在墨西哥召开，签署了两国《2006—2010 年共同行动计划》，确定了加强文化交流与高等教育合作的原则。此后，双方多种形式的文化团组互访不断。

墨西哥是拉美地区最早开设孔子学院的国家，也是拉美地区孔子学院最多的国家。目前，中国已在墨西哥开办 5 所孔子学院，设立 3 个汉语教学岗位点。自 2005 年开始的 5 年

---

① 《2013 年 1—9 月墨西哥货物贸易及中墨双边贸易概况》，国别数据网，2013 年 12 月 27 日。

内，中方每年向墨方提供 32 个奖学金名额，墨方每年向中方提供 30 个奖学金名额，是有史以来提供奖学金名额最多的时期。①

2013 年两国人文交流出现崭新局面。习近平主席在 4 月 6 日海南省三亚市同墨西哥总统培尼亚·涅托举行的会谈中及在 6 月访墨期间均指出："中墨应加强人文交流。双方要鼓励两国社会各界交往，扩大文化、教育、科技、旅游、卫生等领域交流合作，增进新闻界、学术界、体育界、地方和青年交流，为中墨全面战略伙伴关系奠定更加坚实的基础。"

2013 年 6 月 4 日，在两国元首的见证下，中国社会科学院院长王伟光与墨西哥国立自治大学校长罗布莱斯共同签署了《中国社会科学院与墨西哥国立自治大学合作框架协议》。2013 年 8 月 15—26 日，应墨西哥全国记联邀请，以中央人民广播电台副总编辑杜嗣琨为团长的中国新闻代表团一行八人访问墨西哥。2013 年 9 月 6 日，由墨中友协和墨西哥中国文化中心共同举办的庆祝墨中友协成立 60 周年大会在墨西哥国家人类学历史学院举行。2013 年 10 月 9—27 日，第 41 届塞万提斯国际艺术节在墨西哥中部古城瓜纳华托市举行，来自中国的 3 个艺术团组在艺术节期间为墨西哥观众奉献了 23 场精彩纷呈的中国文艺盛宴。2013 年 10 月 30 日，墨西哥城市自治大学（UAM）举办"中国周"开幕式，通过讲座、电影展和文艺表演等活动，围绕中墨政治、经贸、文化、教育等不同主题展示了中国的发展现状。2013 年 11 月 4 日在"三重奏——墨西哥当代艺术联展"期间，中国和墨西哥两国的艺术家对谈活动在中华艺术宫举行。2013 年 11 月 12 日，由中国书法家协会、中国驻墨西哥大使馆、墨西哥中国文化中心与墨西哥学院合作举办的"汉字之美——中国书法展"在墨西哥学院开幕。2013 年 11 月 29 日，新华社拉美总分社在墨众议院举办"新华影廊"《中墨友好 41 年》图片展开幕式暨中国新华新闻电视网（CNC）西语网站开播仪式。

三、墨西哥基本侨情

（一）华侨华人移民史

华侨在墨西哥的历史是美洲各国华侨中最长的。在 16 世纪兴起、长达两个多世纪的跨越太平洋的"马尼拉大帆船贸易"实际上是以马尼拉为中转站的中墨贸易，不少中国人随同货物和商船抵达墨西哥。16 世纪末西班牙王室下令美洲菲律宾殖民当局允许华人工匠从马尼拉移入墨西哥，数以千计的中国纺织工、裁缝、木匠、泥瓦匠、铁匠、金银首饰匠以及理发师等陆续移入墨西哥，并在墨西哥城建立了美洲第一个华人聚居区——"唐人街"。

中国人成批地进入墨西哥应当是在 19 世纪中期。当时大批华工赴美修筑铁路，任务完成后，正值墨西哥大发展之际，美国商人承办墨西哥中央铁路，部分在美的华工应招南下。中国移民大规模地到达墨西哥是在迪亚斯时代（1876—1910 年）。当时，墨西哥社会渐趋安定，并开始了大规模的经济建设。为解决劳力不足的问题，墨西哥政府大量征召中国劳工，而此时美国开始的排华运动更加速了华人的到来②。

---

① 中华人民共和国驻墨西哥大使馆，http：//www.embajadachina.org.mx，2013 年 9 月 5 日。
② 冯秀文：《中墨关系》，北京：社会科学文献出版社 2007 年版，第 121 页。

20 世纪 20 年代至"二战"结束,墨西哥推行排华政策,旅墨华侨处境日益险恶,纷纷离境。1931 年旅墨华侨锐减至 2.5 万人。1957 年路易斯·科蒂内总统执政时期,曾一度放宽华侨家属迁移墨境与家人团聚的条件,散居各地的华裔,不少返回了墨西哥。1969 年据台湾统计,在墨华侨华人共有 1.68 万人,其中华裔占 2/3 以上。[①]

1972 年,中墨两国正式建立外交关系后,墨西哥政府开始允许中国人有条件地到该国定居。近 20 年来,墨西哥政府采取鼓励引进外来资金、技术和人才的政策,从而形成了中国人移民墨西哥的新高潮。

(二) 华侨华人人口数量及地理分布情况

据墨西哥《金融家报》报道,近十年来,在墨西哥居住的华人增长了 14.8%。据不完全统计,墨西哥现有华侨华人 8 万,而墨西哥现有中国血统的华裔则超过 40 万,主要原因是早年的华工及其后代多数娶当地人为妻,繁衍至今,在该国形成了庞大的华裔群体。[②]

墨西哥华侨华人居住地比较集中。在墨西哥长达百年的华侨史中,老一代华侨为开发建设墨国西北边陲作出了重要贡献。因此,墨西哥西北地区的 4 个州(墨西哥下加州、南下加州、索诺拉州和奇瓦瓦州)在历史上就是华侨华人的重要聚居地之一,所居住的华侨华人占墨西哥华人总数的 70% 以上。他们基本上来自广东省。若以单个城市论,墨美边界西端下加利福尼亚州的蒂华纳市,是华侨华人最为集中的地方。又据墨西哥中华会馆的不完全统计,目前居住在首都墨西哥城的华侨华人约有 2 万,其中 70% 来自广东省。总体来看,旅居墨西哥的华侨华人中,90% 以上祖籍为广东省台山、恩平、开平、中山、新会以及广州等地。[③]

(三) 华人社团

目前墨西哥有华侨华人社团约 40 个,数量不算多。主要有传统社团,如创办于 1918 年的墨西卡利中华会馆、1936 年成立的蒂华纳华侨协会等。[④] 以新移民为主体的社团包括墨西哥华侨协会、墨西哥中华企业家协会和墨西哥浙江企业家商会、墨西哥中国华人商会等。出于对祖(籍)国的热爱和对中墨友好关系的责任感,这些在墨华侨华人一直用自己的方式为中墨两国交流合作做了很多实实在在的事情,着实起到了桥梁和纽带作用。如创立于 1918 年的墨西卡利中华会馆下辖 26 个广东华侨社团,会馆创办的中华学校已经坚持了 20 多年。成立于 2009 年 10 月的墨西哥华侨华人社团联合总会是一个由 11 个社团组成,成员包括新老华侨华人及其后裔的组织,简称墨华联,现任会长为初海燕女士。墨华联的宗旨是"交流的桥梁、友谊的纽带",口号是"中墨互动、合作共赢"。墨华联还成立了

---

① 刘汉标、张兴汉:《世界华侨华人概况(欧洲、美洲卷)》,广州:暨南大学出版社 1994 年版,第 260 页。

② 黎静:《墨西哥、厄瓜多尔华人社团的现状》,吕伟雄:《海外华人社会新透视》,广州:岭南美术出版社 2005 年版,第 87 页。

③ 转引自高伟浓:《拉丁美洲华侨华人移民史、社团与文化活动远眺》(下册),广州:暨南大学出版社 2012 年版,第 83 页;许宏治:《凝聚三千华人力量——记墨西哥蒂华纳市华侨协会》,《人民日报》,2004 年 2 月 3 日。

④ 黎静:《墨西哥、厄瓜多尔华人社团的现状》,吕伟雄:《海外华人社会新透视》,广州:岭南美术出版社 2005 年版,第 88 页。

艺术团，以墨西哥人喜闻乐见的形式不断推动着中墨两国的文化交流。

墨西哥侨情的一个显著特点就是华裔群体远比华侨华人群体庞大，而且他们还自立门户，成立了属于华裔自己的社团，如墨华协会、中墨联谊会等。这些已经是华人第二、三代甚至第四、五代以上，身上只有 1/2、1/8 乃至 1/16 中国血统的华裔。2013 年 11 月 24 日至 26 日，国务院侨办副主任马儒沛率团出席墨西卡利中华会馆成立 95 周年纪念活动。代表团先后走访了墨西卡利、蒂华纳市侨社，慰问和看望了华侨华人，视察了华文学校和华商企业，并与两地侨领座谈。

（四）华文教育

据记载，墨西哥最早的华人学校在 1929 年就诞生了。但是由于种种原因，这些学校都没有继续下去。[①] 中墨建交后，应墨方的邀请，1973 年，中国政府首次派出中国文化和汉语教学专业的教师到墨西哥学院任教。1977 年中墨达成协议，双方互派教师到对方国家从事语言教学工作。近年来由华侨华人或华裔举办的各种汉语学习班如雨后春笋般出现。目前墨西哥城规模最大的华文学校是华夏中国文化学院，其前身为原留墨学生周玲燕于 1999 年创办的墨西哥华夏中文学校，它也是在墨西哥开设的第一所民间中文学校。2006 年华夏中国文化学院与国家汉办合作建设的墨西哥城孔子学院，目前已是拉美规模最大的一所孔子学院，在校学生超过 2 500 人，已有上千名学生在这里毕业。[②]

近年来，在墨西哥，学习汉语不再是一种标新立异的行为，不仅华裔子弟将汉语作为"敲门砖"，而且越来越多的墨西哥人对中国文化以及汉语产生了浓厚的兴趣。2010 年，汉语教学正式被列为墨西哥教育部下属私立中小学校的必修课，成为英语以外的第二外语。据统计，墨西哥全国学习汉语的人已经超过两万，每年通过汉语水平考试的学生有近千人。[③]

（五）华人经济

自从 16 世纪"大帆船"贸易开始后，中国的商人就到达了美洲。19 世纪中国移民抵达墨西哥后，凭借艰苦的努力和创业精神成为墨西哥经济发展的一支重要力量，虽然在后来的排华浪潮中中国侨民的经济活动受到一定的打击，但很快就恢复起来。早期到墨西哥的华侨华人多为华工，主要受雇于筑路、矿产公司和农场。随着华侨华人结构的变化，华人职业逐渐转向商业和服务性行业。经过数十年的拼搏，一批华人和新华侨脱颖而出，他们或是通过创立财团成立跨国企业，或是在科研、教育、航天、农业等领域有突出表现，逐渐成为今天中墨两国经济贸易和民间交流的重要推手。[④]

改革开放以来，广大海外华侨华人依托中国的发展，在拓展自身事业的同时，也为住在国带来税收与就业机会，促进了当地经济社会的发展。如根据墨西卡利市政府提供的数据，华人的企业为当地创造了 6 000 多个就业岗位，同时每年华人企业向市政府、州政府上交大量的税款，当地侨胞还定期向政府捐赠衣服、被褥、食品等作为当地的救助资源储

---

① 冯秀文：《中墨关系》，北京：社会科学文献出版社 2007 年版，第 314 页。

② 《墨西哥城孔子学院院长：全身心投入中国文化传播》，新华网，2013 年 5 月 23 日。

③ 《探寻墨西哥的"中国元素"》，央视网，2013 年 6 月 4 日。

④ 根据《2011 华侨华人研究报告》、《海外华侨华人概述》相关资料整理，中国新闻网，2012 年 5 月 23 日。

备。华人的这些贡献得到了当地政府以及墨西哥人的肯定。[①] 又如号称"百货大王"的墨西哥华人首富李氏家族，经过三代人的努力，在墨西哥的连锁百货店已多达 250 家，成为墨西哥排名前三的连锁超市和百货业集团。李氏家族企业向多元化发展，涉及商贸、养殖、物流、体育、旅游、房地产等多个领域，还购买了两支深受墨西哥人喜爱的棒球队。[②]

四、墨西哥侨情预测

（一）中墨关系开辟新篇章，华侨华人喜迎新机遇

2013 年，在中墨两国新一届领导人的共同推进下，中墨关系提升为全面战略伙伴关系，双边关系面临历史性大跨越、大发展，也为广大侨胞在墨西哥的生存发展打下了坚实的基础，创造了新的历史机遇。墨西哥华侨华人欢欣鼓舞，信心倍增，将会更加积极主动地为两国的经济贸易合作充当助力器，为中墨两国关系友好发展发挥桥梁纽带作用；同时，随着两国各领域交流合作的进一步拓展与深化，将会有更多的中国企业及各界人士涌入墨西哥，从长远来看，在墨西哥华侨华人的结构将发生变化，总数将呈上升趋势。

（二）华侨华人民族自豪感提升，参与住在国事务意识增强

祖（籍）国的日益强大，两国关系的不断升温，墨西哥领导人的亲华政策，都将有力提升华侨华人作为华夏子孙的自豪感，对于华侨华人自我形象塑造以及参与住在国事务的意识将会增强。2013 年 10 月墨西哥华侨华人社团联合总会在首都墨西哥城宪法广场举办活动，代表墨西哥城的华侨华人向遭受飓风"英格丽德"和热带风暴"曼努埃尔"气象灾害影响的地区捐赠相关救灾物资就是典型的例子。

（三）"美国梦"不再独领风骚，"中国梦"将与"美国梦"展开 PK

早年来到墨西哥的华人，与包括美国华人在内的各族裔一样，大多拥有一个"美国梦"。墨西哥 80% 的华人把自己的孩子送到美国，把上一辈无法实现的"美国梦"寄托在下一代身上；事业有成的企业家和侨胞，都把在墨西哥赚来的钱花在了美国。"在靠近美国的边境城市蒂华纳，大多数华人干脆把自己的家安在了圣地亚哥，白天开车到墨西哥上班，晚上又回到美国的家园。"

习近平主席描绘的"中国梦"伴随着一系列强有力的治国强国、为民富民举措，让全球华人看到了中华民族伟大复兴的光辉前景，在墨西哥的华侨华人中产生了广泛的影响。墨西哥国立理工大学终身教授汪恩涛在接受新华社记者采访时说，习近平总书记提出的"中国梦"道出了中华儿女的心声，令所有中国人振奋。现为墨西哥外贸、投资和技术企业理事会亚太区委员会主席的墨西哥前驻华大使、华裔外交官李子文认为："无论是海外华侨华人，还是身在国内的中国公民，'中国梦'是全世界华人共同的期待。"[③]

在今后相当长一段时间内，在墨西哥华侨华人中，"中国梦"将和"美国梦"展开

---

① 《墨西哥荒漠中的"东方明珠"——墨西卡利市》，新华网，2009 年 3 月 18 日。
② 《墨西哥华人首富李氏家族：赌气一"漂"成百货大王》，《广州日报》，2013 年 9 月 5 日。
③ 高睿：《墨西哥华人的"美国梦"：将赚来的钱都花在美国》，中国新闻网，http://www.chinanews.com/hr/2013/06 – 07/4904716.shtml，2013 年 6 月 7 日。

PK。笔者认识的一些墨西哥事业有成的华商，已经开始将子女送回中国深造或学习中文，更有一些有远见的华商，选择在中墨而不是美墨两边安家，将分公司办到国内，让子女边经营边学习中文，开始编织"中国梦"。

（四）汉语热、中国文化热将持续升温，华侨华人社团作用将更加凸显

由于中墨两国全方位合作的日益紧密，需要更多熟悉两国文化和国情的中文人才，汉语热、中国文化热将持续升温。一方面，华侨华人自身或其子女将会更加重视中文能力的提高；另一方面，想和中国做生意的商人，想去中国深造的大学生，或希望到中国工作的职业外交官，或仅仅是出于兴趣想了解中国的墨西哥人会更加积极主动地学习中文和中国文化。

墨西哥国立自治大学孔子学院中方院长孟爱群说："我们曾经做过一个针对墨西哥人学习中文目的的调查，发现大部分学习汉语的墨西哥人并不是刻意为某个迫在眉睫的任务或目的而临时'抱佛脚'，他们几乎全都是中国文化的爱好者，甚至一些学生全家人都为中国文化着迷。"①

笔者曾两次到访墨西哥，发现墨西哥人非常喜爱中餐。据了解，在一些城市，去中餐馆就餐已不仅仅是一种习惯，还是墨西哥人节日或举办庆祝活动的首选地点。而且，在不少中国餐馆，除老板外，服务员和顾客基本上都是当地人。另外，在首都墨西哥城以及墨西卡利、蒂华纳等城市，人民币可以和美元及当地货币一样使用，不仅因为中国餐馆和超市多，还因为墨西哥人认为人民币可以保值。

墨西哥西北地区华侨联合总会常务副会长欧阳民先生在当地出资支持兴办的几所中华武术学校的学习者都是当地人。2011 年，下加利福尼亚州首府墨西卡利举办一年一度的全市民众狂欢的太阳节，头一次邀请华人社团大规模参加太阳节活动。参加太阳节中国展区表演的所有演员都是在当地侨领创办的中国文化中心学习的墨西哥学员。太阳节历时 16 天，他们每天表演两场，共表演了 300 多个节目，包括舞龙舞狮、滑稽戏、火棍舞、杂技、太极拳等充满浓郁中国文化色彩且墨西哥人感兴趣的节目。②

五、结论

（一）以侨为"桥"，促进中墨人文交流

墨西哥是拉美国家中和中国文化教育交流最为频繁的国家，著名的"海上丝绸之路"在促进两国贸易的同时，推动了双方文化交流。但目前中墨两国人民对彼此的了解仍比较匮乏。双方在加强政治对话，深化经贸合作的同时，应扩大人文交流，推动两国各领域友好合作继续深入发展，造福两国人民。在这方面，墨西哥华侨华人的作用不可替代。

一是应用好现有华侨华人社团已搭建的平台，如中文学校、中华文化中心、中国武术、舞蹈培训班等，使之发挥中墨文化交流的推进剂作用。

二是利用两国政府已搭建的文化交流平台，请华侨华人牵头"唱戏"。如中国的孔子

---

① 《探寻墨西哥的"中国元素"》，央视网，2013 年 6 月 4 日。
② 《欧阳民：致力于中墨文化交流的热心人》，中国网，2013 年 11 月 20 日。

学院、墨西哥的塞万提斯艺术节等，也可通过举办中墨文化年（周）、各类画展及学术讲座和艺术团体的互访等活动，进一步发掘华侨华人甚至华裔的能量潜力，请他们演主角、唱大戏，达到润物无声之效果。

三是通过华侨华人精英的牵线搭桥，促进高层次或相关专业人士往来。如美国百人会组织美国专栏作家到中国考察，墨西哥侨领欧阳民先生亲自带领墨西哥全国教育工会等团体到中国旅游访问等，都是值得借鉴和推广的做法。这类活动既不同于政府部门组织的官方访问，也不同于纯粹观光的个人旅游，参与者通过各自的视角，向本国民众客观、全面地介绍自己的访问印象和真实感受，可以更好地达到增信释疑、促进了解之效果。其实上任后极力促进中墨友好关系的墨西哥总统培尼亚·涅托本人就是一个非常有说服力的例子，他在担任州长期间，就曾三次到访中国，对中国有一定的了解和好感。

四是通过加大互派留学生的力度，在促进华侨华人社会多元发展的同时加强人文交流。目前中国在墨西哥的留学生与其邻国美国相比少得可怜。尽管今后中国每年将有100名公派留学生去墨西哥，比原先的30多人翻了两番，但即便加上自费留学生仍非常有限，墨西哥来华留学情况也基本如此。笔者认为，可采取多种有效措施扩大双方互派留学生的规模，如发挥中国政府奖学金的引领作用，借鉴美国富布莱基金会的做法，以及鼓励有条件的高校开展冬夏令营、文化之旅等短期校际交流项目，在扩大人文交流的同时，培养一批像埃塞俄比亚前国会议长穆拉图和泰国公主诗琳通那样知华、友华并主动充当友好使者的墨西哥本土人士。

此外，还应着力促进墨西哥华文传媒的发展。墨西哥华侨华人数量少，华文传媒发展滞后。十多年前，墨西哥华人女律师阚凤芹编撰了墨西哥第一份中文报纸《中国人商会会刊》，在促进贸易的同时弘扬华人"与人为善"的处世之道，促进华人之间的凝聚力。[①]2007年，墨西哥《财经日报》与墨西哥中华文化学院合作成立中文网站，属墨西哥首个中文网站。网站为中国商人提供在墨西哥经商的信息，并设立学习汉语栏目，介绍中国文化。[②]2013年11月29日，中国新华新闻电视网（CNC）西语网站在墨西哥众议院举行开播仪式。笔者认为，应以中墨建立全面战略伙伴关系为契机，采取多种形式促进墨西哥华文传媒的建设发展，如开拓对墨西哥的中文传播平台，重点外宣媒体在墨西哥落地，与墨西哥主流媒体建立常态合作机制等，在促进两国人文交流，增进两国人民相互了解和友谊的同时，提升中国的话语权及国际影响力。

（二）重视墨西哥侨情特点，注意发挥华裔群体的作用

墨西哥华侨华人总数虽然不多，但由于历史等方面的原因，却拥有一个庞大的华裔群体。尽管他们从外貌、语言、文化各方面已经与华侨华人有很大区别，但内心仍有着强烈的中华民族的认同感，他们对自己身上的中国血统深感自豪，尤其是他们普遍受过良好教育，有一份体面的工作，已基本融入主流社会。对于这一群体，以往国内相关部门并没有给予足够的重视，他们想为中国文化传播、为促进中墨两国的了解和友谊尽力的愿望较难实现。笔者认为，应因势利导，发挥他们与主流社会沟通的潜力和便利，通过举办各类不

① 伍海燕：《专访：久负盛名的墨籍华人女律师阚凤芹》，新华网，2012年3月5日。
② 《墨西哥媒体与中国学校合作成立墨西哥首个中文网站》，国际在线，2007年4月26日。

同团体的联谊联欢、商务交流等活动，拓展传播中华文化的渠道，促进两国在经济、文化诸方面的交流合作；也可邀请他们回祖籍地开展寻根访问等活动，增加对改革开放后中国的认识和了解，以更好地发挥民间大使的作用。如墨西哥首都大学有一位名叫李若斯的学者，她的丈夫是一位华裔。她在多次到访中国后说，从和中国的交往来看，15 世纪是西班牙人的，16 世纪是荷兰人的，17 世纪是法国人的，18 世纪是英国人的，19 和 20 世纪是美国人的，但是现在和未来都是属于中国人的。她认为，中国的经济和政治都非常稳定，中国一定会成为世界第一，就像曾经的美国一样。①

（三）加大对墨华文教育支持力度，为深化全方位合作奠定基础

2013 年 3 月 6 日，墨西哥驻广州总领事戴维·纳赫拉·里瓦斯在广州表示："鉴于中国访客量逐年增加，墨西哥将开始对中文导游进行认证，参加考试的导游需有当地导游证，还需学习中国的传统历史文化、风俗习惯及旅游产业知识，墨西哥当地导游和外国导游均可报名。"② 这从一个侧面反映出墨西哥的华文教育将出现更加广阔的空间。

在加大力度办好已有孔子学院的同时，应加强对墨西哥已有中文学校的支持，如增派中文教师或志愿者，帮助培训中文教师（包括学历教育和短期培训），组织编写本土化教材等；还可根据形势发展需要和不同人群需求，开办"中文加专业"培训班，或"中文加认证"短训班等，为未来从事导游、法律、经贸、外交等方面的人才提供实实在在的服务，为深化两国各领域合作奠定基础。

---

① 《探寻墨西哥的"中国元素"》，央视网，2013 年 6 月 4 日。
② 《墨西哥将认证中文导游　望今年中国游客增三成》，中国新闻网，2013 年 3 月 6 日。

阿根廷

近年来，充满机遇的阿根廷成为中国移民的首选地之一。随着中阿关系的深入发展，在阿根廷的华侨华人与祖（籍）国的联系不断加强。活跃于中阿之间的华侨华人在获得难得的发展机遇的同时又面临着严峻的挑战，这主要是由阿根廷目前的国情决定的。复杂的生存环境——经济萎缩、社会治安不靖，使阿根廷华侨华人面临挑战。相信随着阿根廷经济、社会状况的好转，华侨华人的生存状态也将有所改善。

一、阿根廷国情与中阿关系

（一）阿根廷国情

阿根廷概况

国家全名	阿根廷共和国	地理位置	位于南美洲南部	领土面积	278.04 万平方公里
首都	布宜诺斯艾利斯	官方语言	西班牙语	主要族群	白人、印欧混血种人、印第安人
政体	联邦共和制	执政党/主要反对党	正义党/激进公民联盟、广泛进步阵线、共和国方案联盟	现任总统	克里斯蒂娜·费尔南德斯·基什内尔（女）
人口数量	4 011 万（2010年）	华侨华人人口数量	12 万（2010 年）	华侨华人占总人口比例	0.16%
GDP/人均 GDP	4 358.4 亿美元/10 871 美元①（2011 年）	CPI	10.9%②	失业率	6.4%③

资料来源：表中部分数据来自百度百科、维基百科。

---

① 《阿根廷 2011 年宏观经济数据》，中华人民共和国驻阿根廷共和国大使馆经济商务参赞处网，http：// ar. mofcom. gov. cn/article/zxhz/tjsj/201204/20120408095083. shtml。

② http：//www. ometal. com/bin/new/2014/1/17/other/201401171544747432532. htm。

③ 中华人民共和国外交部网站，http：//www. fmprc. gov. cn/mfa_chn/gjhdq_603914/gj_603916/nmz_608635/1206_ 6086371。

（二）中国与阿根廷关系的新发展

自 1972 年中阿建交以来，双边贸易额不断增长，经贸合作日益深化。据中国海关统计，2012 年双边贸易额为 144.25 亿美元，其中中方出口 78.70 亿美元，进口 65.55 亿美元。[①] 据阿根廷统计局统计，2013 年 1—6 月（2013 年全年的数据还未统计出来），双边贸易额达到 78.8 亿美元，增长 21.1%。其中，阿根廷对中国出口 26.4 亿美元，占阿根廷出口总额的 6.9%；阿根廷自中国进口 52.4 亿美元，占阿根廷进口总额的 14.6%。中国为阿根廷第二大出口市场和第二大进口来源国。[②] 中国主要出口机械设备、电器和电子产品、计算机和通信设备、摩托车、纺织服装等商品，主要进口大豆、豆油、原油、皮革等商品。[③]

2004 年 11 月，阿根廷宣布承认中国的市场经济地位。双方迄今已举行了 19 次经贸混委会会议，在 2013 年的第十九次经贸混委会会议上，双方代表团就双边贸易、相互投资和经济合作等议题交换了意见。其间，双方还召开了中阿经贸互补性、交通基础设施和矿业合作工作组会议。

随着中阿关系的深入发展，科教文卫方面的合作也在不断增强，中国和阿根廷在科技、文化、教育、新闻等方面都签有相关的合作协议。自建交以来，中阿双方互相在对方国家举办了各种文化活动，且这些活动都获得东道主相关单位的协助和支持。2008 年 10 月，中国和阿根廷政府代表签署了《2008—2012 年度两国文化合作执行计划》，到目前为止，双方已签署 9 个双边文化交流执行计划。2013 年，阿根廷相关部门协助中国驻阿根廷大使馆在阿根廷各地举办"中国文化周"。此外，"汉语桥"世界中学生中文比赛、中国电影周在阿根廷也受到极大的欢迎。2013 年 4 月，在阿根廷文化领域级别最高、规模和影响力最大的贸易展览会——阿根廷文化产业交易会期间，中国文化部代表团成员举行了中国专题报告会。[④] 在科技方面，双方迄今已举行了 7 次科技合作混委会会议。2013 年 6 月，阿根廷科技部部长巴拉尼奥来华出席中阿政府间科技合作混委会第七次会议。[⑤]

总的来说，近年来中阿政治关系、商贸和科技文化交流发展良好，双边合作有新的进展。中阿政治关系的良好发展，是两国互信增进的表现，是旅阿华侨华人在住在国生存发展的重要保障，也是在目前阿根廷治安不靖而对华侨华人的商业经营造成恶劣干扰的严峻形势下，中阿两国政府仍能够在高度互信的基础上，携手联合打击跨国犯罪、保障旅阿华侨华人人身安全的重要前提。

---

① 《中国同阿根廷的关系》，中华人民共和国外交部网，http：//www.fmprc.gov.cn/mfa_ chn/gjhdq_ 603914/gj_ 603916/nmz_ 608635/1206_ 608637/sbgx_ 608641/，2013 年 6 月。

② 《2013 年 1—6 月阿根廷货物贸易及中阿双边贸易概况》，国别报告网，http：//countryreport.mofcom.gov.cn/re-cord/view110209.asp？news_ id=35411。

③ 《中国同阿根廷的关系》，中华人民共和国外交部网，http：//www.fmprc.gov.cn/mfa_ chn/gjhdq_ 603914/gj_ 603916/nmz_ 608635/1206_ 608637/sbgx_ 608641/，2013 年 6 月。

④ 《阿根廷文化产业交易会举行中国专题报告会》，中华人民共和国驻阿根廷大使馆网，http：//ar.chineseembassy.org/chn/whyjy/t1031328.htm，2013 年 4 月 15 日。

⑤ 《中国同阿根廷的关系》，中华人民共和国外交部网，http：//www.fmprc.gov.cn/mfa_ chn/gjhdq_ 603914/gj_ 603916/nmz_ 608635/1206_ 608637/sbgx_ 608641/，2013 年 6 月。

二、华侨华人的生存与发展概况

(一) 当代移民概观

中国人移居阿根廷已有 100 多年的历史。最初到阿根廷的中国人是从南美其他国家移迁过去的，人数较少。20 世纪上半叶，中国台湾、香港及内地的一些中国人陆续移民到阿根廷，但这一时期的人数也不多，主要是携带资金到阿根廷发展的商人。在 20 世纪五六十年代，一批中国移民来到阿根廷，他们惨淡经营，靠经营餐厅与杂货铺白手起家，逐渐站稳脚跟，打下基业。1972 年中阿建交时，阿根廷华侨华人约有 700 人，直到 1980 年，才增至 1 200 人。到 1999 年，阿根廷华侨华人增至 3 万人左右，其中 1.8 万人来自台湾。[①]阿根廷内政部移民局提供的数字显示，在 2005—2006 年期间，阿根廷华人移民数量在 6 万人左右。2010 年，阿根廷华人总数约有 12 万。[②] 2013 年的情况尚不详。由此可知，中国人大规模移民阿根廷是在 20 世纪 90 年代以后，尤其是 21 世纪初阿根廷经济的高速发展，吸引了大批中国移民。据估计，在阿根廷的华侨比例中，内地侨胞已占到总数的 85%左右，[③] 其中人数最多的是福建人。福建人是通过网络状移民方式增长起来的，因为福建移民的初始基数大，后来的网络渠道多，增速又快，故其总人数远超过其他省籍的华侨华人。

阿根廷华侨华人最初主要集中分布在首都布宜诺斯艾利斯及其近郊。但近年来，有些华侨华人也陆续移居比拉尔、马德普拉斯、科尔多瓦、罗萨里奥和拉普拉塔等地方。[④]

阿根廷华侨华人文化生活的一个突出特点，就是基本上保持了中国内地特色，具体来说就是保持着浓厚的福建地方文化特色。由于阿根廷新移民人数多，容易形成一个强大的乡邑文化场，加上他们来阿根廷的时间较短，作为第一代移民，尚未掺杂多少当地文化的元素。

阿根廷的新移民在知识文化水平、经济实力、商业意识等方面都胜过老华侨华人，故在充满发展机遇的阿根廷，新移民可以更好地施展身手。在职业方面，新移民已开始步入律师、医生、会计师、记者、翻译等专业领域。这些人在发展自身的同时，也十分注重为侨界服务，成为华侨华人社会的主力军。阿根廷华人社团的领导大多为这一代的中青年。

阿根廷华人参与阿根廷政治的生活可以说是才刚刚开始，已加入阿根廷国籍的华人已有参与投票意识，而新移民则对阿根廷的选举投票制度没有多少了解，在 2011 年布宜诺斯艾利斯市市长的选举过程中很少有华人参与投票的报道。据阿根廷华人在线报道，目前的阿根廷华人大多数还处在政治参与的沉睡期，尽管少数华人拥有投票权，但政治参与的

---

① 白俊杰：《阿根廷华侨华人概况》，周南京：《华侨华人百科全书·历史卷》，北京：华侨出版社 2002 年版，第 1 页。

② 《阿根廷华人总人数已达 12 万》，《江门日报》，http：//e. jmnews. com. cn，2010 年 10 月 11 日。

③ 《阿根廷中国街两岸侨胞迎新春　龙点睛揭新篇》，中国新闻网，http：//www. chinanews. com/hr/mzhrxw/news/2008/02 - 09/1159540. shtml，2008 年 2 月 9 日。

④ 《阿根廷华侨华人概况》，国务院侨务办公室网，http：//www. chinaqw. com/node2/node3/node52/node54/node59/userobject7ai262. html，2004 年 9 月 21 日。

进程很缓慢。①

（二）经济发展现况

中国改革开放后，一批又一批的中国人来到阿根廷，他们中以福建人居多。福建人当初是以"一个带一个，一批带一批"的"网络方式"来到阿根廷并迅速壮大起来的。当初，他们大多是赤手空拳出去，"一个包袱，一把雨伞"是对他们的形象比喻。来到阿根廷后，他们很好地抓住了阿根廷的商机，尤其是超市业兴起的难得机遇。当时正值国际化大超市进入阿根廷的时候。开超市资金回笼快，语言要求也不高，于是，许多移民便抓住机遇，进军超市并取得成功。他们先从打工开始，一个比索（阿币）一个比索地积攒，继而小本经营，逐渐发展，建立起自己商业的半壁江山。

首都布宜诺斯艾利斯的超市有九成是福建人开的。20 世纪 90 年代，阿根廷的华人超市只有数百家。但据阿根廷华人超市公会统计，到 2011 年，华人超市已超过一万家，年销售额达 59.8 亿美元，约占超市业销售总额的 37%，在行业内居领先地位。华人超市销售的食品、饮料和清洁用品占全国同类产品销售额的 15%。②阿根廷华人超市公会 2011 年 8 月 5 日公布的报告称，目前阿根廷的华人超市中，营业面积在 250 平方米以上的有 9 800 家，营业面积在 250 平方米以下的小超市数量在 200 家以上。华人超市平均每天的营业额在 1 914 美元左右。报告分析说，阿根廷首都和附近地区的华人超市已接近饱和，因此目前华人超市正向阿根廷内地中小城市发展。③

阿根廷华人超市公会秘书长米格尔·卡尔维特说，现在阿根廷新开张的华人超市中，60% 集中在人口少于 3 万人的小城市，目的是避免华人超市在大城市过于集中而造成同业恶性竞争，引发当地商家和居民的不满。④ 华侨华人所采取的对策也是值得赞赏的，他们更多地选择买下当地的商家进行营业，而不是开更多的超市与之展开竞争。当然，华人超市业经营者在经营中还须更妥善地处理好与居住地民族的关系。这就需要正视华人超市存在的一些问题。例如，一些华人超市采取不公平竞争手法、超市商品售价低于成本价、销售没有卫生证明的商品、肉摊没有营业许可证，以及雇用黑工、员工居住条件不符合规定等问题，都应予以正视。

华人超市的一个新现象是雇用华人作为超市员工。据分析，主要原因有两个，一是华侨华人已逐步掌握阿根廷的语言以及货币常识；二是可以减少与当地人的冲突。因为这些员工来自同一家族，或是同乡，彼此间没有文化冲突，能够很快就互相适应，因此，不必通过当地工会组织解决问题。此外，大多数华人超市将牛肉摊和蔬菜摊转租给当地阿根廷人，此举既降低了经营成本，也缓和了与当地人的矛盾。⑤

———————

① 《千里之行始于足下　看阿根廷华人参与大选投票"试水"参政之路》，阿根廷华人在线网，http://www.51argentina.com/? viewnews-22736，2011 年 10 月 28 日。

② 张红：《阿根廷华人超市——该如何成功"打黑"？》，《人民日报》（海外版），2011 年 9 月 28 日第 6 版。

③ 《阿根廷华人超市数量超过 1 万家》，新华网，http://news.xinhuanet.com/world/2011 - 08/06/c_121821752.htm，2011 年 8 月 6 日。

④ 《阿根廷华人超市数量超过 1 万家》，新华网，http://news.xinhuanet.com/world/2011 - 08/06/c_121821752.htm，2011 年 8 月 6 日。

⑤ 《相互了解无文化冲突　阿根廷华人超市多雇用华人》，新华网，http://news.xinhuanet.com/overseas/2010 -11/20/c_ 12797187.htm，2011 年 11 月 20 日。

大体来说，近十多年来，阿根廷华人超市取得快速发展，已形成一种特殊的发展模式。2007 年，阿根廷华人超市业的营业额已达 75 亿比索（约合 24 亿美元），超过了家乐福等国际大型超市连锁企业。[①] 到 2013 年 5 月，阿根廷华人超市已经达到 10 700 家，占阿根廷超市业的 79.8%，阿根廷商业服务工会的数据显示，1/3 的基本消费品是在华人超市出售的。[②]

阿根廷华侨华人所从事的重要行业还有餐饮和杂货业，此外，还涉及百货、旅游、娱乐、美容、工艺礼品、钟表、眼镜、皮货、皮革制作、金银首饰、服装、五金、食品（有兴化米粉、豆腐制品等），以及农产品批发和洗衣行业等等。餐饮业一度十分饱和，导致一些餐馆停业或转业。早在大多数移民从事超市和餐饮行业时，就已有人瞄准商机，另辟蹊径，果敢地叩开了中阿进出口贸易的大门。如今，在阿根廷到处可看到中国商品，尤其是轻工产品，其中中国玩具占了阿根廷市场份额的 90%。[③]

总体上看，阿根廷华侨华人从事的行业主要为超市、餐饮、洗衣等服务性行业，以及进出口贸易、种植、加工等农工商业。据不完全统计，华侨华人经营的餐馆、超市和进出口贸易分别占当地的 29%、19%、24%。[④]

阿根廷华人经济也存在着一些问题，在经济结构上，主要集中在第三产业，产业机构单一，同行竞争激烈；在经营管理方面，多为家庭经营，应对风险的能力较弱，少数华人存在违规经营的现象；在长期发展战略上，缺乏自主品牌，未形成规模化经营。

近年来阿根廷的经济形势对当地华侨华人产生了重大冲击。受国际金融危机的影响，自 2009 年以来，阿根廷经济开始大幅下滑。2009—2012 年的经济增长速度分别为 0.85%、9.19%、8.87%、1.9%，[⑤] 2009—2012 年的通货膨胀率分别为 6.28%、10.78%、9.47%、10.03%。[⑥] 2012 年阿根廷经济增长速度放缓，但通货膨胀形势严峻，物价上涨对民生产生了重大影响。由此可知，阿根廷近几年的经济发展跌宕起伏，通货膨胀率居高不下，总体来看经济处于下滑状态。在经济萎缩的情况下，阿根廷社会面临着民众不满情绪增长及社会治安恶化等问题。

阿根廷经营环境的恶化，主要表现为严重的通货膨胀。这对在阿华人产生了重大影响。首先，华人超市开始萎缩。由于居民消费下降，不少商家出现商品积压现象。经济不景气导致社会问题不断出现，华人超市在面对民众不满的同时，还要应对可能遭受哄抢的风险。与此同时，为了稳定物价，阿根廷政府采取了各种限价措施，其中的超市限价政策削弱了华人超市的竞争优势，阿根廷经济降温是导致华人超市萎缩的重要原因之一。

中餐馆也遭到以偏概全的负面指责。例如，2013 年 9 月阿根廷美洲电视台播出一期名

① 《在南美打拼的华侨华人——走马观花巴阿秘系列之十八》，人民网，http：//book. people. com. cn/GB/69399/107426/181587/11008925. html，2010 年 2 月 23 日。

② 《阿根廷近八成自助超市为华人超市 已超过万余家》，中国新闻网，http：//www. chinanews. com/hr/2013/05 – 27/4858760. shtml，2013 年 5 月 27 日。

③ 黄文麟：《棒哉，旅阿闽人敢拼会赢——赴阿根廷考察有感》（下），福建省企业与企业家联合会网。

④ 广东海外侨务资源调研组南美线小组：《南美地区侨务资源调研报告》。

⑤ 《全球宏观经济数据 – GDP 年增长率》，新浪财经，转引自世界银行网，http：//finance. sina. com. cn/worldmac/indicator_ NY. GDP. MKTP. KD. ZG. shtml。

⑥ 《全球宏观经济数据按 CPI 计通胀年增率》，新浪财经，转引自世界银行网，http：//finance. sina. com. cn/worldmac/indicator_ FP. CPI. TOTL. ZG. shtml。

为"中国城和腐烂食品"的新闻节目,并得出华人食品卫生"脏、乱、差"的片面性的结论报道。[①]

目前阿根廷经济不景气,华人进出口业也未能幸免。为了扭转贸易顺差减少趋势,减少资金外流,2012 年 2 月 1 日阿根廷实施了限制进口新措施,2013 年阿根廷政府继续坚持实行这一措施。根据这一新措施,阿根廷进口企业需要向联邦公共收入管理局和经济部同时进行提前申报,提交进口产品及进口商的详细资料,获得批准后才可以办理进口手续,向中央银行购买进口贸易所需的美元。[②] 这一措施的实施,使华商也遭受重大冲击。从事进口商品批发和零售业务的华商,其大部分产品是从中国进口的。阿根廷政府实行的进口限制措施导致华商的进口业务深受影响,库存越来越少,物价逐渐被提高,经营也变得日渐困难。2012 年 6 月 12 日,阿根廷首都布宜诺斯艾利斯第 11 区的商家举行罢市,华商也积极加入,抗议政府实施的进口限制措施。[③]

近年来华人超市的发展面临威胁。目前在阿华侨已达 12 万,其中多数从事超市行业,一般一个华侨家庭经营一家或几家中小型超市。华人超市一般开在普通居民区,或者开在连锁超市不愿进入的贫困城区,所以一旦发生哄抢行为,华人超市很容易就成为攻击目标。2012 年底,阿根廷罗萨里奥、巴里洛切及布宜诺斯艾利斯周边地区曾发生哄抢超市和电器店风潮,几十家华人超市遭哄抢。2013 年,又多次发生针对华人超市的哄抢事件。先是 1 月 30 日晚,门多萨省首府一家华人超市遭上百人哄抢。6 月 9 日,在阿根廷秋季甲级联赛的比赛中,独立队在河床主场败给河床队,面临降级,独立队球迷借机闹事,并在首都布宜诺斯艾利斯市贝尔格拉诺区中国城破坏和抢劫了一些华人商家,场面一片混乱。一些商家表示,中国城从来没有发生过类似的事情。11 月底开始,阿根廷多省发生哄抢行为,持续时间达两周多。由于阿根廷 80% 的超市都由华人掌控,阿根廷华人在此次劫掠中受损惨重。事件起因于警察为争取加薪而罢工,不法分子趁机洗劫大小超市,政府不得已出动宪兵镇压。阿根廷政府在 12 月 11 日决定,在已经向全国派出 1 万名宪兵的基础上,增派更多联邦警察和宪兵前往各省,对有可能发生骚乱的地区进行"预防性巡逻",重点对超市进行保护。2013 年骚乱和商店哄抢的背后,既有长期积累的社会矛盾,也有短期诱因。针对此事,中国外交部于 12 月 12 日宣布启动应急预案,要求阿方采取有效措施遏制针对华商超市的哄抢行为,切实保障在阿中国公民的人身财产安全与合法权益。[④]

三、华侨华人社团概况

阿根廷华侨华人社团建设出现得较晚,20 世纪 70 年代阿根廷华侨华人才开始陆续组织社团。到 2000 年,阿根廷共有华侨华人社团组织 50 多个。[⑤] 目前,可在网上查看到其

---

① 《阿根廷电视台以偏概全报道中国城卫生差 被指抹黑》,中国新闻网,http://www.chinanews.com/hr/2013/09-10/5267629.shtml,2013 年 9 月 10 日。

② 《阿根廷实施限制进口新措施》,新华网,http://news.xinhuanet.com/world/2012-02/02/c_111479992.htm,2012 年 2 月 2 日。

③ 《阿根廷华商抗议政府进口限制措施》,中华人民共和国商务部,http://www.mofcom.gov.cn/aarticle/i/jyjl/l/201206/20120608178067.html,2012 年 6 月 14 日。

④ 《哄抢风潮席卷阿根廷》,《环球时报》,2013 年 12 月 10 日。本文对此事件的观察截至 12 月 13 日。

⑤ 国务院侨办侨务干部学校编著:《华侨华人概述》,北京:九州出版社 2005 年版,第 156 页。

活动的社团有 40 多个，这些社团是比较活跃的，能够在一定程度上反映出阿根廷华人社团的基本情况。

阿根廷华人社团可分为以下几类：

（1）全侨性社团。有阿根廷华侨华人联合总会、阿根廷中华工商企业联合总会（一般以"两总会"的名义联袂出现）。

（2）政治性社团。主要是阿根廷中国和平统一促进会。

（3）地缘性社团。以同乡会为代表。阿根廷华人根据不同的祖籍地，共成立了 21 个同乡会（也称联谊会）。它们分别为阿根廷六堆同乡会，阿根廷台湾客家同乡会，阿根廷台湾侨民联谊会，阿根廷安徽同乡会，阿根廷福建同乡会，阿根廷兴化同乡联谊总会，阿根廷连江同乡会，阿根廷上海同乡会，阿根廷广东同乡联谊会，阿根廷平潭同乡会，阿根廷华侨福清同乡会，阿根廷华侨长乐同乡会，阿根廷福清同乡联谊总会，阿中福清会馆，阿根廷广东、广西华侨华人联谊总会，阿根廷温州同乡会，阿根廷华侨闽南同乡联谊总会，阿根廷江西同乡会，阿根廷福州十邑同乡会，阿根廷北京同乡会，阿根廷东北三省同乡联合会。

（4）商业社团。阿根廷华人为了自身发展成立了多个商业社团，目前仍在活动的社团有 12 个，分别为阿根廷华人超市公会、阿根廷华侨商会、阿根廷华人进出口商会、阿根廷三福企业商会、阿根廷拉普拉塔华商联谊会、阿根廷经贸文化交流促进会（偏重经贸）、阿根廷浙江商会、阿根廷广东广西华侨商会、阿根廷中华工商企业联合总会、阿根廷华侨东北商贸促进总会、阿根廷台湾商会、阿根廷台湾商会青商会。

（5）文化社团。目前可以寻查到的有 6 个文化社团，分别为阿根廷中国绵拳协会（亦称阿根廷中华武术协会）、阿根廷中国文化艺术协会、阿根廷中国文化协会、阿根廷侨校教师联谊会、阿根廷中华针灸学会、阿根廷首都武术协会。

可见，阿根廷华侨华人的各类型社团以同乡会和商会为主，特别是以福建籍的同乡会和商会为主，而福建籍的这两类社团多是难分彼此的，或者说是"你中有我，我中有你"（以侨团领袖的"双肩挑"为重要特征）。这种情况有利于侨团的意见统一与行动整合。

值得重视的是，历史上形成的阿根廷大陆侨团和台湾侨团之间的隔阂尚存，独自举办活动，如台湾侨团举办"全侨运动会"，在这一盛会中并无大陆侨团的身影，这也是阿根廷侨界需要正视的问题。

四、华文（汉语）教育、中华文化传播与华文媒体简况

在华文教育方面，台湾侨胞曾经走在前列，在布宜诺斯艾利斯市台湾侨胞创办了 4 间中文假日学校，分别是中观侨联中文学校（1973 年）、新兴中文学校、爱育中文学校（1999 年）及华兴中文学校（1986 年）。其中，侨联、新兴及爱育中文学校是每周六上课，华兴中文学校是周六、周日都上课，设有幼儿部、小学部、初中部、高中部、阿人班。2012 年，华兴中文学校一共有 31 个班，学生有 517 名，教职工有 72 人。①

阿根廷富兰克林中文学校的前身是富兰克林语言中心，是阿根廷华人于 1994 年创立

---

① 《阿根廷华兴中文学校》，http：//www. hwashin - cultuarte. com/asociacultuartec/。

的一家私立语言学院，起初以教授英文为主。为了弘扬中华文化，给华裔子女提供学习中文及讲普通话的机会和环境，学校于 1998 年开设了中文班。截至 2012 年，该校拥有 14 个班级，超过 300 名学生。[①] 2012 年，该校荣获中国国务院侨务办公室授予的"海外华文教育示范学校"称号。

为了使更多的华侨子弟能够接受华文教育，阿根廷侨界设立了"希望华文教育基金"。该基金由阿根廷华商协会和江西同乡会会长罗超西捐资成立，用于学校推广中华文化及中文教育。而随着世界网络华文教育的发展，2011 年阿根廷华文教育网也开始上线运作，成为阿根廷首个专门推广中文教学和中国传统文化的网络平台。[②] 这是阿根廷华文教育的转折点。除此之外，华侨华人开办的中文补习班也不在少数，但这些大多属于汉语基础班。

阿根廷已有的孔子学院为布宜诺斯艾利斯大学孔子学院、拉普拉塔国立大学孔子学院。前者于 2009 年 5 月开始运行。2011 年 6 月，该孔子学院成功承办"2011 年伊比利亚美洲地区孔子学院联席会议"，受到广泛好评，这在很大程度上提高了其在阿根廷和周边国家的知名度和影响力。[③] 后者成立于 2009 年 11 月 17 日。2010 年 10 月 1—8 日，中国驻阿根廷大使馆、拉普拉塔国立大学孔子学院和拉普拉塔博物馆基金会共同主办"中国文化周"，孔子学院举行了一系列活动。[④] 2012 年 4 月 24—29 日，在中国驻阿根廷使馆文化处、拉普拉塔市政府支持下，作为庆祝中国阿根廷建交 40 周年系列活动之一，西安外国语大学—阿根廷拉普拉塔国立大学孔子学院在当地市政府的马尔维纳斯文化中心举办"中国文化周"活动。此外，阿根廷还有不少中文学校。

阿根廷民众积极地参与文化体验，对古老的中华文明充满了向往。中阿两国的文化交流内容丰富、形式多样，促进了两国民众的友谊和相互了解。近年来中国在拉美国家举办的中国文化活动丰富多彩，阿根廷可说是最受"青睐"的南美国家之一。例如，2012 年 4 月，在阿根廷总统克里斯蒂娜的家乡拉普拉塔市举行包括书法、绘画、剪纸、武术等中国传统文化艺术的"中国文化周"。

中国在阿根廷的文化活动十分顺应阿根廷华侨华人目前传承中华文化的热潮。阿根廷有一条"中国街"，位于布宜诺斯艾利斯市的上流住宅区——贝尔格拉诺区阿里维尼奥街。这在世界上颇为罕见。因最早在这条街上安居、开设店铺并使之形成规模的是台湾侨民，故阿里维尼奥街长期以来被称为"台湾街"。2006 年，布宜诺斯艾利斯市政府正式将这条街命名为"中国街"，并根据华侨华人所提交的改造计划重新规划，批准阿根廷华侨华人社团在这条街上建设一座象征性的牌楼，同时列为布市旅游景区，规定在节假日，"中国街"改为临时步行街。[⑤] 这条街有一个"中国街管委会"，约成立于 2006 年，由两岸侨胞共同参加，负责管理"中国街"的日常事务以及春节庙会的各项准备工作。自成立以来，

① 《阿根廷一中文学校荣膺"海外华文教育示范学校"称号》，新华网，http://news. xinhuanet. com/world/2012 - 03/18/c_ 111668909. htm，2012 年 3 月 18 日。

② 曹德超：《网络开辟华文教育新前景》，《人民日报》（海外版），2013 年 4 月 24 日 第 6 版。

③ 《阿根廷布宜诺斯艾利斯大学孔子学院》，http://www. chinese. cn/conference11/article/2011 - 12/12/content_ 392021. htm，2011 年 12 月 12 日。

④ 李珊珊（驻阿根廷记者）：《阿根廷拉普拉塔市举办"中国文化周"》，国际在线，http://gb. cri. cn/27824/2010/10/09/2625s3014023. htm，2010 年 10 月 9 日。

⑤ 《阿根廷中国街两岸侨胞迎新春 龙点睛揭新篇》，中国新闻网，http://www. chinanews. com/hr/mzhrxw/news/2008/02 - 09/1159540. shtml，2008 年 2 月 9 日。

"中国街"每年都举办两岸同胞共同参加的全侨性大型活动——春节庙会。该管委会有点像中国的春晚节目组，在南美可谓独一无二，已经成为阿根廷乃至南美传承中华文化的亮点，有可能做成一个很好的品牌。

华文报刊及华文网站是阿根廷最主要的华文媒体形式。《阿根廷通讯》是阿根廷首家华侨民办报纸，创刊于1984年。此后先后有10余家华文报刊问世，目前仍在继续发行的有《新大陆周刊》、《世界周刊》、《新阿根廷通讯》等，这些报刊均为周刊。其中规模最大、发展最好的是《新大陆周刊》。该刊由大陆侨胞创办于1998年1月18日，为16开本杂志，主要在阿根廷、乌拉圭、巴拉圭等地发行。每周发行《新闻周刊》和《文化周刊》各1 200册左右。《新闻周刊》正文共112页，设焦点、侨界、阿国、拉美、中国、侨乡、评论等栏目；《文化周刊》每期94页，主要内容为网络文摘和华侨创作等。① 近年来，《新大陆周刊》还涉足新传媒领域，与中国国内媒体进行对接合作，正在向视频采编、网站资讯等领域纵深发展，成为阿根廷最具影响力的华文媒体。②

阿根廷的另一华文周刊——《世界周刊》，创刊于20世纪90年代初，原名为《世界新闻》，以国际新闻为主，编译阿根廷新闻并报道国内新闻。③

现今社会是网络时代，网络为人们沟通、交流提供了良好的平台，阿根廷华人也充分运用这一载体，建立多家华文网站，促进阿国侨胞之间甚至世界侨胞之间的沟通与交流。阿根廷的华文网站主要有阿根廷华人网、阿根廷华人在线网、阿根廷中闻网等。

五、华侨华人与当地民族的关系素描

（一）阿根廷华人黑帮犯罪与中国公安部门的跨国执法

长期以来，包括阿根廷在内的拉美华人黑帮活动几乎不为外人所知。但近年来，黑帮团伙在拉美一些城市的中心区域频频从事敲诈勒索和其他犯罪活动，一些黑恶势力甚至雇用杀手杀人行凶。至此，这一犯罪团伙方逐渐浮出水面。以超市业为重要职业的阿根廷华侨华人首当其冲，屡屡成为暴力事件的受害者，一些商户遭遇恶性事件，常有华侨华人死伤。布宜诺斯艾利斯的翁塞（Once）区是华人商铺较为集中之地，一些华人商家因遭到不明身份者的敲诈骚扰而人心惶惶。特别是2011年以来，一些犯罪嫌疑人以收取"保护费"为名，对在阿数千家华人超市业主公然进行敲诈勒索，并形成了"貔貅"、"佳源"、"旺客"、"鑫"、"永隆"、"融江"等不同代号的犯罪团伙。④ 他们对不交"保护费"的超市业主实施恐吓威胁，甚至枪杀，气焰十分嚣张。2011年，阿根廷华人超市遭抢劫超过8 000次，平均每天发生22宗针对华人超市的劫案。⑤ 针对这一治安恶化趋势，2011年12月中国公安部首次派遣工作组赴阿根廷，在中国驻阿根廷大使馆的大力支持下，协助阿根廷警方成功侦破了一批侵害华人超市业主的犯罪案件，抓捕了收取"保护费"的犯罪嫌

---

① 林筠：《世界华文传媒年鉴》，北京：世界华文传媒年鉴社2007年版，第76页。
② 陈树荣：《本报阿根廷周刊创刊》，《人民日报》（海外版），2011年7月4日第1版。
③ 林筠：《世界华文传媒年鉴》，北京：世界华文传媒年鉴社2007年版，第76页。
④ 《阿根廷华人黑帮侵害华侨华人》，《京江晚报》，2013年3月1日。
⑤ 王丕屹：《阿根廷华人业者安全堪忧》，《人民日报》（海外版），http：//paper．people．com．cn/rmrbhwb/html/
2010－06/10/content_ 540648. htm，2010年6月10日第6版。

人，追缴了一批赃款，有效遏制了此类犯罪的高发势头。2013 年 2 月 27 日，中国公安部打击侵害海外华侨华人犯罪退赃仪式在中国驻阿根廷大使馆举行。这是中国公安机关在海外首次举行退赃仪式。在这个过程中，中国公安部门与阿根廷执法部门积极会商，推动建立双边警务合作的长效机制。

（二）中国新移民的形象正资产

1. 赢得阿根廷主流社会尊重，继续有新移民获"杰出移民"称号

阿根廷历来有尊重外来移民的传统，对移民中有突出贡献者，往往授予荣誉称号（如"杰出移民"）。可喜的是，中国新移民中，已经出现了这样的人物，应该说，这是阿根廷华侨华人社会一笔不可小觑的正资产。

袁建平，出生于福州市，毕业于集美财经学校。初以 2 万多美元的借款、一个货柜的福建布鞋打开阿根廷市场，进而向轻纺和机械产品拓展，先后成立廷生经贸公司和泰山机械公司。1995 年受中国贸促会和香港华润集团委托，在阿根廷成功举办大规模的中国商品展示会。1999 年 10 月 1 日，应邀回国参加 50 周年国庆大典。2001 年江泽民访问阿根廷，袁建平所在的阿中商会设午宴欢迎。2000 年，阿根廷总统德拉鲁阿访华，袁建平是随行者中唯一的华人。访华之后，他随德拉鲁阿总统访问西班牙。之后，他又随下一任总统内斯托尔·卡洛斯·基什内尔到中国访问。2003 年，袁建平被阿根廷政府授予"杰出移民勋章"，为旅阿华人第一次获此殊荣。[①]

罗超西，原在中国海关工作，1991 年，放弃令人羡慕的公务员职位只身来到阿根廷，靠 200 美元起家，先是打工，后开了第一家批发店，一直发展到拥有自主品牌"SMART"的批发店连锁集团，在阿根廷侨界被称作"陶瓷大王"。来自阿根廷全国各地的陶瓷批发、零售商多到他这里进货。在 2008 年的阿根廷移民节上，被阿根廷政府授予"杰出移民"称号，成为该奖项设立以来的第五位华人得主。

中国新移民中，除了上述两位外，还有新移民与最高政要发生和保持良好关系的例子。例如，陈大明等阿根廷华人超市公会领导，由于其在促进阿根廷社会零售业发展、稳定当地物价、保护华侨华人等方面的出色表现，2005—2010 年，阿根廷两任总统基什内尔与克里斯蒂娜先后 8 次会见陈大明等华人超市公会领导，鼓励华人超市业主在这个领域继续发展。2006 年 10 月 25—28 日，阿根廷副总统丹尼尔·奥斯瓦尔多·肖利对中国进行正式访问时，陈大明作为副总统率领的阿根廷来华正式访问团的随团人员，全程陪同访问了北京、上海等地。2010 年 7 月，陈大明与他的团队再次陪同阿根廷总统克里斯蒂娜·费尔南德斯·基什内尔圆满完成了其在北京和上海的访问行程。

2013 年 9 月 4 日是阿根廷一年一度的移民节。当天，来自 52 个移民社区的移民代表在阿根廷移民局总部所在地举行了庆祝活动。在庆祝活动上，阿根廷移民局局长马丁·阿里亚斯·杜瓦尔发表了讲话并向各个移民社区选出的"杰出移民"代表颁发了荣誉证书。

---

① 《袁建平：首获"杰出移民勋章"的华人》，上海侨务网（据《人民日报》），http：//qwb. sh. gov. cn/shqb/node826/node842/node846/u1a34879. html，2009 年 3 月 5 日。

这一次，代表华人移民接受"杰出移民"奖的是华人进出口商会会长黄菁。①

2. 阿根廷华侨华人的慈善新行动

2013 年 4 月 6 日，阿根廷华人社团向布宜诺斯艾利斯市政府、拉普拉塔市政府捐赠价值 60 万比索的赈灾物资，用于帮助当地遭受水灾的民众渡过难关。灾区政府表示，中国人是他们的兄弟，是他们的老乡。② 据阿根廷中闻网消息，2013 年 8 月 20 日，阿根廷拉普拉塔市市长巴勃罗—布鲁埃拉在参加当地华商联谊会的换届仪式时表示，拉普拉塔市为她所拥有的华人居民感到荣幸。③

3. 对抹黑中国城报道的成功反击

近年来，阿根廷华侨华人还积极树立正面形象，其中通过电视媒体反击有关抹黑中国城报道是比较成功的一例。据阿根廷华人在线报道，2013 年 9 月 12 日晚，获得阿根廷国家主持人资格的华裔播音员林文正（Carlos Lin）代表华人社区应 24 美洲电视台"三方力量"节目的邀请，参加了一场和"小辫子"Banfi 面对面的电视辩论节目，同时应邀参加的还有中国城的代表张家齐。在一场为时约 30 分钟的电视辩论会上，代表华人社区的林文正面对死缠烂打的对手毫不怯场，对"小辫子"提出的种种不实"投诉"据理力争，讲出了许多华侨华人由于语言障碍而无法表达的心里话。许多电视台的幕后工作人员都夸奖华人的反击恰到好处，对华人社区受到的不公正待遇表示同情。林文正在节目后接受采访时表示，这只是开始反击的第一步。他希望，通过电视发声能为华人赢得尊严，也能对那些试图抹黑华人形象的人进行有力的反击。④

综上所述，旅阿华侨华人面临着喜忧参半的现状。喜的是，华人经济取得一定成绩，华人开始注重参与公益性社会活动，并得到当地政府的肯定；忧的是，华侨华人受到当地人排斥和歧视的现象仍然存在，甚至十分严重。超市事件的频发以及对中国城的抹黑便说明了这一点。

六、关于华侨华人商情、侨情发展趋势的若干思考

其一，从移民趋势来看，近几年阿根廷经济发展处于低迷期。虽然阿根廷不是全球最理想的移民目的地，但移民历史表明，移民流量与移民目的地的理想程度从来不会挂钩，最重要的是商机。阿根廷资源丰富，商机巨大，特别是阿根廷属于移民来源地（福建）比较集中的国家，而福建籍民众是目前中国比较活跃的移民群体，故在未来几年，阿根廷仍可能会成为中国移民的选择地之一。

其二，阿根廷华人已经开始调整经济结构，实现产业转型。受当地大型连锁超市"小

---

① 《华人移民赢得阿根廷主流社会尊重 获杰出移民称号》，中国新闻网，http://www.chinanews.com/hr/2013/09 – 06/5254227.shtml，2013 年 9 月 6 日。

② 《阿根廷华侨捐赠 60 万物资 灾区市长称中国人够兄弟》，人民网—国际频道，http：//world.people.com.cn/n/2013/0407/c1002 –21042079.html，2013 年 4 月 7 日。

③ 《阿根廷拉普拉塔市为有华人居民感到荣幸》，人民网—国际频道，http：//world.people.com.cn/n/2013/0820/c1002 –22632142.html，2013 年 8 月 20 日。

④ 《阿根廷华人通过电视媒体反击有关抹黑中国城报道》，新华网，http：//news.xinhuanet.com/yzyd/overseas/20130916/c_ 117386304.htm，2013 年 9 月 16 日。

型化"的挤压，华人超市数量增长缓慢，利润分薄，开始进入萎缩期。一些商家认为华人超市业的发展已达极限，盈利空间有限，已经开始寻找新的投资方向。华人资金已经开始进入房地产、加工等行业。华人餐饮业也迎来了发展契机，快餐店逆势发展。阿根廷华人凭借灵活的经营方式使快餐店迎来快速发展时期。华人经营的按重量计价的快餐方式开创了阿根廷餐饮业的新方向，这种快餐销售方式受到当地人的喜爱。据阿根廷《民族报》报道，目前在首都和布省的一些城市中心已经有 280 余家此类自助快餐店，另外在科尔多瓦、巴拉那和银海等内地城市也有 70 多家此类快餐店营业。[①] 这些店大多位于人口密集的地区，且生意兴隆，具有很大的发展潜力。相信在不久的将来，通过华人的集体努力，阿根廷华商产业定会走向多元化。

根据目前阿根廷华侨华人的基本情况，阿根廷华侨华人未来的发展应关注并致力于以下三个方面：一是要加强团结。这包括两个方面，一方面是指华人社团之间的团结，另一方面是逐步拉近大陆侨民和台湾侨民之间的距离。阿根廷华侨华人虽在经济上取得一定成就，但在阿国仍是一个弱势群体，枪杀、抢劫、哄抢华人的事件频繁发生，在阿华人只有团结起来，才能在阿根廷社会站稳脚跟。二是要积极参与政治活动。参与当地政治活动是融入当地最有效的方式，只有在政治上有发言权，才能真正提高华人群体的社会地位，扩大华人群体的影响力，维护华人群体的正当利益。可喜的是，阿根廷华人已开始注重团结，通过媒体反击不公待遇，通过法律维护自身的正当权益。三是要遵守当地法律，合法经营。华侨华人只有遵守当地法律、合法经营，才能得到当地民众的尊重。

---

① 《华人经营重量计价快餐开创阿根廷餐饮业新方向》，人民网，http：//world. people. com. cn/n/2013/0501/c1002 - 21335717. html，2013 年 5 月 1 日。

委内瑞拉

　　2013 年对于委内瑞拉全国上下是极为特殊的一年，随着前总统查韦斯逝世和继任者马杜罗的上台，委内瑞拉的政治、经济以及外交等政策发展的走向引起了世界各国的关注。从目前新政府的政策措施来看，马杜罗基本上坚持了"查韦斯路线"的思想。在 2013 年 9 月马杜罗访华之行中，中委两国领导人在融资、文化、教育、培训、便利人员往来等方面达成协定，并签订了石油、电力、农业、工业、科技、通信和旅游等多项合作文件，委内瑞拉也成为中国第三大石油供应国。但委内瑞拉国内治安混乱、政府腐败，经济上通货膨胀、物价飞涨的现象愈加明显，这些都对当地华侨华人的生活产生了不小的影响。

一、委内瑞拉基本国情与华侨华人移民概况

委内瑞拉概况

国家全名	委内瑞拉玻利瓦共和国（República Bolivariana deVenezuela）	地理位置	南美洲北部	领土面积	916 700 平方公里
首都	加拉加斯	官方语言	西班牙语	主要族群	印欧混血种人、白人、黑人
政体	总统共和制	执政党/主要反对党	统一社会主义党/民主行动党	现任国家元首/政府首脑	尼古拉斯·马杜罗
人口数量	2 995 万（2012 年）①	华侨华人人口数量	约 18 万（2007 年）	华侨华人占总人口比例	0.6%
GDP/人均 GDP	3 813 亿美元/12 731 美元（2012 年）②	CPI	4.7%（2013 年 6 月）③	失业率	6.9%（2013 年 6 月）④

　　在历史上，石油开发曾经是吸引华侨华人前来委内瑞拉的重要磁石，但华侨移民数量

---

① 世界银行网，http：//data. worldbank. org. cn/country/venezuela – rb。
② 世界银行网，http：//data. worldbank. org. cn/country/venezuela – rb。
③ 《委内瑞拉物价指数上涨过快　半年通货膨胀率累计达 25%》，人民网，http：//world. people. com. cn/n/2013/0710/c1002 – 22148805. html，2013 年 7 月 10 日。
④ 《2013 年第二季度委内瑞拉经济运行情况》，中华人民共和国驻委内瑞拉玻利瓦尔共和国大使馆经济商务参赞处网。

不多。1949 年后,从中国内地去的移民流基本中止,只有少数人通过其在委亲属的关系办理正常手续经香港移民委内瑞拉。1974 年 6 月 28 日中委建交后,来了很多单身华侨华人。他们来委后的主要工作是在餐馆做帮工或厨师,也有个别华侨华人开杂货铺。1979—1989 年,是委内瑞拉华侨历史上的辉煌时期,来委的华侨华人主要是与家人团聚。这一时期,华侨华人商业在全国各大中小城市蓬勃兴起。但从 1989 年到现在,是委内瑞拉华侨华人备受煎熬、忍辱负重但仍然不屈不挠全面拓展的时期。在这个时期的来委华侨华人中,很多是"非正常移民"(旧称"非法移民"),其中包括民营企业家,还有个别非法攫取国家财富者及其子女。由于他们多携资出国,加上现代年轻人掌握科学技术,故这一代华侨华人的谋生手段已今非昔比。老一辈华侨华人以开洗衣馆、咖啡馆为主,现在的华侨华人已转开现代工厂、大型超市、汽车旅店、车辆销售行、百货、电脑配件、汽车配件、印刷厂、纸箱厂、进出口公司、建筑公司、房地产、旅游公司以及其他加工厂。

一般来说,中国人移民海外,是先到达交通和商业发达的地方,然后向交通和商业次发达的地方渐次扩展,最后,在一国可以人居的地方留下自己的足迹。在这个过程中,逐渐形成中国移民的人数分布和经济、商业分布的网状格局。以广东恩平人为主体的委内瑞拉华侨华人,也大体上遵循这样的移民与发展格局。具体来说,历史上的华侨移民委内瑞拉后,一般先居住在北岸的马拉凯、加拉加斯、瓦伦西亚等经济和商业相对发达的加勒比海岸边城市(均属委内瑞拉最发达地区),后来才逐渐散居到其他市镇。但今天的华侨华人如果下车伊始就只身到上述发达地区去的话,已经很难找到发展机会,甚至难以生存,所以他们一般都寻找适合自己生存发展的较次一等地区。当然,在找到适合自己生存发展的地区之前,他们一般先投亲靠友,在亲戚朋友家暂住一段时日。也有经亲戚朋友通过各种关系直接介绍到目的地去的。应指出,最近若干年来,由于来委移民增多,商业竞争加剧,更由于偏远落后地带相对来说较易赚钱等原因,一些华侨华人已开始离开交通发达的大中城镇向偏远落后地带发展,一些过去人烟稀少甚至无人问津的地方,也开始出现华侨华人的足迹。

二、委内瑞拉华侨华人社团简况

委内瑞拉的全国性社团有成立于 2001 年的委内瑞拉全国华侨华人联合总会,成立于 2002 年的政治性社团——委内瑞拉中国和平统一促进会,以及商业性社团——委内瑞拉东方千禧年发展有限公司、委中贸易商会等。①

在委内瑞拉,各州(省)的中华会馆一般都会与当地的中华商会等商业社团并立,彼此互相支持,密不可分。"中华会馆"这一社团名称起源于清末。早在"中华民国"时期,海外华侨华人社会中的"中华会馆"的建立过程就可能已经基本结束,但委内瑞拉的"中华会馆"建立过程至今仍在延续。跟其他拉美国家不同的是,其他国家的中华会馆属传统社团,一般也为老一辈传统华人所操持;但在委内瑞拉,由于新移民占压倒性优势等原因,"中华会馆"这一本来属于传统华人社团的旧名称,却为新移民所操持。

委内瑞拉新一轮中华会馆的建馆高潮是在 20 世纪 90 年代之后。其时以恩平籍为主的

---

① 高伟浓:《委内瑞拉华侨史略》,吉隆坡:学林书局 2011 年版,第 100～103 页。

新移民纷至沓来，为了维护新侨民的合法权益，加强内部沟通和团结，加强与居住地政府和民族的关系，各地华侨华人以州（侨胞一般称"省"）为单位，陆续建立起中华会馆。

委内瑞拉各地中华会馆的会址一般在各个州的首府。如果当地的华侨人数有一定规模，一般都会建中华会馆作为当地华侨举行聚会和各种活动的场所。目前委内瑞拉还有一些州的华埠没有建立中华会馆。已经建立了中华会馆的省（州），活动越来越活跃、越来越频繁，规模也越来越大。各地商会是各地相应中华会馆的财力后盾。一般来说，中华会馆下设青年会、护侨小组、康乐文化部、醒狮协会、篮球协会、象棋协会、乒乓球协会等。多年来，中华会馆在维护侨胞合法权益、提升华侨地位、支援祖国家乡建设、举办慈善公益活动等方面做了大量工作。中华会馆设有护侨基金，以应对华侨社会突发事件之需。

在委内瑞拉华侨华人较多的城市特别是中心城市，都建有会馆、商会或福利会。虽然名称不同，但都是联络侨胞、服务侨胞，为侨胞争取权益的华侨华人社会组织。一般而言，会馆属综合性组织，商会属经济、贸易与商务性组织，福利会属福利慈善机构。不过在委内瑞拉，由于一个地方的会馆、商会和福利会各自的领导班子和成员相互交叉，彼此之间在功能和职权上也就不那么泾渭分明了。面对委内瑞拉变幻的政治经济局势，社团在维护华侨华人社会的安定上显得尤为重要。由于在委内瑞拉的华侨中恩平人占八九成，所以各会馆的掌门人几乎都是恩平人，[①] 他们都通过民主选举产生。

三、委内瑞拉的华文传媒与华文教育

委内瑞拉的华文传媒起步较晚但发展迅速，早在 1991 年"委京餐馆联谊会"创办了《侨声报》和《侨鸣》两份中文刊物后，[②] 华文传媒就由于人才缺乏和当地军事政变等原因而陷入"停摆"状态。2000 年初，在各方人士的努力下，《委华报》创刊发行，其影响一直领先。同年创刊发行的还有周报《委国侨报》。《南美新侨报》在 2008 年正式创刊。2007 年委国第一份中西文双语彩色版杂志《南美新知》创刊。各报刊在华侨华人中都有一定的读者群，但在近年委内瑞拉经济环境持续恶化的形势下，各报刊因印制成本大幅上升而陷于难以维持的状态，有的已不得不停刊。

"委国华人网"[③] 是委内瑞拉最有影响力的中文网站。"委侨新闻网"[④] 则通过委侨新闻、委侨故事、委国社会、委国时政等板块全方位介绍委国华人生活。值得关注的是，该网站还发布相亲、旅游、移民留学等满足现今华人生活需求的信息。

委内瑞拉的华文教育相对于世界上很多国家来说起步较晚。据现在所知，最早的华文补习班是 1980 年由委京中华会馆创办的，另外还有刘国振 2000 年在加拉加斯创办的加京中文学校、华恋社中华会馆 2002 年创办的中文学校以及麻拉街华联会 2004 年创办的中文学校。总体来看，委内瑞拉目前的华文教育仍不能满足在委华侨华人子女的需求，同时，

---

① 高伟浓：《拉丁美洲华侨华人移民史、社团与文化活动远眺》（上册），广州：暨南大学出版社 2012 年版，第 176 页。

② 高伟浓：《委内瑞拉华侨史略》，吉隆坡：学林书局 2011 年版，第 182~183 页。

③ http：//www.weihuabao.com/.

④ http：//www.wqnews.org/.

考虑到办学环境以及社会治安等因素，不少家长选择将孩子送回国内接受教育。中国有关高等院校和其他文化机构也多次在委内瑞拉开展弘扬中华文化的活动（如梅里达大学的"中国文化节"），但由于经济与治安形势等因素的影响，委内瑞拉至今还没有开办孔子学院（或孔子课堂）。

四、查韦斯总统逝世、委内瑞拉政府换届及其对华侨华人的影响

2013 年，对于委内瑞拉及居住在这个国家的华侨华人来说，是十分重要的一年。3 月 5 日，担任总统十多年的乌戈·查韦斯在首都加拉加斯逝世。客观地说，委内瑞拉华侨华人对查韦斯的离去心情复杂，甚至还隐约带有某种期待。当查韦斯的逝讯传来时，人们在观望之余，更多的是渴盼经济与治安环境的好转。查韦斯的继任者尼古拉斯·马杜罗以微弱优势战胜反对派卡普里莱斯成为委内瑞拉新一任总统后，随着时间的过去，华侨华人的失望心情似乎也在与日俱增。

查韦斯在国内政策上为平民做了大量好事，如建设医院、幼儿园、学校、平民超市，建造社会住房等等。但华侨华人最关心的问题是委内瑞拉投资环境日益恶化、通胀率居高不下、公共安全形势恶化等等。在查韦斯生前，旅居委内瑞拉的华侨华人就对他的执政颇有微词。主要原因是查韦斯的"社会主义国有化"政策以及相伴而来的以"劫富济贫"为基本特征的经济平等政策、收入公平政策、物价限制政策等等，所针对乃至打击的主要对象是富人、商人乃至中产阶级群体（其中对中上层阶层的冲击尤其大），而很多华侨华人就属于"富人、商人"之列。当然，委内瑞拉华侨华人自 20 世纪 90 年代以来的生存环境一直不好，甚至遭到多次"哄抢"，但这些主要是由社会治安不好引起的，与排华有本质的区别。虽然委内瑞拉的治安和执法部门存在着不同程度的不称职现象，但对于华侨华人的治安和执法投诉还是予以受理的（尽管多数大案很难侦破，只有少数案件在华人的协助下被侦破）。

查韦斯政府执政以来，提出走"21 世纪的社会主义"道路，对该国华侨华人的生存和发展产生了很大的非积极影响，华侨华人对此感受越来越深。自委内瑞拉总统 2007 年 1 月宣布将对石油、电信、电力等行业实行国有化以来，委内瑞拉一些大型石油、电力、电信、钢铁、水泥和矿产项目陆续被收归国有。华商界也普遍反映，自委内瑞拉实行经济变革以来，生意越来越难做，尤其是做食品超市，不仅一些主要食品（如食糖、牛奶、大米、粟米油等）货源短缺，甚至连日常生活不可缺的食盐也经常缺货，且有的质量大打折扣，政府在限富、均富思想指导下，对一些私企的商品定价脱离实际。这样一来，华商不仅无钱可挣，相反还要倒贴。目前不少华商都感叹谋生难，特别是中小超市经营惨淡，有的倒闭，有的出售，有的想迁往他国另寻出路。

从 2013 年 2 月开始，委内瑞拉国内货币市场发生了较大的变化。委币大幅度贬值，黑市美金不断走高，黑市美金与委币汇价由开始的 1：20 一路增长到 9 月份左右的 1：50。尽管官方牌价美金与委币的汇价仍是 1：6.3，但委国实行外汇管制，外汇管理系统提供的总外汇远远低于经济所需求的，所以黑市美金被一路抬高。受其影响，早年从广东恩平地区进口食品和日用品到委内瑞拉贩卖的贸易，因委币的贬值和机场人员的严加管制已难以

为继,同时以美元计酬的工人工薪也越来越难以支付。① 很多到委内瑞拉发展的华侨华人都希望能够通过努力赚得足够的钱改变生活状态,但以目前的情况来看这是难以实现的。政府的这些政策措施会使得许多国内华商企业失去投资的兴趣,从而引发资金外流,这对国家的发展无疑是恶性循环。

中委两国自 2001 年建立"共同发展的战略伙伴关系"以来,双方合作领域和合作数量都有明显扩大和增加。据相关数据表明,截至 2012 年底,中国企业与委国累计签订承包工程、劳务合作和设计咨询业务合同额达到 324 亿美元,完成营业额 161 亿美元。委内瑞拉也成为中国在拉美最大的工程承包市场。② 2013 年委内瑞拉政权更迭对中委两国的关系并未产生太大影响。马杜罗政府基本上继承了查韦斯对华友好路线。这不但是继承查韦斯"政治遗产"的体现,也是基于委内瑞拉发展的需要。在 2013 年 9 月马杜罗访华之行中,中委两国领导人在融资、文化、教育、培训、便利人员往来等方面达成协定,并签订了石油、电力、农业、工业、科技、通信和旅游等多项合作文件,委内瑞拉也超越伊朗成为中国第三大石油供应国。③

在一定程度上,中国政府的态度给十分依赖祖(籍)国的委内瑞拉华侨华人吃了一颗定心丸。中委两国国家层面的良好交往对委国政府的华侨华人政策有积极的影响。当华侨华人的合法权益受到侵害时,他们可以理直气壮地促使委内瑞拉政府对在委华侨华人施以保护,在大多数情况下,委内瑞拉政府都能积极予以协调和帮助。

五、委内瑞拉社会的不稳定及华侨华人社会的应对

对委内瑞拉华侨华人来说,所在国社会的动荡不安、华人生命财产安全得不到保障,一直是他们最担忧的问题。据世界银行公布的人口数据,委内瑞拉 2012 年人口数量约为 29 954 782,其中生活在贫困线以内的约占总人口的 25.4%。④ 委内瑞拉经济从 20 世纪 80 年代开始走下坡路,至今仍然一蹶不振,加上社会动荡、政局不稳,导致了包括华侨华人在内的广大普通百姓生活艰辛与动荡。20 世纪 80 年代以来,委内瑞拉国内发生过 4 次大规模的"哄抢"事件。当地人在个别人的煽动下抢掠华人的店铺和超市,导致一些华商迁移别国,造成侨胞巨大的经济损失和华侨华人社会的恐慌。

委内瑞拉社会治安不断恶化,犯罪分子横行。据中国驻委内瑞拉经济商务参赞处的新闻报道,2012 年,委国共有约 16 000 人死于谋杀,这一数字居南美洲国家之首。⑤ 华侨华人首当其冲,成为袭击的主要对象,哄抢、绑架、打家劫舍甚至杀人放火等恶性事件在华侨华人社区屡屡发生,其生命财产受到严重威胁。2008 年以来,委内瑞拉政局虽较稳定,

---

① 《委内瑞拉黑市美金走高华人很受伤　老板打工族难熬》,中国新闻网,http://www.chinanews.com/hr/2013/10-17/5391063.shtml,2013 年 10 月 17 日。

② 《中企在拉美实现双赢》,《人民日报》,http://www.mofcom.gov.cn/article/hyxx/jidian/201310/20131000371621.shtml,2013 年 10 月 30 日。

③ 王方、李渊:《马杜罗访华首日签数个大单　中委关系被称一级棒》,环球网,http://world.huanqiu.com/exclusive/2013-09/4380710.html,2013 年 9 月 23 日。

④ 世界银行官网,http://data.worldbank.org.cn/country/venezuela-rb。

⑤ 《委内瑞拉谋杀率居南美洲国家之首》,中华人民共和国驻委内瑞拉玻利瓦尔共和国大使馆经济商务参赞处网,http://ve.mofcom.gov.cn/article/jmxw/201303/20130300053385.shtml,2013 年 3 月 14 日。

但治安形势依然严峻，歹徒持械抢劫、绑架、勒索的花样更多，令人防不胜防。这种恶意的哄抢行为不仅在民间发生，甚至在政府军方内部也滋生了这种对华人店铺恶意哄抢的风气。2013年5月，苏利亚省的几百名军警以对马拉开波市中心的商铺进行粮食价格大检查之名，趁机哄抢了100多户华商店铺。这些店铺有90%都不是出售粮食的，可见是军警有意为之。① 苏利亚省中华会馆的一名负责人透露该地每天都有五六批军警上街盘查华人商铺，名为检查实为要钱，不给就搬货物。这类恶性事件严重影响了华侨华人的日常生活。

政府军方层面的这种哄抢行为，不单是一般意义上的经济掠夺，更反映出委内瑞拉政府内部的腐败。在当地的华人网站和论坛上可以得知，委内瑞拉政府人员对华人的肆意盘查和罚款敲诈等事件屡见不鲜。尤其是近些年，华侨华人在委内瑞拉机场时常被勒令检查，甚至什么物品都没带的华人也会被罚款，一些暴力执法现象时常发生，② 有些当地华人称机场税务部门是"中国人入委的鬼门关"。③ 尽管委内瑞拉大的社会环境一直都不稳定，但以政府部门为首的公然责难，也需要引起我国驻委内瑞拉相关部门的注意。在5月份国家副主席李源潮访问委内瑞拉，并接见在委的中资机构和华侨代表时，④ 一些侨领就把同胞们在机场遭遇的不平等待遇反映了出来，希望得到中国政府的重视并予以解决。

在委内瑞拉，专门针对华侨华人的绑架、入室抢劫、取款后的抢劫等事件频发，而如今愈演愈烈，华侨华人不但损失钱财，甚至连生命也失去保障。仅从当地华人媒体报道的事件来看，2013年度几乎每个月都有枪杀华人的事件发生。然而，实际数量远远高于新闻报道的情况。2013年11月份在委国东部城市 Guiria Del Costa Estado Sucre，一名23岁的华商提着现金进入银行时被劫匪拦截枪杀；⑤ 10月份 Yaracuy 省 San Felipe 市一名48岁华商吴先生到一家银行存款时被两名劫匪枪杀；⑥ 9月份 Barquisimetro 市经营水果生意的华裔妇女刘氏被劫匪抢劫并枪击当场身亡；⑦ 8月份某日凌晨麻拉街附近小埠的杂货铺遭打劫，两名华人青年遭枪击身亡等，这类事件层出不穷。

在目前委内瑞拉社会治安不断恶化、物价飞涨、社会失衡的环境下，在委华侨华人需要明白生命比身外的钱财更重要，遇到这类事情首先要保护自己的生命安全。同时，不幸发生后，在委内瑞拉的华人应当团结在一起，互帮互助，共同渡过难关。诸如2011年7月委内瑞拉华恋社附近一工厂区发生一李姓华商青年遭劫杀案件，委内瑞拉华侨华人联合总会主席李瑞华和华恋社中华会馆主席陈坚辉及互侨小组人员等帮助其处理后事，并再次

---

① 《军警趁检查哄抢　马拉开波100多户华商受冲击》，委侨新闻网，http：//www.wqnews.org/show.aspx? id = 2765，2013年5月21日。

② 《委内瑞拉机场1中国公民被打，6同胞被扣押》，委侨新闻网，http：//www.wqnews.org/show.aspx? id = 2688，2013年5月7日。

③ 《机场怕宰防宰，还是无奈被宰!》，委侨新闻网，http：//www.wqnews.org/show.aspx? id = 2764，2013年5月21日。

④ 《旅委华人希望中委关系真像副主席说的铁杆哥们》，委侨新闻网，http：//www.wqnews.org/show.aspx? id = 2763，2013年5月21日。

⑤ 《23岁华商提现金入行惨遭两名劫匪枪击身亡》，委侨新闻网，http：//www.wqnews.org/show.aspx? id = 3732，2013年11月7日。

⑥ 《SAN FELIPE一华商入行遭两持枪劫匪枪杀》，委侨新闻网，http：//www.wqnews.org/show.aspx? id = 3530，2013年10月2日。

⑦ 《两名持枪劫匪傍晚抢劫巴埠华人水果店　48岁华裔妇女惨遭劫匪枪击不幸身亡》，委侨新闻网，http：//www.wqnews.org/show.aspx? id = 3530，2013年10月2日。

提醒华侨华人应尽量避免在偏僻的地方经营买卖，同时不要过晚营业，总之，保护生命安全胜过一切。

除了社会治安的混乱和部分政府机构的不公正待遇外，对华侨华人生活影响最大的是委内瑞拉物价的飞涨和生活用品供应的不足。委内瑞拉中央银行宣布，截至2013年9月，通胀率高达49.4%，创15年来最高水平。其中食品价格相比去年同期涨幅达到70%，约21.2%的食品供应不足。① 因而，委内瑞拉政府发布规定，限价销售货品，禁止倒卖私货和囤积货物等。政府执法人员也会对限价产品、短缺的家庭用品等进行严格检查。委内瑞拉的华侨华人所从事的行业，仍是以传统经营超市和杂货店为主，并且足迹遍布全国大小城镇，这次政府对商品的限制和限价在华人社会中引起不小影响。不少华商因为不熟悉法令法规，认为少量囤积问题不大等原因，以身试法，遭到当地部门的起诉甚至拘捕。2013年1月初，税务等部门针对全体华商进行了大规模的检查行动，1 200多家华人商店被查封或罚款。虽然也有个别华商倒卖家电、囤积卫生纸等，但大多数华商还是积极配合、遵法守法的，这让华侨华人群体不禁考虑政府是不是有意刁难华商。

尽管在有些事件中华商也是受害者，但在异国他乡我们应当遵守他们的"游戏规则"，在商品的订货、收货、销售等环节要严格把关，按照政府的规定和要求行事。目前政府严查紧缺食品，国防军、宪兵、税务、物价、卫生和劳工等部门联合进行整治，所以华商要做到自觉守法、合法经营。中委两国相去甚远，文化传统截然不同，华侨华人要想立足并融入这片土地，与当地政府和人民建立良好的沟通与信任关系，还需要从多个方面去改善。

在委内瑞拉社会中，华侨华人的经营活动，其实还是很受当地民众欢迎的。因为华侨华人的商业存在，已经与当地民族"消费导向型"的生活方式形成了某种天然的"互补机制"。但与此同时，华侨华人的勤劳和节俭致富，也使得当地部分民众对华侨华人产生了不可忽视的妒富心理，从而形成对华侨华人的群体性仇视，乃至发展成为"哄抢"华侨华人商场、劫夺华侨华人财产的犯罪行为。这种状况已经多年没有出现了，但前车之鉴，不应忘记。

之所以会如此，主要是因为原已存在的贫富差距被政治之火点燃，导致种族关系掺杂进来。立体地看，华侨华人商业、当地民族消费的"互补机制"与华侨华人、当地民族间的贫富差距，是两条既平行延伸又时而发生矛盾交结的发展曲线。明白这两者间的关系，便可以大致明白委内瑞拉华侨华人社会的一个基本面。进一步说，华侨华人与委内瑞拉当地人在生存与发展方式上的强烈互补，是一把双刃剑：在民族关系上，可能会造成"一个民族投资、另一个民族消费"的经济和谐局面，但也可能因这种经济分工的过度畸形化而产生民族隔阂，从而导致民族关系的紧张。近些年来委内瑞拉社会治安不靖，究其主要原因，固然是政局不稳，但其中也蕴含着民族间分工差异而造成的经济差距悬殊的因素。从长远来看，还存在民族冲突的风险。华侨华人与委内瑞拉富有阶层的关系一直相处得较好，但与贫穷阶层特别是社会底层的沟通则还有待加强。

首先，从我们自身的角度，各地的中华会馆和其他华人社团应当始终坚持把做好护侨

---

① 《委内瑞拉年通胀率飙升至近50%　食品价格涨幅达70%》，委国新闻网，http://www.weihuabao.com/noticia/venezuela/2013－10－13/140924.html，2013年10月13日。

助侨工作摆在会馆工作的重中之重，居安思危，防患于未然。与此同时，华侨华人社会内部应加强团结、遵纪守法；对当地人民，要与之和睦相处，多做善举善事，积极回馈当地社会，搞好各方面的人际关系；重礼仪、讲风格，塑造华侨华人的美好形象；重视智力投资，积极培养华侨华人自己的精英，争取进入军政上层，融入当地上流社会；同时，增强法律意识，遇事要及时报警，依靠当地社团和中国大使馆，通过正当的外交和法律路径来解决。重塑华侨华人的良好形象不仅十分必要，而且十分紧迫。华侨华人在海外谋生，实在不易，更应时刻检视自己的言行举止是否文明，是否符合时代要求。只有这样，才能提升华侨华人在住在国的社会地位，融入当地社会，为人所尊重，才能与当地人民和睦相处，安居乐业。

其次，当华人的人身财产安全受到侵犯时，华侨华人要敢于面对，积极报案，协助当局破案，解决善后问题。在平时，要积极行动起来，联合有关力量，寻求自保。各地组织"护侨小组"的经验值得借鉴。

与此同时，中国大使馆积极为护侨工作排忧解难。归结起来，中国大使馆在这方面的行动包括以下三点：一是积极参与既发案件的善后处理；二是积极与委内瑞拉有关部门联系，争取对方支持并寻求解决华侨华人社区治安问题的办法；三是积极筹谋，与侨社取得协调和谅解。

不仅如此，华侨华人还应当积极与当地人民建立友好的关系，让他们知道事实真相，争取他们的同情和支持。毕竟，犯罪分子只是一小撮，不仅危害华侨华人的生命财产安全，也危害当地人民的生命财产安全，所有居住在委内瑞拉土地上的广大民众，不管属于什么民族，都是社会治安恶化的受害者，都对这种局面深恶痛绝。华侨华人捍卫自身权益的正义行动必然会得到当地所有民族的支持与同情。同时，华侨华人群体应以积极开展慈善活动、回报当地社会等多种形式，消弭潜在的矛盾。

六、结论与趋势

以广东恩平地区为主的委内瑞拉华人，他们从最初打零工、开餐馆、卖杂货到做贸易、办工厂等等，一路辛苦而又踏实地走到今天，其中饱含的辛酸和苦楚是我们未经历过的人无法体会的。现今新一代的华人不但在经济方面继承祖辈们的优良基础，而且逐渐开始关注到政治领域，以期能在政府中有所作为。据委内瑞拉当地华人媒体报道，一位名叫 Giovanny Rojas 的第二代华人成为 Guacara 市的市长候选人，并将参与 2013 年 12 月份委内瑞拉的地方政府选举。他也是目前为止参与地方选举的唯一华裔。Rojas 希望能够得到旅委同胞的支持，他也期待能够帮助同胞积极融入当地社会，争取自己的合法权益，提高同胞们的社会地位。他在竞选纲领中，针对教育、治安、基础设施、健康、体育娱乐以及社会和旅游等方面提出了自己的看法。① Rojas 的参选使我们看到了委内瑞拉华人参政的一线希望，但离实现华人全面参政的目标还有漫长的路要走，毕竟 Rojas 还只是个案，还远没有形成群体行为，大多数华侨华人还没有参政的自觉与意识。大部分华侨华人来自中国农

---

① 《一华裔拟竞选 Guacara 市市长》，委侨新闻网，http：//www.wqnews.org/show.aspx? id＝3649，2013 年 10 月 24 日。

村，来到委内瑞拉后仍然保持着十分浓重的中国乡村意识。这对中华文化的保存固然是好事，但对融入当地主流社会，特别是对于尽快熟悉住在国的国情政情，从而实现积极的政治参与则难免会产生一定程度的消极影响。即使是少数生于斯长于斯的华人，对进入委内瑞拉政坛仍然保持相当大的冷淡态度，只是把精力放在商务上。而与之形成鲜明对照的是，同为外来民族的西班牙、意大利、阿拉伯等国家的移民后裔，却在政坛中占有一席之地。究其原因除了与各自民族特点有关以外，还与委内瑞拉社会时常动乱不安，在委华人多是为了来日衣锦还乡，让自己和家人生活得更好，并无多少融入当地并定居的意识有关。随着时代的发展，新一代华侨华人已经有了一定的融入当地社会的思想意识和积极表现，相信在不久的将来，会有越来越多年轻华人进入政界，一步步地提升华侨华人的社会影响力。

委内瑞拉华侨华人移民的目的跟很多国家大不一样。别的国家，特别是发达国家，华侨华人移民的首要目的是取得当地居留权，最后成为当地公民，但在委内瑞拉，这种状况并不普遍。大部分华侨华人到委内瑞拉的目的是赚钱。目前委内瑞拉阴晴不定的形势引起了华侨华人移民的剧烈波动，出现了"撤"、"留"与"进"的艰难选择。最值得关注的是那部分留下来的人，他们是从事小本生意的华商，仍然坚持留在委内瑞拉。这部分人并不少，究其原因，一些人是因为已经在委内瑞拉经营多年，根基在此，况且年纪已大，现在要到别的地方重新做起，不是很现实。他们中很多人仍对委内瑞拉的前景抱有期待，希望委内瑞拉政局逐渐走向稳定，治安形势慢慢好转，从而使得生意和生活一步步好起来。抱有这种念头的人半是期待，半是自我安慰。还有一些人是因为在委内瑞拉居留多年，对这里萌生了难以割舍的感情。华侨华人无意在委内瑞拉定居的一个明显事实是，他们赚到钱后都不断汇回国内，即使通过黑市高价换美元也要把钱汇出去。他们还把子女送到美国、加拿大留学或工作，或者送回中国。

除了商业因素外，语言的通用与宗教风俗的相互容忍和尊重是民族融合的重要尺度。委内瑞拉语言并不复杂，以西班牙语为官方语言，也有部分人使用印第安语，一般知识分子都熟谙英语。一般来说，由于商业往来的需要，委内瑞拉华侨华人多能使用西班牙语。委内瑞拉是个宗教信仰十分自由的国家，国内基督教、犹太教、伊斯兰教、佛教与土生宗教并存，基本上还算和睦相处，各不相扰。绝大多数侨胞则信仰佛教或从广东家乡带来的亦佛亦道、非佛非道的民间宗教或民俗，与委内瑞拉当地民族的宗教信仰各成体系、相互尊重，没有出现像一些国家那样的宗教摩擦甚至冲突的迹象。这是一种可喜现象，有利于华侨华人与居住地民族和谐相处乃至将来融入当地社会。

与此同时，也应看到华侨华人与委内瑞拉知识精英阶层的交往迄今仍十分薄弱。委内瑞拉曾经建立起比较发达的教育体系，拥有诸如中央大学、苏利亚大学、卡拉波波大学、东方大学、洛丝德丝大学、密利亚大学、京都师范学院及私立圣玛利亚大学、安德勒斯培约大学等国内名校，以及众多的私立补习学校。目前委内瑞拉华侨群体中还没有产生既精通中华文化、又通晓委内瑞拉文化的知识分子精英，委内瑞拉内大学缺乏著名的华人专家教授，电台、电视台、报刊杂志中缺乏著名的华人传媒人，法律界缺乏著名华人律师，政坛上更没有响当当的华人政治家。所有这些无不对华侨华人深层次地融入当地社会、政治参与以及长远发展产生不利影响。华侨华人要改变这一局面，尚有漫长的路要走。

秘　鲁

　　秘鲁是远在太平洋另一端的南美国家，与中国相隔 16 000 公里。它虽多雾而不打雷，广府华侨形容它"冇雷公咁远"（没有雷公那么远）。但因关系密切，它看上去就像是中国的"邻国"。中国人移民秘鲁已有 164 年的历史，华侨华人华裔人数居南美洲之首。近年来两国贸易发展较快，友好往来频繁。在 2013 年博鳌亚洲论坛年会期间，中国国家主席习近平与秘鲁总统乌马拉共同宣布，中秘关系将提升到全面战略伙伴关系。目前，中国已成为秘鲁最大的贸易伙伴、第一大出口市场和第二大进口来源国，两国合作前景广阔。秘鲁华侨华人与当地人友好相处，社会融入较深，华裔参政已成气候。中华文化特别是饮食文化广受秘鲁人欢迎，中国商品也颇受青睐。近期秘鲁经济发展加速，新移民谋生较易，这些都有利于改善华侨华人的生存环境。

一、秘鲁的基本国情

秘鲁概况

国家全名	秘鲁共和国	地理位置	南美洲西部	领土面积	1 285 216 平方公里
首都	利马	官方语言	西班牙语	主要族群	印第安人（45%）、印欧混血种人（37%）、白人（15%）、其他人种（3%）
政体	总统制议会民主共和国，多党制	执政党/主要反对党	"秘鲁胜利"联盟/秘鲁阿普拉党	现任总统	奥良塔·乌马拉（Ollanta Moisés Humala Tasso）
人口数量	2 946 万	华侨华人人口数量	13 万	华侨华人占总人口比例	10%①
GDP/人均GDP	1 712 亿美元/5 904 美元	CPI	4.7%	失业率	7.8%

　　资料来源：《秘鲁国家概况》，中华人民共和国外交部网，http：//www.fmprc.gov.cn/mfa_ chn/gjhdq_ 603914/gj_ 603916/nmz_ 608635/1206_ 608709/。

---

　　① 秘鲁华侨华人华裔人数没有官方数据，这个数字是笔者根据有关资料及报道推算的。据网络资料显示，秘鲁中华通惠总局主席萧孝权的估计是 350 万，而 WONG 集团董事长黄业生则估计有 500 万，占秘鲁人口的 12%～15%。http：//blog.sina.com.cn/s/blog_ 5f074ff60100ef6c.html，2009 年 6 月 7 日。

秘鲁是一个发展中国家。实行议会一院制，总统由竞选产生。秘鲁国内推行市场经济，GDP 呈快速增长态势：2011 年增长 6.92%，2012 年增长 6.29%，2013 年增速继续维持在 6% 左右。[①] 但秘鲁全国贫困人口比例约占 50%，推动经济发展的压力仍然较大。秘鲁是多种族文明古国，传统文化主要来源于印第安和西班牙，但因长时期迁往秘鲁的移民来自欧、非、亚洲，不同文化之间出现交融，所以文化具有多元化特征。

秘鲁是拉美华侨人数众多、历史比较悠久的国家之一。据有关文献记载，16 世纪中叶和 17 世纪前半期，即中国明清时期，已有中国商人、工匠、水手、仆役等沿着当时开辟的中国—菲律宾—墨西哥路线到秘鲁经商或做工。而如今的华裔已是第七、八代，全秘鲁华侨华人约达 13 万，而土生华裔则达 300 多万，华侨华人华裔累计占秘鲁全国人口总数的 10% 以上，居南美各国华侨华人华裔人口比例之首。[②] 可以说，华侨华人华裔已经深深融入秘鲁社会。随着时代的进步和发展，他们凭着聪明才智和勤劳节俭，过上了富足和安定的生活，不少人还步入主流社会的上层，在政、商、文教各界占有重要地位。[③]

二、秘鲁的对华关系

秘鲁与中国的外交往来始于 150 多年前。1856 年秘鲁在香港设立领事馆。1874 年 6 月 26 日中秘两国代表在天津签订《中秘友好通商行船条约》，宣布两国建立正式外交关系。1878 年清政府任命陈兰彬为驻美西秘三国首任公使，因秘智太平洋战争陈兰彬未能抵秘呈递国书。1881 年郑藻如被任命为第二任驻美西秘三国公使，并于 1884 年 6 月抵秘，清朝政府正式设立驻秘鲁公使馆。[④]

1971 年 11 月 2 日秘鲁与新中国建交。2005 年和 2008 年，秘鲁前两任总统托莱多、加西亚先后对中国进行国事访问。2011 年时任国家主席胡锦涛在美国夏威夷州首府檀香山会见秘鲁现任总统乌马拉。2013 年 4 月 6 日，国家主席习近平在海南省三亚市同秘鲁总统乌马拉进行会谈，两国元首就双边关系和共同关心的重大国际和地区问题交换了意见，就加强两国合作达成高度共识，共同宣布把中秘关系提升到全面战略伙伴关系。

如今，中国已成为秘鲁最大的贸易伙伴、第一大出口市场和第二大进口来源国，在秘投资的中资企业有近百家，仅矿业一项投资额就达到 130 亿美元。随着双方友好关系的发展，预计将来两国在各领域还会有更多的合作。虽然秘鲁近期也出现了因中国服装、鞋子"太便宜"而"反倾销"之类的事情，非法移民问题也造成了一些困扰，但双方正在努力协调处理。2010 年秘鲁与中国"自由贸易协定"的生效使秘鲁对中国的出口额逐年大幅增长。2012 年两国双边贸易额达 137.96 亿美元，同比增长 9.7%。其中中国出口 53.33 亿美元，进口 84.63 亿美元，同比分别增长 14.6% 和 6.8%。2013 年 1—9 月，秘鲁与中国

---

① 《秘鲁国家概况》，中华人民共和国外交部网，http：//www.fmprc.gov.cn/mfa_ chn/gjhdq_ 603914/gj_ 603916/nmz_ 608635/1206_ 608709/。

② 《秘鲁华侨华人简况》，中华人民共和国驻秘鲁大使馆网，http：//www.embajadachina.org.pe/chn/lqsw/t134800.htm。

③ 《秘鲁华侨华人简况》，中华人民共和国驻秘鲁大使馆网，http：//www.embajadachina.org.pe/chn/lqsw/t134800.htm。

④ 《秘鲁华侨华人简况》，中华人民共和国驻秘鲁大使馆网，http：//www.embajadachina.org.pe/chn/lqsw/t134800.htm。

双边货物进出口额为 114.7 亿美元，增长 0.7%。其中，秘鲁对中国出口 52.6 亿美元，下降 7.1%；秘鲁自中国进口 62.1 亿美元，增长 8.3%，占秘鲁进口总额的 18.8%，增长 0.7 个百分点。中方主要出口机电、高新技术产品、纺织品、服装等，主要进口鱼粉和铜、铁等矿产品。[①]

三、秘鲁的华侨华人与华裔

秘鲁作为一个发展中国家，不可避免地存在同类国家共同遇到的问题。但对于华侨华人来说，近二三十年的生存环境总体来说还是比较好的，当今的自由移民跟以前做牛做马的苦力劳工处境已经迥然不同。与其他国家或地区相比，目前秘鲁华侨华人华裔社会有以下几种现象比较突出。

（一）融合深

秘鲁人非常亲昵地称呼中国人为"Paisano"（老乡）。现在八到十个秘鲁人中就有一个中国人，或者是身上含有中国血统的华裔。虽然经过几代异族通婚，多次混血，有的华裔已失去中国姓氏，但当地有这样一种说法——"每一个秘鲁学生都有华人同学"。华侨华人和华裔广泛分布在各个行业、阶层。他们勤劳纯朴，对人友善，与当地人和睦相处，已经深深融入秘鲁社会这个大家庭。他们在秘鲁的政治、经济、文化社会和军界等都占有一定的地位，就其融入当地社会的深度和广度而言，在拉美国家中可谓首屈一指。

（二）地位高

老一辈秘鲁华侨大多经营餐馆及中小工商企业和小工厂、小农场。首都利马流行"街角华人"的说法，指的就是喜欢选择街道转角铺位做杂货店的华侨小商。他们热情好客、善于经营，深受当地人欢迎。相对于传统华侨华人小商贩而言，新一代的中国移民和年轻华裔文化程度高，不少人从事医生、教授、律师、工程师、艺术家和军官、政界官员等职业。有的在政界高层担任过或者正在担任总理、部长、副部长、国会主席、议员、大使、总审计长等要职。比如之前曾两次担任秘鲁国会主席的许会，在藤森执政时期担任过部长会议主席（总理），还当过秘鲁政府的工业和旅游部部长、国会副议长和议长。又如秘鲁北方自由省省长陈汉威、前两任驻华大使伍绍良和陈路。伍绍良大使曾任秘鲁经济部部长，也是该国著名的企业家。陈路曾任水利工程师、教授、世界卫生组织顾问，并先后担任过秘鲁能源部、基础建设部与交通、通讯、住房和建设部部长。在秘鲁，还有不少华人进入军界，比如杨赫脱、张志明、梁富兴，他们都是在警界服务多年后升任将军的。

（三）宜生计

该市外侨局近年派出影视摄制组访问拉美各国侨胞，在秘鲁篇中就记录了好几位本市

---

① 《秘鲁国家概况》，中华人民共和国外交部网，http：//www. fmprc. gov. cn/mfa_ chn/gjhdq_ 603914/gj_ 603916/nmz_ 608635/1206_ 608709/；中国商务部：《2013 年 1—9 月秘鲁货物贸易及中秘双边贸易概况》，2013 年 11 月 27 日。

华侨华人的事迹，其中有多位成功生意人的例子。

黄仲儒 40 多年前来到他父亲侨居的巴拉芒卡小镇，在杂货店里干了三年，决意自行创业。他发现皮鞋制造的利润高达 80% ~90%，就与制鞋工人交朋友，偷师学艺，然后投资 7 000 美元创办了皮鞋厂。后又与乡人陈金海合作拓展业务，发展成为产销名牌皮鞋的"鞋业大王"。

新移民黄华安于 1988 年移民秘鲁，在首都利马唐人街做生意，经营"中国城酒楼"。经过艰苦努力，酒楼的生意非常兴隆，高峰时期光是烧鸭，一天就能卖出 150 只，"生意好到不得了"。郑伟健于 1990 年来到利马，在餐馆打了几年工后便开了一家五金店，以灯饰批发为主，赚了一些钱。他把儿子送到北京读书，不入秘鲁国籍，准备回中国养老。类似的成功人士还有很多，如郑子儒、贺华胜、萧瑞忠、陈金伦、方绮云等等。①

（四）可发展

由于中国饮食文化早已根植秘鲁，秘鲁人对中式米饭、粤菜情有独钟，"CHIFA"（广州方言"煮饭"）在秘鲁人心目中几乎与中国美食同义。除了一般百姓，政府官员和各界名人也光顾中餐馆，因此挂"CHIFA"招牌或广告的中餐馆遍地开花。不管是老华侨还是新华侨，从事最多的行业都是容易入行的"CHIFA"中餐馆。虽然竞争激烈，但办得好的中餐馆依然常常座无虚席。33 年前秘鲁全国只有中餐馆 800 家，② 而目前已有约 1 万家，其中仅在 800 万人口的利马市就有大约 7 000 家，其发展势头实在令人吃惊。

秘鲁政府对华人生意的扩大没有政策限制，这也是华人企业迅速发展的原因之一，黄氏超市就是生动的一例。在利马，名为"WONG"的超级市场可谓家喻户晓，它就是当地著名超市业巨子黄业生（Erasmo Wong）经营的连锁超市。黄业生的父亲黄炳辉祖籍广东中山，1942 年在利马开了一间 60 平方米的商店，主要经营油、盐、大米等杂货，是典型的"街角华人"杂货铺，以价廉物美和善待顾客而出名。他的四个儿子从小耳濡目染，热衷于家族生意。长子黄业生赴美国留学回秘鲁后，与弟弟继承父业，于 1983 年创办黄氏超市，当年只有 6 家分店。经过 20 多年的苦心经营，当初的一家普通杂货店如今已发展成 20 多家大型超市连锁店（一说 56 家），经营货物 30 万种，拥有员工 7 000 人（一说 8 000 人），占据首都利马超市业市场 72% 的份额。2008 年，由于百货行业竞争激烈，黄氏兄弟以 8 亿美元的价格接受了一个跨国企业的收购，但"WONG"招牌未改。黄业生成为秘鲁华裔中的首富。除商业外，WONG 集团还涉足农业、渔业、交通等领域。它拥有秘鲁全国最大的甘蔗生产基地，也是全国最大的鱼粉罐头产品生产商。2009 年起，集团在利马筹划兴建全国性的汽车总站。该站落成后，汽车可从利马通达全国各地。③

---

① 据中山市外侨局、中山市广播电视台 DVD《海外中山人·中南美洲篇》而得。

② 黄卓才等主编：《华侨华人大观》，广州：暨南大学出版社 1990 年版，第 38 页。

③ 综合中山市外侨局、广东侨网等资料而得。

四、秘鲁华侨华人社团

（一）秘鲁古冈州会馆

古冈州会馆在秘鲁华侨社团中历史最长，是首都利马五邑籍的地区性华侨会馆，成立于 1867 年。古冈州即广东五邑（台山、开平、恩平、新会、鹤山）。馆舍为中国式庙宇建筑，内堂供奉关圣帝君。该馆的宗旨是：和衷共济，精诚团结；为远渡重洋到秘鲁的同胞提供栖身之所，并设法予以照顾；解决侨胞之间的争端；推行各项福利事业。

秘鲁古冈州会馆自成立以来，为推进乡亲融入当地社会、参政议政，促进侨界团结，树立华人形象，争取华人合法权益，促进两国友好，加强两国文化交流做出了不懈的努力，并得到中、秘两国政府和侨团的高度赞赏。2013 年 7 月 21 日，该会馆举行 146 周年会庆，旅居秘鲁的五邑籍侨胞、各界知名人士、秘鲁华人社团代表、驻秘鲁大使馆官员等数百人参加了庆祝活动。[①]

（二）秘鲁中华通惠总局

秘鲁中华通惠总局成立于 1886 年，是秘鲁华侨的全国性总机构。总局在利马共有番禺、古冈州、中山、同升、鹤山、南三顺、龙冈亲义公所、观花埠秉正会等 10 个主要属会；在秘鲁北部、南部和中部则有华拉、华造、华冷架、加益地、毡乍、湾奴古、横佳玉中华会馆等 20 个属会。秘鲁中华通惠总局的宗旨是：总理秘鲁华侨的慈善公益事业，加强华侨相互扶助，继承和发扬中华民族传统，维护华侨权益。

秘鲁中华通惠总局每三年召开一次全秘侨胞代表大会，利马八大会馆和外埠 13 个会馆各派一名代表参加，选举新的理监事会。总局对秘鲁经济的发展贡献良多：1982 年秘鲁北部发生大水灾，在短时间内筹得灾款 2 800 万索尔，受到秘鲁政府与舆论界的好评；从1982 年起，配合政府建立伤残儿童医疗和康复中心，连续 4 年进行 4 次全国性电视筹款，并将所得义款以全体秘鲁华人的名义交给筹款委员会；1986 年 9 月举行成立 100 周年纪念庆典，编辑出版《秘鲁中华通惠总局成立 100 周年纪念特刊》，中国驻秘鲁大使杨迈出席庆祝活动，中国侨界武术气功代表团前往庆贺和表演；1999 年与政府合作改建利马唐人街，彻底改变了唐人街"脏、乱、差"的状况；2001 年 11 月 8 日创办《秘华商报》局刊，从此有了自己的报纸；支持出版了《华人抵达秘鲁 150 周年纪念特刊》，以翔实的史料向世人作出历史的交代。

100 多年来，总局关注当地侨社，关爱乡亲侨胞，关心祖国变化。1971 年，在中秘建交之前，总局已挂起五星红旗。2002 年，中国北海舰队访问秘鲁，总局组织过千人的队伍欢迎。2008 年汶川地震，总局发动华侨捐款 38 万美元，数额仅次于抗战捐款。总局在继续维护、发展中秘友谊，发扬爱国爱乡爱同胞优良传统，支持祖国、家乡建设，支持祖国和平统一大业等方面作出了积极贡献。[②]

---

① 综合百度百科及江门市外侨局报道而得。
② 综合百度百科、《南方都市》报道及笔者调查而得。

（三）秘华协会

在新社团中，秘华协会因有黄氏集团背景和华裔精英云集而引人注目。该会成立于1999年，创会主席为黄业生。秘华协会是一个秘鲁土生华裔团体，下属4个社团，现有会员7 000多人，以知识分子居多，也有商界、金融界人士，前秘鲁驻华大使陈路就是其中一员。协会以"讲信用、勤劳、忠诚、尊老"为宗旨，主席黄业生希望通过协会凝聚在秘几百万华裔人士。2009年4月，该会举办历时一周的利马第三届国际合唱节，闭幕式演出在利马圣·乌尔苏拉学院的音乐大厅举行，1 000多名观众观看了演出。9月18日该会又举办了中国艺术展，纪念华人抵达秘鲁160周年，展出了由中国驻秘鲁大使馆提供的艺术品和华侨华人个人珍藏品共3 000多件，包括瓷器、漆雕、玉石雕、象牙雕、国画、木器和家具等，有些展品是17世纪的文物。秘鲁政府代表、中国驻秘鲁使馆及华侨华人代表共200多人出席了开幕式。[①] 其后协会又策划进行一项大工程——将该会管理的利马唐人街延长。从2003年起，该会开办了汉语班，至今已举办多期。

秘鲁各种性质的华侨华人华裔社团有100多个，他们在促进中秘友好往来和经贸合作方面发挥着不可取代的作用。因此在中国对外开放程度不断提升、与世界各国民间往来不断加大的今天，应该进一步关注拉美地区特别是秘鲁的侨情发展和变化，做好拉美地区及秘鲁的侨务工作，大力拓展侨务工作的新领域。

---

① 据新华网同日报道。

巴 西

巴西是南美第一大国，充满了机遇与挑战。随着中巴关系的深入发展，目前，巴西成为南美华侨华人第二大聚居地（第一大聚居地是秘鲁）。近年来，巴西国内政治经济形势的变化之快，使巴西华侨华人社会也面临着各种新机遇和新挑战。2013 年，巴西华侨华人为了应对新的发展形势，仍在不断做出努力。

一、巴西的基本概况

巴西概况

国家全名	巴西联邦共和国	地理位置	位于南美洲东南部	领土面积	851.49 万平方公里
首都	巴西利亚	官方语言	葡萄牙语	主要族群	白人、混血、黑人
政体	总统制共和制	执政党/主要反对党	劳工党/巴西社会民主党、民主党	现任国家元首/政府首脑	迪尔玛·罗塞夫（女）
人口数量	192 376 496	华侨华人人口数量	25 万（2010 年）	华侨华人占总人口比例	约 0.13%（据表中数据计算出）
GDP/人均 GDP	2.24 万亿美元/红 1.1 万美元	CPI	5.63%	失业率	5.4%

资料来源：百度百科；GDP/人均 GDP、失业率见《巴西 2012 年国内生产总值同比增长 0.9%》，新华网，2013 年 3 月 2 日；中华人民共和国外交部网，http：//www.fmprc.gov.cn/mfa_ chn/gjhdq_ 603914/gj_ 603916/nmz_ 608635/1206_ 608685/。

二、华侨华人生存与发展现状

（一）移民面临的新机遇与新挑战

据统计，2010 年，巴西华侨华人的数量已达到 25 万，一说如今在巴西生活和工作的华侨华人达 30 余万，[①] 这一说法虽未得到相关部门的证实，但从巴西华侨华人近些年的发展趋势来看，在巴西有 30 万之多的华侨华人也是极有可能的。2013 年，中国和巴西的战

[①] 黄和逊、王帆：《安居乐业 自我完善——巴西华侨华人走过 2011》，新华网，http：//news.xinhuanet.com/o-verseas/2011 - 12/28/c_ 111325298.htm，2011 年 12 月 28 日。

略伙伴关系深入发展，各领域的合作不断加强，良好的合作前景给巴西华侨华人带来巨大的发展机遇。随着华侨华人人口的增长，华人社群也在不断壮大。

2013 年，中国人民为了实现"中国梦"在努力奋斗着，华侨华人也成为在海外践行和推动"中国梦"的主力军。巴西华侨华人是当地民族了解中国的一个主要窗口，他们为推动"中国梦"而尽着自己的一份力量。巴西华侨华人仅仅抓住这一发展机遇，加强与祖（籍）国的联系，积极活跃于中巴两个市场之间，为两国的经济发展增砖添瓦。

巴西华人同时也面临着挑战。2013 年，巴西经济复苏困难重重，经济发展速度明显放缓，甚至出现萎缩，通货膨胀居高不下，据巴西央行预测，2013 年巴西通胀率为 5.7%。[①]为了刺激巴西经济，巴西政府频频加息，但收效甚微。严峻的经济形势给巴西华侨华商带来不小的冲击。

（二）经济发展现状

同其他国家一样，到巴西的中国移民主要依靠血缘或地缘关系，以一带二、二带四或带更多的连环方式移居巴西。因此，华侨华人来到巴西后，多是聚集而居。早期巴西华侨华人的经济结构也因此保留了浓淡不一的血缘特别是地缘色彩。例如，原籍上海、江苏、浙江（俗称"三江帮"）等地的实业界人士于 1911—1950 年的 40 年间陆续移民巴西，并逐步形成了以"三江帮"为主体的工业经济。巴西最具规模的纺织厂、炼油厂、化工厂、塑胶厂和面粉厂，均由他们经营。又如，20 世纪 50 年代初以来移居巴西的台、港、澳同胞（俗称"台港帮"）中，大多数人经营百货零售业、进出口业和其他商品批发业务。再如，来自广东的同胞（俗称"广东帮"）以饮食业为重点，一些特殊的烹饪技艺在巴西世代相传。[②] 如今，随着经济全球化，特别是中巴关系的全面推进，旅巴华商与祖（籍）国的经贸交流越来越频繁，华人经济也打破了原来的结构性限制，向多元化方向发展。

大陆籍华侨华人约占华社总人口的 60%，多是 20 世纪 80 年代末以后抵达巴西的，其中 60%～70% 从事批发业，10%～15% 从事进出口贸易。[③] 华人商家主要集中在巴西圣保罗市。圣保罗的廿五街购物中心是南美洲最大的小商品贸易集散中心，最近十几年来，这里的华商越来越多，已成为巴西华侨华人心目中的"唐人街"，堪称巴西华侨华人社会的缩影。如今在这条街上的数个商业城中，开有 700 余家华人商店，主要经销中国商品。[④]在这里，可以说葡萄牙语、广东话、闽南话、青田话、温州话等。巴西圣保罗的自由区（葡文地名为 LIDERDADE），当地人习惯称之为"东方街"，原是日本移民最集中的区（号称是日本本土外最大的日裔居住区），但自 20 世纪中期以来，中国移民也越来越多地将之作为主要居住区。今天，由于华人商家增多，这里已变成名副其实的"中国区"。[⑤]

虽然巴西的华人企业仍处于初步发展阶段，但它们在巴西已取得了一定的成就，奠定

① 《巴西经济复苏面临多重困难》，新华网，http://news.xinhuanet.com/fortune/2013-12/27/c_118737945.htm，2013年 12 月 27 日。

② 白俊杰：《巴西华侨华人概述》，周南京：《华侨华人百科全书·历史卷》，北京：中国华侨出版社 2002 年版，第 36 页。

③ 庄国土、黄新华、王艳：《华侨华人经济资源研究》，国务院侨务办公室政策法规司，2011 年。

④ 庄国土、李瑞晴：《华侨华人分布状况和发展趋势》，国务院侨务办公室政策法规司，2011 年，第 169 页。

⑤ 高伟浓：《拉丁美洲华侨华人移民史、社团及文化活动远眺》，广州：暨南大学出版社 2012 年版，第 7 页。

了一定的经济地位。仅据 1997 年的数据，每年经营额逾 1 亿美元的华人企业就有 Braswey Petropar、Olvebrra、Avipal、Minas 集团等。华人经营的企业约有 3 600 家，包括小型超市、杂货、餐馆、贸易业、娱乐业、旅游、医药等。① 华人企业家林训明是巴西植物油集团及巴西石化集团的创始人，其无纺布产量居全巴西第一，1992 年其石化集团的资产达 1 亿多美元。② 华人何德光的 H – BUSTER 公司是巴西知名的华人家族企业，于 1997 年注册成立，总部坐落在圣保罗市往南 30 公里的圣若泽工业区，是巴西主要的汽车音响生产企业之一。现任董事长为何行，旗下有分厂 3 家，员工上千人，其扬声器的市场份额占 50% 以上，CD 机占 30%，车载 DVD 机也正在逐渐占领市场，2007 年的销售额达到 1.5 亿美元。③ H – BUSTER 委托中国厂商生产，再进口到巴西销售。因为产品价廉物美，销售策略灵活，在短短几年间，H – BUSTER 品牌就声誉鹊起，现在已成为巴西的知名品牌，H – BUSTER 也成为南美洲最大的华人独资企业，所生产的电子电器产品年销售额近 10 亿美元，目前从中国的年进口额超过 6 亿美元，④ 为中巴经贸合作作出了积极贡献。该企业是华商在巴西成功经营的榜样。

　　虽然部分华商经营成功，具备了一定的实力，但客观地说，巴西华人经济总体上规模尚小，富而不强，还没有形成有力的华商网络，在经营与管理方面仍存在许多问题。近年来，巴西多次发生针对华商的突击检查，查抄查封华人商城的事件屡有发生。如 2006 年 12 月 22 日凌晨 2 时左右，巴西稽查部门数十人撬开圣保罗 25 街的中国商城，对其中 20 多家华人商店进行突击查抄。稽查部门在行动中搬走了部分"非法商品"，其中包括账簿和钱柜。⑤ 2012 年 10 月 9 日上午（巴西儿童节前三天），巴西警方以产品安全问题为由，查抄了圣保罗廿五街购物中心的四五家经营玩具的店家，搬走了大量商品。⑥ 这些事件的发生有比较复杂的经济利益与文化冲突等因素，当然，也与华商的经营方式、管理方式、生活习惯等有关。重要的是，华侨华人要善于吸取教训，合法经营，完善管理方式，塑造自主品牌，将华人企业做大做强，同时也要遵守当地政策法律，加强与相关部门的沟通，树立良好的华侨华人形象，减少乃至杜绝类似事件的发生。总之，今天巴西华侨华人的经济地位虽然不断提高，但华人企业要做大做强还有赖于进一步立足当地，还需要时间。

　　2013 年，巴西华人经济的发展方向主要表现在成为中国品牌的代理人，为中国开拓巴西市场打头阵。近年来中国品牌不断进入巴西市场，巴西华人作为中国品牌的代理人，华商队伍也在不断壮大，成为中国开拓巴西市场的前锋。如为中国新能源照明开拓市场的巴

---

　　① 牛震：《第三中华——海外华人的历史、现在、未来》，台北：字磨坊文化事业有限公司 2002 年版，第 368 页。

　　② 《从政，改善华人形象》（上），国际在线，http：//gb. cri. cn/ 1321/2007/08/02/542@1701286. htm，2007 年 8 月 1 日。

　　③ 《在南美打拼的华侨华人——走马观花巴阿秘系列之十八》，人民网，http：//book. people. com. cn/GB/69399/107426/181587/11008925. html，2010 年 2 月 23 日。

　　④ 《H-BUSTER 南美洲最大华侨企业的发展历程》，《侨务工作研究》2012 年第 2 期。

　　⑤ 《巴西稽查部门深夜撬门查抄华人商店　中领馆关注》，中国网，http：//www. china. com. cn/overseas/txt/2006 – 12/26/content_ 7557382. htm，2006 年 12 月 26 日。

　　⑥ 《儿童节前警方查抄廿五街购物中心玩具》，巴西侨网，http：//www. bxqw. com/userlist/hbpd/newshow –21005. html，2012 年 10 月 10 日。

西华商李锦辉，使巴西圣保罗各大街成为展示"中国 LED 灯饰的盛会"的场所。①

2013 年 12 月 16 日，首家由华商投资的力帆汽车 4S 店在巴西最大城市圣保罗开张，为力帆汽车进军巴西战略再添新筹码。该店由华侨周经军投资开设，他表示为中国企业开拓巴西市场，是自己的一大心愿，他愿意为祖国的繁荣和发展贡献自己的力量。②

巴西华人商家的发展也受到当地政府的关注。2013 年 6 月 10 日，巴西圣保罗州议会副议长 JOOJI HATO 视察了华人美好商城，了解商城最后阶段的装修及筹备开业情况，尤其关注安全设施问题。③ 美好商城是华人集中经营的场所，经营的商品来自中国和巴西本地，促进了中巴经济的交流。

为了迎合巴西华人经济的发展需求，我国也积极为华侨华人的发展提供便利。2012 年，中国银行（巴西）有限公司开办了个人金融服务，经过不懈的努力，个人客户逐步增加，业务范围亦不断扩大，现已开办个人账户的开立、境内汇出汇入业务、外币兑换业务、境外汇出汇入业务等金融服务。2013 年逐步提供网上银行、信用卡业务等各类金融服务产品，以进一步满足广大客户的金融服务需求。中国银行（巴西）有限公司总裁表示，下一步中国银行（巴西）有限公司还将为华侨华人提供买房和买车的贷款服务。④ 中国的投资也为巴西华人经济发展增添了动力。

（三）华人社团

社团是华侨华人社会的三大支柱之一，是中国和华侨华人联系的重要桥梁和纽带。巴西的华侨华人社团在巴西华社中也具有举足轻重的地位。

巴西华侨华人社团的历史不像东南亚等地区的华人社团那样悠久。它们具有自身的特点，多是基于经济利益、文化教育、兴趣爱好和休闲娱乐等不同需求组建的，以地缘性、业缘性社团为主，血缘性社团较少。

早些年，巴西全国性或地方性的各类别华侨华人社团就已达到 100 多个，⑤ 目前经常活动的仍有 60 多个。在巴西侨网上，可以看到其中 38 个较活跃、影响较大的社团的资料，按照这些社团的活动范围，可以粗略地分为综合性社团、商业社团、同乡会、联谊会、青年组织、妇女社团、慈善社团、文化社团、中医药学社团和政治社团（主要是和平统一促进会）等类型。另外，台湾侨民中也存在着不少社团，基本包括在上述主要类型中。

最活跃的华人社团主要有巴西华人协会、巴西广东同乡总会、巴西青田同乡总会、巴西华人文化交流协会等，社团为侨胞提供各方面的服务，丰富广大侨胞的生活。近年来，巴西华人社团发展迅速，新社团不断出现，社团组织结构也不断完善。在会务方面，社团

① 《为中国新能源照明开拓市场——记巴西华商李锦辉》，新华网，http：//news. xinhuanet. com/overseas/2013 - 12/14/c_ 118556656. htm，2013 年 12 月 14 日。

② 《力帆汽车联手巴西华商打造 4S 店》，新华网，http：//news. xinhuanet. com/fortune/2013 - 12/17/c _ 118588547. htm，2013 年 12 月 17 日。

③ 《圣保罗州议会副议长视察巴西华人美好商城》，中新网，http：//www. chinanews. com/hr/2013/06 - 14/4927547. shtml，2013 年 6 月 14 日。

④ 《中国银行巴西公司将为华人提供贷款》，南美侨报网，http：//www. nmqbw. com. br/2012/index. php/america - sul - chines/11101，2013 年 3 月 12 日。

⑤ 国务院侨办干部学校编著：《华侨华人概述》，北京：九州出版社 2005 年版，第 145 页。

更加注重维护侨胞的权益，鼓励并带领侨胞积极融入当地社会，为华侨华人树立良好形象。

2013 年 10 月 17 日，全球华侨华人促进中国和平统一大会在巴西里约热内卢举行。巴西华人社团成为这次大会的主力军，为大会的顺利进行贡献良多。大会一致通过了《全球华侨华人促进中国和平统一大会（2013·里约）宣言》，宣言号召每一位中华儿女都为祖国的统一大业作出贡献，① 而巴西的华侨华人也在践行这一庄重的宣言。

（四）华文教育的进一步发展

巴西的华文教育发展之迅速在南美可谓首屈一指。2008 年 9 月 26 日，由中国河北精英教育集团和巴西利亚大学合办的孔子学院在巴西利亚大学揭牌，该学院旨在传播汉语文化，为巴西的汉语学习者提供规范、权威的现代汉语教学渠道；2008 年 11 月 26 日晚，由中国湖北大学与圣保罗州立大学合作创办的孔子学院在圣保罗州立大学正式成立；2011 年 8 月 31 日，由河北大学与巴西里约热内卢天主教大学合作建立的孔子学院正式揭牌，这是中国国家汉办在巴西境内继圣保罗和巴西利亚之后开设的第三家孔子学院；2012 年 4 月 25 日，由中国传媒大学与巴西南大河州联邦大学合作创建的孔子学院举行开幕仪式，是为巴西第四所孔子学院；2012 年 7 月 19 日，巴西国内第五所孔子学院——圣保罗 FAAP 商务孔子学院正式揭牌成立。在短短四年内，巴西就诞生了五所孔子学院。

2013 年 11 月 26 日，伯南布哥大学孔子学院正式揭牌，该院由伯南布哥大学和中央财经大学合作创建，是我国在巴西开办的第六所孔子学院，也是巴西东北部地区的第一所孔子学院。孔子学院的进一步发展不仅可以促进中巴文化交流，也为在巴华侨华人提供了学习祖国文化的良好平台。近年来，中巴人文交流与合作取得积极进展，孔子学院就是其中的一个重要成果。②

三、华侨华人与当地民族关系的新发展

巴西的外来移民很多，不同民族之间通婚很普遍，故混血人种占有很大比例。巴西政府在对待外来移民上是比较公正公平的，并无明显的歧视政策和行动。巴西的华侨华人也未受到明显的歧视与凌辱，且与当地其他民族相处融洽。

华侨华人生活在一个多民族共居的大熔炉里，处理好民族关系，特别是处理好与当地主流民族的关系至关重要。虽然目前巴西民众对华侨华人总体上很友善，但不能说民族间的关系已是高枕无忧了。例如，2007 年 4 月 3 日，巴西司法部门在军警的配合下查抄了巴西最大的华人商业大厦——圣保罗廿五街购物中心，共查抄华人商店近 50 家，行动中有 6 人被拘捕。③ 虽然这是一起商业事件，但应引起华侨华人对其与当地民族关系的关注。除

---

① 《全球华人促进中国和平统一 13 年里约大会》，巴西侨网，http：//www.bxqw.com/userlist/hbpd/newshow－28821.html，2013 年 10 月 30 日。

② 《驻巴西大使李金章出席伯南布哥大学孔子学院揭牌仪式》，中国驻巴西联邦共和国大使馆，http：//br.china－embassy.org/chn/gdxw/t1105611.htm，2013 年 12 月 4 日。

③ 《巴西 50 家华人商店被封 华商与军警对峙》，中国网，http：//www.china.com.cn/overseas/txt/2007－04/05/content_ 8070197.htm，2007 年 4 月 4 日。

了因商业利益累积的矛盾可能引起直接的纠纷外，有时候其他民族与当地民族的摩擦也可能给华侨华人带来"横祸"。比如说，如果当地人哄抢日本人的商店，华人很可能因与日本人面相不好区分而被连带哄抢。[①] 对于这样一类问题，华侨华人自应有所防范，未雨绸缪。

总的来说，巴西华侨华人懂得积极融入当地，注重以回馈当地社会等方式来改善与当地民族的关系。比如，2011 年，巴西里约热内卢山区遭遇泥石流，巴西华人文化交流协会发起了向灾区献爱心活动。许多当地华侨华人青年以志愿者的方式积极参与，很快就把两辆满载大米、豆油、咖啡、矿泉水等物品的赈灾大货车开进了重灾区。灾区工作人员说，这是他们收到的第一批来自外国侨民社团的捐助。[②] 这些年来，类似的例子还有很多。值得注意的是，不少华侨华人社团都尽其所能，以开展慈善捐献等方式来增进与当地民族的关系。这是一个良好的发展趋势。

巴西政府对华侨华人为巴西社会所作的贡献也给予了充分肯定。早在 1992 年，巴西圣保罗议会就通过了一项法令，将每年的 10 月 7 日定为"中国移民日"，以纪念 180 多年来中国移民为巴西的现代文明与社会、经济发展所作出的贡献。巴西政要经常出席华人社团的换届选举活动，表明巴西政府对华人社团仍旧十分关注和重视。

2013 年巴西华人更加注重回馈当地社会，如巴西华人协会在 2013 年 8 月底再次组织爱心捐款活动，巴西华人协会李少玉会长和台湾社团华侨慈善基金会参与这项活动已经多年，这对增进华侨华人与当地民族的关系有着积极的作用。但是，应注意到各种不和谐的声音仍然存在，如华人遭遇抢劫、华商遭到查封的情况屡见不鲜。总之，与当地民族和睦相处仍是华侨华人需要努力的一个方面。

---

① 高伟浓：《拉丁美洲华侨华人移民史、社团及文化活动远眺》，广州：暨南大学出版社 2012 年版，第 7 页。
② 高伟浓：《拉丁美洲华侨华人移民史、社团及文化活动远眺》，广州：暨南大学出版社 2012 年版，第 7 页。

苏里南

苏里南有华侨华人五六万。华侨华人已成为苏里南六大主流族群之一，在当地政治、经济、文化等领域发挥着重要作用。随着中苏关系的发展，苏里南华侨华人社会有进一步壮大的趋势。苏里南华人目前正积极组建华人政党，华人的政治地位有可能提升。苏里南侨社也存在一定问题：一是当地针对华侨华人的犯罪活动呈上升趋势；二是多数华侨华人系新移民，尚未成功融入当地社会，引发诟病；三是苏里南华侨华人经营扎堆，内部竞争日趋激烈；四是华人利益诉求方式落后，参政任重道远。

表1　苏里南概况

国家全名	苏里南共和国	地理位置	南美洲东北部	领土面积	16万余平方公里
首都	帕拉马里博	官方语言	荷兰语	主要族群	印度斯坦人、克里奥尔人、印度尼西亚人、丛林黑人、印第安人、华人
政体	资本主义议会民主制	执政党/主要反对党	民族民主党/苏里南民族党、进步改革党等	现任国家元首/政府首脑	德西·鲍特瑟
人口数量	54万	华侨华人人口数量	5万~6万	华侨华人占总人口比例	10%
GDP/人均GDP	2013年人均GDP预计达9 100美元	CPI	3%以下（据苏里南中央银行预计）	失业率	约5.7%（2012年）

一、苏里南侨情

自1853年首批18名契约华工从印尼到达苏里南，[1] 华人已在苏里南扎根160年。1853—1870年，共有2 630名契约华工到达苏里南。[2] 1873—1874年，约100名契约华工从印尼到苏里南后，结束了契约华工输入苏里南的历史。此后仍有源源不断的中国自由移民进入苏里南。1950—1964年，苏里南华侨华人从2 384人增加到5 339人。1970年，苏里南华侨华人增至6 791人。[3] 由于苏里南独立等因素，一些华侨华人再移民到荷兰、美国等地。1980年，苏里南华侨华人下降至5 494人。20世纪90年代，到苏里南的新移民迅速增加。据统计，仅1990年就有4 807名中国人入境苏里南，次年增加7 587名。

表2　1985—2006年通过苏里南国际机场入境的中国人人数统计

年份	人数	年份	人数	年份	人数	年份	人数
1985	303	1991	7 587	1997	1 269	2003	730
1986	220	1992	4 010	1998	1 402	2004	2 041
1987	201	1993	2 715	1999	1 533	2005	1 869
1988	235	1994	5 105	2000	1 560	2006	1 246
1989	336	1995	3 914	2001	1 163		
1990	4 807	1996	2 011	2002	962		

资料来源：Paul B. Tjon Sie Fat, *Chinese New Migrants in Surinam：The Inevitability of Ethnic Performing*, Amsterdam University Press, 2009, p. 98.

目前苏里南有华侨华人五六万，约占苏总人口的10%，华人比例之高居西半球国家之首。[4] 华侨华人已成为苏里南六大主流族群之一，在当地政治、经济、文化等领域发挥着重要作用。20世纪90年代前，苏里南华侨华人主要来自惠东宝地区，主要是客家人。90年代之后到苏里南的新移民主要来自浙江、福建、海南、广西、广东、山东、辽宁等地。据2004年苏里南人口统计，90%的华侨华人住在首都及邻近的瓦尼卡省和巴拉省。[5] 苏里南华侨华人主要从事超市行业，但经营逐渐多元化，涉足酒店、旅馆、餐馆、银行、工厂、水果店、水木场、车行、建材、电器、建筑等。另外，在苏里南政府批出的150万公

---

[1]　其中三人在路途死亡。

[2]　J. Ankum – Houwink, *Chinese Contract Migrants in Surinam between 1853 and 1870*, Boletín de Estudios Latinoamericanos y del Caribe, No. 17, Diciembre de 1974, p. 57.

[3]　Paul B. Tjon Sie Fat, *Chinese New migrants in Surinam：The Inevitability of Ethnic Performing*, Amsterdam University Press, 2009, p. 77.

[4]　《中国驻苏里南大使袁南生携馆员向全国人民致以2012年新春祝福》，http：//world. people. cn/GB/8212/191616/237527/237531/16914127. html；杨子刚：《相知在远方　友谊绵且长》，http：//paper. people. com. cn/rmrb/html/2013 – 06/27/nw. D110000renmrb_ 20130627_ 1 – 03. htm。

[5]　Paul B. Tjon Sie Fat, *Chinese new migrants in Surinam：The Inevitability of Ethnic Performing*, Amsterdam University Press, 2009, p. 116.

顷承包土地中，有 79.8 万公顷（53%）由中国人承包。①

苏里南目前拥有《中华日报》、《洵南日报》两家华文报纸和一家中文电视台。苏里南中文学校创办于 1986 年，现有学生 400 余人。2009 年，苏里南中文学校被国务院侨办确定为全球 55 所海外华文教育示范学校之一。苏里南有两家华人基督教教会：宣道会和崇真堂。华侨华人还创办有白莲花体育馆、养老院、华侨公山、华人星期天街市等。

苏里南华侨华人社团组织良好。2010 年，苏里南华侨华人社团联合总会成立，由 14 个社团组成，分别为广义堂、中华会馆、华侨商会、中侨福利会、东莞同乡会、华人农工商促进会、浙江同乡会、福建同乡会、海南同乡会、浙江商会、广州同乡会、白莲花体育会、日计里华侨总会、华侨华人妇女会。其中，广义堂是苏里南历史最悠久、影响最大的社团，创办于 1880 年。新移民的社团发展迅速，如浙江同乡会成立于 2004 年，在近十年内，从 10 多位理事发展到 51 位理事，会员达 2 000 多人。

苏里南华人很早就参与政治。1967 年，苏里南华人成立苏里南民族党（NPS）华人支部。另外，华人还成立了民族民主党（NDP）华人支部。1980—1982 年，苏里南华裔陈亚先曾任苏里南总统兼总理。不少华人担任政府内阁部长，如张振猷、张其森、陈有、房盆、李福秀、杨进华等。另有一些华人当选国会议员。早在苏里南独立前的 1973 年，李鸿基就已成为首位华人议员。之后的议员包括李嘉琳、曾少猷、张凯丽等，其中，曾少猷、张凯丽为现政府议员。

二、苏里南政策变化对华侨华人的影响

（一）教育改革

从 2012 年起，苏里南开始新一轮教育改革。改革措施包括学校和教师建设、课程修订与发展、数字化教学手段的采用、推出课后指导计划和提供补贴以免除学费等。但苏里南教育总体十分落后，很多华侨华人将子女送回中国接受教育。同时，不少华侨华人子女就读于苏里南中文学校，另有不少华侨华人将子女送往荷兰、美国等地接受教育。总体而言，若苏里南教育改革顺利推进，教育质量有所提升，将有利于华侨华人子女就地在苏里南接受教育。

（二）国家保健制度

苏里南于 2012 年 7 月 1 日全面实行国家保健制度，政府实施为儿童及长者提供免费医疗保健服务，超过 13 万名年龄在 16 岁以下和 60 岁以上的苏里南民众可从该制度中获得免费的医疗服务。从 2013 年 1 月 1 日起，该保健制度引入养老金以及最低工资标准，使其更加完善。这一政策的实施，对华侨华人而言，一方面苏里南华人儿童及长者能够从中受益；另一方面，随着苏里南社会保障制度的健全，将吸引更多华侨入籍苏里南。

（三）大赦政策与华侨入籍

2013 年初，苏华总会代表先后向苏里南政府民族移民周年庆祝活动筹备委员会、司法

---

① 《议员 Gajadien 表示：本国 53% 的木材承包都由中国人经营》，中华日报网，2013 年 6 月 21 日。

部等提出要求，希望借华人移民苏里南 160 周年之际对非法居留权的华侨实行特赦。苏里南政府采纳了侨团的建议，决定给予在苏里南非法居留的所有外国人最后一次办理居留手续的机会。苏里南司法部已启动非法居留人士登记的工作。目前数千没有合法居留权的中国人对此次大赦办理结果翘首以盼。

苏里南国会于 2013 年 2 月对 200 余名外国人的入籍申请进行审核，其中大部分申请入籍者为中国人。[①] 目前，苏里南入籍门槛很低，只要在苏里南生活满五年，会唱苏里南国歌，即可申请。不过，已有苏里南议员提出要提高外国人入籍门槛。

（四）苏里南国会讨论 PSA 外国人制度

苏里南国会于 2013 年 5 月讨论了 PSA 外国人制度。与苏里南拥有第三关系的外国人将被称为苏里南出身人士（PSA）。如果这些外国人愿意，他们可以申请获得 PSA 身份。外国人在获得 PSA 身份后，将拥有一些特殊权利。PSA 外国人分为两类：第一类是获得 PSA 身份，但在国外生活的人士。此类人士获得 PSA 文件后，可随时从世界各地到苏里南，无须申请签证或其他旅行证件，因为 PSA 文件与签证或旅行证件拥有相同的功效。此类外国人在抵苏里南后会被立即登记，并可在苏里南逗留半年。在这半年间，此类外国人不用到移民局报到。半年之后，还可再申请半年逗留时间。第二类外国人是获得 PSA 身份并在苏里南生活的人士。这些人士不会获得 PSA 文件，但会获得 PSA 卡。这类外国人除了拥有与第一类外国人同样的权利外，还会获得更多的好处。他们拥有在苏里南永久居住的权利，还能够保留原有国籍。此类人士在苏里南工作时无须申请劳工纸。[②] 如苏里南实行 PSA 外国人制度，将有利于华侨华人往来于中国与苏里南。由于现有华侨华人数量较大，可能带动更多中国新移民赴苏里南。

（五）垃圾收集措施改革

苏里南政府从 2013 年 10 月 1 日开始实行全新的垃圾收集措施。一方面，政府的垃圾回收工作从日间改为晚上进行；另一方面，选择让政府收集垃圾的商家每月需支付约 100 苏元，同时需到公共工程部垃圾处理部门登记。苏里南营业执照要求，商家有义务处理自己的垃圾。如果不处理，就会触犯法例，商家会遭受罚款或被监禁，而商店企业也有可能被政府勒令关闭。从 2013 年 10 月 7 日开始，政府的监察部门开始加强监督商店遵守新规定。由于苏里南的商业活动基本由华侨华人经营，在新政策实施前，苏里南帕拉马里博政府专员、公共工程部、公共绿化部、警方有关负责人专门就此与苏华总会代表以及小商店协会代表沟通，听取华侨华人对垃圾处理改革措施的意见和建议，呼吁华侨华人店主支持政府的新措施。从实施情况看，华侨华人商家对政府的工作给予配合，为新措施顺利实行作出了贡献。

（六）苏里南海关与 S. G. S. 合作，改革进口货柜检验措施

为防止进口商在进口货品时虚报货品价值以赚取巨额的差价和逃避关税，同时为了增

---

① 《政府应该对入籍申请更好地进行控制》，中华日报网，2013 年 2 月 27 日。
② 《国会召开会议讨论 PSA 外国人制度》，中华日报网，2013 年 5 月 8 日。

加国家的税收，苏里南政府于 2013 年 6 月 17 日开始与国际货柜检验组织 S.G.S. 合作，全面实行新的货柜检验措施。由于 S.G.S. 检验措施手续繁琐，苏里南进口商对该措施普遍持有疑问。同时，该措施实施后，导致苏里南进口量严重下降，苏里南出现货品短缺现象，同时物价上涨。由于苏里南制造业不发达，日用品和食品主要依靠进口，该措施对苏里南全国人民的生活都产生了重要的影响。政府在评估该政策带来的负面效果后，目前已取消与 S.G.S. 的合作，暂停货柜检验措施。由于苏里南华侨华人中有不少进口商，他们对该项政策十分关切。与其他进口商一样，很多华侨华人进口商对苏里南政府推出的货柜检验新措施感到不解。目前，苏里南另外启用了世界海关数据系统。

（七）美元汇率上涨与美元短缺

2013 年以来，随着美元兑苏元汇率上涨，苏里南民众对美元的需求量大增，苏里南市面上一度没有足够的美元提供给所需民众。苏里南银行也曾暂停为民众提供苏元换美元服务。[①] 从 3 月份到 8 月份，银行投入 1.32 亿美元，用于维持苏元汇率稳定以及防止出现货币短缺的情况。[②] 由于美元汇率上升和美元短缺，为保证国内进口货物充足并保持基本商品价格稳定，苏里南政府考虑为进口商提供廉价美元兑换服务。苏里南基本商品品种一共有 45 种，零售商在这些基本商品当中最多只能赚取 10% 的利润。8 月，苏里南副总统阿梅拉里与零售商、进口商和消费者保护协会代表召开会议，讨论政府的上述措施。[③] 由于苏里南华侨华人零售商、进口商众多，美元汇率波动和短缺对其经营也产生一定影响。

（八）警方对商家的营业时间进行监督

苏里南政府规定，商店营业时间为早上 6 点至晚上 11 点。从 5 月 1 日起，苏里南警方开始对商店的营业时间进行严格监督。对于违反规定的商店，警方将会进行两次警告，如果再犯，警方就有权进行罚款和没收营业牌照，甚至勒令其关闭商店。

华侨华人店主一般采取惯用的半开门销售方式来规避该项规定。但警方加强监督后，这种方式也被禁止，所有商店都必须按照政府的规定在 11 点前停止营业。

三、2013 年涉侨重大事件及其影响

（一）华侨华人举行定居苏里南 160 周年系列庆典活动

2013 年 10 月 20 日，苏里南华侨华人举行定居苏里南 160 周年庆典活动。当天，华侨华人举行了全侨大游行活动。此外，华侨华人还举行了纪念华人定居苏里南 160 周年足球赛、出版《华人定居苏里南 160 周年纪念画册》等系列活动。10 月 19 日晚，苏里南华侨华人社团联合总会隆重举办华人定居苏里南 160 周年招待会。10 月 20 日晚，纪念华人定居苏里南 160 周年大型庆典联欢晚会在苏里南总统府广场上演。苏里南总统鲍特瑟伉俪、副总统阿梅拉里伉俪、国会主席西蒙斯以及多位苏里南政府官员，中国国侨办主任裘援平

---

① 《苏里南银行暂停外汇兑换服务以支持本国货币》，中华日报网，2013 年 4 月 25 日。
② 《中央银行投入 1.32 亿美元以防货币短缺》，中华日报网，2013 年 9 月 4 日。
③ 《政府考虑为进口商推出廉价美元兑换服务》，中华日报网，2013 年 8 月 3 日。

和中国驻苏大使杨子刚等，以及荷兰华侨华人代表团、法属圭亚那华侨华人代表团、各侨团侨领、广大侨胞、各族人士等近万人出席晚会。

5月28日，苏里南内政部和国家节日委员会联合举行纪念华人移居苏里南160周年、废除奴隶制150周年和印度人移民140周年活动启动仪式。此系苏里南政府首次将华人移居苏里南的纪念活动纳入国家整体规划，首次将之列入苏里南主体民族的国家性纪念活动中，标志着华人社群逐渐被苏里南社会接纳为六大主体民族之一。

（二）17位华人荣获总统颁发棕榈勋章

2013年11月10日，苏里南总统鲍特瑟为一批对社会作出卓越贡献的人士举行授勋仪式。由于2013年是印度人移民苏里南140周年、黑奴解放150周年、华人定居苏里南160周年，苏里南总统共为全国140位人士授勋。陈立平、余丽红、李学雄、李汉华、陈瑜、刘汉华、谢学林、陈养、陈锦华、曾锦荣、张志和、郑国庆、倪发明、李嘉琳、林少波、陈程、杨仕华等17位华人荣获总统颁发棕榈勋章，比以往历次人数都多。

（三）华侨华人人身财产安全频受威胁

2013年，苏里南华侨华人频频受到犯罪分子袭击，人身财产安全频受威胁。2013年8—10月，苏里南发生多起袭击华侨华人店主的恶性事件。8月22日，三名劫匪试图对一间位于苏里南内地、由华人经营的加油站实行抢劫。由于该加油站店铺由货柜改建而成，劫匪难以下手，一怒之下放火烧毁该加油站店铺，造成两位海南籍加油站工人一人被当场烧死，另一人被烧伤。[①] 9月5日，苏里南Maribasula区发生华人店主被抢劫虐待案件。当时劫匪闯入超市实施抢劫，残忍地开枪打断男店主的两个脚趾，女店主的脚部也被劫匪用刀砍伤。9月6日，同一地区又发生两起抢劫案，店主的欧元和黄金被劫匪抢走。[②] 10月3日，一间位于瓦尼卡大区的超市遭受三名蒙面武装匪徒的抢劫。匪徒在作案时对男女店主二人进行殴打，导致二人流血受伤。[③] 10月15日，一间位于Kasabaholoweg附近的华人商店遭受三名劫匪抢劫，店铺内的三名人员均受到匪徒暴力对待，其中两人被砍伤。[④] 驻苏里南使馆对华侨华人频频遇袭表示高度关切，大使杨子刚、参赞陈绪峰等专门与苏里南警方交涉。

（四）华人积极组建苏里南共和党

20世纪90年代初，华人倡导成立了以华人为主的苏里南共和党，但参加者寥寥无几，也无甚影响力。因此，苏里南华人一直未能像其他族裔一样拥有有影响力的全国性政党，只能依靠其他政党来表达利益诉求。随着苏里南华侨华人增多，找寻正当有力的途径维护华侨华人利益，组建华人政党参政议政，成为侨界有识之士的共识。2013年，复兴苏里南共和党被侨界提上日程，苏里南华人多次举行组党筹备会议，并公布苏里南共和党的党章及党纲。现由黄秀庭先生担任苏里南共和党主席。为缓解共和党经济困境，使该党迅速壮

---

① 《劫匪纵火烧毁加油站店铺导致华人员工一死一伤》，中华日报网，2013年8月22日。
② 《Maribasula地区华人超市连遭抢劫》，中华日报网，2013年9月10日。
③ 《华人商店遭受蒙面武装匪徒抢劫》，中华日报网，2013年10月4日。
④ 《一间华人商店遭受抢劫》，中华日报网，2013年10月16日。

大，苏里南共和党已面向全侨展开募捐工作。①

四、苏里南侨情发展趋势预测

（一）到苏里南的中国新移民可能进一步增加

近年来，中国企业对苏投资逐年增加，涉足筑路、木材加工、商贸等行业。中国政府通过无偿援助、提供低息或无息贷款等方式帮助苏里南建设基础设施和民生福利项目。中资企业和中国援助项目会将部分中国工人带到苏里南。中苏经济具有较大的互补性，中国向苏里南出口制造品，苏里南向中国出口木材等资源，华侨华人能够从日益增长的中苏贸易中获益。此外，苏里南资源丰富、地广人稀，从人口承载能力上说，有接纳新移民的巨大能力。同时，苏里南如实行 PSA 外国人制度，对中国新移民到苏里南将十分有利。因此，未来到苏里南的中国新移民可能会进一步增加，他们或以苏里南为目的地，或以苏里南为中转地，向周边国家、地区再移民。

（二）苏里南其他族群可能逐渐滋生排华情绪

目前，苏里南部分民众已对华侨华人有负面情绪。据 2007 年 1 月 IDOS 公众意见测评，69% 参与投票的苏里南民众对巴西移民持负面态度，61% 对中国移民持负面态度，仅约 25% 对中国移民持积极态度。苏里南民族民主党支持者更加强烈地反对移民，约 75% 对巴西移民持负面态度，约 70% 对中国移民持负面态度。一些苏里南人认为，中国人赚钱后就离开苏里南去别的地方，丝毫没有整合进当地社会。中国移民与巴西移民一同被部分苏里南民众视为新殖民主义者。② 美国学者伊凡·埃里斯也注意到中国人在苏里南的迅速增加导致了与其他族群的紧张关系。他认为相关因素包括：一些人欠华侨华人店主债务，对中国人经商更成功的嫉恨，以及认为中国人将利润寄回中国而不是在当地投资。③

（三）华人在苏里南的政治影响力有可能提升

目前苏里南现政府有两位华裔议员，但相较其他族群而言，华人的政治影响力与经济实力并不相称。随着苏里南华侨华人逐渐认识到参政的重要性，并积极组建华人政党，华人的政治地位很有可能较之前有所提升。目前，苏里南华侨华人正力争复兴苏里南共和党。如果该党能得到广大华侨华人的大力支持，其在苏里南政治中产生一定影响是极可能实现的。但苏里南华人的人才结构单一，多数经商且未受过高等教育，未有丰富的参政经验，这对华人参政产生一定的制约。

（四）华侨华人在苏里南社会的影响力将进一步增大

随着华侨华人人数增多、华侨华人经济实力的进一步增强，苏里南华侨华人在苏里南

---

① 李旭刚：《一诺千金为自由民主不遗余力保华人福祉——记苏里南共和党》，中华日报网，2013 年 11 月 3 日。

② Paul B. Tjon Sie Fat, *Chinese New Migrants in Surinam: The Inevitability of Ethnic Performing*, Amsterdam University Press，2009，pp. 210 – 213.

③ R. Evan Ellis, "Suriname and the Chinese: Timber, Migration, and Less – Told Stories of Globalization", *SAIS Review of International Affairs*，2012，Vol. 32，No. 2，Summer – Fall, p. 89.

社会的影响力将进一步提升。尤其是苏里南华侨华人已意识到团结起来共同维护华人族群利益的重要性。在苏里南社会，苏华总会将起到代表华侨华人形象和利益的作用，起到代表各侨团的作用，更有力地维护华侨华人的整体利益，扩大华侨华人在苏里南的影响力。由于华侨华人在零售商超等行业占据重要地位，苏里南相关政策需要得到华侨华人的支持才能顺利推行。

五、结论

（1）密切关注当地针对中国侨民的暴力犯罪活动，加强对中国侨民的领事保护。

2013 年以来，由于华侨华人主要经商，普遍较为富有，苏里南出现多起针对华侨华人的暴力犯罪活动，对华侨华人的生命财产安全构成严重威胁。一方面，华侨华人自身需要加强防范意识，另一方面中国政府也应加强对中国侨民的领事保护，敦促苏里南政府积极惩处犯罪分子，以儆效尤。

（2）鼓励、帮助并引导华侨华人学习当地文字、文化习俗等，尽快融入当地社会。

苏里南近年来涌入大批中国新移民，尽管多数华侨华人成功在当地立足，但许多人并未掌握当地语言，未能成功融入当地社会。一些苏里南官员对于部分华侨华人店主不懂苏里南语表示不满，有人提出在批发店牌前要测试申请牌照的华人店主的语言能力。中国政府可协助苏华总会开办语言学习培训班、夜校等，帮助新移民尽快掌握当地语言，融入苏里南社会。

（3）鼓励和引导华侨华人积极回馈与服务当地社会。

当前苏里南社会中有一定的反华情绪，如何避免这种情绪继续滋长与蔓延值得思考。苏里南华侨华人可通过开展慈善活动、积极参与公益活动等多种方式，展现华人族群的仁心善举，积极回报当地社会，改善其他族群认为华侨华人只顾赚钱的负面形象。

（4）鼓励和引导华侨华人积极参与当地政治，更好地表达华人族群的利益诉求。

苏里南没有一个族群占绝对多数，50 多个政党主要以族群划分，平均 1 万人 1 个政党，属于典型的基于族群的族裔政治。当前，苏里南侨界正力图复兴苏里南共和党，以使华人群体的利益表达政党化、制度化。相关部门宜密切关注苏里南共和党的复兴进程，在适当的时候予以适当的引导与帮助。

（5）鼓励和引导华侨华人就地投资其他行业。

苏里南华侨华人目前扎堆商店超市、贸易领域，内部竞争越来越激烈。有必要引导华侨华人投资进入其他领域，如农业、制造业、矿业等，实现资本经营多元化、分散化。苏里南现任贸工部长雷蒙特·萨伯恩曾表示，目前华侨华人主要集中于贸易领域，希望华侨华人更多地投资制造业。相关部门宜密切关注苏里南经济发展形势和投资机会，为华侨华人投资其他领域提供支持和便利。

巴拿马

巴拿马地理位置重要。近年来，在全球经济低迷的背景下，巴拿马经济依旧保持稳定增长，华人经济受影响较小，但社会环境有待改善，华人权益屡遭侵犯。2014 年，巴拿马运河扩建竣工，中国与美洲经贸将进一步增长，中巴关系也将进一步深化，华侨华人发展将迎来更大的机遇。

一、巴拿马基本国情及中巴关系发展

（一）巴拿马概况

巴拿马概况

国家全名	巴拿马共和国	地理位置	位于中美洲地峡	领土面积	7.55 万平方公里
首都	巴拿马城	官方语言	西班牙语	主要族群	印欧混血种人、印第安人、黑人
政体	总统制	执政党/主要反对党	民主变革党与民族主义共和自由运动组成执政联盟/民主革命党	现任总统	里卡多·马蒂内利
人口数量	340.6 万	华侨华人人口数量	20 万左右	华侨华人占总人口比例	约 5.8%
GDP/人均 GDP	362.53 亿美元/1 万美元	CPI	4.1%	失业率	4.5%

资料来源：表格中主要数据来自中华人民共和国外交部网站，http：//www.fmprc.gov.cn/mfa_ chn/，2013 年 12 月 1 日。

巴拿马共和国位于中美洲最南部，连接北美大陆与南美大陆的中美洲的蜂腰处。巴拿马本是个寂寂无闻的中美洲小国，因 20 世纪初巴拿马运河的开通而闻名于世，成为海运大国。连接大西洋与太平洋的巴拿马运河位于国家的中央，拥有重要的战略地位。1999 年 12 月 31 日美国将巴拿马运河所有土地、建筑、基础设施和管理权都交还给巴拿马。鉴于其重要的地理位置，巴拿马经济的重点是服务业，以金融、贸易和旅游业为主。[①] 华侨华

---

① 《巴拿马》，http：//baike.baidu.com/link？url＝4oaX1dq1fmRjX3yJQCQXtEjOlraZLEXixEoZl0zonu1mveDjYo23Xtk75yU－_Nhz#6_2，2013 年 12 月 15 日。

人也因参与巴拿马运河的建设而进一步与巴拿马结缘。巴拿马已成为崛起中的航运和贸易大国，中国未来可以利用这座"世界桥梁"大显身手，这也将连锁性地对中国移民和华侨华人问题产生重要影响。

（二）中国与巴拿马关系发展

巴拿马位于西半球，连接中美和南美大陆，又是大西洋和太平洋之间的要道。举世闻名的巴拿马运河沟通了两大洋，使两大洋沿岸航程缩短了一万多公里。早在19世纪中叶，大批华人就已参加了开凿巴拿马运河的劳动。中国一贯同情和支持巴拿马人民关于收回巴拿马运河区主权的正义斗争。中巴两国虽未建交，但贸易关系和人员往来不断。[①] 为了推动中国与巴拿马和拉美其他国家的贸易往来，中国于1984年在巴拿马建立了中国—拉美贸易中心，并在1995年达成了互设商代处的协议。自1994年起，中方每年组团参加巴拿马国际博览会，并在巴举办了11届贸易展览会。2012年中巴贸易额达154.11亿美元，其中中方出口153.58亿美元，进口5 305.3万美元，同比分别增长5.48%、5.4%和23.8%。中方主要向巴方出口轻工和纺织品、燃料油、橡胶和塑料鞋、计算机和通信产品等，从巴进口鱼粉、废金属、水泥和皮革等。[②]

2009年，中国有500多家公司在拉丁美洲和加勒比地区投资。巴拿马的金融和物流两大领域对中国较为重要，中国银行在巴拿马城设有分行。巴拿马是中国在拉丁美洲和加勒比地区的第三大贸易伙伴，中国商品遍布巴拿马城的商场和购物中心，中国商品的转口贸易是巴拿马的主要出口商品。[③]

目前，中国已成为巴拿马运河的第二大使用者，中国远洋运输集团总公司已经成为巴拿马运河的三大使用者之一。随着两国经济往来日益频繁，中巴之间也开展了一系列的政治对话。此外，两国政党之间、学术机构之间的交流也逐渐增多，巴拿马在许多国际论坛中也认同中国的国际地位，两国关系发展前景广阔。

二、巴拿马基本侨情概况

（一）华侨华人历史发展

华人移居巴拿马始于1851年。1848年，以美国人樊德比尔特为首的财团成立巴拿马铁路公司，承筑巴拿马铁路。因劳力缺乏，该公司曾派招工代表康姆斯托克到中国的南粤、香港、澳门、广州黄埔等地大量招募来自广东、福建等沿海县份的破产农民去巴拿马做工。华工不仅是修筑巴拿马铁路的主力，在开凿举世闻名的巴拿马运河中也作出了不可磨灭的贡献。20世纪50年代至60年代初，是中国人移居巴拿马相对稳定的时期。经过一个半世纪的移民和繁衍生息，目前巴拿马的华侨华人有20万左右，在巴拿马340多万的人口中不算少数。他们主要集中在首都巴拿马城和科隆、圣地亚哥、乔雷腊、达维德等城

① 孙桂荣：《我国同巴拿马的历史关系简述》，《拉丁美洲研究》1983年第1期。
② 《巴拿马》，http://baike.baidu.com/link? url=4oaX1dq1fmRjX3yJQCQXtEjOlraZLEXixEoZl0zonu1mveDjYo23Xtk75yU－_Nhz#6_2，2013年12月15日。
③ 《运河里的中国生意经：巴拿马跨洋"送秋波"》，http://finance.stockstar.com/MT2013110700000034.shtml，2013年12月18日。

市，绝大多数祖籍为广东中山、花都、清远、鹤山、宝安等县市。^①

（二）华人社团

巴拿马目前有侨社团体 40 多个。在华人社团中，影响力较大的有巴拿马中华总会、华人工商总会、花县同乡会、人和会馆、广东同乡会等。其中巴拿马中华总会是巴拿马最大的华人团体，自成立以来一直重视对华侨华人权益的保护，调解华侨内部的纠纷事件，举办有中国传统特色的文体活动。巴拿马中华总会 1990 年曾派代表参加与当地政府的协商谈判，以促进颁布有关放宽中国移民入境，特别是放宽对亲属入境团聚的新法令，在当地华社中有一定的影响。最近二三十年间，巴拿马华人社会中出现了各种各样的新社团，这些新社团的成立也带有一定的政治性色彩。一方面，随着大陆与美洲贸易往来的日益频繁，巴拿马作为国际航运枢纽的战略地位，日益受到中国的重视。而作为一个与中国没有建立外交关系的国家，巴拿马的"反独促统"活动不仅在拉丁美洲，而且在全世界都很引人注目。另一方面，在台湾看来，它最重要的国际生存空间是在中美洲，而巴拿马又是其中的重中之重。所以，巴拿马有台湾背景的社团也比较多。当然，并非所有台湾人成立的社团都服务于台湾的政治需要，也并非具有台湾背景的社团的一切活动都具有政治色彩。一些台湾同胞成立的社团的宗旨和实际行动，主要还是为台胞乃至全侨服务。在未来一段时期内，各种政治性的社团依然会增多，但随着民间往来的日益频繁，两岸华侨华人在巴拿马共生共存也是大势所趋。诸多华人社团的成立，是顺应时代的需求，也是为了自身生存发展而与当地政府打交道，它们的长期存在及运转足以说明它们与华人在巴拿马的利益攸关性。^②

（三）华人经济

华人在抵达巴拿马之后，通过他们的勤劳、刻苦与敬业，在当地站稳了脚跟。1908年，巴拿马城商业活动的 82% 被外国人经营，其中零售业的 79% 被中国人控制。^③ 这说明在 100 多年前，华人就掌握了巴拿马商品零售的大半个天下，不少华人成为商界杰出人士。之后，随着自我经济发展和受教育水平的提高，华人开始涉足巴拿马经济的所有领域，如金融业、房地产业、建筑业、餐饮业、制造业、批发零售业、进出口贸易、旅游业、环保业等，几乎在各个行业都有顶尖人物出现。近些年来，华侨华人在巴拿马的商业活动仅次于犹太人，在该国国民经济中占有一定比例，他们大多从事餐馆、酒店、百货批发、零售等行业。仅在巴拿马首都巴拿马城，就有 200 多家中餐馆，无论是规模还是质量，在拉美地区都是首屈一指的。^④ 此外，巴拿马华人还利用自己的身份优势，开展中国与巴拿马商品的进出口贸易，拓展自己的业务范围和实力。

---

① 王光华：《巴拿马华人百年沧桑》，《乡音》1997 年第 2 期。
② 高伟浓：《拉丁美洲华侨华人移民史、社团与文化活动远眺》（下册），广州：暨南大学出版社 2012 年版，第 16 ~ 21 页。
③ 杨发金：《走近巴拿马华人》（上），《侨务工作研究》2006 年第 6 期。
④ 《华人移民历史 150 多年，巴拿马处是华人印迹》，http://gb.cri.cn/3821/2006/04/30/242@1025800.htm，2013 年 12 月 18 日。

（四）华人参政

与巴拿马华人强大的经济影响力形成鲜明对比的是华人在当地政治地位的微弱，这其中固然有华人参政意识淡漠的传统，但更多的是巴拿马政府对华人参政的严格限制。在漫长的历史时期中，虽然也曾有成功的华商转型为当地的政府要员，但这毕竟是少数。作为一个经济有所成的少数族裔，大部分华人依然会成为政府在金融危机中"严打"的牺牲品。

著名华裔人士莫天成说过："一个国家的少数族裔没有政治地位，是非常可怕和危险的事。不管你有多少大学校长、多少诺贝尔奖得主、多少亿万富翁都无济于事。"① 政治的融入相对于经济和文化的融入具有不可替代的作用。从长远来看，如果巴拿马华人想要在此地真正站稳脚跟，就必须把自己掌握的财富转化为政治资本，勇敢地表达利益诉求，与当地政权相融合，如此方可不必"寄人篱下"。② 值得庆幸的是，与其他拉美国家相比，巴拿马华人已经能够参政议政。在全球化时代背景下，海外华人出现的"参政热"现象，对于巴拿马华人参政议政也是一个莫大的鼓励。随着华人新移民的涌入，巴拿马的华人移民在质和量上都有重大的突破。年青一代移民后裔的素质和觉悟明显提升，越来越多的华人意识到，要想赢得话语权，维护自身利益，只有通过政治途径。

（五）华文媒体与华文教育

巴拿马历史上的华文报刊如《大公报》、《民治星期报》、《严报》、《爱国报》等，曾引人注目，现均已停刊。现在巴拿马主要的华文媒体有《拉美快报》和《侨声日报》两家。其中《拉美快报》创刊于 1992 年，由著名华商岳枫、胡晋光、白能通共同出资创办。它的宗旨是弘扬中华文化，坚持一中立场，促进巴中友好，维护侨社团结，传播政经信息，服务于海外华人社会。该报在哥斯达黎加设有分社，是中美洲发行量最大的华文报纸。③《侨声日报》的社长为古文源，其办报的最主要目的是发扬中华文化、道德伦理观念，让海外华侨爱国爱乡的精神，吃苦耐劳、尊重他人的美德延续到下一代；指引青少年避免误入歧途，努力推动华侨维护、尊重当地法律，与当地人民和平相处，提升华人在当地的形象，促进华人共同融入主流社会。

巴拿马的华文教育历史悠久，早年华侨华人社团可能办过的教育现今已为历史的厚厚尘埃所掩埋。目前所知的"中国国民小学"，是华侨华人于 1934 年创办的，到 20 世纪 70年代，尚有学生 60 余人。1986 年 8 月 26 日，中巴文化中心开办中山学校，并于 1987 年在台湾当局的赞助下开始营运。该学校由已故巴拿马著名侨领、前中华总会会长、中山籍乡彦陈奉天创办，陈先生为传播民族文化、发展教育事业、培养杰出人才以及中巴友好奉献了毕生心血。④

---

① 《华裔高官话说美国华人移民》，《南方周末》，2007 年 5 月 28 日。

② 《踊跃参政，华人争取利益诉求》，《广州日报》，2006 年 2 月 11 日。

③ 《拉丁美洲华文传媒发展综述》，http：//www.chinanews.com/news/2005/2005 – 08 – 16/26/612664.shtml。

④ 高伟浓：《拉丁美洲华侨华人移民史、社团与文化活动远眺》（下册），广州：暨南大学出版社 2012 年版，第11 页。

（六）与当地民族的关系

跟其他中美洲国家的华人一样，巴拿马华人凭借中华民族的智慧和勤劳，已经成功融入巴拿马社会，成为其不可或缺的成员，赢得了巴拿马社会的尊重。由于移民数量多且时间长，巴拿马形成了具有一定规模的唐人街，它见证了巴拿马历史的发展。一个族群成功的标志固然体现在它的"硬实力"上，如系列性的经济与科技指标、中产阶级规模、代表性的精英人士等，但在当代社会，人们看待一个族群是否成功，还越来越看重其回报社会及其所从事的慈善事业。① 巴拿马华人不仅在经济上取得了重大成就，在对当地社会的贡献方面也有口皆碑。历史上，旅居巴拿马的华人在生活并不十分富裕的情况下，就尽力为巴拿马社会作出了贡献，他们在经济条件改善之后的贡献就更加引人注目了。他们积极出钱、出力、出人，向来受到巴拿马政府和人民的称颂。因此，华人多次荣获很高的荣誉。2004 年是华人抵达巴拿马 150 周年，巴拿马立法议会通过法案，规定每年 3 月 30 日为"巴拿马华人爱国纪念日"，这是对 150 年来华侨华人对巴拿马贡献的强有力的认可。巴拿马第一副总统兼外长萨穆埃尔·莱维斯·纳瓦罗在接受新华社记者专访时曾说："巴拿马的历史与中国人分不开，中国人对巴拿马民族特性的形成和发展影响深远。"这正是巴拿马华侨华人积极融入主流社会的有力佐证。②

三、巴拿马政治经济形势变化对华侨华人的影响

（一）巴拿马经济增速减缓，但依旧强劲，对华商影响不大

当世界各国经济仍笼罩在危机的阴影下时，巴拿马的经济增长近年来却一枝独秀，这是一个"反季节"的奇迹。巴拿马经济的发展得益于其得天独厚的地理条件，即巴拿马运河的桥梁作用；此外，科隆自由贸易区堪称加勒比海沿岸的"小香港"，规模在世界上仅次于香港，作为中南美洲最大的货物集散地，有力地拉动了巴拿马经济的发展。③ 巴拿马国家统计局数据显示 2013 年第一季度巴拿巴经济增长 7.0%，较去年全年 10.7%的增速明显趋缓。而至 12 月，据拉美经委（CEPAL）预测，2013 年拉美及加勒比地区经济增长率为 2.6%（失业率为 6.3%），其中巴拿马为 4.2%。④ 巴拿马政府经济事务官员盖兹勒（Kristelle Getzler）表示，巴拿马经济增长放慢，主要是由哥伦比亚提高纺织品等产品进口关税以及对委内瑞拉转口减少所致。⑤ 毫无疑问，巴拿马整体经济形势的下滑，将会给当地华人的经济生活带来一定影响，但总体而言，巴拿马依然保持经济增势，并且涉及行业与华商经济关联性不大，所以这种不利的局面不会对华侨华人的生产经营带来太大冲击。

---

① 《回馈社会，巴拿马中华总会捐慈善机构 7.5 万美元》，中国侨网，2008 年 12 月 15 日。

② 《巴拿马历史离不开中国人的贡献——访巴拿马第一副总统兼外长纳瓦罗》，http：//news. xinhuanet. com/world/2009 - 01/22/content_ 10702389. htm，2013 年 12 月 18 日。

③ 《中资企业在巴拿马"长袖善舞"》，http：//whb. news365. cn/ewenhui/whb/html/2013 - 08/04/content_28. htm，2013 年 12 月 15 日。

④ 《拉美经委会预测 2013 年和 2014 年地区经济形势》，http：//finance. ifeng. com/a/20131213/11266999_0. shtml，2013 年 12 月 16 日。

⑤ 《哥伦比亚提高部分产品进口关税影响巴拿马经济增长》，http：//www. kindvisa. com/panama/yiminbaishitong/6972. html，2013 年 12 月 17 日。

（二）国家政策倾向亲美，给部分华人经济拓展带来阻力

巴拿马现任总统里卡多·马蒂内利是一名百万富翁，其旗下的"超级99"大型连锁超市遍布巴拿马全国。由于他曾有过在美国留学的经历，所以在其对外政策中表现出一定的亲美倾向。此外，虽然巴拿马人民经过斗争，最终收回了对巴拿马运河的主权，但美国依然没有放松对这个中美洲国家的控制与监视。当地华侨华人虽然在医疗、教育、媒体、金融等领域都有所涉及，但与美资在此地的比重相比还有一定的距离。长期以来，巴拿马在国际社会奉行中立不结盟的政策，但在一些重大国际事务上却很难真正发出自己的声音。巴拿马的亲美政策在一定程度上影响到了中巴两国关系的进一步发展，而且给部分试图通过巴拿马将中国商品打入美国市场的华商的业务拓展带来一定的难度。

（三）社会治安动荡，华人生命财产屡遭侵犯

巴拿马治安环境较差，法律不健全，政府执法力度不够，这些都会给华侨华人经商带来困难，甚至威胁到他们的生命安全。巴拿马社会犯罪以抢劫、贩毒居多，近年来，绑架等恶性犯罪案件数量有上升趋势，并且针对华人的抢劫案件不在少数。2011年，巴拿马发生了一起最严重的针对华人的绑架撕票案，在首都附近的一处民居，发现五名华商年轻子女的尸体，其中三名是大学生。案件发生后，侨胞往往因语言困难和害怕报复而不愿报警及与警方合作，致使犯罪分子逍遥法外，更加肆无忌惮地针对华侨华人作案。这些事件极大地危害了当地华侨华人的正常生活与工作。为了更好地生存与发展，面对暴力犯罪案件，华侨华人应该勇于报警，拿起法律武器来维护自身的合法权益，只有这样才能在巴拿马获得长久的立足之地。虽然巴拿马华人在该国经济中发挥着独特的作用，但近年来频繁出现的针对华人的绑架勒索事件严重地影响了华人在此地的安全感。

虽然巴拿马华人长期以来在经济上获得了重要成就，但作为一个外来民族，也不可避免地成为部分巴拿马人仇视的对象。随着中国的崛起，大批中国人涌向海外投资经商。巴拿马作为中美洲的一个贸易重地，成为众多华商争相进入的乐园。这些因素都加剧了巴拿马人的反华情绪，也催生了华人在当地的不安全感。[①] 对于巴拿马国内出现的一些反华言论，使领馆及当地华人应该引起足够的重视，保持警惕。此外，华人也应该深刻反思自己的言行，尊重当地习俗、法律，恰当地处理与当地社会的关系，以谋求和谐稳定的发展环境。

---

① 《巴拿马是拉丁美洲最好投资地》，http://business.sohu.com/20110726/n314506216.shtml，2013年12月15日。

四、巴拿马侨情发展趋势

（一）2014 年经济发展形势乐观，华人发展迎来更大机遇

据联合国拉美经委会《2014 年拉美经济年度预测报告》称，明年世界经济有望回暖，拉美地区的外部需求增加将推动拉美地区的出口。同时，2014 年地区内利率将下降，投资增加，将带动消费，拉美经济有望增长 3.2%，而经济增长最快的国家将是巴拿马，为 7%。① 拉美经委会还强调，拉美国家应努力促进社会和谐，实施公正透明的社会政策，并在长期内增加多样化投资。在 21 世纪的前 9 年，拉丁美洲和加勒比地区与中国之间的贸易从 100 亿美元增长到 1 300 亿美元，增长率达到 12 倍。目前，双方贸易额已达 2 600 亿美元，比去年同期增长 8.1%，预计到 2017 年将达到 4 000 亿美元。

中巴两国经贸关系近年来也发展迅速。2011—2012 年，两国贸易额达到 146 亿美元。据我国海关统计，2013 年 1—7 月，中巴双方贸易额达 67.4 亿美元，其中中国向巴拿马的出口额为 67 亿美元。目前，巴拿马政府出台了一系列的政策和商业法律，以吸引国际企业在巴拿马设立办事处。目前，当地政府正在建立两个平台。一是将科隆市建设成为世界第二大的自由贸易区，投资者可在该城市享受多种财政优惠和贸易促进政策；二是将巴拿马太平洋沿岸打造成一个新的特殊经济区，以为投资活动提供大量快捷渠道。"作为美洲的心脏，巴拿马成为拉美地区和加勒比地区多国合作战略的中心环，这也成为巴拿马服务业发展不可或缺的因素。"这是巴拿马驻中国贸易发展办事处首席代表亚历山大·卡斯蒂列罗（Alejandro Castillero）2013 年 11 月在北京召开的巴拿马共和国投资贸易推广招待会上的开场白。可见，无论是宏观的区域环境还是微观的国家和产业环境，对在巴华侨华人而言都是一个好消息。

（二）巴拿马运河扩建竣工，有利于中国经济进军美洲市场

目前，通过巴拿马运河的贸易占全世界总额的 5%，其中与中国有关的贸易货物占 38%。中国是巴拿马运河的第二大用户，仅次于美国。近年来，巴拿马政府一直致力于运河的扩建工程，并预计于 2014 年前完工。运河扩建工程完工后，运河的通行速度以及吞吐大型集装箱的能力将大幅度地提高，原来中国船只通行巴拿马运河的滞留状况将会改善。从长远来看，扩建将给中国船企带来更多的机遇和更大的经济效益，尤其是对中国投资美国带来新的机遇。② 扩建同时也将大幅度增加东亚（尤其是中国）与美洲地区的贸易量，而随着贸易关系的加强，将有更多中资企业涌入巴拿马，这对于促进当地华人经济发展、发挥华侨华人的独特作用、增进其与中国的关系有着不可估量的影响。

（三）华人新移民问题依旧存在，双边关系发展趋势良好

巴拿马历史上有过两次大规模的排华运动。第一次是 1903 年，巴拿马当地法律宣布

---

① 《2013 拉美经济增长乏力　明年增幅有望加大》，http：//finance. sina. com. cn/world/20131213/023817622129. shtml，2013 年 12 月 15 日。

② 《巴拿马运河扩建给中国投资美国带来新机遇》，http：//cjb. newssc. org/html/2013 - 10/10/content_1933140. htm，2013 年 12 月 15 日。

华人为不受欢迎的居民，起因是华人在当地商界的突出地位，到 1913 年，当地向华人征收人头税，这种赤裸裸的歧视抑制了当地华人移民人数的增长；第二次是 20 世纪 50—90 年代，由于巴拿马政府实行独裁统治，再加上民族主义情绪泛滥，当地华人的生存环境极为恶化，导致大批华人移居哥伦比亚和美国。[①] 21 世纪以来，诸多中国移民试图以巴拿马为驿站进入美国，但在美国移民局的严格限制和打击下，被迫滞留在当地，由此带来"非正常移民"的一系列问题。巴拿马政府一直在积极寻找解决的办法，针对如何解决巴拿马华人新移民的身份、居留和工作问题，积极与当地华人社团协商共议。随着中巴经贸关系的不断发展以及华人社会的努力，华人在巴拿马的生存发展环境和影响力会大为改善和提高，这是巴拿马华侨华人融入当地社会的一个良好趋势。

此外，新移民的不断到来为华人社会注入了新的活力，华人社会也将出现新的景象。新移民与传统华人的主要区别在于他们一般受过良好的教育，有更多的国际经验和广阔的国际视野，且普遍年轻，有知识、经验和活力，这相对于传统华人社会的保守性，是一个极大的突破。新移民的朝气和活力，也许会给巴拿马华人社会带来更多良好的预期。同时，新移民与中国保持密切联系，侨务部门可以充分发挥其独特作用，推动侨务公共外交的开展，使之成为中巴两国友好关系的使者，以推动中巴正式建交。

---

① 杨发金：《走近巴拿马华人》（上），《侨务工作研究》2006 年第 6 期。

哥斯达黎加

　　哥斯达黎加是第一个与中国建交的中美洲国家，建交六年来两国关系发展迅速，继2008 年胡锦涛访问哥斯达黎加后，2013 年 6 月国家主席习近平又正式访问哥斯达黎加，足见哥斯达黎加对中国的重要性。华侨华人在哥斯达黎加的历史已超过150 年，目前绝大多数来自广东，他们多从事商业、服务业等行业，与中国有密切的经济往来；哥斯达黎加华侨华人社团及华社领袖在维护当地华侨华人利益和促进中哥建交与友好方面发挥了很大的作用。

一、哥斯达黎加基本国情

　　哥斯达黎加位于中美洲南部，东临加勒比海，西濒太平洋，北接尼加拉瓜，东南与巴拿马毗连。哥斯达黎加是世界上第一个不设军队的国家。[①] 哥斯达黎加 1564 年沦为西班牙殖民地，1821 年 9 月 15 日宣布独立，1848 年 8 月 30 日成立共和国。哥斯达黎加是中美洲农业国之一，素有"中美洲花园"的盛誉，被称为"国民幸福指数最高"的国家。[②] 安定富足的生活水平和相对较好的经商环境非常适合华侨华人移民。

哥斯达黎加概况

国家全名	哥斯达黎加共和国	地理位置	中美洲	领土面积	51 100 平方公里
首都	圣何塞	官方语言	西班牙语	主要族群	白人和印欧混血种人
政体	三权分立的共和制	执政党/主要反对党	民族解放党/公民行动党、自由运动党	现任总统	劳拉·钦奇利亚·米兰达
人口数量	466.7 万（2013年）	华侨华人人口数量	5 万多（估计数）	华侨华人占总人口比例	1%（2008 年）

---

　　① 高伟浓：《拉丁美洲华侨华人移民史、社团与文化活动远眺》（下册），广州：暨南大学出版社 2012 年版，第 35 页。

　　② 《贾庆林在哥斯达黎加立法大会全会上的演讲》，中华人民共和国外交部网，http：//www.fmprc.gov.cn/mfa_chn/，2012 年 12 月 4 日。

（续上表）

GDP/人均 GDP	597.9 亿美元/12 800 美元（2012 年）	宗教信仰	天主教（占总人口约95%）（2013 年）	重要节日	独立日 9 月 15 日
失业率	7.8%（2012 年）	全国贫困率	24.8%（2011 年）	与中国建交	2007 年 6 月 1 日

资料来源：《哥斯达黎加国家概况》，中国外交部网，http：//www.fmprc.gov.cn/mfa_chn/（2013 年 6 月更新）；The World Factbook，美国中央情报局，https：//www.cia.gov/library/publications/the-world-factbook/geos/cs.html。

二、哥斯达黎加与中国的关系

2007 年 6 月 1 日中哥正式建交，中哥友好交往进入一个崭新的阶段。虽然建交时间短暂，但是高层领导卓有成效的互访使政治互信不断加深，同时中方对哥方坚定奉行一个中国政策表示赞赏。此外，政治互信的加深在很大程度上促进了双方经贸的发展。2011 年 8 月中哥自由贸易协定正式生效，为两国进一步深化经贸合作开辟了广阔的前景。2012 年前 9 个月，中哥双边贸易额突破 46 亿美元，同比增长近 47%，中国已成为哥斯达黎加的第二大贸易伙伴。日趋活跃的人文交流，增进了彼此的了解，使两国人民的友谊进一步加深。两国针对联合国改革、气候变化、可持续发展等重大国际和地区问题，深入探讨、密切交流，共同致力于维护广大发展中国家的权益，推动世界持久和平与共同繁荣。

（一）政治关系

自 2007 年 6 月 1 日双方建交以来，中哥双边政治关系不断深化发展，两国高层之间互访不断。2008 年 11 月 16 日，时任国家主席胡锦涛抵达哥斯达黎加首都圣何塞，开始对这个中美洲国家进行国事访问。2013 年 6 月 2 日，国家主席习近平访问哥斯达黎加。习近平表示，事实证明，中哥在相互尊重、平等互利、共同发展的原则基础上发展友好合作关系，符合两国和两国人民的根本利益，中哥关系完全可以成为不同规模、不同国情国家友好合作的典范。同时，地方交往是两国关系的重要平台，圣何塞市分别同中国北京和广州结为友好城市。中哥政治关系进一步得到长足发展，直接推动着两国人民之间的民间交流，也为在哥华侨华人的生活提供了诸多便利，造福两国人民。

（二）经贸关系

随着高层领导互信度的加深和民间人士长期以来的大力推动，加之经济全球化的影响，中国和哥斯达黎加的经贸关系也取得了长足的发展。哥斯达黎加实行贸易开放政策，据哥斯达黎加贸易促进委员会（PROCOMER）统计，中国是哥斯达黎加第二大进口来源国和第八大出口目的地。2012 年，哥中贸易额达 17.7 亿美元，占哥斯达黎加外贸总额的 6.12%；哥斯达黎加出口 3.31 亿美元，占哥斯达黎加出口总额的 2.9%；哥斯达黎加进口 14.39 亿美元，占哥斯达黎加进口总额的 8.18%；哥斯达黎加逆差 11.08 亿美元，占哥斯达黎加外贸逆差总额的 17.78%。①

（三）人文、教育交流与合作

1. 文化

2005 年，哥斯达黎加政府和议会通过决议，将每年 10 月的第一个星期一定为"中国文化日"。2007 年 10 月，中哥签订两国政府间文化合作协定。2011 年 3 月，中国中央歌舞团应邀访哥，并在中国援建的国家体育场移交启用仪式等多个场合演出。2012 年，"哥中文教交流平台"初步建立，为中国在各大学进行展览、文化教育宣传等活动提供了有利条件。

2. 教育

2008 年 5 月，中哥签署换文，确定自 2009 年起，中国政府每年向哥斯达黎加提供 40 个政府奖学金名额。2011 年共有 161 名哥斯达黎加学生在华学习，其中政府奖学金学生有 80 人，其余为自费生或校际交流生。2009 年 8 月，哥斯达黎加大学孔子学院揭牌成立。2012 年 8 月钦奇利亚总统访华期间，中方承诺未来 5 年内将向哥斯达黎加提供各类奖学金名额 400 人次。

3. 科技

2008 年 11 月，中科院、农科院分别与哥斯达黎加科技部签署合作协议。2010 年，中国杂交水稻在哥斯达黎加试种成功。2012 年 6 月，两国举行中哥科技混委会首次会议。2012 年 11 月，哥斯达黎加科技部长亚历杭德罗·克鲁斯访问中国，与多家科研机构举行会谈，取得丰富成果。

4. 旅游

2007 年，我国宣布哥斯达黎加为中国公民出境旅游目的地国。2008 年 1 月，哥斯达黎加旅游部长贝纳维德斯访华，其间双方签署《关于中国旅游团队赴哥斯达黎加旅游实施方案的谅解备忘录》。2011 年我国公民首站赴哥斯达黎加旅游人数达 1 484，同比增长 20.7%。哥斯达黎加公民来华旅游人数为 5 451，同比增长 7.2%。②

三、哥斯达黎加华侨华人简史及人口概况

外来移民是哥斯达黎加人口的重要组成部分，极大地丰富了其历史，影响了其民族特征。哥斯达黎加人种高度单一，居民以欧洲人特别是西班牙人后裔为主，这与其历史密切相关。1563 年哥斯达黎加沦为西班牙殖民地，1821 年独立，1848 年成立共和国。1855 年是华人移民该国的"元年"，人数在 80 人左右，早期旅居哥斯达黎加的华人主要来自广东省中山、宝安和四邑县。

1873 年，哥斯达黎加在修建大西洋铁路时引入了部分华工，同时美国人在哥斯达黎加

---

① 《哥斯达黎加国家概况》（2013 年 6 月），中国外交部网，http：//www.fmprc.gov.cn/mfa_ chn/。
② 《中国与哥斯达黎加关系简况》，中华人民共和国驻哥斯达黎加大使馆网，http：//cr.china - embassy.org/chn/zggx/t840046.htm，2013 年 3 月 1 日。

开垦香蕉种植园，需要劳动力，于是想起了吃苦耐劳的中国人，派人到澳门招募华工。第二批抵达哥斯达黎加的华人则大多从美国南下，定居在大西洋沿岸的利蒙港。如今，哥斯达黎加的华侨华人已经发展到第四代甚至第五代。

19 世纪末 20 世纪初，哥斯达黎加的华侨有 2 000 人左右，他们以经商为主，经营可可、咖啡、香蕉等农场。据推测，他们大部分是在修路工程完成后居留下来的。1943 年之前哥斯达黎加政府的多项歧视华人政策法令导致华人移民数量增加不多。之后，在几位华人领袖的努力交涉和其他各种因素的影响下，哥斯达黎加政府终于通过法令，废除以往所有歧视性法规，并于 1945 年与中国签订了友好条约。1967 年和 1984 年哥斯达黎加华侨华人人数分别为 3 000 和 7 000 多，明显有所增加。

随着中国改革开放，大量广东移民到来，哥斯达黎加华侨华人人口增长较快，1999 年达到 6.3 万人，他们大部分聚居于首都圣何塞、克波斯港、蓬塔雷纳斯和加勒比海的利蒙港等地。[①] 自 20 世纪 70 年代以来，也有不少台湾人移民哥斯达黎加。

目前，哥斯达黎加已经有 5 万余华侨华人，约占其总人口的 1%，其中 90% 来自广东，以恩平和中山为主。[②]

四、哥斯达黎加华侨华人经济

一直以来，旅居哥斯达黎加的华人主要从事商业和服务业。1984 年，哥斯达黎加华侨经营的商店有 680 多家，其中杂货零售店 350 多家，大小餐馆 260 多家，进出口贸易行 20 多家。1999 年，华侨经营仍以商业为主，有 400 多家，还涌现出了纺织业主李继光、洋伞华商李灿辉、食品加工业主杨国康、蚊香业主吴锡源、不锈钢产品制造商牟树椿等杰出华侨企业家。此外华裔青年的素质不断提高，专业素养明显提升，多接受过高等教育和专业技术培训，并担任政府公职人员。目前，在哥斯达黎加一些华侨华人聚居的城市，华人商业占有很大的优势，如在柠檬省，60% 的商铺产权由华人拥有；在泮打连省，80% 的商铺产权由华人拥有，当地较有规模的 6 家海洋捕捞企业中有 3 家是华人企业。[③]

哥斯达黎加华人充分利用自身的优势，从中国大量进口物美价廉的货品在哥斯达黎加销售，商品数量丰富，种类齐全，在哥斯达黎加影响很大。可以说，中国经济快速发展，也惠及哥斯达黎加的华侨华人，使其经济实力大幅度提升。[④] 哥斯达黎加和平统一促进会会长周达初先生就是一个典型例子，他经营的达恒贸易行，销售中国的土特产和传统工艺

---

① 李安山：《哥斯达黎加华侨华人概述》，周南京：《华侨华人百科全书》，北京：中国华侨出版社 2002 年版，第 154 页；高伟浓：《拉丁美洲华侨华人移民史、社团与文化活动远眺》（下册），广州：暨南大学出版社 2012 年版，第 36 页。

② 董平：《哥斯达黎加侨领：华联会成立旅哥华人有了"家"》，《江门日报》，http：//www. jiangmen. gov. cn/hq/hqdt/200809/t20080909_ 113899. html，2008 年 9 月 9 日。

③ 《巴拿马、哥斯达黎加热卖中国货》，广东侨网，http：//gocn. southcn. com/qw2index/2006dzkwlsfbq/200610100034. htm，2006 年 10 月 10 日。

④ 《巴拿马、哥斯达黎加热卖中国货》，广东侨网，http：//gocn. southcn. com/qw2index/2006dzkwlsfbq/200610100034. htm，2006 年 10 月 10 日。

品，成为西方游客采购中国特色产品的知名商号。①

五、哥斯达黎加华侨华人的认同与融入

哥斯达黎加华侨华人的认同呈现多样性的特点。

第一，哥斯达黎加华裔对中华文化的认同虽然较低但在逐渐增强。第三代以后的旅哥华人由于在当地出生成长，接受当地学校的教育，都会讲很流利的西班牙语。他们多受过高等教育和专业技术训练，担任地方公职或医师、律师、工程师等职务，但基本上不会说汉语，对中华文化的了解也不多。为了使他们不忘源远流长的中华文化，也为了他们将来在中国有更多更好的发展机会和空间，许多华人孩子的父母都要求他们放学回家后用汉语和家人对话，甚至把子女送回中国读大学。②

第二，老华侨和新移民相对封闭，融入当地社会的不多。内敛的性格和语言上的沟通障碍无形中使他们几乎封闭在自己开的餐馆或超市中，因此从第一批到哥斯达黎加来打工的老华侨开始，到现在已有 100 多年，但华侨在当地人眼中的形象相对还是比较陌生。

第三，中国新移民具有较深的中国情结。这批新移民从小在中国接受教育，有着剪不断的中国情缘，但他们在传统文化方面的缺失也是很明显的。在 20 世纪 70—80 年代移民出去的大陆新移民中，也有一部分文化素质较高、年龄在 40～60 岁之间的新侨领。他们活跃在各个华侨华人社团里，思维开阔，与当地政要保持着良好的关系，也积极支持祖国的统一，推动中国与哥斯达黎加友好关系的发展，正日益成为当地华侨华人社会和侨团的中坚力量。比如邓煦平夫妇都为中国与哥斯达黎加建交及友好关系的发展作出了很大的贡献。

六、华侨华人社团及其贡献

华人移民哥斯达黎加有着 150 多年的历史，华人社会也比较传统，存在过许多地方性的、全国性的华人社团。由于历史原因，很多社团都具有台湾背景，但随着中国大陆新移民的大量进入，社团大多和中国大陆有了密切往来。目前，哥斯达黎加华侨华人有 30 多个侨团，其中政治团体有和平统一促进会，经济团体有工商联合会、贸易促进会，甚至还有曲艺团、象棋协会和乒乓球协会之类的文娱团体。

（一）华侨华人社团概况

哥斯达黎加华侨华人社团不断在自我改进中适应时代的发展，形成了新老社团交替融合的新局面。例如，在哥斯达黎加历史上有着辉煌时刻的哥斯达黎加中华总会，就是一个机构相对完善的"百年老店"，这从它最新一届理监事会的职位设置中可见一斑。该会由理事长（1 人，以下未加注皆为 1 人）、副理事长（2 人）、康乐理事、西文理事、总务理

① 《过于自我封闭，哥斯达黎加华人亟待融入当地社会》，国务院侨办网，http：//www.gqb.gov.cn/news/2008/1119/1/11256.shtml，2008 年 11 月 19 日。

② 董平：《哥斯达黎加侨领：华联会成立旅哥华人有了"家"》，《江门日报》，2008 年 9 月 9 日；台湾中正大学：《2010 华侨经济年鉴》，台北：台湾"侨务委员会"2011 年版，第 445 页。

事、财务理事、中文秘书、副中文秘书、文化理事、财务理事（原文如此，与上财务理事不同名字）、福利理事、公共关系、副福利理事、监事长、副监事长（2 人）、常务顾问（6 人）、妇女会会长、青年组组长等一干人组成，同时，在同一名单册上，还列明了 4 个中华会馆（即柠檬中华会馆、泮打连中华会馆、圣十字中华会馆、尼哥耶中华会馆）会长的名字。① 到 2010 年，它已经选过 33 届理监事会。哥斯达黎加中华总会在历史上有着辉煌的时刻，其影响力和号召力至今还是不容小觑。该会曾与台湾有密切往来，第 32 届理监会在就职时还邀请台湾的代表出席。②

另外一个老社团是哥斯达黎加洪门民治党，也称哥斯达黎加柠檬洪门民治会，设在利蒙市，是世界洪门会的分支组织。该党人数不多，仅数百人，但具有广泛的影响力，其成员多支持中国的发展，为中国建设作出了应有的贡献。

在新社团组织中较早成立的是哥斯达黎加广东华侨联合总会，1992 年 5 月 19 日经政府注册成立。该社团最突出的贡献是联合其他社团成立了中美洲第一个中国和平统一促进会，有力地打击了"台独"势力。该社团比较活跃，相继开办了粤语中文补习班，组织各种形式的文娱活动、会务活动，并有会刊出版；支持北京申办奥运会的全侨签名活动；分别举办了庆祝香港和澳门回归的晚会。该会在 2002 年举行成立 10 周年庆祝活动时，中国国务院侨办、侨联，广东省侨办、侨联，各地有关政府部门，世界各国华人团体纷纷发去了贺电。

同年成立的中国哥斯达黎加工商联合总会也颇具影响力，该会旨在促进中哥贸易和提升在哥华裔的社会地位。该会初名"哥斯达黎加华侨工商联合总会"，2000 年改名为"中国哥斯达黎加工商联合总会"。该会自成立以来不断完善内部机制，积极促进哥中两国的政治友好、经贸往来、文化交流等。比如，多次主办中国商品、文化展览，并邀请中国官员到哥斯达黎加举办讲座、洽谈会；积极参与哥斯达黎加的社会慈善公益活动；捐赠民众健身设备，慰问孤寡长幼，赈灾募捐。值得一提的是，著名的西、中双语双月会刊杂志已成为哥斯达黎加商界和政界获取中国信息的重要渠道。正因为其杰出贡献，2013 年该会被评为哥斯达黎加年度最佳商会，阿里亚斯总统亲自向会长翁翠玉颁奖。③

新老社团不断交织相互沟通，形成了当前哥斯达黎加侨团林立的局面，为旅哥华侨和中哥交流作出突出贡献，但是他们往往在涉及侨社根本利益的时候难以达成共识，于是 2008 年 3 月 7 日在圣何塞成立了哥斯达黎加华侨华人华裔协会，该会旨在加强侨社之间的沟通和团结，提升侨胞的整体形象，使华侨华人更好地融入当地生活。该会由各侨团领导人组成。该社团的成立是哥斯达黎加侨团的一大创举。

（二）华侨华人社团的贡献

哥斯达黎加华侨华人社团及华社领袖在维护当地华侨华人利益和促进中哥友好方面发挥了很大的作用。

---

① 《哥斯达黎加联系资料》，据哥斯达黎加华人网。

② 高伟浓：《拉丁美洲华侨华人移民史、社团与文化活动远眺》（下册），广州：暨南大学出版社 2012 年版，第 45 页。

③ 《中哥工商联合总会荣膺哥斯达黎加年度最佳商会》，哥斯达黎加华人网，http://faob. zsnews. cn/QiaoKan_ Showcontent. asp? id = 1349832，2013 年 8 月 14 日。

第一，积极组织反"台独"活动。历史原因使哥斯达黎加和台湾有着长期往来，但哥斯达黎加华侨华人大多渴望祖国的统一。陈水扁上台之初"访问"哥斯达黎加时，华侨华人在机场发动了反"台独"的万人签名活动，影响颇大。

第二，哥斯达黎加是中美洲第一个与中华人民共和国建立外交关系的国家，华侨华人在中哥建交过程中发挥了积极的作用，功不可没。比如，已故侨领甄锡庭先生率领的哥斯达黎加洪门民治党就积极推动中国致公党访哥，邀请当时的总统候选人 Oscaz Aria（后任总统）访华，最终促成 2007 年中国与哥斯达黎加建交。① 两国建交不仅在中美洲地区引起了强烈的震撼，对当时由民进党执政的台湾也产生了巨大的冲击，而且对拉丁美洲华侨华人社会产生了重要影响。

第三，心系祖国，慷慨解囊。2008 年 2 月 18 日，哥斯达黎加华侨华人在圣何塞举行向中国南方遭受雨雪冰冻灾害地区捐款仪式，并将募捐款 3.18 万美元的支票交给中国驻哥斯达黎加大使馆。② 2010 年 4 月 14 日玉树发生强烈地震，哥斯达黎加各侨团积极行动，开展募捐活动，有的侨胞亲自来使馆捐款，有的甚至从外地赶到圣何塞，送来捐款，表达爱心。③ 在众多杰出的华侨华人中特别值得一提的是黄家骥伉俪携手助学的无私事迹。2008 年 11 月，国家主席胡锦涛访问哥斯达黎加时，黄家骥先生及其侄子、弟弟作为华人杰出代表，受到胡锦涛主席接见。

第四，热心发扬中华民族传统，传承中华文化，促进两国文化沟通与交流。来自广东中山的程锡铭等人动员哥斯达黎加华裔议员向议会提交一份"中国文化日"议案，经过几次讨论，终于在 2002 年将每年十月的第一个星期一定为"中国文化日"，并将之写进哥斯达黎加的宪法。将"中国文化日"写进一个没有建交的国家的法律中，而且以宪法的形式予以明确，极大地鼓舞了海外华人情系祖国的心，也极大地提高了华人在哥斯达黎加的地位。④

七、哥斯达黎加政治经济形势对华侨华人的影响分析

（一）中哥建交及自由贸易协定的签订有利于华侨华人经济的发展

受金融危机的影响，哥斯达黎加工业领域遭遇经济危机重创，以商业为主的华侨华人经济也受到很大影响。但是近年来哥斯达黎加经济恢复明显，在近日世界经济论坛公布的《2013—2014 年全球竞争力报告》中，哥斯达黎加在 148 个参评国家中位居第 54 位。⑤ 随着中哥自由贸易协定的签订，两国经贸关系发展迅速。2013 年初哥斯达黎加和中国开发银行合作，商讨在哥斯达黎加建立一个中国特别经济区的可能性，这将是中国在拉美设的首个经济特区，目前这项研究正在稳步进行。一旦项目得以落实，将成为重要的物流、高科

① 何锡文：《致力为公一侨领——记已故恩平旅哥斯达黎加侨领甄锡庭先生》，恩平市外侨局，http://www.jmwqj.gov.cn/news/566.html，2010 年 8 月 13 日。
② 《哥斯达黎加华侨华人向中国雪灾灾区捐款》，新华网，http://news.sina.com.cn/w/2008 - 03 - 19/112013598227s.shtml，2008 年 3 月 19 日。
③ 《哥斯达黎加华侨华人为玉树捐款　大使赞侨胞爱心》，中国新闻网，2010 年 5 月 20 日。
④ 《热心发扬中华民族传统的程锡铭》，广东省侨联网，2006 年 3 月 20 日。
⑤ 《哥斯达黎加在 2013—2014 全球竞争力报告中排名第 54 位》，中华人民共和国商务部网，http://www.mofcom.gov.cn/article/i/jyjl/l/201309/20130900294653.shtml。

技制造、旅游及文化中心，并逐步发展成为金融中心。① 两国经贸关系的发展必将为华侨华人带来很大的商机，有利于华侨华人经济的发展。②

（二） 中哥友好往来激发华裔新生代的"汉语热"

中国经济的快速增长，以及中哥友好关系的发展，激发了华裔新生代学习汉语的热情。越来越多旅居哥斯达黎加的华人倾向于将自己的孩子送到中国读书，以期让他们感受中华文化的魅力，掌握一定的汉语能力。现在哥斯达黎加的一些私立中学开设了中文教育课程。目前哥斯达黎加大学孔子学院有 200 多名学生，部分是来自广东的华人后裔，多数是本地人。据哥斯达黎加大学孔子学院院长陈丽茜博士介绍，哥斯达黎加公立小学、初中和高中将陆续推广中文教育，大学也有望设立中文专业，为哥斯达黎加培养专门的汉语人才。③

（三） 社会治安存在隐患，枪支泛滥，华侨华人深受其害

在当地经营超市或者餐馆的不少华人都经历过被匪徒拿枪打劫的情况。黄、赌、毒、枪支等在中国属于违法的东西，除了毒，其他在哥斯达黎加都合法，因此这里安逸的生活环境也隐匿着很大的安全隐患。

（四）"台独"势力不容小觑，要进一步壮大和平统一力量

哥斯达黎加曾是台湾在海外精心布局的国家之一，拥有台湾背景的社团很多并且往来密切，因此中哥建交后消除恶意"台独"势力，树立中国政府新形象是当务之急。这其中也离不开旅哥华侨华人的支持，华侨侨人应进一步发挥沟通中国与哥斯达黎加的桥梁纽带作用，以展示最全面的中国。

（五） 中国新移民面临融入问题

前已述及，由于语言障碍和性格原因，多数新移民过于自我封闭，全部的生活几乎都封闭在自己开的餐馆或超市中，与当地其他族裔交往极少。哥斯达黎加华人新移民亟待融入当地社会。④

（六） 华侨华人经济在产业结构方面亟待优化，产业水平有待提升

当地华侨华人经济仍以商业和服务业为主，其次是工业和农牧业。面对全球化大背景下激烈的竞争，华侨华人也面临着产业多样化和结构优化升级的问题。哥斯达黎加华侨华人应抓住中哥友好合作的机遇，适当开展多元经营，提升产业水平。

---

① 《哥斯达黎加 愿做中国进入拉美的"桥头堡"》，《人民日报》（海外版），2013 年 2 月 27 日第 6 版，转引自：http://paper.people.com.cn/rmrbhwb/html/2013-02/27/content_1204209.htm。

② 《哥斯达黎加与中国的经贸关系》，哥斯达黎加华人网，http://www.cnncr.com/news/bencandy.php?&fid=63&id=1172，2013 年 9 月 13 日。

③ 《中文或成哥斯达黎加高校专业 培养专门汉语人才》，中国新闻网，http://www.chinanews.com/hwjy/2013/06-04/4889892.shtml，2013 年 6 月 4 日。

④ 《过于自我封闭 哥斯达黎加华人亟待融入当地社会》，《世界新闻报》，http://www.gqb.gov.cn/news/2008/1119/1/11256.shtml。

八、结语

总体而言，中哥友好关系及中国经济快速发展对在哥斯达黎加华侨华人的生存和发展十分有利，哥斯达黎加华侨华人的发展呈现良好势头，其经济实力和社会政治影响力也在上升。但哥斯达黎加华侨华人也面临着经济多元化和转型升级以及社会融入的问题。哥斯达黎加华侨华人经济多以加工贸易和商业为主，需要更加多元化。同时，由于语言障碍和性格原因，多数新移民过于自我封闭，与当地其他族裔交往极少，哥斯达黎加华人新移民亟待融入当地社会。另外，华裔新生代的父母已经意识到中华文化认同的重要性，各方应积极推动，增强华裔新生代对中华文化的了解，让他们感受中华文化的魅力。

牙买加

华人移民牙买加的历史可追溯至 160 年前。经过 100 多年的风雨沧桑，华人不仅完全融入了当地社会，还在各行各业崭露头角，从早期的店铺老板发展到如今的零售业巨头、银行家。2013 年中国和牙买加两国高层交往频繁、民间互动不断，中牙的友好关系有助于华侨华人在牙买加的生存和发展。如今，牙买加华侨华人与当地民族关系总体来说非常融洽，在牙买加的政治舞台上也可以看到华人的身影。但牙买加治安环境较差，犯罪率高，毒品贸易猖獗，这些都会给华人的生活和经商带来困难。

一、牙买加基本国情

表 1　牙买加概况

国家全名	牙买加	地理位置	加勒比海西北部	领土面积	11 420 平方公里
首都	金斯敦	官方语言	英语	主要族群	黑人、黑白混血族裔
政体	君主立宪代议制	执政党/主要反对党	人民民族党/牙买加工党	现任国家元首/政府首脑	帕特里克·林顿·艾伦/波西亚·辛普森·米勒
人口数量	2 909 714（2013 年 7 月）	华侨华人人口数量	30 000（2012 年）	华侨华人占总人口比例	1%
GDP/人均 GDP	152.6 亿美元/5 526美元（2012 年）	CPI	6.9%（2012 年）	失业率	14.3%（2012 年）

资料来源：中国外交部网，http：//www.fmprc.gov.cn/mfa_ chn/gjhdq_ 603914/gj_ 603916/bmz_ 607664/1206_ 608585/；CIA，https：//www.cia.gov/library/publications/the – world – factbook/geos/jm.html；华侨华人数量来自台湾"侨委会"：《侨务统计年报：2012》；CPI 数据来自 http：//statinja.gov.jm/Trade – Econ% 20Statistics/CPI/CPI.aspx。

二、牙买加侨情

（一）牙买加华侨华人简史

华人移民牙买加的历史可追溯至 160 年前。早在 1854 年，就已有华人移居牙买加。1854 年至 19 世纪 80 年代为华工苦力移民阶段，先后有三批华工到达牙买加。1854 年，两艘满载中国工人的船只首次到达牙买加。其中，第一艘船直接从中国出发，第二艘船则从巴拿马出发。巴拿马政府将修筑地峡铁路后幸存的 472 名华工送往牙买加，这批华工到达牙买加后，因水土不服，大部分相继死去，唯陈八、张旺、凌三等少数华工幸存，他们逐渐发达，为该岛华社奠定了基础。1864 年，两百多名原在特立尼达和圭亚那种植甘蔗的华工受雇于美国农垦公司，被转到牙买加从事垦殖劳动。这批华工在三年契约期满后，有的继续受雇于种植园或糖厂，有的则自谋生路经营小商店。1884 年，牙买加甘蔗园主请香港辅政司代募的 680 名契约华工从澳门登船，辗转到达牙买加。这批人中除一小部分来自广东四邑（广东省四个县：新会、开平、台山、恩平）外，其他大部分是来自东莞、惠阳和宝安的客家人。这次移民浪潮相继带来了他们的更多亲属。①

从 1905 年开始，华人移民牙买加受到限制。牙买加 1905 年颁布的移民法规定，凡华人入境，须向海关登记，并由殷商担保其为良民，且能经济自给，上岸后须向当局呈报居留地址。1927 年的移民条例规定，每年准许 50 名中国人移居牙买加。1940 年的移民法规定除外交人员、游客及限定居留年限的留学生外，其余华人一概禁止入境。1947 年，在中国领事馆的游说下，牙买加放松了对华人移民的限制。在"二战"后的华人出国热潮中，牙买加华侨华人人数也曾急剧增加。

20 世纪 70—80 年代，华侨移居牙买加进入自由移民阶段。由于前一阶段的积累，这一阶段，中国东南沿海各侨乡相继形成，在牙买加的华侨也设法引导其亲友出国。② 20 世纪 70 年代，由于牙买加政局动荡，经济困难，许多华人离开牙买加，移居他国。起初，他们大多移居至移民政策相对宽松的加拿大，后来，也有许多人移至美国。80 年代至 90 年代是牙买加大开发时期，牙买加政府改变移民政策，其政治经济形势和社会秩序也有所好转，这一时期是中国人移民牙买加的高峰期，陆续有华商从中国内地或香港来到牙买加。③

新世纪以来，牙买加政府对华侨华人并无歧视政策，华人在当地谋生不难，但政府对申请入境者要求仍很严，若无直系亲属在牙买加，很难获得批准。

（二）牙买加华人人口及分布

牙买加华人大量增加出现在 20 世纪初，在"二战"前后增加尤其明显，到 20 世纪 50 年代约达到 2 万人。目前，牙买加华人约有 3 万，主要集中在金斯顿、圣安德鲁等地。

---

① 白俊杰：《牙买加华侨华人概述》，周南京：《华侨华人百科全书》，北京：中国华侨出版社 2002 年版，第 541 页。

② 白俊杰：《牙买加华侨华人概述》，周南京：《华侨华人百科全书》，北京：中国华侨出版社 2002 年版，第 541 页。

③ 维基百科，http://en.wikipedia.org/wiki/Chinese_ Jamaicans。

表 2 牙买加华人人口统计

地区	1881 年	1891 年	1911 年	1921 年	1943 年	1948 年	1953 年	1960 年	1998 年	2012 年
金斯顿	84	295	754	1 180	4 154	—	—	3 196	—	—
圣安德鲁	4	9	198	369	2 085	—	—	7 852	—	—
其他地区	11	178	1 159	2 347	6 155	—	—	—	—	—
合计	99	482	2 111	3 896	12 394	12 401	18 655	21 812	22 500	30 000

资料来源：李安山：《生存、适应与融合：牙买加华人社区的形成与发展（1854—1962）》，《华侨华人历史研究》2005 年第 1 期；台湾"侨委会"：《侨务统计年报：2012》。

（三）华侨华人与当地民族的关系

第一批中国移民到达牙买加时虽然受到了不友好的对待，但经过努力，他们逐渐站稳了脚跟，先后在零售业及其他领域取得巨大发展，并慢慢融入当地社会。[1]

根据李安山教授的分析，华人与当地的融合主要是通过商业、宗教和娱乐活动三种途径来实现的。在商业上，华人在牙买加的零售业和批发业中占据着重要地位，随着零售商业向小地区的扩展，华人与当地社会融合的进程自然也就大大加快了。在宗教上，华人的信仰从最初的中国民间宗教转向基督教，绝大多数华人精英或皈依罗马天主教，或皈依基督教圣公会。[2] 随着新一代华人的成长，华人融入当地社会的进程越来越快。新一代华人是那些出生于牙买加的华人，他们视自己为牙买加人，而不是中国人。在他们融入当地社会的过程中，娱乐活动起到了不可或缺的作用。"从名人录提及的休闲活动看，出生在中国的华人通常提及的都是那些不需要很多技巧的大众运动，比如游泳、散步以及听音乐。相反，在牙买加出生的华裔提及的是一些更加专业的运动，比如网球、跳舞和生物学，以至'所有户外活动'等。这表明，那些急于为牙买加社会接受的华人试图通过参与或表明自己参与各种活动（包括体育休闲活动）来增加自己融入当地社会的可能性。"[3] 此外，华人与当地民族的通婚也早已出现，在 20 世纪 50 年代，金斯敦郊外农村教区有相当多的"混合华人"出现，即使在那些存在很多华人的城市里，华人中的异族通婚也在逐步增加，这大大加快了华人融入当地社会的进程。

在华侨定居初期，华人很少参与牙买加的社会活动。"二战"后，特别是 20 世纪 50 年代以来，牙买加华人越来越关注当地社会与他们的联系。一些华商开始抱怨来自政府的不公正待遇，新一代华人更直接指出当地报纸对华人社区的不公正描述。华人的这些举措

---

① 李安山：《生存、适应与融合：牙买加华人社区的形成与发展（1854—1962）》，《华侨华人历史研究》2005 年第 1 期。

② 李安山：《生存、适应与融合：牙买加华人社区的形成与发展（1854—1962）》，《华侨华人历史研究》2005 年第 1 期。

③ 李安山：《生存、适应与融合：牙买加华人社区的形成与发展（1854—1962）》，《华侨华人历史研究》2005 年第 1 期。

也得到了正面的回应。需要指出的是，在牙买加出生的华人"掌握了语言工具，理解牙买加人的价值观，并且掌握了处理社会政治事务的能力和方法。更重要的是，他们已经拥有为获得公平待遇而斗争的勇气"①。

如今，牙买加华侨华人与当地民族的关系总体来说非常融洽，得到了当地人民的认可。长期以来，华侨华人在牙买加辛勤经商，为当地民众提供质优价廉的中国商品，树立起诚实守信的华商形象。同时，中资企业在牙买加承建的基础设施项目也给牙买加民众的日常生活带来了实实在在的便利，解决了数千牙买加人的就业问题，中资企业严谨高效的工作作风更是让牙买加政府和民众钦佩。在牙买加主流媒体《集锦报》的一则招租广告上甚至写着"中国商人优先"的字样。② 中华民族诚实勤劳的美德在异乡为华人赢得了尊重。正如牙买加华人、众议院议长德尔罗伊·卓先生所说："牙买加华侨华人刻苦勤劳，融入当地较好，事业发展相当不错，受到当地民众信任及尊重。"③

（四）华人的政治参与

早在牙买加独立之前的 20 世纪 40 年代，华人精英就步入政治参与的进程。在殖民统治时期，很多华人获得了"地保官"④（Justice of the Peace）的荣誉，这一荣誉只是"适当地授予本地人或华人，并且特别为人们所珍爱"。戴桂昌是第一个获得这一头衔的华人，他于 1943 年在圣安德鲁获得这一头衔，后来成为一名国会议员。在此之后的第二年，创立《宝塔》杂志的郑丁才的哥哥郑丁发（Sidney Chang）也成为同一地区的地保官。上任之后，他全身心地投入到社区服务之中，"通过签署文件、提出建议以及给予指导，他使这一职位成为一个积极为下层牙买加人服务的地方，而这些牙买加人绝大部分都不是华裔"⑤。1945 年，华商陈华福被任命为金斯敦的地保官，他是第一个在首府获得这一职位的华人。在接下来的 10 年间（1946—1955 年），又有 9 位华人在不同的地区被任命为地保官。⑥

牙买加社会在很长一段时间里都不愿意接纳华人进入牙买加议会。这一状况直到 20 世纪 50 年代后期才有所改变。戴丁贵于 1959 年被提名为一院制议会委员。戴先生出生在金斯敦，作为牙买加的第一代工业家中的一员，他是加勒比制造的常务董事，是多家制造业公司的董事，同时也是中国驻金斯敦领事馆的顾问，还担任了多项社会职务。他是华人

---

① 李安山：《生存、适应与融合：牙买加华人社区的形成与发展（1854—1962）》，《华侨华人历史研究》2005 年第 1 期。

② 《牙买加华人谈中国梦：树立诚实守信的华商形象》，中新网，http：//www.chinanews.com/hr/2013/03 - 20/4660293.shtml，2013 年 3 月 20 日。

③ 《广东侨务调研团拜访牙买加华裔政要联络乡情》，中新网，http：//www.chinanews.com/zgqj/2012/09 - 16/4186453.shtml，2012 年 9 月 16 日。

④ 地保官是牙买加社区的法官，他们负责维护社区的正义，任何会读写英文的牙买加人都有资格担任。

⑤ "Out of many …"，*Spotlight*（Monthly Newsmagazine of Jamaica and the Caribbean），1963，Vol. 24，No. 7，p. 15. 转引自李安山：《生存、适应与融合：牙买加华人社区的形成与发展（1854—1962）》，《华侨华人历史研究》，2005 年第 1 期。

⑥ 李谭仁：《占美加华侨年鉴·1957》，第 118 页。转引自李安山：《生存、适应与融合：牙买加华人社区的形成与发展（1854—1962）》，《华侨华人历史研究》2005 年第 1 期。

体育俱乐部的倡导者，在华人社区中深得人心，被亲切地称为"戴先生"。[1]

在牙买加逐渐走向独立的关键时期，华人开始广泛参与牙买加政治。在1961年牙买加人面临着投票决定牙买加前程（或是继续作为西印度群岛联邦的一员，或是独立）的时候，华人精英号召华人社区履行义务，踊跃投票。而华文报纸也号召华人在投票中发挥积极的作用。当牙买加于1962年获得独立时，陈英豪由于对华人社区和牙买加作出了巨大贡献而成为新国会的议员。牙买加独立以后，在总理的推荐下，郑丁发成为海关的代理检察员，"表明了政府和牙买加对牙买加华人社区的尊重"[2]。

近年来，在牙买加的政治舞台上，也可以看到华人的身影。如德尔罗伊·卓就是一名官至牙买加众议长的华人。相信在不久的将来，牙买加政治舞台上会涌现出更多的华人。

（五）华侨华人经济

经过100多年的风雨沧桑，华人不仅完全融入了当地社会，还在各行各业崭露头角，从早期的店铺老板发展到如今的零售业巨头、银行家。

第一批到达牙买加的华人是从事苦力工作的。后有许多华工受雇于农垦公司，被转运到牙买加从事垦殖劳动。在契约期满后，一部分华工继续受雇于种植园或糖厂，还有一部分则自谋生路经营小商店。[3] 随着牙买加华人的逐渐增多，华人在商业上的表现日益突出。华人的绝大部分商业活动集中在零售业和批发业。1954年，在1 250家华人经营的商行中，有1 021家是零售店，岛上的46家批发商店中有38家由华人经营。在1946年牙买加14个主要的批发商中，有10个是华人。[4] 1963年，华人实际上垄断了牙买加的零售贸易，控制了90%的干货贸易和95%的超级市场，而且在其他产业中也占有大量股份。[5]

除了零售业和批发业，华人在其他行业的发展表现在食品制造业和轻工业（面包业、冰淇淋生产和肥皂业等）以及食品进口业等方面。面包业几乎全部为华人所垄断。陈禄谦在1939年建立的钦摩雪糕制造厂经过1954年的修整和扩展，已成为牙买加最大的冰淇淋制造厂家。20世纪50年代早期，金斯敦开始出现超级市场，华人立刻意识到超级市场潜在的商业优势，并且感受到了来自当地竞争者对华人小商店日益增长的压力，于是在很短的几年内便出现了多家由华人经营的超级市场。[6]

当然，华人在牙买加的经济发展并不是一帆风顺的。1938年的反华骚乱和20世纪70年代牙买加政局的动荡都对华商造成了很大的伤害。20世纪70年代的动荡政局致使许多

---

[1] "Out of many…", *Spotlight* (Monthly Newsmagazine of Jamaica and the Caribbean），1963，Vol. 24，No. 7，p. 16. 转引自李安山：《生存、适应与融合：牙买加华人社区的形成与发展（1854—1962）》，《华侨华人历史研究》2005年第1期。

[2] 转引自李安山：《生存、适应与融合：牙买加华人社区的形成与发展（1854—1962）》，《华侨华人历史研究》2005年第1期。

[3] 白俊杰：《牙买加华侨华人概述》，周南京：《华侨华人百科全书》，北京：中国华侨出版社2002年版，第541页。

[4] 李安山：《生存、适应与融合：牙买加华人社区的形成与发展（1854—1962）》，《华侨华人历史研究》2005年第1期。

[5] 维基百科，http：//en. wikipedia. org/wiki/Chinese_ Jamaicans。

[6] 李安山：《生存、适应与融合：牙买加华人社区的形成与发展（1854—1962）》，《华侨华人历史研究》2005年第1期。

牙买加华人移居加拿大和美国。到 80 年代，随着牙买加国内政治局势和社会秩序的好转，才又吸引了一批华人来牙买加经商。

如今，牙买加华人经济事业有很大的发展。他们经营的商业、农业、工业、服务业的结构渐趋平衡。华人经营最多的是洋、杂百货，此外，由于当地旅游业的发展，中餐馆和酒馆数量也较多。在工业方面，由华人开办的面包厂、机械厂、汽水厂等遍布牙买加大小城镇。在农业方面，由华人经营的农场较多。"二战"期间，由于粮食奇缺，从事农业有利可图，部分华侨着手开辟农场，种植稻谷、甘蔗和香蕉等作物。现在牙买加仍有大小 20 余家华人农场，这些农场仍以种植稻谷、甘蔗、香蕉和咖啡为主。

随着时代的发展，许多中国企业在牙买加投资办厂，这对当地的华侨经济也产生了积极的影响。

（六）华侨华人社团

在牙买加的所有华人社团中，最重要的是中华会馆。中华会馆是华人在牙买加建立的唯一一个为全体华人移民服务的组织。据说，最初有两个中华会馆，后来其中一个自行解散，另一个留存至今。[①] 这便是陈八、张胜、黄昌等人于 1891 年建立的中华会馆。会馆的维持与运转由周期性的捐赠和诸如征收的赌博费等特殊收入支持。从建立时起，中华会馆既在华人社区内部发挥了广泛的作用，又成为华人社区与当地政府沟通的桥梁。[②] 它的基本功能包括组织集体行动保护社区利益、传播来自中国的各种新闻、相互援助、照料年长力弱者、制定相关规章以及协调不同集团间的利益等。

中华会馆在其鼎盛时期曾有一份报纸、一所学校、一家养老院、一家医院和一块墓地五个下属组织。"一份报纸"是指《中华商报》，也就是《华侨公报》的前身，它由郑永康于 1930 年创立，1935 年被中华会馆接收，从此以后，《华侨公报》成为中华会馆甚至整个华人社区的主要代言人。1956 年 10 月《华侨公报》停止发行，但在 1975 年重新开始发行。"一所学校"即华侨公立学校，其前身由致公堂于 1920 年创办，后也被称为新民学校，学校在 1928 年被中华会馆接管并定名为"华侨公立学校"。"二战"后期，华文学校在牙买加曾有过短暂的繁荣，但随着新一代华人出现本土化倾向，华文学校慢慢衰落。"一家养老院"即华侨颐老院，又称老人房，建于 1877 年，老人们的赡养费来自华人商铺和个人的捐赠。1961 年秋季，在一位名叫罗维松的华人建筑师的捐助下，养老院得以重建。"一家医院"即 1923 年建立的华侨留医所。1952 年，该医院在院长的提议下，在医院围墙上出售广告空间，由于有了广告客户提供的固定收入，该医院经营得非常好。"一块墓地"即中华义山（华人公墓）。1904 年，华人社区领袖陈连高和张胜等人在金斯敦购买了约 73 亩土地作为当地华人的墓地，后经历过地震及两次修葺。1957 年 4 月 7 日，公墓举行了揭幕仪式。

除中华会馆外，牙买加还有许多华人社团，主要是政治团体、娱乐组织和宗教社团。1884 年成立的致公堂分部是牙买加最早的政治性团体，也是牙买加第一个正式的华人组

---

① 高伟浓：《拉丁美洲华侨华人移民史、社团与文化活动远眺》（下册），广州：暨南大学出版社 2012 年版，第 124 页。

② 高伟浓：《拉丁美洲华侨华人移民史、社团与文化活动远眺》（下册），广州：暨南大学出版社 2012 年版，第 124 页。

织，其主要成员为原来的种植园工人，它在各个方面为华人社区作出了贡献，例如建立华侨学校、组织为老年人捐款以及为中华会馆购买办公室等。中国国民党的牙买加支部是另一个政治组织，于 1945 年 4 月 13 日建立。然而，随着华人社区对中国政治冲突变得越来越不感兴趣，国民党的这一分部也逐渐失去了影响力。

牙买加的华人娱乐性组织都是由出生于牙买加的华裔所建，包括戏剧协会、舞蹈剧团、篮球队等。新一代华裔建立这些组织，一方面可以摆脱老一辈的控制，另一方面也便于他们融入牙买加中层和上层阶级的圈子。新民社是这些组织中成立最早的一个，它是由吴挹光在 1924 年建立的，建立这个俱乐部的目的是进行知识交流和发展华人教育。中华体育会是另一个吸引了很多牙买加年轻华裔的组织。1937 年 9 月 15 日，年仅 17 岁的郑定原建立了这一俱乐部，其目的是促进体育锻炼和娱乐休闲活动。俱乐部有各种设施，并且组织了不同的体育运动，如篮球、足球、乒乓球和网球等。[1]

除此之外，牙买加华人还建立了大量华人商会。在日本侵华期间，牙买加发生了反华骚乱，大大损害了华人的生意。在骚乱之后，华人建立了商业行会和贸易协会来保护自己的利益，例如在 1938 年 11 月建立的咸头行商会和面包炉商会。商会建立的目的主要是保护会员的利益，促进行业的发展，并且在华商和殖民地政府之间搭建桥梁。

"二战"期间，还有一批爱国抗日社团成立，如牙买加华侨航空救国运动委员会、牙买加华侨拒日后援会、牙买加华侨抗日救国会，这些社团在"二战"期间多次向中国政府汇款以购买军用物资，表达了牙买加华人对祖籍国深深的牵挂。[2]

今天，牙买加最大的华侨华人社团仍然是中华会馆，此外，还有华人协会、牙中友协等。在老社团逐渐退出历史舞台之际，新移民社团开始登上牙买加华人社会的舞台。2010 年 5 月，居住在牙买加的东莞同胞成立了同乡会。据 2011 年的消息，东莞同乡会有会员 200 多人，张力坚任会长。[3] 东莞同乡会自成立以来，以热情服务牙买加的东莞籍乡亲、加强牙买加与东莞的交流合作为宗旨，积极推介东莞的投资环境，帮助东莞的企业开拓海外市场，为两地的经贸合作和商贸往来作出了积极的贡献。2013 年 5 月，张力坚会长代表东莞同乡会向四川芦山"4. 20"7.0 级地震灾区捐款 244.2 万牙元，希望灾区能尽快完成重建，恢复正常的工作和生活，表达了同乡会对祖国同胞深深的关爱。[4]

（七）华文教育、媒体和宗教信仰

牙买加的华文学校在"二战"后期经历一段短暂的繁荣之后就逐渐衰落了。出生在牙买加的华人更多地认为自己是牙买加人而不是华人，他们从小接受英文教育，接触西方文化，中文只是在课余学习的语言。再加上很多家长忙于工作，忽视了对子女的中文教育，导致学习中文的风气越来越弱。鉴于此，中华会馆近年来努力重建华侨中文教育，传播中

---

① 李安山：《生存、适应与融合：牙买加华人社区的形成与发展（1854—1962）》，《华侨华人历史研究》2005 年第 1 期。

② 周南京：《华侨华人百科全书》，北京：中国华侨出版社 2002 年版；李安山：《生存、适应与融合：牙买加华人社区的形成与发展（1854—1962）》，《华侨华人历史研究》2005 年第 1 期。

③ 《牙买加东莞同乡会侨领张力坚先生来访市侨联》，东莞市侨联网，2011 年 8 月 31 日。

④ 《牙买加东莞同乡会向四川地震灾区捐款》，中国驻牙买加大使馆网，http://www.fmprc.gov.cn/ce/cejm/chn/sghd/t1038073.htm，2013 年 5 月 7 日。

国文化。为了传播中国历史、音乐、艺术等文化，牙买加中华会馆于 2002 年 1 月成立了儿童中文和唱歌班，开设了 2 个中文班（初、中级）和 1 个唱歌班，学生有 40 多人，由 1 位牙籍华人女士义务任教。为了满足越来越多的牙买加华侨华人和牙买加本国人士学习中文的要求，在中国大使馆的协助下，2006 年 9 月，中华会馆从中国聘请了 1 位中文老师专职教中文。[①] 在华侨及义工的支持下，中文教育有望得以重生。[②] 此外，自 2010 年西印度大学莫纳分校开设孔子学院以来，学习汉语的人数显著增加。2012 年 9 月，西印度大学孔子学院在阿登、坎平两所高中开办"孔子课堂"，[③] 牙买加《集锦报》近日报道，牙买加加勒比海洋研究所执行董事皮诺克日前表示，2014 年 9 月，汉语有可能成为加勒比海洋研究所的课程之一。皮诺克表示："中国是新兴世界大国，我们必须把握这一趋势。你可以爱慕你熟悉的美国和加拿大，但是你必须逐渐熟悉中国，最简单的方式就是尝试学习汉语。"[④] 随着中国综合国力的提升、国际影响力的增强，牙买加的汉语教育一定会越办越好。

牙买加的华文报刊在 20 世纪 30 年代就已出现。最早的是 1930 年由华商郑永康创办于金斯敦的《中华商报》，该报的宗旨是提高当地华侨文化水平。1935 年由中华会馆接办，改名为《华侨公报》。[⑤] 此外，还有 1950 年 11 月 1 日由中国国民党牙买加支部创办的《中山报》，[⑥] 该报内容分为社论、国际要闻、祖国新闻、各属航讯、本埠新闻、副刊"中山公园"等，广告甚多，于 70 年代初停刊。《民治周刊》[⑦] 是 1950 年 1 月 2 日由中国洪门民治党驻牙买加总支部的郑肇基、李华昌等人主办的华文刊物，其宗旨是发扬党务及启发民智，1956 年因营业不佳而停刊。除中文报刊外，牙买加华裔也出版外文刊物，《高塔》[⑧]（*Pagoda*）杂志就是华裔郑丁才于 1940 年创办经营的英文刊物。1954 年 12 月 1 日，该刊改为有限公司，并组织董事会，戴桂昌任董事会主席。

随着华文教育的衰落，华文报纸在牙买加的销量也一年不如一年。如今，由牙买加华人协会主办的成立于 1988 年的《蓝山侨讯》是牙买加唯一的华文报纸。[⑨]

早期的华人移民大多信仰中国民间宗教，但是，随着移民在牙买加稳定下来，中国传统的民间宗教信仰在华人中间逐渐衰落。相反，基督教成为牙买加华人的主要宗教信仰。华人信仰基督教，一方面是为了获得婚姻的合法地位；另一方面是因为华人子女可以在天

---

① 《牙买加中华会馆（CBA）中文班》，中国华文教育网，http：//www.hwjyw.com/info/content/2013/02/28/27363.shtml，2013 年 2 月 28 日。

② 王玉妹：《牙买加华侨华人子女之中文教育去向》，提交于 2003 年世界华侨华人社团联谊大会，据中国华侨网。

③ 《郑清典大使出席"孔子课堂"开班仪式》，中华人民共和国驻牙买加大使馆网，http：//www.fmprc.gov.cn/ce/cejm/chn/sghd/t975765.htm，2012 年 9 月 30 日。

④ 《牙买加加勒比海洋学院与西印度大学合开汉语课》，中新网，http：//www.chinanews.com/hwjy/2013/11-21/5528793.shtml，2013 年 11 月 21 日。

⑤ 《华侨华人百科全书·新闻出版卷》，周南京：《华侨华人百科全书》，北京：中国华侨出版社 2002 年版，第 523 页。

⑥ 《华侨华人百科全书·新闻出版卷》，周南京：《华侨华人百科全书》，北京：中国华侨出版社 2002 年版，第 529 页。

⑦ 《华侨华人百科全书·新闻出版卷》，周南京：《华侨华人百科全书》，北京：中国华侨出版社 2002 年版，第 242 页。

⑧ 《华侨华人百科全书·新闻出版卷》，周南京：《华侨华人百科全书》，北京：中国华侨出版社 2002 年版，第 74 页。

⑨ 《驻牙买加大使参观走访华人协会》，中华人民共和国驻牙买加大使馆网，http：//jm.chineseembassy.org/chn/xw/t1096073.htm。

主教中学学习英文。20世纪50年代，绝大多数华人精英或皈依罗马天主教，或皈依基督教圣公会。随着越来越多的华人皈依基督教，华侨公立学校的校长何儒俊于1954年发动了一场运动，以增加华人基督教徒的人数。然而，来自中国香港和中国内地的最新的一批移民大多不是天主教徒，他们中的一小部分是新教徒，建有自己的教堂并用中文进行祷告，由于语言上的障碍，他们与已经被同化的牙买加华人社区鲜有联系。

三、牙买加与中国的关系

中国和牙买加自建交以来，双边关系不断深入发展。2012年是中牙正式建交40周年，2013年中牙两国高层交往频繁，民间互动不断，中牙政治、经济、文化、教育等各个方面在不断的交流中得到发展。

（一）政治关系

牙买加与中国的关系十分融洽。早在1972年11月21日，中国便与牙买加正式建交。1973年7月，中国在牙买加设立使馆。2005年7月18日，牙买加在华设立使馆并派驻首任常驻大使。[①] 建交以来，两国在政治、经济、文化等各个领域的友好合作关系不断巩固和发展。20世纪90年代以来，双方高层互访尤为频密，几乎每年都有互访活动。2005年2月，两国建立了"共同发展的友好伙伴关系"。近年来，两国友好合作关系发展顺利，在国际事务中保持良好配合。[②] 2008年4月，中牙建立并启动两国外交部官员会晤机制。2012年为中牙正式建交40周年，中牙两国领导人对中牙关系发展的历程进行回顾并展望未来，以期通过高层互动给两国人民的了解和交流带来更多便利。11月23日，中国驻牙买加使馆在郑清典大使官邸隆重举行中牙建交40周年招待会，牙买加总理辛普森—米勒夫人、外交和外贸部长尼克尔森、工商投资部长希尔顿、教育部长思韦茨、国防军参谋长安德森少将、警察总监埃灵顿等政要和在牙中资企业、华侨华人、牙中友协、孔子学院、牙主流媒体代表等60多人出席。宾客们参观了中牙建交40周年图片展，一致认为中牙自建交以来，在政治上互信加深，在经贸、金融、基础设施、人文等领域的务实合作富有成效，在国际事务中保持了良好的沟通与协调，中牙友好符合两国人民的根本利益。[③] 2013年6月，国家主席习近平在访问特立尼达和多巴哥期间同牙买加总理辛普森—米勒举行双边会晤。8月，牙买加总理辛普森—米勒访华，21日与李克强总理举行会谈。会谈中，牙方感谢中方长期以来对牙买加等加勒比国家的帮助和支持，表示愿与中方加强沟通协调，扩大合作规模，提高合作水平，共同应对气候变化等全球性挑战，推动牙中关系和加中关系不断向前发展。会谈后，两国总理共同出席了中国和牙买加政府经济技术合作协定及教育、基础设施建设等领域有关双边合作文件的签字仪式，双方签署了《中国政府与牙买加

① 《双边政治关系回顾》，中华人民共和国驻牙买加大使馆网，http：//jm. chineseembassy. org/chn/zygx/zzgx/t211224. htm。

② 《中国同牙买加的关系》，中国外交部网，http：//www. fmprc. gov. cn/mfa_ chn/gjhdq_ 603914/gj_ 603916/bmz_ 607664/1206_ 608585/sbgx_ 608589/，2013年7月3日。

③ 《驻牙买加使馆隆重举行中牙建交40周年招待会暨建交40周年图片展》，中华人民共和国驻牙买加大使馆网，http：//www. fmprc. gov. cn/ce/cejm/chn/sghd/t992889. htm，2012年11月26日。

政府经济技术协定》、《中国政府援牙买加政府幼儿园项目换文》、《中国政府援牙买加政府孔子学院可行性项目考察换文》等四项协议。8 月 22 日，全国人大常委会委员长张德江、国家主席习近平在人民大会堂分别会见了辛普森—米勒，表达了进一步推动中牙关系发展的美好愿景。2013 年 10 月，董晓军接替郑清典出任中国驻牙买加大使，自上任以来，他先后拜会了牙买加外交和外贸部长、教育部长、司法部长、劳动和社会保障部长等，并与他们进行了友好交谈，双方均表示希望中牙在这些部门有进一步的合作和交流，共同打造中牙合作新亮点。2013 年 11 月 28 日，董晓军大使邀请牙中友好协会主席费·皮克斯吉尔一行做客官邸，董大使希望随着牙中关系越来越紧密，友协能够再接再厉，增进两国人民的友谊。皮克斯吉尔主席则表示，两国关系正处于历史上的最好时期，两国人民之间的深入交往有很大的发展空间。牙中友协愿做牙中友好的桥梁，继续为促进两国友谊作贡献。[①] 牙买加政府始终坚持"一个中国"的原则，[②] 中牙政治关系的顺利发展，为中牙两国人民的交流提供了良好的条件，也为牙买加华侨华人在当地的生存与发展添加了润滑剂。

（二）经贸关系

早在建交前夕，中牙就建立了贸易关系，实现了贸易代表团的互访。建交后，中国政府重视与牙买加发展经贸和经济技术合作，中国外经贸部副部长吕学俭（1986 年）、纺织工业部部长吴文英（1990 年）、财政部副部长楼继伟（2000 年）等政府部门领导先后访牙，牙工商技术部长鲍威尔（2001 年）、矿业和能源部长罗宾逊（2010 年）、农业和渔业部长罗杰·克拉克（2013 年）等也来华访问。双方不断探讨开展互利合作的可能性，两国经贸关系进一步发展。[③]

牙买加承认中国的完全市场经济地位，是中国在英语加勒比国家中最大的贸易伙伴之一。近年来，两国经贸关系发展良好，贸易额逐步增加。自 2009 年起，我国成为牙买加第四大贸易伙伴。[④] 2011 年中牙双边贸易额为 3.75 亿美元，同比增长 56.6%，其中，中国从牙买加进口397.1 万美元，同比增长 7%，对牙买加出口 3.71 亿美元，同比增长 57.4%。[⑤] 2012 年中牙双边贸易额为 8.17 亿美元，其中，中方出口 7.86 亿美元，进口 3 069万美元，同比分别增长 117.9%、111.9%、672.8%。2013 年 1—3 月，中牙双边贸易额达 2.1 亿美元，同比增长 179%。在中牙贸易中，我国主要出口纺织品、服装、食品、化学品、轻工产品和机电产品等，进口铝矾土和氧化铝等。[⑥]

---

① 《驻牙买加大使董晓军邀请牙中友好协会主席作客》，中华人民共和国驻牙买加大使馆网，http：// jm. chineseembassy. org/chn/xw/t1104118. htm。

② 摘录自牙买加外交外贸部部长 K. D. Knight 在北京为牙买加驻中华人民共和国大使馆开馆仪式上所作的讲话，牙买加驻华使馆网，http：//www. jamaicagov. cn/cn/embassy. asp。

③ 《双边经贸关系及经济技术合作》，中华人民共和国驻牙买加大使馆网，http：//jm. chineseembassy. org/chn/zygx/jmhz/t211225. htm。

④ 《中牙经贸合作》，中华人民共和国驻牙买加大使馆经济商务参赞处，http：//jm. mofcom. gov. cn/article/zxhz/hzjj/201204/20120408059255. shtml，2012 年 4 月 10 日。

⑤ 《对外投资合作国别（地区）指南 2012 版——牙买加》，中国商务部网，http：//fec. mofcom. cn/gbzn/gobiezhinan. shtml。

⑥ 《中国同牙买加的关系》，中国外交部网，http：//www. fmprc. gov. cn/mfa_ chn/gjhdq_ 603914/gj_ 603916/bmz_ 607664/1206_ 608585/sbgx_ 608589/，2013 年 7 月 3 日。

除进出口贸易外，我国与牙买加的经济技术合作也进展顺利，由我国提供优惠贷款，中成集团公司承建的牙买加板球场在 2007 年 3 月世界板球赛开幕前交付牙方，牙买加前总理帕特森先生和时任总理的米勒女士分别到现场视察，均对工程施工质量和施工速度给予了高度评价。由我国援建的牙买加社区综合体育场项目移交仪式在 2007 年 6 月举行，时任牙买加总理的米勒女士出席了移交典礼。该项目由山西建工集团公司承建，项目除综合体育场外，还包括拆除后异地重建的一间警察局和一间邮局。除上述项目外，中国在牙买加还有一些经济技术项目在顺利进行或在科研和准备阶段中。

在投资合作上，2010 年 7 月，中成国际糖业有限公司与牙买加政府在金斯敦签署了收购牙买加政府糖业资产和土地租赁协议，以 900 万美元收购了牙买加三家国有糖厂（弗罗姆、莫尼马斯克和洛奇）。2011 年 8 月，中成国际糖业有限公司正式接收牙买加糖厂。2012 年 4 月，中成国际糖业有限公司正式取得售糖牌照。在交通运输方面，双方也有合作。2011 年 11 月，中国港湾工程有限责任公司与牙买加交工部签署牙买加南北高速路项目执行协议。2012 年 7 月，中国交通建设公司与牙买加政府签署项目专营协议。该项目由中国开发银行提供融资，总投资额 7.3 亿美元，道路全长 68 公里。[1] 该项目对牙买加的经济发展将发挥重要作用，在项目开工仪式上，米勒总理在感谢中国对牙买加的帮助之余，表示将全力支持该项目。此外，2013 年 10 月，中国政府捐款 230 亿美元在牙买加希望皇家园林修建中国园，14 个月内完工。[2] 近年来，中国私有化企业在牙买加的投资也在逐步增加，涉及诸多领域，如糖（中国成套设备进出口集团）、咖啡（杭州市咖啡西餐行业协会）、铝土矿（中国五矿股份有限公司）和电信（华为和中兴）。[3]

中牙两国的经贸合作对双方的发展都大有好处，在 2013 年 11 月 8 日董晓军大使对牙买加财政部长菲利普斯的拜会中，菲利普斯部长称赞中国经济发展的成就，欢迎更多的公司来牙投资，并表示将全力支持董大使的工作，共同促进牙中关系深入发展。[4] 2014 年，牙买加贸易出口展将于 2014 年 4 月 3—6 日在牙买加金斯敦国家体育场举办，该展会由牙买加投资贸易促进署、制造商协会、出口商协会共同主办，200 余家牙买加企业将展示 2 000 余种产品，诚邀有意购买或在中国销售牙买加产品的企业参会。

（三）人文交流

两国在文化、教育、新闻、体育等领域交流与合作进展顺利。

文化上，1991 年牙买加总理曼利访华时中牙签署了中牙文化协定。中国表演艺术团体曾赴牙买加访问演出。1985 年在牙买加举办中国文化周。进入 21 世纪，两国艺术团的交流活动愈加频繁：2004 年 7 月，扬州木偶团抵牙演出；2006 年 7 月 23—8 月 1 日，牙买加歌舞团来华开展文艺演出，并在北京世界公园举办"激情牙买加"活动；2007 年 3 月

---

① 《牙买加总理出席中交公司承建的南北高速路项目开工仪式》，中华人民共和国驻牙买加大使馆经济商务参赞处，http：//jm. mofcom. gov. cn/aarticle/jmxw/201212/20121208468487. html，2012 年 12 月 5 日。

② "China donates ＄230m to build Chinese garden"，牙买加驻华使馆网，http：//jamaica - gleaner. com/gleaner/20131111/news/news3. html，2013 年 11 月 11 日。

③ 牙买加驻华使馆网，http：//www. jamaicagov. cn/cn/jamaicaandchina. asp。

④ 《双边经贸关系及经济技术合作》，中华人民共和国驻牙买加大使馆网，http：//jm. chineseembassy. org/chn/zygx/jmhz/t211225. htm。

12—18 日，中国杂技团赴牙演出；2009 年 7 月 13—18 日，中国天津歌舞剧院民乐团赴牙演出；2012 年，重庆歌舞团、江苏木偶团访牙；2013 年 8 月 5 日，河南文化艺术团在金斯敦为牙买加民众带来了一场极富东方特色的视觉盛宴，金刚拳、形意拳、八段锦等传统武术表演引得观众阵阵掌声，肩上芭蕾、柔术转毯、花样空竹等惊险的杂技展示更是让现场观众赞叹不已。①

教育上，2000 年 11 月 19—21 日，中国教育部部长陈至立访问牙买加，牙买加总督库克、代总理罗伯逊、教育部部长怀特曼分别会见。2007 年 3 月 21—23 日，中国教育部副部长吴启迪率团访牙，拜会了牙买加教育、青年、文化部长威尔逊，并与西印度大学莫纳分校校长利奥—莱尼教授及该校部分院系负责人举行了座谈。教育上的一件大事是孔子学院的创建。2010 年，西印度大学莫纳分校开设孔子学院，这是英语加勒比地区的首个孔子学院。莫纳分校被誉为"加勒比地区政治家的摇篮"，该校校长雪利在致辞中热烈祝贺孔子学院揭牌，对中方选择莫纳分校为学院院址表示高兴，并表示将为孔子学院的教学工作提供一切必要支持。② "三年来，孔子学院在当地的影响力逐渐加强，学习汉语的人数翻了两番，汉语学生构成也趋多样化，由社区与大学延伸到了中学。2012 年 6 月成立了加勒比海地区第一家 HSK 考试中心。2012 年 9 月孔子学院在当地两所重点中学成立了两所下属孔子课堂。"③

在新闻上，早在 1973 年，中国记者组就曾访问牙买加。1974 年和 1976 年在牙买加首都金斯敦先后举办"中国摄影艺术展览"和"新中国妇女、儿童图片展览会"。2005 年 9 月 19—28 日，牙买加《集锦报》议会事务记者罗伯特·哈特和《观察家报》记者阿雷恩·马丁参加加勒比联合新闻团访华。2006 年 5 月 23—6 月 2 日，由中央电视台、北京电视台和北京人民广播电台组成的中国记者代表团赴牙买加进行参访和采风。2007 年 5 月 13—25 日，牙买加《集锦报》副主编和《观察家报》执行主编参加加勒比国家主流媒体访华团访华。2008 年 8 月 12—17 日，牙买加 4 名非注册记者应邀来华采访北京奥运会情况。2009 年 11 月 11—25 日，牙买加国营电视台节目制作人来华参加广播电视中高层管理研修班。2010 年 6 月，牙买加《观察家报》高级编辑和《集锦报》商务版编辑应邀参加拉美和加勒比高级媒体考察团访华。

在体育方面，两国在各自擅长的领域内有所交流。2004 年 1 月，中国国家体育总局为牙买加著名乒乓球运动员韦布提供为期一个月的在华培训。2006 年 7 月 9—13 日，国家体育总局副局长段世杰率中国体育代表团访牙，中国田径协会和牙买加业余田径协会签署了合作协议。2007 年 9 月，牙买加体育代表团来华参加第十二届世界特殊奥林匹克运动会。2008 年 8 月和 9 月，牙买加体育代表团来华参加第二十九届北京奥运会和残奥会，取得奥运会六金三银二铜、残奥会一枚铜牌的佳绩。在奥运会上多次获金牌并打破世界纪录的短

① 《中国文艺表演轰动牙买加》，人民网，http：//chinese.people.com.cn/n/2013/0806/c42309 - 22465308.html，2013 年 8 月 6 日。

② 《牙买加西印度大学莫纳分校创办当地首个孔子学院》，中国新闻网，http：//www.chinanews.com/hwjy/2010/07 - 23/2421643.shtml，2010 年 7 月 23 日。

③ 《牙买加加勒比海洋学院与西印度大学合开汉语课》，中国新闻网，http：//www.chinanews.com/hwjy/2013/11 - 21/5528793.shtml，2013 年 11 月 21 日。

跑选手博尔特还向中国红十字基金会捐赠了 5 万美元，用于救助汶川地震中的残疾儿童。[①]

（四）　其他领域的交流

除官方交往外，中牙民间社会交流也很频繁，民间的互动和交流进一步促进了两国人民的了解，加深了彼此的感情。

2002 年 11 月 29—12 月 3 日，对外友协会长陈昊苏访问牙买加，由牙买加总督库克亲自会见。2005 年 10 月 5—10 日，国家海洋局副司长王飞率领中国海洋代表团访问牙买加，这是中国海洋代表团首次访牙。其间，中国"大洋一号"海洋考察船也访牙。2005 年 11 月 15—22 日，应中国全国青年联合会的邀请，五位牙买加青年代表来华参加"中拉青年节"活动。2005 年，牙买加驻华使馆开馆不久后牙买加正式成为中国公民旅游目的地国。为了吸引更多的中国人来牙买加旅游，2006 年 4 月，牙买加驻华使馆与牙买加旅游局委员会开设了中文旅游网站。2007 年 8 月，牙买加遭受飓风"迪安"袭击，中国红十字会向牙买加红十字会提供 3 万美元救灾援助。9 月，牙中友协代表团来华出席首届中国—拉丁美洲及加勒比民间友好论坛。2007 年 11 月 14—15 日，国家海洋局局长孙志辉访问牙买加。2008 年 9 月，中国政府和红十字会就牙买加遭受热带风暴"古斯塔夫"袭击分别向牙买加提供 10 万美元和 5 万美元现汇救灾援助。10 月，杭州市对外友协会长虞荣仁访问牙买加，蒙特哥贝市市长辛克莱应邀出席杭州国际友好城市市长峰会，并与义乌市签订《友好交流关系备忘录》。2011 年，中国人民解放军海军"和平方舟"号医院船来到牙买加首都金斯敦，进行了为期 6 天的友好访问和开展医疗活动，传递了"和谐世界"、"和谐海洋"的理念，并为一位九旬老人成功实施了白内障手术，接诊数千次，受到当地居民和华侨华人的热烈欢迎。[②] 此外，广东深圳市与牙买加首都金斯敦、浙江义乌市与牙买加蒙特哥贝市建有友好城市关系。[③]

四、牙买加政治经济形势变化对华侨华人的影响

牙买加的政策变化会直接影响生活在牙买加的中国移民。20 世纪 70 年代，由于牙买加政局动荡，许多华人离开牙买加移居加拿大和美国。到了 80 年代，随着牙买加政策的改变、政治经济形势的好转，又有一批来自中国大陆和香港的华人来牙经商。牙买加华人在零售业上的成功也大大得益于当时有利的政策支持。20 世纪 90 年代以来，牙买加政局比较稳定，没有发生大规模的骚乱。

经济上，旅游业、矿业、农业和新兴的信息技术服务业是牙买加的国民经济支柱。在 2008 年的经济危机中，牙买加深受影响，2008—2010 年经历了经济收缩，铝矿业受到较大影响，而旅游业在危机后则有所反弹。以旅游业为核心的服务业收入占牙买加 GDP 总值的

———————————

①　《文教、体育、新闻及其它领域的交流与合作》，中华人民共和国驻牙买加大使馆网，http：//jm. chineseembassy. org/chn/zygx/whjy/t211226. htm。

②　《"和平方舟"医院船在牙买加开展医疗服务》，中华人民共和国国防部网，http：//www. mod. gov. cn/reports/200909/hpfzcf/2011 – 11/02/content_ 4311717. htm，2011 年 11 月 2 日。

③　《文教、体育、新闻及其它领域的交流与合作》，中华人民共和国驻牙买加大使馆网，http：//jm. chineseembassy. org/chn/zygx/whjy/t211226. htm。

60%以上，旅游业直接从业人数为 4 万，间接从业人数为 17 万，行业总人数占牙买加就业人口的 23.5%。许多饭店和度假村都有外国公司投资，外国游客大部分来自美国和加拿大。① 目前，为吸引更多的中国游客来牙买加，牙买加政府拟放宽对中国游客的签证限制。

牙买加的经济发展仍然面临许多挑战：高犯罪率、贪污腐败、大量的失业人员、债务占 GDP 的比率接近 130%。牙买加庞大的经济债务源于政府部门救助运行不良的经济部门，尤其是金融部门。2010 年初，为了收回高价的国内债券，减少债务利息，牙买加政府实行了债务交换，尽管作出了这些努力，偿债成本仍然削弱了政府在基础设施、社会项目上的投资能力。截至 2012 年底，辛普森—米勒政府还在努力达成新的国际货币基金组织的备用协议来为本国增加额外的资金。②

华人在牙买加的发展也存在着挑战，牙买加治安环境较差，犯罪率高，毒品贸易猖獗，这些都会给华人的生活和经商带来困难。当地的武装骚乱会影响华人主要从事的商业、餐饮以及旅游业，如 2001 年在金斯敦爆发的武装骚乱致使"城里所有的银行、商店和其他商业网点就已经关张了，他所熟悉的许多华人华裔要么闭门不出，要么就到牙买加东部骚乱没有波及的地区躲避"③。2010 年 5 月的金斯敦骚乱造成至少 60 人死亡，虽然没有华侨华人死伤的消息，但数家华人商铺受到冲击。骚乱发生后，美国、英国和加拿大这三个重要客源国发出赴牙买加旅行的警告，给当地旅游业造成较大冲击。牙买加的治安问题也影响到华人长久居留的信心，"大多数年轻的华人不喜欢长久待在牙买加，连老一代华人也赞成年青一代的选择——到美国定居和发展"④。

针对华人被抢盗案件的增加，2013 年 8 月 25 日，侨界与警方举办了座谈会，牙买加东莞同乡会等四家主要侨团的负责人和牙买加警察总监埃灵顿等警方高级官员约 20 人与会。中国驻牙买加使馆临时代办夏国顺也出席了本次座谈会，他表示希望双方进一步探讨如何有效保护在牙华侨的人身财产安全，保障华商的合法权益。牙买加警察总监表示高度重视保护华商安全，已任命警方高级官员专门负责处理涉及华人案件，并对市中心华人商铺集中地区及华人聚集区增加了巡逻。此外，针对频发的抢劫等案件，警方还专门在报纸上撰文谈如何加强防范。⑤ 11 月 18 日，驻牙大使郑清典也会见了牙买加警察总监埃灵顿，郑大使一方面感谢牙买加警方在保护中资公司和侨民安全方面所做的工作，另一方面希望牙方加大力度，为在牙买加的中国公司和侨民创造更加安全的生活和投资环境。埃灵顿总监则表示将保持和加强与中方的合作，进一步采取有效措施打击犯罪，努力保证在牙华侨华人、中国公司的安全和合法权益。⑥ 为了在牙买加更好地生存和发展，面对犯罪、暴力事件，华侨华人应提高警惕，勇于报警，维护自己的权益。

---

① 黄婧：《经贸投资新领地——加勒比岛国牙买加》，《中国联合商报》，2012 年 4 月 2 日第 B01 版。

② https：//www. cia. gov/library/publications/the - world - factbook/geos/jm. html。

③ 冰川：《牙买加华人遭遇打砸抢》，人民网，http：//www. people. com. cn/GB/guoji/25/95/20010712/510007. html，2001 年 7 月 12 日。

④ 《年轻华人不爱待在牙买加》，金羊网，http：//www. ycwb. com/GB/content/2005 - 09/06/content_ 978049. htm，2005 年 9 月 6 日。

⑤ 《牙买加针对中国人抢盗案增 中使馆与警方商讨对策》，中新网，http：//www. chinanews. com/hr/2013/08 - 29/5221869. shtml，2013 年 8 月 29 日。

⑥ 《驻牙买加大使董晓军会见牙警察总监埃灵顿》，中华人民共和国外交部网，http：//www. fmprc. gov. cn/mfa_ chn/wjdt_ 611265/zwbd_ 611281/t1100239. shtml，2013 年 11 月 19 日。

东欧地区

东欧地区并非海外侨情的重点关注地区,尤其是近两年,移民该地区的新华侨华人并没有明显的增加。不过,目前趋于稳定的东欧地区华侨华人社会有其自身发展的动态和特色。本文主要分析了 2013 年东欧华社发展动态,包括我国驻东欧国家使馆积极促进华侨华人在当地的生存和发展,东欧华侨华人与我国更为密切的互动关系,东欧华团与华文媒体在不断整合中发展进步。本文也重点分析了 2013 年我国与东欧各国关系的进展情况。

本文中的东欧国家主要包括罗马尼亚、匈牙利、保加利亚、捷克、斯洛伐克、乌克兰等国。

一、东欧华侨华人简史

根据台湾 1990、1991 年《海外华人经济年鉴》,联合国 1988、1989 年《人口统计年鉴》,1992 年《不列颠年鉴》、《欧洲国际移民评论》特刊和苏联、阿富汗、保加利亚、捷克斯洛伐克、匈牙利、蒙古、波兰、罗马尼亚等国家的人口统计资料,经过比较研究可大致计算出,1990 年前后,全球华侨华人共有 3 066 万,其中 2.5% 居住在欧洲各国。欧洲的华侨华人共约 126 万,即东欧 68 万,西欧 58 万。欧洲的华侨华人 80% 以上是"二战"后的新移民。欧洲的华侨华人祖籍以广东、福建、浙江等省为主,山东、安徽等省次之。

总体来看,到 20 世纪 80 年代中期,在东欧国家生活居住的中国移民仍然很少。此后,中国大陆居民开始出现涌向东欧地区的移民潮,东欧华人社会也随即发生重大变化。

到了 2010 年,匈牙利华人人口总数为 11 173,占该国总人口数的 0.11%[①]。另据匈牙利华人民间估算,目前当地华人总人口约 2 万。[②] 2010 年,奥地利华人人口为 21 101,捷克为 3 364,波兰为 3 174,罗马尼亚为 6 205。[③]

20 世纪 90 年代以来,大批的中国人以各种名义和方式陆续迁入捷克,利用当时捷克对外国人相对宽松的居留政策,多以成立公司的形式,取得以一年为期并可延续的商务居留,从事经营活动。近年来,随着捷克对外国人政策的收紧,华人在捷克从事经营的难度增加,一些原来在捷克谋生的华人另谋他途,包括转到其他国家或回国。目前,旅居捷克的华侨华人有 5 000 多,大部分是 1990 年以后迁入捷克的新侨,主要从事传统贸易和餐饮业两大块,另外还有物流、地产、旅游、酒店、建材等行业。他们多数以家庭经营为主,资本有限,规模不大。但是,经过十多年的成长,其中一些有头脑、善于把握机遇的华资

---

① 台湾中正大学编:《2010 华侨经济年鉴》,台北:台湾"侨务委员会"2011 年版,第 567 页。
② 参见中国留学生之家网,http://www.kina.cc。
③ 台湾中正大学编:《2010 华侨经济年鉴》,台北:台湾"侨务委员会"2011 年版,第 500、505、578、622 页。

公司正在逐步脱颖而出。随着时间的延长，他们或把国内的亲属接来，或在当地成家，生儿育女。目前他们中已经有人取得了长期居留的证件。①

东欧各国新移民来源较为广泛，除浙江、福建之外，来自北京、东北、温州、福建、河南等地的淘金者也在这里大展身手。例如，在捷克居住的中国移民绝大部分来自浙江、福建以及山东，其他一些省市也有。②

二、东欧华社动态

（一）中国驻罗马尼亚大使馆积极促进华侨华人在东欧的生存和发展

目前东欧的中国新移民都以商人为主。例如，在匈牙利的中国大陆新移民的身份比较单一，留在匈牙利的中国人可以称得上是全民皆商，其中80%以上的人从事商业。在罗马尼亚，华人大多经营超市、餐饮店和中医诊所等，因此，罗马尼亚有很多著名的中国小商品批发中心。

此外，一些国家政策措施的变化调整也会影响到当地华人经济的发展。近几年，罗马尼亚针对外国人公司的账目、税务及经营商品是否具有合法商标等问题进行了持续性的调查整治工作，而且检查打击的力度趋于细致深入。在数次的大检查中，部分华商公司因为比较严重的违法经营等问题遭到当地有关部门的查封惩处，引起广大华商的关注。对此，中国驻罗马尼亚大使馆多次组织华商与当地经济、税务等部门的负责人举办对话会、座谈会等，大使馆针对华商如何更好地了解掌握在罗马尼亚经商须知的法律法规、如何尽快适应罗马尼亚经济发展与经商环境变迁等相关问题，为在罗华商进行了深入的讲解、诠释与相关指导等。

由于接到多起中国公民提出的领事保护求助事件，它们主要涉及在罗马尼亚被骗、涉外经济案件等。因此，在2013年华人新春佳节到来之际，为确保旅罗侨胞度过一个平安、愉快的节日，中国驻罗马尼亚大使馆针对性地提出了广大侨胞应注意的事项，其中包括：①提高安全防范意识，保障人身财产安全；尊重当地风俗习惯，遇突发事件时要保持冷静，及时报警。② 遵纪守法，依法经营。规范自身经营行为，照章纳税，依法维护自身合法权益。注意备齐各类文件，遇到罗马尼亚执法部门检查时，要配合检查，减少不必要的损失。③

2013年3月18日，中国驻罗马尼亚大使馆召开旅罗侨界情况通报会。中资机构、华侨社团代表30余人与会。大使馆领事部、经商处分别通报了近期大使馆为便利两国人员交往、促进双边经贸合作所做的具体工作及取得进展情况，提醒侨胞务必增强安全防范意识，确保人身、财产和经营安全。

2013年4月16日，驻罗马尼亚大使馆举行情况通报会，向旅罗侨界和中资机构通报罗马尼亚政府为中国公民申办来罗马尼亚签证、居留权出台便利措施等相关信息，各侨

---

① 《在捷克经商的中国人》，http：//www.66163.com/Fujian_ w/news/fjqb/030321/3_ 6. html。
② 曲北兰：《移民政策与社会网络——九〇年代以来的捷克中国移民》，台湾政治大学硕士学位论文，2009年，第41页。
③ 《中国驻罗马尼亚大使馆提醒旅罗侨胞节日期间注意安全防范》，http：//www.chinaembassy.org.ro/chn/lsfw/lsqwjzytz/t1002621. htm。

团、中资机构和华文媒体代表等 30 余人与会。签证难、居留难是旅罗侨胞长期以来重大关切的问题，中国驻罗马尼亚大使馆对此高度重视，并为此作出了不懈努力，成功推动了罗马尼亚政府出台系列便利措施。①

为帮助广大旅罗华商、中资机构人员更好地了解在境外开展投资活动的风险、政策和法律法规，增强风险防范意识，在中国驻罗马尼亚大使馆的努力推动下，国务院侨办专家团于 2013 年 7 月中旬访问罗马尼亚，7 月 15 日在中国驻罗马尼亚大使馆举行宣讲活动。由知名专家为旅罗侨胞举办投资和法律讲座。②

2013 年 7 月 19 日、7 月 31 日、8 月 14 日，为帮助旅罗侨胞进一步增强法律意识，知法守法，更好地了解在罗马尼亚经营纳税、投资兴业等领域的法律法规，中国驻罗马尼亚大使馆领事部举办三场系列法律讲座，邀请罗马尼亚知名律师为旅罗侨胞介绍新税法的主要内容，介绍关于公司经营过程中涉及雇主和雇员关系的法律及相关经营常识等，并且现场提供免费咨询，答疑解惑。

2013 年 9 月 3 日，在中国驻罗马尼亚大使馆的协助下，浙江省义乌市在布加勒斯特举办"义乌市场万里行"罗马尼亚贸易对接会开幕式。本次罗马尼亚贸易对接会系义乌中国小商品城与中罗红龙中国城投资股份公司联合举办，是"义乌市场万里行"的欧洲首站，为期 3 天，来自义乌市的 124 家企业参加了对接会。它也是义乌市首次在罗马尼亚举办的贸易对接会，标志着义乌品牌向欧洲迈出了坚实一步。③

中国驻罗马尼亚大使馆近年来在"海外民生工程"建设及推动中国企业"走出去"方面做了大量工作，特别是促成罗马尼亚政府为中国公民来罗提供签证便利，并举办系列法律宣讲会、现场办公会等活动，方便了中资机构及广大侨胞在罗马尼亚的生存和发展。

（二）东欧华侨华人与我国的密切互动

我国驻东欧各国使馆也注重加强与当地华侨华人的联系。2013 年 1 月 10 日，中国驻捷克大使馆举行华侨华人新春招待会，旅捷华侨华人、中资机构、留学生代表等 150 多人出席了此次活动。2013 年 1 月 31 日，中国驻乌克兰大使馆隆重举行华侨华人春节招待会。乌克兰各地华侨华人、留学生代表和使馆外交官约 100 人齐聚一堂，共庆新春佳节。2013 年 3 月 7 日，中国驻捷克大使馆举办联欢会，热烈庆祝一年一度的"国际妇女节"。旅捷华侨华人妇女联合会、旅捷华侨妇女协会及旅捷优秀女性代表等近百人应邀出席。同日，旅保华侨妇女联合会举办"三八节"座谈会。旅保华侨妇女代表、保中商会领导及驻保加利亚大使馆女外交官代表等 20 余人参加了座谈。2013 年 9 月 16 日，中国驻罗马尼亚大使馆举行 2013 年国庆暨中秋节电影招待会。旅罗华侨华人、中资企业和留学生代表近百人应邀出席，并观看了介绍"中国梦"的短片。2013 年 9 月 27 日晚，中国驻匈牙利大使馆举行国庆 64 周年华侨华人招待会。旅匈华侨华人、中资企业、留学生代表和使馆部分外交官共 200 余人出席。

---

① 《驻罗马尼亚使馆举行侨界、中资机构情况通报会》，http：//www.chinaembassy.org.ro/chn/lsfw/lsqwjzytz/t1032725.htm。

② 《关于举办经济和法律政策宣讲的通知》，http：//www.chinaembassy.org.ro/chn/lsfw/lsqwjzytz/t1057426.htm。

③ 《驻罗马尼亚大使霍玉珍出席义乌市场万里行贸易对接会开幕式》，http：//www.chinaembassy.org.ro/chn/jmwl/jmhz/t1075470.htm。

东欧各国华侨华人也在中国传统节日举办庆祝活动。2013 年 2 月 22 日晚，旅匈华侨华人 2013 年迎新春元宵节中匈联欢晚会在布达佩斯举行。嘉宾们与华侨华人和小朋友们一起滚元宵、剪窗花，并欣赏了舞狮、武术、乐器演奏、中匈两国歌舞等精彩演出。此次活动系匈牙利青田同乡会主办，罗兰大学孔子学院、匈中双语学校、国际禅武联盟、华人妇女联合总会、瑞安同乡会、温州商会、《新导报》协办。①

同一天，捷克布拉格的华人华侨热情参加了由中国国务院侨办和中国海外交流协会主办、中国驻捷克大使馆和旅捷华人社团协办的"文化中国·四海同春"迎春文艺晚会。为做好本次巡演，活动组织方上海市政府侨办从上海歌舞团、上海民乐团、上海杂技团、上海虹影魔幻艺术团、总政歌舞团等许多单位选拔优秀演员，组成"四海同春"艺术团。而为了迎接"四海同春"艺术团首次来捷克慰问演出，13 个旅捷侨团进行了为期数月的精心准备，他们带领广大侨胞齐心协力、周密筹划、细致分工、热情服务，并提供一切必要的资助，使艺术团领导及演职员们感受到旅捷侨胞对祖国的一片深情。②

新移民占主体的东欧各国华社尤其注重加强与祖（籍）国的联系，新华侨华人对中国的热爱发自内心深处。

2013 年 4 月 20 日，我国四川芦山发生强烈地震。灾情出现后，东欧各国华侨华人也纷纷行动起来，以各种形式进行救助。

4 月 21 日，捷克中国和平统一促进会、捷克青田同乡会、捷克华商联合会、捷克温州商会、捷克华人华侨餐饮协会、捷克华侨华人妇女联合会、捷克华人华侨妇女协会、捷克华侨华人青年联合总会、旅捷华人联谊会、旅捷华人金色时代友好协会、旅捷华人青年联合会、捷克福建商会、捷克中国学生学者联谊会等 13 个旅捷侨团以及《布拉格时报》、《捷华通讯》两家华文媒体联合发表倡议书，呼吁广大旅捷华侨华人关注灾区情况，并随时准备为灾区人民奉献爱心，帮助他们渡过难关，重建美好家园。

在捷克华侨华人社会，4 月 22 日和 23 日两天，大使馆收到来自部分侨团和侨民的捐款达 221 400 克朗。之后，4 月 24 日至 27 日，中国驻捷克大使馆又陆续收到来自温州商会、餐饮协会、妇联会、华商会等侨团，华为、梅林、长虹等中资公司以及侨民和中资机构个人捐款，共计 230 000 克朗。③ 5 月 2 日，旅捷华人联合会会长唐云凌女士代表该会来大使馆捐款。截至 5 月 9 日，中国驻捷克大使馆共收到来自使馆馆员、旅捷侨团、企业、中资公司等以团体或个人名义捐款总计 716 650 克朗、3 350 美元和 500 欧元。

捷克的华侨社团有着极高的爱国热情，对当地出现的"台独"、"藏独"以及法轮功等损害国家利益的行为，都进行了针锋相对的斗争，从而维护了祖国的利益。早在 2008 年汶川地震时期，旅捷华侨就踊跃捐款，支持汶川灾后重建。尽管旅捷华侨人数总体上并不多，但是捐款人均数额在欧洲各国华人社会中是最高的。

四川芦山强烈地震发生后，匈牙利华侨华人也纷纷致电向罹难受灾同胞表示哀悼和慰问，并自发为灾区捐款。部分侨团发起支援灾区倡议书，主动开展募捐活动。截至 4 月 27 日，中国驻匈牙利大使馆已收到旅匈侨胞、侨团善款 19 765 欧元、3 801 500 福林，折合

---

① 《肖千大使出席旅匈华侨华人元宵节联欢晚会》，http：//www.fmprc.gov.cn/ce/cehu/chn/xwdt/t1015931.htm。

② 《"欢乐春节——文化中国·四海同春"文艺演出在布拉格受到热烈欢迎》，http：//www.chinaembassy.cz/chn/zjgx/whjl/t1016005.htm。

③ 《旅捷侨团、侨民及中资机构继续踊跃为灾区捐款》，http：//www.chinaembassy.cz/chn/zxdt/t1035910.htm。

人民币 266 360 元。尽管受欧债危机的影响，侨胞自身经营发展面临诸多困难，但当祖国同胞有难时，侨胞们一如既往慷慨解囊，伸出援手，体现了海外侨胞心系祖国的拳拳赤子之心。① 到了 5 月初，又有一批旅匈侨胞以及中资机构为四川芦山地震灾区慷慨解囊，捐出善款 3 976 500 福林，连同上一批善款，合计为 19 765 欧元、7 778 000 福林，折合人民币共 381 281 元。②

东欧各国华侨华人也积极加强与中国各地在经济、文化等领域的联系。

2012 年 6 月 27 日，由捷克福建商会与福建省新闻出版局共同建设的捷克中华闽侨书屋在布拉格举行揭牌仪式，为广大旅捷华人华侨及捷克汉学界服务。为了更好、更方便地服务于广大读者，捷克福建商会邀请捷克华联会参加闽侨书屋的管理运营，并得到其积极支持。捷克中华闽侨书屋的图书，将以支付保证金限期免费借阅的原则运作。"闽侨书屋"项目是福建省应用"中国元素、国际表达"理念、发挥千百万闽籍海外侨胞"形象代言人"作用、探索对外文化交流模式的"先行先试"项目，对于弘扬中华优秀文化、宣传中国国家形象，在海外构建一个和睦相融、合作共赢、团结友爱、充满活力的华人华侨社会，推动建设和谐世界具有重要意义。③

2012 年 8 月 14 日，捷克华商联合会在华商会馆欢迎来访的天津市侨务代表团。近几年来，捷克华商联合会与天津市侨办保持着密切的联系。目前，通过天津市侨办与华商会的合作努力，争取促成天津"捷克啤酒节"的项目，为中捷的文化经贸交流做一些实际的工作。2011 年，捷克华商联合会在大使馆的领导下，与上海侨办和上海解放日报共同在布拉格主办了"中国文化论坛"活动。而作为一个品牌性的活动，天津市侨办每年都举办华侨华人创业洽谈会，每届洽谈会期间，捷克华商联合会都能组织捷克华商参加盛会，考察商机，积极寻找投资机会。在文化领域，捷克的华文报纸《布拉格时报》和天津的《今晚报》也一直保持着紧密的合作关系。《布拉格时报》每期都无偿地刊登天津的专版，介绍宣传天津，扩大天津的影响力。

2013 年 1 月 7 日，广东省侨办有关人员在广州会见了应邀来粤考察的捷克华商联合会会长汪万明一行。捷克华商联合会是 2008 年由旅捷华商发起经捷克内务部批准成立的华商社团，商会宗旨是整合捷克华商资源，提升华商整体水平和社会影响力，维护会员合法权益，促进中捷经贸关系的发展和企业间的交流，推动在捷华商事业的发展。商会会员主要是近 20 年来移民捷克的中国各省市在捷经商的人员，现有会员 50～60 人。汪万明会长介绍了捷克侨情、捷克华商联合会有关情况及考察团成员情况，他表示，商会中部分会员的工厂就设在广东，很多会员企业也与广东有贸易往来，此次应邀来广东考察投资环境，希望能寻找到一些商机，也希望借此机会加强与侨务部门的交流往来。④

2013 年 2 月，中国四川省甘孜州民族歌舞团在保加利亚举行文艺表演，"欢乐春节"品牌首度走进保加利亚。

---

① 《匈牙利华侨华人踊跃为四川芦山地震灾区捐款》，http：//www. fmprc. gov. cn/ce/cehu/chn/xwdt/ t1036066. htm。

② 《感谢匈牙利华侨华人为芦山灾区捐款》，http：//www. fmprc. gov. cn/ce/cehu/chn/null/t1039009. htm。

③ 《捷克中华闽侨书屋将于 27 日揭牌》，http：//www. praguetimes. eu/? ournews/show/125/。

④ 槿柯：《捷克华商联合会考察团访粤侨办 冀加强交流往来》，http：//www. chinanews. com/zgqj/2013/01－07/ 4467023. shtml。

2013 年 11 月 9 日，第三届"中国武术之夜"在斯洛伐克的首都布拉迪斯拉发文化宫举行。来自斯洛伐克中国武术协会、捷克翟华武院的华侨华人武术家及中外弟子 30 余人和来自嵩山少林寺的武僧同台献艺。中国武术已成为中国的一个文化符号，同时也成为中外文化交流及民间交往的重要载体。

（三）东欧华团与华文媒体在不断整合中发展进步

进入 2010 年以来，东欧各地的华团与华文媒体也举办了不少活动，处于不断整合与发展进程中。

2011 年 3 月 21 日，由捷克华人华侨青年企业家，第二、第三代华侨华人青年组成的捷克华侨华人青年联合总会正式宣布成立。来自捷克、意大利、比利时、德国、荷兰等国的侨界代表和旅欧青年华人社团代表、当地华人华侨 100 余人出席了成立典礼。大会选举周灵建先生为首任会长。全美中华青年联合会、全澳中华青年联合会、俄罗斯华侨华人青年联合会等世界各国的主要华裔青年社团也发来贺电祝贺捷克华侨华人青年联合总会成立。①

2012 年 3 月 7 日，"捷克中国和平统一促进会"等 9 个华侨华人社团的侨领和《布拉格时报》编审委成员在中国驻捷克大使馆举行《华商导报》重组和《布拉格时报》创刊会议。《华商导报》、《欧洲商业周刊》自创办以来，坚持办报宗旨，在服务侨社、促进中捷合作等方面作出了有益的贡献。它们在 9 个侨团的协商努力下得以重组并以《布拉格时报》的新报名创刊。

目前，《布拉格时报》成为经捷克文化部注册，面向中东欧地区华人读者发行的重要中文媒体。其主办单位为捷克华文传媒集团有限公司。董事单位包括捷克中国和平统一促进会、捷克青田同乡会、捷克华商联合会、捷克温州商会、捷克华人华侨餐饮协会、捷克华侨华人妇女联合会、捷克华人华侨妇女协会、捷克华侨华人青年联合总会、捷克中国学生学者联谊会。

一些华人社团不断完善自身组织建设。2013 年年初，匈牙利中资企业商会举行 2013 年年会，总结了上年度工作，改选了理事会，修改完善了商会章程，研究部署了下一阶段的主要任务。商会新任会长为中国银行匈牙利分行总经理陈怀宇。2013 年 9 月 21 日，捷克台商会在捷克第二大城布尔诺（Brno）举行年会及中秋节餐会，会上选出吴瑞泉为新任会长。捷克台商会成立于 2002 年，目前其会员包括英业达、友达、华硕、和硕和伟创公司的人员。

许多华人社团加强团结合作。2013 年 8 月 14 日，捷克华人华侨妇女联合会与意大利华侨华人妇女企业联合会在布拉格签署了结成友好姐妹会的协议。在目前欧债危机的阴影下，旅欧侨胞们要加强团结，相互帮助，互通信息，只有这样才能使旅欧华商早日走出困境。② 2013 年 8 月 26 日，在会长林胜琴的率领下，匈牙利华人妇女联合总会参加了在冰岛首都雷克雅未克举行的第八届欧洲华人妇女联合大会。

---

① 博源：《捷克华侨华人青年联合总会成立　总统夫人出席》，http：//www.chinanews.com/hr/2011/03 - 21/2919033.shtml。

② 《意大利华侨华人妇女企业联合会与捷克华人华侨妇女联合会结成友好姐妹会》，http：//qtnews.zjol.com.cn/news/text.asp? id =428647。

一些新的华人社团也有组建成立。2013 年 9 月 17 日，罗马尼亚江苏华侨华人联合会在布加勒斯特举行成立仪式，中国驻罗马尼亚大使到场祝贺。张建军当选会长。

东欧华人社团也积极开展各种活动，提高其社会影响。2013 年 10 月 12 日，由匈牙利中医药学会主办、匈牙利东方国药集团承办的世界中医药学会联合会成立 10 周年暨首届匈牙利中医药文化节在匈牙利青田同乡会文化中心成功举办。当天，15 名中医专家组成的义诊团为在匈牙利的华侨华人开展了全科义诊咨询活动。侨胞不仅可以免费咨询、免费看病，还旁听了"中医养生秘籍和智慧"中医保健讲座。活动吸引了百余名华侨华人参与。此次匈牙利中医药文化节的主要内容还包括：禅武联盟向来宾传授太极拳、八段锦等养生功法，旅匈华人书法家进行现场书法教学，茶道养生，药膳保健。① 匈牙利中医药学会举办的文化节，不仅可以帮助解决当地华侨华人的健康问题，也为传播中华文化作出了积极的贡献。

2013 年，新的孔子学院相继在东欧地区成立。

近几年，东欧的华文教育取得了很好的发展，特别是孔子学院发展迅速。据欧华联会的统计，截至 2008 年，东欧国家只有 11 所华文学校。但是，孔子学院在当地有突飞猛进的发展，短短四五年间就有 20 余所孔子学院诞生。

2013 年 8 月 23 日，匈牙利米什科尔茨大学与中国北京化工大学共建孔子学院的协议签字仪式在匈牙利国会大厦隆重举行。次日，米什科尔茨大学举行孔子学院揭牌仪式。米什科尔茨大学孔子学院是继罗兰大学孔子学院、塞格德大学孔子学院之后在匈牙利成立的第三所孔子学院，它的建立将满足匈牙利东北地区民众学习汉语、了解中国文化的需求。②

2013 年 11 月 22 日，由中国政法大学与布加勒斯特大学共同创办的孔子学院在布加勒斯特举行揭牌仪式，罗总理蓬塔和中国驻罗马利亚大使霍玉珍为布加勒斯特孔子学院揭牌。近年来，汉语推广工作在罗马尼亚进展迅速。2007 年至 2012 年相继在锡比乌、克卢日—纳波卡和布拉索夫成立孔子学院，并在黑海港口城市康斯坦察设有一家孔子课堂，全国包括布加勒斯特在内的多个城市设有汉语教学点。③

三、中国与东欧的关系

由于地缘遥远，中国与中东欧国家没有直接的利害冲突。双方在政治、经济、文化、教育等诸多领域的关系不断加深，而经贸合作更是中国与中东欧国家关系中最活跃、最具潜力的领域。

中匈双边贸易额 2012 年因大环境影响虽然回落到 80.6 亿美元，但在 2013 年前 7 个月，双边贸易呈积极增长态势，总额达到 49.4 亿美元，同比增长 9.4%。金融合作取得重大突破，中国人民银行与匈牙利中央银行签署 100 亿元人民币双边本币互换协议，中国银行与匈牙利电力公司签署 3 亿欧元授信额度与开展全方位战略合作意向书。特别值得一提

---

① 《匈牙利将举办首届中医药文化节 为华人义诊》，（匈牙利）《新导报》，2013 年 10 月 9 日；《首届匈牙利中医药文化节圆满落幕》，http：//www. xindb. com/news/huabuxiaoxi/2013/1015/10368. html。

② 《匈牙利米什科尔茨大学孔子学院正式成立》，http：//www. fmprc. gov. cn/mfa＿ chn/zwbd＿ 602255/gzhd＿ 602266/t1069937. shtml。

③ 《罗马尼亚总理为布加勒斯特孔子学院揭牌》，http：//huashe. oushinet. com/qsnews/20131123/9223. html。

的是，两国青少年交往保持良好势头，来自中国各省市的 100 名中学生代表应欧尔班总理邀请成功访匈，四川芦山地震灾区 50 名学生代表在匈牙利参加了丰富多彩的学习交流活动，匈牙利政府还将邀请 50 名中国青年政治家和学者来匈牙利访问。总之，两国各领域合作交流取得积极显著进展。①

2013 年 1 月至 6 月，中罗双边贸易额为 18.4 亿美元，同比增长 0.5%。其中，中方出口额 13.3 亿美元，同比下降 3.7%；中方进口额 5.1 亿美元，同比增长 13.3%。截至 2013 年 6 月，中国在罗马尼亚投资总额为 4.1 亿美元。在罗马尼亚中资公司有近万家。②

伴随双方经贸关系的日益深化，我国与东欧地区的官方关系在 2013 年也趋于更加紧密。

2013 年 10 月 15 日，中国—中东欧国家合作国家协调员会议在罗马尼亚首都布加勒斯特召开。中国外交部副部长、中国—中东欧国家合作秘书处秘书长宋涛，罗马尼亚国家重点基础设施项目和外国投资特派部长、国家协调员绍瓦共同主持会议。阿尔巴尼亚、波黑、保加利亚、克罗地亚、捷克、爱沙尼亚、匈牙利、拉脱维亚、立陶宛、马其顿、黑山、波兰、塞尔维亚、斯洛伐克、斯洛文尼亚等 15 国国家协调员或代表出席会议。与会各方重点研究了下一阶段的合作事宜，特别是围绕高层交往、促进贸易投资、基础设施建设、科技和人文交流等深入交换了意见。③

进入 11 月，"2013 年中国投资论坛"在捷克举办。本届"中国投资论坛"由捷中友好协会主办，是近年来捷克举办的规模最大的一次经贸投资促进活动。本次论坛出席人员之多、级别之高、规格之大是中捷双边交往中史无前例的，充分说明深入发展中捷关系已成为捷克各界人士的共同愿望。

在随后的 11 月下旬，李克强总理对欧洲的访问，更进一步加深了中国与中东欧国家间的关系。

当地时间 2013 年 11 月 25 日下午，国务院总理李克强在布加勒斯特分别会见匈牙利总理欧尔班和塞尔维亚总理达契奇。三国总理共同宣布，合作建设连接贝尔格莱德和布达佩斯的匈塞铁路，并成立联合工作组落实推进工作。李克强表示，匈塞铁路是中国—中东欧合作中的标志性项目。④

2013 年 11 月 26 日，国务院总理李克强在布加勒斯特出席第三届中国—中东欧国家经贸论坛并发表致辞，题为"让互利共赢之路越走越宽广"。几天前，第十六次中欧领导人会晤在北京成功举行，双方共同发表了《中欧合作 2020 战略规划》。

在当天的会议上，李克强提出今后一个时期深化中国—中东欧国家合作的六点建议：做大做实经贸合作、加快推进互联互通、大力加强绿色合作、积极拓展融资渠道、深挖地方合作潜力、丰富人文交流活动。⑤

① 《肖千大使在国庆 64 周年华侨华人招待会上的致辞》，http://www.fmprc.gov.cn/ce/cehu/chn/xwdt/t1082878.htm。

② 《中国同罗马尼亚的关系》，http://www.chinaembassy.org.ro/chn/zlgx/zlgx/。

③ 《中国—中东欧国家合作协调员会议在罗马尼亚布加勒斯特召开》，http://www.chinaembassy.org.ro/chn/sgxw/t1089798.htm。

④ 《李克强与匈牙利总理欧尔班、塞尔维亚总理达契奇共同宣布合作建设匈塞铁路》，http://www.chinaembassy.org.ro/chn/zgyw/t1102435.htm。

⑤ 《李克强出席中国—中东欧国家领导人会晤》，http://www.chinaembassy.org.ro/chn/zgyw/t1102883.htm。

为推动中国—中东欧国家合作进一步发展，与会各方围绕"合作共赢，共同发展"的主题，共同制定和发表《中国—中东欧国家合作布加勒斯特纲要》，表示将根据各自国家法律法规，欧盟成员国并将根据欧盟相关法律法规开展合作。纲要提出如下几点：① 每年举行中国—中东欧国家领导人会晤，梳理合作成果，规划合作方向。各方将尽早商定 2014 年会晤举办的时间和地点。② 根据合作发展情况，适时考虑制订中期合作规划。③ 促进投资经贸合作。④ 扩大金融合作。⑤ 推进互联互通合作。⑥ 拓展科技创新环保能源领域合作。⑦ 活跃人文交流合作。⑧ 为鼓励和支持地方合作，将地方合作作为中国—中东欧国家合作的重要支撑之一。①

《中国—中东欧国家合作布加勒斯特纲要》的发表，将会有力促进中国与中东欧国家的合作，有利于欧洲一体化的进程，有利于中欧全面战略伙伴关系的深化，有利于通过中国向西开放和欧洲"向东看"，推进中欧关系平衡、持续发展，给双方人民带来实实在在的利益。②

在访问罗马尼亚期间，2013 年 11 月 27 日，国务院总理李克强应邀在罗马尼亚议会发表题为"让中罗友好合作继续扬帆远航"的演讲。中国已成为罗马尼亚在亚洲最大的贸易伙伴，罗马尼亚则是中国与中东欧、欧洲合作的重要支点。扩大中罗合作，将促进中东欧乃至中欧经济发展。为此，李克强提出加强两国关系的几点建议：第一，增进两国政治互信。第二，挖掘务实合作潜力。第三，打造大型合作项目亮点。第四，架设人文和民间交流桥梁。③

2013 年 11 月 29 日，中国—保加利亚贸易投资推介会在索非亚举办。本次活动是两国经贸交流活动的又一盛事。中方再次采取实际行动，落实中国总理提出的向中东欧国家派出"贸易投资促进团"的倡议。目前，中国已成为保加利亚在欧盟外的第二大出口国、第三大贸易伙伴。两国务实合作取得了长足进展，合作领域已涉及通信、能源、环保、化工、汽车、农业等领域。

四、结语

伴随中国与东欧国家关系的更进一步的密切深入，未来会有更多的华侨华人迁入并定居在东欧地区，那里的华侨华人也会迎来更多更好的生存发展空间。

东欧国家的华商一般规模较小，抵御风险的能力弱。在谋求自身发展的同时，东欧华商更需要加强彼此间的联系与合作。此外，东欧华商还要积极和我国驻当地使领馆加强联系，及时向使馆寻求有效的帮助，更好地维护自己的合法利益。

---

① 《中国—中东欧国家合作布加勒斯特纲要》，http：//www. chinaembassy. org. ro/chn/zgyw/t1102713. htm。
② 《李克强与罗马尼亚总理蓬塔共同会见记者，介绍中国—中东欧国家领导人会晤成果》，http：//www. chinaembassy. org. ro/chn/zgyw/t1102908. htm。
③ 《李克强在罗马尼亚议会的演讲》（全文），http：//www. chinaembassy. org. ro/chn/zgyw/t1103319. htm。

北欧地区

本文主要涉及北欧地区华侨华人数量相对较多的瑞典、丹麦和芬兰三国的侨情。与其他各国华侨华人数量剧增，经济科技实力不断增强的特点相比，作为高福利、非移民的北欧国家，华侨华人总体数量不多，经济实力不强。据有关数据的统计，截至 2012 年，北欧各国总计中国大陆公民数量不足 4 万人，其中瑞典 16 299 人，芬兰 6 622 人，丹麦 7 624 人，挪威 4 354 人，冰岛 238 人。①当地侨胞长期以来支持祖（籍）国的建设发展，在促进祖国统一等方面作出了很多贡献。重视北欧各国的侨情，例如作为诺贝尔奖和平奖和其他奖项颁发地的瑞典和挪威，对维护我国的国家形象有重要意义。

一、北欧基本国情

北欧一般指位于欧洲北部的五个主权国家：瑞典、芬兰、丹麦、挪威和冰岛以及实行内部自治的法罗群岛。这些国家和地区有相同的文化历史背景，语言相似，都属于日耳曼语系的北欧支派。本文主要涉及的北欧三国——瑞典、芬兰和丹麦的人口加起来共 2 200 万左右，几乎等同于我国上海的人口，经济实力位于世界前列。

瑞典全称为瑞典王国（The Kingdom of Sweden）。瑞典位于斯堪的纳维亚半岛东半部，西邻挪威，东北接芬兰，东临波罗的海，西南濒北海，同丹麦隔海相望。瑞典官方语言是瑞典语，90% 的国民信奉基督教路德宗，人口约有 940 万，实行议会制，首都为斯德哥尔摩。瑞典资源丰富，是欧洲最大的铁矿砂出口国，是世界经济发达国家之一，在电信、制药、金融服务等方面具有国际竞争优势。②

丹麦全称为丹麦王国（The Kindom of Denmark）。丹麦位于欧洲北部波罗的海至北海的出口处，是欧洲西部与北部的交通枢纽，被人们称为"西北欧桥梁"。南部与德国接壤，西濒北海，北与挪威和瑞典隔海相望；官方语言为丹麦语，英语为通用语，人口约有 521 万，87% 的居民信奉基督教路德宗，实行一院制，首都为哥本哈根，是北欧最大的城市。丹麦服务业发达，工农业虽然比重较小但拥有世界一流的技术和经验，风能源资源丰富，拥有北海和波罗的海等近海重要渔场。

芬兰全称为芬兰共和国（The Republic of Finland）。芬兰以"千湖之国"著称，西南临波罗的海，北面与挪威接壤，西北与瑞典为邻，东面是俄罗斯；官方语言为芬兰语和瑞典语，人口约有 530 万，83% 的居民信奉基督教路德宗，实行一院制，首都为赫尔辛基。芬兰森林资源丰富，森林覆盖率高达 66.7%，森林覆盖率居欧洲首位，拥有"绿色金库"

---

① 《欧中家——欧洲华人及中国留学生之家》，http://www.kina.cc/，摘自北欧各国国家统计局。
② 《瑞典概况》，新华网，http://news.xinhuanet.com/ziliao/2002-06/13/content_438438.htm，以下各国基本国情参考新华网各国概况。

的美称；芬兰在造纸、交通、电信、建筑、再生能源等领域拥有先进的技术与经验。

二、北欧侨情概况

早在清末民初就有中国人移民到北欧，起先是广东人，第二次世界大战期间少数浙江人从西班牙移居瑞典经商或从事海员、杂技艺人等职业。瑞典的华侨华人主要集中在诸如斯德哥尔摩、马尔默和哥德堡等中心城市，以及瑞典中南部的一些中小城市；60年代，华侨华人餐饮业发展迅速，台湾当局曾经组织大批退伍老兵赴瑞就业，有500多名台籍华人在瑞典谋生；1979年和1982年联合国难民署先后安排瑞典接收4 000余名越南华人及其家属，其中大多数为潮州籍和闽南籍。① 瑞典华人80%以上经营餐厅，其中近半数餐馆为越南华人合资经营。② 70年代后来瑞典留学、工作的部分新侨，不再局限于传统中华餐厅的经营领域，在当地开设了以日本寿司和东南亚菜系为主的餐厅。

在第一次世界大战期间有部分法国华工移居丹麦，这些人大都是浙江青田人士；20世纪20年代，部分华人从俄罗斯和西欧等地辗转来到丹麦；30年代，中餐业在丹麦获得了蓬勃的发展，诞生了如"中国楼"等著名的中国餐馆；不过作为高福利的北欧国家，受到高福利政策的制约，中国餐馆在丹麦经营较为困难。丹麦的华人在丹麦广泛分布，主要聚居在哥本哈根、奥胡斯、欧登塞等中大城市。在政治方面，丹麦的少量华人积极参政，2001年，王海迪当选为哥本哈根议员，成为丹麦首位华裔市议员。③

芬兰因地理位置偏僻，气候寒冷，当地华侨华人极少，据广东信宜籍著名芬兰华人覃经明先生介绍，截至20世纪70年代中期，在芬兰的华侨只有12人；80年代中期有少量中国内地、香港以及马来西亚、越南华人来到芬兰；1995年芬兰加入欧盟以后，移民政策非常紧，很多欧盟以外的人，无法在当地工作和定居；2013年随着中国大陆留学生的大量涌入，在芬华人显著增加，当地华侨华人主要聚居在赫尔辛基等地。④

在华文教育方面，瑞京中文学校成立于1975年，是瑞典最早也是最大的中文学校。作为瑞典唯一同时教授普通话和广东话的中文学校，瑞京中文学校一直以来受到中国驻瑞典大使馆、国务院侨务办公室和国家汉办的支持，2011年被国务院侨务办公室和中国海外交流协会评为"华文教育示范学校"。2012年瑞典政府明确将中文列为与法语、意大利语等主流欧洲语言同等地位的外语，拟在瑞典学校中大力推行中文教育，这为海外华文教育提供了发展空间。⑤

北欧诸国由于华侨华人人数很少，社团数目不多，总体规模不大，主要社团情况如下。

① 国务院侨务办公室秘书行政司资料室编：《各国华侨华人》，1991年，第152页；黄振灵：《浪迹天涯，落地生根——一位越南华人成为瑞典华人的经历》，《八桂侨史》1992年第1期，第23~36页。
② 廖小健等：《全球化时代的华人经济》，北京：中国华侨出版社2003年版，第343页。
③ 郑汉根：《旅居丹麦的华人》，《人民日报》（海外版），2002年7月18日；《一位华裔女议员的努力——记丹麦首位华裔市议员王海迪》，新华网，http://news.xinhuanet.com/world/2011-03/07/c_121157160.htm。
④ 覃经明：《芬兰华人简史》，中国侨网，http://www.chinaqw.com/node2/node2796/node2882/userobject6ai263340.html，转载自《欧洲时报》。
⑤ 瑞京中文学校主页，http://www.kssv.se/nj/。

1. 瑞典华人总会

该会于 2009 年在瑞典斯德哥尔摩成立,是一家代表全瑞典华人、华侨、留学生及其社团的非宗教、非政治、非营利性的全国性群众联合体。总会以维护华人在瑞典的合法权益,增强瑞典华人华侨社区团结互助,弘扬中国传统文化,以推动中瑞两国民间的经济文化交流和合作为宗旨,自成立以来,长期围绕这一宗旨开展活动。每年在中国传统佳节如春节、中秋节来临时都会举办一系列的庆祝活动,如舞龙舞狮、跳秧歌,举办华人春节联欢晚会。这已形成瑞典华人圈一道独特的风景线。瑞典华人总会始终关心我国的发展,在汶川地震时,是华人总会成员第一个在瑞典带头捐款捐物;钓鱼岛事件发生时,以华人总会为首带领瑞典华人华侨留学生上街游行,以实际行动支持我国维护国家领土完整的决心;我国迎来新中国成立六十周年华诞的时候,由瑞典华人主办,中国驻瑞典大使馆支持,在斯德哥尔摩音乐厅隆重举办了"瑞典侨学商界庆祝中华人民共和国成立六十周年"大型歌舞晚会,这是瑞典华人历史上首次大型综合国庆晚会,彰显了瑞典华人心系祖国的热情和团结一致的风采,成为瑞典华人史上的一个里程碑。2012 年,在瑞典举办了"中国—波兰文化节",进一步加强了中国文化在西方民间社会的广泛交流,对宣传中华文化起到了积极作用。瑞典华人总会始终服务在瑞华人华侨,维护华人华侨的切身利益,帮助他们更好地融入瑞典社会。定期举办普及审计税法知识讲座、安全知识讲座、医学养生讲座、形体沙龙、摄影研习班等各类活动,以丰富瑞典华人华侨的业余生活。举办各类体育比赛,增进在瑞华人华侨锻炼的积极性。总会下属中文学校在弘扬中华文化方面作出了特殊贡献,被国家侨务办公室评为海外华文教育示范学校。①

2. 瑞京华人协会

该会前身为瑞京华人电影文化俱乐部,成立于 1983 年 5 月,1986 年改为现名。1985 年 4 月杨丽然女士任会长,杨冠和任副会长。有会员 300 人,大部分是来自中国香港和内地餐馆的职工,宗旨是传播中国文化,活跃华人文化生活。该会设有一所星期六中文学校,有学生约 50 人。②

3. 丹麦华人总会

该会是在原华人友谊会的基础上建立的,1991 年改名为华人协会,2002 年重组为华人总会,是丹麦最大的华人群众组织,下设中文学校、工商会、妇女会和文化娱乐中心,此会每年都要定期举办大型中秋和春节联欢会,不定期举行各种各样的业余文化活动,以及中国文化的培训班和讲座,还吸引了很多丹麦人参与其中。2003 年以来,先后多次与丹麦中国和平统一促进会共同举办侨界社团反"台独"促统一座谈会,并联合发表相关声明。③

三、北欧诸国与中国的关系

北欧诸国长期以来重视民主和人权,奉行和平政策,希望通过合作发展战略,承担责

---

① 《瑞典华人总会简介》,《北欧华人报》,2013 年 7 月 28 日。
② 国务院侨务办公室秘书行政司资料室编:《各国华侨华人》,1991 年,第 153 页。
③ 丹麦华人总会主页,http://www.huaren.dk。

任。北欧各国一直重视与我国建立良好的关系，并积极发展与我国在经贸、文化等方面的多边关系。

两百多年前，瑞典"东印度公司"的"哥德堡"号商船就曾多次远涉重洋，访问中国；1898 年，康有为在戊戌变法失败后，也曾在瑞典逗留。新中国成立以后，瑞典是第一个与我国建立外交关系的西方国家，1950 年 5 月 9 日与我国正式建交。建交以来两国各级往来密切，高层也频繁互访，不断加深了政治互信。2006 年 7 月，卡尔十六世国王对中国进行国事访问。2007 年 6 月，胡锦涛主席对瑞典进行国事访问，并在斯德哥尔摩出席瑞中贸易委员会举行的欢迎晚宴并发表重要讲话，指出我国与北欧国家的互利合作，可以实现优势互补，前景广阔。2008 年 4 月，赖因费尔特首相对中国进行正式访问。2010 年 5 月，卡尔十六世国王对中国进行访问。2012 年 4 月，温家宝总理对瑞典进行正式访问，是中国总理 28 年来首次访瑞。双方发表《中华人民共和国和瑞典王国关于在可持续发展方面加强战略合作的框架文件》。两国在经贸、文化等各领域交流也日益深化，在经贸方面，2011 年，我国与瑞典互为各自在北欧和亚洲最大贸易伙伴，双方达成多个重大合作项目，如 2010 年中国浙江吉利集团全资收购瑞典沃尔沃汽车公司；2012 年 3 月，瑞芬合资企业斯道拉恩索签约投资广西林浆纸一体化项目。在人文领域方面，2005 年 2 月，我国在欧洲的第一所孔子学院在瑞典斯德哥尔摩大学中文系成立，2012 年，第四所孔子学院也在瑞典吕勒欧理工大学建成；瑞典教育大臣、人民党领导人比约克隆德早在 2009 年就指出，各国间竞争将日趋激烈，语言教育的投入日渐必要，瑞典学生都从小学一年级开始学习英语，中文课将来也会和法语、德语、西班牙语一样成为瑞典高中生的外语选修课。①

1950 年 5 月，丹麦与我国建交，它是继瑞典之后第二个同中国建交的西方国家，也是率先同中国建立全面战略伙伴关系的北欧国家。长期以来，两国高层互访频繁，政治互信不断增强，经贸合作日益深化。双方在环保、能源、教育等领域的交流与合作持续扩大和增强。早在 1979 年 9 月，丹麦女王玛格丽特二世访华，成为第一位访华的丹麦国家元首。2008 年，丹麦首相安诺斯·福格·拉斯穆森访华，两国宣布建立全面战略伙伴关系。中丹关系迈入全面发展的新阶段。2012 年 6 月，胡锦涛主席对丹麦进行国事访问。在经贸方面，我国连续多年是丹麦在亚洲的最大贸易伙伴；在文化方面，2008 年中国人民大学和哥本哈根商学院合作共建的"哥本哈根商务孔子学院"正式揭牌，这是全球第二所商务孔子学院。2009 年，丹麦奥尔堡大学"创新学习"孔子学院正式建立。在温家宝总理的提议下，中科院研究生院同 8 所丹麦大学合作，在北京建立了中丹科教中心，在水资源与环境、社会科学、纳米技术、生物技术和可再生能源等五个领域开展教学和科研合作。②

芬兰在"二战"后长期奉行同苏联保持睦邻友好关系、不介入大国冲突、同各国发展友好关系的"积极的和平中立政策"。苏联解体后，芬兰将发展同欧盟的关系作为外交重点。1995 年 1 月 1 日起成为欧盟正式成员。1950 年 10 月，芬兰便与我国建交。建交以来，两国关系发展平稳，领导人互访频繁。1995 年 7 月，江泽民主席作为中国第一位国家

---

① 《背景资料：中国与瑞典关系回顾》，新华网，http：//news. xinhuanet. com/world/2007 - 06/09/content_ 6218605. htm；刘仲华：《有力促进中瑞关系向前发展》，《人民日报》，2012 年 4 月 23 日；《中文将成为瑞典高中选修外语》，新华网，http：//news. xinhuanet. com/world/2009 - 10/18/content_ 12258240. htm。

② 《背景资料：中国与丹麦关系大事记》，新华网，http：//news. xinhuanet. com/world/2012 - 06/14/c_ 112219933. htm。

元首访问芬兰，阿赫蒂萨里总统 1996 年 4 月对中国进行回访。2013 年 4 月芬兰总统绍利·尼尼斯托对我国进行了国事访问，并出席了博鳌亚洲论坛 2013 年年会，成为我国新一届政府成立后接待的首位欧洲国家元首，其同我国国家主席习近平在博鳌亚洲论坛上就中芬共同构建"面向未来的新型合作伙伴关系"达成了共识，芬兰外贸部长亚历山大·斯图布也指出今后要将这一理念具体细化，比如在北京空气污染指数持续"爆表"的情况下，以清洁技术著称的芬兰将会加强与我国在这方面的合作。[①]

四、北欧侨情走向与预测

北欧各国因其具有低学费、高签证率，以及发达的经济和优秀的教学质量的优势，多年来其高等教育吸引了世界各地的留学生纷至沓来。不过，近年来，由于北欧留学的热潮持续升温，不少热门高校和专业人士出现了扎堆现象，导致北欧政府教育负担加重，丹麦于 2013 年 9 月开始对欧盟以外的留学生收取学费，瑞典、芬兰也将陆续进行收费改革[②]。可以预计，非欧盟圈的留学生的数量可能会大幅减少，中国留学生有向英、美等国家进一步集中的趋势。不过，出于吸引人才的考虑，今后这些欧洲国家可能会增大对留学生的奖励政策，吸引专业人才赴丹麦等北欧国家留学。

当然，2013 年在北欧也出现了类似丹麦市议员菲特·雅兰辱华的事件，但是丹麦人对这种种族主义的言论表现出了极其反感震惊的情绪，最终雅兰被丹麦社民党开除。[③] 可以看出，大多数北欧民众对种族主义有着清醒的认识，对中国文化也有好感，我们应该加强同这些国家的交流。

2014 年欧华年会在瑞典举行。作为在世界有影响力的海外华人民间社团之一的欧华联会于 1992 年 5 月 8 日在荷兰成立，为欧洲各国侨团的非营利性联合组织。目前，成员侨团超过 260 个，遍布欧洲 28 个国家。瑞典作为高科技的发达国家，在 2013 年也成功主办了"中国节"等活动，相信届时将会进一步推进和谐侨社的建设。

---

① 《芬兰概况》，新华网，http：//news. xinhuanet. com/ziliao/2002 -06/18/content_ 446121_ 3. htm；《芬兰外贸部长详解中芬新型合作伙伴关系》，《北欧华人报》，2013 年 5 月 2 日。

② 《丹麦取消免费制度》，《北欧华人报》，2013 年 9 月 16 日。

③ 《盘点近年辱华言论：丹麦议员称烧死中国人》，新华网，2013 年 10 月 28 日，http：//news. xinhuanet. com/overseas/2013 -10/28/c_125605085. htm。具体情况介绍：2013 年 8 月初，丹麦赫尔辛格市社会民主党土耳其裔议员菲特·雅兰称："希望中国的气温升高到 140 度，把所有中国人都烧死。"他还对一家当地媒体说："如果我看到一个中国人站在我面前，我会把那个中国人拿枪打死。"菲特·雅兰称希望烧死中国人的原因是世界可以从"中国垃圾"中解放出来。雅兰最终在压力下道歉，称自己"表现得像一个傻瓜，跨越了红线，向所有被冒犯的人道歉"，但他拒绝社民党的要求，最终于 23 日被开除。雅兰的狂言乱语在丹麦掀起巨大波澜，当地议员向警方举报雅兰的种族主义言论。

俄罗斯

2013 年，中俄两国政府高层互访频繁，有力地推动了中俄关系继续向前发展并不断拓宽合作的领域，进一步夯实中俄两国友好合作的政治、经济、文化基础，这是华侨华人在俄罗斯良好发展的最重要保障。但是，由于俄罗斯不是一个纯粹的移民国家，俄罗斯社会存在排外情绪，部分俄罗斯人对华人在俄罗斯的活动持有戒心，这在一定程度上影响了俄罗斯政府，特别是俄远东地区地方政府的政策，对华人产生了一些不利的影响。

一、俄罗斯基本国情

俄罗斯是世界上领土面积最大的国家，其国土横跨欧亚大陆，邻国中西北面有挪威、芬兰，西面有爱沙尼亚、拉脱维亚、立陶宛、波兰、白俄罗斯，西南面是乌克兰，南面有格鲁吉亚、阿塞拜疆、哈萨克斯坦，东南面有中国、蒙古和朝鲜，东面与日本和美国隔海相望。俄罗斯人口数量居世界第七，主要集中在中央区、伏尔加河沿岸区、北高加索区和乌拉尔区。俄罗斯是世界上民族最多的国家之一，共有 193 个民族，其中俄罗斯族约占77.7%，主要少数民族有鞑靼、乌克兰、巴什基尔、楚瓦什、车臣、亚美尼亚、阿瓦尔、摩尔多瓦、哈萨克、阿塞拜疆、白俄罗斯等族。俄语是俄罗斯联邦的官方语言。俄罗斯主要宗教为东正教，其次为伊斯兰教、天主教和犹太教。

俄罗斯概况

国家全名	俄罗斯联邦	地理位置	横跨欧亚大陆	领土面积	1 707.54 万平方公里
首都	莫斯科	主要语言/官方语言	俄语	主要民族	俄罗斯族
政体	总统制	执政党/主要反对党	"统一俄罗斯"党/俄罗斯联邦共产党、"公正俄罗斯"党、俄罗斯自由民主党	现任国家元首/政府首脑	弗拉基米尔·弗拉基米罗维奇·普京/德米特里·阿纳托利耶维奇·梅德韦杰夫
人口数量	1.45 亿	华侨华人数量	约 40 万	华侨华人占总人口比例	0.276%
GDP	2.015 万亿美元（2012 年）	通胀率	5.1%（2012 年）	失业率	2.8%（2012 年）

资料来源：中华人民共和国外交部官网，http：//www. fmprc. gov. cn/mfa_ chn/gjhdq_ 603914/gj_ 603916/oz_ 606480/1206_ 606820/，2013 年 11 月 20 日；俄罗斯驻华大使馆官网，http：//www. russia. org. cn/chn/，2013 年 11 月 20 日；世界银行官网，http：//www. worldbank. org/en/country/russia，2013 年 11 月 20 日。

二、俄罗斯与中国的关系

1991 年 12 月 27 日，中俄两国在莫斯科签署《会谈纪要》，确认俄罗斯继承苏联与中国的外交关系。此后二十多年，中俄两国关系总体发展顺利，并呈现不断上升势头。1992年 12 月，中俄签署《关于中俄相互关系基础的联合声明》，将两国关系提升到"互相视为友好国家"的程度。1994 年 9 月，中俄签署《中俄联合声明》，宣布建立"面向二十一世纪的建设性伙伴关系"，1996 年 4 月，中俄宣布建立"平等信任、面向 21 世纪的战略协作伙伴关系"，并建立两国国家元首和政府首脑定期会晤机制。2001 年中俄签署《中华人民共和国和俄罗斯联邦睦邻友好合作条约》，为两国发展长期战略协作伙伴关系奠定了坚实的法律基础。2008 年，中俄签署《中俄国界线东段补充叙述议定书》及其附图，彻底解决了历史遗留的边界问题，为两国战略协作伙伴关系的深入发展奠定了基础。2010 年 9月，两国签署《中俄关于全面深化战略协作伙伴关系联合声明》。2012 年 6 月，两国签署《中华人民共和国和俄罗斯联邦关于进一步深化平等互信的中俄全面战略协作伙伴关系的联合声明》。这些重要文件为中俄关系的良好发展奠定了坚实的法律基础。

二十多年来，中俄两国在政治、经济、人文、科技、军事等领域的合作均富有成效。政治上，中俄关系不断深化发展，成为新型国家关系的典范。两国在涉及国家主权、领土完整等国家核心利益问题上相互支持。在国际与地区事务上，以"不结盟、不对抗、不针对第三国"为指针，在促进世界多极化、稳定国际与地区安全形势上相互协作。在经济合作方面，自 1992 年中俄两国政府签署《中俄关于经济贸易关系的协定》以来，两国经贸合作取得长足的进展，双边贸易额从 1992 年的 58.6 亿美元上升到 2012 年的 881 亿美元，增幅超过 14 倍。从 2010 年起，中国连续三年成为俄罗斯第一大贸易伙伴，俄罗斯则是中国的第九大贸易伙伴。在 2012 年 8 月俄罗斯正式加入世界贸易组织后，中俄经贸关系有望继续得到巩固与发展，并在 2013 年连续四年成为俄罗斯最大的贸易伙伴。中国对俄罗斯的主要出口商品为服装、机电、皮革、箱包等工业品和消费品，俄罗斯对中国出口的主要商品为原油、煤炭、金属矿、化工品、木材等能源与原材料。[①] 除了贸易外，中俄相互投资也不断增长，截至 2012 年底，中国已对俄罗斯累计投资 277.9 亿美元，是俄罗斯第四大外资来源地，俄罗斯对中国累计直接投资 8.5 亿美元。[②] 目前俄罗斯是中国第九大直接投资目的地，中国对俄罗斯直接投资领域主要分布在能源、矿产资源开发、林业、轻纺、家电、通信、建筑等。

2013 年中俄关系继续稳定发展，3 月 22—24 日，中国国家主席习近平对俄罗斯进行国事访问，俄罗斯再一次成为中国新任领导人首访"第一站"。习近平主席与普京总统会晤后，两国元首批准了《〈中俄睦邻友好合作条约〉实施纲要（2013 年至 2016 年）》，签署了《中华人民共和国和俄罗斯联邦关于合作共赢、深化全面战略协作伙伴关系的联合声明》，宣示了中俄在两国战略协作及重大国际问题上的立场主张。10 月 22 日至 23 日，俄

---

① 张红侠：《中俄经贸合作：回顾与展望》，《俄罗斯东欧中亚研究》2013 年第 5 期，第 48～51 页。
② 中华人民共和国驻俄罗斯联邦大使馆经济商务参赞处官网，http://ru.mofcom.gov.cn/article/zxhz/tjsj/201305/20130500144219.shtml，2013 年 12 月 21 日。

罗斯总理梅德韦杰夫访华，与中国总理李克强举行了第 18 次中俄总理定期会晤，两国政府签署了《中俄总理第十八次定期会晤联合公报》以及 20 余项合作协议，涉及经贸、金融、海关、卫生、旅游、教育、电信等领域。在 2013 年中俄两国高层频密互动推动下，中俄关系将继续保持向前发展的势头，并不断拓宽合作的领域，加大合作力度。

三、俄罗斯侨情概况

（一）华人历史发展

华人移居俄罗斯的历史可追溯至 19 世纪中叶。俄罗斯帝国与中国清王朝签订的一系列不平等条约将黑龙江以北、外兴安岭以南 60 多万平方公里原属中国的领土割让给俄罗斯，在这些土地上世代生活着的中国居民除少部分内迁外，大部分无奈成了俄罗斯属下的居民，形成了特定历史条件下的"割地成侨"。① 此外，由于清末中国人口急剧膨胀，土地与人口的矛盾日益尖锐，许多无地失地或无生计的平民百姓外迁以谋生。俄罗斯远东地域辽阔，且与中国东北江水相连，彼此间有着传统的经济往来，很自然地成为一些中国人向外迁移的目的地之一，这些迁居到俄罗斯远东地区的中国人多数从事农业耕作和以渔猎为生。②

华人移民到俄罗斯的新阶段开始于 19 世纪末，俄罗斯开发远东对劳动力的需求迅速增长，根据合同从中国直隶和山东运来了第一批约 150 名中国劳工。在 19、20 世纪之交，俄罗斯兴建西伯利亚铁路和符拉迪沃斯托克港口这样的大型工程也吸引了大量中国劳动力。同时，一些私人企业也招募中国劳工到俄罗斯从事艰险的工作。这一时期来俄罗斯的中国侨民基本上都是青年人，他们迫于生计，远走俄罗斯。对于他们而言，这实际上只是副业，他们是典型的打短工的农民。在工作了一个或几个季节之后，就会大批返回故乡。③ 根据 1897 年进行的一项普查，当时俄罗斯共居住着约 5.7 万中国人，其中远东地区有 4.1 万人。④ 此后华侨数量继续增加，到 1910 年，按照当地的统计，远东地区的华侨人数已经达到 11.14 万，⑤ 由于存在非法移民的情况，人们普遍认为在俄罗斯的华侨实际数量远比这个数字多。除移民和劳务输出以外，值得一提的是清末民初的中国人留学活动。虽然在这一时期留学俄罗斯的人数远远少于留学欧美日之人数，但它是中俄教育交流史乃至于国家关系史上承前启后的重要一环。民国初期，留俄活动受当时两国关系的影响而几乎中断，但终不绝于缕。大批留俄学生致力于外交、侨务、教育、译介等工作，为此后风起云涌的 20 世纪 20 年代留苏热潮奠定了基础。⑥

1917 年，俄罗斯的君主制被推翻，随后在十月革命和国内战争期间，部分华侨离开了

① 李志学：《"割地成侨"：俄罗斯华侨华人史的特殊一页》，《学习与探索》2005 年第 5 期，第 157～160 页。

② 强晓云：《帝国时期俄罗斯的中国移民：人文特征与管理体制》，《当代世界社会主义问题》2006 年第 1 期，第 58～59 页。

③ 阿·格·拉林著，阎国栋译：《俄罗斯华侨历史概述》，《华侨华人历史研究》2005 年第 2 期，第 3 页。

④ 苏联中央统计局人口普查处：《全苏人口普查简报》（第 4 辑），《苏联的民族与母语》（莫斯科），1982 年。转引自阿·格·拉林著，阎国栋译：《俄罗斯华侨历史概述》，《华侨华人历史研究》2005 年第 2 期，第 3 页。格拉维：《阿穆尔河沿岸地区的中国人、朝鲜人和日本人》，《阿穆尔地区考察论集》，1912 年，第 349～351 页。

⑤ 国务院侨务办公室政研司：《华侨课题研究文集（2002—2003 年度）》，2005 年，第 124 页。

⑥ 刘振宇：《清末民初中国人留学俄（苏）活动的历史考察》，《俄罗斯研究》2003 年第 1 期，第 184～207 页。

动荡的俄国，值得一提的是在布尔什维克的宣传和组织下，数万华侨曾为苏维埃政权而战，在新政权巩固后，有些华侨长期留在苏联军队工作，还有少部分华侨转为工人并最终成为苏联公民。30 年代，日本占领了中国东北并成立了"伪满政权"，苏联为防范日本和"满洲国"，在远东地区迁移和遣返了近万华侨。①需要提到的是，在苏联时期，一大批中国知识分子受到苏维埃革命的鼓舞而涌入苏联，他们在苏联学习和工作，其中很多人回国后成为中国新民主主义革命的优秀人才。中华人民共和国成立后，国家建设急需各类人才，向苏联派出了大批的留学生，"他们中的绝大多数都学成回国，成为新中国国家建设的重要力量。但也有少数由于婚恋嫁娶关系留在苏联。这些人大多数在文教卫生、传媒领域工作，他们的下一代一般都俄国化了，少数人可听懂或讲点汉语，但不会写汉字。根据苏联官方统计数据显示，1959 年苏联境内有 2.6 万华人"②。随着此后中苏关系恶化，两国几乎中断了民间人员往来，在苏联的华侨数量逐渐减少。根据 1989 年的普查结果，在苏联的华侨人数为 11 335，其中 3 738 人认为自己的母语是汉语，7 303 人认为是俄语。③

苏联解体后，中俄很快确立了友好合作关系，这为两国民间的交往奠定了良好的基础。20 世纪 90 年代，俄罗斯经济下滑，国内原材料过剩，但商品短缺，而中国正值市场经济快速发展时期，两国经济互补性强，因而中俄边境贸易活跃，中俄边境开放了很多口岸，两国政府也为人员往来提供便利，双方可互免签证 7 日，因此进入俄罗斯的中国新移民迅速增加。根据俄官方 1994 年公布的统计数据，仅那一年移民俄罗斯的中国人就有 20 301。这个时期移民潮的特点是以经济特别是贸易为动机，进入俄罗斯的绝大多数中国人都在俄罗斯从事贸易活动。俄罗斯政府对中国人在俄罗斯找工作一事持宽容态度，1992 年 8 月 19 日中俄签订一项双边协议，该协议约定中国人可以在俄罗斯工作，有效期为五年。④

进入 21 世纪，旅俄的中国移民在素质和专业上出现了重要变化，通过正规渠道进入俄罗斯的中长期留学生以及各类专业人士的数量明显增多。同时，在中国鼓励民间资本走出国门后，中国移民中出现了更多的商人、经理和熟练技工。这些新移民的进入提高了俄罗斯华侨的整体素质和文化经济水平。由于进入俄罗斯的中国人流动性较大，因此很难确切地统计在俄罗斯的中国人数量。根据中国学者的研究，2007—2008 年中国在俄罗斯的新移民数量大约有 20 万。⑤而据俄罗斯学者估计，旅俄中国人的总数在 20 万到 45 万之间。从总体上看，在俄罗斯的中国人主要聚集在莫斯科及其周边城市，以及俄罗斯远东地区。从旅俄中国人的来源地来看，进入俄罗斯的中国人来源广泛，几乎各省都有，但主要来自中国东北地区。莫斯科大学社会学系的一份问卷统计结果表明，在莫斯科居住的中国人中有相当数量来自直接与俄罗斯远东接壤的东北三省黑龙江省（占 65 %）、辽宁省（占 7.9 %）和吉林省（占 5.1 %），这三省居民更熟悉俄罗斯人，更了解他们的风俗习惯。由于地缘的关

---

① 阿·格·拉林著，阎国栋译：《俄罗斯华侨历史概述》，《华侨华人历史研究》2005 年第 2 期，第 12 页。

② 苏联国家统计委员会编：《苏联居民的民族构成》（莫斯科），1991 年，第 24 ~ 25 页。转引自阿·格·拉林著，阎国栋译：《俄罗斯华侨历史概述》，《华侨华人历史研究》2005 年第 2 期。弗拉基米尔·波尔加可夫著，陈小云译：《俄罗斯中国新移民现状及其课题研究》，《华侨华人历史研究》2005 年第 2 期，第 20 页。张红：《浅析旅俄华侨社群的构成特点及经商活动：莫斯科华侨社群的问卷分析》，《华侨华人历史研究》2002 年第 4 期，第 39 页。

③ 庄国土、李瑞晴：《华侨华人分布状况和发展趋势》（国务院侨办重大项目结题报告），2011 年。

④ 庄国土：《世界华侨华人数量和分布的历史变化》，《世界历史》2011 年第 5 期，第 13 页。

⑤ 朱秀杰、焦红：《1991 年以来俄罗斯的中国移民构成分析》，《人口学刊》2010 年第 3 期，第 32 页。

系，历史上也一直重视俄罗斯市场。另外一份调查显示，俄罗斯欧洲部分地区的中国移民以从事商业服务、技术服务、企业投资、学生和旅游移民的居多，他们的移民方向主要是在俄罗斯联邦西部地区的一些城市，而俄罗斯东部地区的中国移民则以建筑、矿业、森林、农业等劳动就业的移民为主，多从事体力劳动。

（二）华人经济

现在生活在俄罗斯的老一代华侨华人大多是新中国成立前后和"文革"期间到俄罗斯的，他们多数从事体力劳动或服务行业。20世纪90年代至今，新一代华侨华人大多从事服装、鞋帽、皮货、蔬菜、粮食、木材等进出口生意，少部分从事餐饮、旅店、酒吧等服务行业，也有部分华人在俄罗斯打工和从事农业。1991年起，除留学生和公派人员外，到俄罗斯的大多数中国人主要是为了做生意，或者打工挣钱。20世纪90年代，俄罗斯正处于变革期，虽然商机多，生意好做，但是社会动荡，黑社会猖獗，警察腐败，对华商勒索严重，因此，绝大多数中国人只想抓住机会多挣点钱回国，或者去其他发达国家定居。随着俄罗斯经济逐渐恢复以及社会趋于稳定，华人的经济水平和规模也有所提升，一些华人在经济上逐步融入俄罗斯，为当地经济和社会发展作出了更多的贡献。

目前在俄罗斯的华人华企相对集中在贸易、建筑、农业和餐饮业等行业，可分成以下几个不同类型。第一类是20世纪90年代到俄罗斯发展的华人华企，他们在俄罗斯奋斗了二十多年，多数已经有了一定的经济实力、客户群体和商业经验，懂俄语，了解俄罗斯的国情和法律，可以直接同俄罗斯雇员、客户和行政部门进行沟通。他们多数在国内有固定的合作伙伴，在俄罗斯接客户的订单，或者有办公室、仓库进行仓储批发销售中国的轻工产品、建筑材料或小型设备等。第二类是在俄采购化工原料、木材和有色金属等原料，从事进口贸易的企业。第三类是服务性公司，如在当地开中餐馆、组织国际运输清关一体化服务、签证服务、旅游服务、票务服务和办报纸、做广告等。由于语言和文化素质的优势，他们能够适应俄罗斯不断变化的形势，有着较强的抗风险能力，生意也相对稳定。总体上看，新世纪以来，随着中国经济的快速发展和国际地位的提升，在俄华人华企，无论是经营规模、经济实力、驾驭市场的能力还是国际贸易水平、经验和人员素质都有了极大的提升。他们是中俄经贸关系的重要桥梁，是两国人民友好往来的纽带，在异国他乡求生存、求发展的辛勤劳动中，为中俄两国的经济发展和贸易往来作出了贡献。[①]

（三）华人社团[②]

1. 华人社团概况

早期旅俄华人多从事底层工作并且流动性很大，难以形成稳定的华人社会，随着20世纪90年代以后华人新移民群体的形成，相对稳定的俄罗斯华人社会逐步发展起来，在莫斯科、圣彼得堡、叶卡捷琳堡、新西伯利亚、伊尔库茨克、克拉斯诺亚尔斯克、乌兰乌

① 宏华：《俄罗斯华人华企的现状及与当地经济的关系》，《俄罗斯中亚东欧市场》2011年第1期，第49~50页。
② 温锦华：《俄罗斯华人社团的形成与发展》，http://www.renmin-hotel.com/huaren/eluosi/eluosihr02.htm，2012年11月30日。

德、海参崴等十几个城市，华人社会的雏形正在显现。经过近十几年的发展，长期居住的华人比重越来越大，俄罗斯华人已经从无序走向有序，从无组织走向有组织，从幼稚逐渐走向成熟，这对于华人群体的稳定具有十分重要的意义。

俄罗斯原来曾有一些由俄籍华人和老华侨组织的社团，如莫斯科中俄文化交流中心（1992 年成立）、莫斯科华侨华人联合会（1993 年成立）和莫斯科中华总商会（1993 年成立），但这些社团组织松散、人数不多、影响力有限。1997 年开始出现新移民华人社团，以后呈逐年上升的趋势。至今，在俄罗斯已经成立了华人、华商、企业家和同乡会等上百个华侨华人社团，其中仅在莫斯科正式注册的就有近百家。莫斯科的华侨华人社团不仅数量最多，而且最为活跃，其中较有影响的有旅俄华人中国和平统一促进会、莫斯科华侨华人联合会、莫斯科中华总商会、俄罗斯远东中俄工商联合总会、莫斯科华人妇女联合会等。上述社团与中国驻俄罗斯使领馆、国内侨务部门保持着经常性联系。如莫斯科华人联合总会就是一个成立较早、规模较大、与外界联系比较广泛、组织活动较多、在当地华人社会较有影响的华人社团组织，它将新老华侨华人和不同行业、不同地区的华人团结在一起，在华商加强内部联系与团结、协调外部关系、提高整体形象方面发挥着积极作用。总体上看，俄罗斯华侨华人社团有三个特点：①由于俄罗斯对中国移民限制很严，旅俄华侨绝大多数未获得在俄罗斯长期居住的身份。因此，旅俄华侨大多在俄罗斯抱有临时观念，在心理上对中国依赖性很大。俄罗斯华侨华人社团大多与国内和中国驻俄罗斯大使馆保持着较密切的联系。在政治上，他们热爱中国、赞成中国统一；在经济上，华商将经营收益大部分汇回中国，而不像北美和东南亚国家的华人就地投资、就地发展。②俄罗斯华侨华人社团不像东南亚华人社团以血缘和地缘为主，而是以业缘为主，以地缘为特征的同乡会所占比重不大，几乎没有血缘社团。③旅俄华侨华人的内部构成及其在住在国所处的环境决定了俄罗斯华侨华人社团的目的性很强，就是组织起来，团结互助，维护华侨华人的合法权利。

2. 华侨华人社团的主要活动

俄罗斯华侨华人社团在团结、维护华侨华人合法权益、为华侨华人排忧解难、协调各种内外部关系，以及参与各种社会公益活动等方面做了大量工作。如在当地执法部门持续不断地查封华商货物时，华侨华人社团及时通报大使馆，指导华侨华人采取防范措施，并想方设法通过各种关系为华商挽回损失，做了力所能及的工作；先后参加了欧华联会和全球华侨华人促进中国和平统一大会，成功地举办了一系列大型文化活动，如 1997 年莫斯科文化节、2000 年莫斯科华人文化周、代表旅俄华人参与庆祝莫斯科建城 850 周年的大型活动。此外，俄罗斯华侨华人社团还积极组织华侨华人为当地社会做善事。2000 年 8 月，在莫斯科地铁爆炸案发生后组织华侨华人为俄国伤员献血，2008 年 5 月给俄罗斯孤儿院捐赠生活和学习用品。这些活动提高了华侨华人在俄罗斯的整体形象，扩大了影响力，增强了凝聚力。

（四）华文媒体与华文教育

目前俄罗斯有十多家中文媒体，其中影响较大的有《莫斯科华人报》、《莫斯科龙报》、《华商报》、《捷通日报》、《路迅参考》、《华俄时报》、《莫斯科晚报》等。这些华文媒体在宣传中俄两国有关政策方针、介绍中国国情、传递资讯等方面发挥着积极作用。①有代表性的华文媒体的情况如下：

（1）《路迅参考》。这是俄罗斯第一家华文媒体，主要服务于在俄罗斯经商、工作、学习及生活的华人。《路迅参考》的主要栏目有国际新闻、俄罗斯新闻、国内新闻、社会新闻、热点新闻、特稿、老外看中国、社会写真、俄国时评、专辑报道、俄罗斯留学、商贸、信息等，内容涉及俄罗斯和中国的政治、经济、文化、体育、商贸金融等各个领域。《路迅参考》在莫斯科编辑出版，发行于莫斯科市、圣彼得堡市、乌拉尔地区、俄罗斯远东地区及独联体各国。

（2）《莫斯科华人报》。该报创刊于1998年12月，由苏联留学生刘华清上将书写报名。《莫斯科华人报》是俄罗斯媒体协会、媒体工作者协会和欧洲华文媒体联合会会员，也是俄罗斯俄中友好协会理事会员。《莫斯科华人报》坚持以"团结、服务、爱国、桥梁"为办报宗旨，团结华人，服务华人，在爱国统一和中俄两国人民之间的友好交往方面发挥桥梁作用。《莫斯科华人报》十五年来致力于发展中俄民间经贸、科技、文化、教育、体育等领域的友好交流与合作，经过不懈努力，已经发展成为在俄罗斯颇具知名度的华文媒体。

（3）《莫斯科龙报》。该报于1999年11月份在俄罗斯出版部注册。2000年2月7日在莫斯科长城饭店举行了创刊仪式。中国驻俄罗斯大使馆公使、总领事、中资企业驻俄代表以及当地华侨华人代表近百人参加了创刊仪式，同时，俄中友协、莫斯科市政府、俄联邦出版部、《消息报》等媒体均派出代表到会祝贺。《龙报》为32版日报，内容丰富，主要版面有要闻版、俄罗斯新闻、中国新闻、国际新闻、新闻聚焦、社会新闻、俄罗斯透析、大纪实、财经新闻、体育新闻、影视星空、文娱广场、消费指南、综合信息、今日推荐、生活百科、黄金书屋、快乐沙龙以及广告专版等，为旅俄华人带来了精神食粮和信息需求。

（4）《捷通日报》（原名《捷通时讯》）。该报于2003年2月9日创刊，在全俄发行，每天出版8开50版，每星期六休刊一天，内容丰富，有俄罗斯新闻、中国新闻、国际新闻、娱乐新闻、体育新闻、焦点评论、军事、幽默笑话、小说连载，每天更新各类广告信息，为旅俄华人的生活增加了快捷的交流方式，也为华侨华人在俄罗斯的贸易搭建了桥梁。《捷通日报》自主采编俄罗斯及世界各地信息，自主出片、自己印刷、自己发行、自己承接广告，在俄罗斯这块土地上积极地为旅俄华商提供信息交流，成为连接中俄文化的桥梁和纽带。

（5）《华俄时报》。该报创办于1999年11月1日，由莫斯科华人妇女联合会主办，华俄报社出版。每日出大16开56版。版面内容有今日新闻、体坛世界、今日焦点、环球热点、小说连载、纪实连载、广告专版、社会观察、法制人生、经济科技、男人女人、大千世界、影视娱乐等。

近年来，随着互联网的蓬勃发展，俄罗斯华文媒体纷纷建立了自己的网站。除了路迅网、龙报在线、莫斯科华人报网等传统媒体转型而来的网站，原来一些不发行期刊和报纸的组织也纷纷建立了自己的网站，成为新闻发布、华人交流的窗口。如圣彼得堡华人协会

---

① 欧阳向英：《成长中的俄罗斯华文媒体》，《对外传播》2010年第4期。

网站、俄罗斯华人论坛等成功地运用 web2.0 全新理念，形成华人信息发布的集散地，信息量很大。①

华文教育方面，目前俄罗斯有中文学校十几所，比较著名的有莫斯科 1948 中文学校。2007 年 3 月胡锦涛主席访俄期间曾专程到该校看望师生，2008 年起该校每年都有 10 名学生获得中国政府奖学金，赴北京、上海等地进修汉语。该校学生还在首届"汉语桥"世界中学生中文比赛中取得优异成绩。近些年来，随着中国经济快速发展以及中俄两国关系的不断发展和人员往来日趋频繁，俄罗斯青年对汉语的学习热情也日益高涨，学习汉语在俄罗斯成为一种时尚。2009 年启动的中俄互办"语言年"活动，成为汉语热在俄罗斯不断升温的催化剂，也对华文教育起到了重要的宣传与推广作用。目前，俄罗斯各大高校都开设并正在增加汉语教学课程，此外，俄罗斯有 20 所高校已经成立了孔子学院，满足了俄罗斯大学生对学习汉语的需求。②

四、俄罗斯政治经济社会形势对华人的影响

（一）俄罗斯政府打击腐败，有利于华侨华人的生活与发展

腐败问题一直是困扰俄罗斯的一大顽疾，它不仅损害了俄罗斯公民的利益，也严重侵害了生活在俄罗斯的外国侨民的利益。经常出入俄罗斯的外国人，无论是旅游、学习还是经商，在进海关、办理签证、日常手续等事务过程中，都直接或间接地受到俄罗斯官员的敲诈勒索。普京执政以来，一直高举反腐大旗，多次对寡头和腐败分子进行打击。2012 年普京第三次连任俄罗斯总统，掀起了又一轮的"反腐风暴"。2012 年 4 月 17 日，俄罗斯成为《反对在国际商务活动中贿赂外国公职人员公约》的第 39 个缔约国。10 月 26 日，俄罗斯国家杜马二读通过了有关监督官员开支情况的法案。该法案的监督对象包括联邦和地方政府各级官员、联邦和地方议员、在中央银行及国有企业等国家机构中担任公职的人员及他们的配偶和未成年子女。该法案规定，上述人员在购买房产、交通工具、土地、有价证券、股份时，若出现单笔交易支出金额超过本人及其配偶在主要工作单位近三年收入总和的情况，必须申报此项支出的资金来源。如拒不申报，将可能被解职。2013 年 1 月，俄政府官员申报财产收入的法律修正案正式生效，根据该法案，政府成员应该申报自己、配偶以及未成年子女的支出。根据此法律，如果当年交易额超过俄政府成员及其配偶前三年的总收入，该成员要提交自己、配偶和未成年子女的收入信息，包括每笔购买土地、其他不动产、交通工具、有价证券及股份的交易。

很多在俄罗斯的华侨华人受到过腐败行为的滋扰。虽然俄罗斯的"反腐风暴"不可能在短时期内解决俄罗斯行政与司法机关根深蒂固的腐败问题，但俄罗斯加大反腐败的力度，将在一定程度上震慑腐败分子，净化俄罗斯的社会风气，提高行政机关的办事效率以及遏制一直饱受诟病的俄罗斯司法机关和警察的腐败行为，这些都将改善俄罗斯华人生活工作以及经商活动的境遇。

---

① 王忠：《俄罗斯华文主流媒体网站概述》，《新闻知识》2012 年第 1 期。
② http：//news.163.com/12/1102/07/8F9OGLCN00014AEE.html，2012 年 12 月 5 日。

（二）俄罗斯政府启动新一轮远东开发计划，对华人经济影响利弊参半

俄罗斯远东地区包括西伯利亚的中东部，面积达到 620 万平方公里，但是这一地区的人口只有 600 多万。地广人稀的远东地区却蕴藏着极为丰富的自然资源，具有广阔的开发前景。由于远离俄罗斯的政治与经济中心，俄罗斯远东地区经济发展长期落后。2012 年普京第三次当选俄罗斯总统后，提出"向东看"战略，把远东地区的开发上升到国家战略的高度，列入了政府的优先发展目标，为此俄罗斯在政府中专门新设立了"远东发展部"。俄罗斯政府的新一轮远东开发计划分为三步：第一步，从 2009 年至 2015 年，加快远东地区的投资增长速度，在该地区推广节能技术，提高劳动就业率，兴建新的基础设施和工、农业项目；第二步，从 2015 年至 2020 年，兴建大规模能源项目，建立核心运输网络；第三步，从 2021 年至 2025 年，主要目标是发展创新型经济。要实现俄罗斯远东发展的目标，需要大量的资金、技术和劳动力，这些条件仅仅依靠俄罗斯自己的力量是不可能实现的。俄罗斯政府充分意识到这一点，特意将亚太经合组织第 20 次峰会放在远东城市符拉迪沃斯托克举行，意在宣传远东，吸引亚太国家参与开发远东。[1]

新一轮远东开发为中俄经贸关系发展提供了新机遇，将促进中俄的区域合作，同时将对俄罗斯的华侨华人经济产生一定的影响。一方面，中国作为俄罗斯最大的邻国，拥有大量的资金和充足的劳动力，并在基础设施建设上具有明显优势。此外，华侨华人已经在开发远东地区的历史上起过重要的作用，当前在俄远东地区的华侨华人数量远超其他亚太国家在该地区侨民的数量。华侨华人已经熟悉当地环境，如果俄罗斯对华资的政策更加开放和公平，华资有望成为帮助俄罗斯远东开发的重要力量之一。另一方面，尽管华侨华人在帮助俄罗斯开发远东上有诸多的有利条件，但是由于俄远东地区的很多地方在历史上属于中国领土，加上在俄罗斯远东地区从事经商活动和劳务输出的中国公民越来越多，俄罗斯朝野对此始终有顾虑，担心中国在远东的影响力过于强大，对俄罗斯远东的经济和领土安全造成负面影响，因此俄罗斯政府究竟会出台哪些具体的政策和措施尚未明确。俄罗斯开发远东计划对华人经济的影响也尚待观察。

（三）极右势力有所抬头，排外情绪损害华人利益

由于人口持续下降，俄罗斯不得不从其他国家吸引劳工。据俄罗斯移民局 2012 年的统计，俄罗斯现有外国移民超过 900 万人，其中四分之三来自高加索和中亚地区，移民中非法入境者为 300 万到 500 万人。在莫斯科和其他主要城市市中心，移民承担了清洁工、建筑工、小贩等大多数俄罗斯人不屑去做的工作，尽管如此，俄罗斯极端民族主义者仍对此感到恐慌，声称外来人口抢走了俄罗斯人的工作，并使得俄罗斯的社会治安恶化，一些俄罗斯人认为政府"没有做该做的事"。这些炒作导致外来劳工和本地俄罗斯人之间的紧张关系加剧，针对外籍移民的骚乱屡见不鲜。2013 年"民族团结日"变为"排外日"的闹剧，集中体现了俄罗斯当前的排外情绪。

2013 年 11 月 4 日本来是俄罗斯的"民族团结日"，但当天，"把俄罗斯还给俄罗斯

---

① 钮菊生、潘晓珍：《俄罗斯新一轮远东开发的动因与前景分析》，《俄罗斯东欧中亚研究》2013 年第 4 期，第 39～41 页。

人"的排外标语却飘荡在俄罗斯许多城市的街头。俄罗斯民族主义者举行各种规模的游行示威活动，高呼排外和限制外来移民的口号。据俄罗斯《观点报》报道称，在各地举行的游行中，以莫斯科的规模最大，包括"另一个俄罗斯"、国家民主党等一些未正式登记的社会组织也参加了集会。游行组织者称，莫斯科约有 2.5 万人参加了集会，警方则称有8 000人参加。一些民族主义者身上佩戴各种右翼政党标志及"帝国"国旗，列队高喊"白种人最高贵"、"民族主义是俄罗斯的选择"、"俄罗斯是俄罗斯人的俄罗斯"等民族主义口号。极端者甚至高呼"杀死非俄罗斯人"等极端口号。俄罗斯其他城市也有类似集会，其中圣彼得堡民族主义者还进入地铁殴打非斯拉夫面孔的乘客。

俄罗斯的排外情绪自苏联解体后一直在滋长，一旦经济形势不好或者政治局势不稳定就会抬头。在应对排外情绪上，俄罗斯政府的应对措施不到位，找不到平衡点。英国《金融时报》援引历史学家安德鲁·罗伯兹的分析称，俄罗斯许多人仍然沉湎于"帝国梦想"中，试图用斯拉夫血脉和东正教替代苏联，成为凝聚"新帝国"的纽带，而这种情绪往往导致对非斯拉夫移民、非东正教移民的排斥。文章认为，普京如今处于两难境地，一方面，他需要借助民族主义旗帜凝聚人心；另一方面，如果任由这种排外情绪蔓延，他苦心构建的欧亚国家共同体，以及和中国等周边国家达成更密切经贸关系的努力，势必受到影响。① 尽管俄罗斯的排外情绪并非专门针对华人，但由于华人在人种、宗教、语言以及历史纽带上与俄罗斯人相差较远，加上华人吃苦耐劳和善于经商致富等原因，往往成为排外事件和暴力犯罪的受害者。例如，2013 年 5 月发生在俄罗斯的一起中国公民遇害事件特别值得引起华人的警觉和吸取教训。2013 年 5 月，三名中国女性公民在俄罗斯西伯利亚的哈卡斯共和国境内失踪，随后当地警方确定她们已经遇害并且尸体被焚烧，凶手为俄罗斯当地的四个年轻人。这四个年轻人无所事事，酗酒后在蔬菜大棚附近看到了三名中国女子后，抢夺她们的耳环、项链等首饰，并将三人杀害。这起恶性案件提醒旅俄华人需要保持对俄罗斯排外情绪和暴力犯罪的高度警惕。

（四）移民政策的新变化将对华侨华人造成一定影响

根据俄罗斯联邦国家移民政策构想实施计划，从 2013 年起，到俄罗斯生活和工作的外来移民必须通过俄语、俄罗斯历史和俄罗斯法律基础的义务考试。另外，根据莫斯科市居民劳动就业局的规划，2013 年莫斯科劳动移民配额数量与 2012 年相比将缩减近一半。以上移民政策的变化将对旅俄华侨华人以及准备移民俄罗斯和在俄罗斯务工的华人造成不利影响。此外，2013 年 10 月，俄罗斯国家杜马一审通过了俄文化部起草的旨在更多地吸引外国游客的一项法案。这项法案主要规定将对 20 个国家的空中过境俄罗斯游客实行 72 小时的免签制度，中国被列在首批名单之内。如果这项法案在俄罗斯议会最终得以通过，它将从 2014 年 6 月 1 日起开始实行，预计将吸引更多的中国人进入俄罗斯。

五、结论与趋势

中俄两国关系的良好发展是华侨华人在俄罗斯发展的最大保障。二十多年来，中俄关

① 丁飞、柳玉鹏、陶短房：《俄民族团结日变排外日 数万首都人上街反移民》，环球网，http://world. huanqiu. com/exclusive/2013 - 11/4533728. html，2013 年 11 月 6 日。

系跨上多个历史性台阶，当前两国关系发展整体顺利。首先，中俄政治和战略互信不断增强。边界问题的彻底解决为中俄两国关系长期健康稳定发展清除了最大障碍。《中俄睦邻友好合作条约》，将世代友好、永不为敌的和平思想和不结盟、不对抗、不针对第三国的外交理念以法律文件形式固定下来。中俄最高领导人良好的工作和个人关系，以及中俄总理定期会晤机制等各类合作机制，为两国高层及时沟通奠定了基础。其次，到 2013 年，中国已经连续四年成为俄罗斯最大的贸易伙伴国，两国关系的物质基础更加牢固。同时，中俄两国关系的民意基础亦日趋深厚，在中俄互办"国家年"、"语言年"和"旅游年"的推动下，两国人文交往蓬勃发展，内容不断充实，机制日益健全。两国人民的相互了解和信任进一步加深，进一步夯实了中俄全面战略协作伙伴关系的民意基础。多年来，中俄两国权威民意调查机构的数据都显示，两国民众都把对方国家视为最友好的国家之一。可以预见，在今后相当长的一段时期内，中俄关系不会发生实质性的倒退。俄罗斯华侨华人主要来自中国大陆，他们大多具有勤奋、坚韧、克己、不惹是生非的华人传统品性。随着新一代高素质华人移民数量比例的提高，以及中国政治经济地位的提高，旅俄华人的生活和发展也将拥有更加美好的将来。

　　当然，在俄罗斯华侨华人生活与发展总体情况良好的同时，也有一些问题值得关注。俄罗斯地广人稀，人口出生率低，人口持续负增长，需要外来移民。但是俄罗斯并不是一个传统的开放式社会，它非常在乎民族的主体性，对外来移民是持抵触态度的。俄罗斯地域面积比中国大得多，人口却只有中国的十分之一，而且近些年本国人口还在不断减少，这更加剧了俄罗斯对所谓中国移民扩张的担心。俄罗斯常有将移民问题中的负面影响夸大并与国家安全挂钩的声音，其传统文化中保留着的对异族文化的排斥和社会舆论一贯宣扬的排外思想，导致俄罗斯政府，尤其是地方政府为了实现某些目标而采取一些较为特别的措施，使得俄罗斯移民政策的调整具有不确定性。例如，阿穆尔州行政当局突然作出决定，2013 年不再给中国农民发放劳动配额，禁止中国农民在该州种植农作物。[①] 克拉斯诺亚尔斯克、车里亚宾斯克、下诺夫哥罗德等城市也通过决议法案，严禁中国劳工从事农业项目。

　　由于俄罗斯有极右势力的存在，近些年排外情绪也有所抬头，在俄罗斯的华人，特别是在俄罗斯偏远地区务工的华人要特别注意人身安全。一定要走合法渠道进入俄罗斯，并且在当地移民和外劳管理部门备案，以便于当经济和人身受到威胁时得到法律的保护。另外，到俄罗斯务工的华人要注意了解当地法律并切实遵守。由于语言问题和其他原因，一些华人不了解旅居国的法律，想当然地将国内的一些习惯带到俄罗斯，引起了纠纷，在这一点上，华人已经多次"吃亏"。例如，2013 年 7 月，俄罗斯联邦安全总局萨哈林州分局工作人员在一家集体农庄拘留了 17 名中国菜农，理由是这些菜农涉嫌在俄罗斯使用被禁止的化学杀虫剂和加快蔬菜生长和成熟的化学制品以及转基因种子。萨哈林州分局的工作人员称，现场共查获 300 多公斤的化学品和农药，多数是从中国走私到俄罗斯的。虽然也有一些在俄罗斯允许使用的化学制品，但由于这些菜农没有经过专门培训，造成蔬菜农药残留量高出规定标准数倍。又如，2013 年 8 月，俄罗斯西南部克拉斯诺达尔边疆区警方协同移民部门在突击检查中查捕 570 名中国非法务工人员。俄罗斯当地政府指控这些中国公

---

① 　http://news.xinhuanet.com/yzyd/world/20130104/c_114244216_4.htm.

民没有从事农业种植的许可证而在当地非法从事温室种植。俄罗斯地广人稀，大片优良的耕地闲置，俄罗斯政府鼓励外国人投资农业生产。不少中国农民就看准这个机会，一方面从俄罗斯以非常低廉的价格拿到土地，另一方面从国内雇人到俄罗斯来耕种，但是，俄罗斯人喜欢生吃蔬菜，对蔬菜的农药残留等指标相当重视。因此，到俄罗斯务工和从事商业活动的务工人员应当避免类似的事情，了解清楚俄罗斯在相关领域的法律。关于这一点，除了务工华人自身的责任外，国内有关机构和俄罗斯华侨华人都有义务提供帮助。一方面，中国劳务输出管理部门和企业应该加强相关方面的法律培训；另一方面，驻中国俄罗斯机构、华侨华人社团和"老"华人也应该积极主动地向新移民介绍俄罗斯的法律。

英 国

2013年英国的经济仍在低位徘徊，民生福利开支持续缩水，这对华人移民英国、在英华人申请永居权、英国华人经济均带来不利影响。另外，华人留学生人数持续增长，给英国华社注入新的活力。由于中英关系回暖，中国企业在英国的数量增多与业务扩大，也可能会给英国华社的发展带来一些有利因素。在政治与法律方面，英国华人参政情况稳步推进，但由于华人法律意识和公民意识仍较薄弱，导致华人触犯英国法律的现象仍比较严重，而当他们受到侵害时又没有报警意识与申诉意识。在社会与人口方面，英国华人在许多专业领域不断取得成绩并获得主流社会认可；在英国出生的华人（BBC）数量也在逐渐增多，形成一个在身份认同上有自己特色的群体；华人人口结构也在变化，《英中时报》总编辑谷阳介绍说，全英60万华人中，香港籍与中国内地籍已大致各占一半，内地移民增长较快，其中福建籍已达10万人；①但同时也存在少数华人回流中国内地和香港的现象。

一、英国国情与英国华侨华人简史

（一）英国国情简表

英国概况

国家全名	大不列颠与北爱尔兰联合王国	地理位置	西欧岛国，隔北海、多佛尔海峡、英吉利海峡与欧洲大陆相望	领土面积	24.361 0万平方公里
首都	伦敦	官方语言	英语	主要族群	白人、亚裔人、黑人、阿拉伯人等
政体	君主立宪制	执政党/主要反对党	保守党、自由民主党/工党	现任国家元首/政府首脑	女王：伊丽莎白二世 首相：戴维·卡梅伦
人口数量	6 370万（2012年中期）	华侨华人人口数量/占总人口比重	60万/0.94%	GDP增长率	2013年第1~3季度的增长率分别是0.4%、0.7%、0.8%

---

① 据2013年11月18日谷阳在《英中时报》编辑部与本文作者的交谈。本报告的撰写得到了谷阳先生、何越女士的大力帮助，特此致谢。

（续上表）

GDP/人均GDP	2.435万亿美元（2012年）/约38 510美元（2012年）	CPI	2.7%（2012年11月至2013年11月）	失业率	7.4%（2013年8—10月录得的数据）

注：本表中的人口数据、GDP增长率、CPI、失业率来自英国国家统计局网，http://www.ons.gov.uk，2013年12月12日；GDP数据来自世界银行网，http://www.worldbank.org，2013年12月12日。英国华人人数没有特别确切的数据，60万为英国华文媒体中流行的估计数字。

（二）英中关系简史

英国于1950年承认新中国，是最早承认新中国的西方大国。1954年中英建立代办级外交关系，1972年升格为大使级。此后40年来中英关系的发展大体上平稳，1997年香港顺利回归祖国。自2010年英国保守党与自由民主党联合政府成立以来，中英关系也大体上平稳，唯2012年卡梅伦会见达赖喇嘛，使两国关系一度变冷。但2013年12月卡梅伦高调对华做亲善访问，并与中国签订多项重大经济合作协议，显示英国在对华关系上仍是以务实态度为主的。

（三）英国华人简史

1685年，中国南京学者沈福宗受邀为牛津大学图书馆的中国馆藏做编目工作，在英国居留两年，此为华人在英国的历史的开端。19世纪中期以来，居英华人开始增多，中国海员在英国滞留并开办洗衣店、小商铺，20世纪50年代华人的主要职业转向餐馆业（60年代末外卖业开始兴旺起来）、中医业等，华人新生代中不少人转向律师、金融、会计、教育乃至学术、文艺等专业领域。早期居英华人有来自香港、广东、上海等地的海员、农民、小商人，50到70年代，大批香港人（尤以新界村民居多）移民英国，形成了第一波移民潮；80年代以来，来自大陆的餐饮业、中医业、建筑业等行业的人员和留学生形成了第二波移民潮。目前华人在英国大多数城镇均有分布，中国香港与内地来的华人最多，此外亦有来自马来西亚、越南、新加坡、中国台湾乃至非洲等地的华人。

二、英国华侨华人的经济与民生

2013年3月，财政大臣奥斯本发布下半年预算报告，坦承英国经济仍处于十分艰难的状态。受经济大环境影响，英国华人餐饮业持续低迷，不断出现关门、转手现象，仍在经营的商家利润减少，而华人餐饮业同行之间的恶性竞争仍然普遍存在，导致低利润的自助餐非常流行，伦敦唐人街的自助餐最低只需6~7英镑，倒是吸引了不少顾客，但对店家来说，这种微利经营可能难以持久。只有苏格兰地区的华人餐饮业情况较好。困扰华人餐饮业的不仅是食客数量及其消费量的减少，还在于原材料价格、电费和房屋租金的持续上涨，以及移民部门屡屡到华人餐馆搜查黑工，影响到正常经营。而在店铺内每搜出一名黑工，雇主便可能被罚款 1 万英镑，这个金额今后还有可能上升。

10 月 20 日，伦敦唐人街华人餐馆集体罢市两小时，成为伦敦唐人街有史以来最大规模的抗议活动。伦敦华埠商会认为移民局的频繁搜查涉嫌歧视华人和丑化华人社区形象。英国保守党上院议员韦鸣恩在一年一度的保守党大会上表示非常关心此事和华埠赌博投注站扩张等问题，希望政府作出合理回应。

中医业方面则出现了全行业的生存危机。过去中医业在英国蓬勃发展，成为仅次于餐饮业的英国华人第二大产业，但在 2008 年之后，英国中医业严重衰退，门店数从 2006 年高峰期的 2 000 多家锐减到 400 家左右。[①]

中医业的问题主要出在中药方面，由于英国医药卫生当局对中医存在一些负面认知以及现实中因使用中药而引起的医患纠纷。2013 年 4 月，英国卫生大臣宣布卫生部将着手制定法律监管中医行业，有关的诊所、中医从业人员将需要向英国补充疗法和自然健康疗法理事会（CNHC）注册。这将使英国数千名中医师遭遇困境，他们的身份、语言、医师资格都将面临挑战。[②] 11 月 21 日，英国药物管理局宣布从 2014 年 4 月 30 日起严禁未经许可的中草药成品在英国诊所和市场销售，至今为止没有一种中草药制品获官方许可。为此英国中医师学会和英国中医药学会向药管局提出申诉。英国《华商报》对没有一个中资企业、中国官方机构、中国制药公司和中国药材贸易公司对禁令提出异议表示震惊。[③] 笔者认为，由于中医业是传统中华文化的一个突出代表，希望中国的制药公司和药材贸易公司以及英国华社能够积极参与拯救英国中医业，同时也积极推动英国中医业的规范化和医药质量的改进。

目前由于中药禁售令，英国许多中医门店只能靠按摩、针灸方面的收入来维持。

在当前英国华人经济结构中，装修业正在逐步发展，公司数量可能有近 1 000 家，[④] 由于收费较低，有一定的竞争力，但由于公司服务质量良莠不齐以及激烈的华人同业竞争，无法形成品牌效应，也无法扩大利润率。

另外，在伦敦房地产市场上，来自中国的购买者已占到海外购买者中的 10%，其中浙江人较多。[⑤] 英国可能会向海外房地产投资者征收新税，以应对伦敦房价飞涨。中国购房者比较喜欢学区房和水景房。有些购房者的身份是留学生，由于房屋租金较贵，有经济条件者便选择了买房。在英国，华人首次购房者的平均年龄要低于当地白人，当然，许多年轻华人购房者的资金来自其父母。

在英国华人的职业分布上，除餐饮、中医、旅游等行业外，金融、会计从业者也较多。在伦敦金融城，华人人口占本地区人口比例在全英属最高之列。在英国放宽对在伦敦发展业务的中资银行的监管之后，中资银行将可能会大举入驻伦敦金融城。今后随着中国参与英国高铁与核电站等项目的建设，中资企业在英国的存在将更加活跃，不过这种趋势对本地华人经济发展的关联性有待提高。在这方面，2013 年 4 月成立的曼彻斯特中国论坛

---

① 《英国经济不见好转　中餐中医面临前所未有的困境》，（英国）《华商报》，2013 年 3 月 23 日。
② 《英国要给中医立法》，（英国）《华商报》，2012 年 6 月 26 日。
③ 《英国药管局颁布中成药禁售令》，（英国）《华商报》，2013 年 11 月 28 日。
④ 韩梦佼、胡杨：《英国华人装修业良莠不齐　进军主流市场还需时日》，《英国侨报》，2013 年 10 月 24 日。
⑤ 《英国或向海外投资者征房产税　中国投资者占 10%》，《北京商报》，2013 年 11 月 25 日。

是一个好例子，它试图使本地华人经济与英中经济合作产生良好互动。

2013 年 4 月 21 日，英国《星期日泰晤士报》2013 年千人富豪榜揭晓，首富来自俄罗斯。上榜华人共有 5 位，港商刘銮雄凭借地产业务，以 46 亿英镑身价位列第 14 位，较去年下跌 1 位；受中国房市不景气的影响，中国人和商业创办人戴秀丽的排名从去年的第 91 位跌至第 199 位；从事酒店业的香港恒丰企业李德义家族列第 224 位；英国对冲基金 Capula I 创办人霍焱列第 261 位；英国荣业行创办人叶焕荣家族以 1.02 亿英镑资产排名第 768 位。①

在普通英国华人的生存状况方面，2013 年 4 月，英国政府推出 50 年来最大规模的福利改革措施，失业金、住房津贴和残疾人补贴等各项福利都被紧缩，上百万英国家庭受到影响。不仅如此，英国福利和养老金部大臣表示，政府不仅要紧缩福利，还要打击福利欺诈行为。在被查实的福利欺诈案中，有一些被告是华人，有些华人已有较高收入，但仍冒领低收入津贴，住宽敞的免费公屋。

总体而言，英国是适合养老者居住的国度，华人老者拿着或多或少的养老金在此安度晚年，政府把照顾华人老人的工作外包给华人社区中心等机构，此外老人们还能享受闻名世界的英国全民医疗服务。笔者 2013 年 11 月在伯明翰见到某侨领的父亲，他已 103 岁，拿着养老金、眼睛障碍津贴、行动困难津贴，日常生活有人照料。但也有一些华人老者的经济状况较差，只能拮据度日。英国《华商报》从英国社会福利部获悉，目前英国有 1/4 的退休老人生活在贫困线以下，而退休华人则有四成多生活在贫困之中，这些贫困老人有许多是餐饮业工人。②英国华人老者亦有自己的社团，如伦敦、爱丁堡等地的华人松柏会。

在"小留学生"方面，截至 2013 年 9 月，已有 13 万多名中国（内地、港、澳）学生在英国学习。在英国中学寄宿读书的国际学生中，来自中国港台澳的学生比例超过 50%。③对于低龄留学生来说，文化差异、学习压力和孤独感是他们需要应对的主要困难，有些学生还染上了赌博恶习；但他们日后对当地社会的融入程度也会比较大年龄的留学生更强。

在社会新闻方面，11 月 28 日，因官司纠葛而杀害丁继峰一家四口的嫌疑犯杜安翔被法庭宣布以谋杀罪名判处终身监禁。另外，赌博一直是困扰华人社会的毒瘤，有的留学生输掉了父母给的数十万英镑，笔者在英国多个场合听到过华人一夜输十几万英镑的事。由于儿童福利的削减，一些华人夫妇被迫把小孩送回中国抚养，造成亲子离散的局面。

三、移民问题与族群关系对英国华侨华人的影响

据英国《华商报》报道，目前在英国的中国留学生已超过 12 万，但男女比例失衡，接近 1 : 2。④英国内政部 2013 年 11 月公布的资料显示，2004 年以来有 3 943 名中国留英学生以不断读学位在英居留满 10 年的方式获得英国永居权。⑤这种方式是留学生毕业后可获

---

① 《2013 英国千人富豪榜出炉　五华人榜上有名》，（英国）《华商报》，2013 年 4 月 26 日。
② 《四成英国华人生活在贫困线下　养老津贴仅够温饱》，（英国）《华商报》，2012 年 11 月 11 日。
③ 《2013 国际人才蓝皮书发布：英国华人学生最多》，《欧洲时报》（英国版），2013 年 9 月 29 日。
④ 《中国留英学生超过 12 万　女多男少比例失衡》，（英国）《华商报》，2013 年 10 月 3 日。
⑤ 《留学十年寒窗苦　近四千中国学生获英国永居》，（英国）《华商报》，2013 年 11 月 18 日。

居英两年的 PSW 签证政策取消之后，中国留学生尚可利用的一个合法居留和入籍的方式。此外，近年来每年都有许多华人留英学生被注销签证。当英国收紧移民政策后，有相当部分的中国学生感觉自己在英国不太受欢迎。加上英国高校的失业率在 2013 年已接近 10%，[①]可以预见中国留英学生回流量会增多。

另外，英国商务大臣文斯·凯布尔表示，英国大学每年获得大约 170 亿英镑的收入，其中 100 亿英镑来自海外学生的学费和生活费。[②]因此从总体上看，英国仍会坚持吸纳国际学生的政策以期对英国经济有所助益，卡梅伦 2013 年 12 月访华前也承诺对中国学生留英人数不设上限。英国新的工作签证规定，国际学生在毕业后 6 个月内若找到一份和所学专业相关、年薪在 20 000 英镑以上的工作，即可以申请 3 年的工作签证。但大多数中国留学生很难达到上述条件。所以今后将有大量中国学生选择留英但不移民。此外，随着苏格兰 2014 年独立公投的临近，为数不少的华人非法移民移居苏格兰以求一旦苏格兰独立就可获得特赦。

内政大臣特雷莎·梅在保守党 2013 年年会上公布了新的移民法修订草案，准备提交给议会。该草案要求在银行开户、租房、发放驾照等各环节都要严查非法移民。英国收紧移民政策的同时，也收紧移民福利。她还表示要在 2015 年国会选举前基本清除黑工现象。英国卫生部也已宣布将终止未来进入英国的长居外国人的免费医疗服务，改为在签证费中附加至少 200 英镑的医疗费用。英国收紧移民政策的表现还有：从 2013 年 10 月 28 日起，申请永久居留者除需符合英语测试之外，新增了需符合"生活在英国"测试的要求。这项测试主要考察申请者对英国本地文化、历史的了解。

如果外国学生在英居留超过 1 年，他们就会被列为外来移民，并算入政府移民封顶限额之内。2013 年卡梅伦政府仍然坚持这个统计政策，但国会里有声音认为应停止这个政策，以吸纳更多的国际学生，从而维持英国的全球影响力。

移民问题常常成为被政党政治所操弄的议题，外来移民对本地社会有冲击也有贡献，但在政党政治中，移民的负面效应往往被夸大。原来在移民问题上较温和的工党，现在也指责联合政府的移民政策过于宽松，各主要政党都赞成减少净移民数量。在民间，亦有像"英国移民观察"组织（Migration Watch UK）这样的反移民社团，白人社群对来自欧盟穷国的移民潮也深感担忧。在 2013 年英国地方选举中，右翼的独立党赢得的议席大幅度增加，人气很旺。在英国，华人不是唯一受到猜忌、排挤的外来族群，波兰人、巴基斯坦人、孟加拉人、印度人、阿拉伯人等等，都有遭遇猜忌、排挤的经历。波兰人、印度人、巴基斯坦人的移民规模都超过了华人。

在英国，华人所遭遇的种族歧视困境与英国国情有关，也与华人自身有关。在英国戏剧领域小有成就的 Elizabeth Chan 抱怨说：华裔英国人常常被视为沉默的或隐身的少数族群，尽管是英国第四大少数族群，华人在公共生活中是隐身人，特别是在艺术、媒体和政治领域；华人很少在电视荧幕上出现，如果出现的话，他们也一定是 DVD 小贩、非法移民、间谍之类，这就是当地媒体对华人的刻板印象；许多华人观众会对这种描绘感到愤

---

① 丹钰编译：《英国大学新毕业生失业率近 10%》，BBC 英伦网，http：//www.bbc.co.uk/ukchina/simp/uk_education/2013/06/130628_edu_10_new_graduates_unemployed.shtml，2013 年 12 月 10 日。

② 尚清编译：《凯布尔：国际学生在英国感到不受欢迎》，BBC 英伦网，http：//www.bbc.co.uk/ukchina/simp/uk_education/2013/09/130917_edu_cable_overseas_students.shtml，2013 年 12 月 10 日。

怒，但很少有人会去抗议。我们华人已经成为扮演这种刻板印象的高手：微笑、沉默。华人应当勇敢地抗争，告诉外界种族主义如何影响到我们华人。①

当然，有些华人的不良行为确实会给英国华人的整体形象带来一定的负面影响，例如2013年来自中国权贵家庭的留学生李洋（音译）试图用 5 000 英镑收买导师修改成绩被拒绝一案，李被英国法庭判刑。这种事情在英国极少发生，所以当地舆论非常震惊。华人学生中的一些不良行为还包括考试作弊、逃交市政税等。

从趋势上看，由于各种外来移民进入英国，英国的城市在文化上越来越"混血"和全球化。例如在2011年，常住人口中出生在外国的占37%，外籍居民占24%，白人比例则从2001年的58%减少到45%，不足一半。②当然，英国追求的是外来移民的质量，而不是其数量。

在英国收紧移民政策的过程中，也有个别外来移民成功援引《欧洲人权法》第8条中关于尊重家庭生活权利的规定，向欧洲人权法院申诉成功并获得居留权。欧洲人权保护的法律环境比较完善，是移民争取自身权益的一个可以利用的途径。2013年11月，一批来英国参加阵亡将士纪念日活动的港籍英国士兵向英国内政部提出了在英居住权的诉求。

四、英国华侨华人的文化、社群生活与身份认同

现在，英国广播公司已有体现华文教学的动画片电视节目，这是英国华文热的诸多例证之一。笔者所采访的明爱（伦敦）学院还举办了包括许多白人学员在内的华文师资班。2014年9月起，英国小学外语必修课可选科目将包括汉语普通话、拉丁语、希腊语、法语、德语和西班牙语。

传统上英国华文教育以繁体字和粤语为媒介，但由于中国大陆新移民的增多以及中国政府对海外华文教育的大力推广，原先的华文教育机构面临生存危机。不过简体字和普通话是时代潮流，传统的华文教育机构是与时俱进，还是坚持自己的特色，是一个无法回避的课题。由越南华侨发起的英华中文学校，其教学语言已成功从粤语转变为普通话，是这种潮流的案例之一。

由于华文教育日渐兴旺，一些华人留学生也进入这个行业工作。

在英国，香港籍、台湾籍的华人都有丰富的社团活动。由香港驻伦敦经济贸易办事处赞助的"伦敦·香港龙舟同乐日"是伦敦华社一年一度最大的户外慈善同乐活动。香港背景的伦敦华埠狮子会也是英国最为活跃的华人公益慈善社团，它把善款分发给伦敦多个华人社区中心及义务组织，"华人参政计划（British Chinese Project）"亦将是其中一个受惠机构。英格兰台商会的社团活动也比较活跃。2013年2月，伦敦华埠商会荣获首届英国华人志愿机构年度大奖。4月，英国华社积极参与了中国雅安地震后的赈灾活动。

2013年11—12月间，承利物浦的黄荣富太平绅士、伦敦中英艺术协会的文贤庆老先生、伯明翰华人统筹协会总监朱慧珍等人士的帮助，笔者了解到由于经济不景气，一些华

---

① Stephen Wang, "British Chinese and racism in the UK", http：//bridgesandtangents. wordpress. com/2012/01/15/british－chinese－and－racism－in－the－uk/.

② 《人口普查：13% 英国居民在外国出生》，BBC 英伦网，http：//www. bbc. co. uk/ukchina/simp/uk_life/2012/12/121211_life_census_ 2011. shtml，2013 年 12 月 10 日。

人社区中心所得拨款不足而被迫削减服务，一些华社教育机构也由于政府减少或取消资助而陷入困境。这种困境需要英国政府和华社共同努力来解决，有些侨领也呼吁中国侨务部门加大对海外华社民间教育的支持力度。当然，笔者也看到一些传统的华人社团如伦敦华人互助工团尽管面临经费减少、人员老化的问题，但仍在坚持为华社服务。

11月18日，在利物浦纳尔逊街举行了纪念华人海员的蓝色牌匾揭幕仪式，以向15 000~20 000名曾在利物浦历史上作出过贡献的中国海员致敬。"一战"期间他们服务于蓝烟囱航运公司，该公司从事英中贸易。"一战"后许多中国海员被英国政府强制遣返中国并与他们留在英国的家人失去联系。这项纪念活动由口述历史学家 John Campbell 和 Moira Kenny 组织，该活动也是大规模发掘利物浦华人历史工作的一部分。过去，华人在英国受到不友好对待，与华人结婚的妇女被迫放弃英国国籍。一名本地议员表示："利物浦以其海运史而自豪，其中有华人海员的重要贡献，他们中许多人甚至为保护'二战'时的航运线牺牲了生命，然而他们被迫离开英国，与自己的家庭、子女分离，这是一段可耻的历史。中国海员对利物浦的贡献永远不能被忘记。"①

笔者在利物浦博物馆看到了当年中国海员与英国妇女所生的混血子女们所举办的关于此事的展览，他们表示利物浦是以多元文化而自豪的"全球城市"，因此更要关心少数族裔的权益。这个案例中的维权论述值得英国华社参考。

在当今时代，除了出国成为离散人群的现象外，亦有从离散状态重返故土怀抱（Return from the diaspora）的现象。英国出生的华人二代 Alex Lau 就选择了从离散到回归，以下是他的故事：

目前 Alex 已返回在香港新界的客家村庄田寮居住。他是个 BBC，在新界的酒吧里，能见到操各种英国地方口音的还乡 BBC。Alex 说他回到故乡是为了寻根，他的父母在数十年前离开这里前往英国诺维奇，在华人餐馆做侍应生，10年后他们用储蓄自己开了一家外卖店，又过了10年，他们买了一家鱼条店。当 Alex 12 岁时，他负责鱼条店里的薯条项目，每天放学后就在店里上班。他在埃塞克斯大学获得心理学学位，然后从事通信技术行业和餐饮业。与女友分手后，他决定前往香港。

在诺维奇，他们一家没有亲戚可以来往，但在香港的客家村庄，Alex 是家族里最小的成员，受到许多关照。他们也告诉他本村的历史、祖先的事迹以及已经消失的农耕生活方式。村庄生活是高度社会化的，人们之间彼此熟悉，村里人也很高兴 Alex 回来，所有村民都能与他攀上各种关系，村里大约有100人，其中50人是他的亲戚。Alex 说："我怀念在英国的许多事，那里是我出生、长大和受教育的地方。但这个村庄里有一种与世无争的宁静。""虽然移居到一个新地方会有点心绪不宁，但这里是我的故乡。我正在村里建一座房子。尽管我的客家话和粤语都不流利，但没有语言障碍后，我会在香港过得很愉快。"②

近年来在欢度中国春节、中秋等传统佳节的活动中，英国华社起用了许多"BBC"或虽在海外出生但从小在英国长大的演艺人员（如庄国雄、温翠珊等等），显示出他们所代表的人群在华社中的地位日渐增长。但是他们的身份认同更趋于本地化。出生于上海、已

---

① "Liverpool—A plaque to honour Chinese seamen"，http：//www. neehao. co. uk/2013/12/liverpool－a－plaque－to－honour－chinese－seamen/.

② Kevin Sinclair, "Return from the diaspora"，http：//www. scmp. com/article/584820/return－diaspora.

在伦敦居住 25 年的 Richard Ni 说他很担心他的孩子们的文化认同。他试图用粤语或普通话与孩子交流，但每次孩子们都是用英语回答。因为孩子们并没有像倪先生那样把自己当作华人，他们认为自己是英国人。20 岁的 Johnny 表达了许多像他这样的 BBC 的心声："我没有认同困惑，我就是英国人。"①但 BBC 对英国人身份的认同并不会减少他们作为黄皮肤人种在白人社会里时常感到的身份特殊性。毕业于伦敦经济政治学院、拥有人类学和法学学位、父母来自新加坡的 PP Wong 被称为首位在英国出版小说的 BBC 作家，她创办 Bananna Writers 网站，试图把人种的特殊性与精神生活的跨国性、全球性结合在一起。②

2013 年，英国华社整理英国华人历史的工作不断取得进展。明爱（伦敦）学院在 2012 年启动了"英国华人职业传承史"访谈项目，主要负责人有李中文、高文卿等，该项目第一年主要关注英国华人在航海、军事、洗衣、理发和餐饮领域的历史，第二年的主题是中医、健康护理、华文教育及华人社区服务等；第三年的主题是新的职业领域，包括金融、法律、时尚、艺术等。伯明翰华人社群的历史是从 20 世纪 50 年代开始的，主持伯明翰华人历史访谈项目的是 Kate Gordon 女士等。

其他相关新闻还有：2013 年 4 月 4 日，英国《新欧华报》正式更名为《英国侨报》，社训为"扎根华社　服务华人"；2013 年有 3 位华人学者当选英国皇家工程院院士，他们是曼彻斯特的李林教授、伦敦帝国理工学院的林建国教授和牛津大学的崔占峰教授；9 月，苏格兰阿伯丁大学孔子学院揭牌成立，中方承办单位是武汉大学，等等。

五、英国华社与英国政治

据《英国侨报》报道，跨党团体黑人投票行动（OBV）的一项研究发现，与 2010 年相比，2015 年黑人和亚裔登记选民人数将激增 70%，这个变化可能会决定大选结果。在 2015 年大选时，将有 205 个选区的胜负掌握在少数族裔手中。③尽管工党传统上受少数族裔支持，但目前保守党、自由民主党都加强了对少数族裔的拉拢，使得后者的选票流向趋向复杂，许多华人并无固定的政党认同。2013 年 2 月，唐宁街 10 号举办了华人蛇年迎春招待会，卡梅伦在会上说自己的生肖属马；5 月，保守党成立了"保守党华人之友"（Conservative Friends of Chinese），这些举措都意在吸引华人选票。英国国会跨党派华人事务委员会（APPCBG）则由一批来自多个党派、对华人事务有兴趣的国会议员组成，其主席是工党的 Barry Gardiner，副主席是保守党的 David T. C. Davies 和工党的 Lord Triesman，秘书是民主统一党的 Nigel Dodds，在 20 名成员中，保守党 10 人，工党 9 人，民主统一党 1 人。其宗旨是促进华人融入英国社会和参与英国的民主生活。④

不过，英国华人的选民登记率低、投票率更低的情况仍然是华社在政治上无影响力的重要原因。据统计，30% 的合格华人选民没有参加选民登记，相比之下，只有 6% 的白人

---

① Xiangyi Yu, "British born Chinese：We are NOT Chinese", http：//rootsidentities. co. uk/Issue2/Features/British_born_ Chinese. html.

② See "The first British Chinese novelist—PP Wong", http：//www. neehao. co. uk/2013/12/the－first－british－chinese－novelist－pp－wong/.

③ 韩梦佼、凌怡：《2015 年大选　华人选票究竟有多重》，《英国侨报》，2013 年 8 月 22 日。

④ See http：//www. publications. parliament. uk/pa/cm/cmallparty/register/chinese－in－britain. htm.

合格选民没有参加选民登记，而所有少数族裔合格选民没有参加选民登记的比例是17%。对此华人参政计划的义工们表示参政不仅仅意味着竞争政治职位，也包括一些轻而易举的行动如索取一张选民登记表。①目前英国华人参政的成功典范不多，基本上都是老华人和从小在英国长大的华人，例如韦鸣恩勋爵（谷阳称其为"最穷的上议员"）、成世雄父子、卢曼华、杜淑真、钟翠映、陈德樑、勇莎拉（Sarah Yong）、张敬龙等。"华人参政计划"的领导人李贞驹也是11岁时从香港移民到英国的。

华人参政的方式可以是多种多样的，除了成立政党和竞选各级议员，华人青少年也可去谋取国会议员实习生职位，家长们也可去竞选校董，法律界人士可以去地方司法机构工作，甚至通过政府官网参与讨论并对某项法案提出意见也是一种重要的参政方式。

华人参政还有一个途径是加入英国本地工会，即使是非法移民也可以加入工会，工会也乐意接纳不同族裔背景的会员。此外，英国华人还需多学习英国法律，以法维权。

在2013年地方议会选举中，英国无党派华裔候选人成世雄（来自香港）击败独立党候选人获得连任，他的从政风格是只做实事，不论党派，认真为选民服务。没有党派支持的他多次高票当选地方议员。

在黑人、南亚人、华人参政积极性逐步提升的情况下，2015年大选时英国各主要政党可能会改变把少数族裔本党候选人放在己弱敌强的选区的做法（这导致所有华人国会议员候选人在2010年的大选中失利），会选择若干少数族裔候选人投放本党的优势选区以助其当选。这样做当然是为了争夺少数族裔的选票。

2013年6月，全英华社联合总会（由"电影会"发展而来，成员有英国共和协会、伦敦华侨互助工团、伦敦正义工商会、英伦东部华人会所等）换届，李文兴卸任，叶剑桥继任会长。11月，华人自民党选举产生新的领导班子，钟翠映当选主席，杜淑真、Jerry Cheung、勇莎拉和张敬龙当选为副主席。其中母亲为马来西亚华人的英华混血儿勇莎拉有可能在2015年当选国会议员。

12月，英国华人参政人士代表团访华，其成员除该华人参政计划主席李贞驹、行政总监胡沛成外，保守党伦敦布里卫区党主席杨庆权法官、华人自民党创立人杜淑真、华人自民党副主席张敬龙、自民党副主席勇莎拉、自民党纽伯里地区议员李沛腾、工党2015年国会议员候选人陈美丽、华人工党副主席麦志敦等也在其中。2012年10月，华人参政计划也曾组织英国华人参政人士访华。

2013年英国华人维权活动的一项重要成果，是7月份英国国会跨党派华人事务委员会在国会大楼举行的英国警队服务及华人社区调查报告新闻发布会。调查结果显示，在不会说英语的华人当中，仅有2%表示对警察感到非常满意；但在能说英语的华人当中，满意的比例超过80%。发布会上委员会主席嘉德纳（Gardiner）表示，在很多案件中由于警队无法提供必要的翻译和语言服务，以致华人对警察的信任加剧恶化，导致大比例华人不会报案。报告中的建议包括在警队中设立翻译服务、增加华裔警察比例、恢复伦敦华埠警队并将此模式推广到其他城市的华人街区等。②

---

① Kelvin Chan, "Voter drive in UK targets British – Chinese", http：//www. scmp. com/article/674326/voter – drive – uk – targets – british – chinese.

② 王琼怡：《英国警队服务及华人社区调查出炉》，英国侨报网，http：//www. euchinese. co. uk/a/xinwen/20130718/ 6167. html？，2013年12月11日。

六、结语

从 2013 年英国华社的基本情况来看，其未来发展前景取决于大陆新移民和在英国出生或长大的华人后代，前者在人数上将逐渐占据多数，后者在与主流社会互动和参政方面有优势。由于英国移民政策收紧，英国华社人口规模不太可能快速增长，华社应高度关注自身的人口质量问题和加强内部建设，包括中英双语人才的培养、法律意识与参政意识的提升、社团的自我改进、吸引 BBC 参与华社工作、拓展产业和职业范围、减少恶性竞争、积极参与地方公共事务、积极利用本地的政治制度资源、积极做英中合作的桥梁、加强与其他少数族群的互利合作等，从而成为英国社会的一个受欢迎、有作为的积极的少数族群。

法　国

欧债危机以来，法国经济一直低迷，部分华侨华人经济深受影响。但也有华商在困境中寻找机遇，实现突破，转型升级成功。2013年，法国总统访问中国，也给法国华侨华人发展带来新的机遇。危机中，法国社会对移民态度发生渐变，社会治安不佳，华侨华人屡遭侵犯。展望2014年，法国经济前景依旧扑朔迷离，奥朗德竞选承诺难以兑现，政策可能又迎来新的改变。华侨华人更应该努力转"危"为"机"，朝多元化发展。

一、法国基本国情表

法国概况

国家全名	法兰西共和国	地理位置	欧洲西部	领土面积	632 834 平方公里（包括 4 个海外省，其中本土面积 543 965 平方公里）
首都	巴黎	官方语言	法语	主要族群	主要是法兰西人，少数布列塔尼人、巴斯克人、科西嘉人、日耳曼人等
政体	总统制	执政党及主要反对党	社会党/人民运动联盟	现任总统/总理	弗朗索瓦·奥朗德/让—马克·埃罗
人口数量	65 633 194（截至 2013 年 3 月）	华侨华人人口数量	约 60 万	华侨华人占总人口比例	0.914%
GDP/人均GDP	19 828 亿欧元/30 210 欧元①	CPI	2.2%	失业率	11.1%（截至 2013 年 9 月）

资料来源：表格中除华侨华人人口和比例外，其余数据来自欧盟官网，http：//europa. eu/publications/statistics/index_en. htm，2013 年 12 月 11 日。

---

① 数据是在欧盟委员会预测法国 2013 年经济增长率为 0.2 的基础上计算得出的。

二、法国与中国关系发展

1964 年 1 月 27 日，中法两国建立大使级外交关系。建交后，两国关系总体发展顺利。90 年代初，中法关系因法国政府批准售台武器一度受到严重影响。1994 年 1 月 12 日，两国政府发表联合公报，法方承诺不再批准法国企业参与武装台湾，双边关系恢复正常。两国在政治、经济、文化、科技、教育等各个领域的合作富有成果。2008 年，中法关系因涉藏问题出现重大波折。2009 年 4 月 1 日，中法发表新闻公报，中法关系逐步恢复良好发展势头，各领域合作进展顺利。2010 年 11 月，胡锦涛主席访法，两国元首共同发表联合声明，宣布建设互信互利、成熟稳定、面向全球的中法新型全面战略伙伴关系。近年来，中法两国在经济、科技、文化、教育与军事等方面的双边交往与合作也保持着良好势头。2012 年，中法双边贸易额 510.2 亿美元，同比下降 2%，其中我方出口 269 亿美元，同比下降 10.3%；进口 241.2 亿美元，同比增长 9.3%。法国在华投资主要集中在能源、汽车、化工、轻工、食品等领域，大部分为生产性企业。截至 2012 年底，法国在华投资项目 4 462 个，实际投资金额 121.6 亿美元。我国对法国各类投资累计近 18 亿美元，主要投资领域为贸易、家电、旅游、化工等。①

2012 年 5 月，奥朗德总统上任后，两国关系继续稳定发展。2013 年 4 月 25 日，奥朗德就任总统后首次访问中国，他也是中国新一届领导集体履新后首次接待的西方大国元首。这次访问对两国关系起到"承前启后"的作用，中法关系再次走在中国与西方大国关系的前列，开拓了未来五年中法关系的重点发展方向。

三、法国侨情概况

第一位法国华侨也是第一位娶法国女子的中国人，他姓黄，教名叫 Arcadius（中文原名没有记录）。黄氏 1679 年生于福建兴化，1702 年底到达巴黎，在法国国王路易十四的图书馆担任翻译工作，他于 1713 年结婚，1716 年在法国去世。② 19 世纪中叶，湖北的天门人和浙江的青田、温州人，途经西伯利亚辗转到法国、荷兰、德国等西欧国家，成为早期的旅欧华侨。第一次世界大战期间，被招募赴法的华工约有 14 万。战后部分滞留法国，成为早期的旅法华侨。1919—1921 年，中国掀起赴法勤工俭学运动，约有 2 000 名中国学生抵达法国。1964 年，中法建交后，中国大陆移民涌入法国。70、80 年代，法国接纳了大量印支难民，其中绝大部分是华人。1990 年以后，法国成为华人移居到欧洲的首选目的地，移民人数一直保持较快增长。在法国华人当中，从东南亚各国移民来的华人占 40%，浙江温州、青田人占 50% 以上，来自中国其他地区的华人只占很小的部分，主要聚居于大巴黎地区，巴黎 13 区、美丽城和龙城唐人街，其余散居在马赛、里昂、里尔、波尔多、

---

① 《中国同法国的关系》，http：//www. fmprc. gov. cn/mfa_ chn/gjhdq_603914/gj_603916/oz_606480/1206_606844/sbgx_606848/，2013 年 12 月 10 日。

② Elisseeff（Danielle），"Moi, Arcade, interprete du Roi – Soleil"，Paris, Arthaud, 1985。引自：斐天士（Thierry Pairault）：《法国华人经济地位之初探》，http：//www. pairault. fr/documents/com1993. html，2013 年 11 月 12 日。

南特、斯特拉斯堡等大城市。①

经济方面，法国华侨华人主要经营餐馆、皮革、家具、制衣、食品杂货、进出口等行业。其中餐饮、皮革、服装业是法国华人经济的三大支柱产业。餐饮是传统行业，以潮州菜最为有名，其次是温州菜和粤菜。目前各式中餐馆有 8 000 家以上。皮革业、服装业也以批发为主，温州商人居多，主要从中国进口，在法国销售。过去主要集中在巴黎第 3 区的庙街和巴黎 11 区。近年来，东 10 区、93 区等也开始有大量华商进驻，在法国巴黎大区内，从事批发生意的华人公司 2 000 余家。其他行业包括百货业、进出口贸易、金融、房地产、律师、会计师、工程师、旅游、运输等也逐步涉足，其中百货业和进出口贸易发展迅速。②

参政方面，近年来，法华社会逐渐打破长期以来给外界留下的"自我封闭"、"重商轻政"等刻板印象，开始涉足政坛。同时，第二代、第三代华人作为新生力量的涌现，为法华社会注入了新的活力。目前法国有选举权的华裔人数达 20 多万。华裔族群融入主流社会、参政议政的愿望日益凸显，近两年通过多种形式，产生了像巴黎 13 区副区长陈文雄、法国人民运动联盟政治局委员吴振华等一批积极人士，扩大了华裔族群的社会影响力。

社团方面，目前法国华侨华人社团有 100 多家，相对活跃的有 20 多家。华人社团多以亲缘、业缘、地缘等组建，近年来很多专业性社团逐步涌现。影响力较大的有法国华侨华人会、法国潮州会馆、法国青田同乡会、法国华商总会、法国法华工商联合会、法国亚裔社团联盟、华人融入法国促进会、法国"中国和平统一促进会"、法国华侨教育基金会等等。

华文媒体方面，目前有纸媒 7 家，包括《欧洲时报》、《星岛日报》、《法国侨报》、《华人街报》和《欧洲商报》等等。另外，还有部分中文网站、微博等，如法国侨网、法国华人网等。

华文教育方面，20 世纪 70 年代中期首先在巴黎 13 区开始，80 年代中期出现规模性发展，目前有 100 多个机构设有各类中文补习班，学生数万人，多为华侨华人子女，其中潮州会馆学校有 800 多名学生，被国务院侨办评为示范学校。

四、法国政治经济形势变化对华侨华人的影响

（一）法国总统访华传递好声音，给华侨华人带来重要利好

2013 年 4 月 25 日至 26 日，法国总统奥朗德访华，与中国新一届领导层开启他上任后期待的"中法合作新周期"。会谈中，两国元首表示将致力于加强全面战略伙伴关系。这次会谈取得的成果中涉及侨情的主要有：①扩大双向投资，促进双边贸易平衡增长。中方愿扩大进口法国产品，法方则愿为中国企业赴法投资提供良好环境。法国猪肉联合会主席、面包联合会主席等谈到，他们的企业很想进入中国，但对中国了解很少，有的人对中

---

① 《法国华侨华人概况》，http://www.chinadaily.com.cn/hqpl/zggc/2012 - 05 - 29/content_6039962.html，2013 年 12 月 8 日。

② 《法国华人经济的特点与发展趋势》，http://gocn.southcn.com/qw2index/2006dzkw/，2013 年 10 月 12 日。

国人口 100 万以上的城市有多少、发展状况如何等非常感兴趣。在了解市场信息后，会带动整个行业与中国的合作，会帮助两国形成新的经贸增长点，完善贸易结构。这将为担当中法经贸合作桥梁的华商带来机遇。②支持在本国推广对方语言，扩大互派留学生规模。中国每年赴法留学名额将由目前的 3 万扩大至 5 万。奥朗德表示，法国将营造便利的签证条件和良好的学习生活环境，吸引中国学生赴法留学。他向中国大学生保证，将尽一切努力简化签证手续，并建议在巴黎建立"中国之家"，专门接待中国留学生，解决中国学生在法国的一些实际困难，让中国学生在法国高校拿到文凭后，留下来工作一两年，获得相关工作技能。① 这将为华侨华人社会注入新的活力，有助于提升华人社会整体的素质水平。

（二）经济增长破预期，华人经济有喜有忧

欧洲央行（ECB）管理委员会成员、法国央行行长诺亚（Christian Noyer）2013 年 4 月 10 日表示，2013 年法国经济增长可能停滞，经济难以摆脱困境。11 月 14 日法国统计局公布的第三季度国民经济数据显示，2013 年 7—9 月，法国国内生产总值（GDP）初值按季萎缩幅度为 0.1%，与上一季度 0.5% 的增长形成了鲜明对比。第三季度法国外贸出口也出现了明显下降，幅度为 1.5%，商业投资同比下降 0.6%。②《金融时报》评论称，法国经济表现疲弱令市场对欧元区未来走势更为关切。10 月份法国消费者价格指数从 9 月份的 0.9% 下降至 0.6%，更突显其通货紧缩风险增大。③ 法国经济的不景气导致许多行业收入降低，居民消费力下降。法国劳工部 11 日公布数据称，截至 2013 年 1 月 1 日，法国约有 310 万领薪雇员拿法定最低工资，较前一年增加 50 万，占了领薪雇员总数的 13%。2013 年以来，法国最低工时工资提高到 9.43 欧元。但每周工作 35 小时的职工，毛月薪仅为 1 430.22 欧元（净月薪 1 100 欧元）。④ 这会给主要以餐饮、服装、皮革、旅游等消费服务行业为主体的华人经济带来一定冲击。另外，法国有关部门还加大了对华人经济的清查，强调规范。笔者 2013 年赴法国潮州会馆调研时就发现，去年在其旁边吃过饭的一家大型中餐馆关门倒闭了。但也有部分华商开始走高端发展路线，成功转型。2012 年，华商黄学胜全资收购了一家法国主板上市企业，实现从创业板到主板的升级。2013 年 11 月 6 日，华商林鑫、吴成权、张杨三人联手投资 2 000 万欧元收购的香榭丽舍大街乃至巴黎高端餐饮代表之一的"拿破仑"（Bistro Chic Napoleone）西餐厅正式开业，标志着法国华商转型升级迈出重要一步。

与此同时，随着左翼社会党全面执掌法国政权，奥朗德逐步践行竞选承诺，总统和政府官员首先主动降薪，随后对国有公共企业高管限薪，另外还取消了萨科齐政府实施的一系列合理避税措施。2013 年 10 月 18 日，法国国民议会投票批准在今明两年内针对年薪超过 100 万欧元的个人征收高税率的"特别富人税"，实际税率接近 75%。这一新税种将涉

---

① 《奥朗德在交大发表演讲　道出对中法关系新期待》，http：//www.chinanews.com/gj/2013/04 - 27/4770254.shtml，2013 年 12 月 12 日。

② 《法国第三季度经济陷入萎缩》，http：//jingji.cntv.cn/2013/11/14/ARTI1384420737539359.shtml，2013 年 12 月 11 日。

③ 《三季度欧元区及欧盟经济微弱增长》，http：//china.huanqiu.com/News/mofcom/2013 - 11/4570001.html，2013 年 12 月 1 日。

④ 《法国最低薪族激增至 310 万　私企情况最严重》，http：//www.oushinet.com/home/mainnews/20131212/14187.html，2013 年 12 月 12 日。

及 470 家企业的 1 000 名员工，每年可为法国政府带来 2.1 亿欧元收入。但自从法国政府公布 2013 年财政预算草案后，已经有不少富人"出逃"法国，让法国损失重大。富人们带走的不仅是财产，还有公司和企业。法国的商业竞争力随之下降，更多工作岗位将消失。奥朗德政府欲借提高税收来弥补政府赤字的做法或许会反其道而行，到头来非但不会实现减少政府赤字的愿望，反而给法国带来更加严重的负收益，以及法国人才大批外流。①这些都将直接或间接地影响到华人的经济。

（三）经济危机引致移民态度转变，影响华侨华人生存发展环境

2013 年 10 月 23—25 日，伊福普民调所（IFOP）为《现实价值》杂志在网上抽样调查 1 002 名有代表性的法国人。调查显示，法国人 2006 年以来对移民很有看法，近 7 成法国人认为移民待遇好过法国人。"政府为移民做的超过为法国人做的"，这句话得到 67%的受访者的赞同，而 2006 年只有 40%。同样，"应当从承受移民过渡到遴选移民"这句话得到压倒性多数（86%）的认同，2006 年是 62%。只有 24%的受访者认为"公共当局有效地打击了集体移民"，而这个比例 2007 年是 45%。②

此外，法国右派杂志《观点》上的一篇文章直接反映了这种情绪。作者问道："这群中国魔鬼是怎么成功的?"文章接着列出"五诫"：①每周工作八十小时；②以店为家；③一毛钱都不付给员工，因为他们是家人；④不要对社会有贡献；⑤别缴税。巴黎第 3 区区长艾登布姆认为，该文章显示法国人在经济低迷时，嫉妒中国移民的成功，但 2012 年的调查显示华人移民逃税状况和其他族群差不多。虽然许多法国人坚持工作与生活必须平衡，法国工会最近一百年也捍卫这样的价值观念，不过部分法国人认为该检讨这项传统了。法国民意研究所民调显示，71%的法国人认为，如果加薪的话，周日也愿意工作。巴黎烟草酒吧业主联合会会长波雷说道："法国人须更努力，否则这样下去他们会成为我们的老板。"③

由于债务危机引发的经济紧缩和高失业率正助长着过去十年缓慢崛起的欧洲民粹主义，他们的影响也逐渐反映在新的权力结构之中。④ 在当前欧洲大呼"新同化主义"政策的同时，法国也不例外，移民被要求尽快"融入"。这些环境的变化应该引起华人社会的关注，以避免不必要的冲突，不要让烧华人汽车、抢华人财物的事件连续发生。

（四）司法漏洞加剧治安恶化，华人安全屡遭侵犯

法国外来移民众多，治理复杂，加上经济危机导致高失业率，社会治安长期未见好转，尤其是在巴黎这样人口流动性非常强的大都市。美国美世（Mercer）咨询公司根据国内稳定性、犯罪率、法律执行效力和安全部门效率等评判标准，对全球主要城市的安全状

---

① 《法国批准开征 75% "富人税"　富人为避税纷纷移民》，http：//finance. chinanews. com/cj/2013/10 - 21/5403606. shtml。

② 《调查称近 7 成法国人认为移民待遇好过法国人》，http：//world. huanqiu. com/regions/2013 - 11/4565296. html，2013 年 12 月 8 日。

③ 《法国人眼红中国移民事业成功，检讨"低工时"传统》，http：//www. chinanews. com/hr/2013/10 - 21/5404277. shtml，2013 年 11 月 12 日。

④ 《欧洲政治极化隐忧》，http：//magazine. caijing. com. cn/2012 - 07 - 15/111949054. html，2013 年 9 月 12 日。

况进行排名，每年发布"全球城市个人安全排行榜"。2012 年的数据显示，欧洲城市在前十名中囊括 7 个席位（前三位分别是卢森堡、伯尔尼和赫尔辛基），法国巴黎则是徘徊在第 60 名的位置。《费加罗报》2013 年 3 月报道，法国的犯罪率依旧呈现涨势，入室抢劫、扒手偷窃及针对妇女施暴等情况均在增多，而发生在巴黎的犯罪案件则以空前速度增长。中国游客遭抢事件更是层出不穷。根据巴黎治安新闻调查显示，90% 的在法华人都有被抢的经历，这项数据虽然看起来触目惊心，但是在旅法华人眼中却不足为奇，他们还经常开玩笑道，"在巴黎的中国人分为两种：一种是被抢过的；另一种是即将被抢的。如果你没有被抢过，就不算来过巴黎"。对于警察的办案力度与效率，2012 年《巴黎人报》刊登的法国著名民调机构 IFOP 的调查显示，大约有 50% 的法国人认为法国的警察效率高，44%的法国人表示对警察有信心，而这个数字在巴黎地区只是 39%。巴黎的犯罪分子往往都是非洲裔、阿拉伯裔或非法移民的罗姆人，多是 10 岁至 16 岁之间的青少年，有的 5 岁就已经开始在街头偷盗。他们大多心智还未成熟，法律意识也薄弱，加上法国对扒窃罪的处理很轻，尤其是法籍的少年犯罪是不能打也不能关的，即使被抓也很快就会被放，情节严重的最多刑期不会超过一年就会被释放，政府又无力将他们全部驱逐出法国领土。[1] 因此，越来越多的犯罪分子利用法国这一司法体系漏洞，在背后策划和组织，教唆未成年人犯罪。法国有必要重新制定法律条例加以应对。

五、法国侨情发展趋势

（一）经济前景扑朔迷离，华人社会影响微妙

德国商业银行首席经济学家 Jrg Krmer 对法国 2013 年经济发展深表失望："我们把法国划到欧元区最成问题的国家集团，它们面临的困难和南欧国家相似，主要是产品价格竞争力不足。"欧盟委员会也认为，法国正面临失血性成长。作为欧元区第二大经济体，法国 2014 年的增长率预计为 0.9%，仅为第一大经济体德国的一半，预计 2013 年增长率仅为 0.2%。[2] 在公布这一数据后，法国财政部长皮埃尔·莫斯科维奇表示，虽然第三季度数据并不看好，但自己仍然坚信，2013 年度法国全年经济能够实现 0.1% 到 0.2% 的增长。"目前法国国内的生产力正在努力抬头，国内经济生产也正在恢复之中"，莫斯科维奇在接受法国媒体采访时表示，"尽管第三季度经济增长陷入停顿，但这并不让人意外。这个数据并不代表法国经济开始衰落，更不能说明经济陷入萧条。"[3] 法国总统奥朗德本指望依靠经济复苏来兑现他所作的 2013 年年底前遏制住法国失业率上升势头的承诺，看来是难以实现了。

经济形势影响政治发展。虽然奥朗德 2013 年访华取得圆满成功，但对未来 5 年中法关系发展仍应持"谨慎乐观"态度。奥朗德是法国社会党领导人，法国近 17 年来第一位左翼总统，在国内决策及外交关系处理上，该党以意识形态划界的色彩比较浓厚。近 10

---

① 《华人巴黎频遭抢 法司法漏洞大》，http：//news. hexun. com/2013 – 04 – 10/152978426. html，2013 年 12 月 12 日。

② 《2013 年夏季法国经济下滑》，http：//finance. ifeng. com/a/20131115/11093892_0. shtml，2013 年 12 月 12 日。

③ 《法国第三季度经济陷入萎缩》，http：//jingji. cntv. cn/2013/11/14/ARTI1384420737539359. shtml，2013 年 12 月 10 日。

年来，每当中法关系出现波折时，问题来源都不在中方。当法国国内政治再现波折时，奥朗德能否吸取前任教训，成功消化政治压力，避免中法关系动荡，极大考验其政治智慧。[1]此外，法国前总统萨科齐也公开表态将重返政坛。他告诉法国《观点》杂志说："问题不在于我是否想或不想重返政坛，而是我不能不重返政坛，我别无选择，这是一种必然性。"另据《费加罗报》和伊福普民调所（IFOP）2013 年 11 月 12 日公布的民调显示，46% 的受访者希望萨科齐是总统，27% 则希望是奥朗德。法国政治的稳定与中法关系的发展也必然影响到奥朗德的政治承诺以及政策的实施，这些都将给华人社会带来深远影响。[2]

（二）经济困境提供契机，华商战略布局迎来转型良机

欧债危机以来，法国经济深受影响，一些知名企业陷入困境，这也为华商收购投资提供了契机，不少华商借机进军高端商业，实现在法国事业的转型升级。根据华人企业凯博国际集团的发展蓝图，未来几年其将在巴黎中心地段收购 15 家高档餐厅，脚踏实地打造精品高端餐厅模式，形成连锁效应，力争在巴黎高端餐饮业占有一席之地。由于历史原因以及华商融入当地的程度不够、不熟悉当地社会情况等诸多因素，此前华商在巴黎等地创办的餐饮等企业规模一般不大，层次也不高，也很少有机会投资并购当地高端商业企业以跻身当地高端消费之列。近年来，已有华商逐渐在商贸、专业领域乃至政界崭露头角，以精英身份融入当地主流社会，但大多数仍在低端商业上打拼，急需突破这个瓶颈。华商如今正迎来投资、收购法国当地高端商业的良机，更多旅法华商将会有机会走出低端，实现转型升级。[3]

①《奥朗德访华"承前启后"　中法关系定位"优先"》，http://www.chinanews.com/gn/2013/04-27/4771124.shtml，2013 年 10 月 12 日。

②《萨科齐受访称要重返政坛：我别无选择》，http://ouzhou.oushinet.com/france/20131212/14239.html，2013 年 12 月 12 日。

③《三温商入主巴黎高端餐厅"拿破仑"》，http://www.wenzhou.gov.cn/art/2013/11/13/art_3599_288225.html，2013 年 12 月 12 日。

德　国

　　2013 年，默克尔在大选中连任总理，德国政局保持稳定，但经济受欧元区及外围影响，仍然保持低速增长。2014 年，德国经济增长预期良好，国内消费及就业环境改善，华人经济前景明朗，同时习近平主席出访德国，再提"新丝绸之路"，也给华侨华人发展带来更多机遇。此外，近年来，中国赴德留学生持续增长，华侨华人结构将出现新的变化。

一、德国基本概况及中德关系发展

（一）德国基本国情表

德国概况

国家全名	德意志联邦共和国	地理位置	欧洲中部	领土面积	357 124 平方公里
首都	柏林	官方语言	德语	主要族群	主要是德意志民族，少数为丹麦人和索布族人
政体	议会民主制下的总理负责制	执政党及主要反对党	联盟党（基民盟和基社盟）、自民党/社会民主党、左翼党等	现任总统/总理	约阿希姆·高克（Joachim Gauck）/安格拉·默克尔（Angela Merkel）
人口数量	825 237 46（截至 2013 年第一季度）	华侨华人人口数量	约 16 万①	华侨华人占总人口比例	0.193%
GDP/人均 GDP	25 836 亿欧元/31 308 欧元②	CPI	1.4%（2013 年 9 月）	失业率	5.2%（2013 年 9 月）

　　资料来源：表格中除华侨华人人口和比例，其余数据来自欧盟官网，http：//europa. eu/publications/statistics/index_en. htm，2013 年 12 月 25 日。

---

　　① 《驻德国大使史明德在 2013 年华侨华人国庆招待会上的讲话》，http：//www. fmprc. gov. cn/mfa_chn/dszlsjt_602260/t1080387. shtml，2014 年 1 月 2 日。
　　② 数据是在欧盟委员会预测德国 2013 年经济增长率为 0. 5 的基础上计算得出的。

（二）德国与中国的关系

中国与德意志联邦共和国于 1972 年 10 月 11 日建交，建交后各方面关系总体发展顺利。2004 年 5 月，温家宝总理正式访问德国，两国发表联合声明，宣布在中国与欧盟全面战略伙伴关系框架内建立具有全球责任的伙伴关系。2009 年 1 月 28 日至 29 日，温家宝总理第三次正式访问德国，与默克尔总理举行会谈，共同出席第五届中德经济技术合作论坛，发表《中德关于共同努力稳定世界经济形势的联合声明》，签署了多项双边合作文件。2010 年 7 月，默克尔总理第四次访华，中德双方发表《中德关于全面推进战略伙伴关系的联合公报》，中德关系进一步深化。中德作为在各自地区和世界上具有重要影响的国家，作为第三和第四大经济体及重要贸易和出口国，有着广泛的共同利益，在应对全球性挑战方面肩负着重要责任。2012 年 2 月和 8 月，默克尔两度访华，与中国高层会面交流，就世界形势、欧债危机、中德关系发展等交换了意见，凸显了中德之间的特殊关系。双方增进战略互信，深化务实合作，签署了许多协议，把展望未来的中德战略伙伴关系推上更高水平。近年来，德国一直是我国在欧洲的最大贸易伙伴。据欧盟统计局统计，2011 年中德双边贸易额为 1 793.3 亿美元，增长 16.1%。其中，德国对中国出口 899.3 亿美元，增长 26.6%；自中国进口 894.0 亿美元，增长 7.1%；德方顺差为 5.2 亿美元，而上年同期为逆差。中国为德国第四大出口市场和第三大进口来源地。[①] 德国是对华直接投资最多的国家之一，截至 2012 年 4 月底，中国累计批准德国企业在华投资项目 7 437 个，德方实际投入 186.7 亿美元。截至 2012 年 4 月底，经商务部核准的中国对德国投资 21.3 亿美元（不含金融类投资）。[②] 另外，中德之间在文化、教育、军事、地方交流等方面也有健康发展。

二、德国基本侨情

中国人移居德国已有上百年的历史，早期的华人主要是来自浙江、广东的商贩和海员，20 世纪初，开始有中国学生留学德国，"二战"期间，约有 600 名中国人死于集中营，几百人死于劳工营。1937 年，还有 3 700 名中国人在德国生活，到"二战"结束时，只剩 400 人了，至 1970 年在德华侨华人只有数百人。[③] 20 世纪中叶，部分港台和大陆人士及印支华裔再移民先后定居德国。改革开放以来，大批中国公民以亲友团聚、留学、旅游、劳务输出等形式进入德国，1990 年德国华侨华人达到 4 万，目前增至 16 万左右，籍贯也由原来的粤、浙两省扩展到闽、苏、沪等省（市），其中广东籍和浙江籍各占总数的 40%，其他省籍（福建、江苏、上海、东北）约占 20%。他们居住分散，遍布全德 100

---

① 《2011 年德国货物贸易及中德双边贸易概况》，http：//countryreport. mofcom. gov. cn/record/view110209. asp? news_id = 29478。

② 《中国同德国的关系》，http：//www. fmprc. gov. cn/mfa_chn/gjhdq_603914/gj_603916/oz_606480/1206_606796/sbgx_606800/。

③ 《日益兴盛的德国中文学校》，http：//www. zhgpl. com/crn – webapp/cbspub/secDetail. jsp? bookid = 32601&secid = 32628。

多个大、中、小城镇。① 华人相对集中的城市有柏林、汉堡、法兰克福、慕尼黑、纽伦堡、不来梅、杜塞尔多夫、斯图加特等。②

据欧洲华侨华人社团联合会统计，截至 2008 年，德国华侨华人社团总数为 80 余家。由于历史和社会原因，德国没有唐人街，华侨华人社团一般没有专门会所。华侨华人的许多聚会、活动，一般都在中餐馆里进行，有的中餐馆门口甚至挂着社团的牌子，成为华侨华人社团活动的场所。

德国华人经济主要集中在三个行业：餐饮业、中医及旅游业。其中经营餐饮业的华人比例最大，有中餐馆和中式快餐店 6 000～7 000 家。中医在德国民间也十分受欢迎。德国约有 5 万人使用针灸作为辅助疗法，影响巨大。20 世纪 90 年代以后，华侨华人职业朝多元化方向发展，包括进出口贸易、杂货贸易、旅行社、食品制造业、运输业、药业、教育、金融、进出口贸易、IT 等行业。

华人参政方面，德国社会相对保守，既没有美国的移民传统，也不像英、法有殖民历史。德国政府强调移民融合必须遵循明确的标准，尤其以移民者"接受德国的价值"为前提，语言及社会法律知识须过关。华人要融入主流社会，尤其是参政非常艰难。近年来，这种状况正在悄悄改变。华人参政的热情逐渐高涨，不仅体现在从政人数逐年增多，也体现在参政意识的加强、参选人数的增多、选举参与热情的提高等方面。

华文教育方面，1973 年在汉堡诞生了由汉堡中华会馆创办的德国第一所中文学校——汉堡中华学校（也叫汉堡华侨子弟学校）。华侨华人人数的倍增，使华文教育成为德国华侨华人的迫切需求。加上中国经济持续强劲发展、中德经济关系日益加强，华文经济价值提升，促使近 10 年来德国中文学校迅速发展，并逐渐呈现出兴盛的局面。德国目前有各类中文学校 70 多所，分散于各个地区。③ 现在，德国华文媒体有 10 多家，大多数发展不错。其中，《华商报》、《欧华导报》等比较有影响力。

三、德国政治经济形势变化对华侨华人的影响

（一）德国大选，华人投票冷暖不一，感受各不相同

德国共有 500 多万具有移民背景的公民，这其中不乏华人身影。近年来，德国华人参政意识有所提高，部分华人已经付诸实践，有助于更好地维护自身合法权益。但总体而言，德国华人参政处于起步阶段，缺乏组织性，未能形成合力。2013 年德国大选当中，华人投票积极性有所增强，不过各自诉求不同，感受不一。来自上海的梅莉是一家德企行政总裁秘书，2011 年加入德国籍。她最关注税收政策，"最近的一个月每天都会看竞选方面的新闻。因为我非常期待自己在德国的第一次投票，所以工作之余会投入很大的精力。大体的感觉就是，联盟党比较强调家庭政策；社民党和左翼党比较强调工会的作用；绿党比较强调环保；自民党则比较强调经济上的自由。我希望默克尔可以当选！"2013 年加入德

---

① 《德国华侨华人概况》，http：//www. chinataiwan. org/zt/gjzt/diqijie/pindaoliu/huarengaikuang/200803/t20080327_614125. htm。

② 《欧洲华人生活比较：法国华人人数和社区规模居首》，http：//news. 163. com/07/0701/14/3IASB9N5000120GU. html。

③ 《日益兴盛的德国中文学校》，http：//www. zhgpl. com/crn - webapp/cbspub/secDetail. jsp? bookid = 32601&secid = 32628。

籍的何明在德国从事导游工作近 10 年，当被问及对于第一次参加德国大选有何感受时，他说道："希望有选举权的在德华人都能积极投出手中的选票，因为了解、参与德国政治是融入德国社会的重要条件。投票是权利也是义务，既然自己选择了入籍，就应该参与。"他还透露，早在他收到大选投票通知之际，他就决定了选举日当天要赶个大早去投票，发出属于华裔自己的声音。而 2010 年加入德籍的太阳能公司老板赵晨却认为：政治离我们太远了。他改变国籍是出于对自己生意的考虑。在赵晨看来，自己手中的一张选票是没有多大意义的。很多朋友也劝他要珍惜自己投票的权利，他会说自己的精力都放在生意上了，对政治实在知之甚少。①

（二）默克尔连任，中德关系健康发展，华人发展环境稳定

2013 年 9 月 24 日，德国联邦大选结果公布，默克尔为首的基民盟联合姊妹党基社盟获得 41.8% 的多数选票。这一选举结果表明，基民盟得票结果远优于其他政党，但因不占有绝对多数而无法独立执政。现任总理默克尔将继续执掌德国，选民对其满意度高达 70%。② 12 月 15 日，基民盟和社民党联合政府组阁成功。默克尔连任，德国政治经济政策将保持连续性发展，对华关系也应该不会有大的波动，有助于在德华侨华人的发展。正如驻德国大使史明德在 2013 年华侨华人国庆招待会上所言，"重视对华关系，全面发展对华合作是德国跨党派的共识。我相信，中德关系基础牢固，中德友好深入人心，在双方的共同努力下，两国关系必将前景广阔，不断取得新的进展"③。

（三）经济呈现一定复苏增长，助推华人经济发展

2013 年初，各界还在抱怨欧洲第一大经济体停滞不前。第二季度德国经济增长率为 0.7%，动力主要来自国内需求。此外，德国强势的出口态势也备受批评。德国外贸盈余占其经济总量的 6%，这也触犯了欧洲稳定与增长公约的红线。欧盟委员会宣布，将对德国的外贸盈余进行调查，批评者指责德国借助其出口实力削弱了欧洲危机国家的经济。④

11 月 19 日，欧洲经济研究中心（ZEW）公布的数据显示，德国 11 月 ZEW 经济景气指数连续四个月走高，好于市场预期，且创近四年新高，升至 54.6，预期 54.0，前值 52.8。德国 11 月 ZEW 经济现况指数跌回 28.7，预期 31.0，前值 29.7。尽管第三季度经济增速放缓至增长 0.3%，且 10 月企业信心意外下滑，但德国 11 月经济景气指数表明欧元区最大经济体的经济复苏仍持续强劲。德意志银行（Deutsche Bank AG）首席经济学家 Stefan Schneider 称，德国经济增长稳定，主要受国内需求大幅增长的提振，预计德国经济明年将继续稳步增长。不过，虽然德国目前仍然是欧元区经济增长的主要推动力，但是其经济增长仍然面临诸多不利因素，包括国内的政治斗争和欧元区脆弱的经济复苏势头。

① 《德国华人选民看大选：首次参加投票感受各不相同》，http：//www.chinanews.com/hr/2013/09 - 29/5337478.shtml。

② 《默克尔将继续执掌德国 选民对其满意度高达 70%》，http：//world.huanqiu.com/exclusive/2013 - 09/4380704.html。

③ 《驻德国大使史明德在 2013 年华侨华人国庆招待会上的讲话》，http：//www.fmprc.gov.cn/mfa_chn/dszlsjt_602260/t1080387.shtml。

④ 《2013 年第三季度德国经济增长趋缓》，http：//caijing.chinadaily.com.cn/gjcj/2013 - 11 - 15/content_10597449.html。

M. M. Warburg & Co. 首席投资策略师 Carsten Klude 表示，虽然德国经济目前仍然处在增长的道路上，但是法国和意大利的增长风险仍然存在，或抑制德国经济增速。预计德国和欧元区明年将稳步增长。① 德国经济复苏，并且主要来自内需，说明德国民众收入提升，消费增强，对主要从事餐饮、旅游、贸易的华侨华人而言，无疑将带来一定利好。

四、德国侨情发展趋势

（一）2014 年经济增长预期良好，国内消费及就业环境改善，华人经济前景明朗

据 2013 年 11 月 12 日的报道，德国经济五贤人预测明年德国经济将强劲增长 1.6%，预计 2013 年德国经济增长率为 0.3% ~ 0.4%。此前，德联邦政府对 2013 年和 2014 年的增长预测分别为 0.5% 和 1.7%。专家指出，经济增长的动力来自国内经济和消费支出的增加，2014 年就业人数将达创纪录的 4 210 万。② 经济的稳定增长必然带来各领域的全面复苏与发展，而对于大多数从事第三产业的华侨华人来说将是重大利好消息。

（二）中国领导人访问德国，再提"新丝绸之路"，给华侨华人发展带来更多机遇

2014 年 3 月底至 4 月初，中国国家主席习近平在欧洲展开了 11 天的外事活动，对荷兰、法国、德国、比利时进行国事访问，出席在荷兰海牙举行的核安全峰会，并访问联合国教科文组织总部和欧盟总部。在此次欧洲之行中，习近平主席再次提及"新丝绸之路"，引起了海内外广泛关注。在访问德国时，习近平主席特别来到位于德国西部北威州的杜伊斯堡港参观，目睹了一辆来自中国的、满载货物的列车进站。杜伊斯堡港是世界最大的内河港和欧洲重要的交通物流枢纽，也是由重庆经新疆跨欧亚直至欧洲的渝新欧国际铁路联运大通道的终点。这条铁路成为连接中国和欧洲的现代"丝绸之路"，是中欧经贸合作广阔前景的象征。习近平在现场表示，中方提出建设丝绸之路经济带的倡议，秉承共同发展、共同繁荣的理念，联动亚欧两大市场，赋予古丝绸之路新的时代内涵，造福沿途各国人民。中德位于丝绸之路经济带两端，是亚欧两大经济体和增长极，也是渝新欧铁路的起点和终点。两国应该加强合作，推进丝绸之路经济带建设。③ 德国是欧洲经济的"发动机"，中德两国经贸合作在中国同欧洲的合作中发挥核心作用。数据显示，2013 年两国贸易总额达到 1 616 亿美元，这比 40 多年前中德建交时增长了近 600 倍。两国已经成为对方国家在各自地区的最大贸易伙伴。习近平主席用"中国速度"和"德国质量"两个词，生动准确地描述了两国经济的各自特点和双方之间的互补关系。德国总理默克尔对中国方面的期待深表赞同，她作出承诺，德国愿做欧中关系发展的"发动机"。④ "新丝绸之路"

---

① 《德国 11 月经济景气指数好于预期　创近四年新高》，http：//finance. sina. com. cn/money/forex/20131119/194517370158. shtml。

② 《经济学家预测 2014 年德国经济增长 1.6%》，http：//china. huanqiu. com/News/mofcom/2013－11/4565139. html。

③ 《习近平欧洲行再提新丝绸之路 战略构想世界瞩目》，http：//jingji. cntv. cn/2014/04/06/ARTI1396793119326584. shtml。

④ 《习近平欧洲之行传递重要信息 具有里程碑意义》，http：//news. sctv. com/gnxw/szyw/201404/t20140404_1869152. shtml。

的开拓，中德关系发展的良好大局，无疑为在德华侨华人的进一步发展带来了更多机遇。

（三）中国赴德留学生人数持续增长，华侨华人结构将进一步改变

多年来，中国留学生团体一直是德国高校最大的外国学生团体。2011 年有 22 828 名中国学生在德国高校注册入学。[①] 2013 年，据德国联邦统计局公布的统计数据，德国各类大学接纳的海外留学生数达 10.1 万人，同比增长5.8%。按学科统计，法律、经济、社会学以 2.89 万人居首，同比增长 5.9%；工程类 2.53 万人，同比增长 10.2%；语言、文化类 1.91 万人，同比增长 1.2%；理工、自然科学类 1.53 万人，同比增长 5.3%。按国别统计，2012 年德国接纳的海外留学生数，最多的是中国，其次分别为俄罗斯、奥地利、保加利亚、波兰、土耳其、乌克兰和印度等。德国是仅次于美国和英国的广受欢迎的留学地。据称，德国大学广受欢迎的优势在于，一是口碑好，二是 90% 以上的学科为免费。另外，德国重视对人才的吸引。2001 年至 2010 年间在德国各类大学毕业的海外留学生中，44%的学生在 2011 年仍居德国。[②] 随着越来越多的中国留学生留居德国成为华侨华人，德国华侨华人整体素质将进一步提升。

---

① 《德发布留学生报告：中国学生毕业率高于本土学生》，http：//www.chinanews.com/lxsh/2012/08 – 01/4074103.shtml。

② 《德国 2013 年接纳海外留学生人数首次突破 10 万人》，http：//www.zw – news.com/huaren2014032618998.html。

荷 兰

    2013 年是中荷正式建立大使级外交关系 40 周年后的第一年。回顾 2013 年，中荷之间中高层交流不断、民间交往频繁，荷兰华人也积极发挥中荷之间的桥梁作用。受欧债危机的影响，荷兰经济持续低迷，失业率较高，部分华人就业受到影响；经济危机导致政坛改组，华人参政议政意识增强，或许这为华人积极参政提供了一定的有利条件；孔子学院的兴办进一步促进了华文教育的发展，使中华文化得到进一步传播；中荷其他方面的交流不断深入，加强了两国人民之间的了解。华人社团内部不断出现整合统一的声音，不但在促进中荷两国交流方面起到了良好的作用，还进一步促进了华人对自身利益的维护。

一、荷兰基本国情

表 1　荷兰概况

国家全名	荷兰王国	地理位置	西欧	领土面积	41 543 平方公里
首都	阿姆斯特丹	官方语言	荷兰语/弗里斯兰语	主要民族	荷兰族
政体	议会制君主立宪制	执政党及主要反对党	自由党、工党/新自由党、社会党①	国家元首/政府首脑	威廉·亚历山大/马克·吕特
人口数量	16 778 025②	华侨华人人口数量	12 万（荷兰半官方机构统计）	华侨华人占总人口比例	0.75%
GDP/人均 GDP	7 731.16 亿美元/46 142.39 美元③	CPI	2.8%④（2012 年）	失业率	8.6%⑤

    资料来源：《荷兰国家概况》，中国外交部网，http：//www. fmprc. gov. cn/mfa_chn/gjhdq_603914/gj_603916/oz_606480/1206_606944/，2012 年 7 月 13 日；The World Factbook，美国中央情报局网，https：//www. cia. gov/library/publications/the – world – factbook/geos/nl. html，2013 年 9 月 4 日。

---

    ①　中华人民共和国外交部网，http：//www. fmprc. gov. cn/mfa_chn/gjhdq_603914/gj_603916/oz_606480/1206_606944/，2013 年 7 月。

    ②　荷兰中央统计局，http：//statline. cbs. nl/StatWeb/publication/？DM = SLEN&PA = 37296eng&D1 = a&D2 = 0，10，20，30，40，58 – 59，l&LA = EN&STB = T，G1&VW = T，2013 年 4 月 5 日。

    ③　中华人民共和国外交部网，http：//www. fmprc. gov. cn/mfa_chn/gjhdq_603914/gj_603916/oz_606480/1206_606944/，2013 年 11 月 20 日。

    ④　美国中央情报局，https：//www. cia. gov/library/publications/the – world – factbook/geos/nl. html。

    ⑤　荷兰中央统计局，http：//www. cbs. nl/en – GB/menu/cijfers/default. htm，2013 年 11 月 20 日。

中荷发展趋势良好，政治交往不断、经济互动频繁、文化交流多样，海关总署、商务部、科技部等部门合作不断。2012 年也是中荷正式建交 40 周年。2013 年，双方关系发展良好，中荷双方高层在不断总结建交以来历史经验的基础上，力图把双方关系推向一个新的高度，为两国人民的交往和了解提供更多的便利。高层的互动频繁、民间交往的日益增多既是对建交 40 年成就的肯定，也是未来进一步发展的新起点。总体看来，2013 年，中荷关系的发展有着良好的基础和可不断开拓的空间，尤其是在环境、科技、金融、物流、文化等领域。

二、基本侨情

（一）基本简史

中国人最早来到荷兰是在 1607 年。第一个来荷兰的中国人叫恩浦，从荷属东印度来到荷兰。[①] 其后，有零零星星的华人来到荷兰的土地上，他们只是进行游历和短期的逗留，并未在此永久定居。从 20 世纪开始，才有大量华人移民荷兰并定居于此。20 世纪初期来到荷兰的移民共有两支，一支是印尼水手，另一支主要是浙江青田人，由东欧辗转而来。他们多为生活所迫，移民于此无非是为了能够生活得好一点。当然，除了初到荷兰的华人水手和商人之外，还有一些勤工俭学的留学生，而后由于 20 世纪 20 年代末至 30 年代初受全球经济大危机以及中国国内政局动荡的影响，这些留学生大多没有回到祖国，而是定居于荷兰，与当地人生儿育女。经济大危机给华人生活带来了致命性打击，华人凭着自己的聪明才智以及在祖籍国的手艺，靠着"花生糖"生意渡过了难关。当然，荷兰民众的帮助也起到了不小的作用。

第二次世界大战期间，荷兰陷落，华人和荷兰人民同仇敌忾，共同反抗法西斯的压迫。在荷兰人民的帮助下，华人冲破各种阻碍，大力支持中国国内的抗日战争。在共同反抗法西斯帝国主义的战争中，荷兰华人加深了与当地社会的友谊。中荷两国的被压迫、被侵略的共同命运也促进了两国关系的密切发展。1942 年（民国三十一年），中华民国（重庆国民政府）与荷兰建立大使级外交关系。1945 年，随着日本战败投降，世界反法西斯战争取得了重大胜利，荷兰当局支持荷兰华人举办了隆重的庆祝活动，庆祝中国抗日战争的胜利。"二战"期间，受国际局势和中荷两国环境的影响，华人移民荷兰的数量并不多。中国方面，经过三年国内战争，1949 年 10 月 1 日，新中国成立。荷兰政府于 1950 年承认新中国，两国于 1954 年建立外交关系，1972 年由代办级升成大使级。20 世纪 50 年代后，世界开始了亚非拉美等反抗殖民、取得独立的运动高潮，60 年代形成了几股移民欧洲的浪潮，其中比较大的移往荷兰的华人潮流有印度尼西亚华人和苏里南华人移民潮。进入 20 世纪 50 年代以来，随着美国"马歇尔计划"的实施，西欧经济迅速复兴，中国香港地区由于在经济上和西欧出现了差距，并且鉴于当时中国局势的动荡，很多香港人纷纷移民西欧，其中大部分选择定居在英国或荷兰。

20 世纪 70 年代以来，随着中国大陆改革开放的实行，向外移民的政策逐渐放宽，越来越多的大陆人移民国外，其中不少人移民荷兰。90 年代以来，中荷两国关系的改善为

---

① 梅旭华：《试述早期华人移民荷兰》，《华人华侨历史研究》1994 年第 1 期。

中国大陆人移民荷兰提供了更加便利的条件。2001 年，荷兰官方统计华侨人口突破 50 000 人。① 目前，荷兰官方所统计的华人主要由来自中国大陆、香港、澳门和台湾四部分的华人组成，来自其他地区的华人有印度尼西亚华人、苏里南华人等。

华人初到荷兰，大多埋首于经济生活，而不太理睬政治参与，融入荷兰社会的程度也比较低。随着华人人数逐渐增多，为了更好地生存，华人内部建立了很多社团，这些社团就成了华人表达意愿的代言。经过百年的繁衍生息，当今的荷兰华人已和初期有很大不同，现在的荷兰华人已经在经济方面立足，正在向着更好地融入荷兰社会主流前行。

（二）当代华人人口分布与结构

据荷兰中央统计局 2013 年 5 月 28 日公布的最新数据，至 2013 年官方公布的华人数目是 83 000 人（包括中国大陆 61 890 人、香港 18 192 人、澳门 112 人、台湾 2 806 人）②。但笔者依据欧洲华侨华人社团联合会 2008 年的统计资料，结合荷兰官方统计的增长率进行估算，估计在荷兰生活的华人有 19 多万人③，主要分布在鹿特丹、海牙、阿姆斯特丹等大城市。

表 2　2013 年荷兰华人人口结构（截止时间：2013 年 5 月 28 日）

来源地	总数	百分比（%）	男 人数	女 人数	第一代 人数	第一代 百分比（%）	第二代 总数 人口	第二代 总数 百分比（%）	第二代 父母一方出生在国外 人口	第二代 父母一方出生在国外 百分比（%）	第二代 父母双方出生在国外 人口	第二代 父母双方出生在国外 百分比（%）
中国大陆	61 890	74.57	29 752	32 138	43 487	70.26	18 403	29.74	3 480	5.62	14 923	24.12
香港	18 192	21.92	9 082	9 110	9 694	53.29	8 498	46.71	1 972	10.84	6 526	35.87
澳门	112	0.13	49	63	76	67.86	36	32.14	4	3.57	32	28.57
台湾	2 806	3.38	1 082	1 724	2 230	79.47	576	20.53	352	12.55	224	7.98
总计	83 000	100.0	39 965	43 035	55 487	66.85	27 513	33.15	5 808	7.00	21 705	26.15

资料来源：荷兰中央统计局网，http://statline.cbs.nl/StatWeb/publication/? DM = SLEN&PA = 37325eng&D1 = a&D2 = a&D3 = 0&D4 = a&D5 = 3，50，99，122，221&D6 = l&LA = EN&HDR = T，G2，G3，G5&STB = G1，G4&VW = T，2013 年 11 月 9 日。表中总计和百分比为笔者计算。

荷兰中央统计局统计华人的标准是本人或者父母双方其中有一人出生在中国大陆或者港澳台等地区者。据此标准，我们可从表中明显看出，第一代移民占据了华人构成的主要成分。中国大陆、香港、澳门和台湾第一代移民的比例分别高达 70.26%、53.29%、

---

① 《荷兰华人统编》，荷兰华人及留学生之家网，http://www.kina.cc/nl/kina.htm。

② 荷兰中央统计局，http://statline.cbs.nl/StatWeb/publication/? DM = SLEN&PA = 37296eng&D1 = a&D2 = 0，10，20，30，40，58 – 59，l&LA = EN&STB = T，G1&VW = T，2013 年 4 月 5 日。

③ 笔者据 2008 年荷兰华人为 16 万的人口数据估算得出，其中 2008 年数据来自第 15 届欧洲华侨华人社团联合会提供的资料，转引自荷兰百年华人志庆基金会编：《荷兰华人百年》，澳门：中华出版社 2011 年版，第 94 页。

67.86%、79.47%，第二代移民中，父母双方均出生在国外者的比例较高（详见表3）。就其来源地看，来自中国大陆的移民占74.57%，构成了荷兰华人的主体，来自香港、澳门、台湾的分别占21.92%、0.13%、3.38%。

表3　第二代新移民婚育情况（截止时间：2013年5月28日）

来源地	总数	父母一方出生在国外								总数	父母双方出生在国外							
		从未结婚		已婚者		丧偶者		离异者			从未结婚		已婚者		丧偶者		离异者	
		人数	所占比例(%)	人数	所占比例(%)	人数	所占比例(%)	人数	所占比例(%)		人数	所占比例(%)	人数	所占比例(%)	人数	所占比例(%)	人数	所占比例(%)
中国大陆	18 403	2 693	14.63	587	3.19	46	0.25	154	0.84	14 923	13 984	75.99	875	4.75	1	0.005	63	0.34
香港	8 498	1 790	21.06	152	1.79	3	0.04	27	0.32	6 526	5 252	61.80	1 176	13.84	4	0.05	94	1.11
澳门	36	4	11.11	—	—	—	—	—	—	32	27	75.00	5	13.89	—	—	—	—
台湾	576	350	60.76	2	0.35	—	—	—	—	224	219	38.02	3	0.52	—	—	2	0.35
总计	27 513	4 837	17.58	741	2.69	49	0.18	181	0.66	21 705	19 482	70.81	2 059	7.48	5	0.02	159	0.58

资料来源：荷兰中央统计局网，http://statline.cbs.nl/StatWeb/publication/? DM = SLEN&PA = 37325eng&D1 = a&D2 = a&D3 = 0&D4 = a&D5 = 3，50，99，122，221&D6 = l&LA = EN&HDR = T，G2，G3，G5&STB = G1，G4&VW = T，2013年11月9日。表中总计和比例由笔者计算。

所谓的中国新移民，一般是指1978年以后以长期居住为目的离开祖籍国移居他国并居住超过一年以上的中国大陆及港澳台地区的中国人。[1] 虽然在荷兰华人中，第一代移民仍然占据主体地位，但在这里，笔者主要针对荷兰华人发展的前景以及第二代的主要特征进行分析。在第二代新移民中，父母双方均出生在国外者占了重大比例，而且从第二代新移民的婚育情况中可以看出，第二代新移民的年轻化特点十分明显，从未结婚者分别占了14.63%和75.99%，而且单身情况居多，已婚者仅占3.19%和4.75%。父母双方均出生在国外者的年轻化优势远比父母双方有一方出生在国外者更为明显。

在华人社会的未来发展中，随着第二代新移民的崛起，荷兰华人社会将会出现越来

---

① 李常瑜：《中国新移民的基本特征研究——以欧洲和北美的中国新移民为例》，山东大学硕士学位论文，2013年。

多的父母双方均出生在中国大陆或港澳台等地的现象。这些新移民通过留学、投资、家庭团聚、技术移民、劳工移民等多种移民方式出现，他们将会形成更加多样化的华人社会。

（三）华侨华人经济

2013 年，荷兰经济虽有所发展，但总体上看并不十分景气，荷兰华人经济受荷兰整体经济的影响，仍在继续发展，但是并没有更大的成就。

对于荷兰华人的传统行业——餐饮业来说，2013 年是一个值得庆祝的年份。2013 年，荷兰共有 1 万多家各类餐馆，华人从事的餐馆有 2 500 家左右，占 25%。由于华人的勤劳以及营销策略的成功，华人餐馆业赢得了比较好的局面。[①] 可喜的是，2013 年 10 月，荷兰著名侨领杨华根与荷兰 KLM 航空公司签订合约，从阿姆斯特丹至中国航线上的航空餐将由其经营的老字号"海城大酒楼"提供，并且该酒楼同时应邀成为荷兰皇家航空公司 KLM 的中餐餐品顾问，为荷航阿姆斯特丹前往中国地区所有航班公务舱与经济舱提供为期 2 年（2013—2015 年）的膳食计划服务[②]。这表明中餐在荷兰已经得到社会的一定认可。中餐在荷兰的流行，不但能促进荷兰饮食的多样化，还为中国文化的流行提供了新的途径。

值得注意的是，很多荷兰华商十分注重在中国国内的投资，积极发展与国内地方的联系。如 2013 年 4 月，华商李华鸿回乡实地考察，对广东省新十项工程重大建设项目——南朗华南现代中医药城的整体投资环境进行了考察，并咨询了相关的服务以及政府优惠政策等情况，准备为荷兰企业计划组团开辟中国市场提供详细的参考意见。[③] 中荷经济的交流需要一批民间"牵线搭桥"的中介，这其中，不仅促进了中国国内市场的开辟和荷兰经济的复苏，也促进了华侨华人经济的复兴。

（四）中文教育

荷兰自从 2006 年 10 月成立第一所孔子学院——海牙孔子学院之后，目前已有两所孔子学院落户荷兰。此外，荷兰还有 10 所中学将中文列为必修课程[④]。荷兰教育国务秘书戴克尔表示，中文作为荷兰中学选修课程的试点项目已获成功，中文即将正式成为荷兰中学的外语选修课程。[⑤] 2013 年荷兰莱顿大学孔子学院被我国汉办评为先进孔子学院，莱顿大学孔子学院以中荷文化交流、推广和普及汉语言为宗旨，着力建设 WJKX（文化交流、教学与研究、HSK 考试、信息网络系统）发展平台，主要为荷兰境内以荷兰语作为母语的中小学、大学及广大社会民众提供服务，并辐射周边国家和地区。莱顿大学孔子学院开设了

---

① 《吃苦耐劳薄利多销　荷兰华人餐饮业有望走出低谷》，中国新闻网，http：//www. chinanews. com/hr/2013/01 - 18/4499641. shtml，2013 年 1 月 18 日。

② 《中餐获认可　荷兰华人餐饮进入荷兰航空公司》，中国新闻网，http：//www. chinanews. com/hr/2013/10 - 06/5346303. shtml，2013 年 10 月 6 日。

③ 《荷兰华商回故乡广东中山实地考察投资环境》，中国新闻网，http：//www. chinanews. com/zgqj/2013/04 - 07/4707453. shtml，2013 年 4 月 7 日。

④ 《驻荷兰大使张军就中荷建交 40 周年接受新华社专访》，中华人民共和国驻荷兰王国大使馆，http：//nl. china - embassy. org/chn/xwdt/t933331. htm，2012 年 5 月 19 日。

⑤ 《中文将正式成为荷兰中学选修课》，中国华文教育网，http：//www. hwjyw. com/info/content/2013/11/13/29315. shtml，2013 年 11 月 13 日。

12 类汉语课程，承担了莱顿大学的本科、研究生以及海牙学院本科 2 年级的汉语课程教学任务，自成立运营以来，注册学员不断增多，截至 2012 年，注册学员达 480 人。①

荷兰格罗宁根孔子学院是与中国传媒大学进行合作，由格罗宁根孔子学院基金会承办的一所孔子学院。该孔子学院自成立以来，便积极开展一系列促进中国文化在荷兰发展的活动，并积极推动学生学习中国传统文化的热情。2013 年 2 月 8 日，格罗宁根孔子学院举办了第一届电影文化节，主要放映了《十面埋伏》、《我十一》、《和你在一起》三部影片，展示了中国电影和中国文化的魅力，同时也吸引了百余名格罗宁根市民参加观看。② 格罗宁根孔子学院不仅在荷兰本国多次举行促进中国文化的活动，还积极加强与中国高校方面的交往，开展国际夏令营活动，以促进孔子学院学员的学习热情以及对中国的了解。7 月 6 日至 20 日，首届荷兰格罗宁根孔子学院赴华夏令营成功举办，来自荷兰的 19 名孔院学员进行了一次中国之旅，他们亲身体验了中华民族的沧桑与繁盛，增加了对中文的深切体会。③

孔子学院的相继开办，促进了荷兰中文教育事业的进步，加强了荷兰学生与中国高校之间的联系；频繁的交流互动，加深了荷兰新一代对中国的了解，促进了中国文化在荷兰的传播。

（五）华人社团

荷兰华侨华人社团数量众多，活动频繁。据统计，当前荷兰华人社团有 107 个，包括宗教团体（14 个）、康乐性社团（13 个）、耆英团体（12 个）、妇女团体（12 个）、综合性社团（10 个）、区域性团体（9 个）、工商业团体（7 个）、职业团体（6 个）、教育文化团体（6 个）、青年团体（6 个）等④。

在 2013 年，荷兰华人社团的主要活动，除积极管理好本社团事务以及处理好当地社会与华人社会之间的关系外，还积极促进中荷友谊，弘扬中华文化，集中于积极组织、参与中荷两国传统节日的庆祝活动，以及一些社团的换届工作。

第一，荷兰社团积极组织、参与中荷两国传统节日的庆祝活动。

对于中国的传统节日，荷兰华侨华人社团给予了高度重视，举办了各种大型活动，一方面加强华侨华人社会内部的团结和交流，另一方面加强中国文化在荷兰的传播，使更多的荷兰人了解中国文化。如 2013 年 2 月 9 日，适逢中国农历的除夕，荷兰华侨华人在海牙举办第十一届全荷兰华人海牙春节庆典，现场气氛热闹，充满了浓郁的中国特色。现场除了有富于中国年味的红灯笼、中国结、彩旗等物品外，荷兰气功协会主席、荷兰国家武术功夫联合会主席费玉樑带领他的荷兰"洋弟子们"也进行了精彩的表演，热闹的场面不仅吸引了众多荷兰民众驻足围观，海牙市官员也都兴致勃勃地参加庆典活动。⑤ 9 月 23

①　参见荷兰莱顿大学孔子学院，http://www.chinese.cn/conference/article/2012 - 12/15/content_476986.htm。

②　《格罗宁根孔子学院举行首届孔子电影文化节》，格罗宁根孔子学院，http://www.hanban.org/article/2013 - 03/04/content_486819.htm，2013 年 3 月 4 日。

③　《体验中国，放飞梦想——记首届荷兰格罗宁根孔子学院学生赴华夏令营》，http://www.hanban.org/article/2013 - 08/28/content_508476.htm，2013 年 8 月 28 日。

④　台湾"侨委会"：《侨务统计年报（2012）》，2013 年，第 86 ~ 87 页。

⑤　张恒：《中国春节　欢腾海牙——第十一届全荷华人海牙春节庆典素描》，《中外文化交流》2013 年第 3 期。

日，旅居荷兰的 20 多个华人社团、中国驻荷兰使馆工作人员、留学生代表 500 多人举行了庆祝新中国 64 周年国庆日活动。中国驻荷兰大使陈旭夫妇受邀参加了庆祝活动。① 每年度对中国国庆日的庆祝以及庆祝规模和场面的扩大，不仅彰显了中国国家实力的增强，旅居海外的华人侨胞的兴奋也体现了海外华侨华人不断融入到当地社会中。

第二，荷兰华人社团比较重要的事情是进行换届选举。

荷兰华人社团的换届不仅重视所推荐下一届社团领袖的威望，还考虑到其与荷兰社会的融合度。2013 年 2 月 20 日，荷兰华人总会举行了第六届理事会就职典礼暨新春蛇年庆祝联欢活动，刘海跃当选为新一届理事会会长。② 5 月 23 日，荷兰欧洲侨爱基金会进行第三届理事会换届工作，徐建英当选为第三届理事会主席。③ 新旧理事会主席的顺利交接，不仅是对老一届华侨华人辛勤工作的赞同，也是对新一届成员的期待。

第三，荷兰华人社团竭力发扬中华民族的优良传统，积极关注华人的生活状况。

2013 年 8 月 11 日，旅荷华侨总会与荷兰华人参议机构一起举办了一场新老华侨华人敬老联谊活动，荷兰参议机构主席（IOC）厉狄勇到场参与，并鼓励荷兰华人积极融入荷兰社会，关注华人长者的权益和需要。④ 关注华人老者的敬老活动不仅体现了中国美好传统在国外的传承，还体现了中华海外子女的热心与互助。海外华人的崛起需要这种精神，中华文化的展现也需要这种精神，这种行为是中华民族优秀文化的呈现。

第四，荷兰华人在关注社团自身发展的同时，更密切注意中国国内的情况，及时对有需要帮助的地方伸出温暖之手。

2013 年 4 月 20 日，四川芦山发生了 7 级强烈地震，旅荷华侨华人纷纷以各种形式表达对灾区人民的慰问和支持。4 月 25 日，荷兰中国文化基金会为四川雅安芦山地震灾区捐款 1 万欧元。基金会会长博旭敏一行在使馆拜访了陈旭大使，并向陈大使转交捐款，表示荷兰中国文化基金会希望通过捐款尽绵薄之力，帮助雅安芦山人民重建家园。⑤ 对"一方有难，八方支援"的优秀传统的继承，在荷兰华人的身上得到了很好的展现。

2013 年，华侨华人社团的各项工作都在有条不紊地进行着，它们有的继续着之前从事的活动，有的在新一届理事会成员的带领下奔向新的目标。不论它们专注于什么领域，所有社团的宗旨都离不开服务荷兰华侨华人、促进中国和荷兰之间的交流。

（六）华侨华人的政治参与

在政坛上发出自己的声音，切实地保护自己的权益不仅是所有荷兰华人的梦想，也是荷兰华人融入荷兰社会的一个体现。荷兰华人 2013 年政治参与的表现主要在于如何扩大

---

① 《荷兰华人社团举行庆祝新中国成立 64 周年活动》，中国新闻网，http：//www. chinanews. com/hr/2013/09 - 27/5331194. shtml，2013 年 9 月 27 日。

② 《荷兰华人总会举行换届典礼 刘海跃任新一届会长》，中国新闻网，http：//www. chinanews. com/hr/2013/02 - 20/4580857. shtml，2013 年 2 月 20 日。

③ 《荷兰欧洲侨爱基金会换届 徐建英当选为理事会主席》，中国新闻网，http：//www. chinanews. com/hr/2013/05 - 27/4860207. shtml，2013 年 5 月 27 日。

④ 《旅荷华侨总会与荷兰华人参议机构共办敬老联谊》，中国新闻网，http：//www. chinanews. com/hr/2013/08 - 14/5162449. shtml，2013 年 8 月 14 日。

⑤ 《旅荷侨胞心系四川芦山地震灾区》，中华人民共和国驻荷兰大使馆新闻，http：//nl. china - embassy. org/chn/xwdt/t1036306. htm，2013 年 4 月 29 日。

自己在政坛上的声音，如何把更多的华人带入荷兰的政治参与之中。

为了更好地凝聚华人的力量、传播华人的声音，2013年7月26日，旅荷华人参政议政工作座谈会在荷兰著名侨领胡志光、胡允革，旅荷华侨总会会长潘世锦等的参与下举行，来自全荷华人社团代表及当地华人代表100多人参加了此次座谈会。参与座谈会的旅荷华人社团代表就如何支持在华人队伍中选举出欧洲议员代表及荷兰华人应如何走上参政议政的正确轨道等课题进行了广泛的研讨，认为华人必须为自己的切身利益以及未来的发展着想，会议提议将荷籍华人何天送作为参选欧洲议员代表参加全国竞选，对主要社团做了分工以促进选举的顺利进行，并讨论成立荷兰华人党，由胡振款担任荷兰华人党筹备工作委员会召集人。① 2013年8月，旅荷华侨总会牵头组织举办了荷兰侨界参政议政座谈会，与会的70多位侨团代表就荷兰华人关注和努力多年的融入和参政议政问题进行了研讨和座谈，并讨论了当前参政的主要任务及实施方法。②

荷兰华人的参政还有很长的一段路程要走，尽管从第一代华人在荷兰土地上立足开始，华人们就一直为参政而努力。近几年来，华人参政的呼声尤为高涨，2005年荷兰华人参政议政基金会的成立，2009年由荷兰华社发起的欧洲政治研讨会的举办，2012年荷兰广东总会组织的侨界何天送助选活动，这些都是荷兰华人参政议政的一次又一次的尝试。但是，华人基于自身因素以及荷兰社会的原因，参政并不能在短时期内解决。目前，荷兰华人社团已经意识到并开始着手解决各种影响参政的问题，相信在不久的将来，荷兰华人能够像生活在荷兰的其他种族那样拥有高度的参政意识和关心政治的习惯。

三、中荷关系

2013年，中国和荷兰在政治、经济以及社会文化等各方面频繁交往，高层互动以及民间交流不断，总体表现出平稳发展的趋势。

在政治方面，中荷自1972年建立外交关系以来，双方本着互相尊重的原则友好交往。2012年是中荷建交40周年，双方高层交往不断。2012年5月16日，正在荷兰进行友好访问的全国人大常委会委员长吴邦国会见了荷兰首相吕特，并就推动中荷双边关系向更高水平、更深层次发展提出了三点建议。③ 2012年10月8日，全国政协主席贾庆林在北京会见了荷兰外交大臣罗森塔尔，双方回顾了中荷建立大使级外交关系的40周年历程，并展望未来，努力抓住双方关系发展的机遇，更好地造福两国人民。④ 2013年中荷双边关系得到进一步发展。11月15日，中国国家主席习近平在钓鱼台国宾馆会见了荷兰首相吕特，就中荷关系的发展、中荷经济方面合作的前景和机遇进行了交流。习近平对荷兰2014年主办第三届核安全峰会表示支持，并愿同荷方共同推动峰会取得成功；吕特对中国的改革

---

① 《旅荷华人拟成立荷兰华人党 鼓励华人参政议政》，中国新闻网，http：//www. chinanews. com/hr/2013/07 - 26/5089479. shtml，2013年7月26日。

② 《荷兰侨界举办参政议政座谈会》，人民日报海外版欧洲刊网，http：//www. eupeople. com. cn/ozxw/hl/20130828_6233. html，2013年8月28日。

③ 《吴邦国会见荷兰首相 就中荷关系发展提三点建议》，中国新闻网，http：//www. chinanews. com/gn/2012/05 - 17/3894003. shtml，2012年5月17日。

④ 《贾庆林会见荷兰外交大臣罗森塔尔》，中国新闻网，http：//www. chinanews. com/gn/2012/10 - 08/4231678. shtml，2012年10月8日。

开放很赞赏，并表示将继续致力于推动欧中关系的发展。①

　　在经济方面，中荷两国经济往来频繁，总体依然保持着稳定发展的趋势。2012 年中国成为荷兰的第二大进口伙伴。2013 年 9 月 15 日，国家食品药品监督管理总局张勇局长会见了来访的荷兰卫生、福利和体育部部长席佩斯，荷兰驻华大使贾高博一行，双方就拓展食品安全监督领域合作和继续深化药品、医疗器械监管合作进行了交流。② 受亚洲经济增速放缓的影响，荷兰对亚洲出口势头 2013 年上半年出现下滑现象。③ 2013 年 1—9 月，中荷进出口贸易额达到 496.411 71 亿美元，同比增长 0.5%。其中，出口 426.348 53 亿美元，同比增长 -1.3%；进口 700.631 8 亿美元，同比增长 13.3%。④ 2013 年 9 月 12 日，中远集团"永盛"号货轮历经 27 天航行，经过北极东北航道完成亚欧航线，最后停靠在荷兰鹿特丹港，北极航道首航的成功大大缩短了抵达荷兰的航运时间，⑤ 这将为中荷经济商船的往来提供更加便利的通道。

　　在文化互动方面，中荷之间文化交流频繁，其交流次数及质量都得到极大的提高。中荷两国人员交往由 1972 年的不足 1 000 人次发展到如今每年超过 100 万人次，人文交流人数和层次不断扩大。中国在荷兰的留学生不断增多，截至 2012 年 5 月，中国在荷留学人员已超过 7 500 人，成为荷兰高校第二大国际学生团体。中荷双方已建立 17 对友城关系。⑥ 2013 年 7 月 22 日，"中荷摄影文化交流展"在海牙市政厅揭幕，此次交流展是由中国和荷兰两国数十位摄影师联袂参与的，共展出 150 多张图片，展现了两国的民俗风情以及不同文化，吸引了中荷各界约 100 名嘉宾到场参观。⑦ 此次文化展促进了两国人民的互相了解和交流，加强了两国人民之间的互动。

　　在海关合作方面，中荷双方加强交流，对以往合作成果进行了积极回顾，并就未来合作进行了深度交流。3 月 28 日，海关总署署长于广洲在荷兰海牙会见荷兰海关局长威利·罗弗斯，双方对中荷海关合作成果进行了积极评价，并就打击固体废物和现钞走私、能力建设、安智贸、知识产权保护及关际合作等深入交换意见，会后还共同签署了《中荷海关2013 年合作协议》，见证签署了《上海—鹿特丹海关关际合作协议》和《广州—史吉浦海关关际合作协议》。⑧ 6 月 3 日，海关总署署长于广洲、副署长孙毅彪在北京会见荷兰财政

①《习近平会见荷兰首相吕特》，中国新闻网，http：//www.chinanews.com/gn/2013/11-15/5509796.shtml，2013年 11 月 15 日。

②《张勇会见荷兰卫生、福利和体育部部长、荷兰驻华大使一行》，食品药品监督局网，http：//news.163.com/13/0910/17/98E6PLCV00014JB5.html，2013 年 9 月 10 日。

③《今年上半年荷兰对亚洲出口下降》，（荷兰）《财经报》，http：//china.huanqiu.com/News/mofcom/2013-09/4339216.html，2013 年 9 月 9 日。

④ 中华人民共和国海关总署，http：//www.customs.gov.cn/publish/portal0/tab49564/info623588.htm，2013 年 10月 12 日。

⑤《中国商船成功首航北极航道　历时 27 天抵达荷兰》，《人民日报》（海外版），http：//news.ifeng.com/mil/2/detail_2013_09/12/29548740_0.shtml?_jinshanjunshi，2013 年 9 月 12 日。

⑥《驻荷兰大使谈发展中荷关系　利益交融度前所未有》，《人民日报》，http：//www.chinanews.com/gn/2012/05-15/3888241.shtml，2012 年 5 月 15 日。

⑦《中荷摄影文化交流展在海牙揭幕》，新华网，http：//news.xinhuanet.com/overseas/2013-07/23/c_116647825.htm，2013 年 7 月 23 日。

⑧《于广洲会见荷兰海关局长威利·罗弗斯》，中华人民共和国海关总署，http：//www.customs.gov.cn/tabid/2433/infoid/423697/frtid/65602/default.aspx，2013 年 4 月 2 日。

部国务秘书弗兰斯·威尔克斯、荷兰驻华大使贾高博一行，于广洲对中荷海关的友谊与合作进行了高度评价，并提出四点建议以深化双方的继续合作，威尔克斯国务秘书表示，荷方愿在促进贸易便利化、打击走私、关际合作等方面进一步推进与中国海关的合作。①

在技术交流方面，中荷之间加强了交流互动。2012 年 8 月 28 日，由河北省农业厅和河北省科技厅共同承办的河北省与荷兰南荷兰省农业合作洽谈会在石家庄举行，双方分别对本省农业状况以及科技发展情况进行了介绍，并根据两省共同签署的《河北省—南荷兰省 2012—2015 年合作备忘录》要求，对农业领域具体合作内容进行了商洽，提出了下一步合作建议。② 进入 2013 年以来，中荷两国省份与省份之间的合作交流增多，如 1 月份，荷兰弗里斯兰省代表团经过在四川省为期三天的考察，与四川省乐山市集团初步达成在马铃薯深加工、污水处理技术、生物燃料和现代农业等新技术方面的合作③；6 月份，受荷兰北布拉邦省政府的邀请，江苏省跨国技术转移中心组织江苏 10 家企业赴荷兰开展清洁技术和环保领域的项目对接交流活动，在清洁技术特别是土壤修复领域与荷兰企业进行了交流，并分组参观了当地环保产业园、智能汽车产业园和高新技术产业园，并与园区企业和研究院进行了深入的座谈交流。④

四、荷兰政治经济发展对华人的影响

受欧债危机影响，荷兰内阁垮台，大选提前，但政治上的换届并未影响到荷兰社会正常的运行秩序。2013 年荷兰新一届内阁执政以及王位的顺利交接，荷兰新的国王登基并未真正影响到华人生活，但在经济方面，荷兰经济持续负增长对华人生活有重大影响。

1. 大选进展、王位交接顺利，荷兰政治虽有波动，但其机制运行稳定，华人生活受影响不大

受欧债危机影响，原支持马克·吕特的自由党拒绝内阁提出的财政议案而导致内阁垮台。2012 年 4 月 23 日，荷兰首相马克·吕特向荷兰女王碧翠斯提出内阁总辞，并定于 2012 年 9 月 12 日提前举行国会大选。后来，经过 45 天的组阁，自民—工党联合政府在 2012 年 11 月 5 日成立，马克·吕特续任首相。新一届内阁上台，首先面临着如何解决欧债问题，压力依然很大。荷兰大选对华人来说是一次机遇，它可以增强华人的参政意识和凝聚华人的参政力量。

2013 年 4 月 30 日，荷兰女王贝娅特丽克丝签署退位诏书，由其长子威廉—亚历山大继任为荷兰新一任国王。威廉—亚历山大很乐于对外交往，曾多次来中国，如在北京奥运会以及上海世博会期间，经常出席相关活动。荷兰国家王位的更替并没有影响到国家的稳定，荷兰民众仍一如既往地生活，中荷两国仍保持着频繁的交流互动，荷兰华人华侨的生

① 《署长于广洲在京会见荷兰财政部国务秘书弗兰斯·威尔克斯一行》，中华人民共和国海关总署，http：//www. customs. gov. cn/tabid/2433/infoid/622527/frtid/65602/default. aspx，2013 年 6 月 6 日。

② 《河北省与荷兰南荷兰省农业合作洽谈会在石家庄举行》，河北省科技厅，http：//www. most. gov. cn/dfkj/hb/zxdt/201209/t20120907_96661. htm，2012 年 9 月 10 日。

③ 《荷兰弗里斯兰省马铃薯深加工技术代表团来川访问》，四川省科技厅，http：//www. most. gov. cn/dfkj/sc/zxdt/201301/t20130121_99254. htm，2013 年 1 月 22 日。

④ 《江苏省赴芬兰、荷兰项目对接交流活动圆满结束》，江苏省科技厅，http：//www. most. gov. cn/dfkj/js/zxdt/201307/t20130703_106911. htm，2013 年 7 月 4 日。

活状况变化不大。

　　2. 荷兰经济持续出现负增长，华人经济有所影响

　　截至 2013 年第三季度，荷兰经济增长依然是负增长，但相比 2013 年前两季度，荷兰经济发展趋势呈现出良好迹象。荷兰是传统的外向型经济国家，中荷自建交后，双边经济贸易发展迅速，2003 年，荷兰成为我国在欧盟成员国中的第二大贸易伙伴，仅次于德国。① 2012 年荷兰国内生产总值为 7 731.16 亿美元，人均国民生产总值为 46 142.39 美元。② 截至 2013 年 9 月份，荷兰经济增长率为 –0.6%，10 月份通货膨胀率为 1.6%，消费者信心为 –27；③ 失业率为 8.6%。④

　　面对国内就业形势不景气的现象，荷兰国会参议院已于 9 月底通过了一部新的《外籍劳工法规》，试图以此达到促进本国及欧盟居民就业的目的。新《外籍劳工法规》"将给予荷兰本国及欧盟居民更多的优先机会"，这将不利于非欧盟居民的公平就业，而"对持荷兰绿卡和学生签证的华人来说，这个法律的实施将会对他们造成一定的影响"⑤。荷兰经济的持续低迷，市场就业和消费水平的低落，必然给华商造成一定的负面影响。

　　同时，荷兰当局为了吸引外来投资以促进经济复苏，于 10 月 1 日出台新的移民政策，其中包括：在荷兰本地投资数额达到 125 万欧元的外国人将获得一年期居留。这项针对俄罗斯、中国等新兴国家富人的政策引来荷兰在野党的批评及舆论的广泛讨论，在荷兰社会引起了重大反响。⑥ 我们需要注意，该项政策引发的负面讨论，尤其是针对中国富豪移民的负面讨论，一方面损害了华人形象，另一方面可能会引发针对华人的行动。

五、荷兰侨情未来发展趋势

　　目前，中荷两国无论是在政治交往还是在经济社会技术合作等方面，都处于一个稳步发展的阶段，尤其是在 2012 年暨中荷建交 40 周年的阶段，中荷两国高层与民间的不断交流互动，加深了双方的了解，增进了友谊。两国不断总结建交 40 周年的经验以及教训，力图不断加强政治信任以及经济社会等各方面的合作，为两国人民造福。而华侨华人则是中荷之间加强交流互动的一个桥梁。回顾历史，经过一百多年的生存发展，华人已经完全在荷兰站稳了脚跟，并且正在积极融入到当地社会之中。荷兰华人逐渐摆脱了起初那种只埋头经济而不顾政治的弊病，开始关注政治并积极参与到政治之中，华人的声音也逐渐受到荷兰政府的关注。但是华人融入当地文化的过程并不是一帆风顺的，也不是一蹴而就的，它是一个曲折漫长的过程。它不但是对荷兰本地社会的一种了解和认可，也是自我文化的展现。目前，华人在融入当地社会时仍存在不少的问题，尤其是华人女性群体，她们

---

　　① 参考《中国与荷兰经贸关系简况》，荷兰中国商会，http：//www.dccchina.com/chinese/jj/zhhz01.htm。

　　② 中华人民共和国外交部网，http：//www.fmprc.gov.cn/mfa_chn/gjhdq_603914/gj_603916/oz_606480/1206_606944/，2013 年 11 月 20 日。

　　③ 荷兰中央统计局，http：//www.cbs.nl/en-GB/menu/cijfers/default.htm，2013 年 11 月 15 日。

　　④ 荷兰中央统计局，http：//www.cbs.nl/en-GB/menu/cijfers/default.htm，2013 年 11 月 20 日。

　　⑤《荷兰将出台"超严"劳工法规　对华人有一定影响》，中国广播网，http：//china.cnr.cn/qqhygbw/201309/t20130929_513721820.shtml，2013 年 9 月 29 日。

　　⑥《"有钱可以买居留？"——荷兰新移民政策引热议》，（荷兰）《华侨新天地》，http：//www.asiannews.nl/chinese/focus/%e6%9c%89%e9%92%b1%e5%8f%af%e4%bb%a5%e4%b9%b0%e5%b1%85%e7%95%99%e5%8d%a1%ef%bc%9f/#sthash.oSIzouEt.dpuf，2013 年 9 月 26 日。

有着独立的文化和民族观念及价值观，在语言、习俗、价值观、心理以及组织方面都存在着障碍，尤其是 55 岁及以上的女性移民在参与社会活动中表现得较为被动。[①]

展望未来，中荷两国将在现有基础上不断发展，两国人民交流互动也会日益深入。华侨华人不但有意识、有组织地提高自身的参政意识以及与当地居民的融合力度，而且将会在当地社会中不断展现出中华文化的魅力，荷兰社会文化多元化的趋势将会不断加强。

随着欧洲移民数量的不断加大，欧盟各国对移民限制的放宽，越来越多的移民流入欧盟，非法移民问题是欧洲移民现象中一个十分突出的问题，而在荷兰则突出表现为华人非法劳工问题。目前，荷兰华人非法劳工已经成为一个值得关注的现象。中国非法劳工在荷兰忍辱受气，不交税，工钱少，深得当地老板的欢心。[②] 虽然荷兰政府一再出台相关措施对此现象进行制裁，如 2012 年荷兰有近 2 000 家公司因雇用非法劳工而被罚款，罚款总金额高达 3 000 万欧元，被罚公司中有 20% 是"惯犯"；另有约 7 000 家公司因从事如农业、清洁业等经常违规的行业，目前正被检察部门紧盯。[③] 但是一味地从经济层面上制裁并不能从根本上消除非法劳工受歧视的现象，这需要中荷之间增进政治互信、加强经济交流以及在法律方面的合作，从根本上杜绝非法移民的现象，更要减少华人非法劳工受歧视的现象。

在中荷关系方面，双方的合作一直保持着健康、平稳的发展趋势。高层交往的频繁和民间互动的高潮不断，再加上越来越多的荷兰华人回归祖籍国进行投资发展，民间经济发展趋势呈现出良好势头。中荷文化交流频繁，越来越多孔子学院的建立，高校之间的文化互动，大大促进了两国新一代的相互认识和了解。

现今，荷兰华人华侨在中荷经贸、文化等领域合作中的桥梁作用日益受到重视。明显不足的是荷兰华人的政治参与度比较低，虽然华人社群已经开始认识到这个问题，并积极增强政治参与，但目前看来，效果并不是十分明显。荷兰华人的政治参与历程将是一个长期的过程。

六、相关的对策建议

目前，中荷之间的友好关系为荷兰华人社群积极融入当地提供了有利的环境。荷兰华人社团对中荷贸易、文化之间的桥梁作用也日益受到重视。但是荷兰华人社会中仍存在不少问题，如关于非法移民的问题、荷兰华人的政治参与的问题等。这些问题的解决，一方面需要中荷双方加强交流、共同努力，另一方面也需要荷兰华人社团的共同努力及中国涉侨部门的鼓励和引导。

在政治方面，中荷之间应不断加强政治互信，加强非正常移民治理方面的合作。由于双方的法制合作及部分法制不太健全，以至于出现一些非正常移民，这不但给中荷双方带来一定的影响，也给移民者自身带来很多不利后果。因此，我们需要学习和借鉴国外先进的出入境管理法规，结合我国实际国情，完善相应的出入境法律法规，同时也应该加强与

---

① 张珺：《华人女性融入荷兰社会的障碍与建议》，《对外传播》2013 年第 3 期。

② 《荷兰华人非法劳工生活境遇堪忧　不交税工钱少深得老板心》，中国广播网，http：//china.cnr.cn/qqhygbw/201308/t20130825_513411237.shtml，2013 年 8 月 25 日。

③ 《荷兰华人非法劳工生活堪忧　受不合理对待忍气吞声》，中国广播网，http：//www.chinanews.com/hr/2013/08-26/5204278.shtml，2013 年 8 月 26 日。

荷兰在出入境方面的交流与合作，建立通报与合作机制，为中国人进入荷兰或融入荷兰社会进行引导，提供支持。

在荷兰华人参政方面，荷兰华人的政治声音不高，不仅影响了荷兰华人社群的政治利益，也不利于华人形象和中国形象的更好展现和传播。因此，有必要鼓励、支持荷兰华人在当地更加积极参政。荷兰华人要提高政治参与度，第一，要积极整合内部资源，统一华人声音。华人社团众多，相互之间的合作程度不是很高，声音参差不齐，影响了华人的参政。因此，加强荷兰华人社会的内部整合，统一政治声音十分重要，目前，华人社团已经意识到这个问题，正在开展各种座谈会，积极筹备荷兰华人党，以进一步鼓励华人参政议政。第二，华人社会应推举出一位政治代表来统一大家的心声，首先取得选举的成功。华人社团十分重视何天送，并积极推选其为华人社会的代表，是一次华人参政取得突破的契机。第三，华人社会内部应互助互爱，具有兼容并包的博大胸怀。华人华侨虽生活在异域他乡，但是不断展现的是中华民族传统的优秀文化，以中华民族传统文化的博大精深的魅力，体现出深厚文化的吸引力以及国家的良好形象。

在荷兰华人的经济发展方面，荷兰华人的经济结构已经开始由传统的低技术含量的经济职业逐渐趋于多样化，但是目前看来，传统经济部门的就业依然占据较大比例，多样化经济还没有形成。鉴于华人经济多样化发展的需要，荷兰华人首先应加大对华人子女的教育培养力度，使其在学历上取得较大的成就。拥有高学历、高素质，在荷兰就业难度就会相应减少很多。其次，应以社团为依托，依靠集体力量，注重开拓新的经济领域，如环保创新、新能源、生物制药等方面，可以充分发挥社团、协会的骨干力量，逐渐扩大经济力量。再次，在技术研究以及市场开拓方面应积极加强与国内的联系。这一方面可以扩大国内市场，另一方面也可以增加中荷合作领域，促进中荷之间的经济往来。

文化方面的交流有利于加强中荷人民之间的感情，也有利于发挥荷兰华人的桥梁作用。华人社团可以和国内涉侨部门、高校以及荷兰孔子学院加强交流，并发挥纽带作用，加强中荷青少年之间的交流，改善华人的形象，从文化层面拉近华人与荷兰当地民众的距离。

华人形象和中国形象的好坏直接影响当地华人的生存和发展。我们应该和荷兰政府、荷兰华人社团、华文媒体合作，讲述华人积极融入当地社会、贡献住在国、充当友好交往与合作桥梁的故事，介绍真实的中国，塑造良好的华人形象和中国形象。

爱尔兰

自 2012 年中国与爱尔兰建立互惠战略伙伴关系后，2013 年中爱双边关系得以深化。2013 年爱尔兰经济仍然处于谷底，这对爱尔兰华人和中国留学生都产生了较大影响。总体来说，爱尔兰华人与当地社会的关系较好，很多华人本身具有强烈的社会参与意愿，但受制于语言能力和文化差异，仍难以完全融入当地社会。爱尔兰人对华人态度总体来说比较友善，但由于经济危机的影响，很多华人也认为爱尔兰人对移民的态度不如以往友善；华人遭到的犯罪侵犯也不少，比例远较其他族群高。

一、爱尔兰基本国情及与中国关系简况

（一）爱尔兰基本国情简况

爱尔兰概况

国家全名	爱尔兰共和国	地理位置	西欧	领土面积	70 280 平方公里
首都	都柏林	官方语言	爱尔兰语、英语	主要族群	主要是爱尔兰人，少数是其他白人、亚裔、黑人、混血裔①
政体	议会共和制	执政党及主要反对党	政府联盟：统一党/工党 反对党：共和党、新芬党②	现任总统/总理	迈克尔·希金斯/恩达·肯尼
人口数量	4 775 982	华侨华人人口数量	10 896（2011 年官方统计）60 000（估计数）	华侨华人占总人口比例	1.1%（估计数）
GDP/人均GDP（购买力平价）	1 954 亿美元/42 600 美元（2012 年估计数）	CPI	1.7%（2012 年）	失业率	14.7%（2012 年）

资料来源：爱尔兰政府统计网，http：//www.cso.ie；美国中央情报局世界概况，https：//www.cia.gov/library/publications/the – world – factbook/；华人人口数量根据 NCCRI（爱尔兰多元文化和种族国家顾问委员会）数据推算。

---

① 爱尔兰族群构成如下：爱尔兰人 87.4%，其他白人 7.5%，亚裔 1.3%，黑人 1.1%，混血裔 1.1%，无法分类 1.6%。

② 爱尔兰各政党议会席位如下：执政党中的统一党 74 席，工党 37 席；反对党中的 共和党 19 席，新芬党 14 席。

（二）爱尔兰与中国关系简况

第一，双方互惠战略伙伴关系得到深化。新世纪以来，尤其是 2008 年金融危机以来，爱尔兰与中国关系发展迅速。2013 年，双方继续保持高层往来，开展多方面合作。

2013 年 5 月，爱尔兰议会众议长巴雷特、参议长伯克访华，得到中国国家主席习近平、全国政协主席俞正声、人大委员长张德江的接见。习近平愉快地回顾了 2012 年访问爱尔兰时的情景，强调中爱关系"堪称不同文化、不同制度国家间友好共处的典范"。他说："去年中爱互惠战略伙伴关系的建立，使两国的交流合作面临新的广阔前景。中方愿与爱方一道，加强政府、议会间的交往，不断增进政治互信；优势互补、扩大合作，积极落实双方达成的共识，推动双边务实合作迈上新台阶，为两国人民带来更多实实在在的利益。"[①] 俞正声、张德江则表示，愿在双方友好关系的基础上，中国新一届全国人大、全国政协愿进一步发展同爱尔兰众参两院的友好关系，推动中爱互惠战略伙伴关系不断向前发展。巴雷特和伯克说，爱尔兰视中国为重要的合作伙伴，希望"爱尔兰众参两院愿与中国全国人大、全国政协携手，加强治国理政、民主法制建设等方面的经验交流，增进人民友谊，推动两国各领域务实合作向更高水平发展"。[②]

2013 年 10 月 29 日，中国国务院副总理马凯访问爱尔兰，与爱尔兰副总理兼外交贸易部部长吉尔摩举行会谈，双方重点就贸易、投资、农业、科教、旅游、金融和自贸区建设等问题深入交换了意见。30 日，马凯会见爱尔兰总理肯尼。肯尼表示："爱中两国有着悠久的友好交往史，近年来两国各领域合作不断加深。爱方感谢中方在欧洲经济困难的时候对欧洲一体化和欧元的支持。爱尔兰希望成为中国企业和商品进入欧洲的门户，愿同中方进一步加强在农业、金融、信息产业、旅游和航空等重点领域的务实合作。"马凯希望"两国应不断增进政治互信，深化贸易投资往来及农业、文教、卫生、高科技等领域的务实合作，加强在国际和地区问题上的沟通和协调"[③]。

第二，中爱经贸关系发展势头良好。自 2007 年以来，中国连续 6 年成为爱尔兰在亚洲地区的第一大贸易伙伴。2012 年，中爱双边贸易额达 59 亿美元，爱尔兰出口 38 亿美元，同比增长 2.6%；进口 21 亿美元，同比下降 3.1%。爱尔兰出口到中国的商品主要有制冷设备、医药品、羊毛、内燃机零件、自动数据处理设备、通信设备零附件等，中国主要向爱尔兰出口高技术成套或整机产品、变流器、家电及无线电通信设备零附件、服装、医药品等。截至 2012 年底，爱尔兰累计在华投资项目 262 个，实际投入 7.54 亿美元；中国累计在爱尔兰投资 1.5 亿美元。目前，110 多家爱尔兰公司在华开展业务，中国也有多家公司在爱尔兰开展业务。[④]

---

① 《习近平会见爱尔兰众议议长巴雷特、参议长伯克》，中国驻爱尔兰使馆网，http://www.fmprc.gov.cn/ce/ceie/chn/zagx/t1041351.htm，2013 年 12 月 30 日。

② 《张德江与爱尔兰众议长巴雷特、参议长伯克举行会谈》、《俞正声会见爱尔兰议会众、参两院议长》，中国驻爱尔兰使馆网，http://www.fmprc.gov.cn/ce/ceie/chn/zagx/，2013 年 12 月 30 日。

③ 《中国国务院副总理马凯会见爱尔兰总理肯尼》，中国驻爱尔兰使馆网，http://www.fmprc.gov.cn/ce/ceie/chn/zagx/t1094455.htm，2013 年 12 月 30 日。

④ 《中国同爱尔兰的关系》，中国外交部网，http://www.fmprc.gov.cn/mfa_chn/gjhdq_603914/gj_603916/oz_606480/1206_606506/sbgx_606510/，2013 年 12 月 30 日。

二、爱尔兰华侨华人简史及人口分布现状

(一) 爱尔兰华人移民史

爱尔兰华侨华人数量大量增加出现在 20 世纪 50 年代末。当时，大量香港人为谋求发展机会，通过北爱尔兰进入爱尔兰共和国，主要从事餐饮业。紧随香港人之后，在 70 年代，进入爱尔兰的是马来西亚华人和新加坡华人，从事的行业大多也是餐饮业。但是一直到 1998 年，在爱尔兰的华人人口一直都不多，总人数低于 2 000，大部分是操粤语的华人。

从 1998 年开始，来自中国大陆的移民逐渐增加，尤其是来自福建的移民，他们大多通过非正常渠道经由英国进入爱尔兰，在爱尔兰成为极为廉价的雇工。经过十余年的发展，不少在爱尔兰的福建移民已经可以说一口半流利的英语，有能力携来家眷，逐渐融入主流社会，并且有不少人已经拥有自己的餐馆或者产业。

2000 年以来，不少辽宁人经由中介组织安排，进入爱尔兰。他们在"凯尔特之虎"经济奇迹期间，借由劳务输入来到爱尔兰，现在占华人人口比例最多。但由于受教育程度较低，也不善于经营小生意，这些来自辽宁的中国移民长期处于社会底层，大体来说，并没有像福建人那样取得较为稳固的社会地位。据当地媒体调查，部分来自辽宁的女子从事卖淫行业。另外，在爱尔兰从事法轮功活动的华人大多数也是来自辽宁。

2002 年以来，来自中国的留学生大幅度增长，最高峰是 2005 年，爱尔兰发出了 15 000 多份学生签证给中国学生。这些中国学生大部分借由中介前来爱尔兰学习，相当多的学生英语水平较低，学习状况不尽如人意。从 2009 年开始，爱尔兰移民局开始限制对中国学生的签证发放，逐渐减少到现在的大约 6 000 份一年。

(二) 华侨华人人口数量与分布

爱尔兰自 1911 年开始，每五年进行一次全国人口普查。1996 年华人的人口数量不足 2 000；在 2001 年爱尔兰普查时，华人人口接近 5 842；到了 2006 年普查时，登记的华人人口为 11 161；但到了 2011 年时，来自中国的华侨华人人口下降为 10 896[1]，降幅为 2.4%[2]。华人人口下降的主因是金融危机带来的经济持续低迷，各行业都大量解雇雇员，而外籍雇员更是首当其冲。另据爱尔兰官方统计，如从族裔看，2011 年华侨华人人口为 17 800。[3]

但爱尔兰中央统计局对移民人数统计往往偏低，这一方面是由于有相对较多的移民躲避人口统计造成的，另一方面也因为移民时常转移住所，或者与人合租，又或者根本没有固定住所，所以在调查中容易被遗漏。Mary Gilmartin 博士使用 PPS 号、工作许可、签证记录等资料进行的人口估算显示，在 2006 年大约有 60 000 华人[4]。中国大使馆估计在爱

---

① 经笔者与爱尔兰中央统计局联系，证实来自中国的华侨华人数据有误，误将印度数据当作中国数据。Central Statistics Office, *The Statistical Yearbook of Ireland* 2013, p. 17。

② Stationery Office of Ireland, *Census 2011 – Migration and Diversity*, Dublin：Central Statistics Office. 2012, p. 7.

③ Central Statistics Office, *Census 2011：Profile 6 Migration and Diversity*, Dublin：CSO. , 2012, p. 57.

④ Gilmartin, M. , "The Same but Different", *Irish Times* (23.05.06), 2006, p. 3.

尔兰的华人人数为 30 000，但是没有给出数据来源①。爱尔兰媒体估计在爱尔兰的华人人数在 120 000 到 130 000 之间，主要居住在大都柏林地区②，但这一数据应是严重高估了。加上来自印度尼西亚和越南的华人、中国留学生及循其他渠道进入爱尔兰的中国人，我们认为 Mary Gilmartin 的数据较为合理。结合爱尔兰官方统计的数据，我们认为，当前爱尔兰华侨华人约为 60 000 人。

依据爱尔兰人口普查数据，目前爱尔兰华侨华人来自中国内地、香港以及马来西亚的比例分别为 61.6%、7.8% 和 8.1%。从分布上看，在爱尔兰的华人有 95% 居住在城市，其中 60% 住在都柏林及其周边地区。③

2013 年爱尔兰中国商贸顾问机构进行了一次对华人在爱尔兰情况的抽样调查，总共统计了 422 个华人样本，具体的情况如下：①在爱尔兰的华人男女性别比例为 112∶100，对于移民群体来说大致平衡，年龄结构为 90% 在 35 岁以下，其中 25~34 岁占 48.9%。②在爱尔兰的华人以中国北方居多，辽宁省最多，而后依次为北京、上海、福建、江苏、河南、浙江、河北。90% 以上来自中国的城市，大部分人使用简体中文。③在爱尔兰居留一年以下的为 30.8%，二到四年的为 23%，五到九年的为 24.9%，十年以上的为 21.3%。在爱尔兰的华人中 61% 持学生签证，5.7% 持工作签证，15.4% 拥有永久居留权，4.1% 持配偶签证。④

三、华侨华人在爱尔兰的社会经济情况

据调查，在爱尔兰的华人大部分与人合租房屋居住，59.5% 合租，29.1% 单独租房，自有住房的华人仅占华人总数的 11.4%。在爱尔兰华人的失业率为 4.4%，远较平均失业率低，28.6% 的人有全职工作，5.3% 的人拥有自己的生意。

在爱尔兰华人中，餐饮业是华人非常重要的就业领域，接近 50% 的在职华人从事餐饮业，同其他欧洲国家的华人情况相似。爱尔兰华人的收入普遍较低，年均收入低于 1 万欧元的占 48.3%，这也是由于学生人数较多的缘故，但在职华人的收入与当地一般收入水平相当。

在爱尔兰的华人大部分拥有本科以上学历，本科占 33.6%，研究生占 45.1%，博士和博士后占 8.1%，受教育程度可谓非常高。在爱尔兰的华人学生 28.9% 选择计算机和 IT 专业，19.1% 选择会计和金融专业，14.8% 选择工程专业，其余学生也以理科和商科为主。

华人中超过 70% 是单身的年轻人，较所有族群高。与此同时，华人的生育率在爱尔兰所有族群中也是最低的。

在宗教信仰方面，大约三分之二的华人无宗教信仰，有宗教信仰的华人中，佛教占多数，但有 3% 的华人表示信仰天主教，这应该是受到本地信仰影响的缘故。⑤

---

① 笔者电话联系中国驻爱尔兰大使馆，2013 年 11 月 20 日。
② Oliver, E., "Tiao Wang Magazine Taps into Chinese community", *Irish Times* (01.12.05), 2005.
③ Oliver, E., "Tiao Wang Magazine Taps into Chinese community", *Irish Times* (01.12.05), 2005, pp. 277 – 278.
④ Business in China, The Dragon's Voice, A Survey of Chinese People Living, Working & Studying in Ireland, 2013.
⑤ Business in China, The Dragon's Voice, A Survey of Chinese People Living, Working & Studying in Ireland, 2013.

由于华人受教育程度较高，除了学生以外，大部分华人都有工作。2008年的一份抽样调查显示，大约有11.4%的华人学生在爱尔兰从事兼职工作，大部分从事零售业。华人的年均收入大部分低于14 500欧元，这是爱尔兰的最低收入标准。由于61%的华人是持学生签证居留爱尔兰的，所以华人的工作时长受到学生签证的限制，每周不得超过20小时，这也意味着平均收入水平较低。[①]

四、华人在爱尔兰的政治参与

华人在爱尔兰的政治参与是所有族群中最低的，同时也是利用爱尔兰本地社会服务最少的族群，40%的华人使用过本地的医疗服务，仅有不足3%的华人使用过本地的幼儿园服务，不足10%的华人使用过本地的法律顾问服务。大部分的华人在遇到法律问题的时候，都寻求家人或者朋友的帮助。

在爱尔兰，所有居住在爱尔兰的人都可以登记投票，无论国籍，但仅有15%的华人登记成为选民，大部分华人对此不感兴趣或者根本不知道这项政策的存在。同时，华人也是工会活动中最不积极的，仅有1%的华人参加了工会，其他族群的工会参与比例最少也有7%，很多华人表示政治参与对于他们在爱尔兰的生活没有意义，同时也表示没有投票和政治参与的政治习惯。

总体来说，华人在爱尔兰极少参与政治，华人对爱尔兰的投票都是用脚进行的。如果爱尔兰的政策令华人不满，那么华人会选择离开，而不是通过政治参与来争取自己的权益。这也反映出大部分华人并不把爱尔兰当作永居地。

五、华人在爱尔兰的社会融合

笔者曾在《世界侨情报告2012—2013》中指出："爱尔兰华侨华人经过积极的努力和奋斗，经济上取得了一定的成功，与当地社会也相处不错，但华人新移民，尤其是留学生在融入当地社会方面还做得不够。"[②] 目前爱尔兰华侨华人与当地社会的关系变动不大。

与其他移民族群相似，华人大部分时间都与其他华人相处，由于大部分华人都是单身，所以与家庭相处的时间较少，与朋友相处的时间较多。不过，不少华人也比较喜欢与爱尔兰本地人相处，大部分华人都有固定的本地朋友。华人的社交模式显然与其他族群不同，他们更喜欢以"吃饭"的方式进行社交活动，而爱尔兰本地人则更常选择酒吧或者教堂进行社交活动，这与文化背景有关。现有的调查报告也显示，华人认为与爱尔兰本地人做朋友是非常重要的，可能更多的是出于熟悉本地环境和语言的需要。

总体来说，爱尔兰华人与当地社会的关系较好，没有遭遇明显的来自当地社会的阻碍，相比之下华人在其他欧洲国家，尤其是意大利和西班牙，在爱尔兰的华人要平稳得多，与当地社会各层面的相处都很融洽。但是华人融合程度不高，社会参与比较少，虽然

---

① Feldman, Gilmartin, Loyal, Migge, *Getting on*：*From Migration to Integration*，*Chinese*，*Indian*，*Lithuanian and Nigerian Migrants' Experience in Ireland*，Dublin，Ireland，2008.

② 《世界侨情报告》编委会：《世界侨情报告2012—2013》，广州：暨南大学出版社2013年版，第226、229页。

很多华人本身具有强烈的社会参与意愿，但受制于语言能力和文化差异，仍难以完全融入当地社会。除了语言和文化因素外，由于就业艰难，多数年轻人面临进退两难、去留难择的心理困境，这也是影响他们融入当地社会的重要因素。

六、当前爱尔兰华侨华人面临的困难

除了笔者在《世界侨情报告 2012—2013》中所分析的经济不景气对爱尔兰华人经济及中国留学生的影响外，值得关注的问题还包括当地人对华人态度的改变及华人经历的歧视和犯罪性攻击行为。

第一，在经济方面，爱尔兰经济仍然处于低谷，经济不景气势必将继续影响爱尔兰华人的经济。爱尔兰国立梅努斯大学基钦（Rob Kitchin）与笔者于 2013 年 12 月 10 日在广州交流时认为，目前爱尔兰经济正处于谷底阶段。[①]

第二，就爱尔兰人对华人的态度，总体来说比较友善，但由于经济危机的影响，很多华人认为爱尔兰人对于移民的态度不如以往友善。另有调查显示，60% 的华人自认为在工作场所遭遇不平等待遇，大部分是来自管理层的歧视，新到的华人移民往往从事低薪水的工作，然后逐步向上提升，但很多人认为他们的工作长期得不到认可和提升。很多华人也认为在从事专业工作时，之前的经验和学历得不到认可。[②]

第三，华人遭到的犯罪侵犯也不少，比例远较其他族群高。有调查显示，大约 30% 的华人在来到爱尔兰之后遭到过犯罪侵犯，远较其他族群 10% 左右为高，但仅有三分之二的华人会选择报案，这是所有族群中最低的。华人受犯罪侵犯比例高，究其原因，既有当地经济不景气带来的治安问题因素，也有华人自身因素，例如：华人有随身携带大量现金的习惯，容易成为犯罪目标；华人英文水平不高，遭遇犯罪后不会报案；华人自身的维权意识不强，等等。建议中国大使馆通过与爱尔兰本地警方合作，协助华人报案，并处理一些善后事宜。[③]

[①] 基钦（Rob Kitchin）应笔者邀请来广州参加 2013 年 12 月 9—10 日在暨南大学举办的"国际移民与侨民战略研讨会"。

[②] Feldman, Gilmartin, Loyal, Migge, *Getting on*: *From Migration to Integration*, *Chinese*, *Indian*, *Lithuanian and Nigerian Migrants' Experience in Ireland*, Dublin, Ireland, 2008.

[③] Feldman, Gilmartin, Loyal, Migge, *Getting on*: *From Migration to Integration*, *Chinese*, *Indian*, *Lithuanian and Nigerian Migrants' Experience in Ireland*, Dublin, Ireland, 2008.

意大利

意大利华人社会是一个迅速发展且不稳定的社会。意大利华人多来自浙江、福建等地的农村,文化素质低,大部分人不懂意大利语。近年意大利华人新移民迅速发展的进出口贸易和批发行业主要根源于著名的"温州模式"。意大利华人企业多集中在意大利北部,且从事的行业相对集中,主要是贸易、制造和服务行业,技术含量不高,生产设备简陋,生活条件恶劣。特别是一些华人企业经营不规范,雇用黑工,偷税漏税,工厂设施简陋,卫生条件较差,缺乏安全生产意识,更谈不上劳动者生命安全保障,这也是导致"12·1"火灾的主要原因。经济危机以来,意大利主管部门的大检查以及各种处罚给华商带来了巨大的经济损失。特别是"12·1"火灾后,意大利采取的更大力度的排查将直接影响未来几年意大利华商的发展趋向。

一、意大利基本国情及中意关系

意大利共和国位于欧洲南部,主要由亚平宁半岛和地中海中的西西里岛和撒丁岛组成,国土面积 301 338 平方公里。2012 年,其人口总数为 6 087 万。大部分居民为意大利人,少数为法兰西人、拉丁人等。2011 年,意大利华人移民达 27.8 万,在亚洲移民中居首位,占意大利人口总数的 0.46%。[①] 意大利的主要语言为意大利语,个别地区讲法语和德语。大部分居民信奉天主教。意大利是发达的工业国家,服务业、旅游业及对外贸易尤为突出,中小企业比较发达。

表 1 意大利概况

国家全名	意大利共和国	地理位置	欧洲南部,包括亚平宁半岛及西西里岛、撒丁岛等岛屿	领土面积	301 338 平方公里
首都	罗马	官方语言	意大利语	主要族群	意大利人
政体	议会共和制	执政党及主要反对党	多党联合制	现任总统/总理	乔治·纳波利塔诺(Giorgio Napolitano)/恩里科·莱塔(Enrico Letta)

[①] 《意大利华人移民达 27.8 万 在亚洲移民中居首位》,http://www.chinanews.com/hr/2012/11-07/4308214.shtml。

（续上表）

人口数量	6 087 万（2012年）	华侨华人人口数量	27.8 万（2011 年）	华侨华人占总人口比例	0.46%
GDP/人均 GDP	15 700 亿欧元/25 900 欧元	CPI	2.8%	失业率	10.7%

注：意大利国情基本数据来源于中华人民共和国外交部网，意大利华人数据来源于中国新闻网，详见：《意大利华人移民达 27.8 万　在亚洲移民中居首位》，http：//www.chinanews.com/hr/2012/ 11 –07/ 4308214. shtml。

中意两国于 1970 年 11 月 6 日正式建交。建交以来，两国在各个领域建立了友好合作关系。特别是近年来，两国高层互访增加，政治互信不断加强，双边关系得到进一步发展。2013 年，两国经济和文化交流频繁。经济方面，如珠江实业、中国 CEO 联盟、意大利品牌设计中心三方在广州共同举办中意两国行业合作交流会，中国经济网与意大利驻华大使馆共同主办了"2013 中国—意大利食品安全对话"活动等；文化方面，如意大利西海岸中部历史悠久的文化名城——萨尔扎纳（Sarzana）与中国浙江省丽水市莲都区缔结为友好城市，文成县与内尔维亚诺市签订友好城市意向书，中意经济文化交流平台——重庆五谷地意大利休闲度假农场在渝北兴隆镇举行奠基仪式，欧洲首所全日制封闭式双语学校——中意国际学校建校暨开学典礼在帕多瓦中意国际学校礼堂举行。中意双方的诸多经济文化交流活动促进了中意两国相关行业人士的相互了解和经贸合作，中意两国文化的交流，对中意两国传统文化的传承、传播、交流、发展和融合起到积极作用。

值得一提的是，在中意两国的经贸合作和文化交流中，意大利华侨华人起到了桥梁和纽带作用。他们发挥自己跨国联系的优势，既在意识中植下了中华文化的根基，又能凭借国际化与全球化的视野、当地化的网络帮助中国与外部世界接轨，在中意政府间或民间社会中积极牵线搭桥，促成双方诸多合作项目的签订和落实。如意大利曼多瓦华人华侨总会郑炳南等众侨领牵线搭桥，使意大利曼多瓦省奎斯泰洛市与中国浙江省松阳县成功缔结为友好城市；意大利中意文化交流中心主席丘剑中先生得到授权，成为意大利著名游艇品牌"统治者"的大中华区总代理。

意大利华侨华人在中意经贸文化交流中起到的重要作用，引起了中国有关政府部门的重视。如浙江等地的很多部门通过"请进来、走出去"等方式，加强与意大利华侨华人的联系，发挥他们在这方面的作用。不仅如此，意大利政府也重视华人的这一独特作用。意大利西海岸旅游历史名城——莱里奇（Lerici）市市长携市政府主要官员专程前往意大利西海岸华商总会会所，拜访当地华人企业家，希望通过当地华社牵线，加强与中国在经贸、文化方面的合作交流，并表达了与中国城市缔结友好城市的愿望。

二、意大利基本侨情

2013 年，意大利侨情变化不大。据意大利商会统计数据显示，共计 65 000 名华人在意大利商会登记注册，其中 68% 为个体企业，主要集中在意大利四个大区，即伦巴第（Lombardia）、托斯卡纳（Toscana）、威尼托（Veneto）和中北部的艾米利亚—罗马涅

（Emilia Romagna）。这四大区共有华人企业 4 万家，占总数的 61.8%。华人企业家占意大利全国企业家的 0.7%，在托斯卡纳大区占 1.8%，而在普拉托和佛罗伦萨分别占 10.8% 和 2.5%。后两地共有华人企业近万家，占全国华人企业的 16.1%。①

帕多瓦是意大利东北部商业和服务业的中心。帕多瓦商会公布的统计数字显示，截至 2013 年 6 月 30 日，该市共有企业 144 824 家，其中移民企业 6 992 家，占总数的 4.8%。移民企业中，华人企业占 28.3%，位居第一。该市现有华人企业家 1 976 人，这一数字在威尼托大区位居第一，在意大利全国位居第七。帕多瓦制造业中华人企业占 61.9%，餐饮服务性企业占 53.6%，个人服务业占 34.2%，商业占 23.4%。华人女性企业家为 912 人，占总数的 44.2%。她们多从事制造业、餐饮业、服务业等，其中服务业主要以美容美发为主。② 在帕多瓦生活着近万名青田华侨，他们以经营中餐厅、服装工场、酒吧为主。他们中不少人已成为华侨华人翘楚，如华人议员夏景文，国际和意大利品牌服装代理周勇等。

在米兰，米兰商会最新公布的一份调查报告显示，由移民经营的理发店和美容店已有 552 家。与 2012 年同期相比，2013 年第一季度在商会登记的上述企业增加了 19%。新的理发店大部分由华人经营，占总数的 51.8%。552 家企业中，华人企业达 286 家，其中 20% 成立于 2011 年，32.9% 成立于 2012 年，华人经营者的年龄通常为 18 岁至 49 岁。③ 米兰商会的另一项调查显示，2012 年米兰移民向境外汇款总数为 9.66 亿欧元，占全国移民汇款总数的 14%。这一数字比 2011 年减少了 6.3%，而生活在米兰的华人向中国汇款达 4.5 亿欧元，占总数的 46%，比上年增加了 10.7%，仍居首位。④

意大利中部普拉托是一个人口只有 20 万人的小城。据官方统计，普拉托外国移民人口比例为 15%，而华人是这座城市外来移民中最大的族群，其绝对数量已经可以和拥有数百万人口的罗马、米兰等大城市相提并论，是继伦敦、巴黎之后欧洲第三大华人聚居城市。普拉托华社十余年的发展，除了当地华人自身的勤劳智慧外，还得益于中国生产制造实力的不断增强。⑤ 托斯卡纳大区的统计数字显示，普拉托共有华人企业 4 830 家。其中 4 265 家为个体企业，以服装纺织、贸易、餐饮、建筑为主。2010 年的统计数字显示，华人企业创造的产值为 19.47 亿欧元，占当地经济效益的 14.30%。华人企业产生的附加值为 6.54 亿欧元，占总数的 10.30%。华人为了在普拉托创业，大量租用工厂、住家和商店，解决了当地房屋空闲问题。2012 年华人购买汽车和食品为当地产业创收 1.56 亿欧元，占总数的 4.4%。⑥ 另据意大利托斯卡纳大区经济规划局关于普拉托华人的数据，普拉托 4 830 家华人企业年生产额大约是 23 亿欧元，给整个普拉托带来的附加生产值在 11% 到 13% 之间，这当中几乎有一半的财富来自于非法企业，它们雇用大约 40% 的非法员工作为劳动力。现在普拉托的华人企业是 10 年前的 4 倍，占普拉托所有企业的六分之一，是所

① 《意大利托斯卡纳大区三成华人企业寿命不足两年》，http：//www. chinanews. com/hr/ 2013/12 – 19/ 5638184. shtml。

② 林夕：《意大利帕多瓦市移民企业中超两成由华人开办》，http：//www. chinanews. com/hr/2013/ 09 – 02/ 5232976. shtml。

③ 《意大利米兰华人经营理发店、美容店占总数过半》，http：//www. mercachina. com/news/ content – – 1001781001 – –000000000952223284. html。

④ 《米兰华人 2012 年向中国汇款 4.5 亿欧元　居移民首位》，http：//qwitaly. com/ portal. php？mod = view&aid = 8643。

⑤ 《意大利成为欧洲第三大华人聚居区》，《人民日报》（海外版），2013 年 11 月 21 日。

⑥ 《意大利普拉托华人月工资被爆仅 280 欧元》，http：//www. chinanews. com/hr/ 2013/11 –08/5481338. shtml。

有外国企业数量的一半。虽然华人居民和工人的数量很难统计，但普拉托规划局还是做了一个粗略的统计：真正的居民数量在 40 000 到 45 000 之间，与当地户口登记处仅登记的 17 000 名和在警察局申请居留的 32 000 名移民相差甚远；工人数量在 17 000 到 20 000 之间浮动，非法华工在 6 000 到 9 000 之间。同时规划局的数据还显示普拉托华人企业有较高的倒闭率，即在 2001 年诞生的 386 家企业中，到 2012 年底只有 53 家幸存，幸存率不到 14%。[①] 2009 年以来的经济危机严重危及了当地企业的生存，但普拉托的一些华人企业仍在逆市中茁壮成长。从某种意义上讲，是众多华人企业在支撑着普拉托"意大利制造"这块金字招牌。普拉托华人企业在危机中得以发展，主要得益于华人企业经营灵活，多为独立设计，自产自销，交货时间短，迎合了欧洲市场的需求。[②]

都灵商会的统计数字显示，截至 2011 年 9 月 30 日，该市有华人企业 1 223 家，一年后这一数字上升至 1 270 家。华人酒吧数量几乎增加了一倍，从 2011 年的 54 家增加到 2012 年的 83 家。华人商家超过千家，其中 300 家为普通零售店，100 家为理发店和美容店，250 家为酒吧和餐馆，另有 600 个合法流动商贩。[③]

与欧洲其他国家的华社一样，意大利华社的最大特点就是人员和资金的流动性较大，缺乏稳定性。托斯卡纳大区商会联合会公布的统计数据显示，意大利华人企业寿命普遍偏短，实际上 29.9% 的华人企业寿命不超过两年。[④] 一些报道称，意大利经济危机迫使华人正在抛弃普拉托，去非洲、南美等地另寻发展。但实际上，意大利普拉托商会统计数字显示，2013 年前五个月，普拉托省新增移民企业 940 家，其中 500 家为华人企业，而 2012 年普拉托省华人企业比 2011 年增加了 2.2%。[⑤]

意大利近年来加大力度吸引中国学生留学。尽管意大利语比较难学、大学难毕业以及融入意大利社会困难重重，去意大利留学的人数却一度超越了在意大利的美国和阿尔巴尼亚留学生数。

表 2　意大利有效学习居留：前 3 位国家（2008—2011）

排名	2008		2009		2010		2011	
	国家	总数	国家	总数	国家	总数	国家	总数
1	阿尔巴尼亚	15 005	阿尔巴尼亚	12 044	阿尔巴尼亚	5 293	中国	7 590
2	美国	11 150	中国	9 544	中国	4 802	阿尔巴尼亚	5 877
3	中国	9 027	美国	9 044	美国	4 498	美国	2 843

数据来源：欧洲委员会/内政部。

---

① http：//www. ansa. it/web/notizie/regioni/toscana/2014/01/22/Lavoro - cinesi - Prato - vale - 2 - 3 - miliardi_9946425. html.

② 《华人企业成支撑普拉托"意大利制造"金字招牌》，http：//www. chinanews. com/hr/2013/ 11 - 21/5530181. shtml。

③ 《意媒体采访侨领胡少刚吴秀君》，http：//www. qiaobao. eu/bencandy. php？fid = 28&id = 13894。

④ 《意大利托斯卡纳大区三成华人企业寿命不足两年》，http：//www. chinanews. com/hr/2013/12 - 19/5638184. shtml。

⑤ 《意大利普拉托省移民企业增加　华人企业占三分之一》，http：//news. xinhuanet. com/overseas/ 2013 - 08/08/c_116865984. htm。

到 2013 年，意大利的中国留学生达到 1.5 万，正如意中基金会主席罗米蒂所说，青年是意中两国关系的未来，在未来意中两国经济文化及各个领域的关系中，青年学生将会发挥重要作用。

总的来说，意大利华人社会是一个迅速发展且不稳定的社会。意大利华人多来自浙江、福建等地的农村，文化素质低，语言不通，大部分人不懂意大利语。近年迅速发展的意大利华人新移民的进出口贸易和批发行业主要根源于著名的"温州模式"，以及"温州人的勤奋、低廉的成本、自成一体的商业网络、灵活的经营模式"。[①] 意大利华人企业是意大利经济的重要组成部分，多集中在意大利北部，且从事的行业相对集中，主要是贸易、制造和服务行业。意大利华人企业技术含量不高，是欧洲经济结构中最底层的经济。

三、意大利华商生存风险分析

意大利华人企业的生存和发展是事关意大利整个华社经济、社会和文化繁荣兴旺的根本所在。近一二十年来，华人企业对意大利经济发展起到了重要作用，给政府带来了财富，也带动了中国的移民和商品贸易，但其存在的问题也极为严重，特别是一些华人企业经营不规范，雇用黑工，偷税漏税，工厂设施简陋，卫生条件较差，缺乏安全生产意识，更谈不上劳动者生命安全保障。意大利华人企业不规范经营问题是意大利华商面临的突出问题，主要表现在以下几方面：

1. 雇用黑工

据载，普拉托执法人员在 2013 年前 11 个月检查了 360 家华人公司，华人"黑工"和华人非法移民至少有 500 人，如按华人工厂 4 000 家计算，非法移民人数将超过 2 万。2010 年有关部门的统计数字显示，当地有华人劳工 18 000 人，其中 11 000 人有合法身份，6 000 至 7 000 人为非法移民。[②] 马切拉塔省劳动局在全省范围内进行大检查，涉及 17 个城市的 98 家企业，包括 13 家华人工厂。被查的 98 家企业中共有 221 名工作人员，其中51 名工作人员为"黑工"，1 名女工没有合法身份，"黑工"人数占工作人员总数的 23%。摩德纳省地方警察对当地三家公司进行了检查，公司老板是意大利人，27 名打工者全部是华人和巴基斯坦人，其中 24 人为"黑工"。[③] 米兰省一家华人工厂，10 名华人工人就有6 人没有合法身份。另有一家华人纺织工厂共有 40 多名华人，其中 1 人无合法身份、3 人为"黑工"。[④]

不少华人是持旅游签证进入意大利后非法滞留的，有些华人还购买假居住证和身份证。2013 年底，普拉托警方破获华人假居住证案，超过 300 名华人被控涉嫌持有假居住证。此案为有组织犯罪，主要成员共有 11 人，其中意大利人有 4 名、华人有 7 名，他们

---

① 2013 年 8 月 26 日，暨南大学华侨华人研究院欧洲侨情考察团拜会了王力平先生，这是当时谈话记录的一部分。

② 《意大利普拉托华人月工资被爆仅 280 欧元》，http://www.chinanews.com/hr/ 2013/11 - 08/5481338. shtml。

③ 《意大利马切拉塔省突查 13 家华人工厂 发现数名黑工》，http://qwitaly.com/portal.php? mod = view&aid = 10235。

④ 《意大利一无照华人工厂被查 多地展开地毯式检查》，http://www.chinanews.com/hr/2013/12 - 13/5617605. shtml。

至少为 350 名持旅游签证进入意大利的华人签发了虚假居住证明。涉案的意大利人中包括市政府工作人员。据悉,这 300 多名华人花 800 至 1 500 欧元购买假居住证,以图在意大利"合法"居住。① 据载,在 8 000 名合法居住在都灵市的华人中,无合法身份的华人大约有 2 000。②

2. 偷税漏税

意大利华人企业偷税漏税现象不少,媒体常有报道。如 2013 年 12 月,贝卢诺两家华人酒吧被查,其账目记录不符合规定,实际收入高于收款机记录。自 2010 年至今,两家酒吧隐瞒收入可能超过 30 万欧元,两位老板偷漏增值税超过 2.5 万欧元。③

据载,普拉托税警的调查认为,普拉托华人区每年偷逃税款金额高达 8 亿欧元。普拉托警察局长因此要求政府增派人手对普拉托华人企业进行全面筛查。同时,意大利中央银行也公布华人是向其母国汇款金额最高的外国移民群体。意大利手工业者和小企业业主联合会 2013 年 8 月发布的报告称,2008—2011 年间,意大利移民一共向祖(籍)国汇款 78.7 亿欧元。其中,寄回中国的总额为 25 亿欧元,占总数的 1/3。就普拉托华人给中国的汇款来说,历年变化较大。2005 年为 2 500 万欧元,到 2012 年达 1.87 亿欧元,达到顶峰的是 2007 年和 2009 年,分别为 4.31 亿欧元和 4.64 亿欧元。④ 财政警察的调查报告显示,普拉托华人区的一家汇款公司在 2010 年 6 月至 2013 年 2 月间就向中国汇款 2 900 万欧元,其中 1 000 万欧元属于分批汇出,每次为 1 000 欧元,共发生汇款业务 2 500 次,12 名华人老板共汇出 1 000 万欧元。为了逃避银行的自动检测系统,一些华人老板只能雇人汇款和使用伪造的身份证件。2012 年 1 月至 2013 年 6 月,普拉托安全事务部门与劳动局监察队合作检查了 400 家华人企业,共发现 1 846 名非法打工者,工厂老板偷漏税 2 200 万欧元。被查企业只占华人企业总数的六分之一,因此可以推算华人企业里大约有 1 万名非法打工者,华人老板偷漏税可能达 1 亿欧元,在意大利的华人企业每年偷漏税高达 10 亿欧元。⑤

3. 生产设施简陋

很多意大利华人企业为在激烈的竞争中站稳脚跟,获取利益,不惜降低成本,而不愿意增添防火、防盗等起码的安全生产设施。很多工厂生产条件简陋,卫生设施不达标,工人常常非法居住在车间或违章建筑的仓库里。如在维亚省(Pavia)的一个乡镇,一家非法华人工厂就坐落在两栋别墅中,里面有十几名华人,许多人还携带仅数月大的子女。他们居住环境恶劣,房屋中有上百升液体状的易燃化学物品。⑥ 帕多瓦市政警察在对当地华

---

① 《意大利警方破获一华人假居住证案 7 名华人被诉》,http://www.chinanews.com/hr/2013/12 - 13/5617494.shtml。

② 《意媒体采访侨领胡少刚吴秀君》,http://www.qiaobao.eu/bencandy.php? fid = 28&id = 13894。

③ 《意大利贝卢诺一对华人母女被控偷漏税 30 万欧元》,http://www.chinadaily.com.cn/hqpl/zggc/2013 - 12 - 17/content_10836701.html。

④ http://www.ansa.it/web/notizie/regioni/toscana/2014/01/22/Lavoro - cinesi - Prato - vale - 2 - 3 - miliardi_9946425.html.

⑤ 《意大利警方通过网络监控全面暗查华人汇款公司》,http://www.chinanews.com/hr/2013/07 - 22/5067938.shtml。

⑥ 《意大利一华人工厂被查出工人与危险液体"同居"》,http://www.chinanews.com/hr/2013/12 - 11/5605176.shtml。

人企业进行检查时发现有多名华人非法居住在仓库里。仓库的生活区有厨房、卧室和餐厅。普拉托一家华人公司由两个仓库连接而成，一个仓库用于生产，另一个仓库用于居住。检查时共有 10 名华人在场，他们均没有劳动合同，工厂老板没有开工许可证，而且这两个仓库的现有条件既不能用于生产，更不能用于居住。① 该地另一家华人服装公司，13 名工人都住在工厂里，43 台机械没有安全防范措施，公司没有防火设施，卫生条件很差。② 普拉托华人印染厂同样存在严重的安全隐患，一些工人也睡在印染厂里。米兰省一家华人工厂，其厂房既是车间，又是宿舍。工人们轮流休息和生产，全部居住在工厂里。厂房无通风设备，卫生设备很差。厂房里有多个燃气罐用于取暖，但没有任何防火设备。③对此，媒体报道不胜枚举。

4. 违规经营

意大利华人生产性企业、服务业等各种不符合当地要求的违规经营现象较多。2013年，华人企业经意大利官方检查受处的案件很多。如帕多瓦省一家华人批发中心里有多处非法住家，一个专供儿童使用的教室，还有医疗室和按摩室。批发中心里的这些住家、诊室和教室都没有市政府的许可证。④ 埃斯奎利诺（Esquilino）地区一家华人商店的营业执照为零售，但店主不仅违规从事批发业务，还将店面一分为二，另一家店面则为无照经营。不仅如此，检查人员还发现位于地下室的仓库也属非法使用。⑤ 某火车站附近一处华人住家位于一栋公寓的第八层，共有五个房间，住家的承租人将住家变成小型家庭式旅馆，共放有 18 张床位。经营者是一对夫妇，他们有一名四岁女童，一家三口居住在一个房间里，另外四个房间全部用于出租，每张床位每晚收取 15 欧元。⑥ 一名在米兰经营餐馆的华人女老板为了避免罚款，拿出 500 欧元行贿执法人员，执法人员因发现餐馆里 90 公斤肉类食品保存方式不符合要求，而且餐馆的卫生非常差，为此餐馆被查封。

5. 走私和出售伪劣商品

走私和出售伪劣商品也是意大利华商不规范经营的主要方面。2013 年，拉韦纳（Ravenna）海关工作人员和市政警察联合拦截了 700 件假货，商业总价值为 11 000 欧元，其中包括没有欧盟质量认证的中国玩具、泳装、皮包、皮箱、钟控收音机、太阳镜、项链、手镯、戒指和手表。据查，帕多瓦省一家华人批发中心内销售的金属首饰含铅量严重超标，已被视为有毒商品。米兰地区两家华人商店出售假冒名牌商品和窝藏赃物，价值150 万欧元，包括上千件电子元件、液晶显示器、屏幕、LCD 显示器、手机外壳以及苹果

---

① 《意大利两家华人公司被查　10 余工人无劳动合同》，http：//www. chinanews. com/hr/2013/11 - 06/5471057. shtml。

② 《意大利普拉托一华人公司 13 名工人仅一人身份合法》，http：//www. chinanews. com/ hr/2013/08 - 13/5155267. shtml。

③ 《意大利一无照华人工厂被查　多地展开地毯式检查》，http：//www. chinanews. com/hr/2013/ 12 - 13/5617605. shtml。

④ 《意大利帕多瓦联合行动执法人员突查华人批发中心》，http：//qwitaly. com/portal. php？mod = view&aid = 10234。

⑤ 《只批发不零售　罗马一华人商店遭警方便衣暗查》，http：//qwitaly. com/portal. php？mod = view&aid = 8409。

⑥ 《意大利一对华人夫妇因非法转租被警方指控》，http：//qwitaly. com/portal. php？mod = view&aid = 8410。

平板电脑等。[①]

意大利华人企业其他的违规经营问题还包括超时加班等。据载，一些在普拉托纺织厂工作的华人每天打印上千个商标，每天工作 18 个小时，每小时的收入为 1 块多欧元。在此期间他们不能出门，工厂老板会将仓库大门反锁。[②] 华人印染厂里也有非法移民，他们的员工都是半工，但实际上都在超时工作。

意大利华人企业的不规范经营主要在于一些业主一味追求自己的利益，舍不得在安全和卫生设施方面投资，厂房和仓库既是营业场所，又是工人吃住的生活空间，缺乏基本的人道主义及对他人人格和生命的尊重，这也为企业的运营埋下隐患。

2013 年 12 月 1 日，意大利普拉托市一家华商服装加工厂意外失火，造成 7 人遇难，3 人受伤。这场火灾损失巨大，不仅在当地华人中引起强烈反响，同时也受到意大利各界关注。一些当地媒体乘机纷纷指责华人企业"雇用黑工"，是"血汗工厂"，这给华人企业今后的发展造成了负面影响。

自世界经济危机以来，由于欧洲总体经济形势低迷，导致当地民众购买力下降，市场萧条。另外，当地国警务、税务部门在规范经济发展旗号下采取的各类清查行动，规模庞大，次数繁多，尤其是某些华商制假造假、偷税漏税等行为往往成为引发所在地采取大规模针对华商执法行为的导火索。比如 2008 年意大利官方的一次大搜查行动，导致罗马 50 多家华商店铺被查封。2011 年 6 月，意大利警方在普拉托以及周边的佛罗伦萨、比萨等地针对华商进行了较大规模的整肃行动，查封了 70 家华商企业，扣押了价值 2 500 万欧元的财产。最新的统计数字显示，2013 年前六个月，179 家华人企业的 2 840 台机械被扣，54 处房产被查封，市场价值约为 26 万欧元，2012 年全年为 39 万欧元，2011 年全年为 32.7 万欧元。[③] 经济危机以来，来自意大利主管部门的各类大小清查行动查封了无数的华人企业、商铺和其他经营场所，扣押了华商巨额的资产和货物，还有数额巨大的罚款，这些对华商造成了巨大的经济损失。特别是"12·1"火灾后，意大利政府从严打击各种经济犯罪、依法执法、拯救生命和保护合法权益等目的出发，要求执法人员加大力度，并增派监察员，持续不断地针对华人企业进行检查。这对未来几年意大利华商的生存是一个巨大的考验。

过去一二十年，意大利华人经济发展较快，直接拉动了我国的商品出口和人口流动，促进了华社的不断发展和壮大。但意大利华商文化素质普遍不高，企业技术含量低，生产设施简陋，经营成本低，不规范经营问题突出，过去这是华人企业成功的秘诀，如今它使华商企业面临巨大的生存风险。意大利华商当务之急需要提高素质，提升企业技术含量，加快企业的转型升级，此外更需要诚信守法，自警自律，规范经营。我国驻外使馆和各侨团应组织起来，积极联络华商，加强自我检查，严格自律，规范企业经营行为，杜绝安全隐患。中国有关部门需要积极引导，在人口流动和跨国贸易中加大检查力度，从源头上规

---

① 《涉嫌出售冒牌苹果手机 米兰华人区两女华商遭指控》，http：//qwitaly. com/portal. php？ mod = view&aid = 7953。

② 《意大利一华人工人不堪忍受剥削起诉老板获赔偿》，http：//it. mercachina. com/news/ content - - 1001781001 - - 100106100952226129. html。

③ 《意大利警方通过网络监控全面暗查华人汇款公司》，http：//www. chinanews. com/hr/2013/07 - 22/ 5067938. shtml。

范华人经济的运营。

四、意大利华人与当地居民的关系

尽管欧洲各国都有健全的反歧视立法机构，但在法规的有效实施以及旨在促进平等的积极政策上还做得不够。欧盟及其成员国的移民政策主要集中在非法移民上，而对非法雇用移民劳动力则关注不够。欧盟各国为应对经济危机而漠视民众基本权利，或者把少数群体当作替罪羊，并使之成为众矢之的，使得近年欧盟各国族群不平等现象愈加严重，极大地影响了经济和社会上处于弱势地位的少数民族和移民。[1]

实际上，在意大利，移民受歧视的现象每天都会发生。在工作方面，移民的工作薪水低、任务繁重、无技术含量，这与移民真正的工作能力和资格毫无关系。从经济角度出发，功利性种族主义表现在"有用的"移民则受欢迎，否则就会被拒之国外。在学校方面，移民孩子往往受到侮辱、暴力等不同形式的欺凌，这给他们的心理造成严重的负面影响，有时会导致他们得抑郁症、自残、自我封闭，甚至自杀。在居住条件方面，移民会遇到被拒绝租房的境况，地方当局常要求他们签订一些与国籍相关的非法约束性条款。在医疗方面，移民所享受的医疗待遇与本地居民相同，但在实际操作中，他们由于语言文化障碍、医疗工作人员的消极态度等而处于劣势地位。移民遭受的最普遍的歧视是"种族轮廓"，即根据种族特点来定义犯罪轮廓，在日常生活中表现为检查移民证件，对移民商业活动进行搜查以及行政和税收方面的核查。[2]这些歧视在笔者对博洛尼亚十几位华人企业家的访问中得到了证实，接受访问的企业家中有三分之二的企业或商店多次受到税收当局的检查和罚款，其中有一家已经营15年的皮革厂因此被迫关闭而转行开首饰配件店。这些歧视大部分是隐形的，有时也会上升到暴力行为。如前所述，意大利华人酒吧被烧、被抢的案例时有发生，而2013年佛罗伦萨一家银器店在自己商店橱窗里公开挂上了"意大利做得更好"的牌子，并在牌子下面放置了很多团狗屎和香肠，旁边分别写着"中国制造"和"意大利制造"，在意大利制造上面用拉丁语写上"金钱没有味道"，这是对中国制造一种赤裸裸的歧视。

为了保护移民的合法权利，国家反种族歧视局设立了专门的求助热线，并在最近几年鼓励移民进行司法诉讼。在国家反种族歧视局记录的歧视案例中，最多的歧视来自于媒体（2011年为22.6%），且逐年增加；其次是公共生活（2011年为16.7%）和公共机构所提供的服务领域（2011年为10.9%）。[3]

乌尔比诺大学中国文学教授 Valentina Pedone 在2008年编辑出版的《中国邻居》（*Il vicino inese*）一书，其大部分作者为罗马东方研究院的年轻学者，此书讲述了罗马华人的日常生活。其中有一节分析了罗马三种主要报纸专栏（《共和报》、《时代》和《信使》）

---

① "Immigrazione Dossier Statistico 2013 Rapporto UNAR", pp. 71–72.《反种族歧视国家局移民统计报告》，2013年，第71~72页。

② "Immigrazione Dossier Statistico 2013 Rapporto UNAR", pp. 73–74.《反种族歧视国家局移民统计报告》，2013年，第73~74页。

③ "Caritas/Migrantes – Dossier Statistico Immigrazione 21° Rapporto", Centro Studi e Ricerche IDOS.《明爱会及移民基金会的第21次移民统计报告》，2011年，第201页。

上刊登的有关华人的文章，而这些文章成为大多数当地居民了解华人团体内部生活的唯一窗口。该文分析指出，越来越多的文章对华人团体进行诽谤和中伤，这会造成社会紧张，并引发种族主义行为。① 比如说三种报纸在报道华人时对"华人街"和"黄色黑手党"这两个词的使用不断增加，"华人街"一词除了定义华人集中在一个社区之外，还包含了华人社会的独立性以及与当地社会分离的含义，它在报刊中的频繁使用重申了"黄色入侵"的观点，完全未考虑到很多华人多年居住在当地的事实。②

意大利内政部进行的一项关于意大利移民种族歧视的研究结论显示，意大利社会对华人的看法主要有三点：①中国人永远不死；②中国人杀害刚出生的女婴；③中国人使用现金，所以他们是黑社会。③ 而2006年由意大利记者、作家罗伯托·萨维亚诺（Roberto Saviano）执笔的一本纪实性小说《罪恶之都》把对意大利华人的歧视推向了顶峰。此书在意大利就销售了200多万本，另外，它被翻译成了52个国家的语言，在全世界的销量达1 000万本。美国的《纽约时代》把此书列为2007年最重要的100本书之一。除此之外，该书还在2008年被意大利一位导演改编成了同名电影，在2012年又被改编成了电视剧，会在2014年意大利的天空卫视播放。④ 面对这样的歧视，一群出生在意大利的年轻华人通过网络组成的社团组织——意大利华裔协会，在网站上发表言论，强烈谴责这种没有任何根据的描述，并尖锐地指出这种歧视极大地伤害了出生并生长在意大利的华人。他们习惯了意大利的生活，很好地融入了意大利社会，却要遭受如此打击。另外，它不利于意大利人与华人相处，强调两种文化之间的差异，制造不同种族之间的矛盾，这样的氛围会造就充满仇恨的华人后代。

---

① http：// www. interno. gov. it/mininterno/. . . /it/. . . /0928_Conclusioni. pdf，p. 177.

② Valentina Pedone，*Il vicino cinese*，*La comunità cinese a Roma*（《中国邻居，在罗马的华人社区》），Nuove Edizioni Romane，2008，p. 75.

③ http：//www. interno. gov. it/mininterno/. . . /it/. . . /0928_Conclusioni. pdf，p. 178.

④ http：// www. interno. gov. it/mininterno/. . . /it/. . . /0928_Conclusioni. pdf，p. 177.

西班牙

近年来，西班牙侨社发展迅速，经济实力不断增强，各行业完整的产业链基本形成。但受西班牙国内经济形势的影响，且囿于华人自身的社会结构和经济形态，华人治安问题较为突出，各种针对华人的偷盗、欺骗、暴力抢劫等案件层出不穷，致使其财产蒙受较大损失。另外，西班牙华商普遍文化素质不高，社会资本有限，创新能力不强，法律意识淡薄，致使其在经济活动中铤而走险，造假和销售假冒伪劣产品、雇用黑工、偷税漏税、灰色清关等非法经营较为突出，招致西班牙当局严厉而频繁的检查，致使其财产安全面临更为严重的隐患。由于西班牙华人本身存在的非法经营问题，卖淫、赌博等各种社会问题，以及西班牙经济危机给西班牙民生带来的冲击，西班牙社会各种抹黑华人的新闻不断出现，导致华人与当地社会的关系紧张。针对西班牙媒体歪曲、丑化华人的不实报道，以及社会上对华人的歧视和排斥，近年来，西班牙华人一方面通过示威游行、法律诉讼等方式捍卫自己的权益，抗议当地社会侮辱和丑化华人的言论，另一方面也积极参与主流社会的活动，树立侨胞良好形象。

一、西班牙基本国情

西班牙位于欧洲西南部伊比利亚半岛，国土面积505 925平方公里。2012年，其人口总数为4 726万。西班牙居民主要是西班牙人，少数是加泰罗尼亚人、加里西亚人和巴斯克人等。官方语言为西班牙语。西班牙居民大多信奉天主教。受国际金融危机和欧洲主权债务危机的影响，近年西班牙经济形势日趋严峻，人民党政府为应对危机推行财政紧缩政策，执政压力较大，但由于在议会拥有绝对多数优势，执政地位相对稳固。西班牙宪法规定西班牙是社会与民主的法治国家，实行议会君主制，王位由胡安·卡洛斯一世的直系后代世袭。国王为国家元首和武装部队最高统帅，代表国家。政府负责治理国家并向议会报告工作。宪法承认并保护各民族地区的自治权。近年西班牙经济受全球金融危机影响较大，失业率飙升，经济急速下滑，社会发展面临严峻挑战。[①]

---

① 《西班牙国家概况》，http://www.fmprc.gov.cn/mfa_chn/gjhdq_603914/gj_603916/oz_606480/1206_607520/。

西班牙概况

国家全名	西班牙王国	地理位置	欧洲西南部伊比利亚半岛	领土面积	505 925 平方公里
首都	马德里	官方语言	西班牙语	主要族群	主要是卡斯蒂利亚人（即西班牙人），少数是加泰罗尼亚人、加里西亚人和巴斯克人
政体	议会君主制	执政党及主要反对党	人民党/工社党	现任总统/总理	首相：马里亚诺·拉霍伊·布雷
人口数量	4 726 万（2012 年）	华侨华人人口数量	25 万	华侨华人占总人口比例	0.53%
GDP/人均 GDP	10 495 亿欧元/22 735 欧元	CPI	2.9%	失业率	26.02%

数据来源：中华人民共和国外交部网。

西班牙于 1973 年 3 月同中国建交。建交以来，两国在政治、经济、文化等领域合作关系不断发展。双方签有引渡条约、刑事司法互助条约、文化协定、经济和工业合作协定、投资保护协定和打击有组织犯罪合作协定等。为推动西班牙、欧洲与中国、菲律宾、越南等亚太国家之间科技、文化及经贸交流，西班牙外交部、加泰罗尼亚自治州政府、巴塞罗那市政府于 2001 年 11 月联合设立"亚洲之家"。近年来，中西经贸合作持续发展，西班牙是我国在欧盟内第七大贸易伙伴。2012 年，双边贸易额为 245.7 亿美元，同比下降 9.9%。其中我国出口 182.4 亿美元，同比下降 7.5%；进口 63.3 亿美元，同比下降 16.2%。①

二、西班牙基本侨情

随着 20 世纪 80 年代中国改革开放的不断深入，人口流动控制政策的相对宽松，民众渴望致富心理的不断膨胀，以及西班牙社会经济的快速发展，劳动力市场的严重分割，政府几年一次针对非法移民的大赦政策，致使华人移民西班牙增多，从事西班牙人不愿从事的农业、建筑业和家政服务业。90 年代以来，西班牙华人数量增长明显加快。至 2002 年 6 月，西班牙合法华侨人数为 80 000。华人移民中，成年人占大多数，而未成年人和老人只占两成。② 至 2010 年 3 月 31 日，西班牙华人近 24 万。其中华侨 154 056，华人 23 300，

---

① http：//www. fmprc. gov. cn/mfa_chn/gjhdq_603914/gj_603916/oz_606480/1206_607520/sbgx_607524/.

② Gladys Nieto, The Chinese in Spain, *International Migration*, 2003, Vol. 41（3）SI 1.

留学生 3 800，被收养的中国孩童 19 200，以上是获得合法身份的人数。[①] 至 2012 年，西班牙华人约 25 万。[②]

从来源地来看，西班牙华人主要来自浙江、东北三省、福建、山东、河南等地。华人的移民方式主要有合法受雇、非法滞留、留学、从其他地区转入等，分别占 35%、40%、8%、12%。华人移民前身份多为农民、工人、学生、公务员等，分别为 55%、20%、20%、5%，平均年龄为 29.3 岁。[③] 地理分布上，西班牙华人具有"小集中、大分散"的特点，相对集中在以巴塞罗那为中心的加泰罗尼亚地区、马德里、巴伦西亚和安达卢西亚这四个大区。

西班牙移民局最新数据显示，马德里大区华人已成为马德里第五大移民群体。从 2012 年 1 月到 2013 年 1 月，马德里大区登记注册的华人增加了 1 841，上升了 3.9%。94% 的马德里华人没有西班牙国籍，63% 已经结婚，81.8% 在工作。2012 年以来，华人失业率从 6% 上升至 8%，但仍是马德里移民中最低的群体。在职的华人中，39% 是老板，61% 为雇佣工作。住房方面，41% 的华人与父母或者朋友住在一起，21% 与人合租房屋，20% 自己租房，10% 住在公司提供的宿舍。34% 的华人都往中国寄钱，他们寄钱的金额为每月 216.15 欧元左右。[④]

随着众多西班牙华人从郊区走向城市中心寻找商机，华人企业、商铺在市中心范围内不断增多，华人的居住形态也发生了变化，即由城郊向市中心聚集。如巴塞罗那华人从 2008 年的 12 938 增加到 2012 年的 15 875。年龄分布上，2012 年巴塞罗那 0～14 岁的华人人口增长率为 21.2%，15～24 岁的为 15.5%，25～39 岁的为 35.6%，40～64 岁的为 26.1%，65 岁以上的为 1.6%。[⑤]

西班牙华侨的个体户比例较高。在西班牙国家社保系统中，缴纳社保的华侨为 88 475，有 41 370 人属于个体户业主，占总数的 46.7%，而 2010 年这一比例为 36.5%。[⑥] 西班牙华人老板中有不少是女企业家，她们在中餐业、批发和零售业、律师、中文学校、进出口贸易等行业中占有一定比例，是真正掌握权柄的"半边天"。[⑦]

西班牙是传统上华人留学的冷门国家，但近十年来华人留学大军越来越庞大，人数翻了 5 倍。但西班牙华人留学生并没有把自己当成海外华人，且对海外华人颇有微词，而已扎根在西班牙的华人也对留学生另眼相看。华人留学生认为旅西华人唯利是图，文化素质较低，自卑、自私、自恋；西班牙华人则批评留学生华而不实、不务正业、好高骛远，很傻很天真。很多华人企业主功利心较重，把留学生当成廉价劳动力，可以批量雇佣和解

① 王晓萍、刘宏主编：《欧洲华侨华人与当地社会关系：社会融合·经济发展·政治参与》，广州：中山大学出版社 2011 年版，第 239 页。

② 此为 2012 年笔者参加欧华联会第十七届年会时西班牙著名侨领徐松华提供的数据。

③ 徐松华：《西班牙华人社会现状及面临问题和对策》，《华侨与华人》2010 年第 1 期。

④ 《华人成马德里第五大移民群体 94% 无西班牙国籍》，http://www.chinanews.com/hr/2013/11-28/5558426.shtml。

⑤ 《西班牙巴塞罗那中国移民大增 现多个华人新聚居地》，http://www.chinanews.com/hr/2013/02-22/4587283.shtml。

⑥ 《西班牙近半华人是老板身份 获西班牙专业协会称赞》，http://www.chinanews.com/hr/2013/09-09/5262219.shtml。

⑦ 凌锋：《西班牙华人经济"阴盛阳衰" 女强人成绩斐然》，http://www.chinanews.com/hr/2013/10-14/5377874.shtml。

聘。但随着中国本土经济迅猛发展，国内经济条件好的人越来越多，西班牙华人的经济优势在逐渐削弱，且因大部分西班牙华人文化素质低，华人留学生对西班牙华人的偏见也较明显。

近年来，一些中餐馆老板开始从事服装加工和批发，一些人则进入建筑行业，经济格局逐步多元化。据统计，目前西班牙华人有中餐馆 4 700 家、酒吧 600 家、中国百货店 7 800 家、干果店 3 400 家、批发公司 1 150 家、成衣工厂 600 家、建筑业 800 家。① 由此可见，西班牙侨社近几十年的经济活动发生了很大变化，从过去单一的以中餐业为主，发展到今天以贸易、百货、中餐业并举，包括旅游、建筑、制造业、农业、新能源、电器、文化等行业在内的，营业门类颇为齐全的华侨华人社会。可以说，西班牙华人经济经过近三十年的发展，已获得一个比较好的基础，各行业完整的产业链基本形成，且引入和借鉴了西班牙企业的管理模式。

近年席卷西方世界的经济危机对西班牙华人来说冲击较大。西班牙华人经济与当地移民关系密切。对于价格低廉的华人百元店和遍布大街小巷的华人食品店来说，来自东欧和南美的移民，是这些华商的主要顾客。然而，随着危机的不断加重，这些地区的移民都先后回国。另外，西班牙失业人数的不断增多，也使华商现有顾客消费能力降低。因此，在客户不断流失的情况下，华人商业难以维系。特别是经济危机后国际汇率下跌、国内制造业成本上涨，这些因素造成华人百元店成本增加，使之成为受经济危机影响最大的华人行业之一。根据西班牙媒体的调查，目前华人商家的利润与 2008 年的水平相比，普遍下降了一半左右，倒闭的商家为数不少。②

对于西班牙华人来说，经济危机既是风险，也是机遇。自 2011 年开始，巴塞罗那涌现出一些华人经营的精品家具装饰店。尽管其出售的商品基本上都与百元店相同，但由于店面装饰新颖、干净，加上布局、进货不同，虽然价格稍高一些，但依然受到西班牙客户的青睐。经济危机后，一些华人经营的"自动洗衣店"也纷纷出现，成为华人的一个新兴行业，满足了餐馆和酒吧等餐饮业客户的需求。一些华人也开始经营药店，这些华人药店由于没有语言方面的障碍，深受当地华人的青睐，同时由于其可以拿到价格更加低廉的奶粉、米粉等营养品，也吸引了不少正在经营代购国际奶粉、米粉生意的网店经营者，从而形成了一条跨行业的产业链。还有更多华人投资其他领域，如创建网络，建立通讯公司，开连锁服装店，向中国销售西班牙红酒、火腿等。

近年来，中国出境游客人数的大量增加，为世界各国提供了不少商机。在西班牙，2012 年中国游客数量增加了 30%，达到 17 万人次以上。为了抓住商机，西班牙各级政府部门和各相关机构纷纷在签证、旅游推广、游客接待等方面采取措施，大力开发中国旅游市场。西班牙大力吸引中国游客的举措，也给华人带来了巨大商机。由于西班牙华人在语言、文化、民族感情等方面具有得天独厚的优势，又对西班牙情况了如指掌，所以在开发中国游客这座"金矿"上占尽先机。中国游客的大量到来，让一些像餐饮业这样的华人传统行业获得了生机，也让华人有机会拓展自己所从事的行业，找到新的门路和经济增长

---

① 徐松华：《西班牙华人社会现状及面临问题和对策》，参见王晓萍、刘宏主编：《欧洲华侨华人与当地社会关系：社会融合·经济发展·政治参与》，广州：中山大学出版社 2011 年版。

② 《旅西华人"逃离"西班牙 西民众："走好，不送!"》，http://www.chinanews.com/hr/2013/08-07/5132515_2.shtml。

点。实际上，随着中国游客的增加，住宿需要的不断增长，一些华人开始利用西班牙房地产价格处于低谷的机会，收购高档宾馆，专门用于接待中国游客。[①] 此外，旅西华人在西班牙开拓中国市场这方面，具有先天优势。由于他们通晓中西两国的情况，在语言沟通和文化了解上，相对国内同胞和西班牙人具有优势，再加上他们在中国所储备的人脉关系，所以在沟通经贸、拓展中国市场上具有独特优势。目前西班牙对华贸易和投资中，旅西华人所涉及的行业仅限于红酒、橄榄油等食品的销售，而相对于这些商品在中西间的整体贸易额来说，华商所占的份额较少，甚至到了可以忽略不计的程度。而在中国旅游市场的开发，西班牙服装业在华拓展等方面，则更是一片空白。[②] 可以说，中国经济的快速发展，以及西班牙华商的跨国性优势，应当是他们未来应把握的机遇。

三、西班牙华人的生存风险

西班牙华人社会是一个快速发展且不稳定的社会，受西班牙国内经济形势的影响，且囿于华人自身的社会结构和经济形态，当前其生存和发展遇到以下几方面风险：

（一）治安问题

受经济危机影响，近年西班牙社会治安越来越差。尤其是在聚集着大量移民的城市，更是问题多多，加之警员不足，更让那些犯罪分子有恃无恐，疯狂作案。实际上，近一两年中，针对华人的各种犯罪案件层出不穷，犯罪手段令人咋舌。就暴力性质而言，轻微者有针对华人的偷盗行为、名目繁多的各种诈骗。如巴塞罗那有一偷窃团伙，由三名妇女组成，专门在华人百元店之类的商店作案。2013 年 9 月，西班牙南部海岛地区发生了多起连环盗窃案件，影响较大。这伙犯罪分子大约有四五人，作案手法十分专业，对华人作息时间和生活规律了如指掌。几个月来已有二十多位华人家庭被盗。[③]

在马德里、瓦伦西亚、马拉加等地，一些吉卜赛妇女和儿童到华人百元店里进行盗窃的现象比较常见。这些吉卜赛妇孺通常三四人一帮。她们进店后，一两个人会佯装向店主询问商品，分散其注意力，或吸引其离开柜台，而其他人就会趁机偷窃商品和收款机里的现金。

由于西班牙法律宽松，这些小偷小摸的犯罪分子最多被带到警察局关押一两天就会放出来，这样，法律未能对他们进行有效制裁，加上有些华人在被盗之后也不报警，致使一些犯罪分子有恃无恐，违法犯罪活动越来越猖獗。

面对严峻的治安形势，旅西华商不断加强安全措施，如安装坚固的防盗栏杆、监视录像、报警器等。在撬门和破窗盗窃变得日益困难后，盗贼们开始对华人店家实施"打洞盗窃"。目前遭遇"打洞盗窃"的华人商家大多位于人口较少的郊区小镇或中小型城市，主

[①] 凌锋：《中国游客增加　西班牙旅游业给华人带来巨大商机》，http：//www. chinanews. com/hr/2013/04－16/4735365. shtml。

[②] 《西班牙争抢中国商机　旅西华人面临机遇大有可为》，http：//www. chinanews. com/hr/2013/06－08/4912191. shtml。

[③] 《西班牙南部海岛现华人盗窃团伙　报案者少影响破案》，http：//www. chinanews. com/hr/2013/09－24/5315107. shtml。

要是因为这些地区居民分散，尤其是一到夜间，大街小巷几乎空无一人，这样就为盗贼们"打洞盗窃"提供了极好的条件。墙面被打穿后，盗匪不仅搬走了店内的整个保险箱，也偷走了不少值钱的家当。还有一些犯罪分子假冒慈善机构的"志愿者"进入华人家庭入室行窃。

除偷盗之外，诈骗华人钱财的犯罪行为也逐年增多。如近年西班牙老虎机公司与华人酒吧业主常常发生纠纷。一些西班牙老虎机公司利用华人西班牙语不好的软肋，在合同条款上做手脚，甚至钻空子，欺骗华人。如在巴塞罗那，一名西装革履、驾驶名车的西班牙"豪客"曾来到一家华人百元店里，出示其足球公司负责人的身份证明，设下层层圈套，诱使店主及其亲友与其合作开设公司，进口价值高达 160 万美金的 LED 灯具，骗取了一万多欧元。

近年来，西班牙有关部门对华商的检查接连不断，对此，很多华商都习以为常，由此导致一些骗子利用假警徽、假警察证来假冒检查人员进店检查，对华商进行敲诈、抢劫等。由于很多侨胞对警徽等标志并不熟悉，很容易陷入不法之徒的圈套，习惯性地任其检查和接受处罚。此外，个别检查人员在执法中的不规范做法，如拒绝出示身份证明，居高临下，态度粗暴等，也被骗子加以利用，在装腔作势中，增加其自身的欺骗性。

一些西班牙人还利用保险推销员身份，以安联等知名保险公司为幌子，通过出具假保险单收取现金的方式，对众多华人店主进行诈骗。很多华商在交钱以后，以为有了保险，可等到保险事故发生，与保险公司联系时，才发现对方根本就没有为自己投保，而那些已缴纳的"保险费"，则早就被骗子私吞了。

除上述针对华人的偷盗、诈骗等犯罪行为外，暴力抢劫也时有发生。2013 年初，马德里瓦雷加地区的华人食品店频遭暴力抢劫。到 8 月为止，当地几家华人食品店几乎都遭到了持刀、持枪、绑架等性质极其恶劣的抢劫。有的店家在短短两个月时间内，居然经历两次暴力抢劫。在南部马拉加地区，由于当地治安环境日益恶化，针对华商的偷抢案件始终不断，平均一天就要发生两起。[①] 马德里一名华人妇女曾在仓库区附近一家酒店内遭到抢劫，被抢 1.6 万欧元，损失重大。巴塞罗那一名侨胞驾车从城区行驶至一偏僻的十字路口时，遭一尾随车辆的"提醒"，正当该侨胞下车查看时，路边草丛中窜出两名黑人，光天化日之下手持利器对其进行抢劫。一些华人百元店业主也在打烊时频遭歹徒抢劫。

在这些抢劫活动中，摩洛哥等非洲国家移民的勒脖子抢劫行为较为突出。在马德里，一段时间里发生了多起独身看店的华人店主被摩洛哥劫匪勒晕后遭到抢劫的事件。还有一些摩洛哥人偷盗、抢劫团伙，只对外国单身女性下手，特别是华人女性，身材瘦小，被抢概率较大。[②]

2013 年，华人在住宅内遭遇入室抢劫、绑架事件时有发生。如马德里一华人别墅中曾发生一起绑架案，绑匪绑架了戴女士父母及其 12 岁女儿，索要 370 万欧元的巨额赎金。

[①] 凌锋：《西班牙马拉加华商全力防抢 手机报警定位 9 月出台》，http：//www. chinanews. com/hr/2013/ 08 – 24/5202209. shtml。

[②] 秦岭：《西班牙居民区现暴力抢劫团伙 华人女子白天受害》，http：//www. chinanews. com/hr/2013/06 – 09/ 4915354. shtml。

戴女士及其丈夫报了警，但调查迟迟没有进展，最后导致戴女士不堪巨额赎金的压力而自杀。[①] 特别是临近年底，华人遭遇的入室抢劫案更是司空见惯。如12月2日凌晨，马德里郊区一华人住家遭遇四名华人歹徒入室抢劫。歹徒在撬开住家后入室对两名受害人进行捆绑，将室内财物洗劫一空，包括所有现金、电视机、手机、电脑等值钱物品。

更为严重的是，一些华人为了保护自己财产不受侵犯而与劫匪搏斗时，不幸受伤或惨遭杀害。2013年7月，西班牙马拉加省丰希罗拉（Fuengirola）市曾发生一起恶性抢劫杀人事件。当地一名经营食品店的华商遭到数名摩洛哥人的盗窃，而在他发现被盗并追出去试图拿回被盗物品时，丧心病狂的歹徒竟然拉住受害人双手，发动汽车，将受害者拖行50米，导致受害者颅骨受到严重撞击而死亡。

多年来，西班牙华人一直是西班牙盗贼和劫匪的主要打劫目标，主要因为他们大多经商，在很多人眼里属于有钱一族，且有存放巨额现金在家的习惯，加上他们不熟悉当地语言，不了解当地情况，不主动报警，这样往往被犯罪分子看成"沉默的羔羊"。此外，西班牙宽松的法制也助长了劫匪们的嚣张气焰。

（二）华商经营风险

目前，西班牙华商普遍文化素质不高，社会资本有限，创新能力不强，法律意识淡薄，致使其在经济活动中铤而走险，非法经营，以获取利益。这主要表现在以下几方面：

（1）造假和销售假冒伪劣产品。旅西华人中造假和售假活动不是少数人在个别领域的偶发行为，而是涉及香烟、信用卡、服装、香水、首饰、光盘等许多商品和服务。一些华人打着"律师楼"和"会计事务所"的幌子对外出售假文件，通过伪造公文、买卖合同等方式，专为华人办理扎根居留卡。2013年底，西班牙萨拉戈萨（Zaragoza）警方抓捕了这样一个犯罪团伙。该团伙12人中，除一人为西班牙人外，其余的都是华人。该团伙为华人办理一份扎根申请，就要收取5 500欧元。如果申请者有"特殊需要"，如需假劳动合同，或是要使用"枪手"代为面试等，就要支付更多费用。[②]

据西班牙著名侨领、西班牙中国和平统一促进会会长徐松华说，西班牙华人销售假冒伪劣产品的现象较为严重。2009年缴获假烟1 390万盒，比2008年增加96%，其中来自中国的占84%。[③] 近年来，西班牙瓦伦西亚大区警方在瓦伦西亚、贝尼东姆等地打击侵犯知识产权、销售假冒名牌产品的行为，多名华商因销售侵权产品而被捕。2013年，在瓦伦西亚华人批发商聚集的马尼塞斯（Manises）批发区，当地警方进行了一次打假行动，在一间华人所经营的仓库中，收缴了4 000多件假货，包括太阳镜、背包、手链等。[④]

（2）雇用黑工。2008年巴塞罗那出动人力调查47家华人成衣厂，发现其大部分无合法证件，很多工人无身份。巴塞罗那近郊一家华人理发店从事理发、按摩服务，店内因雇

① 《旅西华人女子不堪绑匪勒索自杀　引发华人财富话题》，http://www.chinanews.com/hr/2013/04 - 15/4731760.shtml。

② 《旅西华人造假居留案　华人团伙疑与政府相勾结》，http://www.chinanews.com/hr/2013/12 - 06/5590397.shtml。

③ 徐松华：《西班牙华人社会现状及面临问题和对策》，《华侨与华人》2010年第1期。

④ 郝驭：《西班牙瓦伦西亚警方严查假货　多名华人被捕》，http://www.chinanews.com/hr/2013/11 - 05/5465449.shtml。

用一名黑工而在两个月内遭到两次查处，罚款达 20 002 欧元。① 2009 年 3 月中旬，西班牙警察局、劳工部等部门联合在马德里地铁卡拉万切尔（Carabanchel）一带对部分华人餐馆、糖果店、服装店、单百店、食品店进行检查，据不完全统计，华人商家中无居留身份工人被抓的达 11 人。② 过去华人经营的建筑业是黑工最为密集的行业，而现在餐饮业已成为非法劳工数目最多的行业。当地餐饮企业之所以聘用黑工，主要是因为雇用非法劳工所需成本比合法劳工要低得多。

（3）偷税漏税，灰色清关。中国出口到西班牙的集装箱有相当比例是灰色清关。一些从事国际贸易的西班牙华商往往在中国开金额远低于实际货物价格的假发票，然后用这些发票在西班牙海关报税。有些华商在西班牙出售货物的报税也采取这种手段，以达到逃税目的。以一家商行一天售出 1 万欧元营业额为例，他们只报税 20%，其余的都不开发票，以达到逃税目的。③

另外，西班牙华人夹带现金过关现象严重，屡屡发生，多则近百万欧元，少则三五万欧元。根据西班牙法律规定，出海关时，最多只能携带 1 万欧元现金，超出这个金额，必须在机场进行申报和缴税，否则一律视为逃税行为，并予以重罚；而在国内时个人身上携带现金不能超过 10 万。一位在西班牙北部经营仓库生意的华人，曾携带 9.9 万欧元现金到马德里仓库区进货，不想在半路遭到西班牙国民警卫队的临检，随即警卫队搜出了这些现金，并将之没收。④ 2013 年 3 月，一名华人正打算从西班牙阿利坎特机场乘机前往奥地利，其托运行李中藏有总额达 39.3 万欧元的钞票，用两包金属纸包裹起来，结果被机场安检发现并截获。⑤

2013 年 9 月，瓦伦西亚警方侦破一华人犯罪团伙洗钱案。该团伙雇用当地各国移民，通过遍布街头的汇款电话亭，在不到半年的时间里，通过零散汇款，以蚂蚁搬家、积少成多的方式，向中国汇款高达 300 万欧元。据悉，每个移民的每笔汇款额通常为 2 000 欧元左右。很多接受委托的移民在一家电话亭汇完以后，就立刻到另一家去再次汇款。据统计，在最高峰时候，平均每二十分钟，瓦伦西亚就有一笔移民汇款汇往中国。⑥

西班牙华人偷税漏税现象也较严重。2013 年，阿利坎特（Alicante）省埃尔切工业区的税务部门和警方对当地华商进行突击检查，发现他们存在偷税漏税行为，从 2009 年到 2011 年间，仅从事批发业务的华商偷税漏税金额就达 1.08 亿欧元。⑦

（4）违规经营，恶性竞争。西班牙华商不按正常营业时间营业，不按规定出售商品，

① 徐凯：《西班牙一华人理发店连续雇佣黑工 被开巨额罚单》，http：//www.chinanews.com/hr/2013/07-10/5025646.shtml。

② 《西班牙对华人商家聘用"黑工"进行检查》，http：//news.163.com/09/0318/13/54ML5AN6000120GR.html。

③ 王方：《西班牙重罚偷税华商 最高被罚金额达 1400 万欧元》，http：//www.chinanews.com/hr/2013/01-19/4502723.shtml。

④ 《旅西华商携带超过 10 万欧元现金进货遭警方没收》，http：//www.chinanews.com/hr/2013/04-24/4759917.shtml。

⑤ 《西班牙一华人携带 40 万欧元现金被查获遭全部没收》，http：//www.chinanews.com/hr/2013/03-28/4684148.shtml。

⑥ 《西班牙警方再破华人洗钱案 华商忧遭更严管控》，http：//www.chinanews.com/hr/2013/11-05/5466736.shtml。

⑦ 《西班牙警方称埃尔切工业区华商偷漏税超一亿欧元》，http：//www.chinanews.com/hr/2013/04-25/4763336.shtml。

随意降低商品价格等违规经营现象比较突出。一些华商无视强制性的规定，为了节省成本，追求高额利润，对工厂的安全设施投入不够，华人工作中常常发生安全意外的事故。在理发、按摩等服务行业，西班牙政府明文规定，理发行业中使用的产品不得从欧盟外国家进口，必须根据规定从指定的商家进购。然而，在行业竞争越发激烈的过程中，一些商家为了在经济危机中生存下来，不惜从欧盟外国家进口低质伪劣产品，并降低价格，违规经营。在保姆行业，从事这一职业的华人多为 40～50 岁的中年妇女，因年龄、体力、语言等方面原因，不得已才入行到家政业。她们极少受过专业训练，多为"半路出家"，工作全凭个人经验，其专业性受到广泛质疑和批评。

近年由西班牙各司法部门组成的频繁大检查，以宁肯错抓不肯漏过之势，对华人经济进行大扫荡，从南到北，从东到西，扫遍华人经营场所，致使旅西华人经济上蒙受巨大损失。2011 年 7 月，马德里一华人夹带 12 万欧元现金回国，在马德里机场就被西班牙海关截获，随即全额没收，并以洗钱罪名起诉，后来被判 10.8 万欧元罚款。① 加泰罗尼亚大区税务部门和警方曾对该地区 43 家华商企业进行检查后作出巨额罚款，最高者达 1 400 万欧元，最少的也达 300 万到 400 万欧元。除巨额罚款外，警方还对逃税华商的 84 处物业和 240 个账户发出禁止使用和冻结的命令。② 如果说西班牙普通华人日常生活和工作中遭遇的欺骗、偷盗和抢劫等行为给他们财产带来较大损失的话，那么，西班牙华商的非法经营活动所招致西班牙当局的严厉检查，则使他们的财产安全面临着更为严重的隐患。

四、西班牙华人与当地社会关系

近年来，由于西班牙华人社会本身存在的非法经营问题，卖淫、赌博等各种社会问题，以及西班牙经济危机给西班牙民生带来的冲击，致使西班牙社会各种抹黑华人的新闻不断出现，华人与当地社会的关系紧张。

2013 年 4 月 26 日，西班牙一家私立电视台曾播出一期名为"中餐馆厨房什么样?"的节目。该台女记者艾达·尼扎（Aida Nizar）以"调查者"的身份，采访了几家当地中餐馆，用夸张的表情、引导性的提问方式，对中餐馆作出了不实描述和报道。据悉，艾达·尼扎是一位有名的脱口秀节目女主播，她主持的节目收视率极高。不过，由于近期节目收视率有所下降，尼扎面临很大压力。为此，她决定拿中国侨民开刀，"中餐馆不卫生"、"中国黑帮"、"中国人逃税"等逐渐成为她脱口秀的表演内容，严重玷污了西班牙华人的形象。③

2013 年 9 月，西班牙北部城市比戈（Vigo）曾发生一起当地媒体诋毁华人形象的事件。该市紧靠北大西洋，每年四季一到夜里，就有一种体积较大的海虾成群结队来到该市相对比较温暖的海滩上，栖息捕食，而熟知其习性的当地华人总会在晚上结伴来到海滩，借助手电筒的光亮来捉虾。当地媒体在报道此事时强调旅西华人在当地之富裕，生意越做

---

① 《旅西华人携带 12 万欧元现金回国遭查　90% 被罚没》，http：//www. chinanews. com/hr/2013/04 – 08/4711537. shtml。

② 王方：《西班牙重罚偷税华商　最高被罚金额达 1400 万欧元》，http：//www. chinanews. com/hr/2013/01 – 19/4502723. shtml。

③ 刘一：《西班牙女主播污蔑华人吃人肉　使馆交涉华社维权》，《北京青年报》，2013 年 5 月 14 日。

越大,就是靠晚上在海边捕捉海虾拿到餐馆卖钱而致富。因此旅西华人做的是不花本钱的营生。①

实际上,自从"帝王行动"发生以后,由于西班牙媒体大规模的炒作和丑化,旅西华人形象一落千丈,西班牙人对华人的歧视和排斥无处不在,且在不断增加。在一些执法机构人员的眼中,华商似乎已变得疑点重重,好像都是违法乱纪的"坏分子",而在普通西班牙民众心目中,华商现在也成为偷税漏税、销售假货、违规经营的代名词。一些西班牙人在购物时拒绝向华人付款,且称华人是偷税的"小偷",华人孩子也被其他同学称为"黑社会的子女"。一些西班牙人,尤其是华人商家的竞争对手,只要看到华人有了"破绽",就会立刻举报,而随之而来的就是相关执法部门"细致入微"的严厉检查。面对这些频繁的举报,华人店主频频奔波于律师楼、行政管理部门,以及法院等司法机构之间。同时,那些不断袭来的警告、罚款、封门等处罚决定,更是让他们疲于应对,苦不堪言。②

总的来说,从 2004 年的"埃尔切烧鞋事件"到 2013 年的中餐馆卫生问题,近年西班牙媒体中涉及华人的报道大多为负面新闻。在华人案件发生或者华商被查事件后,部分媒体会对个体事件进行不切实际的夸张报道。美国马里兰大学调查显示,47% 的西班牙人对中国的印象是负面的。③

针对西班牙媒体歪曲、丑化华人的不实报道,社会上对华人的歧视和排斥,华人往往由于语言、生活习惯等原因,加上只注重生意上的竞争与拓展,而没有采取有效措施予以应对。但近年华人的维权意识不断增强,采取了各种行动抗议西班牙主流社会侮辱和抹黑华人的言论,维护华人的正面形象,争取华人应有的权力。2013 年 5 月 26 日,来自西班牙、葡萄牙、法国等各地的华人以及西班牙友人 500 多人在马德里西班牙广场举行"反对种族歧视,抗议辱华事件"的示威游行活动,让西班牙主流社会有机会听到华人的声音,感受到当地华人对于此类事件的态度,也从侧面打击了习惯于肆意抹黑华人的西班牙媒体。据了解,很多参加游行的华人都是从西班牙各个城市自发地赶到马德里参加此次游行的,其中还有不少中国留学生。很多在餐厅工作的华人请假专程赶来游行。很多华人到"电视五台"门前静坐示威。在中国侨民和当地民众以及媒体的强大压力下,该台终于宣布解雇艾达·尼扎。④

西班牙华人也积极利用法律武器来捍卫自己的权益。2010 年,巴达洛纳(Badalona)一华商批发店遭到警察和税务部门的突击检查,检察官以七条经济罪名起诉了这家华人企业的负责人及公司有关人员。如果该案成立,当事人不仅面临巨额罚款,还有可能被判至少 15 年的牢刑,因此案件对当事人造成了非常大的心理压力。启盟律师事务所接受当事人的委托后,就七条经济罪起诉展开了紧张积极的辩护工作,经过长达 3 年的调查、取证

---

① 《旅西华人海滩捉虾遭当地媒体抹黑 被指不劳而获》,http://www.chinanews.com/hr/2013/09 - 16/5290253.shtml。

② 《"帝王行动"致旅西华商形象受损 遭"举报潮"》,《环球日报》,2013 年 5 月 6 日。

③ 《47% 西班牙人讨厌华人 西班牙假烟 84% 中国人制造》,http://business.sohu.com/20121113/n357438221.shtml。

④ 《旅西华侨华人举行示威游行 抗议当地媒体抹黑事件》,http://www.chinanews.com/hr/2013/05 - 28/4863531.shtml。

和两次上诉，法院接受律师为该华商所做的无罪辩护，洗清了该华商的七条罪状。①

　　针对前文所述的丰希罗拉市华人食品店业主不幸遇害的惨案，当地华商在华商会会长的牵头下，全力预防和应对暴力盗抢，自发举行抗议示威游行。200 多名当地华人高举"关注我华人安危，要严惩犯罪分子"等中西文横幅来到市政府门口的广场上，要求马拉加警方加强重视和处理此侵袭华人案件。②

　　西班牙华人一方面通过示威游行、法律诉讼等方式捍卫自己的权益，抗议当地社会侮辱和丑化华人的言论；另一方面也积极参与主流社会的活动，树立侨胞良好形象。2013 年 4 月，为了解决经济危机下部分西班牙失业贫困家庭的温饱问题，马德里大区政府发起了"一千个感谢"食物捐赠活动，号召民众捐赠食物，给这部分贫困家庭食用。活动发起后，马德里华人积极响应当地政府的号召，在很短的时间里就筹集到超过 3.8 万公斤的食物，占所有捐赠食物的 80%。据统计有 28 个华人团体参加了"一千个感谢"的奉献活动。而为了表彰马德里华人这种团结互助、同舟共济的精神，马德里移民局曾举行"一千个感谢"活动的答谢和食品分发仪式。③

　　当然，西班牙主流社会对华人的歧视和排斥不能否认个别场合、个别机构对华人的亲善行为。如马德里政府为庆祝中西建交 40 周年，为徐松华等 7 位华人及其组织"华侨华人协会"颁发"杰出贡献奖"，表彰他们为推动中西文化交流、民间友谊、当地经济建设作出的巨大贡献。由巴塞罗那亚洲之家及巴塞罗那中国学校、巴塞罗那中国文化学校联手举办的"2013 年末中国家庭日活动"，首次走进当地华人圈内，近千名学生、学生家长、政府官员以及西班牙友好人士参加了中国剪纸、中国功夫、中国传统舞蹈、传统京剧脸谱化妆等活动，有助于当地华人与西班牙民众的相互了解和沟通。④

　　总的来说，近几十年来，西班牙侨社发展迅速，经济实力不断增强。但由于西班牙华人尚处于谋生立业的初级阶段，传统经营滞后，只注重眼前利益，而在改善经营环境和技术设施方面投资力度不大；另外，他们只注重自身的经济利益，很少关心和参与地方社会的活动，重商轻政，社会融合进程缓慢。

---

　　① 郑正军：《西班牙一华商成功洗脱 400 万欧元偷漏税罪名起诉》，http：//www. chinanews. com/hr/2013/11 - 12/5490561. shtml。

　　② 徐韬：《旅西华商遭抢劫不幸遇害　逾 200 华侨华人游行抗议》，http：//www. chinanews. com/hr/2013/07 - 12/5034735. shtml。

　　③ 《旅西华人积极响应食物捐赠活动　马德里政府答谢》，http：//www. chinanews. com/hr/2013/04 - 09/4713030. shtml。

　　④ 《西班牙巴塞罗那"中国家庭日"首次走进华人社区》，http：//www. chinanews. com/hr/2013/12 - 20/5644612. shtml。

希 腊

由于希腊语言的障碍以及严格的移民政策，20 世纪 80 年代之前在希腊定居的华侨并不多。改革开放之后，来自中国大陆的新移民开始陆续增加，这些人以商人、留学生和劳工为主体。近年来，随着中国经济地位的明显上升，中国对希腊的出口及投资开始不断增加。尤其是 2009 年以来希腊深陷主权债务危机，需要中国的支持，这更进一步加大了中国对希腊经济的影响。中国国际影响力的不断增强，对中欧关系以及在此背景下的中希关系都产生了不可估量的影响，因此，从这些变化的因素中来观察希腊华侨华人必然是一件重要而有意义的工作。

一、希腊基本国情

表 1 希腊概况（2012）

国家全名	希腊共和国	国家元首	卡罗洛斯·帕普利亚斯
面积	131 957 平方公里	国庆	3 月 25 日
人口	1 140 万	国家体制	总统议会共和制
首都	雅典	议会	一院制
主要政党	新民主党、泛希社运、左翼激进联盟、希腊共产党		
国内生产总值	1 937 亿欧元	人均国内生产总值	19 107 欧元
国内生产总值实际增长率	−7.10%	公共债务	3 039.15 亿欧元
货币	欧元	通货膨胀率	1.50%
失业率	23.60%	主要矿产	铝矾土、褐煤
工业产值	280.2 亿欧元	农业产值	57.51 亿欧元
服务业总产值	1 367.49 亿欧元	财政赤字	19.37 亿欧元
主要金融机构	国民银行、农业银行、阿尔法信贷银行、商业银行		
外贸出口额	283.1 亿美元	外贸进口额	939.14 亿美元
外贸赤字	252.2 亿美元	主要出口商品	食品、烤烟、石油产品
主要进口商品	原材料、石油等	兵役	义务兵役制
主要媒体	《新闻报》、《自由新闻报》和《每日报》等；雅典通讯社，马其顿通讯社		

资料来源：世界银行、IMF 及希腊统计局网数据。

二、2013 年中希关系

中国与希腊在 1972 年 6 月 6 日建立了外交关系，历届希腊政府在人权、台湾、西藏等涉华敏感问题上态度谨慎，因而双边关系总体上保持了平稳顺利发展的态势。自 2009 年希腊陷入债务危机以来，其一贯的外交政策是在稳定与欧洲大国、美国等传统特殊关系的前提下，积极拓展与世界新兴国家的联络，这也是为了实现经济复苏和社会稳定的必要措施。中国作为新崛起的大国对欧洲的市场一直跃跃欲试，因此对这个重要的南欧国家开始投入巨大的热情，因此，两国关系在近年来出现了迅速升温的局面。

（一）政治关系

新世纪以来，中希两国政治关系出现上升趋势。中希两国在 2000 年签署政治磋商协议。2006 年，希腊总理卡拉曼利斯对中国进行正式访问，两国总理签署《建立全面战略伙伴关系联合声明》，这是两国历史上首个联合声明。至此，中希两国开启了高层持续互访，政治互信稳固，在重大地区和国际事务中保持沟通和协调的局面。表 2 显示了两国国家领导人近年来的互访情况。

表 2　中希两国国家领导人近年来的互访情况

出访	来访
2006 年，人大委员长吴邦国	2002 年，总理西米蒂斯
2008 年，国家主席胡锦涛	2006 年，总理卡拉曼利斯
2009 年，中纪委书记贺国强	2007 年，议长贝纳基
2010 年，国务院总理温家宝	2008 年，总统帕普利亚斯
2011 年，政协主席贾庆林	2013 年，总理萨马拉斯

2010 年两国政府又发表了《关于深化全面战略伙伴关系的联合声明》，进一步推进两国关系的深入发展。2012 年中希两国建交 40 周年，两国元首互发贺电，多项交流活动在当年举行，将两国关系推向高潮。2013 年希腊总理萨马拉斯访问北京，与中国新一届领导人会面，为两国关系的发展注入新的动力。

（二）经贸关系

据中国外交部网站数据，在 2000 年底，希腊在华投资项目有 29 个，协议金额 5 739 万美元，实际使用 1 529 万美元，贸易金额呈现出逐步增加的趋势。[①] 近年来，两国贸易发展较快。2011 年中希双边贸易额为 43 亿美元，其中中国出口 39.5 亿美元，进口 3.5 亿美元，分别同比下降 1.1%、0.2% 和 9.4%。2012 年中希双边贸易额为 40.2 亿美元，中

---

① 数据来自中国外交部网，http：//www.fmprc.gov.cn/mfa_chn/gjhdq_603914/gj_603916/oz_606480/1206_607544/sbgx_607548/。

国出口 35.9 亿美元，分别同比下降 6.6% 和 9%；进口 4.3 亿美元，同比增长 20.9%。
2013 年 1—3 月，中希双边贸易额为 8.5 亿美元，同比下降 0.1%。[①]

在投资方面，2009 年 10 月，中远公司取得希腊比雷埃夫斯港集装箱码头 35 年特许经营权，这是中国企业首次获得欧洲大型港口特许经营权。截至 2013 年 3 月底，希腊在华投资项目累计 117 个，实际投入 9 301 万美元。中国在希腊的投资以贸易公司和代表处为主，集中在海运和电信领域。中国在希腊的承包工程和劳务合作以航务为主。中国在希腊的工程承包完成的营业额为 17.2 亿美元。[②] 2013 年 12 月华为在中远希腊码头启动了新的物流分发节点，这一举措有助于华为公司拓展海外市场，也有利于中远公司进一步扩大运量、增加收入。据华为公司与中远比雷埃夫斯港集装箱码头有限公司（比港公司）达成的协议，华为公司将把比港作为其新的物流节点，从而把其中国深圳总部与目前位于匈牙利的欧洲供应中心更有效地衔接起来，以便将产品更快地转运到欧洲、中东等地。[③]

（三）两国关系迅速发展的原因

2009 年起，希腊深陷债务危机，一度濒临"破产边缘"，直到 2012 年 12 月，标准普尔才将希腊的长期主权信用评级从"选择性违约"上调至代表前景稳定的"B－"级。陷入债务危机的希腊需要更多的支持。中国是新兴的地区大国，其在世界的政治经济影响力不断增强，在不影响与欧洲大国、美国政治安全关系的前提下，积极发展与中国的关系也非常符合希腊的国家利益。

从中国的角度来看，中国是一个新崛起的发展中大国，其对能源市场的需求与日俱增。希腊本身的地理位置以及地缘政治特性非常符合中国的战略需要。希腊位于欧洲东南部巴尔干半岛南端，陆地上北连保加利亚、马其顿与阿尔巴尼亚，东邻土耳其，濒临爱琴海，西南临爱奥尼亚海及地中海。此外，希腊自己还兼具特殊的地缘身份：北大西洋公约组织成员、欧盟成员、美国盟友、南欧及黑海地区的重要国家。很显然它或许会成为中国进入欧洲市场的跳板，同时还有可能成为推进中欧关系，甚至是化解一些如武器禁运、反倾销等敏感问题的润滑剂。加之希腊在 2014 年成为欧盟的轮值主席，推进与希腊的关系，或许会以希腊为杠杆为中欧关系的发展铺平道路。总之，新世纪以来，中希两国关系迅速升温，两国一拍即合的态势，折射出一个崛起的新型地区大国与身陷经济危机的欧洲中小国家之间政治与经济层面热烈而微妙的互动。

三、希腊侨情

（一）希腊华侨简史

由于语言和希腊移民政策的原因，早期来到希腊的华人并不多，据《华侨经济年鉴》的记载，1951 年在雅典的华人只有一人，而从 1951 年到 1998 年来希腊定居的华人总数约

---

① 数据来自中国外交部网。
② 数据来自中国外交部网。
③ 《华为在希腊中远码头启动物流分发节点》，http：//www.cgw.gr/html/cn/xlxw/6396.html 。

为 2 000。^① 早期来希腊的华人移民大多是嫁给希腊船员的台湾籍女子。中国大陆实行改革开放后，前往希腊的新移民开始增加，每年的华人移民数量上升到 100 以上。这些移民除了留学生以外，多数在餐饮、服装等各种小商品及服务行业就业，而且非法移民比例较大。

1996 年一批大陆新移民在希腊从事中国的纺织品生意获得成功，从而吸引了更多的大陆华人前来希腊寻找商机。据统计，1998 年就有 500～600 的华人来到希腊，其中来自大陆的移民就有 300 左右。^② 1998、2001 和 2005 年，希腊三次大赦为大批远道而来的华人带来了改变个人命运的契机，数千华人获得了合法居留的身份。2001 年大赦令的实行使得在希腊的华人移民总数从 5 000 左右增长了一倍，达到 10 000 左右。^③ 2005 年的大赦令使得希腊的华人移民再次大幅度增加，由于欧洲其他国家的华人移民逐渐趋于饱和，具有后发优势的希腊成为华人移民热衷的去处。据统计，2005 年当年来到希腊的华人移民就达到 4 000～5 000，^④ 并且华人不再集中于首都雅典，而是转向希腊其他城市发展。据统计，截至 2009 年希腊债务危机之前，雅典和萨洛尼卡的华人批发货行发展到约 400 家，而在希腊各城镇、岛屿和乡村的零售店的数量则达到 2 000 家左右。希腊华人的人口总数也接近 2 万，他们主要来自浙江和福建两省。^⑤ 可以说，1998—2008 年，这十年是希腊华人发展的黄金期。

2009 年开始的债务危机对整个希腊社会的冲击巨大，失业猛增、工资下降、社会治安问题频发，这些问题使得本处于"弱势"的华人社会损失惨重。特别是在 2010 年 3 月希腊采取紧缩政策以来，社会消费购买力急剧下降，据希腊华侨华人总商会初步统计，自 2009 年以来，希腊华商的营业额已大幅下降 30%。^⑥ 由于危机的持续，还出现了几千华人开始撤离希腊的情况，到 2011 年只剩下 10 000 多的希腊华人在苦苦挣扎，等待希腊尽快走出危机。^⑦

---

① 数据参见陈怀东主编：《华侨经济年鉴》（台北），创刊号至 1998 年各卷，转引自周南京主编：《华侨华人百科全书·历史卷》，北京：中国华侨出版社 2002 年版，第 508 页。

② 数据参见陈怀东主编：《华侨经济年鉴》（台北），创刊号至 1998 年各卷，转引自周南京主编：《华侨华人百科全书·历史卷》，北京：中国华侨出版社 2002 年版，第 508 页。

③ 数据参见《希腊华人移民发展史》，http：//austargroup. com/Article/28858. html。

④ 数据参见《希腊华人移民发展史》，http：//austargroup. com/Article/28858. html。

⑤ 2 万的估算数据参见《希腊债务危机下的华人华商现状》，http：//www. cgw. gr/html/cn/xlxw/695. html。根据希腊统计局 2011 年人口普查的数据显示，在希腊定居的外国人总数超过 90 万，居前五位的分别是阿尔巴尼亚人（53%）、保加利亚人（8.3%）、罗马尼亚人（5.1%）、巴基斯坦人（3.7%）格鲁吉亚人（3%），华人数量在希腊定居外国人比例中不到 1%，仍处于非常弱势的局面。参见希腊统计局发布的 2011 年人口普查数据（Announcement of the demographic and social characteristics of the Resident Population of Greece according to the 2011 Population – Housing Census，p. 9）。由于语言障碍以及非法移民身份的担心，许多华人一直不配合希腊当局的人口普查工作，因此切实的数据很难掌握。参见《希腊人口普查华人区屡吃闭门羹，中国使馆呼吁侨胞配合》，http：//www. chinanews. com/hr/2011/05 – 18/3048993. shtml。

⑥ 数据参见《希腊债务危机下的华人华商现状》，http：//www. cgw. gr/html/cn/xlxw/695. html。

⑦ 参见《直击希腊危机：三成华商亏本，数千华人撤离希腊》，http：//www. chinareviewnews. com/doc/45_0_102143693_3_0618002758. html 。根据台湾的统计，2010 年在希腊的华人数量为 8 032，参见台湾"侨务委员会"出版的《2010 华侨经济年鉴》（第 574 页）。

（二）希腊华人社团及华文教育情况

与其他国家一样，在希腊的华人华侨也纷纷组建各种社团。截至 2011 年，重要的希腊侨团包括：希腊华人华侨福建联合总会、希腊华人华侨妇女联合总会、希腊华人华侨联合总会、希腊华人旅游业联合会、希腊华侨华人总商会、希腊青田同乡会、希腊萨洛尼卡华人华侨联谊会、希腊中国和平统一促进会。这些社团大致可分为全国性的、地域性的，有针对具体的商业贸易的行业社团，也有以促进祖国统一为目标的政治性社团。总之，这些社团不仅为了争取希腊华人华侨利益而奔走，同时还是旅希华人华侨之间，以及他们与当地政府社会及祖（籍）国之间相互沟通联系的重要平台。

随着中国经济的崛起，希腊也出现了中文热及中国文化热。2009 年 10 月，第一家孔子学院在雅典经商大学正式挂牌，近年来该孔子学院成功举办了"2011 中希经贸论坛暨企业洽谈会"、"汉语桥"比赛希腊区的总决赛、"首届希腊华人庆新春文化活动"、"2013 新春联欢会暨汉语学习汇报演出"等活动，为希腊的汉语推广工作做出了努力。经过中希双方近一年的充分协商、酝酿和筹备，2013 年 11 月希腊教育部正式决定，在雅典大学实验高中和雅典市第二示范实验中学开设四个汉语班，将汉语教学纳入中学课程，中文继英、法、德、日语后，正式成为希腊中学语言课程。

四、2013 年希腊政治经济形势对华人华侨的影响

希腊具有悠久的历史和丰富的旅游资源，并且是一个以生活水平优越著称的国家，其人类发展指数（HDI）与生活质量指数（Quality of Living Index）在全球排名都位于 30 以前。[①] 尽管希腊一直以来被政府低效、腐败、缺乏竞争力等问题困扰，不过不可否认的是，这个以旅游、航运和服装为传统支柱产业的国家，自"二战"结束以来维持了长达 50 多年的经济增长，号称"希腊经济奇迹"。根据世界银行和国际货币基金组织的数据显示，希腊从 20 世纪 50 年代到 2009 年债务危机之前，其经济增长一直都处在欧盟国家的前列。在经历了连续数十年的增长之后，希腊在 2009 年陷入严重的债务危机。[②] 危机导致希腊生产下降，零售业萎缩，失业率大幅攀升，并引发国内社会的剧烈动荡。

---

① 人类发展指数（Human Development Index，HDI），是联合国开发计划署（UNDP）从 1990 年开始发布用以衡量各国社会经济发展程度的标准，并以此区分已开发（高度开发）、开发中（中度开发）、低度开发国家。指数根据平均预期寿命、识字率、国民教育和生活水平计算出，在世界范围内可以进行国与国间的比较。根据联合国公布的数据，希腊在 2010、2011、2012 年度在 187 个国家中分别排名 22、29、29。参见 http：//hdr. undp. org/sites/default/files/Country – Profiles/GRC. pdf。

根据国际生活网站（http：//www. internationalliving. com）发布的 2010 和 2011 年的生活质量指数（Quality of Living Index）国际排名显示，希腊分别位列 28 和 24。参见 http：//www1. internationalliving. com/qofl2010/，http：//www1. internationalliving. com/qofl2011/。

② 2009 年 10 月初，希腊政府突然宣布，2009 年政府财政赤字和公共债务占国内生产总值的比例预计将分别达到 12.7% 和 113%，远超欧盟《稳定与增长公约》规定的 3% 和 60% 的上限。2009 年 12 月 8 日全球三大评级机构之一的惠誉宣布，将希腊主权信用评级由"A –"降为"BBB +"，前景展望为负面，这是希腊主权信用级别在过去 10 年中首次跌落到 A 级以下。国际评级机构标准普尔和穆迪也相继降低了希腊的信用评级，并表示如果希腊政府无法在短期内改善财政状况，有可能进一步降低希腊的主权信用评级。

通过欧盟的两轮援助,① 希腊政府和议会也强行通过了一系列减少公共开支、提高税收的紧缩政策和结构改革,使得希腊在 2013 年开始出现摆脱债务危机的迹象。② 2013 年底希腊政府预测,希腊将结束长达 6 年的经济衰退,2014 年国内生产总值(GDP)将会有 0.6% 的增长,2014 年预算盈余将达到 29.6 亿欧元,相当于 GDP 的 1.6%,实现国际债权人要求主预算盈余 27.5 亿欧元、占 GDP1.5% 的目标。③

2013 年希腊最主要的经济问题仍然是如何摆脱危机、走出连续下滑的局面。根据希腊统计机构(ELSTAT)最新发布的数据,希腊在 2013 年 10 月的失业率进一步上升为 27.8%,该数据是欧元区平均水平的两倍多。而 2013 年 11 月的工业产出率下降 6.1%,较 2012 年同期下降 3.9%,据悉希腊工业产出已经连续 6 年下降,较其峰值水平降低了约 30%。④可以说希腊仍然深陷危机,尽管目前出现了一些缓慢好转的迹象,不过对于大多数的普通民众来说经济状况仍然非常糟糕。

在严重的经济危机面前,希腊国内的政治也经历了动荡时期。首先,罢工和抗议不断。希腊经济危机导致了大规模的失业,同时,由于政府强行采取紧缩政策来应对危机,导致民众福利受损,从而引发持续的罢工和抗议活动。其中 2010 年 3 月 11 日全国 250 万人走上街头对政府的改革方案表示抗议;5 月 5 日更发起全国性罢工,示威群众与警察发生冲突从而引发严重骚乱,并导致三人死亡。其次,经济危机加剧了希腊社会及政治的分裂。从 2012 年 5 月的大选失败可以清晰地看出,希腊的传统执政党——中右翼的新民主党和它的中左翼同盟泛希社运,作为联合执政党其社会支持基础出现了严重的萎缩,特别是对泛希社会运动党支持的下降。这使得极端左翼联盟以及极右翼的金色黎明党的支持率大幅增长。这种政治上隐约出现的两极对立的趋势有可能成为未来希腊复苏的严重障碍。希腊央行在 2013 年 12 月 17 日的一份报告中说:"一个严重的问题是政治对抗中的单极化气氛正在出现,而这也正是目前所不需要的。"报告称:"还存在一种担忧,这种氛围可能恶化,凸显不确定性,并弱化了当前存在的、支持着 2014 年积极前景的因素。"⑤ 政治经济形势的晦暗不明,使得民众对希腊的未来情绪低落。据希腊 Synataktion 报纸民调显示,75% 的希腊人对现状感到不安,对未来表示悲观,70% 的人认为希腊正在朝着错误的方向前进。⑥

面对 2013 年希腊的政治经济形势,希腊的华人华侨也面临严重的困难。首先,经济低迷、消费萎缩对于以零售业和小商业为主的华人华侨企业冲击非常大。其次,高失业率引发的罢工、抗议以及各种治安问题也同样会影响华人华侨的生活。再次,政治的两极分

---

① 面对成员国希腊严重的债务危机,欧盟做出了积极的应对措施,首先在 2009 年 12 月 11 日,欧元区成员国财长同意拿出 300 亿欧元用于必要时救助希腊,暂时解决了希腊眼前的困难。2012 年 2 月 21 日,欧元区财长会议批准对希腊的第二轮救助计划,总额为 1 300 亿欧元。由此,希腊将能够偿还 2012 年 3 月份到期的 145 亿欧元国债,从而避免了无序违约。

② 在 2013 年 12 月初希腊议会通过了一项预算案。该预算案可以使希腊在 2014 年从六年的衰退中走出来,实现 0.6% 的增长。希腊在 2013 年会有 8.12 亿欧元的预算盈余,这是近十年来的第一次,也是三驾马车发放救助款的条件之一。参见《希腊财长:看好希腊明年复苏》,http://www.cgw.gr/html/cn/xlxw/6377.html。

③ 数据来自《希腊将结束长达 6 年的衰退》,http://www.cgw.gr/html/cn/xlxw/6295.html。

④ 数据参见《希腊 10 月失业率 27.8%,11 月工业产出继续下滑》,http://www.cgw.gr/html/cn/xlxw/6513.html。

⑤ 《希腊央行对政坛斗争可能导致后果提出警告》,http://www.cgw.gr/html/cn/xlxw/6418.html。

⑥ 参见《民调显示 75% 的希腊人对未来表示悲观》,http://www.cgw.gr/html/cn/xlxw/6587.html。

化趋势对于外来移民不是好的信息。总之，2013 年希腊的华人华侨仍在苦苦支撑，还在等待即将到来的缓慢复苏。

五、预测及展望

希腊目前正处于金融危机的恢复阶段，在金融危机中，许多华人中小企业也遭受到不同程度的冲击，可以预计在今后的一段时间内，如果希腊在国际社会的支持下能迅速走出危机，实现复苏，那么这也将给华侨华人带来转机。此外，随着希腊接任欧盟轮值主席，如果能成为中国与希腊两国关系正常发展的新动力，中希之间的政治、经济与文化交流往来将会更加频繁。因此从积极的角度来看，随着希腊经济的恢复以及中希关系的进一步发展，希腊的华人华侨社会近来可能会迎来一个比较有利的发展时期。此外，希腊新的政策调整也会给华人华侨带来利好消息，以下两条比较重要的政策动向与华人华侨的切身利益密切相关。

（一）投资移民政策实施

希腊政府正式批准并实施"25 万欧元购房移民"政策（4146/2013 号法律）。2013 年 5 月 20 日，希腊内政部对外发布了相关法案以及执行细则。这也就意味着，非欧盟公民只要在希腊购买价值 25 万欧元或以上的房产，即可申请 5 年希腊居留许可。至此，希腊议会在 4 月 9 日通过的投资移民促进法已经正式实施。由于希腊是欧盟 27 个成员国之一，同时也是申根国，因此希腊政府所发放的居留许可将在欧盟及申根区内有效，加之希腊在债务危机中，房产价格连连下跌，这一政策调整将会给有投资需求的华人华侨提供机会。

（二）通过新的房产税方案

根据新的房产税方案，对于 2005 年 12 月 31 日取得建房许可证的房产，其过户费（property transfer tax）将会从目前的 10% 调低至 3%，直降 70%，这无疑将为海外房产投资者提供更便利的优惠，并且有极大的吸引力。

非洲地区

非 洲

　　近年来，随着中非关系的快速和深入发展，双边民间交往也实现了跨越式前进，目前在非华侨华人已达百万。非洲华人移民主要有劳工移民、小规模的创业移民、过境移民三种类型。除了坚持传统的餐饮业和零售业，他们在工程承包、纺织、电信、采矿等基础行业中发展迅猛，为非洲的经济社会发展作出了重要贡献。中国商品和投资的进入，促进了非洲经济的发展，提高了非洲普通老百姓的购买力和生活水平，因此受到了非洲民众的普遍欢迎；但与此同时，华人也面临着自己的生存困境以及如何融入当地社会、改善族群关系的难题。未来非洲华人的发展走势在于中国在非洲事务中的参与程度，以及非洲国内外政治经济形势的变化，总体而言，非洲日益多元的经济和外交政策以及世界多国对非洲的积极参与预示着华人在寻求机遇的同时，将面临更多的竞争和挑战。

　　自 2009 年，中国已超过美国成为非洲最大的贸易伙伴。近年来双边贸易频创新高，中国海关统计数据显示，2011 年中非贸易额为 1 663 亿美元，2012 年中非贸易额达 1 984.9亿美元，同比增长 19.3%。商务部统计数据显示，至 2011 年底，中国对非洲直接投资达到 147 亿美元，比 2009 年增长了 60%，2012 年中国对非洲投资达 29 亿美元，同比增长近 70%，中非人员往来达 157 万人次。其中，2012 年中国赴非洲旅游人数达到 87 万人次。[①] 非洲成为中国第二大海外承包工程市场，在非洲"落户"的中国企业已达 2 000多家。[②]

　　当代中非关系的全面提升带来了双边民间交往的跨越式发展，越来越多的中国人去非洲工作、留学和生活，目前在非华侨华人已达百万，他们在农业开发、基础设施建设和加工零售等行业日益活跃，为非洲的经济社会发展作出了重要贡献。但同时，非洲华人也面临着自己的生存困境，以及如何妥善处理与当地族群关系的问题。

　　非洲华侨华人是世界华侨华人的少数，在 21 世纪之前几乎很少引起人们的注意。但是这一情况在 2000 年中非合作论坛建立后发生了极大改变，随着中非关系的迅猛发展，华侨华人在其中积极作用的凸显和各种负面问题的出现，非洲华侨华人这一群体越来越多地呈现在西方、中国，以及非洲国家的公众视野和学术研究范畴中。即使如此，这种新近的关注不管在内容还是形式上都显得较为肤浅、片面，甚至充满了扭曲、污蔑和恶意的诽谤，这尤其表现在西方媒体，他们对个别非洲华侨华人的行为进行恶意炒作，宣传"中国威胁论"、"新殖民主义"等。而非洲由于在很多方面受西方消极信息的影响，一些人对中国和中国人存在偏见，这从非洲国家陆续出现的反华排华情绪中可以得到证明。因此，

---

　　① 张永峰、杨晓静：《中国企业"走入非洲"应警惕多种风险》，《中非财经专供信息》2013 年第 7 期，第 14页。

　　② 新华社非洲总分社：《"中国梦"和"非洲梦"比翼齐飞》，《中非财经专供信息》2013 年第 10 期。

对非洲华人的研究不仅是关心与保护非洲华人的需要，也是未来中非深化发展全面战略合作关系的历史诉求。

一、非洲华人的整体生存状况

（一）非洲华人的规模、模式及轨迹

非洲华侨华人的数量一直是非洲研究学界和中非官方想要统计的问题，但从来都是众说纷纭，没有得出确切的数据，且各种说法分歧较大。1950 年初，在非洲的中国人仅 3.7 万[①]，60—70 年代，前往非洲的华人中很多是香港人和台湾人。1990 年后，中国人大规模涌入非洲，据北大李安山教授 1996 年的估计，当时的在非华侨华人约为 13.6 万人。[②] 而根据台湾华侨协会总会的统计，1998 年在非华侨华人的人口总数是 12.6 万[③]，但学者认为这一估算明显偏低。国务院侨办侨务干部学校修订的《华侨华人概述》给出的世纪之交在非华侨华人的总数是 24 万。[④] 2002 年，中国海外交流协会的朱慧玲结合其出国考察、采访、文献与问卷调查估算出非洲华侨华人的总数为 25 万左右。[⑤] 王望波、庄国土出版的《2008 年海外华侨华人概述》在对 2006—2007 年世界华侨华人的统计中估算非洲华侨华人的总数是 55 万，其中新侨 50 万。[⑥] 2009 年南非国际问题研究所的相关报告根据不同国家在 2007 年或 2008 年的统计，认为总计 58 万～80 万中国人在非洲大陆。[⑦] 几乎同一时期，美国学者黛博拉·布罗迪加姆（Deborah Brautigam）估算在非华侨华人的总数为 75 万左右。[⑧] 来自南非国际事务研究所的资深研究员阿娜·阿尔维斯（Ana Alves）博士在一次采访中说，2012 年 10 月的官方数据显示，在撒哈拉以南一共约有 80 万中国人。因为非法移民的因素，真实数字可能是这个数字的两三倍。综合各种数据，以及笔者和课题组在非洲数国的调研及与非洲诸使馆人员的交流，初步估计至 2012 年底，非洲华侨华人的总数已逾 100 万。[⑨]

事实上，官方的统计存在着明显差异。由于非洲大陆的中国移民群体——根据语言/方言、输出地、阶层与受教育程度，日益呈现出多样化态势。可以肯定的是，非洲华人的数量在过去 6～8 年正成倍地增长。但是在很多国家，估计数量与实际数量存在很大差异，这可以归因于宽松的移民政策、匮乏的跟踪机制，以及很多非洲国家存在的腐败导致的大规模非法移民。初步数据也表明，对中国人数量的浮夸与不断上升的反华情绪有关。例如，在纳米比亚和赞比亚，当地媒体报道称有超过 4 万名中国人在他们的国家，但事实

---

① 数据来源于 1956 年北京华侨问题研究会所编《华侨华人人口参考资料》一书所列的华侨人口分布一览表。

② 李安山：《非洲华侨华人史》，北京：中国华侨出版社 2000 年版，第 569 页。

③ 参见《侨协杂志》（台北）1999 年第 65 期，转引自李安山：《非洲华侨华人史》，北京：中国华侨出版社 2000 年版，第 569 页。

④ 见国务院侨办侨务干部学校编著：《华人华侨概述》之附表"20 世纪末、21 世纪初世界华侨华人人口一览表"，北京：九州出版社 2005 年版。

⑤ 朱慧玲：《非洲侨情及其特点》，《八桂侨刊》2002 年第 1 期，第 42 页。

⑥ 王望波、庄国土编著：《2008 年海外华人华侨概述》，北京：世界知识出版社，第 7 页。

⑦ Yoon Jung Park, "Chinese Migrant in Africa", SAIIA, *Occasional Paper*, No. 24, January 2009, p. 3.

⑧ 转引自李鹏涛：《中非关系的发展与非洲中国新移民》，《华侨华人历史研究》2010 年第 4 期，第 25 页。

⑨ 中国社会科学院西亚非洲所李新峰教授根据其在非洲工作八年掌握的资料和访问 30 个非洲国家了解到的情况做出推算，至 2012 年底，在非华人总数已略超 100 万；2012 年新华社非洲总分社的统计也是 100 万出头。

上，真正的数量在 4 000 到 6 000 之间，这两个国家民众高涨的反华情绪以及政治和社会动员更使得这些虚假信息以假乱真。赞比亚反对党声称本国有数万名华人，但实际数量远不及此。[①] 此外，很多非洲人无法区分中国人和其他非印度裔亚洲人。因此，估计的数字中可能还包括少部分韩国人、日本人、马来西亚人，以及其他非印度裔亚洲小族群。在很多非洲国家，所有来自远东的人都被视为"中国人"。这些因素都导致了在非华人数量难以统计。

从数量分布上来看，南非是非洲华侨华人人数最多、最集中的国家，人口总数在2006—2007 年已经达 25 万。近年来，数量持续增加，在 30 万左右[②]。其次是安哥拉，安哥拉是近年来华人增长最快的非洲国家。安哥拉内政部资料显示，至 2012 年，安哥拉的华人总数已达 26 万，且在安哥拉的经济中占有举足轻重的地位。再次是尼日利亚，尼日利亚是非洲唯一一个人口超过 1 亿的国家，据尼日利亚官方掌握的数据，2012 年在尼华侨华人约为 18 万，但将非法移民考虑在内，至少为 20 万。以上三个非洲国家的华人总数是非洲华人总数的 3/4，也是非洲华侨华人最集中的三个国家。此外毛里求斯、马达加斯加、加纳、刚果（金）、坦桑尼亚和留尼汪的华侨华人数量也都在 3 万到 5 万之间。

中国的沿海省份，尤其是广东、浙江和福建过去几个世纪以来一直是移民输出的集中地。世界上大多数的海外华人都来自这几个省份的特定地区。在一些村庄，超过 80% 的人在过去的三到四个世纪中已经迁移出去。这些省份今天依然是中国人移民非洲的主要输出地。但是，自 20 世纪 90 年代以来，北京、天津、上海等一些大城市成为移民输出的新发源地。此外，大量移民来自黑龙江、辽宁、湖南、湖北、河南、河北、江西等省份。

除了直接从中国抵达非洲的移民，还有少量移民来自法国、意大利、西班牙和匈牙利等欧洲华人社区或其他非洲国家。例如，来自浙江温州的移民在第二次移民法语非洲国家前都已经在法国生活了多年。[③]此外，还有最初定居在佛得角讲葡萄牙语的中国移民随着这一岛国中国新移民不断带来的压力，纷纷迁移到莫桑比克和安哥拉。[④]还有大量报道显示，越来越多的中国移民正从南非搬到纳米比亚、赞比亚和博茨瓦纳这些面积更小、人口更少，以及更安全的国家。

中国的移民通常都流向那些入境条例没那么严格的国家，一些移民带着二次移民西方国家的目的进入非洲。例如，在过去的 20 年间，部分中国人进入匈牙利等一些东欧和中欧国家或非洲，并以此为跳板，进入西欧、美国或加拿大。

（二）在非华人的类型

随着在非华人数量的日益增加，移民的种类也越来越复杂，归纳起来，主要有：劳工移民、小规范的创业移民、过境移民三种。

---

① Zambia, Government refutes Sata's claims over Chinese nationals in Zambia, *Lusaka Times*, October 27, 2007.

② 参见新华社非洲总分社：《南非华人警民合作中心举行主任就职典礼》，《中非财经专供信息》2013 年第 10 期，第 22 页；李新峰：《试论非洲华人华侨数量》。

③ Yoon Jung Park, "Chinese migrant in Africa", SAIIA, *Occasional Paper*, No. 24, January 2009, p. 99.

④ Carling J. & H. Haugen, "How an African outpost is filled with Chinese shops", unpublished paper presented at the Fifth International Conference of the International Society for the Study of Chinese Overseas, Denmark, May 2004, p. 13.

1. 劳工移民

在所有的移民类型中，规模最大的是劳工移民，这类移民与中国公司承担的公共建筑工程和大型基础设施项目有关。2006 年，有 700~800 家中国公司活跃在非洲 49 个国家的各行各业。[①] 目前已增加到 1 600 家左右。这些公司经常会雇用一些当地劳工，但是在基础设施、公共工程、油田和采矿作业中主要依靠中国移民劳工。据中国商务部 2008 年的数据显示，在非从事承包工程和劳务合作人员的数量呈激增态势，从 1998 年的 3.9 万人增至 2007 年的 11.4 万人。[②] 使用中国劳工已成为当代中非关系最具争议性的话题之一，尤其是在当前非洲国家高失业率的情况下。面对这种争议与质疑，中国公司一般用成本、文化同质，生产力来辩护。[③]

劳工移民还可以按职业来分类：绝大多数劳工属于半熟练工，还有少数是受雇于金融、电信、媒体、基础设施等大型项目的专业和管理人员。虽然那些低技能的工人大多数在完成他们的合同（通常为 1~3 年）后都倾向于回国，但是很多管理阶层和专业人员经常以独立移民的身份留在非洲东道国，并且成功转型为创业者。

2. 小规范的创业移民

第二类移民是企业家、商人和小投资者，在此统称为"创业移民"。这类移民具有分布广泛、规模大小不一、涉及领域多种多样的特点。他们在中国不一定是企业家或商人，但是他们在移居非洲后创立自己的生意，一般是零售和批发中国制造的商品，而不是进入当地的劳动力市场。这主要有以下原因：一是中国人不会讲当地的语言，无法交流沟通；二是这种批发零售生意在启动阶段不需要太多资金；三是他们和中国的制造商很容易建立直接联系。而那些在国内已经为商人的则是因为中国国内市场竞争的日益激烈和欧美市场的饱和与高起点，从而将眼光瞄准了非洲丰富的资源和巨大的市场和发展潜力。据中国进出口银行统计，截至 2006 年底，中国对非投资企业达 800 多家，其中有近 700 家为私营企业。

除了"中国商店"，一些移民还经营餐厅和诊所。20 世纪 80 年代，中餐在非洲还没有多大影响，只在南非、毛里求斯、马达加斯加等华人较多的非洲国家存在。如今，非洲大大小小的城市，几乎有华人的地方就有中餐馆。非洲当地的医院不仅价格非常昂贵，而且因为语言难以沟通，因此经常会出现误诊，给华人看病就医带来了很大麻烦，因此，随着华人的剧增，华人诊所也雨后春笋般涌现。以南非为例，仅约翰内斯堡就有不下 50 家中医诊所。南非卫生机构的统计资料显示，南非至少有 1 000 名注册中医大夫。[④]

"创业移民"这一术语不仅包含了最初创立生意的"创业者"，也包含了所有经营这些生意的人，这些人通常是"创业者"的朋友、亲戚、同学或来自同一村庄或城市。通常中国零售商会选择他们的前辈建立了业务的国家，如毛里求斯、尼日利亚、纳米比亚、莱索托和南非，这些国家在 20 世纪 70 年代就已经建立了第一批中国企业。但是近年来，这

① Sautman B. , Friends and Interests: China's Distinctive Links with African, Center on China's Transnational Relations, Working Paper, No. 12, Hong Kong: Hong Kong University of Science and Technology, 2006, p. 8.

② 《中国商务年鉴2008》，北京：中国商务出版社 2008 年版，第 683 页。

③ Alden C. , China in Africa. Cape Town and London: Zed Books, 2007, p.46.

④ 原晶晶：《当代非洲华商的发展战略探析》，《东北师大学报》2011 年第 2 期，第 212 页。

种情况也得以改变，他们不再集中于某些特定的国家及大城市，而是分散到各个不同的国家和地区，乃至广大的乡村边远地区。正如南非国际事务研究所全国委员会成员乔·莫洛所指出的，"（在莱索托这样的小国里）仍然可以看见很多中国商人，甚至在深山老林里也能见到中国商人的身影"①。

3. 过境移民

非洲中国移民的第三种类型是过境移民。过境移民因为其非正式的身份，往往很难确定其数目。他们可能一开始办的是合法的旅游签证或商务签证，但是却逾期居留。由于欧洲和北美移民政策日益严格，他们便以非洲为跳板进入欧美。

莱索托位于非洲大陆最南端，国土四周完全被南非共和国所环绕，是世界上为数不多的且是最大的国中之国，总面积3万多平方公里，人口200多万。由于位置所限以及自然、历史以及社会状况等原因，莱索托长期以来经济发展落后，国民生存的很大部分需要依靠国际社会的救援，被联合国列为最不发达国家之一。然而，就是在这样一个贫困与封闭的小国，华人的身影依然无处不在。伴随着20世纪60年代台湾的农业援助项目首位华人出现在这里，到90年代后，大量来自中国大陆的华人开始涌入这片国土。根据一份最新的调查估计，目前在莱索托的华人可能超过一万名。一位在当地从事多年调研的学者认为主要的原因是很多华人把这里当成是前往南非以及其他国家和地区的中转站。

除了以上这些移民群体，在大多数非洲国家还有中国的外交官和越来越多的中国记者，以及数千名就读于非洲各大专院校的留学生，这些留学生主要集中在南非的高校。②

不管是何种类型，非洲华人移民中持"候鸟"和"过客"心态者居多，像他们的先辈一样，这些新移民并未将非洲视为他们落地生根、安居乐业的地方。大多数中国人认为，他们之所以背井离乡，不远万里来到非洲，就是为了赚钱，以便回国后能生活得更好。因此，大多数移民在结束其工作合同，或是完成他们的课程学习后往往就会离开非洲，返回中国。当然，也有少部分移民会因为看中当地的发展潜力，以及舒适的自然环境而选择留下来长期定居。

（三）非洲华人从事的主要行业

在过去相当长的一段时期内，非洲华侨华人主要限于餐饮和百货零售等行业。近年来，随着中国实力的不断壮大和国际化程度的逐步提升，华人在非洲从事的行业与领域得以不断拓展，除传统的餐饮业和零售业外，在工程承包、纺织、电信、采矿等行业中的发展非常迅速。中国在非洲从事的行业多是基础行业，这些行业由于具有投资大、见效慢、效益低、地点偏等特点，因此一直为西方所忽视或是不愿从事。

1. 批发零售业

商贸行业是非洲华侨华人从事的最传统的行业。依托中国的商品优势，早期非洲华人多从事小本经营，他们开设的店铺规模不大，但种类齐全、经营灵活，在满足大多数非洲普通老百姓需求的同时，自己也能得到不错的收益。今天在非洲各国，进出口贸易以及批

---

① 李学军：《美智囊热议"中国崛起的非洲视角"》，《参考消息》，2007年9月20日。

② 2004年统计为3 300名。

发零售依然是非洲华商最普遍从事的行业，无论在非洲的现代化大城市还是偏远的小乡村，华人开的商店随处可见。

除了这些中国商店和小企业从事的零售业，一些较大的非洲城市已经成为中国批发交易商进行商业活动的基地，其中最大的是约翰内斯堡，卡萨布兰卡也是数百名中国批发商的基地，此外，阿克拉、雅温得和杜阿拉也有几个很大的中国批发市场。约翰内斯堡已经创办了十几个大型的批发中心，如中国城、中国集市、亚洲城、香港城、皇冠广场、东方城等，每个批发中心都有好几百个批发商店或摊位。2013 年 5 月 18 日开业的南非江西商城是约翰内斯堡地区目前最大的综合类商城，以经营小商品为主，江西商城占地面积 5 万平方米，建筑面积 1.6 万平方米，分为 3 个营业区，包括 200 多家商铺以及餐饮和娱乐设施等。① 这些大型的批发中心不仅为南非人提供商品，还为从博茨瓦纳、莱索托、津巴布韦、安哥拉等邻国来的销售商和消费者们提供物品，从而成为大型的区域购物枢纽，同时也为南非及邻国本地企业提供了一个面向中国企业交流、合作与发展的平台。

2. 工程承包行业

非洲大多数国家经济贫穷，基础设施非常落后，但是他们对国家工业化的追求却从来没有放弃过，因此，非洲国家都将基础设施，如公路、铁路、桥梁、港口、供水、供电的建设和完善当成国家经济优先发展的领域。新中国成立以来，我国在水利水电、道路桥梁的建设和开发方面积累了大量经验，具有相当实力，因此中非间的这种互补性为中国对非工程承包提供了诸多机会。而且近年来，国内建筑市场日益饱和，市场竞争异常激烈，开拓非洲市场已成为众多施工企业走向海外的必然选择。近 20 年来，中国在非洲的工程承包业务不断扩大，规模日益增长，技术含量也逐年增高，在非洲国家赢得了很好的声誉和机会。

目前，我国企业在非洲地区的 54 个国家都有承包劳务业务，而且呈快速增长的态势。从 2000 年到 2005 年，新签合同额由 20.8 亿美元增长到 84.1 亿美元，年均增长率达 32% 以上。仅 2006 年 1—11 月份，就创下 235 亿美元的历史新纪录。其后，受全球经济影响，增长势头减慢，但 2010 年依然达 361.2 亿美元，2011 年再度大幅增长，达 457.7 亿美元，呈现出强势复苏势头，非洲已然成为中国对外承包工程的主要市场。据中国对外承包工程商会于 2012 年 3 月 21 日发布的一项报告显示，中国对外承包工程业务居前三位的国家（尼日利亚、安哥拉、委内瑞拉）中非洲占了两个。② 此外业务较多的国家还有苏丹、阿尔及利亚、埃及、博茨瓦纳等。完成的主要项目是房屋建筑、道路桥梁、港口建设、农田整治、水利水电等。③

3. 纺织业

近年来，大量中国私营企业在非洲从事服装批发销售，其注册资本小，经营灵活，获益不小。其中，很多是浙江商人，他们以其大后方浙江省的优势和他们在家乡的工厂，把服装、鞋帽、布料、窗帘等纺织产品，通过集装箱运到非洲，在非洲市场批发销售。

---

① 《南非江西商城在约翰内斯堡开业》，《中非财经专供信息》2013 年第 10 期，第 23 页。

② 《中国对外承包工程 2012 年新签合同额 1565 亿美元》，中国对外承包工程商会，http：//news. d1cm. com/2013/03/22/032209590743539. shtml，2013 年 8 月 1 日。

③ 辛修明：《非洲承包工程市场回顾与展望》，《施工企业管理》2007 年第 2 期，第 16 页。

除了大量服装批发零售商外，也有不少私营企业选择在非洲开办服装加工厂。很多非洲国家如坦桑尼亚、赞比亚、塞内加尔等盛产高质量的棉花，目前，非洲法属区和英属区分别有95%和57%的棉花出口，但都是通过国际棉商操作，因此，尽管非洲棉花出口，但纺织品和服装却依赖进口，并且价格不菲，这就为中国在非洲从事服装加工提供了便利与机遇。此外，由于从非洲国家出口纺织品到欧美不受配额限制，并可享受普惠制和最惠国待遇，因此从20世纪90年代后期开始，很多中国纺织企业选择在非洲开办工厂。在莱索托，华人的进入给当地经济带来了一定的活力。莱索托在很大程度上依靠华人创办的纺织业，在2000年成为美国《非洲增长与机会法案》受益国后，其纺织品对美国出口大幅增长，2004年还成为撒哈拉以南非洲地区对美国最大服装出口国和美国在非洲第八大贸易伙伴。

4. 电信行业

电信业是非洲的新兴产业，今天的非洲电信业发展速度是全球最领先的，其移动通信业的发展被国外主流媒体称为"奇迹"。随着非洲政府决定改善电信服务意识的觉醒，中国在非洲的电信及其相关行业的投资超过100亿美元。[①] 20世纪90年代末，中国通信企业开始陆续走向非洲市场，在这其中，以华为和中兴最为典型，在非洲签订了很多电信及网络建设合同。2007年，华为和中兴就已同非洲35个国家建立了业务往来，分别设立了20多个办事处，并已在一些国家跻身主流电信设备供应商的行列。如今，华为在非洲已是一流品牌，在肯尼亚更是家喻户晓。肯尼亚的很多移动互联网用户使用的是华为的modem。华为首款价格低于100美元的手机IDEOS，在非洲地区大受欢迎，获得肯尼亚45%的市场份额。2011年，华为在整个非洲的业务营收为34.2亿美元，较2010年的29.8亿美元增长了15%。华为还帮助尼日利亚、肯尼亚、乌干达、塞内加尔、安哥拉、几内亚和吉布提等18个非洲国家政府建立了他们自己的网络。未来，华为还打算雇用更多的本地员工，将本地员工比例从目前的60%提高到70%。[②]

二、非洲华人与当地族群的关系

整体而言，中国在整个非洲大陆的口碑很好。历史上，中国在非洲没有殖民历史，并曾经坚定不移地支持了非洲的民族解放和国家独立的斗争；独立后，中国长期对非洲新兴国家提供大量的无偿援助，并且这些援助不附带任何政治条件，所有这些都培育了中国和大多数非洲国家历史悠久的友好关系，广大非洲人民普遍对中国人非常友好。但是随着中非关系的日益深化和赴非华人数量的日益增多，中非在利益方面的摩擦不可避免地增多，问题也将日益凸显，受到的外界干扰也越来越频繁。

（一）大多数非洲民众对华人及其投资持欢迎态度

中非经贸关系的持续发展对于推动非洲国家的经济与社会发展起到了积极而巨大的作

---

① 《中国和日本争夺非洲电信业投资，印度追赶》，中国通信网，http：//www.c114.net/news/116/a577798.html，2013年8月1日。

② 《华为未来3年在非营收将增长30%》，中华液晶网，http：//www.fpdisplay.com/news/2012－11/info－153804－317.htm，2013年8月2日。

用，从而使得广大非洲民众从中受益，因此，非洲民众对于中国投资及赴非华人普遍持欢迎及友好态度。除了那些与中国人竞争的非洲人外，很多非洲人钦佩中国及为其经济作出贡献和努力工作的中国人。① 同样，在约翰内斯堡大学的教师和学生群体中进行的小调查也显示，大多数受访者对中国人持比较公正的看法，很多人还非常欣赏中国人。

1. 华人在非洲的投资经营活动促进了非洲社会经济，尤其是基础设施建设的发展

非洲基础设施落后与制造业薄弱是阻碍其经济发展的两个重要因素，而造成基础设施落后与制造业薄弱的一个重要原因是外来投资严重不足。从 20 世纪 70 年代以来，西方国家和国际金融机构基本上已经放弃了对非洲基础设施的投资。例如，2005 年美国在非洲的直接投资绝大多数都集中在石油领域，只有 10% 投资于制造业。与西方投资相比，中国投资者并没有集中在资源开发领域，而是主要投资于基础设施和制造业方面。截至 2007 年，中国进出口银行已为非洲的有关项目提供了 132 亿美元的贷款，其中电力行业的贷款占 40%，交通运输占 20%，电信占 12%。② 截至 2011 年底，中国对非直接投资存量超过 147 亿美元，比 2010 年增长了 60%，其中建筑和制造行业项目的数量保持增长。2012 年中非合作论坛第五次部长级会议上，中国国家主席胡锦涛在开幕式上发表讲话指出，今后三年，中国将向非洲国家提供 200 亿美元贷款，重点支持非洲基础设施、农业、制造业和中小企业发展。这对于改善非洲国家的基础设施状况，帮助非洲国家建设交通网线、通讯设施、城市给排水以及学校、医院，改善当地生产生活条件，提高非洲国家自主发展能力，加快非洲一体化进程有着重要的促进作用。

非洲开发银行行长贝鲁卡曾经表示：中国对非洲的贸易和投资将激发非洲经济的发展活力，使非洲能更快地融入到世界经济体系中；中国在非洲的投资越来越多地流向服装制造业、电信、家电产业及零售业、渔业和服务业领域，可使非洲经济避免过度依赖资源行业。③ 2011 年，非洲开发银行副行长兼首席经济学家穆萨利·恩库贝也表示，中国并没有与西方传统的投资者进行所谓的"恶性竞争"，更没有因此给非洲众多发展中经济体带来麻烦；相反，中国在基础设施和技术知识领域方面的投资使非洲国家受益匪浅。④ 非洲之所以从中国的大量投资中受益匪浅还在于，中国向非洲提供基础设施项目资金时不要求民主、管理和人权等前提条件。

2. 华人的大量涌入以及"中国商店"的快速增加，提高了非洲民众的购买力，改善了他们的生活状况

较早来到非洲的华侨华人基本都是从事小生意的，直至今日，批发零售业依然是大多数华人普遍从事的行业。随着"中国商店"的增加和竞争的日益激烈，一些华人会选择将

---

① Pew Global Attitudes Project, *Global Unease with Major World Powers*, Washington DC: Pew Research Center, 2007, p. 45; Ngome, 2003; Taylor D., African Respect for Chinese Expatriates Gros, Voice of American News (VOA), May 8, 2007.

② Barry Sautman & Yan Hairong, "Trade, investment, power and the China-in-Africa discourse", http://www.japanfocus.org/-Barry-Sautman/3278.

③ 李智彪：《对中国企业投资非洲的实证分析与思考——以埃塞俄比亚中资企业为研究案例》，《西亚非洲》2010 年第 5 期，第 7 页。

④ 吴旭、李夏君：《非洲为被"误读"的中国投资"正名"》，中国新闻网，http://www.chinanews.com/cj/2011/09-28/3359407.shtml，2013 年 8 月 5 日。

店铺开到更为偏僻的乡村和地区，从而大大降低了当地生活用品的价格，有利于改善人民的购买力和生活状况。

马拉维由于缺乏生产和机械，纺织品和服装生产一直比市场需求滞后，服装和纺织品价格很高，2000 年以后，随着越来越多华人服装批发零售店的出现，这里的服装价格不但越来越低，而且人们还能买到颜色更亮丽、款式更新颖的服饰。最近一项在赞比亚的调研发现，在铜带省有关中国经营的煤矿的工作条件问题上，中国人的名声尤其不好，但接受采访的人们绝大多数对中国印象很好，因为他们现在可以买得起很多价格实惠的中国商品了。[①] 毋庸置疑的是，非洲国家从中国进口的廉价产品有助于缓解当地人民的生活压力，推动消费行业的发展。

3. 中资公司履行企业社会责任，造福当地民众

非洲华人与在非中资企业通过在当地积极履行社会责任，实现了中非双方的优势互补，为促进当地经济和社会发展作出了积极贡献。在这方面，有些中资公司做得很好，完全不像西方媒体渲染的那样。例如，中钢集团南非萨曼可铬业有限公司坚持实施"员工本土化"，雇用本地员工 3 676 人，达到员工总数的 99% 以上，此外，公司专门建立了捐赠制度，2007 年，捐赠总额约 52 万美元，约占税前利润的 1%，主要用于社区公益事业。2010 年，中国重庆博赛矿业集团有限公司投入 10 万美元，对加纳进行社区捐赠。

此外，中国对外承包工程商会、中国海洋石油有限公司、华为公司等行业组织和企业还定期发布行业和企业的海外社会责任报告。据不完全统计，截至 2009 年末，中国对非投资合作企业直接雇用当地员工 30 万人，培训当地员工约 5.4 万人，捐款捐物共计 5 551 万美元，义务修建道路 218 公里，无偿为当地建设了 15 所学校和 79 家医院。

（二）非洲华人与当地族群的冲突及原因

总体而言，今日非洲华人正日益积极地融入当地社会，努力与当地族群友好相处。但与此同时，双方经济与文化方面的冲突也无处不在。随着中非关系的深化与华人数量的增加，在中非人员的交往中，当地百姓对在非华人也出现了很多怨言，例如，很多华人不说当地语言，很少与当地居民交流；华人兜售的商品中的假货以及劣质货不少，在当地造成了很坏的影响；部分非洲民众认为华人从事零售业抢了他们的饭碗，等等。

在非华人与当地族群产生冲突的原因是多方面的，主要如下：

1. 非洲华人与当地某些社会阶层的利益冲突

非洲华人与当地某些社会阶层的利益冲突主要发生在经贸领域。近年来，随着中国人和中国商铺数量的增加，商业价值和市场饱和度也在加剧，由于中国商人与中国的制造商有直接的联系，商品进价低，渠道畅通，非洲当地企业根本就不是他们的竞争对手，因此非洲企业家和制造商抱怨来自中国商人和企业的竞争，难以接受中非合作。与非洲企业和商人的竞争在一些非洲国家导致了反华情绪的高涨，针对中国人的偷盗抢劫、敲诈勒索等各种犯罪活动也不断增加。尤其是在当地大多数人失业或就业不足的情况下，一些成功的

---

① Bruke C. Corkin L. & N. Tay, *China's Engagement in Africa：Preliminary Scoping of African Case Studies*, Stellenbosch：Centre for Chinese Studies, 2007, p. 158.

中国商人的各种炫富现象更是刺激了他们的情绪。

在失业问题上，一些媒体和非洲人也将矛头指向中国，指责中国企业雇用当地员工过少，认为中国小商人抢了非洲当地民众的饭碗。而事实上，非洲失业问题由来已久，原因复杂且在其自身，而不是中国。① 在今日非洲，大多数中国企业主要是雇用当地劳工，为非洲民众提供了数万个就业的机会。

2. 非洲华人自身的行为与习惯

在非洲的中国人具有一些固有的特殊行为习惯，这些习惯在国内或许习以为常，但是在文化和习俗完全不同的非洲社会，则可能引发冲突，惹出事端，为他们的人身财产安全埋下隐患。这些行为习惯大致有如下几种：现金积累多、炫财炫富；习惯雇用大量本国劳动力，喜欢封闭式管理；喜欢用钱解决问题；喜欢走上层路线。

此外，非洲华人中大部分是个体商贩和外派务工人员，他们的文化程度相对较低，很多人对非洲的法律法规和风俗习惯既无意识也几乎是一无所知，因此，经常会触犯当地法律。如大量携带象牙、象牙制品出境，非法采金等。在喀麦隆②、博茨瓦纳等国发生过多起因中国人携带象牙制品出国被当地机场海关查处的事件。2013 年，博茨瓦纳总统签署法令对上述违法者予以遣返。③ 2013 年 6 月，116 名涉嫌非法采金的中国人被加纳政府逮捕，而导致事件发生的原因，就是大量中国人无视当地法律，违法采金，肆意破坏当地环境所致。

3. 中国人封闭的居住与生活习惯

除马达加斯加、留尼汪、毛里求斯、南非等老侨较多的国家，华人与当地族群融入程度较深外，其他非洲国家的华人到达时间短，加上语言和文化的障碍，很少有人与当地人主动交往，因此未能融入当地社会。这一点在劳工移民和产业移民身上同时存在。中资公司习惯"封闭式管理"，中国劳工不住在当地社区，而是中国人与中国人一起居住在封闭的大院，与当地社会完全隔绝开来，联系很少。他们长时间的孤立经常引发很多完全没有根据的谣言。例如，许多非洲国家有传言，在大型建设项目中，中国使用奴隶或监狱劳工。

除了无端猜忌，长期的封闭，不与当地人交流造成的另一个后果就是相互间漠视与不宽容。没有交流就没有相互间的宽容与理解，如此，偶然的因素就可能引发平日的宿怨，导致冲突发生，而一旦冲突发生就很可能迅速使事态扩大化和严重化。

4. 西方传媒的负面影响

随着近年来中非关系的全面快速发展，中非合作的国际影响力不断提高，中非关系也成为各方关注的热点话题。在正面评价中非关系的同时，也存在一些负面的、片面的观

① 蒂埃里·班吉著，肖晗等译：《中国，非洲新的发展伙伴——欧洲特权在黑色大陆上趋于终结?》，北京：世界知识出版社 2011 年版，第 69 页。

② 笔者在 2011 年 10 月及 2012 年 12 月两次赴喀麦隆调研期间，与我使馆工作人员及多名华人处得知喀麦隆已发生多件因华人携带象牙被查处而遭没收罚款，甚至被逮捕的事件，非洲多国现在均对华人这一行为严重不满，纷纷加大查处和处罚力度。

③ 《中使馆提醒博茨瓦纳中国公民勿携带象牙制品》，中国新闻网，http://www.chinanews.com/hr/2013/02-05/4549558.shtml，2013 年 3 月 25 日。

点，认为中国在非洲推行新殖民主义，一些合作中的个别问题被人为炒作，这既反映了当前国际舆论格局中发展中国家依然处于弱势地位的现实，更凸显了中非媒体增进交流，在事关中非关系问题上共同捍卫友好合作的重要性和紧迫性。

由于西方媒体对非洲国家强大的影响力，其对中国对非政策的污蔑，以及"资源掠夺"、"新殖民主义"、"入侵"等名词的大量使用不仅严重地损坏了中国在非洲的国家形象，而且极大地影响了非洲当地人对中国人的态度和行为。一些非洲人和民间组织也对中国在非洲的发展产生疑虑，随之而来出现了指责中国在非洲的"新殖民主义"，出现了以援助方式破坏非洲发展、中国在非洲掠夺资源、破坏当地环境等论调。[1]

5. 非洲国家的政治斗争与党派争夺

在西非和东非国家也有反对中国和中国人的声音，但是在非洲南部的一些国家，反华情绪尤其突出，并且不断恶化，这种反华情绪并不是自发的，而是所在国反对党政治力量动员的结果。非洲南部一些国家的反对派政党及其政治势力指责中国是"新殖民主义"，认为中国人的"剥削"会降低当地人的经济发展水平。[2]他们设法限制和阻止中国商品及中国移民的大量涌入。2006 年赞比亚和 2007 年莱索托发生的暴力反华事件轰动一时。[3]

2006 年赞比亚大选，走民粹路线的反对党领袖萨塔（Michael Sata）则将激烈的反华立场作为竞选招牌，大打"中国牌"。2007 年，莱索托的反华情绪高涨，越来越多的莱索托人谴责中国侨民造成了这个内陆小国贫困的现状。

除了在对抗执政党中，反对党在言论上对中国加以攻击外，在有些非洲国家，反政府力量多年来一直在跟政府保持武装对抗，把外国人的人身安全作为与政府谈判的筹码，已成为他们惯用的手段。而近年来，随着中国在非洲大陆和国际上影响力的与日俱增，一些反政府武装认为劫持中国人能够更有效地向当局施压，并产生更大的国际影响。劫持华人成为反政府武装与政府谈判的一大筹码，这是近年来非洲华人屡遭绑架的一个重要原因。

三、非洲华人规避风险与改善族群关系的对策建议

随着民间外交与公共外交在一国对外关系中地位的提升，非洲华人如何与其他族群保持和谐的关系并融入当地社会变得尤为重要，因为这不仅关系到华人自身的安全，更关系到中国在非洲乃至世界的国家形象。中国目前居住和工作在非洲国家的人数如此之多，使得保护这些人的安全成为一项非常艰难的工作。面对无可避免的安全风险和族群冲突问题，要保护好在非华人的人身财产安全，改善他们与当地民众的关系，不仅应从国家、企业和个人三方努力，还应该在媒体合作方面加强。

1. 中国政府要完善领事保护机制，同时与非洲各党派和部族建立良好关系

领事保护是中国政府保护海外中国公民合法权益的重要手段。近年来，中国的领事保护机

---

① 李鹏涛：《中非关系的发展与非洲中国新移民》，《华侨华人历史研究》2010 年第 4 期，第 29 页。

② Halff A. , "The Panda Menace". *The National Interest*, 90, July – August 2007, Washington DC: The Nixon Center; "Zambia: Citizens Wary of 'Exploitative' Chinese Employers", UN Integrated Regional Information Networks (UNIRIN), November 23, 2006.

③ Blair D. , "Rioters attack Chinese shops after Zambia poll", *Daily Telegraph*, London, 3 October 2006; "Lesotho: Anti-Chinese Resentment Flares", UNIRIN, January 24, 2008.

制取得了很大的发展。2011 年 11 月 22 日，中国领事服务网（http：//cs. mfa. gov. cn）正式开通，这是加强预防性领事保护的一项重要举措，也标志着中国领事保护工作又向前迈出了坚实的一步。① 未来在非华人的安全保护需要中国领事保护的方式更加多样，参与的主体更加多元。同时各部门要共同努力，积极开展领事保护工作，稳妥高效地处理众多重大突发安全事件。在新形势下，做好应急处置的同时，加强预防性领事保护，为中国公民和机构更加安全、顺利地"走出去"作出新的贡献。

在完善国家在非领事保护机制的同时，中国还应该跟非洲各党派和部族多打交道，扩大情报面。非洲是个部族社会，也是个人情社会，很多时候通过诸如部族、宗教、地方上的关系斡旋、搭桥或试探，会起到事半功倍的效果。

2. 中资企业要加强本地化及企业社会责任等领域的规范化管理

中资公司在企业本地化及企业社会责任等领域管理的不到位，容易引起非洲社区的怨恨。中国企业在非洲社会责任的履行一直是近年来西方媒体批评中国在非企业的焦点。很少雇用本地员工、本地员工待遇福利差、污染环境等都是近年来西方攻击中国，并煽动非洲当地民众排华反华情绪的素材。

在履行企业社会责任方面，尽管大部分中资公司总体状况良好，但还存在企业社会责任意识缺乏、履行社会责任积极性不足、短期经营等多方面的不足。由于有合同和政府特许作为保障，中国公司规避了一些当地有关本土化和私营投资等领域的法律要求，导致一些企业商业风险意识淡薄，企业社会责任战略实施肤浅。比如，一些企业出现的急功近利、质量把关不严等行为破坏了中国公司的形象。还有一些企业为了及时完工，考虑到当地劳动力素质较低，就不重视当地就业率等方面的要求。

因此，在非企业要融入当地社会，得到当地政府与民众的支持，必须加快企业的本土化进程，加强企业各方面的规范管理，遵守非洲国家各行会的要求和标准，遵守当地的劳动保障法和最低工资标准；充分雇用和培训本地员工，为当地居民提供尽可能多的就业机会；同时认真履行社会责任，回馈当地社会，与当地民众、社区保持良好关系，积极主动参与当地社区与社会的公益事业等。

3. 非洲华人要自觉遵守所在国的法律法规，同时加强自我保护意识

作为公民个人，到非洲留学、旅游、经商、务工，要具备一些基本常识，出国前要通过正规渠道了解前往国的法律法规和风土人情。

一方面，个人应该注意自己的言行，要有法律意识并严格遵守所在国的法律法规。一些非洲国家的法律在某些方面的规定与中国差异很大，在国内可能无关紧要的事情，在非洲可能就是大事。例如，在博茨瓦纳，偷盗是很严重的罪行，即使是偷一只鸡，那也是要坐牢的，很多中国人对这些法律一无所知。2013 年博茨瓦纳已经发生了几起中国人因偷鸡、偷牛、以非法途径购买牛而被抓去监狱或遭送回国的事件。② 另一方面，个人应注重了解所在国的社会风俗习惯和风土人情。尤其不要触犯当地的禁忌，不该说的话不说，不

---

① 《外交部中国领事服务网正式开通》，中华人民共和国驻大韩民国大使馆，http：//www. fmprc. gov. cn/ce/cekor/chn/lsqz/t899816. htm，2013 年 4 月 22 日。

② 本资料来源于笔者同事徐薇博士，2012 年她在博茨瓦纳从事了为期一年的民族学田野调查，对在非华人作了一定的调查。

该做的事不做。此外，在非华人还可以学习一些当地的方言，这些方言在危难的时刻兴许能收到意想不到的效果。非洲社会的治安状况固然不是华人可以改变的，但是预防犯罪、规避风险并不是无计可施。华人应首先从自身做起，反思自身存在的问题，逐步改变自身的行为方式和消费习惯，学会低调为人处事，自觉遵守所在国的风俗习惯和法律法规，积极融入当地文化和社会氛围，与当地民众保持良好的关系，这些都可以降低非洲华人的安全风险，改善他们的处境。

4. 加强中非媒体合作，促进对外沟通与信息披露

中国媒体在非洲参与的不足，使得中国在非洲的话语权严重缺失。一方面，对西方媒体的批评与歪曲不能做出及时有力的回应，另一方面还表现在中国人在非洲的贡献和善举由于没有对外沟通和披露，不能得到非洲民众的了解和认可。

以喀麦隆援非医疗队为例。医疗援助是中非交流合作领域中最没有争议、最为非洲人民欢迎的项目。与西方医生偶尔来这进行几次义诊不同，中国医生已经完全扎根喀麦隆，他们为喀麦隆的医疗事业默默地奉献。但是医疗队及妇儿医院现在存在的一个很大问题就是对自身的宣传不够。喀麦隆媒体对中国医疗队和雅温得妇儿医院的报道并不是很多，中国媒体在当地也没有报道。

由于对外沟通与信息披露不足，中资企业的一些善举也不为非洲民众所知。以安哥拉为例，虽然中资公司的一些举措得到了当地政府的高度肯定，但民间基本很少知道。新疆建设兵团等许多企业在安哥拉投资的农场、砖厂等项目在当地的雇用率实际达到70%～90%，但是安哥拉绝大多数民众对此并不知情，笼统地认为中国公司只用中国人。

在未来的中非交往中，加强中非媒体合作及中国在非洲的话语权刻不容缓。西方媒体以及非洲当地一些媒体对在非华人的负面报道很多，这对非洲人对待华人的态度有很大的消极引导作用，事实上，这是非常片面与偏颇的。如果中国加强与非洲的媒体合作，借助媒体对广大在非华人的贡献和善举多加宣传报道，不仅有利于塑造中国的国家形象，还有助于广大非洲民众了解客观、真实的中国人，从而改善在非华人与当地族群的关系，很多安全风险也能自行消除。

总之，华人要规避在非洲的安全风险，加强同当地社区的睦邻友好关系，应该基于非洲复杂的政治经济和社会生态环境，不仅要从国家、企业、个人三方面加强努力与合作，还要借助媒体的力量宣传华人的贡献与善举，从而将风险规避到最小，树立国家、企业的良好形象，并保全在非华人的人身安全。同时，既要走上层路线，与当地行政部门、警察、宗教首领等建立联系，共同防御；还要走下层路线，与当地普通老百姓保持良好的关系，切实为他们带来利益与好处；此外，还要有针对性地依照各个国家和地区的不同情况制定具体的应对措施。

四、结语

未来非洲华侨华人的发展趋势与两方面的因素紧密相关，一个是中国未来在非洲事务中的参与程度；另一个就是非洲自身的政治经济环境变化。随着中国参与全球化程度的加深，越来越多的中国人希望到非洲国家参与建设、开拓业务，但是近几年部分非洲国家的动荡让很多中国人在赴非投资、务工方面变得更为理性，尤其是经历了突尼斯和马里政变

后，预计未来一段时间内，非洲华侨华人的总数应该不会有太大的变化与波动。

而对于在非华人来说，影响他们工作与生活的主要因素是所在国的政策变化。随着非洲国家经济的慢慢复苏，以及全球对非洲大陆的日益重视，非洲国家正逐渐改变其外交与经济发展战略，多元化的外交政策正取代单一的外交政策，成为非洲国家对外发展的趋势。以喀麦隆为例，近年来，总统比亚在对内高呼振兴民族传统的同时，对外采取多元外交和经济政策，不再像以往那样局限于法国和中国等少数大国的投资，欢迎并大力鼓励所有有意投资喀麦隆的国家，尤其是韩国、巴西、印度等新兴国家来喀麦隆投资合作，从而寻求摆脱国家对某一国经济的过分依赖。非洲国家这一经济和外交上的变化不仅预示着非洲华人未来将面临更多新的挑战和竞争对手，也意味着他们将不得不面对更多由利益竞争带来的摩擦和矛盾，未来非洲华人面临安全风险的概率只会有增无减。非洲华人的安全与族群关系依然是一个非常值得重视的问题。

下 编 区域与国别侨情

南 非

南非的华侨华人主要由早期华人移民的后代、20 世纪 70 年代以来的台湾商人以及 80 年代特别是中国和南非建交后来自中国大陆的新华人移民等三个群体构成。在研读中外学者研究成果以及笔者在南非的几次经历和调研的基础上，本文对南非华侨华人的情况进行了梳理、总结和分析，首先介绍了南非以及中国与南非的关系简况，然后回顾南非华人的历史与现状，接着着重指出南非华人对南非的贡献，最后对南非华人的问题进行了分析。

一、南非基本国情

南非共和国处于非洲大陆最南端，北面毗邻纳米比亚、博茨瓦纳、津巴布韦、莫桑比克和斯威士兰，另有处在南非包围之中的国中之国莱索托。南非的东、南、西三面是大西洋和印度洋，海岸线长 2 798 公里。西南端的好望角在苏伊士运河开通前三百多年的时间里一直是沟通欧亚的必经之地，目前依然是连接东西方的一条重要海上航道。因为独特之地理位置、秀丽风景、多元人文、宜人气候等特点，南非享有"彩虹之国"的美誉，成为很多游客与移民的首选之地。在笔者的调研中，不少华人都直称南非为"天堂"，透露是偶然到南非旅游或考察，结果被这里适合宜居的条件所吸引，成为华人新移民大军中的一员。①

南非自然资源丰富，其中金、铬、钻石和白金的生产量均居世界第一位。自 20 世纪90 年代废除种族隔离制度后，南非政治稳定、经济发展迅速，拥有较为完备的基础设施和法律保障，是非洲经济最为发达的国家，也是整个非洲大陆的经济火车头。在人口构成方面，根据 2011 年 6 月南非国家统计局的最新估算，总人口为 5 059 万，主要分为黑人（南非官方称为"非洲人"）、白人、有色人和亚裔人四种群体，其中黑人最多，占总人口的 79.5%；白人和有色人各占总人口的 9%；亚裔人口的比例非常小，仅有 2.5% 左右，其中绝大多数由印度人构成，所以其人口分类中干脆把印度人和亚裔人当成一个群体。②白人人口虽少，但由于历史原因，在南非的影响巨大。在殖民时代和种族隔离时期，人们甚至专门用二元体制（Dualism）这个词汇来描述南非政府对黑人与白人的不同政策和待遇。自 20 世纪 90 年代中叶废除种族隔离制度后，黑人和白人在宪政方面被赋予平等的权利，但以黑白为分野的历史、社会、文化以及经济二元依然十分突出，白人群体基本上经济富足，居住在城市，而大部分的黑人则处于赤贫状态，居住在广大的乡村以及城市当中

① 笔者 2013 年 9 月在南非东开普省格拉姆斯顿（Grahamstown）采访一位开饭店的年轻人，以及 2013 年 10 月在约翰内斯堡、开普敦等都碰到这样的情况。

② "Mid year population estimates 2011 ", http：//www.statssa.gov.za/publications/statsdownload.asp? PPN = P0302&SCH = 4986.

孤立的黑人聚居区。①

南非概况

国家全名	南非共和国	地理位置	非洲大陆最南端	领土面积	121.9 万平方公里
首都	行政首都：比勒陀利亚 立法首都：开普敦 司法首都：布隆方丹	官方语言	11 种官方语言：英语、阿非利卡语、祖鲁语、科萨语、斯佩迪语、茨瓦纳语、索托语、聪加语、斯威士语、文达语和恩德贝勒语	主要民族	祖鲁、科萨、斯威士、茨瓦纳等
政体	总统制共和国、多党民主制度	执政党及主要反对党	2009 年大选后，非洲人国民大会为执政党，占国会议席的 65.9%；反对党有民主联盟（16.7%）、人民大会党（7.4%）、因卡塔自由党（4.5%）	现任总统	现任总统：雅各布·祖马 内阁首相兼副总统：卡莱马·莫特兰蒂
人口数量	5 059 万（2011 年）	华侨华人人口数量	35 万左右	华侨华人占总人口比例	0.7%
GDP/人均GDP	5 920 亿美元（购买力平价） 3 843 亿美元（官方汇率）/11 600 美元	CPI	5.7%	失业率	25.1%

二、南非与中国的关系

1998 年中南建交后，两国关系快速发展。非洲亚洲协会（The African Asian Society）副主席博塔曾形象地使用了"筷子关系"来比喻中国—南非关系："在江泽民主席和曼德拉总统所奠定的基础上，南非与中国在多个国际场合中都有着相互补充的立场，双方的关系迅速全面发展，以至于目前中国是南非最重要的贸易伙伴和应对发展中世界所遭遇的众多挑战的一个盟友。真是一对'筷子关系'！"② 无独有偶，在 2013 年庆祝中南建交 15 周年的招待会上，中国驻南非大使田学军使用了"三级跳"的说法：建交两年后的 2000 年

---

① 在 2013 年的一次调研中，我们的调研团队进入了黑人聚居区的莱索托和亚历桑德拉（Alexandra），特别是对于后者，调研团的每位成员都对其落后的场景感到震惊。而从开普敦国际机场到繁华的市中心，需要经过一大片非常落后的黑人区，其贫困令人咂舌，可谓南非政治、经济与社会二元对立一个最为形象的缩影。

② P. J. Botha，"China / South Africa — A chopsticks relationship"，见中国驻南非大使馆网，http：//www. chinese - embassy. org. za/eng/zxxx/t471899. htm。

确立了"伙伴关系"，2004 年进一步发展成"战略伙伴关系"，到 2010 年则提升为"全面战略伙伴关系"，短短 10 年内实现了从"伙伴"到"全面战略伙伴"的"三级跳"。田大使在讲话中巧妙借用建交 15 年英文"FIFTEEN"七个字母，分别对应七个英文单词描述了中国南非关系的发展：Friendship、Independence、Future、Triple－Jump、Economic tie、Exchange、New chapter，中文意思分别为"友谊"、"自主"、"未来"、"三级跳"、"经济联系"、"人文交往"和"新篇章"七个主题，十分形象地说明了两国关系的发展历程与特色成就。①

正是由于南非的上述独特地理、政治、经济和社会特征以及中南关系的快速稳定发展，南非成为中国改革开放后华人走出国门谋生与移民的一个重要选择，在不少移民机构的宣传当中，南非都成为一个重要的移民国家。诸如在百度问答中，关于"移民南非的优势"被总结为以下六条："第一，南非属于移民国家，华人在南非地位高、形象好、受尊重；第二，无条件限制，手续简便快捷，免坐移民监；第三，移民成本低，一人获得绿卡，全家移民成功；第四，移民南非是移民加拿大和澳大利亚等国的'跳板'；第五，南非有优越的居家环境和生活质量，投资门槛低，事业发展机会多；第六，南非将发达国家的优越投资环境与欠发达国家的廉价劳动力及资源丰厚型国家的自然环境集中在同一个国家之内，这在世界上是独一无二的。"②

三、南非华人：历史与现状

华人较成规模地移居南非始于 19 世纪后半期，早期南非华人主要由来自中国和东南亚的自由移民、荷属东南亚殖民地流放的华人以及没有按规定回国留在南非的契约华工等三部分构成。③ 随着 19 世纪后半期南非的淘金热和 1899—1902 年英国和南非布尔人的战争成为英国殖民者大规模安排华人劳工前往南非的重要动力，这些前来开采金矿的华工高达数万人，有记录表明仅 1904—1910 年，约翰内斯堡附近的威特沃特斯兰德（Wit-watersrand）金矿就招募了 63 695 名华工。④ 华工数量的剧增，引发了当地的社会与政治问题，并促成了 1904 年排华法案的出台。与 1855 年澳大利亚排华法和 1882 年美国排华法不同的是，被英国分而治之下的南非内部不同殖民地区在执行排华过程中几乎是针对所有华人阶层的全方位反华运动，之后不但没有了新的华人可以进入南非，完成劳工契约后的大部分华工也都离开了南非。由于整个社会对华人的敌视，就是那些已经定居下来的华人也设法离开南非而另谋生路。根据第一本《南非年鉴》的统计，1904 年登记的华人有 1 393 名，而 1917 年这一数据变成 711，几乎减少了一半。之后整个南非的政治和社会环境对包括华人在内的外来移民都有颇多的限制与歧视，1930 年的移民配额法案（The Im-migration Quota Act of 1930）对英国殖民地以及南非之外所有外来移民都有了更为严格的限制。尽管 1933 年南非当权者考虑到吸引华人游客、留学生以及鼓励与中国的贸易而主动废除了排华法案，但上述移民配额法以及 1937 年新出台的外国人法案（Aliens Act of

---

① http：//www. chinadaily. com. cn/hqgj/jryw/2013－03－24/content_8579896. html.
② http：//zhidao. baidu. com/question/224984589. html，2013 年 12 月 28 日。
③ 李安山：《论南非早期华人与印度移民之间的比较》，《华侨华人历史研究》2006 年第 3 期。
④ Karen Leigh Harris，"Chinese in South Africa"，p. 735，http：//www. upf. edu/mon/assig/xialmo/mat/leigh_5. pdf.

1937），几乎杜绝了华人移民南非的任何可能。①

变化始于 20 世纪 70 年代，一方面，1962 年成立的南非共和国开始考虑与国际社会的关系问题；另一方面，香港和台湾的经济腾飞和对外投资能力开始显现。1976 年，均受到国际社会孤立的中国台湾和南非建立了"外交关系"。之后，来自台湾的官方与民间人员越来越多地进入南非，特别是来自台湾的商人，开始大规模地在南非投资办厂。南非方面为了吸引台湾商人，也出台了大量的优惠政策，诸如提供一定的安置费、七年的补贴性报酬、十年的补贴性租金、往市区的低廉运费、优惠的房屋租赁等等，有经济学家称之为"世界上种族隔离制度国家最为慷慨的措施之一"。② 根据相关研究，20 世纪 70—80 年代的台湾人在南非最多的时候达 3 万，后来逐步减少。③

进入 20 世纪 90 年代后，越来越多来自中国大陆的新移民开始进入南非，其中的原因有两个：一个是废除种族隔离制度后的南非开始融入国际社会，并刻意接近经济飞速发展与日益强大的中国；另一个是，伴随着改革开放政策的实施和加深，越来越多的中国人开始走出国门谋求发展。1998 年，南非与中国建立了正式的外交关系，为双方的人员往来提供了更多的便利，也开启了新一轮的华人移民热潮。④

到目前为止，南非华人基本上分为三个群体：第一个群体是 19 世纪 70 年代以来移民南非的华人的后代，基本上由第二、三、四代组成，人数大概在 1 万左右，被称为当地华人或者南非籍华裔，也被称为南非出生的华人。第二个群体是来自台湾的华人，主要是由 20 世纪 70—80 年代的台湾商人构成，最多的时候达到过 3 万人，目前在 5 000 ~ 6 000 人左右。第三个群体则是从 20 世纪 90 年代中后期开始到目前仍然在增加的来自中国大陆的新移民，根据一些从事大量实地考察的外国学者的估计，目前这批人数应在 20 万到 35 万之间。⑤ 2011 年 6 月，广东省侨办副主任林琳率由省侨办、省社会科学院、省外经贸厅、省贸促会等单位人员组成的广东省侨务访问团专门到南非约翰内斯堡和开普敦进行调研访问。根据他们的统计，目前在南非的华人有 30 万，80% 都集中在约翰内斯堡，其中福建人最多，约占三分之一，其次是上海、广东等省市。

涌入南非的新华人从时间上又可以分为 2000 年之前和 2000 年之后两个时段。这两个时段的新华人有着显著的区别：2000 年之前的华人多是中国大陆在南非的公司管理人员，在合同结束后很多选择留在了南非，他们在受教育程度、语言、资金等方面具有一定的优

---

① *Union of South Africa Year Book*, 1910 – 1917, p. 192. 转引自 Karen L. Harris, "The Chinese 'South Africans': An interstitial community", in Liu Hong, ed., *The Chinese Overseas* (*Routledge Library of Modern China*), London and New York: Routledge, 2006, pp. 396 – 422.

② Yoon Jung Park：《华人是落地生根的还是跨国主义的？——种族隔离制度废除后南非华裔身份的多重性和易变性》，广东省华侨华人研究会编：《世界海外华人研究学会地区性非洲国际学术会议论文摘译》，香港：香港社会科学出版社有限公司 2008 年版，第 101 ~ 126 页，引言见第 114 页。

③ Tu T. Huyun, Yoon Jung Park, Anna Ying Chen, "Faces of China: New Chinese migrants in South Africa, 1980s to present", *African and Asian Studies*, Vol. 9, 2010, pp. 286 – 306.

④ 越来越多包括南非人在内的非洲人也开始进入中国学习、投资和生活，是一个非常值得研究的新现象。但遗憾的是，目前在华居住的非洲人并没有统一的数据，但有些媒体指出仅广州的最高数据就曾高达 20 万人，有人甚至把黑人聚集最多的广州越秀区一带戏称为"巧克力城"。

⑤ Tu T. Huyun, Yoon Jung Park, Anna Ying Chen, "Faces of China: New Chinese migrants in South Africa, 1980s to present", *African and Asian Studies*, Vol. 9, 2010, pp. 286 – 306. 也有甚至高达 50 万甚至 80 万的西方学者的估计，但不足以信。

势；相反，2000 年之后大量涌入南非的则是小的零售商人和农民，他们在爱教育程度、社会地位、技术和资金方面没有任何优势。这些华人的来源非常广泛，几乎分布于中国三分之二以上的省份，但主要来自福建。正是由于这些特点，2000 年之后的新移民基本上没有在大城市居留，而是散居在南非的农村和乡镇。笔者在 2007 年和 2010 年应邀前往东开普的格拉姆斯顿（Grahamstown）授课，在这偏远的小镇中，也有几家来自福建的华人移民，他们经营几家零售店，其英语能力非常有限，普通话也不标准，但他们的确是来自福建的这种普通移民的典型代表。其间笔者还参加了一位学者关于莱索托华人的讲座，其对莱索托华人的描述与我在格拉姆斯顿看到的情景基本一致。①

四、南非华人：融入与贡献

华人在南非整个人口中的比例很小，但在种族多元的南非社会中也构成了一道亮丽的风景。同种族生存和融入的其他案例一样，南非华人也因不同时间、不同群体、不同原因而不同程度地融入了南非社会的不同方面，为构筑一个后种族隔离时代的南非发挥着自己独特的贡献和作用。

第一，中国人持续走出去，南非愈发成为理想之地。中国历来就是一个向外输送移民的大国，在经历中华人民共和国成立后的一段闭关锁国之后，改革开放以来这一潮流再续。当代前往南非的华人可以分为三次浪潮：第一次是 20 世纪 70—80 年代的台湾人；第二次是随着这些台湾商人的足迹而来的包括台湾、香港和大陆的企业家家眷、小商人和学生；第三次浪潮则是专门指从 20 世纪 80 年代末期开始来自中国大陆的移民潮，这个浪潮到今天依然持续。一位专门从事南非华人研究的学者指出，在 1989—1990 年的两年时间内，华人新移民的总数就"翻了四倍多，从 460 到 1 959"，到 1999 年，"全国华人总数估计已经接近 50 000 了"。② 2007—2008 年间，这一数字高达 20 万 ~ 40 万，南非由此成为非洲大陆上华人增加最快的国家。③ 细心的研究人员还发现，2003 年左右约翰内斯堡唐人街西罗町（Cyrilldene）面积大约 1 000 平方米的独立住宅的价格约为 150 万兰特，但到 2010 年就涨到了 500 万兰特，而其他区域的房价只是"稍有上涨"，很多受访者表示原因是"中国新移民的到来推高了唐人街的房价"④。笔者推测，华人移民南非的势头还会进一步发展。

第二，急剧"涌入"的华人尽管给南非作出了贡献，但值得注意的是，近年来主流媒体甚至是越来越多的高层领导人却都在公开谈论华人给南非就业带来的威胁。诸如南非农林渔业部长乔马特—彼得森（Tina Joemat - Pettersson）2011 年 12 月在德班联合国气候大

---

① 张振江：《莱索托的华人》，《羊城晚报》，2010 年 7 月 29 日，http：//www. ycwb. com/ePaper/ycwb/html/2010 - 07/29/content_887429. htm。

② Yoon Jung Park：《华人是落地生根的还是跨国主义的？——种族隔离制度废除后南非华裔身份的多重性和易变性》，广东省华侨华人研究会编：《世界海外华人研究学会地区性非洲国际学术会议论文摘译》，香港：香港社会科学出版社有限公司 2008 年版，第 101 ~ 126 页，引言见第 114 页。

③ Yoon Jung Park, "Chinese Migration in Africa", The South African Institute of International Affairs（SAIIA）, *Occasional Paper*, No. 24, January 2009.

④ 陈凤兰：《文化冲突与跨国迁移群体的适应策略——以南非中国新移民群体为例》，《华侨华人历史研究》2011 年第 3 期。

会上说有些国家在非洲大陆的表现如同"新殖民主义":"他们带来劳工、设备、肥料和种子,利用当地的土地种粮,最后撤走。他们没有给当地留下什么东西,可能只留下枯竭的土地。"① 甚至南非总统祖马在 2012 年 7 月北京举行的中国非洲论坛上也公开表示,"非洲对中国发展的贡献表现在提供原材料、其他产品以及技术转移上。但这种贸易模式从长远角度来讲是难以持续的。非洲的过去与欧洲的经济经历告诫我们在与其他经济体达成伙伴关系时需要小心"②。

需要特别指出的是,根据笔者的调研,即便是在低端就业方面,华人企业也有着自己独特的贡献。例如,南非国家层面的劳工组织对在新堡(New Castle)的集群华人纺织工厂十分反感,被访谈的官员丝毫不隐晦这一点。然而,根据我们的调研,那里的华人工厂却得到了当地政府的大力支持,说明不同级别官员的视角不同。还有刚在开普敦设厂的中国企业海信,其中的员工 400 多名都是当地南非人,中国的管理层和技术工人加起来不到50 名,他们特别受到当地政府的欢迎和支持。还有一点需指出的是,不像很多媒体指出的中国零售商抢占当地就业之说那样,我们调研发现大部分中国零售商都十分注意雇用当地人,他们实际上已经成为当地乃至整个南非经济的一个重要部分。③

第三,实际上,南非华人在很大程度上已经融入当地社会。很多新一代的华人移民已经成为当地商业流动的一个环节,给当地人民的生活带来了极大的便利。正如一位研究人员所看到的:"如果说中国新移民在部分发达国家和地区(如美国、日本、西欧等地)作为低层次的劳动力填补了当地劳动力市场的空缺,那么在南非这样的发展中国家,中国新移民则构成了当地商业流通的一个环节,并形成了一定规模的、以约翰内斯堡的中国批发商城为基础,辐射南非各地以及周边国家的少数族群经济(the ethnic economy)。这种少数族群经济的表现形式,大多以批发商、零售商、雇员及小规模的贸易商为主,同时还包括由这一群体经营的生产性企业和服务业。虽然中国新移民大多来自中国的乡村地区,经济能力一般,但凭借对中国市场和商业渠道的了解以及移民网络的支持,新移民能以此在南非的小商品批发零售行业站稳脚跟,并且把商业活动扩展到南非各个城市甚至是南非周边国家。"④

另一类的融入表现在早期的两个华人群体,凭借注重教育的优良传统和积极向上的拼搏精神,他们成为南非政治、经济和社会领域中不可或缺的一部分,不少华人已经进入南非国会、政党或成为大学教师、商业精英、艺术领潮儿等等。⑤ 他们捍卫自己权利的意识十分强烈,诸如经过数年的努力及南非华人的诸多社团的团结合作,终于在 2008 年让南

① http://bbs.hlgnet.com/info/u1_22721244/.
② Leslie Hook, "Zuma warns on Africa's ties to China", *Financial Times*, July 19, 2012.
③ 需要说明的是,很多华人零售商喜欢雇用南非的外来劳工而非南非当地人,因为南非政府在保护劳工方面有着对雇主来说近似"苛刻"的条件和要求。南非是非洲大陆的移民集聚地,外来移民是南非社会的重要人口资源。就此而言,大量的华人零售商为外来移民解决就业问题,自然有利于南非整体经济和社会的稳定与发展。
④ 陈凤兰:《文化冲突与跨国迁移群体的适应策略——以南非中国新移民群体为例》,《华侨华人历史研究》2011 年第 3 期。在笔者的调研中,发现约翰内斯堡的中国商城模式已经在德班和开普敦等地有了新的发展,在规模和经营理念上都有了新的拓展。
⑤ 在笔者的专门调研中,碰到很多早期的成功华人,尽管他们已经是第四、五、甚至是第六代华人,尽管在被问及认同时都毫不犹豫地回答"我是南非人",尽管一些人甚至对中国很陌生,也没来过中国,但他们依然有着较好的中文能力,对中国文化显示出向往和友好。

非比勒陀利亚高等法院作出裁决，将华人成功地纳入了依据《公平就业法》及《振兴黑人经济法》中给予补偿权益的"黑人"范围，意味着华人在经济和就业上将享有和黑人一样的优惠待遇。① 很多人评价这是华人（具有南非国籍的华人）的胜利，在我看来，这是整个南非人的胜利，因为它使得南非纠正了错误，向一个真正和谐平等的南非国家建设目标又迈近了一步。但回顾整个事件，华人的贡献和作用是最大的。

第四，中国走向南非的移民，完全是一种出于追求更高的生活质量的个人之举，是一种典型的国际移民现象，而不是一些西方媒体简单"阴谋论"的推测与标签。一位曾获英国海外记者新闻奖的记者在 2009 年写过一篇题为"中国在怎样接管非洲、西方为什么该特别担忧？"的报道，指责中国政府是幕后推手，向非洲输入人口是中国政府的国家战略，旨在将非洲变成中国的"卫星国"等。② 这篇文章非常典型地代表了目前很多西方国家政治人物以及不少学者的观点，他们对南非华人的现状并不了解，却想急于用此来固化和强化反对中国政府的观点。实际上，南非华人，特别是新世纪以来进入南非谋生发展的新华人的经历和生活，给出了与上述"阴谋论"推断铁铮铮的相反事实。南非的案例显示出"绝大多数来到南非的新华人移民是他们个人（和家庭）的决定：离开故土，是为提升他们自己和下一代孩子的生活而寻求更绿的草原和机会"③。就目前在南非的华人来看，在过去不到十年间迅速本土化的南非华人新移民，完全不是所谓的中国政府"非洲战略"的布局，而是中国老百姓的个人、家庭乃至村社一种自发、自主的选择和决定。这一点既是孔菲力所说的是漫长中国社会历史过程的延续和当代的表现，也符合王赓武曾经描述海外福建人时所使用的"没有帝国的商人"的称谓。④

五、南非华人：问题与挑战

尽管南非华人为南非带来了诸多积极影响，但在以主权国家和民族国家为主要政治单位的时代，任何一个与主流族群不同的外来族群，其迁移和生存总是或多或少地为自己也为别人带来问题和挑战，南非华人亦不例外。

首先，大量新移民的"涌入"为他们与南非当地华人之间的关系带来了挑战。需要特别注意和承认的是，这些新华人移民，尤其是那些居住在南非穷乡僻壤、以零售为主业的移民，由于受其语言、文化、教育、来源地以及生活和沟通习惯的影响，他们在无意识中还承担了树立华人形象的任务，但从南非主流媒体来看，呈现出更多的是对他们的诸多负面报道，甚至令南非的"本地华人"迷惑和难堪。一位受访的当地华人对那些新移民的"粗鄙"行为感到"尴尬"，"这些家伙互相谋害或者枪击。这里现在有抢劫的团伙了……

---

① Karen L. Harris 教授发给笔者的未刊稿"The Chinese, BEE and the past"。

② Andrew Malone, "How China's taking over Africa, and why the West should be VERY worried", http://www.dailymail.co.uk/news/article-1036105/How-Chinas-taking-Africa-West-VERY-worried.html#ixzz1kYdxmhzy.

③ Tu T. Huyun, Yoon Jung Park, Anna Ying Chen, "Faces of China: New Chinese migrants in South Africa, 1980s to present", *African and Asian Studies*, Vol. 9, 2010, p.304.

④ Philip A. Kuhn, "Why China historians should study the Chinese diaspora, and Vice-versa", *Journal of Chinese Overseas* 2, 2 (Nov. 2006), pp.163-172; Wang Gungwu, "Merchants without empires: The Hokkien sojourning communities", in James D. Tracy, ed., *The Rise Merchants Empires: Long-distance Trade in the Early Modem World*, 1350-1750, Cambridge: Cambridge University Press, 1990, pp.400-421.

收取保护费成风。……我们南非华裔，从来不会做这样的事情。我们不会互相陷害。这些海外华人却互相刁难……还有滥捕鱼、偷猎犀牛角……全部是反面的行为……我真为他们感到羞耻。"很多南非华裔在谈及新华人移民和他们的行为时"总带有尴尬和羞耻，声称新移民正在'糟蹋我们的好名声'、'损害我们的名誉'"等等。他们甚至还抱怨新移民有时会卷入当地的政治事务，卷入中国大陆和台湾的事务当中。当然，新华人移民也会讥笑当地华人已经对中华文化陌生了，甚至已经不能使用中文。所以，诸如"谁是真正的华人/中国人"或者"谁更中国/华人化"等争论在两个群体之间越来越激烈。①

其次，华人为当地带来不少经济和社会机会的同时也造成了一些问题。诸如由于南非贫富两极分化十分严重，大量中国零售商和小摊贩的到来及其从中国带来的廉价商品冲击了南非黑人摊贩的市场，因此有时会出现黑人摊贩和华人小贩之间的冲突。② 还有，由于新移民的来源多元复杂，其中甚至包括很多非法移民，南非当地又缺乏一定的管理和指导，所以大量新移民的涌入给当地的社会治安带来了挑战。曾任职南非全国和平秘书处与警察委员会，过渡执行委员会法律、秩序与安全分委会，国会议员，最后成为安全研究院团伙犯罪与腐败研究项目的嘎斯托（Peter Gastrow）曾专门研究过南非的华人团伙犯罪与三合会的关系，指出华人有组织的团伙犯罪从非法猎捕鱼翅、犀牛角和鲍鱼，逐步向非法移民、倒卖假货演变，后来又开始涉猎毒品、色情、洗钱、欺诈和绑架等，提醒南非政府应当对华人的这种团伙犯罪给予重视。③ 这多少与新华人的上述行为有关，再加之这些华人的经营传统、消费习惯以及喜欢用金钱处理问题的习惯等等，一些黑社会、民间组织、非法团体乃至犯罪分子，也往往容易把华人列为袭击的对象。因此，我们可以看到很多南非华人被偷、被抢的新闻报道。

最后，就南非华人的未来前景与对中国政府的政策建议而言，笔者认为，在短期内，由于中南关系的基础，这里的华人基本上不存在大规模的政治风险。但最令人担忧的是，那些以非法身份进入、为生计奔波挣扎的大量新移民的社会安全，由于人数越来越多，已经与当地民族，甚至是与当地的华人团体产生了一定的矛盾，在当地社会产生了一定的负面影响。因此他们的未来也令笔者担忧，如何能使这些华人和平稳定地生活在南非，不仅是他们自己，也是当地社会、南非政府和中国政府面临的严峻难题。在 2012 年的研究中，笔者就提出，"由于南非自身的政治、社会与经济问题，再加之华人本身的问题等，南非华人的安全问题不但会持续存在，甚至不排除出现阶段性恶化的可能"。经过 2013 年的调研，笔者的这一担心不减。对中国政府而言，因为新世纪以来涌入南非的新移民大多为民众的一种自发行为，更鉴于当今世界仍然是一个主权国家为分野的世界，所以笔者不建议政府对已经移居南非的华人做太多的干预和介入，毕竟，谋生存和求发展是每个人自己的权利和责任。如果真的能够为这些移民做些什么，倒是可以在他们移民之前，或者在他们

① Yoon Jung Park：《华人是落地生根的还是跨国主义的？——种族隔离制度废除后南非华裔身份的多重性和易变性》，广东省华侨华人研究会编：《世界海外华人研究学会地区性非洲国际学术会议论文摘译》，香港：香港社会科学出版社有限公司 2008 年版，第 101 ~ 126 页，引言见第 114 页。

② Yoon Jung Park：《华人是落地生根的还是跨国主义的？——种族隔离制度废除后南非华裔身份的多重性和易变性》，广东省华侨华人研究会编：《世界海外华人研究学会地区性非洲国际学术会议论文摘译》，香港：香港社会科学出版社有限公司 2008 年版，第 101 ~ 126 页，引言见第 114 页。

③ Peter Gastrow, "Triad societies and Chinese organized crime in South Africa", Institute for Security Studies, *Occasional Paper*, No. 48, 2001.

有主动需求的时候，协助他们更多、更全面地了解南非的社会，以有助于他们自己作出更恰当的决策。

开具处方不是最难的事情，最难的是能够准确地诊断病情。就此而言，任何政策建言的前提都是需要准确地把握情况。笔者之前有过几次南非经历，2013 年 9—10 月还专门组织了一次中国和南非学者联合组成的调研团队，尽管困难重重，但这可谓开启冰山一角的举动和"发现"已经感动和震惊了每一位团队成员。① 笔者相信，只有通过长久扎实的实地调研和对大量中外研究文献的研读与对比，才能较为客观地了解南非华侨华人的真实情况，才能拿出对症的药方。

南非华人这一现象及其所呈现的研究问题，既是中国海外华人的一个独特案例，也是全球化时代跨国移民的一个普遍现象。前者在于南非作为具有独特地理气候优势、多种族经历以及作为中国政治友邦的一个国度，对来自中国的移民有着特殊的吸引力；后者则在于全球移民时代进入南非的华人所显现出的各种多元形态：有的"流连忘返"，有的"落地生根"，有的已是"水乳交融"，反而开始"寻根问祖"，有的从这里继续"转赴他地"，还有的丝毫不放弃"叶落归根"的念头，调研中我们甚至还发现不乏试图与中国"斩草除根"者……这些生于领土国家的人们为了寻求更为满足各自追求的生活，进行了各种各样的"跨国"尝试，谱写和丰富着华人在世界各地的奋斗史。就此而言，加强对南非华侨华人的研究，具有很高的现实意义和学术价值。

---

① http：//sis－aocs. jnu. edu. cn//bencandy. php？fid＝86&id＝1494 ，2013 年 12 月 20 日。

毛里求斯

毛里求斯概况①

国家全名	毛里求斯共和国	人口数量	2012 年 7 月 1 日，毛里求斯人口达 1 291 456
地理位置	东经 57°35′南纬 20°15′	华人数量	近 4 万②
气候	亚热带海洋性气候	华人所占比例	3%
领土面积	2 040 平方公里（包括属岛），本岛面积 1 865 平方公里	主要族群	印巴裔、克里奥尔人、华人、欧洲裔
政体	实行总督制，为英联邦成员国	CPI	3.2%（2012 年第二季度）3.1%（2012 年 11 月）
执政党及现任总理	未来联盟，纳温钱德拉·拉姆古兰	失业率	7.2%（2008 年）
官方语言	英语，但法语普遍使用	国内生产总值（GDP）	2 464.27 亿卢比（约合 84.92 亿美元，2008 年）
首都	路易港	人均国内生产总值	4 640 美元（据世界银行统计）208 026 卢比（约合 7 052 美元，2010 年）
国际机场	拉姆古兰国际机场		

2013 年 11 月 9—17 日，受毛中友好文化协会的邀请，我们对毛里求斯的侨情做了实地调研。③ 根据考察时的感受及搜集到的资料，下文将对毛里求斯的侨情进行多方面的分析和探讨。

一、毛里求斯华侨华人人口

一般认为，毛里求斯华侨华人约有 3 万，半数以上居住在首都路易港。其中，梅州籍

---

① 中国驻毛里求斯大使馆网，http：//mu. mofcom. gov. cn；http：//www. ambchine. mu/chn/；http：//zh. wikipedia. org/wiki；http：//baike. baidu. com/view/18116. htm。

② 参见台湾中正大学编：《2010 华侨经济年鉴》，台北：台湾"侨务委员会"2011 年版，第 661 页。

③ 我们要衷心感谢给予热情帮助和关照的当地华人，他们包括李基昌、吴球昌、管仕仁、李丽生、李济祥、李国昌等。

客家人约占90%，南（海）顺（德）人约占10%。最早来毛里求斯的华人为福建人，其次为南顺人，最后才是客家人。但后来者居上，福建人越来越少，南顺移民转去了马达加斯加，客家人最终占了毛里求斯华人人口的绝大多数。

根据台湾有关方面所做的调研，2010年底，毛里求斯（台湾翻译为模里西斯）华人总数为3.4万，在该国总人口中所占比例为2.65%。[1]

根据2013年11月我们在毛里求斯的调研得知，当地华社领袖普遍认为，毛里求斯目前的华人人口只有一万多人。[2]

由于毛里求斯华人人口数量少，在国家总人口中所占比例太小，在实行普选制的毛里求斯，华人选票的影响力实在有限，甚至微不足道。因此，造成华人政治地位并不尽如人意，进而导致很多华人移民国外。他们大多去往加拿大、英国、美国、澳大利亚等。

毛里求斯华人移民加拿大的尤其多。大多是子女通过留学等途径去了加拿大，再将家人移过去。他们很多聚居在多伦多、蒙特利尔、渥太华、卡尔加里等地，尤其是前两个城市。从我们的调研来看，当地华社领袖认为移入加拿大的毛里求斯华人数量已超过两万人，多于目前毛里求斯本土的华人人口。

关于毛里求斯的新华侨华人数量，当地华社领袖普遍认为，如果不包括来毛里求斯的中国劳务输出人员的话，不足千人，男性移入者很少，多为女性嫁入者。20世纪80年代以来，毛里求斯的新华侨华人总计不超过500，部分为通过假结婚的方式移入毛里求斯（中国年轻女性与丧偶的毛里求斯老年男性华人或单身男性华人领取结婚证，但不居住在一起，女性外出谋生，并需付费给男性两三美金。后男方常借机敲诈中国女性，因此通过假结婚方式移入者减少）。另外，毛里求斯举办第二届世界华人研讨会时，毛方暂时放松了对中国人的签证，很多梅州侨乡女性趁机突击嫁给毛里求斯男性华人，据说达数十名。

毛里求斯新华侨华人中，居住在路易港的有100多人，鸠比及其他地方也有不少新华侨华人。

在毛里求斯调研期间，我们也碰到了不少新华侨华人，并与他们进行了交流。在新华学校访问时，见到的汉语老师中，一名女性老师已移居毛里求斯七八年，另一名女性老师已移居10年，并已加入毛里求斯国籍。在新仁和会馆，见到一名华文女秘书，已移民毛里求斯10年，也已入籍，嫁于毛里求斯华人。在《华侨时报》报社，见到总编辑张灌丽，她来自江苏连云港，原从事劳务输出业务，来毛里求斯多年，后到《华侨时报》工作，已经七八年时光。

在老仁和会馆，我们见到林先生，约50岁，祖籍梅州，生于安徽马鞍山，在辽宁长期工作。20世纪90年代，全家移民毛里求斯。本人未加入毛里求斯国籍。

在甘地学院毛里求斯研究中心（Centre of Mauritius Study），见到一名华人女性，来自台湾，毛里求斯籍丈夫原在台湾留学，两人相识结婚。她来毛里求斯已35年。

总体上，由于华侨华人文化、血缘的高度当地化和年轻华裔大量外迁而导致的华人人口减少，目前毛里求斯传统华社在萎缩，包括客家话在内的中国传统文化在当地逐渐衰落。

---

① 参见台湾中正大学编：《2010华侨经济年鉴》，台北：台湾"侨务委员会"2011年版，第661页。

② 客属会馆会长李丽生、华商总会会长李国昌等人都持这种看法。

二、毛里求斯华人社团

我们 2013 年 11 月份到访毛里求斯时，当地华人刚成立了华裔促进会，它是在当地政府的推动下成立的，地址设在新建中的中华文化宫。

1977 年，陈庆麟等人发起成立华联会，该会的宗旨是争取提高华人的政治地位，弘扬中华文化，扶危济贫和促进华人文化教育事业。华联会员中，以青年人多、专业人士多、妇女会员多为其特色。其现会址距路易港有数十公里，为新购，占地 9 英亩，已建成会所（用作办公室、礼堂等）、羽毛球场、足球场、网球场、篮球场，计划增建圆形操场（绿坪）、游泳池。礼堂中可举办婚礼，收取租金，但给会员的价格有优惠。读书会、童子军经常来此搞活动。华联董事会成员有 12 人，最年轻的理事 30 多岁，目前会员有 2 000 多人。华联是目前毛里求斯华社中重要而又活跃的社团之一。

仁和会馆是毛里求斯华人社会历史悠久和最有影响力的一个社团，1877 年会馆落成，宗旨是济困扶危、排难解纷。仁和会馆产业颇多，因此对入会会员的资格限制严格，入会费要 600 卢比，而客属会馆只有 60 卢比。原因在于担心会员多了之后，人多事杂，有人从中谋取私利，或乘机觊觎会馆产业。以前，因为产业问题，会馆内部曾引起诉讼。

仁和会馆中，虽然客家人占主导地位，但福建籍、南顺籍华人在其理事会各有代表一人。据华文女秘书说，仁和会馆目前会员有 170 多人。会长李济祥说有 150 多人，准备新招 40 名会员。仁和会馆会员只限男性，不招收女性，因为女性因婚嫁问题等具有流动性、不确定性。仁和会馆现任会长李济祥先生出生在毛里求斯，1954—1959 年在北京师范大学（前身是北京师范学院）求学。毕业后在北京工作至 1963 年，因母病重，当年返回毛里求斯。

客属会馆成立于 1930 年代，现有会员六七百人。宗旨是联络毛里求斯各地的客家人，不分宗教信仰，团结华人和华人团体，共同为毛里求斯社会的繁荣昌盛而努力。会馆也从事救助贫侨等慈善事业。长期以来，客属会馆领导层持亲台湾的立场。近年来，对中国大陆的立场逐渐改善。客属会馆的一项重要活动即是照顾老人福利，包括过节时召集老人聚餐、发红包，给过世的老人施棺赠葬等。

毛里求斯华商总会建立于 1908 年 12 月 8 日，是海外第二家华侨商会组织。它最初名为华商公所，后改称华商总会，会址设在路易港。下辖东区、西区等区分会。华商总会的会员目前有 100 多人，为团体会员，个人作为其代表。

从 2005 年开始，华商总会每年主办唐人街美食文化节活动。2012 年 4 月 28 日，华商总会在首都路易港唐人街隆重举办"第八届唐人街美食文化节"。当时，来自中国福建、宁夏两地的 20 多名艺术家为毛里求斯人民献上了精彩的文艺节目、手工艺表演及中国地方风味小吃，中国文化中心的学员们也为观众表演了歌舞及武术，吸引了众多毛里求斯民众和外国游客。2013 年的"第九届唐人街美食文化节"在 5 月 11—12 日举办。主办方邀请了内蒙古艺术团演出精彩的蒙古族音乐舞蹈等，华人舞龙舞狮队也进行了精彩表演。

1986 年 10 月，毛里求斯华人社团联合会成立于路易港，它最初由 18 个华人社团经过民主协商联合组成。宗旨是"组织全侨性活动，推动华侨华人社团团结，促进华侨华人公益事业"。"凡承认本会章程，拥护中华民族统一，愿为华人团结及华人公共利益服务的现有华侨华人社团与华人文化教育机构，均可申请登记为会员。"华人社团联合会持亲中国大陆的立场，不过，它可能并不如其名称反映的那样在当地华社具有实质性的领导地位。

毛中友好文化协会是一个跨族群的组织，其中有很多其他民族的成员，包括很多政府官员。目前，平时负责其运作的基本上是会长李基昌、副会长吴球昌等人。

李基昌先生，现为国会议员，土生华人，曾获得伦敦经济学院理学学士学位、美国佛罗里达圣托马斯大学法学院国际税务法法学硕士学位。1974—1976 年，李基昌在毛里求斯大学担任公共财政学讲师；1976—1983 年，担任毛里求斯合作银行的项目管理人；1986—1993 年，担任毛里求斯财政部的有关顾问；1992—1994 年，被任命为股票交易委员会的董事长；1993 年，李先生创办毛里求斯国际信托有限公司（Mauritius International Trust Co. Ltd，MITCO），并担任负责人；2007—2009 年，担任信托和管理公司协会（Association of Trust & Management Companies，ATMC）的主席。李基昌先生积极投身于社会与文化活动，尤其注重提升华人传统文化的地位。

吴球昌先生，出生于广东梅县，1980 年以旅游身份来毛里求斯，投靠亲属，之后每年需要延期其签证。吴先生起初经营杂货店七八年，后在一年春节时到邻近的留尼汪岛，在法国人开办的地中海餐馆做厨师。一段时期后，转而在毛里求斯经营流动餐车三四年。1990 年拿到毛里求斯护照（国籍），1991 年春节时首次回国探亲。其打理的尚宾酒家1999 年开张，当时曾在银行贷款数十万卢比，开张后生意兴隆。目前，吴先生已在路易港购买到一块地皮，准备盖八层楼的酒店，一楼做店铺，二楼为餐厅，三楼以上为客房，房间有 60 多间。他看好将来中国人在毛里求斯的旅游市场。吴先生的妻子也是新华侨华人，福建漳浦人，原来毛里求斯做工，为劳务输出人员。两人 2002 年左右结婚，生有两个儿子。

华商经贸专业联合会成立于 1998 年 4 月，曾多次举办经贸、物价税收、有关法律及保护华商利益等专题讲座及研讨会，会务活跃。1998 年 11 月，应广东省侨办的邀请，华商经贸专业联合会组团对广东省进行了为期 10 天的访问，其间与中国贸促会广东省分会举行会谈并签署了合作备忘录。

毛里求斯还有很多华人宗亲组织。在路易港唐人街，随处都可以看到华人宗亲组织。如黄氏江夏堂、林氏集义会（林家馆）、吴氏自治会（吴氏延陵馆）、黎致远堂、陈氏世昌堂、李氏陇西堂、钟氏敦睦堂、南阳堂、清河堂、彭城堂、安定堂、刘关张古城会馆等等。

三、毛里求斯华文教育

早在 1912 年，毛里求斯华侨就成立了全非洲第一所全日制华文学校"新华小学"。它是由仁和会馆出资、出房舍而创办，学校的一切政务由客家人管理，该校鼎盛时有学生上千人。后来由于学生受升学压力转学西文学校，新华学校一度停办。1975 年后，在仁和会馆等侨团的支持下复办，改为周末补习班。目前在校学生有 200 多名，为毛里求斯规模最大的周末中文学校，2012 年入选国务院侨办 100 所海外华文教育示范学校名单。

20 世纪 60 年代初，毛里求斯共有 10 所华文学校。[①] 2004 年，毛里求斯政府实行一项新的教育措施，将包括汉语在内的东方语言考试成绩纳入小学六年级考试总分。新措施给毛里求斯华文教育注入新的活力。

毛里求斯中国文化中心是中国文化部在海外建立的第一个中国文化中心，1988 年 7 月 1 日在路易港成立，它以传播中华文化为宗旨。20 多年来，中国文化中心的汉语教学逐渐走上正轨，并成为当地汉语教学的一面旗帜。目前汉语教学班有 5 个，分 2 个入门班，1 个初级班，1 个中级班，1 个高级班，共有学员 130 人左右。[②] 中心还设有图书馆、阅览室、录像放映室和电影厅等，阅览室藏书上万册，中外杂志数十种，中西报纸 10 多种，读者可外借。

2012 年是中国和毛里求斯建交 40 周年，由毛里求斯政府无偿提供土地、毛里求斯华人联合会集资兴建的一座占地 8 000 平方米的中国文化宫正在建设之中。中国文化宫位于路易港郊区的一个华人社区中，主体建筑目前已完成。

在毛里求斯调研期间，我们曾拜访了具有百年历史的新华学校。它目前办有多个班级，学生一班有二三十人，低年级班级学生大多为华人，高年级班级中有不少其他族裔。目前该校的华文教育为补习性质，学校主要由董事会的各位董事出钱出力来运作。根据对校长林努宏的访谈得知，新华学校不能提供具有社会认可度的或毛里求斯官方认可的汉语毕业证书，这就影响到了学生的就业。当然，学生可以通过参加 HSK（汉语水平考试）来获取相关证书。来毛里求斯的汉语教师志愿者一般都去了政府学校。不过，通过协商，他们也能来新华学校给成人班讲授汉语。另外，新华学校是否变为全日制学校目前尚处于争论之中。这可能受制于经费等因素。

四、毛里求斯华人经济

19 世纪以来，华侨垄断了毛里求斯零售业。20 世纪以后，华人经济向多元化发展。他们的经济行业从零售、贸易扩散到各小型工业。20 世纪 90 年代，毛里求斯华人经济中的新兴工业，如专门生产电子、电器的工厂约有 20 家。[③] 毛里求斯政府还提倡大力发展旅游业，华人擅长的餐饮业和旅馆业趁机大显身手，也为住在国经济作出了积极贡献。

总体来看，目前毛里求斯华人主要从事家用电器、照相器材、服装、杂货、五金等日用百货行业的零售批发，也有一些人从事饮食、旅游、旅行社、娱乐场等服务性行业。近年来，经济实力较强的华商已经转向进出口、工业、船务代理、银行、保险等工商业综合发展。较大的华商中，朱梅麟家族的 ABC 集团，原为银行，后兼营保险业等，为多元化企业。华人也经营大型酒店，据说为毛里求斯最大的酒店。

毛里求斯的中餐馆也有不少，据说有 100 多家，其中，路易港有 20 多家。[④] 另外，根据访谈得知，毛里求斯华人一般从事小生意，很少务农（当地农业主要是种甘蔗）。随着近年来中国经济的快速发展，毛里求斯很多华人抓住机会，做起中毛两国间的国际贸易。

---

① 许永璋：《毛里求斯的华工和华侨》，《河南大学学报》（社会科学版）1993 年第 1 期。
② 张鑫：《毛里求斯汉语教学调查》，《世界教育信息》2010 年第 9 期。
③ 华侨经济年鉴编纂委员会：《华侨经济年鉴》，台北：正中书局 1994 年版，第 923 ~ 925 页。
④ 根据 2013 年 11 月 17 日在路易港尚宾酒家与吴球昌先生的访谈记录。

我们曾拜访了华商总会会长李国昌先生经营的店铺，店铺中的很多货物从中国进口而来，李先生一年大约从中国进口七个货柜的货品。

在毛里求斯访问期间，我们在路易港唐人街看到很多华文招牌的店铺，比如"汕头公司"、"百福堂"、"联兴店"、"华联行"、"喜庆酒店"、"广东酒家"、"华天大酒店"等，不胜枚举。

五、毛里求斯华人传统的宗教信仰

目前，在宗教信仰上，80%的毛里求斯华人皈依天主教。不过，属于中国传统的宗教信仰仍然保留着。

在非洲，首座由华侨兴建的寺庙是位于毛里求斯路易港海唇街的关帝庙。早在1842年1月29日，在侨领陆才新的倡议下，移居毛里求斯的闽、粤及客籍华侨集资在路易港兴建了奉祀关羽的庙宇。在早期非洲华侨历史上，大大小小的关帝庙以毛里求斯路易港的关帝庙作为总庙，一直受到非洲华侨的尊崇。①

海唇街关帝庙最早由福建人创建，不过，后来广府人、客家人也参与其中。从我们的实地考察来看，路易港海唇街关帝庙供奉的主神为关帝，还有其侍从关平、周仓。此外还供奉观音、桃花夫人、太岁老爷、玄天上帝、文昌大帝、花园伯公与花园伯母、福德土地大伯公等。庙中还保存有清朝道光二十一年的"忠义堂"匾额、清朝同治五年的《忠义堂重建后堂碑记》等历史文物。2012年曾举办庆祝建庙170周年庆典。每逢农历初一、十五，很多华人还会来庙中上香拜神。

在老仁和会馆中，也供奉关帝，同时，馆中还附设明山宫，供奉的主神为从梅县请来的神祇明山公。

1859年成立、历史最悠久的华人社团南顺会馆建有协天宫（关帝庙）和天后庙，香火鼎盛。

普济寺为佛寺，目前建筑为新近重建，主殿高三层，二楼为大雄宝殿。寺中供奉佛祖、观音、惭愧祖师、韦陀菩萨、伽蓝菩萨、十八罗汉，以及道教的吕祖大仙、大帛仙君，甚至济公、包公老爷、狄青老爷等。

天坛又名上帝天坛，建筑风格近似于北京的天坛，因而当地华人俗称其天坛，位于普济寺近旁。正门上方悬挂民国时期著名历史人物于右任在1952年的题字"上帝天坛"匾额。主神为玉帝，所以，原名为"玉帝天坛"。1950年，毛里求斯华侨在目前的天坛所在地首次举办庆祝玉帝宝诞活动，之后不久即正式建成庙宇。

法雨寺邻近天坛，为一座小寺庙。根据1960年的《模里斯法雨寺序》碑文，该寺于1960年农历二月开建，六月时建成。发起人为温福章、丘敬先、吴果奎等22人。供奉佛祖、观音等。

根据实地考察来看，毛里求斯华人在宗教信仰上仍比较混杂。他们可能是佛教徒，或者是道教信仰者，也可能是祖先崇拜者、天主教徒。这是华人在毛里求斯本地化后，融合了中国传统文化与毛里求斯本地文化，产生的一种多元化的信仰生态。

---

① 梅显仁：《非洲华人社团的变迁》，《侨园》1997年第6期。

六、毛里求斯与中国的关系

1972 年中毛建交以来，双边贸易发展平稳，我国对毛里求斯长期拥有顺差。据毛方统计，2006 年毛里求斯向我国出口 1.67 亿卢比（约合 526.3 万美元），从我国进口 99.86 亿卢比（约合 3.15 亿美元），占毛里求斯进口总额的 8.6%，中国是毛里求斯第三大进口国，位列法国和印度之后。[1]

中国在毛里求斯承包工程业务始于 1982 年。2010 年 2 月，已经有 17 家中国公司进入毛里求斯，包括 3 家央企、4 家地方国企，主要从事基础设施建设或贸易进出口。

据统计，截至 2006 年底，我国在毛里求斯直接投资金额超过 5 000 万美元，其中经商务部批准和备案，我国在毛里求斯投资设立的主要企业有天利纺纱（毛里求斯）有限公司、香港上海针织有限公司、毛里求斯天利经贸合作区。[2]

近年来，中毛两国友好关系不断发展，教育领域合作日益深化，中国政府每年向毛里求斯提供大量奖学金名额。希望学子们在华学知识的同时，也学习中国文化，成为两国文化交流的使者。

2013 年，中毛两国关系仍在不断加深中。2013 年农历大年初一（2 月 10 日）晚上，由中华人民共和国文化部、中国驻毛里求斯大使馆、毛里求斯文化和艺术部、毛里求斯华人社团联合会主办，中国文化中心和毛里求斯华人庆祝春节委员会承办的 2013 年"欢乐春节"重点项目——毛里求斯癸巳蛇年春节联欢晚会拉开帷幕。中国文化部组派的天津艺术团与毛里求斯中国文化中心舞蹈队、武术太极队共计 100 余名演员联袂为毛里求斯民众献上一台持续两小时的精彩纷呈的文艺晚会。毛里求斯广播公司电视台对晚会进行了现场直播。毛里求斯总统普里亚格夫妇、首席大法官杨钦俊夫妇、前总统贾格纳特夫妇、前总统奥夫曼等当地政要，以及中国驻毛里求斯大使边燕花、华人庆祝春节委员会主席熊仕中及各界人士 2 000 余人观看了演出。[3]

2013 年 6 月，上海图书馆向毛里求斯国家图书馆赠送了一批内容丰富、图文并茂的中外文书籍。毛里求斯国家图书馆在馆中专设"上海之窗"（Window of Shanghai），陈列这批图书。

2013 年 8 月 28 日至 9 月 1 日，我国外交部部长助理张明率团访问毛里求斯。张明与毛里求斯外长布莱尔共同主持两国外交部间的政治磋商，就中毛双边关系、共同关心的国际和地区问题深入交换了意见，达成了广泛共识。8 月 29 日，《中华人民共和国政府和毛里求斯共和国政府关于互免签证的协定》在毛里求斯首都路易港签署，张明与布莱尔分别代表本国政府在协定上签字。张明还出席了由中国公司承建的毛里求斯国际机场新航站楼竣工典礼。

2013 年 9 月 12 日，中国驻毛里求斯大使李立与毛里求斯副总理兼财经部长杜瓦尔在路易港分别代表两国政府签署中毛两国经济技术合作协议和中国政府向毛里求斯派遣青年

---

① http：//mu. mofcom. gov. cn/aarticle/zxhz/hzjj/200705/20070504686462. html.

② http：//mu. mofcom. gov. cn/aarticle/zxhz/hzjj/200705/20070504686462. html.

③《毛里求斯总统出席蛇年春节联欢晚会》，http：//www. ambchine. mu/chn/xwdt/t1013376. htm。

志愿者的换文。

2013 年 9 月 26 日晚，我国驻毛里求斯大使馆隆重举行庆祝中华人民共和国成立 64 周年招待会。毛里求斯总统普里亚格、代总理比比琼、副总统贝勒波、首席大法官杨钦俊、前总统贾格纳特、前总统奥夫曼、副总理兼代外长杜瓦尔等政府要员及各国驻毛里求斯使节和国际组织代表、毛里求斯各界友人和华侨华人及中资机构代表等约 500 人出席国庆招待会。

2013 年 10 月 28 日，中国驻毛里求斯大使馆在毛希尔顿酒店就《中华人民共和国政府和毛里求斯共和国政府关于互免签证的协定》（以下简称《协定》）生效举办媒体吹风会，毛里求斯当地媒体、旅行社和侨团侨社代表共约 50 人出席。《协定》的签署和正式生效，将极大地推动中毛两国人民的友好交流，推动两国友好合作关系的进一步发展，是惠及两国全体公民的实实在在的好事。① 《协定》于 2013 年 10 月 31 日正式生效。《协定》规定，缔约一方持本国有效护照的公民，在缔约另一方入境、出境或者过境时，停留不超过 30 天的，免办签证。

展望未来，我国与毛里求斯的关系仍将继续平稳发展。

---

① 《中国驻毛里求斯使馆就中毛互免签证协定生效举办吹风会》，http://www.ambchine.mu/chn/xwdt/t1093817.htm。

博茨瓦纳

一、博茨瓦纳基本国情

博茨瓦纳位于南部非洲的卡拉哈里沙漠盆地，是一个内陆国家。东部和东北部与津巴布韦相连，南部和东南部与南非接壤，西部和西北部与纳米比亚毗邻，东北一角与赞比亚交界。国土面积 581 730 平方公里，全境一半以上地区处于南回归线以北的热带地区。地势东高西低，平均海拔 1 000 米左右。全国人口约 200 万，分布很不平衡，大多数城镇和村庄位于东南部狭长地带，人口都集中在这个地区，而广阔的西部和北部却人烟稀少。

博茨瓦纳被称为"非洲最稳定的国家之一"，自 1966 年独立以来的 40 多年间，该国从一个最贫穷的非洲国家发展为小康之国，并被世界银行评为中等收入国家。[①] 根据"透明国际"2008 年的调查显示，博茨瓦纳再次被评为"腐败最少的非洲国家"。[②] 具体情况见下表：

博茨瓦纳概况

国家全名	博茨瓦纳共和国	地理位置	非洲南部内陆国	领土面积	581 730 平方公里
首都	哈伯罗内	官方语言	茨瓦纳语和英语	主要民族	恩瓦托、昆纳、恩瓦凯策、塔瓦纳、卡特拉、莱特、罗龙和特罗夸
政体	总统制、多党议会制	执政党/主要反对党	民主党/民主运动党、民族阵线、大会党	现任国家元首/政府首脑	总统：伊恩·卡马 副总统：波纳采霍·凯迪基卢韦
人口数量	2 029 307	华侨华人人口数量	3 万左右	华侨华人占总人口比例	0.15%
GDP/人均GDP	174 亿美元/8 577美元（2012 年）	CPI	6.2%	失业率	17.8%

资料来源：维基百科博茨瓦纳，http：//zh. wikipedia. org/wiki/% E6% B3% A2% E6% 9C% AD% E9% 82% A3；中国外交部网，http：//bw. china – embassy. org/chn/。

[①] 世界银行，http：//web. worldbank. org . Gross national income per capita 2011, Atlas method and PPP。
[②] 透明国际，http：//www. transparency. org. Corruption Perception Index 2012。

二、博茨瓦纳与中国的关系

中国与博茨瓦纳于 1975 年建立外交关系，近四十年来，两国之间高层互访不断，加强了相互的政治信任，支持彼此的主权统一与领土完整，在国家治理和探索发展之路方面相互交流借鉴了很多经验。就经济合作领域而言，两国在平等、互信、互利的基础上，双边贸易持续增长。2010 年 1 月至 8 月，中博双边贸易达到 5.54 亿美金，比前一年增长了 210%。中国在博茨瓦纳的投资呈跳跃式增长，尤其在制造业、采矿业和服务业等方面，2010 年的直接投资达到 1.8 亿美金，还有非金融类直接投资 558 万美金。除了经济上的合作，两国在文化上的联系也很紧密，上海师范大学于 2007 年在博茨瓦纳大学建立了孔子学院，每年都有两三百当地学员学习中文，让越来越多的博茨瓦纳人了解中国的语言和文化。2010 年全年博茨瓦纳在华留学生有 62 人。截至 2010 年底，中国共为博茨瓦纳培训各类专业技术人员 371 人。中国从 1981 年起向博茨瓦纳派遣医疗队，已累计派出 12 批 327 人次，目前在博茨瓦纳的医疗队员共有 46 人。①

可见，中博建交 39 年来，保持了长期友好的合作交往关系，随着中非关系的紧密发展，中博之间必将联系得更加紧密。

三、博茨瓦纳华人及社会组织概况

（一）华人概况

据中国驻博茨瓦纳大使馆工作人员的估计，目前在博茨瓦纳生活工作的华人有三万多人。其中福建人占了百分之六七十，其次是江西人，再有少数东北人、上海人、湖北人等。福建人主要从事小商品批发与零售，分布在博茨瓦纳各个城镇乡村，大大方便了乡镇上普通百姓的日常生活。最早到博茨瓦纳发展的华人大都是公派过来进行援建项目的工作人员，他们中有些人看到了博茨瓦纳的广阔市场和发展潜力，就留下来自主创业。经过十几年的艰苦奋斗，他们在这里扎下了根，并且带动了国内很多的亲属朋友来博茨瓦纳创业。有的华人从南非、津巴布韦等周边国家来博茨瓦纳发展，同样是被这里长期稳定的社会环境和可观的经济效益所吸引。

据估计，博茨瓦纳的华人公司为该国创造了两万多个就业岗位，对博茨瓦纳的建设和发展作出了很多贡献。然而，由于语言和文化上的差异，很多华人不懂英语，因此给当地人造成了华人社会与当地社会隔绝疏离甚至神秘的印象，但是这些刻板印象在逐渐改变，一些年轻、懂英语、有技术和管理经验的中资公司的华人，通过与当地各个政府部门的合作交流，与很多当地人成为朋友，在慢慢消除当地人对华人的误解。相当多的华人企业非常重视企业的社会责任，每年都为当地的慈善机构捐款捐物，还会资助学习优异的当地学生赴中国留学，但是也有些华人由于缺少与当地媒体的合作，即使做了很多事情，也不为当地人所知。这是博茨瓦纳华人需要意识到并应加强联系的方面。

---

① 参阅《中国同博茨瓦纳的双边关系》，中华人民共和国外交部网，http://www.fmprc.gov.cn/chn/gxh/cgb/zcgmzysx/fz/1206_4/1206x1/t6498.htm。

（二）华人社会组织概况

1. 省籍同乡会

由于在博茨瓦纳的华人中福建人最多，占了百分之六七十，因此第一个成立的省籍同乡会就是福建同乡会，于 2008 年 4 月成立，现任会长是陈建飞。陈建飞除了担任博茨瓦纳中华福建同乡会会长外，还身兼全非洲中国和平统一促进会副会长、南部非洲中华福建同乡总会副会长。陈建飞原是三明铁路系统的职工，20 世纪 90 年代初出国创业，经过艰苦奋斗和不懈努力，在贸易和房地产等行业成绩斐然。现任 BOFELO 博茨瓦纳房地产开发公司董事长、博茨瓦纳闽源国际贸易有限公司董事长、博茨瓦纳东方商城董事长、鑫博房地产开发（中国）有限公司董事长。陈建飞热心社会公益事业，团结海外乡亲，积极为中博两国友好往来牵线搭桥。

博茨瓦纳第二个规模较大的省籍组织是江西同乡会，成立于 2009 年初，旨在推动双边经贸发展，回馈当地社会，为博茨瓦纳的侨胞排忧解难，积极配合中国驻博茨瓦纳大使馆的工作。在博茨瓦纳，江西人的数量仅次于福建人，他们同样很团结，在生意和生活中互相照顾。

可见，省籍同乡会在华人社会中是一个强有力的地缘、亲缘组织，在华人彼此之间建立了一个稳固的纽带。

2. 华人华侨总商会

博茨瓦纳华人华侨总商会是一个由当地华人公司和商人组成的非营利性组织，成立于 1998 年。据会长刘冰介绍，商会在华人社会中有很重要的作用。主要包括：关注华人生活状况以及经济事务，保持华人社会的稳定和发展；为中国商人及公司代言。商会还帮助更多华人了解博茨瓦纳的文化与法律政策，让他们更好地适应当地社会。商会同时也通过各种渠道搜集和宣传商业信息，与其他机构合作组织各种展览和讲座，并且常年资助当地的慈善、文教机构。商会最重要的功能还是在政府与民间商人之间搭建一个沟通交流的平台，双方可以通过商会来交换观点和信息，以保证华人在博茨瓦纳的总体利益。随着商会在博茨瓦纳的影响日益扩大，为在这里生活、工作和学习的华侨华人提供了帮助和便利，使他们的生活更加丰富多彩。然而组织成员和办公场所都集中在哈博罗内，因此其他城镇的华侨华人很多时候都无法参与到商会的活动中来，并且有困难时也找不到人帮忙解决。鉴于此，应博茨瓦纳第二大城市弗朗西华侨华人的要求，于 2007 年成立了弗朗西分会。会长刘冰表示："不管是博茨瓦纳的任何城市、小镇或村庄，只要有华侨华人在的地方，我们都希望可以设立分会或是建立联络处，凝聚大家的力量让华侨华人在博茨瓦纳生活得更加安心、愉快。"

3. 博茨瓦纳中国和平统一促进会

博茨瓦纳中国和平统一促进会成立于 2001 年，为非洲地区最早成立的中国和平统一促进组织。现任会长为南庚戌，在其带领下，统促会非常关注当地慈善事业，并于 2012 年 10 月 26 日成立博茨瓦纳华人慈善基金会。基金会成立数月即向当地社会捐送毛毯千余条，维修和翻新 Mokonishanni 诊所，捐助轮椅，向当地贫困地区捐建住房等，且得到了当地政府的赞誉。南庚戌呼吁在博茨瓦纳的侨胞继续努力融入当地社会，参与慈善事业，为两国友好奠定基础。2012 年 10 月，为了向当地政府官员、民众及在博茨瓦纳的外国人宣传中国拥有钓鱼岛及其附属岛屿无可争辩主权的事实，统促会主办了"钓鱼岛杯高尔夫比赛"，来自博茨瓦纳政界、军界、商界及各国驻博茨瓦纳外国组织，以及博茨瓦纳华人华侨高尔夫爱好者共百余人参加了比赛。可见，统促会在维护祖国统一、团结海外华人、造福当地社会、构筑华人形象等方面发挥了重要作用。

4. 中资企业协会

博茨瓦纳中资企业协会于 2009 年 4 月成立，由在博茨瓦纳开展业务的 20 家中资企业组成，并在当地办理了注册手续。第一届理事会成员包括中国建筑工程总公司、中国土木工程集团公司、中国海外工程公司、中国江西国际公司、青建集团公司、中国水电建设集团公司、中国江苏国际公司和华为技术有限公司在博茨瓦纳公司的负责人。首任会长为中建总公司博茨瓦纳公司董事长张光灿。中资企业协会最鲜明的特色是其成员几乎都是国有建筑公司，只有一家华为是民营通信技术公司。可见中国建筑公司在博茨瓦纳有绝对的优势和实力，几乎占据了大部分建筑市场。中资企业协会的成立不仅团结了中国的建筑公司，还为中国建筑公司与博茨瓦纳相关方面搭建了桥梁。

5. 博茨瓦纳—中国友好协会

博茨瓦纳—中国友好协会在中国驻博茨瓦纳大使馆的推动下于 2009 年 2 月成立，协会聘请原博茨瓦纳驻华大使希帕皮措四世为协会名誉主席，推选 20 多年前由中国政府资助在华留学的到科特·马切特为协会主席，中国在博茨瓦纳的企业家、博茨瓦纳华侨总商会常务副主席兼秘书长南庚戌为执行主席，秘书和法律顾问等协会执行委员会其他成员则主要由博茨瓦纳公民担任。

博茨瓦纳—中国友好协会是博茨瓦纳首个对华友好社团，是中国与博茨瓦纳开展民间交流的重要窗口。协会以增进博中两国和两国人民间的相互理解和友谊，维护世界和平，促进中国与博茨瓦纳在政治、经济、文化、体育、卫生和旅游等各方面的交流与合作为宗旨。

6. 华人高尔夫协会及其他

博茨瓦纳华人高尔夫协会于 2008 年成立，协会的宗旨是推动华人高尔夫球运动，团结海外华侨，让当地社会了解中国，并借此为中国及当地的公益及慈善事业的发展作贡献。[①] 协会成立以来，得到中国驻博茨瓦纳大使馆及旅博侨界的大力支持，并多次举行各种形式的比赛，每年组织举办的全国性博茨瓦纳华人高尔夫邀请赛及友谊赛，获得中外球手的一致肯定，并吸引博茨瓦纳广大高尔夫球爱好者的积极参与。现在协会有 30 多位会员，都是博茨瓦纳商界的老板，同时也经常邀请当地的商界、政界名流来参与，促进了华人与地方精英的深入交流，很多人说，现在的很多生意都是在高尔夫球场上谈成的。

博茨瓦纳华人妇女协会成立于 2010 年，是一个旨在支持和关注妇女儿童发展的非营利性的民间社会团体，由关心热爱公益事业的旅博妇女侨胞自愿参加组成，并在博茨瓦纳依法注册。

---

① 《博茨瓦纳华人高尔夫协会年赛暨换届会成功举行》，http://www.chinanews.com/hr/2011/11 - 30/3497784. shtml。

博茨瓦纳华人摄影协会于 2012 年 2 月成立，旨在为在博茨瓦纳的华人摄影爱好者提供学习交流的平台，共同提高摄影技艺，增进中博文化交融。摄影协会定期组织会员去采风，用镜头记录当地民风民俗。

综上，在博茨瓦纳华人社会中，有按照同一籍贯组织的同乡会，也有按照职业特点组织的华侨总商会、中资企业协会，还有通过共同的兴趣爱好组织起来的高尔夫协会和摄影协会。可见，华人在博茨瓦纳日趋多元化，业余休闲活动也更加丰富多彩。华人通过不同的社会组织凝聚在一起，有困难共同想办法解决，业余时间相聚在一起排遣海外生活的孤寂。来自现实与精神情感等的多方面需求促成了这些社会组织的成立、壮大与发展，且在华人的生活中起到愈来愈重要的作用。

很多协会组织活动时，都热情地邀请当地人参与，对当地人开放，向当地人展示中国的文化，同时也关心当地社会的各项公益事业，积极捐款捐物，体现了中国人对博茨瓦纳的社会责任感。

四、当前华人所面临的困境与应对措施

1. 华人无视当地法律遭遣返

与很多非洲国家不同，博茨瓦纳是一个法制十分健全完善的民主国家，而且保留了很多传统习惯法。比如对动物的保护，在博茨瓦纳人的习惯法中，偷盗动物的行为是要受到严惩的，最多可判 5～7 年有期徒刑。而中国人是一个对食物从不挑剔的民族，有很多中国工地上的工人在野外抓到乌龟、蛇、鳄鱼之类的野生动物就吃掉，结果被当地人发现，造成了极为恶劣的影响，当地人认为中国人没有禁忌，什么都吃，不尊重他们的文化。比偷吃野生动物更为恶劣的是走私象牙，很多华人喜欢从不法商贩手上购买诸如手镯、筷子、印章之类的象牙制品带回国留作纪念，殊不知这已经严重触犯了博茨瓦纳的国家法律，博茨瓦纳是《濒危野生动植物种国际贸易公约》签约国，高度重视对大象等野生动植物的保护。尽管博茨瓦纳象牙资源丰富，但在博茨瓦纳购买或携带象牙及其制品仍属非法行为。针对华人走私象牙的行为，博茨瓦纳在 2013 年 1 月开始了严厉的打击行动，不但在机场彻查中国人的行李，还在全国各地的检疫站进行盘查，重点搜查中国人所携带的物品，一旦发现，即刻逮捕关进当地监狱，然后遣送回中国，此后终身不得进入博茨瓦纳。据笔者多方了解，已有至少十几名中国人在此次打击走私象牙的行动中被逮捕并遣返回国。

2. 华人建筑公司拖延工期

一波未平一波又起，由中国电工设备总公司（简称"中电工"）承建的 Morupule B 电站项目迟迟未能如期交工，以至于博茨瓦纳政府不得不再向南非花大价钱买电。该项目由博茨瓦纳政府投资近 10 亿美元建造，是博茨瓦纳最大的工业项目，受到举国关注，然而中电工一再拖延交付时间，影响了整个国家的正常用电。博茨瓦纳政府对此非常气愤，准备起诉中电工①，就连总统伊恩·卡马都气愤地说："对于 Morupule B 项目，我感到非常

---

① Mbongeni Mguni & Brian Benza, "Govt to sue over Morupule B delays", *Mmegi*, March 8, 2013.

失望，我心烦意乱，我很沮丧，我也很生气。你们希望看到一个愤怒的总统吗？我生气的是，电力是战略性的一种东西，当它出现负荷的时候，它会影响投资者的信心。"① 卡马甚至在公开场合明确表示，博茨瓦纳有很多与中国建筑公司合作的失败经历，今后不会再向中国建筑公司开绿灯。② 除了电站项目，由中国水利水电建设集团（简称"中水电"）承建的塞雷茨·卡马爵士国际机场扩建项目也因为拖延工期与工程质量不合格等问题而饱受诟病，将要面临被博茨瓦纳政府处罚的困境。③

20 世纪 90 年代开始，博茨瓦纳进入快速的现代化发展阶段，城市化发展迅速，高楼大厦拔地而起，中国建筑公司很好地抓住了这个发展契机，凭借成本低、工期短、效率高等优势屡屡中标，基本上垄断了博茨瓦纳的建筑市场。然而，由于中国公司之间形成恶性竞争，为了中标不断压低成本、缩短工期，出现了很多工程质量问题以及无法按时完工的情况，在当地产生了不良影响。这是需要中国建筑公司集体深入反思的地方，否则很难在博茨瓦纳生存发展下去。

3. 华人商贩抢占当地就业机会

除了建筑行业，在博茨瓦纳开店卖小商品、服装鞋帽、家用电器等日常生活用品的华人商贩也面临着重重危机。自 2011 年开始，博茨瓦纳就不断地修改法律，规范外国贸易者的经营范围和方式，在诸如小商品、服装鞋帽等行业只许外国人做批发生意，而不能零售，并且要满足资金和场地的要求才能申请到营业执照。尽管这些新规并不是仅仅针对华人的，但华人商贩也因此受到很大的影响和冲击，有相当一部分华人商贩因为无法满足经营条件而被迫关门回国。据哈博罗内东方城内的华人商贩反映，他们很难再向博茨瓦纳政府申请到延期签证，很多华人商贩在向移民局递交签证延期申请时被无理由拒绝，尤其是进入 2013 年，华人申请签证遭拒的情况屡屡发生，很多华人不得不考虑回国或者去其他国家发展。博茨瓦纳当地报纸谴责华人商贩抢占了本地人的就业机会，"我们需要中国的廉价商品，但我们不需要太多中国人来卖这些商品"④。由于很多华人商贩素质偏低，不懂英语，在当地媒体对他们进行访谈时，他们往往都摇头拒绝，表示自己不懂英文，这就在当地社会造成很多误会和隔阂，因此，当地主流媒体上有关华人的报道多数是负面的。

4. 华人社团的抗争

面对诸多对华人不利的政策与报道，华人社会是如何反应与应对的呢？2013 年 3 月17 日，来自中国大使馆、华人社团与中国公司的 30 多位代表集聚一堂，共同总结和分析这些负面报道，并积极探讨应对策略。中国驻博茨瓦纳大使馆商务参赞马连星说："使馆关注到了最近针对华人企业、华人社团特别是中资企业的负面报道。这些报道有的不具体分析这个项目的问题，而是把全部责任都推到了中资公司、企业的身上。还有一些人发表一些不负责任的言论，对中资企业非常不利。中资企业被报道出的这些项目，有的确实是存在问题，但问题并不是单方面的，好多都是最初的设计问题和监理的问题。"他建议中资公司需严格按照合同来施工，用法律保护自己的合法权益，同时也应吸取经验教训。他也声称，这种报道并不会上升成外交事件，没必要因为某一个问题作一场大辩论，只需作

① Bapasi Mphusu, "Khama: Angry and disappointed over Morupule B", *The Patriot on Sunday*, March 12, 2013.
② Nicholas Kotch, "Khama wants fewer Chinese firms to receive state contracts", *Business Day*, Feb. 20, 2013.
③ Keikantse Lesemela, "Govt penalizes Sinohydro over SSKIA delays", *Mmegi*, March 21, 2013.
④ Dirang Lekuntwane, "How Chinese traders displace local entrepreneurs", *Mmegi*, March 8, 2013.

出澄清即可，他敦促中资公司和华人企业做好自身工作，坚持国家互利共赢的政策。华人华侨总商会会长刘冰也谈道："由华人企业和中资公司承建的部分项目在博茨瓦纳经济生活中起着很重要的作用，出现问题后，博茨瓦纳政府和执政党需承担很大的政治和经济压力，反对党也会给执政党压力，为了开脱，政府必然要找到一方承担责任和压力，这就找到了华人企业和中资公司，简单的施工合同问题却几乎上升为政府和政治问题。"他建议当事公司面对这种媒体报道，也需要做出一定反应，而不能一味保持沉默。① 由此可见，华人社团代表们对于华人在博茨瓦纳的地位和影响有着深刻清醒的认识，对博茨瓦纳的政治、经济、文化等领域也有着一定的认知和了解。博茨瓦纳是一个法制社会、民主国家，强调言论和新闻自由，尽管对华人的负面报道不会上升到两国的外交层面，但会有损华人在当地社会的形象。华人要反思自身的问题，同时做出一些澄清，博茨瓦纳唯一一份中文报纸《华侨周报》的主编李彦辉在当地主流报纸 *Mmegi* 上撰文反驳了一些针对华人的不实言论和报道。② 笔者认为，对中国移民来说，更重要的是要从自身做起，转变观念，尊重当地法律，依法办事，用法律来维护自己的权益。

事实上，当前博茨瓦纳中国移民面临的重重危机大多是其自身造成的。首先，语言上的障碍，令很多华人无法融入当地社会；其次，华人在文化观念上与当地社会存在诸多差异，造成不少隔阂和误解。比如，中国人喜欢加班加点地工作，但博茨瓦纳社会严格遵守劳工法律，加班一定要付双倍工资，而且当地人大多不喜欢加班，因为周末人们要去教堂做礼拜，信仰是个人生活中很重要的部分。尽管中国人也有自己的神灵信仰，但缺少做礼拜的形式与场所，因此当地人认为中国人完全没有信仰，很可怕。为了转变当地人对中国人没有信仰的认识，更为了让华人及信奉佛教人士有一个集会、积德及共同学习语言、文化、宗教知识的地方，博茨瓦纳的华人华侨社团正在首都哈伯罗内兴建两座寺庙，均由旅博华人捐款修建。

5. 华文媒体的作用

南庚戌的名字在博茨瓦纳华人社会可谓家喻户晓，并不是因为他的生意做得有多成功，而是因为他将自己大部分精力投入到社会工作中。2009 年，南庚戌成立了"非洲华文传媒集团"（后更名为"非洲国际文化传媒集团"），并在当地注册创办了华文报纸《非洲华侨周报》（2013 年华侨周报在赞比亚开办了分社），2010 年又成立了非洲首份华人创办的英文报纸《环球邮报》（*Global Post*）。南庚戌认为："我们踏足传媒业无非是想更好地传播祖国文化，提升祖国软实力传播。当然，另一个最主要的原因是当地 80% 或以上的华人不懂英文，这样我们的报纸就为大家提供了一个了解当地的窗口，我们报道华人社区，更报道当地社会。因为华侨到了一个国家，你首先需要了解这个国家。""华文报纸能为在异国他乡的华人华侨介绍祖国发展情况和非洲各国商机，一方面促进华人华侨事业发展，另一方面为他们提供精神食粮，拉近了侨胞与祖国的心理距离，提高认同感，增进华人社区的凝聚力。而由华人投资的英文报纸则能更直接地传递华人社区的声音，与西方媒体争夺话语权。"③

---

① 李彦辉：《博侨界举行座谈会 探讨华人危机》，http：//www. chinesebw. com/plus/view. php？aid = 13043，2013 年 3 月 26 日。

② Yanhui Li, "What happened to objective reporting?", *Mmegi*, April 5, 2013.

③ 引自南庚戌先生发给笔者的个人材料，标题为"南庚戌：海外民间外交的探索者"。

随着华人及华人企业在非洲的不断扩大，华人的"事迹"也屡见报端，其中不乏一些对华人及中国的不公或带有偏见的恶性攻击、负面报道。因为大部分当地媒体是受西方影响或有西方背景的，这种影响不仅是在博茨瓦纳，在其他非洲国家也同样深远。西方媒体大肆鼓吹中国在非洲的"资源掠夺"论，使得当地媒体与许多非洲国家媒体一样也慢慢受到感染，对民众甚至一些政府官员产生不良影响，刻意针对华人的苗头正在显现。对于这些不利于华人的言论，华人不能再选择沉默，而是要主动争取话语权，用当地人看得懂的文字展开有效的澄清。在博茨瓦纳媒体上出现多篇针对华人的负面报道后，华人也在同样的媒体上发文反驳，强调华人对博茨瓦纳的贡献与积极影响，让民众更加客观公正地看待博茨瓦纳的华人。① 南庚戌创办的英文报纸《环球邮报》主要针对博茨瓦纳及非洲南部主流媒体市场，融入当地社会，在由西方媒体把持话语权的当地媒体中发出不同的声音，在涉华的一些大是大非问题上巧妙地坚持中国的立场，并且积极主动报道华人事迹，公平报道华人对当地社会的贡献，抨击西方媒体的不公正报道。可以说，该报纸在改善当地社会对华人及中国的了解方面起到了重要的推动作用。

在博茨瓦纳华人饱受舆论指责的情况下，首先是当地华人华侨在媒体上发出了自己的声音，接着中国驻博茨瓦纳大使郑竹强接受博茨瓦纳国家电视台《热点聚焦》（*First Issue*）节目的专访，就中博经贸关系、中国企业在博茨瓦纳的发展现状等作了详细阐述，并驳斥了所谓中国在非洲的"新殖民主义"言论。② 由此可见，中国与博茨瓦纳的关系已从官方下沉到民间，广大华人华侨成为国家海外公共外交的先头兵，更多地融入当地社会，与当地民众进行面对面的直接交流，才能更加有效地扩大中国的海外影响力，提升华人形象，增强国际话语权。

五、结语

展望未来的中博关系，困境与机遇并存，变化层出不穷。对于在博茨瓦纳的华人来说，拥有合法身份、遵守当地法律是在非洲工作的华人首先要满足的前提条件，只有这样才能保证基本的生命和财产安全以及维护个人尊严与国家形象。与此同时，还要不断提高自身素质，学习当地语言，积极融入当地社会，按照当地法律办事，树立良好的华人形象，从而促进中国与博茨瓦纳之间的合作与交流。

随着同为金砖国家的巴西、印度、俄罗斯等新兴经济体的复苏与崛起，中国在非洲的影响力会受到上述国家的影响和挑战。印度人在非洲有着悠久的历史，在语言上比中国人更有优势，能更好地融入当地社会；巴西近年来在安哥拉和莫桑比克等国发展迅速，投资加大，以至于邻国博茨瓦纳有分析人士建议，应把目光转向巴西，加强与巴西的合作，而不是中国。笔者认为，在未来几年，中国移民在非洲的数量不会有显著增长，甚至会有下降的趋势，中国人在非洲的处境也将越发艰难。这很多时候取决于中国与非洲各国经济形势的发展变化以及中国政府和中国人是否能审时度势，适应和满足非洲的发展需求。

---

① Sandra Zhang, "Chinese people do contribute to Botswana", *Mmegi*, April 5, 2013.

② 中国驻博茨瓦纳大使馆：《驻博茨瓦纳大使郑竹强接受博国家电视台专访》，http://bw. china – embassy. org/chn/xwdt/t1063509. htm。

大洋洲地区

澳大利亚

2013 年是澳大利亚的大选年，总理阿博特组阁的新政府极力支持美国加强在亚洲的存在，并将与日本的关系放在主要位置，出现了一些不利于澳中关系发展的言行，但澳中经贸关系仍稳步发展。澳大利亚华裔在 2013 年的大选中表现突出，有史以来最多的华裔候选人代表主要政党在一些重要选区竞选，尽管依然没有在联邦众议院中实现零的突破，但他们参政的热情和执着以及竞选的团队和策略给选民留下了深刻的印象。随着技术移民、投资移民的增多，澳大利亚华裔人口会继续快速稳步上升，但如何在多元文化的澳大利亚团结携手，建设属于自己的社区精神，寻求属于自己的文化认同，直接发声争取维护自己的权益是澳大利亚华裔前行的方向。

澳大利亚概况

国家全名	澳大利亚联邦（The Commonwealth of Australia）
地理位置	位于南半球，由澳大利亚大陆和塔斯马尼亚等岛屿组成，东濒太平洋的珊瑚海和塔斯曼海，北、西、南三面临印度洋及其边缘海。与印度尼西亚、巴布亚新几内亚、所罗门群岛、新喀里多尼亚、新西兰隔海相望
面积	7 741 220 平方公里
政体	君主立宪制，联邦制（a constitutional monarchy with a federal division of powers）
执政党及现任总理	工党（Australian Labor Party），朱莉娅·吉拉德（Julia Gillard）
官方语言	英语
首都	堪培拉（Canberra）
人口数量	常住人口 22 683 600 人（2012 年 6 月 30 日）
华侨华人人口	澳大利亚的华裔人口 866 200 人（2011 年人口普查数据）
华侨华人比例	澳大利亚的华裔人口占总人口的 4.3%（2011 年人口普查数据）
主要民族	白人92%，主要是英国人和爱尔兰人的后裔
经济增长率	3.3%（2012 年）
通货膨胀率（CPI）	2.1%（2012 年）
失业率	5.2%（2012 年）
国内生产总值	1.542 万亿美元（2012 年）
人均国内生产总值	42 400 美元（2012 年）

注：表中的主要数据来自澳大利亚统计局（Australian Bureau of Statistics，http：//www.abs.gov.au/websitedbs/censushome.nsf/home/communityprofiles）和美国中情局（Central Intelligence Agency，https：//www.cia.gov/library/publications/the – world – factbook/geos/as.html）。

一、中澳关系发展

2013 年是澳大利亚联邦政府每三年一次的大选年。9 月 18 日，总理托尼·阿博特（Tony Abbott）组阁的新政府宣誓就职。作为一位个性鲜明的保守主义者，阿博特执着于以基督教信仰为核心的西方传统价值观，坚信"英语世界（Anglo sphere）"①的光辉，认为澳大利亚除了坚定地站在"英语世界"的阵营里没有别的选择。他极力支持美国加强在亚洲的存在，并坚持认为与美国的同盟关系是澳大利亚外交政策不可撼动的基石。但这并不表明阿博特政府会轻视亚太地区。不过，与他的前任、"中国通"陆克文不同，阿博特一直将与日本的关系放到主要位置。10 月上旬 APEC 会议期间，澳、美、日三国外长举行第五次三边战略对话。对话中涉及东海及南海争端问题，尤其是对于东海问题，三国采取一致立场，反对改变现状的单方面行动。在东亚峰会期间，阿博特与日本首相安倍晋三举行会谈，称日本是澳大利亚"在亚洲最好的朋友"，并邀请安倍晋三于 2014 年访问澳大利亚。11 月 23 日，中国军方宣布划设东海防空识别区后，澳大利亚很快向中国提出外交抗议。12 月 6 日，在北京举行的首轮中澳外交与战略对话中，中国外交部长王毅严肃地指出，澳方在中国设立东海防空识别区问题上的言行，损害了双方互信，影响了两国关系的健康发展，中国社会各界和中国人民对此深为不满。

尽管如此，可以预想阿博特政府仍会秉持"实用主义"的外交传统，一方面坚持其西方国家认同，紧密其与美国盟友的关系，另一方面却会紧紧抓住亚洲崛起的机会，特别是中国经济发展的机遇。履职伊始，澳大利亚外长毕晓普（Julie Bishop）阐述了新政府外交领域的"开门十件事"，其中三件事与中国紧密相关：第一，将加强在亚太地区的外交投入，特别是积极开展与亚太地区国家的经贸合作；在人文交流领域，将鼓励更多的澳大利亚年轻人赴亚洲工作和学习，以获得更多的亚洲经验，即所谓的"新科伦坡计划"。第二，将尽快缔结与中国、日本及韩国等国的自贸区协定，"自贸区外交"将成为新一届政府的主攻方向。第三，将对外国投资持更加欢迎的态度，例如将重新考虑中国企业华为参与澳大利亚政府项目的申请。中澳经贸关系是推动中澳关系发展的发动机，因为澳大利亚与中国的经贸关系决定了澳大利亚的繁荣。根据国际货币基金组织的一份最新报告显示，如果中国经济下滑，周边受影响最大的两个国家就是蒙古与澳大利亚。

预计在截至 2014 年 6 月的 2013 财年，澳大利亚这个世界第十二大经济体经济增长2.5%，低于澳大利亚政府 2013 年 5 月预计的 2.75%。失业率预计将升至 6.25%，高于最初估计的 5.75%。未来几年，总体税收预计将低于预期 330 亿澳元（290 亿美元），意味着本财年的预算赤字将膨胀至 301 亿澳元，远高于预期的 180 亿澳元。②随着矿业繁荣热度逐渐降温所导致的矿业出口带来的经济效益被抵消以及非矿业部门的逐渐增强，澳大利亚国内经济正在经历结构性调整。如何借助中国经济发展的东风将成为阿博特政府对华政策

---

① "英语世界"主要是指以英语为母语的五个"盎格鲁—撒克逊"国家，即美国、英国、澳大利亚、加拿大和新西兰，甚至还可以包括这些国家最亲密的盟友日本及北约。

② http://finance.qq.com/a/20130802/012266.htm.

的重点。阿博特政府会努力深化和多元化中澳之间的经贸关系：第一，循序渐进地推进中澳自贸区的谈判与建设。2013 年 10 月 6 日，习近平主席与阿博特总理在印尼巴厘岛出席 APEC 峰会期间会面，自贸区建设问题被提到主要位置，阿博特再次强调要在一年内结束谈判。第二，2014 年，中国及澳大利亚将分别当值 APEC 与 G20 的主席国。或许澳中可以借此联手协作，共同促进贸易便利化和自由化，打击贸易保护主义。

从阿博特政府主政以来的种种政策行为来看，澳大利亚在政治、军事领域坚持与美国的战略盟友关系，但是在经贸领域却期望与中国等亚洲国家加强联系的外交政策主轴不会偏移。不过，有一点需要引起更多的关注，那就是对中国经济依赖程度的加深可能会使阿博特政府的"澳大利亚受控于中国的威胁感"加强，因此要更努力地实施加强与美国、日本以及印度关系的对冲平衡战略，进而影响澳中关系的发展。

二、华裔与澳大利亚 2013 年大选

2013 年 4 月 23 日晚，澳大利亚人口总数突破 2 300 万。根据澳大利亚统计局（ABS）公布的 2013 年第一季度的人口统计数据，与去年同期相比，澳大利亚人口增长 1.8%，远高于 30 年来的平均增长率（1.4%），绝大部分新增人口是移民，净海外移民占了人口增长的 60%，远高于 30 年来的平均比例（48%）。其中将近三分之二的净海外移民是临时的，但部分会在以后成为永久居民。[1] 2012—2013 财年，澳大利亚总入籍人数超过 12 万，其中中国人有 8 979 人，总体排名第四。[2] 中国还是澳大利亚最大的留学生来源地。2012 年 6 月至 2013 年 6 月，澳大利亚国际留学生人数为 37.9 万，中国学生几乎占入学人数的 30%。[3] 澳大利亚的华裔人口呈稳步上升趋势，华裔人口年均增长率约为 4.07%，是澳大利亚总人口年增长率的 3.52 倍。目前，华裔占澳大利亚总人口的 4.3%，有近 90 万人，其中，约 32 万人来自中国大陆。[4] 普通话已成为澳大利亚的第二大语言，1.7% 的人讲普通话；粤语位居第五，约 1.3% 的人讲粤语。[5]

34% 的澳大利亚华裔拥有学士或更高的学位。出生在海外的澳大利亚华裔超过 50% 至少拥有学士学位。这些比例综合起来，大约 42% 的澳大利亚华裔（第一、二代）拥有学士学位，大约是澳大利亚国家平均值（14%）的三倍。[6] 澳大利亚华裔族群整体的社会经济地位很不乐观。澳大利亚的人口普查数据显示，华裔属于低收入群体，平均每周收入 328 澳元，远低于澳大利亚的周收入平均水平 577 澳元，也低于黎巴嫩裔（333 澳元/周）、

① 《镜报》专题：《澳大利亚人口 2300 万迷思：移民占主导》，http：//www. mirrorvision. com. au/2013/zhuanti2_0423/1629. html，2013 年 4 月 23 日。

② 亚洲留学生互助会：《去年近九千中国人入澳籍：技术移民和家庭团聚者最多》，http：//www. assachina. com/display. asp？ id＝5619，2013 年 11 月 5 日。

③ http：//goabroad. sohu. com/20130812/n383930449. shtml.

④ Australian Bureau of Statistics，"2006 census of population and housing"，http：//www. abs. gov. au/websitedbs/censushome. nsf/home/Data.

⑤ "2071. 0 – Reflecting a nation：Stories from the 2011 census，2012 – 2013"，http：//www. abs. gov. au/ausstats/abs@. nsf/Lookup/2071. 0main + features902012 – 2013.

⑥ Kwok Leung，Sing Lau，Wai – Lim Lam，"Parenting styles and academic achievement：A cross – cultural study"，*Merrill – Palmer Quarterly*，Vol. 44，Issue 2，1998，p. 157.

韩国裔（352 澳元/周）和土耳其裔（360 澳元/周）；华裔的失业率高达 11%，高于黎巴嫩裔（9.1%）、韩国裔（9.3%）和土耳其裔（9.4%），这意味着他们高度依赖澳大利亚的福利系统。[1] 基于良好的教育背景，许多澳大利亚华裔成为专业技术领域的佼佼者，生活良好，可是在政界这个历史悠久的族群几乎隐形了，他们很少在电视上出现，不是公共知识分子或人权、社会正义活动家，在政治上几乎没有发言权。在奉行多元文化政策的社会中，华裔群体需要有向心力，在远离故土的地方相亲相爱、团结携手，建设属于自己的社区精神，寻求属于自己的文化认同。

令人欣喜的是，华裔的参政意识日渐增强，华裔参政的热情日渐高涨，参政的方式和方法也日渐成熟。在市议会一级的选举中，华裔已较为活跃，也取得了显著的成绩。在华人居住比较密集的州，例如新南威尔士州，从地方政府到州一级，都活跃着华人议员的身影。但在联邦层面，在中国出生的陈之彬于 1998 年成功当选，成为首位华裔联邦参议员，改写了澳大利亚华人参政议政的历史，但此后除了有华裔背景的联邦金融部长黄英贤外，再无华人面孔。澳大利亚国会共有 150 个众议院议席和 76 个参议院议席。如果按华裔所占澳大利亚人口总数的比例来说，在联邦一级至少有 9 位华裔议员。而澳大利亚国会的众议院还从未出现过一位由当地选民一票一票选举出来的华裔联邦议员。谁能像陈之彬那样，书写澳大利亚华人参政议政的新篇章？

在澳大利亚 2013 年的大选中，两大政党推出六位华裔候选人，另外有一位独立候选人，共有七位华裔候选人。他们分别是出生在澳大利亚的华裔李逸仙（Jason Li），来自中国大陆的王汉铭（Tom Wang），1989 年随父母从台湾移民澳大利亚的华裔律师林俊宏（David Lin），从香港移民澳大利亚的邹慧心（Wesa Chau），代表联盟党在维多利亚州的 Chisholm 出征联邦大选的阮辉瑞裕（John Nguyen），在西澳 Curtin 选区代表工党参加候选的 Daryl Tan，在昆士兰州 Oxley 选区代表联盟党角逐联邦大选的 Ricky Tang。

澳大利亚 2013 年联邦大选是历次大选中华裔候选人最多的一次。不仅如此，这些候选人还代表主要政党在一些重要选区竞选。虽然最后没有华裔候选人成功进入联邦众议院，但他们参政的热情和执着以及竞选的团队和策略都给选民留下了深刻的印象。人们看到华裔不再是偶尔的、象征性的，只做姿态、不求结果的参政议政了。澳大利亚华人社会比以往更加认真地关注 2013 年的大选，华社媒体及时地报道大选情况，不仅广泛地收集新闻数据，还有许多华人专家写分析专栏，这表明不但华语媒体有这种能力，而且读者大众也有这种需要。这是澳大利亚华裔对澳大利亚的国家认同感和公民责任感提升的表现。

从 2013 年澳大利亚大选来看，华裔的参政议政依然是"路漫漫其修远兮"。第一，异乡过客心态影响华裔对居住地的关心以及参政的热情。许多华裔虽已在澳大利亚定居下来，但因为语言、文化等原因，依然惦记着"落叶归根"，认为自己是这块土地上的客人，不是这个地方的主人，他们更关心华人人群里发生的事情，而不是自己居住的社区里发生了什么，所以习惯于躲在角落里，扮演着沉默者的角色。第二，漠视政治。很多华裔认为从事专业技术性的工作，实现更多更快的财富积累，生活体面富足更重要，政治与他们没有关系，因此不会积极参加不赚钱又不稳定的政治活动。第三，重视成绩和专业技能培养

---

① 《澳华人平均周入仅 328 元 失业率达 11%》，http：//news. 6park. com/index. php？app = news&act = view&nid = 73842，2013 年 11 月 11 日。

的华裔传统教育观念使得华裔孩子在人际交往方面的情商比其他族群的孩子低得多，常常缺少责任服务意识、团队合作精神以及领导能力，而这些是成功的政治人物必不可少的特质。同时，语言关和文化观是阻碍热心政治的新移民的绊脚石。第四，澳大利亚华社的组织范围广泛，有 20 世纪 50、60 年代来自马来西亚和新加坡的留学生，70 年代来自印度支那的难民以及 80 年代后来自两岸三地的新移民。由于来自不同的地域，想要他们统一政治立场比较困难。第五，华人参政最大的障碍还是种族问题。虽然澳大利亚推行多元文化政策多年，种族问题不是很突出，但种族区别还是存在的，有时候还是很明显的。对很多澳大利亚选民来说，选一个亚洲面孔的联邦议员，至少现在还是无法接受的。

三、结论与趋势

澳大利亚经济发展强劲，社会机制优良健全，自然资源丰富优越，并且在教育、医疗、环境保护、多元文化等方面具有资源优势，成为吸引中国人进行商业投资、文化教育合作以及海外移民的理想选择。遍访澳大利亚主要城市，无论在悉尼、墨尔本、堪培拉还是布里斯班，到处都聚集了越来越庞大的华人群体，有的地方形成了初具规模的华人社区。新的一年，澳大利亚的华裔族群面临着一些变化和挑战：

第一，将有更多的中国留学生到澳大利亚留学，华裔人口会快速增长。留学产业是澳大利亚第四大出口产业，而留学生则是该产业的命脉。截至 2013 年 6 月 30 日，澳大利亚的高等教育留学生签证数量上涨幅度高达 30%，作为澳大利亚最大的留学生来源国，中国高等教育留学生签证数量为 22 638，申请签证通过率也高达 95%。① 从 2014 年起，澳大利亚来自较高风险国家的学生签证申请人将不会再受到更严格的限制，这将有效地降低申请人须在银行中储存的担保金。另外，澳大利亚移民局调整签证政策，将中学生课程签证风险等级降到 3 级，这意味着从 2014 年开始，小学毕业生就能申请到澳大利亚读初中。可以预测将有更多的中国家庭在孩子年龄很小的时候就把他们送到澳大利亚，并为进一步申请移民做准备。

第二，澳大利亚的中国移民构成发生了很大变化。现在大部分移民来自中国的中部和北部，他们缺少一个世纪以来对广东和香港移民至关重要的家庭关系网络，因此华裔社区精神的建设以及寻找华裔族群的文化认同显得尤为重要。这可以使华裔族群摆脱"一盘散沙"的形象，鼓励、带动越来越多的华人参与主流政治。仅依靠零星的议会代表已不足以满足越来越大的华裔族群的需求，他们需要更加团结强大的华人社区以众人划桨的力量推进华人参政的浪潮。

第三，提高澳大利亚华裔族群的权利意识，激发他们对权利的渴望。因为澳大利亚华裔不像希腊人、犹太人那样不达目的誓不罢休，相反却是闷不作声，所以总是被忽略、被边缘化。"权利不是别人给予的，而是靠自己争取的。"澳大利亚华裔需要克服原有文化的束缚，打破沉默、积极发声，团结一心地向澳大利亚主流政治迈进。

---

① 《华裔成为澳大利亚大选的关键》，http：//au. regishome. com/zhuanti/2013/0910/7922. html，2013 年 9 月 10 日。

新西兰

　　中新建交至今已有 41 年，双方政治、经济和军事交往频繁，两国关系不断迈上新台阶。目前，中国已成为新西兰第一大贸易伙伴、第一大留学生来源地、第二大移民来源国和第二大国际游客来源地。2013 年是中新自贸协议签署第五年，双边贸易呈跨越式发展。截至 8 月，2013 年新西兰对中国的出口总值为 79 亿元，与五年前的 22 亿元比较，增幅达到 260%，中国已超过澳大利亚，成为新西兰最大的出口市场和进口货物来源地。① 新西兰对中国的出口主要是奶制品、木材、肉类、羊毛还有酒类，其中新西兰的奶制品占中国进口奶制品市场份额的 80% 以上；中国对新西兰的出口主要是机电产品、纺织品和家具玩具等。与此同时，中新双方的双边投资也在迅速增长。尽管 2013 年出现了"恒天然肉毒杆菌风波"，② 对两国的经贸关系造成了一定的负面影响，但总体来说，中新之间的经贸关系呈现快速发展的良好态势。这些都为华侨华人在该国的进一步发展提供了广阔的空间。

一、新西兰基本国情和基本侨情

（一）基本国情

新西兰概况

国家全名	新西兰	地理位置	太平洋西南部，由南北两大岛及小岛组成	领土面积	268 680 平方公里
首都	惠灵顿	官方语言	英语	主要族群	英格兰后裔、毛利人、亚裔、太平洋岛裔
政体	议会君主立宪制	执政党/主要反对党	国家党/工党	现任国家元首/政府首脑	杰里·迈特帕里/约翰·基

---

① 《新中自贸协议签订后对中国的出口额增三倍》，厦门大学新西兰研究中心，http：//nzc. xmu. edu. cn/shownews. asp？id = 3821，2013 年 10 月 6 日。

② 2013 年 8 月 2 日，新西兰恒天然集团对外披露称，在 2013 年 7 月 31 日，公司发现 38 吨浓缩乳清蛋白粉可能被肉毒杆菌所污染，引发了中国消费市场的强烈愤慨和质疑。事件发生一个月后，新西兰初级产业部发表声明称，8 月份恒天然乳粉受肉毒杆菌污染是虚惊一场，乳清蛋白粉中的细菌为一种与肉毒杆菌极为相似，但未发现有致病性的生孢梭菌。

（续上表）

人口数量	4 487 553（截至 2013年 10月）①	华侨华人人口数量	约20万②	华侨华人占总人口比列	4.5%
GDP/人均GDP	2 086.88 亿新元/约4.7万新元	CPI	0.9%（2013年第三季度）	失业率	6.4%（2013年第三季度）

2011 年新西兰发生基督城地震事件，对经济发展产生重大影响，政府大约需要投入200 亿新元来重建，占新西兰 GDP 的 10%。在优良的农业生产条件下，新西兰农业产值高，农牧产品出口占全国出口总值的一半。羊肉、奶制品和粗羊毛的出口值皆为世界第一。相比之下制造业表现疲软，金融、地产、商业服务部门有强劲就业的表现。③

（二）基本侨情

1. 华侨华人的数量和分布

新西兰华人目前约达 20 万。其中 1/5 是本地出生的，剩下 4/5 是移民，其中一半以上来自中国大陆，其次分别来自中国台湾、马来西亚、中国香港、新加坡。④ 在新西兰华人中，1987 年以前祖籍是广东的占了大多数，此后港澳台及大陆其他省份的移民也开始大量增加，他们中有不少是来自上海、北京等大中城市的中产阶级专业人士。从流向看，绝大多数的中国移民选择定居在新西兰的几个大城市，如奥克兰、惠灵顿、基督城和汉密尔顿，其中近 70% 的中国移民居住在奥克兰。

2. 华侨华人的行业和职业分布

新西兰华人移民所经营的生意涉及众多行业。新西兰广东籍老侨多经营种植业、零售业及像中餐馆、洗衣店这样的服务业，20 世纪 80 年代中期后迁入的新移民多半从事房地产开发、餐饮、进出口贸易、旅行社、酒店等投资。在制造业方面，多半是食品及肉类加工、木材工厂及 PC 小型装配厂，还有少数投资顾问公司。随着高级专业技术移民的增加，从事高新技术开发和专业服务的华人企业也有所发展。总体看来，新西兰华侨华人投资前五名的产业依次为房地产业、服务业、进出口业、农牧业及金融业。⑤

与老一辈华人从事体力劳动截然不同，今天的新西兰华人大部分素质较高，从事专门

---

① Statistics New Zealand，http：//www.stats.govt.nz/.

② 数据来源：《新西兰惠灵顿华社举办庆祝新中国成立 63 周年餐会》，新西兰中文网，2012 年 9 月 28 日。新西兰本来在 2011 年 3 月初进行五年一次的人口普查，但因为基督城发生地震而中断，延期到 2013 年 3 月进行，调查的结果会在 2014 年公布。据 2006 年新西兰人口普查华人人口为 147 570，在此基础上加上近几年迁居新西兰的中国移民每年约 5 500 人，再加上人口的自然增长，这一估计与实际统计数据应相差不远。另台湾"侨务委员会"出版的《2011华侨经济年鉴》（第 262 页）提供的数字是 14 900 人。

③ 台湾中正大学编：《2011 华侨经济年鉴》，第 259 页。

④ http：//www.stats.govt.nz/browse_for_stats/people_and_communities/asian – peoples/asian – ethnic – grp – profiles –06 – tables.aspx.

⑤ 台湾中正大学编：《2011 华侨经济年鉴》，第 264 页。

性和技术含量较高的工作，很多人在律师、医师、会计师、建筑工程师、教师等专业领域发展。他们拥有不错的经济收入和可观的积蓄，并在新西兰社会拥有一定的社会地位。新西兰 15 岁以上中国移民从事的各种职业按人数多少依次为自由职业、经理、商业零售、专业人士、律师、技术员、办公室职员、普通劳工和低级服务人员、机器操作员和驾驶员等。[①]

各行各业不断涌现出华人精英。1989 年由上海移民新西兰的吴笠农就是其中的杰出代表。1993 年吴笠农投身于房地产行业，成为当时投资房地产行业的第一位中国大陆移民。到目前为止，吴笠农已经拥有奥克兰公寓楼盘五分之一的投资、管理和经营权，被誉为"房地产大王"。[②]另外，新西兰《国家商业评论》（*National Business Review*）选出的"2013 新西兰富豪榜"中，净资产约为 3 亿纽币、每年收入可达 5 000 万纽币的华裔投资商周氏兄弟成功入围榜单。2013 年 3 月 16 日，"新西兰 2012 年度华人经济人物"颁奖典礼在奥克兰隆重举行，8 位经济界华人精英获奖。

3. 华文教育

自 20 世纪 90 年代以来，中文教育逐渐与新西兰当地教育接轨，汉语教学在中小学乃至大学推广。1998 年，新西兰教育部正式将华文列为全国大学入学考试的外语科目之一，这标志着中文取得了同其他外语一样的地位。2013 年 4 月 10 日，新西兰总理约翰·基表示，希望更多的新西兰学生学习普通话，并称新西兰的华人就是解决学生学习普通话的师资资源。[③] 截至目前，新西兰共有三所孔子学院，分别是奥克兰大学孔子学院、惠灵顿维多利亚大学孔子学院、基督城坎特伯雷大学孔子学院，其中奥克兰大学孔子学院规模最大，成果最为显著。

新西兰的华侨华人也积极开办华文学校（课程班）。尤其是 20 世纪 80 年代末之后，随着中国大陆新移民的涌进，华文学校的数量增长迅速。奥克兰是华人聚集最多的地方，华文学校也最多，目前有 40 多所。奥克兰每年都会召开中文教育表彰大会，以奖励华文教育优秀学校、优秀教师和优秀学生。在国务院侨办公布的"华文教育示范学校（单位）"中，新西兰有两所学校入选：路易·艾黎中文学校和奥克兰现代中文学校。

4. 华侨华人社团

目前新西兰华侨华人社团有 200 多个，其中一半以上集中于奥克兰。除了 20 世纪 50 年代之前广东籍老侨建立的历史较悠久的数十个传统地缘、血缘、业缘性侨团外，大部分社团是在近十几年成立的。新建立的社团类型有同乡会、商会、专业人士团体、文化教育团体、留学生社团等，它们在数量上呈现出明显的上升趋势，在华人社会的影响力与日俱增。新兴社团以求发展、促融合为主题，更具有吸引力。一些成立时间不长的社团甚至已经取代有悠久历史的侨团，成为当地华人社会中具有相当影响力和号召力的组织。如在基督城，相较于有 60 多年历史的新西兰华联会坚都布厘支会，1998 年才成立的基督城中华

---

① Statistics New Zealand, Asian Ethnic Groups, 2006 - Table 30: Occupation by Birthplace for employed aged 15 years and over in the Largest Asian Ethnic Groups.

② 《新西兰华人的骄傲——记新西兰亚太集团总裁、上海商会负责人吴笠农》，宝房网，http://www.fdctimes.com/SupeSite/? action - viewnews - itemid - 1639。

③ 《新西兰总理鼓励当地学生学中文　称华人是最好师资》，中国华文教育网，2013 年 4 月 10 日。

协会在华人社会中的知名度和影响力要更大一些。

现今，新西兰几乎每年都有新的华人社团成立。2010 年 5 月，新西兰华人商会注册成立，它是新西兰第一个专为青年华商服务的非营利性社团组织。2012 年 8 月，新西兰华人保钓协会通过政府注册，宣布成立。2013 年 7 月 30 日，新西兰南岛纳尔逊华人协会（Nelson Chinese Society）成立。新西兰的华人社团还经常联合举办一些座谈会、联谊活动，例如 2013 年 5 月 3 日，奥克兰九家华人社团联合举办的"我的中国梦"座谈会。

5. 华文传媒

20 世纪 80 年代之前，新西兰华文报刊数量极少，而且维持时间不久，中间甚至出现很长时间的空白期。1989 年香港胡仙报业集团在新西兰创办《星岛日报》①，打破了新西兰华文媒体自 1973 年以来沉默 10 多年的局面。随着 20 世纪八九十年代之后华人新移民的大量涌入和社会经济的繁荣，华人传媒发展渐有起色，至 21 本世纪呈现出空前繁荣的景象。2006 年至 2009 年间，华文报刊最多时近 30 家。主要的华文报刊有《先驱报》、《华页》、《中文一族》、《新西兰信报》、《新西兰联合报》（2010 年创刊）、《乡音》、《新华商报》、《留学生报》（双周刊）等；杂志有《华侨论坛》、《生活周刊》、《中视》（月刊）、《一本通》（周刊）、《任我行》等。上述多数华文报刊每周只发行一次，只有《先驱报》每周发行四期，目前是新西兰最具影响力的第一大报。2008 年开始的金融危机，对新西兰的中文报刊市场也形成一定冲击。由于经济不景气，主要依靠广告收入免费发放的中文报纸或停刊，或削减期数或版面，如奥克兰的《镜报》在 21 世纪前十年便没有再出版。但也有运作成功，抵抗住了危机，成功实现增期的，如《新华商报》、《新报》。

新西兰中华新闻通讯社（简称 NZ 华新社）始建于 2003 年，是大洋洲唯一的华媒新闻通讯社。NZ 华新社秉承"报道海外华人华侨及互动传播新西兰与祖（籍）国新闻资讯"的宗旨，近年来在海外华人传媒中产生了一定影响。就华语广播而言，中华电视网旗下的 AM936 是新西兰唯一的普通话全天候广播的中文电台，现在是新西兰全国影响力最大、收听率最高的中文广播电台；此外还有专门的粤语广播电台 FM95.8。在华语电视方面，有新西兰中华电视网（WTV）、贝斯特电视网（Bets）和新西兰华人电视台（TV33 台）。其中，新西兰中华电视网大量引进华文电视剧、娱乐节目，且和本地电视网络合作，颇受新西兰华人欢迎，成为新西兰最有影响力的华语电视。

新西兰华文网站有 30 多个，其中天维网、新西兰中华新闻网、新西兰中文网是当地华文网站的三巨头。它们在搜集与中国及华人世界有关的新闻方面反应比较迅捷，论坛和在线咨询是他们吸引人气的法宝。天维网是新西兰最具人气的中文网站，2001 年初由一群年轻的中国留学生创办。社区和论坛有 20 万注册会员，其在新西兰华人社会中的信息覆盖率已经达到 60% 以上。

6. 新华侨华人

1987 年新西兰开放移民，华人移民人数大大增加。据新西兰移民局统计，2000 年之后中国大陆移民新西兰人数一度急剧增长，2002—2003 年达到最高峰，有一万多，跃居新西兰外来移民首位。但此后人数有所降低，此后几年保持在 6 000 到 8 000 之间。据最新

---

① 《星岛日报》创办时为中英双语周报，1992 年改为日报，取消英文版。2001 年因经济拮据而停刊。

统计，2013 年 1 月至 9 月，去往新西兰的中国移民有 5 400，仅次于英国的 6 200。①

华人新移民分家庭团聚移民、技术移民和商业移民几类。近二十年来，后两类移民尤为突出。在技术移民中，由留学生调整身份的占了相当比例。中国留学生人数在近十几年间一直位居新西兰国际留学生首位。新西兰 2003 年颁布新政策，鼓励留学生留在当地工作，继而转变为移民身份，中国留学生是最大的受益者。据新西兰教育部 2008 年对 1 124 名中国大陆留学生的调查显示，56% 的大陆留学生计划毕业后立即在新西兰找工作，76% 的大陆留学生打算申请新西兰的永久居留权。② 中国大陆商业移民近年来也有所增长。2009 年，为提振经济，新西兰出台新的商业移民条例，放宽了相关要求和限制，使得中国商业移民数量增加。其中投资移民分为三个等级：第一类为"全球类别"，要求至少在四年内投资 2 000 万新元；第二类为"专业类别"，要求至少在四年内投资 1 000 万新元；第三类为"一般类别"，要求至少在四年内投资 250 万新元。

二、新西兰移民和留学政策的发展变化对华侨华人的影响

（一）创业移民政策调整，贡献要求提高

2013 年 4 月 7 日，移民局宣布对创业移民的政策进行调整，主要是提高了对新西兰贡献的要求，由原来的"对新西兰有贡献"改成了"对新西兰要有重大贡献"。要符合对新西兰带来重大好处的要求：申请人必须聘用 2 个或以上全职员工（不能用几个兼职相加）；或聘用一个员工同时兼有以下其他条款之一，比如能带进新技术、新产品、新服务，或大量出口等。移民局对投资计划书的要求也有所提高，移民局希望客户对新西兰的市场有较深入的研究。创业移民政策的调整，对中国人以创业移民为途径移民新西兰抬高了门槛。

（二）放宽留学政策，中国留学生留学新西兰更容易

2013 年 10 月初公布的 2012—2013 年度《国际教育经济影响报告》显示，在 2012—2013 年度，在新西兰求学的海外留学生共为当地带来了 25 亿纽币的收入。教育是新西兰对华继乳制品与木材之后第三大出口产品，2012 年有超过 24 000 名的中国学生自费到新西兰学习（同比增长 4.5%）。新西兰的留学生中有 27% 来自中国。③

自 2012 年以来，新西兰政府针对国际学生推出了多项学生签证政策。这些政策简化了签证程序，提升了申请签证录取率。例如，年满 18 周岁的留学生在新西兰境内申请续签，新西兰移民局不再要求提供食宿担保证明，未满 18 周岁的留学生只需证明其食宿与新西兰教育部对留学生食宿的要求相符合即可；免费发放新"过渡签证"，这是指当学生签证的申请正在审批中，移民局发放的一种临时性签证，保证学生能合法地在新西兰学习，可帮助学生消除因签证过期而不能合法滞留新西兰的担忧。这些政策使得原本就具有申请门槛较低、无须事先提供雅思成绩、毕业后可移民等优势的新西兰留学更具优势。2013 年 10 月，新西兰移民局和教育部公布了一系列针对海外留学生的全新政策：自 2014

---

① Statistics New Zealand, "International travel and migration: September 2013", http: //www. stats. govt. nz/.
② 李海蓉：《新西兰中国大陆新移民初探》，《华侨华人历史研究》2011 年第 1 期。
③ 《一年"贡献"26 亿! 海外教育产业成 NZ 经济引擎》，天维网，2013 年 10 月 2 日。

年 1 月起，部分持有语言签证的学生将可进行兼职工作，而硕士或博士留学生则可以全职自由工作，不再受到任何时间限制。这无疑将使中国留学生留学新西兰变得更为容易。

三、新西兰涉侨重大事件及其影响

（一）新西兰达尼丁华侨墓地修复，市长就歧视华工史致歉

2013 年 4 月 16 日，新西兰达尼丁华侨墓地修复工程竣工暨清明祭扫仪式隆重举行。达尼丁市长戴夫·卡尔再次就过去的歧视华工政策表示道歉。华侨墓地位于达尼丁市南方公墓一角，现存约 114 位 19 世纪 60 年代从广东来到奥塔哥地区淘金的华侨遗骨。由于历史上的不平等、人为破坏和年久失修，墓地损毁严重。在华人社团的不懈努力和华人人头税历史遗产信托委员会等的资助下，新西兰历史墓地保护基金于 2005 年启动修复工程，耗时 9 年后终于竣工。[①]

（二）达赖窜访新西兰演讲，奥克兰华人华侨现场抗议，捍卫祖（籍）国尊严

2013 年 6 月 12 日，以达赖喇嘛为首的"藏独"势力到达奥克兰，披着宗教领袖的外衣在新西兰举办"伪善演讲"活动。奥克兰各华人社区、华人华侨及留学生代表于奥克兰举行集会，以和平的方式在达赖喇嘛演说现场举行抗议活动，并与在场的少数"藏独"分子展开了一场捍卫祖（籍）国尊严的面对面的斗争。此次抗议活动持续了一个多小时，正是在这一个多小时的抗议活动中，新西兰华人华侨通过自己的方式，充分地表达了在海外以实际行动捍卫祖（籍）国统一和尊严的真诚情感。

（三）新西兰 2013 年地方选举大幕开启，华裔候选人再创新高

2013 年 9 月，新西兰又迎来了三年一届的地方政府选举，而在此次选举中，参选的华裔候选人人数再创新高，达到"破天荒"的 9 人。这些华裔候选人纷纷表示，如今在新西兰工作和生活的华人族群越来越多，华裔已不再是"少数族裔"，而足以成为社会的"主流"。无论他们来自什么党派，是否有过政治经验，他们的目标是一致的——希望能够逐渐消除华裔族群的"政治冷感"，在当地华裔居民的帮助和支持下，让华裔移民更好地融入社会，在新西兰找到自己的归属感。

（四）新西兰华人人头税遗产基金会接受拨款申请

2013 年 9 月，新西兰华人人头税遗产基金会（Chinese Poll Tax Heritage Trust）[②] 开始接受社会项目的拨款申请。基金会的宗旨是创造机会让新西兰更加了解华人社群，并且加强新西兰华人对自身在新西兰作用的认知。每年基金会发放约 150 000 新元，用于资助新西兰境内的不同项目和活动，以实现基金会的宗旨和目标。基金会非常鼓励对记录新西兰华人商业历史的项目申请。

---

① 《新西兰达尼丁华侨墓地修复　市长就歧视华工史致歉》，中新网，2013 年 4 月 16 日。
② 1881 年，当时的新西兰政府向入境华人征收人头税，15 年后金额有所增加。直到 1944 年，针对华人的人头税才正式废止。2004 年，当时的总理海伦·克拉克宣布，政府拨出 500 万元资金，成立华人人头税遗产基金会，以资助新西兰华人历史研究、保护华人文化和语言、提高公众对少数民族多元化的认识等工作。

四、新西兰侨情发展趋势预测

（一）中国赴新西兰的华侨华人数量将保持稳定的增长趋势

2013 年，去往新西兰的中国净移民达 5 400 人，比 2012 年增加了 200 人。与其他英语国家相比，新西兰实行较为开放的移民政策，学习费用相对便宜并且环境安全，使得它一直是中国人的理想移民地之一。受金融危机影响，新西兰最近几年经济不太景气，为了提振经济，新西兰于 2009 年出台了新的商业移民条例，放宽了对商业移民的要求和限制，使得大量的华人商业人士得以移民新西兰。2013 年，新西兰再次放宽留学政策及留学生在当地就业的政策，这无疑增加了新西兰吸引留学人才的筹码，未来中国留学生留居当地的人数会看涨。

（二）新西兰人对包括中国移民在内的亚洲移民的负面看法有上升倾向

据亚新基金会（Asia New Zealand Foundation）2013 年 3 月份发布的《2012 年新西兰人对亚洲和亚洲人的态度》调查报告称：新西兰 2012 年 9 月份失业率达 7.3%，达到 13 年来的最高值，这使得一些新西兰人认为，外来移民、外国投资和新西兰企业将业务分包给亚洲带来经济威胁。调查显示：2012 年有 31% 的受访者认为亚洲移民"抢"走了新西兰人的工作机会，相比 2011 年上升了 6%。在当前经济萧条、失业率居高不下的状况下，新西兰人将亚洲人视为"抢"走他们工作、导致失业率高涨的罪魁祸首。新西兰人对亚洲移民的亲切感相比 2011 年有一定程度的下降。不过报告也指出，绝大多数（79%）的新西兰人对亚洲移民的经济贡献持肯定态度。①

新西兰政客和主流媒体也针对中国人发表煽动言论。新西兰优先党党魁温斯顿·彼得斯（Winston Peters）2013 年 5 月发表言论称，奥克兰是"超级罪之城"，部分原因是它签发给进入新西兰的中国游客的签证增加。他说，中国移民对赌博犯罪、毒品和卖淫业也有"贡献"。②新西兰媒体更大肆炒作中国人在奥克兰的买房行为。据新西兰英文《先驱报》报道，新西兰银行（BNZ）调查结果显示，外国人购买房产中，22% 是澳大利亚人，20% 是中国人，13% 是英国人。但新西兰每个人都相信，奥克兰地区的最大炒房群体来自中国。"中国大陆的买家以高价买走奥克兰房屋，把辛苦工作的新西兰人手中的房产买走，这确实给社会带来了不和谐因素。"据悉，反对外国人控制新西兰的行动小组，已对外国人在新西兰买房等行为，进行了长久的抗议。行动小组表示，外国人买房行为已经损害了新西兰国家的利益，并且对新西兰的经济造成了损害。③

（三）新西兰经济复苏，新西兰华人中小企业收入稳定

2013 年 1 月至 9 月新西兰经济增速已经超过 3%，新西兰经济复苏态势良好，令华人中小企业主受益。新西兰财长英格利希 7 月份在对企业团体的演说中指出，新西兰经济增

---

① Colmar Brunton, New Zealanders' perceptions of Asia and Asian people in 2012, The Church and Asian Zealand Foundation, March 2013, pp. 6, 6, 65.

② 《优先党党魁 Winston Peters 重申攻击华人言论》，http：//nzc. xmu. edu. cn/shownews. asp? id=3680。

③ 《新西兰专家称外国人推高房价　吁立法限制其买房》，中国新闻网，2013 年 7 月 9 日。

势比财政部在 2012 年 12 月预期的略微强劲些，预计未来一年新西兰经济会进一步增强。他表示，新西兰经济已自全球经济衰退中复苏，国内经济状况比其他许多经济体更好，因澳大利亚与中国等主要贸易伙伴的强劲成长令其受惠。市场调查公司 MYOB 提供的 2013 年 9 月最新商业研究报告显示，在新西兰的华人中小企业，过去 12 个月内营业收入稳定，对经济复苏的信心上升。超过半数（56%）反映业务收入与去年持平，16% 的企业收入下降，另有 16% 的企业收入增加。在接下来的一年中，23% 的华人企业经营者预计收入将有所增加，53% 的经营者预计收入将持平，11% 预计收入下降，13% 不确定。由于企业收入稳固，华人经营者广泛表示对经济前景信心十足，其中 31% 的经营者预计未来 12 个月内经济会改善。①

---

① 《新西兰华人中小企业创造稳定收入　看好经济前景》，新华网，2013 年 10 月 3 日。

斐 济

一、斐济基本国情

表 1 斐济概况

国家全名	斐济群岛共和国	地理位置	南太平洋，瓦努阿图以东、东加以西、图瓦卢以南①
领土面积	18 274 平方公里	首都	苏瓦市
官方语言	官方语言为英语、斐济语和印地语，通用英语②	主要族群	多民族国家，其中 56.8% 为斐济族，37.5% 为印度族，其余为罗图马人、欧洲人、华人等
现任国家元首	总统：埃佩利·奈拉蒂考 总理：姆拜尼马拉马	人口数量	896 758③
政体	议会制	执政党	暂无。2006 年 12 月 5 日，军队司令姆拜尼马拉马宣布接管国家行政权力，并解散政府和议会，随后宣布于 2014 年 9 月实施大选④
华侨华人人口数量	斐济现有华侨华人 6 000 余人，95% 以上已加入当地国籍，华侨有 300 多⑤	华侨华人占总人口比例	0.67%
GDP/人均 GDP	约 39 亿美元/4 347 美元⑥	CPI	5.4%

---

① 中华人民共和国外交部网，http：//fj. mofcom. gov. cn/。

② 中华人民共和国外交部网，http：//fj. mofcom. gov. cn/。

③ The World Factbook，https：//www. cia. gov/library/publications/the – world – factbook/geos/fj. html.

④ 中共中央对外联络部网，http：//www. idcpc. org. cn/jwjs/1305. htm。

⑤ 维基网，http：//zh. wikipedia. org/wiki/Fiji。

⑥ "2013 index of economic freedom"，http：//www. heritage. org/index/country/fiji。

斐济群岛共和国位于南太平洋，共包括了 322 个岛屿，陆地面积 18 274 平方公里，属热带海洋性气候。该国地处南太平洋十字路口，是南太平洋地区的交通枢纽，拥有丰富的农渔林业及海洋资源。

斐济是斐济族人世居之地，19 世纪上半叶欧洲人开始移居这里，1874 年沦为英国殖民地。1970 年 10 月 10 日斐济独立，成为英联邦中的一个独立国家。1998 年 7 月 27 日实施新宪法，改国名为"斐济群岛共和国"。2009 年 9 月，由于斐济没有在规定期限内满足英联邦提出的于 2010 年 10 月底前举行民主选举的要求，被中止英联邦成员资格。2009 年 11 月 5 日，埃佩利·奈拉蒂考被任命为总统。

斐济是南太平洋岛国中经济和军事实力较强、经济发展较快的国家，制糖业、旅游业和服装加工业是其国民经济的三大支柱。该国重视发展民族经济，促进投资和出口，逐步发展"高增长、低税收、富有活力"的外向型经济。从 20 世纪 80 年代起，斐济政府利用得天独厚的自然条件大力发展旅游业。旅游收入约占斐济国内生产总值的 20%，是斐济最大的外汇收入来源。

斐济是南太平洋岛国中外交较为活跃的国家，传统上受澳大利亚、新西兰的影响较大，与南太平洋岛国关系密切。2006 年，姆拜尼马拉马发动军事政变，成立以他为总理的现政府。澳大利亚和新西兰等国谴责军事政变行径，坚持对斐济现政权实施制裁，并策动太平洋岛国论坛和英联邦等国际组织将斐济拒之门外。为适应形势的发展，斐济现政府作出了"向北看"的重大战略决策，加速发展与中国、日本和韩国等亚洲国家及中东国家的关系，开拓新的发展空间。

二、2013 年斐济华侨情况

（一）华侨华人历史发展与经济

早在明末清初，斐济就已经出现了华人的踪影，那段时期华人的工作是在来往斐济的澳大利亚、美国以及欧洲商人的商船上。他们来去匆匆，并没有真正在斐济生活。①

斐济的华侨华人史确切地说，应该是从 19 世纪 50 年代开始的。斐济的第一位华人是梅百龄（又名梅屏耀，Moy Ba Ling），广东省台山端芬镇人，从澳大利亚悉尼驾船只身抵达莱武卡镇（Levuka），并在此定居。他开了斐济华人的第一家公司——"行利"（Houng Lee）公司②。自此斐济华人的发展经历了以下几个阶段：

20 世纪初到 40 年代是华人发展的黄金时代，当时华人大小商号已不下数百间，在苏瓦的金明于（金明街，CUMING SF）、玛丁（玛街，MARKS ST）、威玛鲁道（WAIMANU RD）和阿米丁（阿米街，AMY ST），可以说是几米之间就有一间华人商铺，这些街道也是首都的闹市。直到今天，这一带的商铺仍被视为"黄金铺位"，寸金寸土，一铺难求。在那一段黄金时期，华人主要从事进出口贸易、批发和零售业，其中"广泰"与 B. P. 等企业齐名，是当时斐济数一数二的大公司。"广泰"与"中兴隆"、"安和祥"、"永安泰"、"广生"四个华人企业被视为五大华人公司。

---

① 崔贵强：《有阳光的地方就有华人》，（新加坡）美都出版社 2010 年版，第 558 页。
② 潘翎编著：《世界华人百科全书》。

1930 年起全球经济大萧条，第二次世界大战结束后，英殖民政府推行了一系列新政策以发展斐济经济，但华人不属于受益群体。1948 年，殖民政府成立了椰干管理会以及开办合作社，华人不但被禁止收购椰干，杂货行的土地也不再被获准续租。1949 年新中国成立，斐济殖民政府颁布新移民法，全面禁止中国移民进入斐济，更规定未入籍华人必须领取身份证明（华人称之为"领牌"）；迁徙和更换工作要向当地警局报备，否则课以罚款；还调派华籍警探来斐济加强对华人的监控，令华人进入一个最为彷徨和痛苦的时期。①

20 世纪 70 年代末，斐济放宽了对华人入境的种种限制。1964 年，华人首次被赋予选举权，与少数"欧洲"裔一同被列入"一般选举人"范围。于是大批中国年轻人开始到斐济闯天下。至 1970 年斐济独立，中国改革开放（放宽国民出境），新一批华人在 80 年代陆续进入斐济。他们当中不仅有来自大陆的华人，还有来自中国香港、台湾及马来西亚、新加坡等地的华人。1995 年 2 月，斐济内阁批准了一项计划，允许 7 000 名中国香港居民以"投资移民"身份到斐济（移民条件为支付 30 000 斐济元给斐济政府，及对政府认可的投资项目投资不低于 10 万斐济元）。② 90 年代末的另一波移民来自中国大陆，其中大部分来自中国北部。这些新移民带着资金到斐济创业，其中部分人还具备熟练的技术与企业管理经验，并保持华人勤劳与勇敢的传统，在传统的餐饮业、种植业、零售业等继续保持优势，还开始涉足建筑装修、机械设备、旅行社、报纸传媒、进出口等业务。③

纵观斐济华人的移民历史，斐济的华人群体可以划分为三大部分。"老移民"，即 1959 年前抵达的老华人，他们刻苦耐劳，遵纪守法，对斐济的经济发展贡献很大，备受社会尊重。"新移民"，即 20 世纪 70 年代之后到达的华人，这部分人包括"中期移民"，以东莞人、中山人、开平人和恩平人为主，在经济上较为活跃。"北方新移民"，即 90 年代开始，人数迅速增长的北方人，他们财力雄厚，热衷于大型投资，在中国、斐济两国来回奔忙。④

（二）华侨华人的政治参与

斐济独立前，华人在斐济的人数一直很少，但华人与斐济族上下层关系十分融洽，被斐济族裔视为盟友。尽管 95% 的华人都取得了斐济国籍，但在他们眼里，斐济是一块跳板，是一块掘金宝地，他们大多梦想有朝一日衣锦还乡，落叶归根。过客的心态，导致只有极少数华人参政。斐济第一位从政的华人叫方文清，他于 1882 年出任苏瓦镇议员⑤。

1965 年，斐济在筹备组织独立，英国派殖民部副部长到斐济征集民意，确定国会议席分配。为给斐济华人争取公民权利以及取得议会席位，华人组成了请愿团。此次举动是斐济华人参政的起点。斐济各族分为斐、印、少数族裔（包括欧洲裔、华裔等）三大选民系统，国会议席定为 52 席，斐印两大种族各占 22 席，少数族裔（即一般选民）占 8 席。

1966 年，请愿团成员余汉宏成为斐济第一位华人国会议员。在他的努力下，华人"领牌"条例得以废除，并成功争取到华人大赦行动。此后陆续有华人参与到国家与地方

① 孙嘉瑞：《斐济华人史话》，http://www.fijichinese.com/history/history_of_chinese_in_fiji.htm。
② 维基百科：《中国人在斐济》，http://en.wikipedia.org/wiki/Chinese_in_Fiji，2013 年 8 月 5 日。
③ 崔贵强：《有阳光的地方就有华人》，（新加坡）美都出版社 2010 年版，第 559 页。
④ 崔贵强：《有阳光的地方就有华人》，（新加坡）美都出版社 2010 年版，第 566 页。
⑤ 王光华：《南天岛国写春秋》，《华人时刊》2004 年第 2 期，第 28 页。

政治活动中，包括1992年出任壬布卡政府财务部长的何志美，2001年出任卡拉赛政府上议院议员的刘孟光，2006年出任卡拉赛政府的司徒新耀等。

1950年至1970年，英殖民政府禁止华人进入斐济，导致华人断层，青黄不接。2006年，斐济政变，军人政府夺权。斐济失去了联合国的支持，英联邦国家澳大利亚、新西兰、英国以及美国等纷纷中断对斐济的经济援助，并对其实行贸易制裁，造成失业、贫穷、抢劫等各种社会问题。在此之后，华人在政治上的表现就显得力不从心，无力参与本地政治，国会中的华人议员席位形同虚设。

（三）华侨华人社团

1937年，为更好地提高与推动斐济侨胞子女的教育水平，斐济侨胞在苏瓦成立斐济华人教育协会。截至目前，据不完全统计，斐济侨界现有华侨华人社团20余个。

表2　斐济华侨华人社团

社团名称	成立地点	成立时间	宗旨或其他[①]
斐济华人教育协会	苏瓦	1937年	领导和管理华人社团举办的业余华文学校和华文学习班，以及后来建立逸仙小学与中学，为华人子弟学习中华文化创造良好条件
斐济中华协会	苏瓦	1955年	联络会员感情，鼓励体育，增进社交和文化交流
斐济华人协会	苏瓦	1965年	拥护合法政府，促进种族和谐，保障华人权益，发展华人教育
斐济华人青年社会文化协会	苏瓦	1971年	为年轻人提供一个组织活动的舞台，推广中华文化给年轻人
斐济台湾同乡会	苏瓦	1991年	定期举行交谊性之聚会活动，联系会员与家属之间的情谊，辅导会员适应本地风土人情，举办专业讲座，以利于会员了解有关业务，协助商务代表团推行侨务工作
斐济巴城联谊会	巴城	1992年	为处理清明扫墓及管理巴城华人坟场事宜，每年负责清明活动，向海外华侨通知巴城华人扫墓收支情况
斐济中华总商会	劳托卡	1994年	提高华人经济、社会地位，鼓励及促进各社团协调与交流合作，共同促进斐济政治经济文化方面的发展，特别是加强华人之间、中斐之间的经贸合作往来

① 《斐济华人社团简介》，斐华网，http://www.fijichinese.com/chinese_society/chn_society.htm#；《斐济地区简介及华人社团组织名录》，世界华人工艺联合会网，http://www.wcpwo.com/onews.asp?id=543；中国侨网，http://www.chinaqw.com/；王光华：《斐济华人》，《侨园》2004年第2期，第7页。

（续上表）

社团名称	成立地点	成立时间	宗旨或其他
斐济东莞同乡会	苏瓦	1997 年	促进提高并维护其会员的社会、文化以及其他方面的福利，加强并维护其在斐会员与中国东莞市之间的社会、文化联系
斐济开平乡亲会	苏瓦	1999 年	旅斐开平同乡会，以体育联谊、鼓励教育为主
斐济华人文化艺术经济联合会	苏瓦	2001 年	斐济政府文化部备案，由司法部批准成立的合法社团组织，可以代表斐济参加世界各地的文化、艺术、经济交流活动
斐济北方华人协会	苏瓦	2003 年	"一人有难大家帮"，体现出华侨华人团结互助的精神
斐济华人艺术团	苏瓦	2003 年	
斐济西北区中山同乡会	西北区	2003 年	该会采取五人小组领制
斐济华人文化艺术经济联合会西北区分会	西北区	2003 年	在劳托卡市宣布成立
斐济中国和平统一促进会	苏瓦	2003 年	发动华侨华人联合起来，共同"反独促统"，以维护中华民族的根本利益
斐济中山同乡会	苏瓦	2003 年	旅斐中山同乡会
斐济恩平联谊会	苏瓦	2004 年	
斐济华人工商联合会	苏瓦	2004 年	
斐济中资企业联谊会		2005 年	加强中资企业间的联络及信息交流，并积极配合驻斐济使馆及经商处各项工作，活跃驻斐济中资企业间的交往，促进在斐济中资企业的共同发展
斐济中国贸易委员会	苏瓦	2007 年	由斐济数位有心商界人士发起，经斐济工商贸易部、斐济外交部批准，在斐济首都苏瓦市注册成立
斐济华人妇女协会	苏瓦	2010 年	

（续上表）

社团名称	成立地点	成立时间	宗旨或其他
斐济华人体育俱乐部	苏瓦		
斐济华人协会西北区分会	楠迪、巴城、辛加托卡		
斐济台山同乡会	西北区		

（四）华文教育

在苏瓦，新老移民的子女大多在逸仙学校学习。这所学校是斐济华人在 1936 年捐建的，原名叫"华侨学校"，主要为华人子女提供基本教育及学习英文的机会。1976 年，学校改名为"逸仙学校"，并接受政府资助，开始招收非华裔学生，以英语为主要教学语言，华文作为外语。该校小学部接受台湾地区派出的华文教师，学习繁体字；中学部则接受中国大陆派出的华文教师，学习简体字。除推广华文教育外，该校还通过艺术活动传播中华文化，如练习中国舞蹈、舞龙舞狮等。

劳托卡地区的华人于 1930 年创立了"劳托卡中华学校"，主要以招收当地学生为主。但因资金不足，师资匮乏，目前尚未开设华文课程，且校舍破损不堪，教学条件简陋。目前西北区华人和学校学生家长正在筹款，拟重建校舍。①

（五）华文媒体

1. 纸媒

斐济华人于 1930 年创办《飞枝国民月刊》，这也是南太平洋地区历史最悠久的中文刊物。中间曾停刊两年，复刊后改名为《斐济华人月刊》，主要内容包括华社动态、海内外大事及当地华人作品，发行量在 150 份左右，2005 年停刊。后为缓和斐济新老移民分歧，融洽关系，重塑华人形象，2001 年，斐济第一家中文报《斐济日报》（中文版）面世，该报由新移民创办，宗旨是倡导中国统一，维护华人利益，传播当地信息，宣传中国建设成就。每周三期，发行范围覆盖斐济、瑙鲁、汤加、土瓦鲁、瓦努阿图等国，发行量在 700 至 1 000 份，主要为赠阅形式。另一份中文报纸《斐济华声报》于 2005 年初创办，但因管理不善，在创办两个月后停刊。后由斐济华人工商联合会接手，在 2005 年 9 月复刊。该报以报道本地、国际、中国两岸三地、海外华侨社会、娱乐新闻为主，每期八版，隔日全斐济发行，发行量在 300 份左右。

---

① 2011 年，暨南大学赴斐济招生团组调研材料。

2. 网站

目前斐济没有一个影响力非常大的网站，众多的信息分布在不同的中文网站，较有影响的网站包括斐华网/《华声报》网络版（http：//www. fijichinese. com/index. html）、斐济中文网/《斐济日报》网络版（http：//www. fijicn. com/index. html）等。另外还有一些网站，但大部分都是关于斐济旅游度假的信息罗列，影响相对较小。

3. 微博

经网络搜索，目前拥有粉丝最多、最具影响力的中文微博为斐济群岛共和国旅游局驻中国办事处的新浪微博，微博名为斐济旅游局官方微博，主要发布斐济旅游信息。另有总部位于斐济苏瓦、有 16 个独立执政政府成员的太平洋岛国论坛（PIFS），微博名为太平洋岛国论坛，主要发布太平洋岛国信息（包括斐济）。

三、2013 年中斐关系

中斐两国于 1975 年 11 月 5 日建交。1976 年我国在斐济设使馆，并派驻大使。1982 年起，斐济驻日本大使兼任驻华大使。2001 年，斐济在华设使馆并派常驻大使。中斐建交以来，双边关系发展顺利。2006 年 4 月，温家宝总理对斐济进行正式访问，出席在斐济举行的 "中国—太平洋岛国经济发展合作论坛" 首届部长级会议开幕式，并与斐方就建立和发展 "中斐重要合作伙伴关系" 达成共识。习近平副主席、刘延东国务委员和回良玉副总理分别于 2009 年、2010 年和 2011 年过境访问斐济。2011 年 8 月，斐济总统奈拉蒂考来华访问并出席第 26 届世界大学生运动会开幕式。2012 年 9 月，吴邦国对斐济进行友好访问，并与斐济总理会谈。2013 年 5 月 29 日，国家主席习近平、国家总理李克强分别在人民大会堂会见斐济总理姆拜尼马拉马。

建交以来，双边贸易大幅增长。1976 年中斐贸易额仅 230 万美元，均为中国出口。2006 年开始，斐济现政府实施 "向北看" 战略，注重加强同中国的友好合作关系。总理姆拜尼马拉马于 2010 年亲自率团赴中国参加上海世博会，借以展示岛国风情，推介经贸商机。中斐经贸关系近年来也发展迅速，越来越多的中国企业和个人到斐济投资兴业，承建的多为基础设施和民生工程，受到普遍好评。据中方统计，2011 年，中斐双边贸易额近 1. 72 亿美元，同比增长 34. 1%。2012 年中斐双边贸易额 2. 36 亿美元，同比增长 37%；其中，中国对斐出口 2. 14 亿美元，同比增长 25%，中国自斐进口 0. 22 亿美元，同比增长 16 倍。近两年，中国自斐济进口大幅增长，进口商品由最初的以海产品为主扩展至铝土矿、木材、矿泉水、鱼产品等各类商品。同时，斐济企业从中国进口的意愿强烈，两国贸易渠道不断扩宽，贸易往来逐步扩大。

建交以来，中斐双方在教育、科技、文化、传媒等领域也开展了积极的交流。中方派出多个艺术、武术、杂技团组赴斐访问演出，举办 "中国周" 活动，提供来华奖学金名额、派驻汉语教师等。1998 年，广西壮族自治区北海市与斐济首都苏瓦市结为友好城市；2010 年 10 月，浙江省杭州市与斐济楠迪结为友好城市。自 2007 年 9 月 10 日起，斐济给予中国公民免签证待遇。2010 年 9 月，新华社在斐济首都苏瓦设立分社并派常驻记者，这是新华社在太平洋岛国地区设立的首个分社。2013 年 8 月，双方共同签署《中斐文化合作谅解备忘录》。10 月 22 日，斐济群岛共和国驻华大使馆广东联络处在广州成立，标志着中国与斐济建立的深厚友谊更上一层楼，为推动双方经济发展迈出了重要一步。

四、2014 年斐济侨情预测

（一）中斐关系良好稳定，华人生存风险不大

1. 2014 年斐济大选

2013 年 9 月 6 日，斐济总统埃佩利·奈拉蒂考（Epeli Nailatikau）签发 2013 年宪法，此为斐济民主历史上的第一部宪法。该宪法将成为斐济 2014 年大选的最高法律依据。斐济第一次以"一人一票一种价值观"（One Person. One Vote. One Value.）作为政府大选的宣传口号。选举以公平公正的投票为基础，向世界上其他国家的民主选举标准看齐。① 根据宪法颁发的"2013 政党法令"，要求所有注册选举的政党必须拥有 5 000 人以上的成员（人数不低于注册选民的 1%），其中中部地区不少于 2 000 人，西部地区不少于 1 750 人，北部地区不少于 1 000 人，东部地区不少于 250 人，试图鼓励政党可以广泛代表各地利益。② 同时邀请各国家及组织代表参与"选举协调委员会"会议，派专员赴澳大利亚等国学习选举。2014 年 9 月，斐济民主大选如成功举行，政府可平稳过渡，社会治安稳定，将为斐济华侨华人在斐济生存与发展创造良好的条件，以利于侨胞在斐济的政治、经济发展。③

2013 年 6 月，中国驻斐济使馆曾就斐济的治安形势恶化发布特别提醒。其实自 2000 年以来，斐济动荡的政局就导致当地治安情况恶化，相对富裕的华人总是成为贫穷的当地人抢劫偷盗的主要目标。人们寄望于 2014 年 9 月的大选，能为斐济带来相对稳定的政治局面。但在目前，当地华侨华人和新移民要保护自身各种安全是一个急需面对的问题。

2. 中斐双边关系

中斐自 1975 年建交以来，一直保持着良好的关系。尽管斐济近十几年来政局变化和政党交替，但双方高层仍然保持往来，关系依旧稳定。尤其在 2006 年后斐济实行"向北看"政策后，斐中交往更为紧密。2012 年 10 月，在全国人大常委会委员长吴邦国访斐后的两周，斐济华人、广州市盛塘置业有限公司常务董事钱雪权先生与斐济政府共同成立的"斐济国家土地和房产开发总公司"举行了开业及庆典仪式，参加庆典仪式的有斐济总理、移民局局长、国防部部长、投资局局长，中国驻斐济副领事、中华总商会会长等。由此可以看到，中斐两国稳定健康的双边关系，为当地华人在斐济的生存与发展带来了很好的契机。④

3. 移民政策

斐济的移民政策相对于美国、澳大利亚、加拿大、欧洲等国移民门槛低，没有居住地

---

① "Blueprint for a better Fiji the 2013 Constitution is unveiled", http：//www. electionsfiji. gov. fj/2013 - constitution/.

② "Election 2014：Political party decree curtains undue influence", http：//www. electionsfiji. gov. fj/political - party - decree - curtails - undue - influence - election/.

③ "Fiji elections—Fiji's 2014 election HQ", http：//www. fijielections. com/News. html.

④ 《投资　得悦　融汇——记暨南大学 EMBA 斐济移动课堂》，http：//www. embatimes. com/DetailArticle. aspx? id = 8341。

要求，不用坐移民监，凡在斐济工作满 5 年或居住满 7 年的中国公民，可向移民局提出入籍申请。斐济生活环境优美宁静，适合养老、度假，另外斐济的房地产年平均增值率为 7% ~8%，这对中国国内富裕人士的移民有很强的吸引力。

（二）双边贸易关系持续快速增长，华商机遇无限

目前，有 30 余家中资企业在斐济拓展业务，涉及工程承包、渔业、农业、采矿、旅游、通信、制造、房地产等多个领域，累计投资额达 1.2 亿美元以上，为当地增加千余个就业岗位。另外，中斐建交以来，中方在南南合作框架下向斐济提供了大量力所能及的经济和技术援助，通过无偿援助、无息贷款和优惠贷款等多种途径先后实施了学校、水电站、体育馆、桥梁、围墙、海堤等 10 余个成套项目建设，水稻种植等多个技术合作项目。2013 年 5 月，斐济总理姆拜尼马拉马访华，习近平主席就表示，今后将继续深化两国在农林渔业、交通通信、矿产开发、基础设施建设、旅游等领域的互利合作。有意在斐济投资的中资企业、华商应留意。

在贸易方面，1997 年以来，中斐政府签署数项合作协议，双边贸易持续增长。斐济是中国在太平洋岛国（不包括澳大利亚、新西兰）中的第五大贸易伙伴，中国是斐济第六大贸易伙伴。2013 年 2 月，澳新银行（ANZ）成为首家在斐济启动跨境贸易人民币结算业务的银行。该项业务开通后，当地企业与中国企业间的贸易可直接通过人民币结算，同时将增加贸易灵活性，减少中间兑换环节，节省金融成本，有利于推动中斐双边贸易往来。

表 3　中国和斐济政府合作协议统计表①

1997 年 12 月	中斐政府贸易协定
2002 年 5 月	中斐渔业合作谅解备忘录
2004 年 8 月	中国赴斐济旅游合作谅解备忘录
2006 年 4 月	中国斐济贸易和经济合作委员会成立协议
2006 年 4 月	中斐加强基建合作谅解备忘录

2012 年，斐济出口至中国的贸易额为 583 万元人民币，2013 年，增长至 1 864 万元人民币，同比增长 219.73%。2012 年，中国出口至斐济的贸易额为 11 037 万元人民币，2013 年增长至 15 754 万元人民币，同比增长 42.74%。可以预测，2014 年中斐双边贸易额将保持持续增长。

① "Brief introduction to China – Fiji bilateral trade relationship"，http：//cpicforumenglish. mofcom. gov. cn/article/zd/zp/200807/20080705687846. shtml.

表4   2012—2013 年中斐贸易统计表①   单位：万元人民币

	斐济出口至中国	中国出口至斐济	贸易差
2012 年 7 月	583	11 037	10 454
2013 年 7 月	1 864	15 754	13 890

未来在斐济的华侨华人应在斐济政府的重点规划发展产业中寻求经济机遇。斐济政府重点发展的产业有旅游业，2012 年斐济旅游业收入为 35.9 亿元人民币，从业人员达 4 万。斐济给予中国游客落地签证待遇，加上 2009 年斐济太平洋航空公司开通了楠迪—香港定期航班，斐济有望在未来几年中成为中国出境游新的增长点。蔗糖业，是斐济传统支柱产业之一。全国直接和间接从业人口近 20 万，但近年来制糖产业面临困难，挑战重重。渔业，是斐济近年发展较快的行业之一。斐济设立 200 海里专属经济区，面积达 130 万平方公里，蕴藏着丰富的水产资源。农林业，农业从业人口占斐济从业人口的一半以上，国土森林覆盖率也达 50% 以上。矿泉水加工业，斐济矿泉水被各国众多高档餐饮行业进口，成为风尚饮用水，于是该产业近年来在斐济得以飞速发展。成衣加工业，是斐济传统的进出口贸易产业，在全球纺织品贸易一体化后，各企业以快速交换的小订单为主，保持持续增长。

（三）旅游

随着双边贸易的迅速发展，越来越多的中国企业和个人到斐济投资兴业，承建的多为基础设施和民生工程。这势必会带来华人新移民群众人数的增长。

斐济总理姆拜尼马拉马承诺在 2014 年 9 月前实施大选，还政于民。目前，斐济的政局尚不十分明朗，澳大利亚、新西兰仍然坚持对其的制裁措施。斐济总统奈拉蒂考 2013 年 9 月 6 日在总统府批准 2013 年宪法，使这个南太平洋岛国正式结束宪法真空期，同时为在 2014 年举行大选铺平道路。无论 2014 年的大选是否会引发新的不稳定局面，华侨华人的投资及商业活动都必将受到影响。

---

① Fiji Bureau of Statistics, "Summary of merchandise trade statistics", http：//www.statsfiji.gov.fj/index.php/economic/45 - economic - statistics/national - accounts/103 - summary - of - merchandise - trade - statistics - fjd000.